Beck im dtv

Eigentumswohnung

D1719604

dtv

Beck im dtv

Eigentumswohnung

Professionell kaufen, versichern,
verwalten, vererben, veräußern etc.

Von Agnes Fischl, Rechtsanwältin (und Fachanwältin
für Erbrecht) und Steuerberaterin, München,
Dr. Ulrike Kirchhoff, München
Michael Wolicki, Rechtsanwalt (und Fachanwalt für
Miet- und Wohnungseigentumsrecht), Frankfurt a.M.

2. Auflage

Deutscher Taschenbuch Verlag

www.dtv.de
www.beck.de

Originalausgabe
Deutscher Taschenbuch Verlag GmbH & Co. KG,
Tumblingerstraße 21, 80337 München
© 2015. Redaktionelle Verantwortung: Verlag C H, Beck oHG
Druck und Bindung: Druckerei C.H. Beck, Nördlingen
(Adresse der Druckerei: Wilhelmstraße 9, 80801 München)
Satz: ottomedien, Darmstadt
Umschlaggestaltung: Agentur42, Bodenheim,
unter Verwendung eines Fotos von © ArTo, Fotolia
ISBN 978-3-423-50705-9 (dtv)
ISBN 978-3-406-65833-4 (C. H. Beck)

9 783406 658334

Vorwort

Der Titel des Buches „Eigentumswohnung, kaufen, versichern, verwalten, vererben, veräußern etc." gibt schon einen ersten Eindruck über den Inhalt dieses Buches. Anhand zahlreicher Beispiele, Hinweise und Gestaltungstipps geben die Autoren einen Einblick zu den verschiedenen Themen rund um das Wohnungseigentum. Dabei werden nicht nur die klassischen Bereiche wie der Kauf vom Bauträger oder die Verwaltung angesprochen. Das Buch greift auch oftmals in solchen Ratgebern stiefmütterlich behandelte Themen wie beispielsweise den Abschluss von Versicherungen, Auswahlkriterien beim Kauf von Immobilien sowie steuerliche Fragen rund um die Immobilie auf. Die auch für den fachlichen Laien leicht verständlichen Ausführungen orientieren sich dabei an den Bedürfnissen des interessierten Wohnungseigentümers oder solchen, die es noch werden wollen. Diese gelungene Zusammenstellung ist den Autoren nicht schwer gefallen: sind sie doch allesamt im Beratungsbereich „rund um die Immobilie" tätig.

Agnes Fischl, Fachanwältin für Erbrecht und Steuerberaterin, ist Partner der convocat GbR, einer interdisziplinär arbeitenden Beratungskanzlei mit Rechtsanwälten, Wirtschaftsprüfern und Steuerberatern. Die Besonderheit dieser Kanzlei ist die Tatsache, dass unter einem Dach die Fachleute der verschiedensten Spezialgebiete vereint sind. Somit ist diese Kanzlei für alle Fragestellungen rund um die Immobilie bestens gerüstet und bietet zielorientierte Lösungen an.

Dr. Ulrike Kirchhoff ist Vorsitzende des Haus & Grund Bayern, dem Landesverband Bayerischer Haus-, Wohnungs- und Grundbesitzer e. V. Über seine 110 örtlichen Haus-, Wohnungs- und Grundeigentümervereine und den bayernweit mehr als 120.000 Mitgliedern werden die zahlreichen Probleme der Immobilieneigentümer kompetent und umfassend behandelt. Dabei ist es Aufgabe von Frau Dr. Kirchhoff, auch Wegbegleiterin verschiedener gesetzlicher Vorhaben zu sein und diese im Sinne der Immobilieneigentümer zu beeinflussen.

Michael Wolicki ist Fachanwalt für Miet- und Wohnungseigentumsrecht. Seit 1998 ist er Mitglied der Arbeitsgemeinschaft Mietrecht und Wohnungseigentumsrecht im Deutschen Anwaltsverein, sowie seit 2005 stellvertretender Vorsitzender des Fachausschusses „Mietrecht und Wohnungseigentumsrecht" bei der Rechtsanwaltskammer Frankfurt am Main. Aufgrund dieser ausgesprochenen Spezialisierung hat er den Ratgeber im Bereich „Die Verwaltung des Wohnungseigentums" vervollständigt.

München und Frankfurt a.M. im April 2015

Agnes Fischl
Dr. Ulrike Kirchhoff
Michael Wolicki

Geleitwort

Der Trend zum Wohnen im Eigentum ist ungebrochen. Die Gründe dafür sind vielschichtig: Da mag der lang gehegte Traum von den eigenen vier Wänden eine Rolle spielen, die größere Entscheidungsfreiheit, aber nicht zuletzt auch die sichere Kapitalanlage. Doch ist vielen Käufern zumindest zunächst nicht bewusst, welche Vielzahl von Entscheidungen bereits beim Erwerb getroffen werden müssen und worauf bei der Nutzung und Verwaltung ihres Eigentums geachtet werden muss. Auch selbstnutzende Eigentümer sehen sich mit komplexen Fragen konfrontiert, die innerhalb der Wohnungseigentümergemeinschaften, im Zusammenspiel zwischen der Eigentümergemeinschaft und den Verwaltern, aber ebenso im selbstgenutztem Hauseigentum entstehen, wenn beispielsweise Maßnahmen der energetischen Sanierung, die Besteuerung oder die Finanzierung der Immobilie ansteht. Alle Eigentümer – ob neu oder erfahren – müssen eine Antwort darauf finden. Noch wesentlich vielschichtiger sind die steuerlichen Fragen, die mit Immobilieneigentum einhergehen, und die die Rendite der Immobilien entscheidend beeinflussen können. Nicht zuletzt müssen sich Eigentümer auch der Überlegung stellen, wie und wem sie ihr Eigentum vererben wollen und ob bereits zu Lebzeiten Eigentum übertragen werden soll. Daher ist es unerlässlich, dass sich Eigentümer – frisch gebackene oder praxiserprobte – möglichst frühzeitig, aber dann regelmäßig mit den Fragen und Problemen rund um die Immobilie auseinandersetzen.

Hier setzt der Ratgeber an. Untergliedert in die verschiedenen Fragenkomplexe, die beim Erwerb und der Nutzung des Immobilieneigentums auftreten, behandelt das Autorenteam Themen, über die ein Immobilieneigentümer entscheiden muss – sei es die „richtige" Finanzierung, sei es die Überprüfung eines Grundsteuerbescheids. Viele Beispiele erleichtern das Verständnis der oft komplexen juristischen Materie. Praxistipps machen immer wieder auf Besonderheiten und Raffinessen aufmerksam.

Doch auch noch so gute und umfassende Informationen können im Einzelfall die Fragen nicht immer vollständig beantworten, die individuellen Probleme nicht immer lösen. Dann stehen Ihnen professionelle Verbände zur Seite, die die Lösung von Problemen und die Antwort auf Fragen rund um die Immobilie zu ihrem Markenzeichen gemacht haben. Diese professionelle Hilfe finden Eigentümer und Vermieter bei uns – bei Haus & Grund. Wir beraten unsere Mitglieder bei allen immobilienrechtlichen Fragen. Dabei spielt es keine Rolle, ob es um das Miteinander der Wohnungseigentümer geht, um Fragen der Vermietung, der Immobilienbesteuerung, der Finanzierung oder der Vererbung von Wohneigentum. Unsere Spezialisten helfen Ihnen weiter.

Sie finden uns ganz in Ihrer Nähe. Haus & Grund Bayern ist der größte Landesverband der insgesamt 22 Landesverbände umfassenden Haus & Grund-Organisation. Mit 110 Ortsvereinen sind wir bayernweit zu finden und vertreten die Interessen der rund 127.000 bei uns organisierten privaten Haus-, Wohnungs- und Grundeigentümer. Wir beraten Sie nicht nur bei Ihren Fragen rund um die Immobilie. Mindestens genauso wichtig ist die Vertretung Ihrer Interessen, also der Interessen der privaten Haus-, Wohnungs- und Grundeigentümer in Politik, Wirtschaft und Gesellschaft. Und das schaffen wir durch unsere dreigliedrige Organisation: die Ortsvereine in den Kommunen, die Landesverbände in den Bundesländern und der Bundesverband auf der Bundesebene. Haus & Grund Bayern ist dazu gut aufgestellt. Wir vertreten schlagkräftig Ihre Interessen im Freistaat Bayern. Und wenn Sie Probleme vor Ort haben – z. B. mit einem Miteigentümer, dem Hausverwalter oder Ihrem Mieter –, finden Sie die notwendige Hilfe in einem unserer Ortsvereine in Ihrer Nähe.

RA Peter Schicker
Stellvertretender Vorstand Haus & Grund Bayern
Landesverband Bayerischer
Haus-, Wohnungs- und Grundbesitzer e.V.

Inhaltsübersicht

Inhaltsübersicht

Inhaltsverzeichnis

1. Kapitel

Immobilien bauen, kaufen und versichern

I. Kriterien zur Auswahl von Immobilien

1. Der Standort der Immobilie

Unabhängig von der Lage am Immobilienmarkt ist der Standort einer Immobilie entscheidend für ihre Wertentwicklung, ihre Rentabilität, spätere Wiederverkäuflichkeit und natürlich für den Kauf- oder Baupreis. Denn der Immobilienmarkt entwickelt sich je nach Region sehr unterschiedlich. In der Regel wird die Entwicklung in den einzelnen Teilmärkten stark von der wirtschaftlichen Situation und damit von der Situation auf den Arbeitsmärkten beeinflusst. Damit erklärt sich auch die Attraktivität von Standorten wie München oder Hamburg beziehungsweise die Schwäche von Wohnungsmärkten in Teilen von Mecklenburg-Vorpommern oder dem Saarland. Ebenso beeinflussen regionale Besonderheiten, beispielsweise exklusive Lagefaktoren wie am Starnberger See oder am Tegernsee, den jeweiligen Immobilienmarkt und dürfen nicht unterschätzt werden.

> **Hinweis:**
>
> Gerade Preisüberlegungen lassen die Standortwahl oft zu einer Entscheidung zwischen Stadt und Land werden. Doch sollten überzeugte Städter sich den Schritt aufs Land genau überlegen, wenn sie ihn nur aus Kostengründen planen. Oft lassen sich an-

dere Wege finden, eine Immobilie zu einem günstigeren Preis zu erwerben, beispielsweise wenn auf Bestandsimmobilien ausgewichen wird.

Der Standort der Immobilie lässt sich nicht in allen Fällen beeinflussen. Soll die Immobilie selbst genutzt werden, wird der Standort naturgemäß am oder zumindest in der Nähe des jeweiligen Arbeitsplatzes liegen. Wird die Immobilie vermietet, wird sie zumindest dann am oder in der Nähe des eigenen Wohnortes liegen, wenn der Eigentümer sie selbst verwaltet. Immobilien zur Kapitalanlage sollten bevorzugt in solchen Regionen erworben werden, die wirtschaftlich stark sind oder besondere Standortfaktoren aufweisen. Dadurch kann in der Regel eine langfristig gute Vermietbarkeit gewährleistet und ein späterer Verkauf schneller und zu einem höheren Preis realisiert werden.

Hinweis:

Derzeit (2015) ist der Immobilienmarkt noch sehr angespannt, Immobilien sind schwer zu finden, die Preise sind hoch. Dennoch sollten gerade an die Lage des Grundstücks hohe Anforderungen gestellt werden, um sicher zu stellen, dass auch in Zeiten eines entspannteren Wohnungsmarktes die Immobilie zumindest zu gleichen Preisen wieder verkauft werden kann.

2. Das Grundstück

a) Die Lage

Unabhängig davon, ob Immobilieneigentum zur Selbstnutzung oder zur Vermietung gekauft oder errichtet werden soll, ist die Lage der Immobilie innerhalb der Stadt oder der Gemeinde entscheidend; sie fließt in den Wohnwert ein.

Die Anforderungen an die Lage sollten nicht unterschätzt werden. Sie ist nicht nachbesserbar und muss auf Dauer akzeptiert werden. Negativfaktoren, die bei der Kaufentscheidung noch hingenommen werden, können im täglichen Leben ganz anders beurteilt werden. Im Laufe der Zeit können zudem weitere Umweltfaktoren dazu kommen, wenn zum Beispiel das Verkehrsaufkommen oder die Bebauungsdichte steigen. Dann können im Einzelnen vernachlässigbare Faktoren in der Summe das Wohlbefinden erheblich stören und gleichzeitig die spätere (Wieder-)Verkäuflichkeit der Immobilie negativ beeinflussen.

Entscheidend für die Lage des Grundstücks ist insbesondere die Nähe von Schulen, Kindergärten, Einkaufsmöglichkeiten, Ärzten, Krankenhäusern und ähnlichen Infrastruktureinrichtungen, aber natürlich gleichermaßen die Entfernung zur Arbeitsstelle.

Hinweis:

Als **Faustformel** gilt eine Entfernung von 10 Minuten zu Einkaufsmöglichkeiten, Schulen und anderen Versorgungseinrichtungen sowie 30 Minuten zum Arbeitsplatz als ideal.

Öffentliche Verkehrsmittel und Autobahnen spielen eine wichtige Rolle, denn sie ermöglichen den Anschluss ins Ortszentrum und zu den nächst größeren Städten – und damit zu Arbeitsmöglichkeiten, kulturellen Einrichtungen und vielem Mehr. Sie können ebenso zu Lärmbelastungen führen, wenn das Grundstück zu nahe an öffentlichen Verkehrsmitteln oder stark befahrenen Straßen liegt. Aber Achtung: Lärm trägt oft kilometerweit und tritt unterschiedlich stark zu den verschiedenen Tageszeiten auf.

Hinweis:

Aktuelle Untersuchungen zeigen, dass neben der guten Nachbarschaft und der Sicherheit das Kriterium „Ruhe" zu den wichtigsten Anforderungen gehört, die an „das Wohnen" gestellt werden (LBS West). Dies sollte unter dem Aspekt der Wiederverkäuflichkeit der Immobilie nicht unterschätzt werden.

Kilometerweit tragen auch Gerüche: Kläranlagen, Fabriken, Deponien, Wertstoffhöfe, für manche aber auch der benachbarte Bauernhof oder ein gejauchtes Feld können störende Gerüche abgeben, die die Freude am eigenen Heim verleiden können. Daher lohnt der Blick in die Umgebung.

Eine große Rolle spielt außerdem die Bebauungsdichte. Je aufgelockerter die Bebauung ist, desto weniger Beeinträchtigungen ergeben sich durch Beschattungen durch die (höhere) Umgebungsbebauung oder durch Nachbarn. Eine lockerere Bauweise bedeutet meist eine grünere und damit oft werthaltigere Umgebung. Allerdings fällt Gartenarbeit an, die je nach Größe und Gestaltung des Gartens mehr oder weniger zeitintensiv ist.

> **Hinweis:**
>
> Der Ruf und die Qualität von Stadtteilen können sich langfristig natürlich ändern. Doch gute Wohnlagen sind im Allgemeinen gewachsen und zeichnen sich durch eine lockere Bebauung, private und öffentliche Grünflächen aus. Solche Wohnlagen sind nicht vermehrbar, da Neubaugebiete in der Regel nicht mehr so großzügig angelegt werden. Daher bleibt der Wert solcher Lagen normalerweise auch erhalten.

Gerade in älteren Wohngebieten sollte der künftige Eigentümer prüfen, ob in der Nähe des Grundstücks oder gar angrenzend an das Grundstück der Ausbau oder die Erneuerung von Straßen geplant sind. Solche Baumaßnahmen führen nicht nur zu Lärmbeeinträchtigungen. Vielmehr werden solche Baumaßnahmen in der Regel über Straßenbaubeiträge refinanziert. Ein solcher zusätzlicher Kostenfaktor kann schnell zu Finanzierungsproblemen führen.

Welche Lagekriterien bei der Entscheidung für oder gegen eine Immobilie besonders wichtig oder zu vernachlässigen sind, muss jeder Bauherr oder Käufer für sich selbst entscheiden. Sie sind entscheidend, wenn die Immobilie selbst genutzt werden soll. Sie dürfen selbst dann nicht vernachlässigt werden, wenn die Immobilie als Kapitalanlage erworben und anschließend vermietet werden soll. Denn Mieter wählen ihre Wohnung im Wesentlichen nach den gleichen Kriterien aus wie Eigentümer, die eine Immobilie zur Selbstnutzung erwerben. Nimmt die Nachfrage nach Wohnraum folglich ab oder treten vermehrt Leerstände auf, spielen die Lagekriterien eine entscheidende Rolle: Je besser die Lage, desto besser die Vermietbarkeit. Mieter reagieren zudem flexibler, wenn sich das Umfeld der Immobilie verändert. Nimmt etwa die Lärmbelastung durch steigenden Kraftfahrzeugverkehr zu oder werden Einkaufsmöglichkeiten geschlossen, können Mieter durch eine Kündigung schnell auf die veränderten Gegebenheiten reagieren.

Hinweis

Grünanlagen oder die Möglichkeit einer Gartennutzung erhöhen den Wohnwert der vermieteten Immobilie. Allerdings muss der Garten gepflegt werden: durch den Eigentümer, den/die Mieter oder durch einen Dritten. In jedem Fall sollte die Art und Weise der Gartenpflege gleich bei Erwerb und Vermietung der Immobilie geregelt und die dadurch entstehenden Kosten in die Überlegungen einbezogen werden.

b) Die Grundstückseigenschaften

Insbesondere aus gesundheitlichen Gründen, aber auch aus haftungsrechtlichen Aspekten heraus, muss geprüft werden, ob auf einem Grundstück Altlasten zu finden sind. Erste Anhaltspunkte lassen sich aus früheren Nutzungen des Grundstücks gewinnen. Gibt es Erkenntnisse in der Gemeinde, finden sie sich im Altlastenkataster, das auf jeden Fall eingesehen werden sollte. Diese Altlastenkataster sind Register, in denen Altlasten und altlastenverdächtige Flächen erfasst werden müssen. Was in den Registern an Einzelinformationen aufgenommen wird, regeln die Bundesländer gemäß § 11 Bundesbodenschutzgesetz (zum Beispiel Art. 3 Bayerisches Bodenschutzgesetz).

Hinweis:

Zumindest in Zweifelsfällen sollte in den Kaufvertrag eine Zusicherung des Verkäufers aufgenommen werden, dass das Grundstück frei von Altlasten ist.

Zu klären ist des Weiteren, ob das Grundstück mit Wege- oder Nutzungsrechten belastet ist, ob Leitungen oder Kanäle im Grundstück verlaufen. Möglicherweise sind Leitungsrechte eingetragen, beispielsweise zugunsten des örtlichen Energieversorgers. Dadurch können die Nutzungsmöglichkeiten erheblich beschränkt werden.

> ### Hinweis:
>
> Dies sollte nicht nur durch Fragen an den bisherigen Eigentümer, sondern besser und vor allem rechtssicher durch den Blick ins Grundbuch (vergleiche Seite 124 ff.) beziehungsweise in den Bebauungsplan geklärt werden.

Der Blick ins Grundbuch ist beim Erwerb einer Immobilie immer wieder notwendig und hilfreich. Geht es jedoch um Baulasten, hilft das Grundbuch ausnahmsweise nicht weiter. Sie werden vielmehr im Baulastenverzeichnis eingetragen. Baulasten können in den meisten Bundesländern – bis auf Bayern und Brandenburg – eingetragen werden (zum Beispiel § 71 LBO BW), es handelt sich um eine zusätzliche Verpflichtung eines Grundstücks etwas zu dulden oder zu unterlassen.

> **BEISPIEL: Baulast** Ein größeres Bauvorhaben kann auf einem Grundstück nicht verwirklicht werden, wenn die Abstandsflächen zum Nachbarn nicht eingehalten werden. Stimmt der Nachbar zu, die Last zu übernehmen, also einen Grundstücksanteil entlang der Grenze nicht zu bebauen, der der fehlenden Abstandsfläche auf dem Nachbargrundstück entspricht, kann das Bauvorhaben verwirklicht werden.

Wird eine solche Baulast in das Baulastenverzeichnis aufgenommen, wirkt sie auch gegenüber dem Rechtsnachfolger. Die Baulast muss zwar nicht unentgeltlich gewährt werden. Doch trotz des finanziellen Ausgleichs schränkt sie zwangsläufig die Nutzungsmöglichkeiten des belasteten Grundstücks ein. Die Bebaubarkeit wird verringert.

Der Wert des Grundstücks wird von weiteren Faktoren bestimmt. Übersteigt die Grundstücksgröße die ortsübliche Größe, kann der Quadratmeterpreis sinken. Ist der Zuschnitt des Grundstücks ungünstig – behindert er beispielsweise die Bebaubarkeit –, kann das ebenso preismindernd sein, wie ein hoher Grundwasserstand oder andere kritische topographische Besonderheiten. Gerade die Bodenbeschaffenheit – extreme Hanglage, felsiger Untergrund – kann zudem zu erhöhten Baukosten führen. Dagegen kann eine unverbaubare Aussicht – auf einen See, eine Tallandschaft, ein Schloss – wertsteigernd wirken. Hochspannungsleitungen, Mobilfunkstationen und ähnliches können nicht nur das eigene Wohlbefinden stören, sondern den Wert des Grundstücks nachhaltig senken.

Hinweis:

Nicht alle Faktoren mögen für jeden einzelnen Erwerber von Bedeutung sein und können oder sollen beim Bau oder Kauf schließlich berücksichtigt werden. Gerade in Regionen mit großer Nachfrage nach Wohneigentum wird die „Traumimmobilie" kaum zu finden und zu finanzieren sein. Je intensiver sich der Bau- oder Kaufinteressent jedoch mit seinen Vorstellungen über seine Immobilie beschäftigt und je mehr Objekte besichtigt werden, desto besser kristallisiert sich heraus, welche Faktoren für die Entscheidung unabdingbar erfüllt sein müssen. Auf diese Auswahlkriterien sollte dann aber auch nicht verzichtet werden.

c) Die Nutzungsmöglichkeiten

Wird ein Grundstück gekauft, um in eigener Regie bebaut zu werden, muss die Bebauung im gewünschten Umfang zulässig sein. Die Bebauung ist oft durch Vorgaben im **Bebauungsplan** eingeschränkt, der daraufhin eingesehen werden sollte. Solche Einschränkungen bestehen insbesondere im Umfang der Bebauung, einzuhaltenden Grenzabständen, aber auch hinsichtlich der Art der Nutzung. Wie ein Grundstück genutzt werden darf, in welchem Umfang es bebaut werden kann, bestimmt die Gemeinde, in deren Gebiet sich das Grundstück befindet.

Hinweis:

Der Schutz des Eigentums, wie ihn Art. 14 GG garantiert, erstreckt sich auch auf die Baufreiheit (BVerfG, Beschl. v. 14.5.1985, 2 BvR 397.82, BVerfGE 70, 35). Doch findet dieses Recht seine Grenzen im Schutze des Allgemeinwohls. Daher kann der Gesetzgeber die Baufreiheit durch gesetzliche Regelungen einschränken. Diese Nutzungsbeschränkung ist zwar ein Eingriff in das Eigentumsrecht, das aber mit der Eigentumsgarantie im Grundgesetz im Einklang steht (Art. 14 Abs. 1 Satz 2 GG). Gleichzeitig muss die Gemeinde bei ihren Planungen die Belange der Eigentümer berücksichtigen (BVerfG, Beschl. v. 19.12.02, 1 BvR 1402/01, NJW, 2003, 2229).

Maßgeblich für die Grundstücksnutzung ist die Bauleitplanung der Gemeinde, die sich im Wesentlichen aus dem Flächennutzungsplan und dem Bebauungsplan zusammensetzt (§ 1 Abs. 2 BauGB).

Im **Flächennutzungsplan** wird dargestellt, wie sich das Gemeindegebiet städtebaulich entwickeln soll. Er legt als sogenannter vorbereitender Bauleitplan für das Gemeindegebiet die geplante städtebauliche Entwicklung sowie die Bodennutzung fest (§ 5 Abs. 1 BauGB), so wie sie sich aus den Bedürfnissen der Gemeinde heraus ergibt. Bereits in diesem Plan wird definiert, welche Flächen für die Wohnnutzung vorgesehen sind. Aus dem Flächennutzungsplan heraus wird der Bebauungsplan entwickelt. Daher bindet bereits der Flächennutzungsplan die Gemeinden an ihre eigene städtebauliche Planung.

Gerade beim Erwerb unbebauter Grundstücke lohnt sich ein Blick in den Flächennutzungsplan. Wird eine Wohnbebauung vom Verkäufer in Aussicht gestellt, ist sie dennoch nur zulässig, wenn der Flächennutzungsplan diese Möglichkeit vorsieht und der Bebauungsplan sie umsetzt. Ist das nicht der Fall, sollen Flächen gemäß Ausweis im Flächennutzungsplan vielmehr als Grünflächen genutzt werden (§ 5 Abs. 2 Nr. 5 BauGB), muss vor dem Kauf geklärt werden, ob eine Nutzungsänderung möglich ist. Entsprechende Anträge sollten möglichst bereits vom Verkäufer gestellt oder entsprechende Zusicherungen im Vertrag aufgenommen werden.

Hinweis:

Eine Bezeichnung des Grundstücks als Bauland würde in einem solchen Fall nicht ausreichen. Vielmehr muss es sich um eine Zusicherung handeln, dass das Grundstück die öffentlich-rechtliche Voraussetzung für die Erteilung einer Baugenehmigung erfüllt oder dass sie bis zu einem bestimmten Zeitpunkt geschaffen ist (BGH, Urt. v. 18.12.87, V ZR 223/85, NJW 1988, 1202; BGH, Urt. v. 12.6.87, V ZR 151/86, NJW 1987, 2513).

DAS BUCH
IN BORBECK

Rudolf-Heinrich-Str.8
45355 Essen
Tel.:0201/676349

tv TB.50705 Fisch!:Eigentumswohnung
78-3-423-50705-9   26.90 e
umme   26.90
ar   20.00
ar   20.00
ückgeld EUR   13.10

wSt-Bruttoumsatz   26.90
.00% MwSt e   1.76
ettobetrag   25.14

nz. Artikel   1

Wir freuen uns auf
Ihren nächsten Besuch
das.buch@gmx.net
Fax:0201/689782
St.Nr.:111/5713/1092

asse/Bon   Datum/Zeit   Kassierer
/   36   27.08.15 11:33   1

Solange nur der Flächennutzungsplan die Flächen als Bauland aus- weist, handelt es sich um Bauerwartungsland. Erst wenn der Bebauungsplan diese Planung umsetzt und das Grundstück erschlossen ist, darf gebaut werden. Der Wert von Bauerwartungsland liegt unter dem von Bauland (vergleiche Seite 17 f.).

Der **Bebauungsplan** wird von den Gemeinden aus dem Flächennutzungsplan heraus entwickelt, er ist der für alle Beteiligten verbindliche Bauleitplan. In ihm legt die Gemeinde für kleinere Gebiete innerhalb des Gemeindegebiets fest, wie die Flächen im Einzelnen genutzt werden. Der Plan beschreibt exakt, wie die vorhandenen Flächen zwischen Verkehrsflächen, überbauten Flächen und Freiflächen aufzuteilen sind.

Hinweis:

Der Blick in den Bebauungsplan – oder bereits in den Flächennutzungsplan – ist bei jedem Bauvorhaben angeraten. Denn aus dem Plan gehen auch Straßenverläufe, festgelegte Grünflächen, mögliche Nutzungsbeschränkungen und anderes hervor. So lässt sich bereits im Vorfeld klären, was sich in näherer Zukunft im Baugebiet noch verändern kann. Werden ganze Viertel neu errichtet, lässt sich bereits viel über die spätere Verkehrssituation erkennen.

Über Baulinien und Baugrenzen kann der Bebauungsplan detailliert festlegen, welche Grundstücksflächen bebaut werden dürfen. Diese Vorgaben definieren die Ausrichtung und die maximale Ausdehnung der Gebäude, oft auch die Standorte. Ebenso kann die Gebäudehöhe sowie die Gestaltung der Gebäude im Bebauungsplan festgesetzt werden. Auf die Größe der Gebäude wird oft durch die Angabe der höchstzulässigen Geschossflächen oder des umbauten Raumes Einfluss genommen.

Hinweis:

Der Bebauungsplan wird nach § 10 BauGB als Satzung erlassen. Als kommunale Rechtsnorm muss er vom Bürgermeister ausgefertigt und anschließend öffentlich bekannt gemacht werden. Er kann bei der Gemeinde eingesehen werden. Durch die Satzungseigenschaft des Bebauungsplans kann er im Rahmen des „normalen Rechtsmittelverfahrens" angefochten werden.

Setzt der Bebauungsplan Art und Maß der baulichen Nutzung, die überbaubare Grundstücksfläche sowie die örtlichen Verkehrsflächen fest, handelt es sich um einen qualifizierten Bebauungsplan nach § 30 Abs. 1 BauGB. Dieser qualifizierte Bebauungsplan kann selbstverständlich zusätzliche Anforderungen an die zulässige Bebauung stellen (nach § 30 BauGB), wie beispielsweise Mindest- oder Höchstmaße für die Baugrundstücke (§ 9 Abs. 1 Nr. 3 BauGB), öffentliche oder private Grünflächen (§ 9 Abs. 1 Nr. 15 BauGB) oder Vorschriften über das Anpflanzen von Bäumen, Sträuchern und anderen Pflanzen auf bestimmten Flächen (§ 9 Abs. 1 Nr. 25a BauGB). Fehlt mindestens eines dieser Mindestbestandteile, handelt es sich um einen einfachen Bebauungsplan (§ 30 Abs. 3 BauGB). Auch seine Festsetzungen müssen zwingend beachtet werden. Doch werden sie anders als beim qualifizierten Bebauungsplan noch durch weitere Vorschriften des BauGB ergänzt (§ 34 BauGB).

Hinweis:

So kann der einfache Bebauungsplan etwa festlegen, welche Art der Grundstücksnutzung in dem Baugebiet zulässig ist, zum Beispiel die Wohnnutzung. Ob und in welchem Umfang die einzelnen Grundstücke bebaut werden dürfen, richtet sich dann aber nach § 34 BauGB. Der Bebauungsplan selbst sagt dazu nichts aus.

Den Umfang der Grundstücksnutzung legt der Bebauungsplan fest. Wie diese Bestimmungen ausgestaltet werden können, ergibt sich aus der Baunutzungsverordnung. Das Maß der Grundstücksnutzung wird durch verschiedene Kenngrößen festgesetzt (§§ 16 ff. BauNVO). Zu den typischen Kenngrößen gehören:

- Überbaubare Grundflächen: Dieser Faktor legt die zulässige Fläche fest, die die bauliche Anlage auf einem Grundstück einnehmen darf, gibt also an, in welchem Umfang das Grundstück bebaut werden darf. Er kann als absolute Zahl (GR) festgelegt werden oder als sogenannte Grundflächenzahl (GRZ).

BEISPIEL: Grundflächenzahl Darstellung:
GR 200 m² oder GRZ 0,2
Grundstücksfläche × Grundflächenzahl = überbaubare Grundfläche (GRZ)
1000 m² Grundstück × 0,2 GRZ = 200 m² überbaubare Fläche

- Geschossfläche: Die Geschossfläche gibt die Größe der zulässigen Fläche der Geschosse des Gebäudes je m² Grundstücksfläche an. Wiederum kann entweder die Größe der Geschossfläche als absolute Zahl (GF) oder als Geschossflächenzahl (GFZ) festgesetzt werden.

BEISPIEL: Geschossfläche Darstellung:
GF 700 m² oder GFZ 0,7
Grundstücksfläche × Geschossflächenzahl (GFZ) = zulässige Geschossfläche
1000 m² Grundstück × 0,7 = 700 m² Geschossfläche

- Zahl der Vollgeschosse: Diese Kenngröße gibt die zulässige Anzahl der Vollgeschosse an, die auf dem Grundstück errichtet werden dürfen.

BEISPIEL: Vollgeschosse Darstellung:
Maximal zulässige Zahl der Vollgeschosse: ⓘⓘ
Zwingend vorgeschriebene Zahl der Vollgeschosse: ⓘ

- Höhe der baulichen Anlagen: Über diese Angaben beschränkt der Bebauungsplan die maximale Höhe der Anlage, er normiert jedoch nicht den Umfang der überbaubaren Fläche. Typischerweise wird die Höhe der Anlage als Trauf- oder Firsthöhe vorgegeben.

BEISPIEL: Höhe der baulichen Anlagen Traufhöhe (TH): Entfernung zwischen dem Schnittpunkt der Außenwand und der Oberkante des Daches, in der Regel der Unterkante des Sparrens oder der Dachhaut, gemessen über einem bestimmten Höhenbezugspunkt, meist dem fertigen

Fußboden im Erdgeschoss oder der Oberkante der öffentlichen Straße. Wie die Traufhöhe zu bemessen ist, wird in den Satzungen definiert.
Beispiel: TH = 22 m
Firsthöhe (FH): Höhe des Dachfirstes über einem festen Bezugspunkt, meist die Höhe des fertigen Fußbodens im Erdgeschoss.
Beispiel: FH = 9 m

■ Baumasse: Die Baumasse bestimmt, wie viel Kubikmeter Raum pro Quadratmeter Grundstücksfläche bebaut werden darf.

BEISPIEL: Baumasse Darstellung:
| 3,0 | oder BMZ 3,0 oder BM 3000 m³

BEISPIEL: Grundstücksfläche × BMZ = zulässiger umbauter Raum
1000 m² Grundstücksfläche × 3,0 BMZ = 3000 m³ zulässiger umbauter Raum

Die **zulässige Art der Nutzung** eines Grundstücks ergibt sich aus dem Bebauungsplan. Der Bebauungsplan weist zunächst sogenannte Plangebiete aus, die festlegen, wie die Grundstücke innerhalb dieser Gebiete genutzt werden müssen. Die Gemeinde muss die Baugebietstypen verwenden, die die Baunutzungsverordnung festlegt (§§ 1–11 BauNVO), sie darf keine eigenen Baugebiete erfinden. Möglich sind folgende Plangebiete:

■ Kleinsiedlungsgebiete (WS)

■ Reines Wohngebiet (WR)

■ Allgemeines Wohngebiet (WA)

■ Besonderes Wohngebiet (WB)

■ Dorfgebiet (MD)

■ Mischgebiet (MI)

■ Kerngebiet (MK)

■ Gewerbegebiet (GE)

■ Industriegebiet (GI)

■ Sondergebiet (SO)

Wie diese Gebiete genutzt werden können, ist in der Baunutzungsverordnung festgelegt. So sind beispielsweise in reinen Wohngebieten ausnahmsweise Läden zur Deckung des täglichen Bedarfs der Bewohner des Gebietes zulässig, nicht aber Supermärkte, die der Versorgung des Gebiets dienen (§ 3 Abs. 3 BauNVO). Die Wohnnutzung ist in Gewerbegebieten und Industriegebieten nur in Ausnahmefällen zulässig (§§ 8 Abs. 3 Nr. 1, 9 Abs. 3 Nr. 1 BauNVO). Eine Rolle spielt die zulässige Nutzung insbesondere dann, wenn eine Immobilie mit angeschlossener Gewerbeeinheit errichtet oder in Wohnungseigentumsanlagen Raum für Teileigentum geschaffen werden soll. Weniger problematisch sind freiberufliche Tätigkeiten, wie zum Beispiel die eines Architekten oder Anwalts. Sie dürfen selbst in reinen Wohngebieten ausgeübt werden (§ 13 BauNVO).

Hinweis:

Mieter dürfen ohne Genehmigung ihres Vermieters in ihren Wohnungen einer Bürotätigkeit nachgehen, künstlerisch oder schriftstellerisch aktiv werden. Die gewerbliche Tätigkeit wird i.d.R. erst vertragswidrig, wenn durch ein Schild auf die Tätigkeit hingewiesen wird, so zum Beispiel entschieden für einen Ingenieur (LG Schwerin, Urt. v. 4.8.95, 6 S 96/94, NJW-RR, 1996, S. 1223, BGH, Urt. v. 10.4.2013, VIII ZR 213/12).

■ Die Zulässigkeit des Bauvorhabens. Ein Bauvorhaben muss den Festsetzungen im Bebauungsplan entsprechen, damit es zulässig ist. Soll davon abgewichen werden, müssen entsprechende Anträge auf Ausnahmen oder Befreiungen gestellt werden.

Hinweis:

Damit ist eine zweigeschossige Bebauung beispielsweise nicht möglich, wenn für ein Baugebiet lediglich ein Vollgeschoss vorgesehen ist. Legt der Bebauungsplan etwa Satteldächer fest, benötigt der Bauherr eine Ausnahmegenehmigung für ein Walmdach. Sieht der Bebauungsplan gar einen Holzzaun als Grundstücksbegrenzung vor, reicht die Hecke nicht aus.

Inwieweit umfangreichere Bebauungen oder spätere Erweiterungen nach Antrag genehmigt werden können, muss auf jeden Fall vorab geprüft werden. Doch erhöhen solche zusätzlichen Genehmigungen natürlich die Baukosten. Ist ein Grundstück bereits mit einem kleineren Gebäude bebaut, das für den Neubau abgerissen werden soll, kann auch der Alteigentümer die Genehmigung einer erweiterten Bebauung beantragen. Da die Baugenehmigung sach- und nicht personenbezogen ist, gilt sie ebenso für – in manchen Fällen allerdings auch gegen – den Rechtsnachfolger des Bauherrn. Dadurch besteht für den Käufer im besten Fall die Sicherheit, dass die gewünschte Bebauung realisiert werden kann.

Hinweis:

Für die Höhe der Baukosten ist zudem entscheidend, ob das Grundstück bereits erschlossen ist oder ob die Erschließungskosten – zum Beispiel für Wasser- und Abwasseranschlüsse, Strom, Straßen – zusätzlich anfallen. Denn diese Kosten würden das Budget noch einmal erheblich belasten.

- Stellplätze und Garagen. Die meisten Landesbauordnungen schreiben vor, dass bauliche Anlagen nur errichtet werden dürfen, wenn gleichzeitig Stellplätze oder Garagen gebaut werden (zum Beispiel Art. 47 BayBO; § 37 IV LBO BW). Die Anzahl muss dem zu erwartenden Zugangsverkehr entsprechen. Diese Landesgesetze werden vielfach durch kommunale Satzungen ergänzt. Können Stellplätze nicht gebaut werden, besteht häufig die Möglichkeit, die fehlenden Plätze durch Zahlung einer satzungsmäßig definierten Summe abzulösen (zum Beispiel Art. 47 BayBO).

Hinweis:

Bereits bei der Planung des Bauvorhabens müssen diese Vorschriften berücksichtigt werden. Die Vorschrift wird nicht dadurch erfüllt, dass Stellplätze hinzugepachtet werden. Soll die Stellplatzverpflichtung auf einem anderen Grundstück erfüllt werden, muss eine entsprechende Baulast eingetragen werden.

Bebauungspläne existieren nicht für das gesamte Gemeindegebiet. Der weitaus größere Teil ist **„unbeplant",** aber dennoch bebaut. Denn typischerweise sind die Städte und Gemeinden Jahrhunderte lang gewachsen, bis schließlich das Baurecht Bebauungspläne entwickelte. Anders als im „beplanten" Innenbereich ergibt sich die zulässige Bebauung in den im Zusammenhang bebauten Ortsteilen (§ 34 Abs. 1 Satz 1 BauGB) aus der Umgebungsbebauung.

> **BEISPIEL: Umgebungsbebauung** Verfügen die umliegenden Grundstücke über eine 3–4 geschossige Bebauung, darf in der Baulücke grundsätzlich in dieser Höhe gebaut werden. Auch wenn der Bauherr über einen weiten Spielraum verfügt, muss sich das Gebäude vom Aussehen her in die Umgebungsbebauung einfügen.

Üblicherweise werden solche Bauvorhaben in Baulücken geplant. Doch darf durch Baulücken nicht der Zusammenhang zu dem im Zusammenhang bebauten Ortsteil zerrissen werden, damit die oben genannte Regel noch gilt. Insbesondere am Ortsrand ergeben sich immer wieder Schwierigkeiten der Abgrenzung zum grundsätzlich nicht bebaubaren Außenbereich. Die Gemeinde hat allerdings die Möglichkeit, durch die sogenannte Klarstellungssatzung die Grenzen der im Zusammenhang bebauten Ortsteile festzulegen (§ 34 Abs. 4 Satz 1 Nr. 1 BauGB). Handelt es sich um Splittersiedlungen, also um kleinere abseits gelegene Ansiedlungen von Häusern, wird in vielen Fällen keine Verbindung zu dem im Zusammenhang bebauten Ortsteil mehr gesehen (BVerwG, Urt. v. 14.4.2000, 4 C 5/99, NJW 2001, S. 386; BVerwG, Beschl. v. 24.6.04, 4 B 23/04, BauR 2005, S. 73).

> **Hinweis:**
>
> Inwieweit ein Bauvorhaben auf diesen Grundstücken zulässig ist, sollte bereits vor dem Kauf und vor allem vor dem Baubeginn geprüft werden.

Im **Außenbereich,** also außerhalb des Gemeindegebiets, sind Bauvorhaben zu Wohnzwecken grundsätzlich nicht zulässig (§ 35 BauGB), außer im Zusammenhang mit landwirtschaftlichen Anlagen. Ausnahmen können jedoch aufgrund einer Außenbereichssatzung zugelassen werden (§ 35 Abs. 6 BauGB).

Durch eine **Entwicklungssatzung** (§ 34 Abs. 4 Satz 1 Nr. 2 BauGB) kann die Gemeinde die weitere Bebauung der oben genannten Splittersiedlungen zulassen. Das gewinnt insbesondere in den Fällen an Bedeutung, in denen der Zusammenhang zu dem im Zusammenhang bebauten Gemeindegebiet geschaffen werden soll. Allerdings dürfen die Festsetzungen des Flächennutzungsplans der Bebauung nicht entgegenstehen.

Die Gemeinde hat die Möglichkeit, einen sogenannten **vorhabenbezogenen Bebauungsplan** zu erlassen (§ 30 Abs. 2 BauGB, § 12 BauGB). Diese Variante spielt vor allem dann eine Rolle, wenn Investoren in einem nicht beplanten Gebiet größere Bauvorhaben durchführen wollen. Der Investor legt einen fertig ausgearbeiteten Planentwurf, den Vorhaben- und Erschließungsplan vor. Stimmt die Gemeinde der Planung zu, beschließt sie über das Vorhaben.

Ein solches Verfahren kann von den Kommunen erheblich schneller durchgeführt werden als der Erlass eines Bebauungsplanes. Der Vorhaben- und Erschließungsplan enthält die Festsetzungen des Bebauungsplans, er wird Bestandteil des vorhabenbezogenen Bebauungsplans. Gleichzeitig schließen Gemeinde und Vorhabenträger einen (gesetzlich vorgeschriebenen) Durchführungsvertrag, in dem sich der Investor verpflichtet, das Projekt innerhalb einer bestimmten Zeit durchzuführen, dazu gehört auch die Erschließung des Baugebiets. Der Vorhabenträger muss die Planungs- und Erschließungskosten regelmäßig ganz beziehungsweise in Ausnahmefällen teilweise tragen.

> **Hinweis:**
>
> Diese Variante spielt für den Bauherrn eines Eigenheims in der Regel keine Rolle. Aber häufig nutzen Bauunternehmen diese Möglichkeit, um entweder große Wohnanlagen, die aus mehreren Häusern bestehen, oder ganze Doppel- oder Reihenhaussiedlungen zu errichten. Auch für Wohnungsbauunternehmen, die in eigener Verantwortung bauen, um die Wohnungen anschließend

zu vermieten, ist der Vorhaben- und Erschließungsplan durchaus eine Alternative, um Bauvorhaben schnell zu realisieren.

Der **Erschließungsvertrag** (§ 11 BauGB) dient ähnlich wie der Vorhaben- und Erschließungsplan der Erschließung ganzer Baugebiete und spielt daher nur für umfangreichere Investitionen eine Rolle. Allerdings handelt es sich dabei um Gebiete, die bereits als Baugebiete ausgewiesen, von den Gemeinden jedoch – meist aus finanziellen Gründen – noch nicht erschlossen worden sind. In diesen Fällen verpflichtet sich der Erschließungsträger, ein vertraglich definiertes Gebiet im eigenen Namen und auf eigene Kosten zu übernehmen. In der Regel trägt er die Kosten in vollem Umfang. Er errichtet folglich auch die notwendigen Erschließungsanlagen. Sind sie fertig gestellt, werden sie auf die Gemeinde übertragen, die sie wiederum als öffentliche Erschließungsanlage widmet.

Hinweis:

Der Erschließungsträger, also der Investor, verkauft nach Fertigstellung die Immobilien beziehungsweise Wohnungen. Im Kaufpreis sind anteilmäßig auch die Kosten der Erschließung enthalten.

d) Die Bebaubarkeit

Grundstücke dürfen erst bebaut werden, wenn sie erschlossen sind, das heißt, sie sind an das Straßennetz angeschlossen, die Versorgung mit Energie und Wasser sowie die Entsorgung des Abwassers ist gesichert (§§ 30 Abs. 1, 34 Abs. 1, 35 Abs. 1 BauGB). Die Grundstücke sind damit voll erschlossen, wobei sich die Anforderungen an die Erschließungsanlagen nach den jeweiligen Vorhaben richten (BVerwG, Urt. v. 30.8.85, 4 C 48.81, NJW 1986, 394).

Die Bebaubarkeit ist (noch) nicht gegeben, wenn es sich um sogenanntes Rohbauland oder um Bauerwartungsland handelt. Bauerwartungsland ist noch nicht zur Bebauung ausgewiesen. Allerdings wird erwartet, dass die Grundstücke demnächst zur Bebauung frei gegeben werden. Häufig sind diese Flächen noch als landwirtschaftliche Fläche ausgewiesen. Weist der gemeindliche Flächennutzungsplan das Grundstück bereits als Baufläche aus, ohne dass dieser Ausweis bereits im Bebauungsplan umgesetzt wurde, handelt es sich objektiv um Bauerwartungsland, die künftige Baureife ist zu erwarten. Aber auch andere Faktoren können dazu führen, dass von Bauerwartungsland ausgegangen werden kann, es kommt stets auf die Umstände des Einzelfalles an (§ 5 Abs. 2 ImmoWertV). Das Grundstück wird zu Rohbauland, wenn es im Bebauungsplan als Bauland ausgewiesen, aber noch nicht erschlossen ist (§ 5 Abs. 3 ImmoWertV). Erst wenn die öffentlich-rechtlichen Vorschriften erfüllt sind, nach denen die Grundstücke bebaut werden dürfen, und sie den tatsächlichen Gegebenheiten nach baulich nutzbar sind, kann von baureifem Land gesprochen werden (§ 5 Abs. 4 ImmoWertV).

Hinweis:

Daher sollte beim Kauf von Grundstücken stets darauf geachtet werden, dass sie tatsächlich bebaut werden dürfen. Ob und wann Land zu Bauerwartungsland und dann zu Rohbauland wird, ist häufig nicht abzusehen und hängt von vielen Faktoren ab. Ob das Grundstück dann für die eigenen Zwecke – zum Beispiel einen schnellen Einzug ins eigene Heim – geeignet ist, muss gut überlegt sein. Einen Anspruch gegen die Gemeinde, dass sie die Erschließungsmaßnahmen ergreift, hat der Eigentümer nicht (§ 123 Abs. 3 BauGB).

3. Die Immobilie

a) Formen des Immobilieneigentums

Für welche Immobilie sich ein Bau- oder Kaufwilliger entscheidet, hängt zunächst davon ab, ob die Immobilie vermietet oder selbst genutzt werden soll.

Selbstverständlich kann grundsätzlich jede Immobilie vermietet werden. Doch prädestiniert zur rentablen Vermietung sind Mehrfamilienhäuser oder Eigentumswohnungen. Die Entscheidung zwischen diesen beiden Immobilienformen wird wesentlich durch den unterschiedlich hohen Kapitaleinsatz geprägt. So ist der Kapitaleinsatz für ein Mehrfamilienhaus erheblich höher als für den Erwerb einer Eigentumswohnung. Allerdings müssen bei der Vermietung einer Eigentumswohnung Besonderheiten beachtet werden, die sich aus den speziellen Konflikten zwischen Miet- und Wohnungseigentumsrecht ergeben.

Wird die Immobilie zur Selbstnutzung erworben, bieten sich unterschiedliche Immobilientypen an. Alle Typen haben ihre Vor- und Nachteile, die jeder Bau- und Kaufwillige für sich abwägen muss.

■ **Einfamilienhäuser.** Einfamilienhäuser haben in der Regel einen mehr oder weniger großen Garten und bieten einer Familie Platz. Einfamilienhäuser können eingeschossig (Bungalow) oder mehrgeschossig errichtet werden. Inbesondere die eingeschossige Bauweise ist eine ideale Voraussetzung für barrierefreies Wohnen. Einfamilienhäuser können mit einer Einliegerwohnung kombiniert werden. Dabei handelt es sich um eine eigenständige, in der Regel abgeschlossene Wohnung, die jedoch im Vergleich zur Hauptnutzung von untergeordneter Bedeutung ist. Einfamilienhäuser kommen in der Regel mit Grundstücken ab 350–400 m² aus.

Hinweis:

Sind Einfamilienhausgrundstücke besonders groß, wirkt sich die Fläche von einer bestimmten Größe an nicht mehr wertsteigernd aus, obwohl die Grundstückspreise insbesondere in Hochpreisregionen den Preis des Bauvorhabens dominieren. Vielmehr können die Quadratmeterpreise sinken, wenn Grundstücke die ortsüblichen Größen überschreiten.

Werden Einfamilienhäuser mit einer Einliegerwohnung kombiniert oder wird ein Zweifamilienhaus erworben, finden unter einem Dach gleich zwei Generationen Platz und haben dennoch ihr „eigenes Reich". Wird aus den unterschiedlichsten Gründen eine Betreuungs- oder Pflegeperson benötigt, erweist sich eine solche Kombination als ideal, da ein eigener abgetrennter Wohnbereich im gleichen Haus vorhanden ist und angeboten werden kann.

Hinweis:

Die zweite Wohnung kann nicht nur selbst genutzt werden, sie steht zusätzlich zur Vermietung zur Verfügung. Dies hat den Vorteil, dass über die Mieteinnahmen ein Teil der Annuitäten gezahlt werden kann. Zudem können Modernisierungs- und Sanierungsmaßnahmen zum Teil abgesetzt werden (vergleiche Seite 523 ff.).

Oft bietet das Dachgeschoss noch eine zusätzliche Platzreserve. Eine Platzreserve kann auch im Keller vorhanden sein, wenn die Fenster von vorneherein so geplant und ausgeführt werden, dass genügend Helligkeit vorhanden ist.

Ein- und Zweifamilienhäuser stehen im Alleineigentum im Gegensatz zum Gemeinschaftseigentum nach WEG (vergleiche dazu auch Seite 87 ff.). Damit kann der Eigentümer (weitgehend) frei über die Gestaltung seiner Immobilie entscheiden. Auch in der Nutzung ist er im Wesentlichen frei: Duschen, musizieren, feiern und andere Lebensgewohnheiten können im Einfamilienhaus nach eigenen Wünschen geregelt werden. Im Außenbereich der Immobilie sind allerdings die Vorschriften des Nachbarrechts zu beachten, etwa Grenzabstände von Bäumen und Sträuchern (zum Beispiel § 38 Hess. NachbarG).

Hinweis:

Einfamilienhäuser können durchaus mit einer Seitenwand oder mit der angebauten Garage auf der Grenze stehen, in manchen Fällen sogar direkt an das Nachbarhaus grenzen. Es handelt sich dennoch nicht um Doppelhäuser. Denn neben dem Realeigentum an Haus und Grundstück unterscheiden sich Einfamilienhäuser durch die unterschiedlichen Größen und Raumaufteilungen, eine individuelle Gestaltung sowohl von innen und außen sowie häufig auch durch die Bauweise.

- **Kombinierte Wohn- und Geschäftshäuser.** Kombinierte Wohn- und Geschäftshäuser bieten die Möglichkeit, Wohnen und Arbeiten mit einander in Verbindung zu bringen – für Freiberufler oder Gewerbetreibende eine Alternative, die zeitsparend, aber auch steuerlich sinnvoll sein kann. Je nachdem, in welchem Baugebiet sich eine solche Immobilie befindet, können bestimmte Nutzungen, beispielsweise Fuhrunternehmen in reinen Wohngebieten, nicht zulässig sein (zur freiberuflichen Nutzung vergleiche Seite 13).

Hinweis:

Wohn- und Geschäftseinheit sollten unabhängig voneinander begeh- und nutzbar sein. Dann lässt sich die Geschäftseinheit zu einem späteren Zeitpunkt nötigenfalls separat vermieten, beispielsweise wenn das Gewerbe aus Altersgründen aufgegeben wird.

■ **Doppel- und Reihenhäuser.** Preisgünstiger als Ein- und Zweifamilienhäuser sind im allgemeinen Doppelhaushälften oder Reihenhäuser. Während bei Doppelhäusern zwei Haushälften aneinandergebaut werden, sind es bei Reihenhäusern mehrere Häuser. Bei diesen beiden Wohnformen werden die „Einfamilienhäuser" fest aneinander gereiht und verfügen über einen kleinen Garten. Jedes Haus hat einen eigenen Zugang und verfügt selbst über alle Einrichtungen wie Heizung, Wasserversorgung und ähnliches. Allerdings leben die Nachbarn eng beieinander. Die gute Nachbarschaft und das eigene Wohlbefinden hängen folglich auch davon ab, wie gut die Bauausführung insbesondere beim Schallschutz ist. Obwohl Doppel- und Reihenhäuser meist im Realeigentum stehen, kann die Außengestaltung der Immobilie in manchen Fällen nur in Absprache mit den Nachbarn verändert werden. Mögliche Einschränkungen ergeben sich aus dem Grundbuch. Als besonders hochwertig werden die Eckhäuser von Reihenhausanlagen angesehen, da nur ein direkter Nachbar angrenzt, mehr Fenster möglich sind (Helligkeit!) und meist ein größerer Gartenanteil vorhanden ist.

Vor dem Kauf sollte geklärt werden, ob die Häuser sich im Realeigentum befinden oder ob es sich um Sondereigentum handelt. Stehen die Reihenhäuser im Sondereigentum müssen auf jeden Fall die Teilungserklärung und die Gemeinschaftsordnung eingesehen werden (vergleiche Seite 95 und 225 ff.), damit der künftige Eigentümer weiß, welche Entscheidungen er alleine und welche er nur in der Gemeinschaft treffen kann.

Hinweis:

Auch wenn die Grundstücke real geteilt sind, sollte stets darauf geachtet werden, ob Wege, Garagen, Stellplätze oder Heizungsanlagen im Gemeinschaftseigentum stehen, und welche Regelungen in diesem Fall getroffen worden sind.

- **Mehrfamilienhäuser.** In Mehrfamilienhäusern befinden sich mehrere Wohnungen. Das Haus kann einem Eigentümer gehören. Entweder bewohnt er selbst eine Wohnung und vermietet die übrigen Wohnungen oder er vermietet das gesamte Haus.

- **Eigentumswohnungen.** Eine Alternative ist die Eigentumswohnung. Nach den Vorschriften des Wohnungseigentumsgesetzes wird Sondereigentum an der Wohnung und sogenanntes Miteigentum an dem Grundstück begründet (vergleiche Seite 87 ff.). Mit der Wohnung kann ein Sondernutzungsrecht an einem Garten verbunden sein.

  Erstreckt sich die Wohnung über die obersten beiden Stockwerke, wird von einer Maisonettewohnung gesprochen. Maisonettewohnungen werden aufgrund ihres speziellen Zuschnitts als besonders hochwertig angesehen. Doch muss berücksichtigt werden, dass durch die innen liegende Treppe mehr Verkehrsflächen benötigt werden als bei Wohnungen auf einer Ebene. Zudem verhindert die Treppe in der Regel eine barrierefreie Nutzung (vergleiche Seite 25).

  Als Penthousewohnungen werden – meist exklusive – Wohnungen auf dem (Flach-)Dach eines mehrgeschossigen Hauses bezeichnet. Die Grundflächen treten hinter der Flucht der unteren Geschosse zurück, so dass der Eindruck eines eigenständigen Hauses oder zumindest eines „Staffelgeschosses" entsteht. Häufig erstrecken sie sich über die gesamte Etage, möglich sind jedoch zwei oder drei „Reihenpenthouse-Wohnungen". Meist verfügen sie über eine Dachterrasse, oft werden sie über einen eigenen Fahrstuhl erreicht.

Beim Erwerb einer Eigentumswohnung darf das Augenmerk des zukünftigen Immobilieneigentümers nicht nur auf der Immobilie liegen. Wichtig ist vielmehr, dass sich der Interessent über die Eigentümergemeinschaft informiert, mit der er über Jahre hinaus eng verbunden sein wird. Denn die Eigentümer verwalten die Immobilie gemeinschaftlich (vergleiche Seite 217 ff.).

Hinweis:

Die Kaufentscheidung für eine Eigentumswohnung sollte besonders sorgfältig vorbereitet werden, denn ein Wohnungseigentümer erwirbt neben seinem Sondereigentum – der Wohnung – einen Teil des Gemeinschaftseigentums und wird Teil einer Gemeinschaft. Daher sollte im Vorfeld durch den Blick in die Teilungserklärung, die Gemeinschaftsordnung und – bei bereits bestehenden Gemeinschaften – durch den Blick in die Beschluss-Sammlung sowie in die Protokolle der Eigentümerversammlungen geklärt werden, ob die Regeln, die sich die Gemeinschaft gegeben hat, akzeptiert werden können und wie die Gemeinschaft – auch im Zusammenspiel mit dem Verwalter – harmoniert (vergleiche Seite 104 f.).

b) Haustypen

Mit den Begriffen Architektenhaus, Fertighaus, Massivhaus oder Bauträgerhaus werden unterschiedliche Haustypen bezeichnet. Sie lassen keinen Rückschluss auf Qualität, Größe oder Struktur einer Immobilie zu, vielmehr spielt die Konstruktion eine Rolle. Während Architektenhäuser individuell durch das Zusammenspiel von Bauherrn und Architekt geplant und gebaut werden und damit in der Regel am kostenintensivsten sind, werden Fertighäuser standardisiert gebaut. Es gibt sie in der herkömmlichen Holzbauweise, die – aus bereits vorgefertigten Teilen – an der Baustelle aufgestellt werden. Doch werden Fertighäuser inzwischen auch aus vorgefertigten Massivbauteilen errichtet. Durch unterschiedliche „standardisierte" Varianten können individualisierte Häuser in sehr kurzer Bauzeit entstehen. Die Kosten liegen meist unter denen von Architektenhäusern, die von Architekten individuell geplant und in Massivbauweise errichtet werden. Bauträgerhäuser werden von Bauträgern in der Regel standardisiert in großer Zahl errichtet. Doch bieten gerade kleinere Bauträger immer wieder individuelle Häuser an, wobei die gesamte Abwicklung – anders beispielsweise als beim Architektenhaus – in der Hand des Bauträgers liegt (vergleiche Seite 47 ff.).

c) Größe und Ausstattung der Immobilie

Jeder Kauf- und Bauwillige sollte sich im Vorfeld Gedanken über sein zukünftiges Zuhause machen. Dazu gehört auf jeden Fall die Frage nach dem individuellen Platzbedarf – in Quadratmetern und Zimmern. Dabei dürfen nicht nur die reinen Wohnräume berücksichtigt werden, wie Wohnzimmer, Schlafzimmer und Bäder, sondern ebenso auch Keller, Abstell- oder Hauswirtschaftsräume. Bereits zu diesem Zeitpunkt sollten sich die zukünftigen Immobilieneigentümer darüber im Klaren sein, dass der Wohnraumbedarf sich über die Jahre hin verändern kann, beispielsweise wenn Kinder die Familie vergrößern und später wieder ausziehen. Möglicherweise sollen die eigenen Eltern aufgenommen werden oder es wird ein Büroraum benötigt. Solche Erweiterungen sollten bei der Planung berücksichtigt werden.

> ### Hinweis:
>
> Bei der Planung können nicht alle Eventualitäten bedacht werden. Doch müssen auf jeden Fall solche Entwicklungen beachtet werden, die bereits zum Planungszeitpunkt feststehen, zum Beispiel die eigene selbständige Tätigkeit, die in Kürze realisiert werden soll. Ansonsten sollten die nächsten 10–12 Jahre überdacht und in die Überlegungen einbezogen werden.

Entschieden werden muss außerdem, ob sich die Fläche auf einer Ebene – wie bei einer Wohnung oder einem Bungalow – befinden soll oder ob sie – wie bei einem Reihenhaus – über mehrere Ebenen verteilt sein kann. Ebenso zentral ist die Frage, ob ein Garten, eine Terrasse oder ein Balkon vorhanden sein soll.

> **Hinweis:**
>
> Diese und ähnliche Fragen sollten Sie ehrlich gegenüber sich selbst beantworten. Denn die Antworten führen sehr schnell dazu, dass sich bestimmte Immobilientypen als „ideale" Wohnform herauskristallisieren und andere aus der Planung herausfallen.

Die Ausstattung sollte im Vorfeld gut geplant werden. Dazu zählt beispielsweise Art und Qualität von Fußbodenbelägen, Fenster mit oder ohne Rollladen beziehungsweise mit oder ohne Insektenschutztüren, die Gestaltung des Badezimmers und ähnliches.

> **Hinweise:**
>
> Eine extravagante, ausgefallene Ausstattung kann der augenblicklichen Vorstellung des künftigen Immobilieneigentümers entsprechen. Doch kann sie sehr schnell unmodern werden und dann die Wiederverkäuflichkeit erschweren.

Das Hauptaugenmerk der Ausgestaltung sollte stets auf langfristigen Erwägungen liegen, die die zukünftige Nutzung der Immobilie entscheidend beeinflussen können: die altersgerechte Ausstattung. Altersgerecht oder barrierefrei kann eine Immobilie durch ganz unterschiedliche Maßnahmen werden. Dazu können Anbauten gehören, damit die Wohnfläche auf einer Ebene liegt, aber auch Umbauten, damit die notwendige Bewegungsfläche für Gehhilfen oder Rollstühle geschaffen oder Schwellen beseitigt werden. Bestandteil der Barrierefreiheit sind aber auch elektrische Steuerungssysteme zum Beispiel für Türen oder Rollläden.

Werden Immobilien neu errichtet oder umfassend saniert, ist diese barrierefreie Ausstattung häufig möglich, ohne dass erhebliche Mehrkosten entstehen. Diesen Mehrkosten steht zudem ein erheblicher Zusatznutzen gegenüber, da die Immobilie im Alter oder im Krankheitsfall besser und länger genutzt werden kann. Selbstverständlich schlägt sich eine solche Ausstattung der Immobilie beim späteren Verkauf im Preis nieder.

Die Barrierefreiheit lässt sich bei Sanierungen häufig nicht mehr erreichen, wenn sich der Wohnraum über mehrere Ebenen erstreckt. Denn in diesem Fall müssen Treppen entweder durch einen Aufzug oder durch einen Treppenlift überwunden werden, was aus baulichen, aber auch aus Kostengründen nicht immer möglich ist.

Hinweis:

Wird eine Immobilie zur Kapitalanlage gesucht, kann sich durch die altersgerechte Ausstattung der Immobilie auch die Vermietbarkeit verbessern. Denn ältere Mieter können länger in ihrer Wohnung bleiben und die Wohnung wird im Falle einer Neuvermietung für einen größeren Mieterkreis interessant.

Nicht vernachlässigt werden darf die energetische Qualität von Immobilien. Im Neubau sind bestimmte energetische Standards und der Einsatz alternativer Energien zum Heizen und Bereiten von Warmwasser vorgeschrieben. Im Gebäudebestand finden sich bereits Immobilien, die nach dem neusten energetischen Standard saniert worden sind, doch ist das noch nicht die Regel. Daher sollte bereits vor dem Kauf geklärt werden, wie die Immobilie energetisch ausgestattet ist und was zukünftig zu tun bleibt.

Hinweis:

Bei Bestandsimmobilien sollten notwendige Maßnahmen zur energetischen Sanierung nach dem Erwerb und vor dem späteren Einzug ergriffen werden. Damit erspart sich der neue Eigentümer viele Unbequemlichkeiten, die mit einer Sanierung stets einhergehen. Die Kosten müssen in die Finanzierung einkalkuliert werden.

d) Neubau oder Bestandsimmobilie?

Die Entscheidung für einen Neubau oder eine Bestandsimmobilie ist in vielen Fällen eine rein emotionale Entscheidung. Doch kann und sollte sie anhand verschiedener Kriterien vorbereitet werden.

Pro Bestandsimmobilie:

- Bestandsimmobilien sind meist zu einem niedrigeren Preis zu erwerben als neue Gebäude, allerdings fallen in der Regel Sanierungs- und Modernisierungskosten an.

- Neue Immobilien entstehen häufig in neu erschlossenen Baugebieten. Wie das Gebiet nach Fertigstellung aussehen wird, ist meist noch nicht erkennbar und kann nur anhand der vorliegenden Planung beurteilt werden. Im Altbestand kann jeder Interessent sich einen eigenen Eindruck von der Nachbarschaft sowie von erreichbaren Geschäften, Ärzten und ähnlichen Infrastruktureinrichtungen verschaffen.

- Bestandsimmobilien können vor dem Erwerb besichtigt werden. Von Neubauten gibt es in der Regel nur Planzeichnungen, bei Neubausiedlungen eventuell Musterhäuser oder -wohnungen.

- Bestandsimmobilien verfügen oft über einen Charme, den neue Immobilien (noch) nicht vermitteln, wie beispielsweise Immobilien aus der Gründerzeit oder alte Fachwerkhäuser. Sie benötigen dann jedoch viel Pflege, die Zeit- und Kostenaufwand nach sich zieht.

- Bestandsimmobilien befinden sich in vielen Fällen auf größeren Grundstücken mit einem größeren Gartenanteil. Allerdings bedarf ein Garten Pflege, die wiederum Zeit erfordert.

- Bestandsimmobilien können gleich oder zumindest relativ schnell nach dem Kauf bezogen werden. Sofern erforderlich lassen sich notwendige Umbauten durchführen, wenn die Immobilie bereits bezogen ist, obwohl dies während der Durchführung der Maßnahmen zu erheblichen Beeinträchtigungen führen kann. So lässt sich die finanzielle Belastung leichter tragen, da nicht gleichzeitig die Miete (für die bisherige Wohnung) und die Zins- und Tilgungszahlung für das neue Eigenheim gezahlt werden müssen.

Pro Neubau:

- Bestandsimmobilien haben häufig einen Grundriss der den heutigen Anforderungen nicht mehr entspricht. Soll er geändert werden, entstehen hohe Kosten. Neubauten können üblicherweise noch den Wünschen des Bauherrn entsprechend angepasst werden.

■ Neue Immobilien sind normalerweise auf dem neuesten Stand der Technik. Anders Bestandsimmobilien: Hat der bisherige Eigentümer nicht ständig modernisiert und saniert, stehen zum Teil erhebliche Investitionen an, wie beispielsweise Dämmmaßnahmen, neue Fenster, Wasserversorgung, Bodenbeläge und Ähnliches.

Hinweis:

Zumindest die Kosten für dringend notwendige Renovierungs- und Sanierungsmaßnahmen müssen in die Kalkulation mit einfließen, so dass der anfängliche Preisunterschied schrumpft.

■ Bei Bestandsgebäuden können ungeplant Kosten für Sanierungs- und Modernisierungsmaßnahmen entstehen. Bei Neubauten sind die Kosten eher kalkulierbar und sollten zumindest in den ersten Jahren nicht anfallen.

II. Neubau von Immobilien

1. Die Planung

Wird eine Immobilie vom Bauherrn oder in seinem Auftrag errichtet, kann der Bauherr seine Überlegungen und Wünsche am besten realisieren. Allerdings bedarf ein solches Vorhaben auch einer intensiven Vorbereitung und Planung; der Bauherr steht zudem in einer großen Verantwortung. Bereits im Vorfeld sollte sich der Bauherr über die Art der Immobilie und mögliche Grundrisse im Klaren sein, die anschließend vom Architekt oder Bauingenieur zu Papier gebracht werden. Bei der Gestaltung des Grundrisses sollten auch zukünftige Anforderungen an die Immobilie berücksichtigt werden

2. Die Baugenehmigung

Obwohl der Bebauungsplan wichtige Vorschriften enthält, wie ein Neubau zu errichten ist, müssen Baumaßnahmen grundsätzlich von den zuständigen Behörden genehmigt werden. Voraussetzung für den Baubeginn ist in der Regel die Baugenehmigung (zum Beispiel Art. 68 Abs. 5 BayBO, § 58 LBO B-W). Erst wenn sie vorliegt, darf mit dem Bau begonnen werden. Zuständig sind die Bauaufsichts- beziehungsweise Baurechtsbehörden (Art. 64 BayBO, § 53 LBO B-W).

> **Hinweis:**
>
> Den Gebührenbescheid für die Baugenehmigung erhält der Bauherr. Für ein Einfamilienhaus mit einer Wohnfläche zwischen 100–150 m² ist mit Gebühren zwischen 400 und 800 € zu rechnen.

Grundlage der Baugenehmigung ist die genehmigungsfähige Planung, die im Wesentlichen Bauzeichnungen, die Baubeschreibung und die Lage enthält. Der Bauantrag wird in der Regel von Architekten oder Bauingenieuren erstellt. Wer den Bauantrag erstellen darf, wer also bauvorlageberechtigt ist, regeln die Bundesländer im jeweiligen Landesrecht (beispielsweise Art. 61 BayBO, § 43 BO B-W). Der Planung müssen die Nachbarn grundsätzlich zustimmen (Art. 66 BayBO, § 55 BO B-W). Der Bauantrag wird anschließend mit sämtlichen Unterlagen in der Regel bei der Gemeinde eingereicht, um von der zuständigen Bauaufsichtsbehörde genehmigt zu werden. Dabei kann die Gemeinde, etwa in kreisfreien Städten, die Funktion der unteren Bauaufsichtsbehörde selbst ausüben. Ist das nicht der Fall, gibt sie die Unterlagen mit ihrer Stellungnahme an die zuständige Behörde weiter.

> **Hinweis:**
>
> Übt die Gemeinde die Funktion der unteren Bauaufsichtsbehörde nicht selber aus, sind eventuelle Zusagen oder Auskünfte nicht rechtsverbindlich. Die Widersprüche, beispielsweise gegen eine

unter Umständen versagte Baugenehmigung, werden bei den oberen Bauaufsichtsbehörden, den sogenannten Widerspruchsbehörden eingelegt. Welche Behörde zuständig ist, findet sich in der Rechtsbehelfsbelehrung am Ende des Bescheides.

Bestehen bereits in der Planung Probleme oder Unsicherheiten, kann vorab eine sogenannte Bauvoranfrage (zum Beispiel Art. 71 BayBO, § 57 BO B-W) gestellt werden. Um einen zügigen Ablauf zu gewährleisten, sollte der Zeitpunkt möglichst so gewählt werden, dass auch Sitzungen der zuständigen Gremien stattfinden. Gerade in der Ferienzeit finden Sitzungen nur in längeren Abständen statt.

Weicht die Planung von den Vorgaben des Bebauungsplanes ab, müssen Ausnahmegenehmigungen oder Befreiungen eingeholt werden (zum Beispiel Art. 63 BayBO, § 56 BO B-W). Auf jeden Fall kann dies zu Verzögerungen im Zeitablauf führen. Ein Anspruch auf Erteilung der Ausnahmegenehmigung besteht im Allgemeinen nicht.

Hinweis:

Wird der Bauantrag abgelehnt, muss dagegen Widerspruch nach §§ 68 ff. VwGO eingelegt werden. Verschiedene Bundesländer – wie beispielsweise Bayern – haben das Widerspruchsverfahren abgeschafft. In diesen Fällen muss direkt Klage nach § 74 VwGO eingereicht werden. Der genaue Weg wird in der Rechtsbehelfsbelehrung vorgegeben.

Ist die Baugenehmigung vorhanden, kann mit dem Bau begonnen werden. Die Landesbauordnungen räumen für den Wohnbau Erleichterungen ein. Dazu sehen die Gesetze verschiedene Möglichkeiten vor, wie beispielsweise das Anzeigeverfahren (§ 69 a NBO), das Kenntnisgabeverfahren oder vereinfachtes Baugenehmigungsverfahren (§ 57 BO Hess). In manchen Fällen werden die Bauvorhaben von Genehmigungen freigestellt (§ 67 BO Rh-Pf, Art. 58 BayBO). Wichtigste Voraussetzung ist dafür stets, dass ein qualifizierter Bebauungsplan vorliegt, dem das Vorhaben entspricht (zum Beispiel § 51 i.V.m. § 52 BO Baden-Württemberg). Allerdings trägt in diesen

Fällen der Bauherr die Verantwortung dafür, dass das Gebäude den Vorschriften entsprechend errichtet wird. Daher wird trotz dieser Erleichterungen häufig eine förmliche Baugenehmigung eingeholt.

3. Die Baubeteiligten

a) Der Bauherr

Ist das Grundstück vorhanden, kann der Bauherr den Bau entweder in eigener Regie erstellen oder das Bauvorhaben vergeben. Errichtet er seine Immobilie in eigener Regie, kann er Planung und Durchführung ganz oder teilweise an einen Architekt oder Bauingenieur übergeben und/oder in eigener Verantwortung Handwerker für die einzelnen Gewerke beauftragen. Allerdings obliegen Koordination und Überwachung grundsätzlich seiner Verantwortung, auch wenn die Aufgaben vertraglich an Dritte delegiert werden.

Hinweis:

Meist werden die Grundlagen der Planung und Gestaltung der Immobilie vom Bauherrn gelegt, der den Rahmen vorgibt. Die Umsetzung erfolgt dann durch einen Architekten oder Ingenieur.

b) Der Architekt

Die eigentliche Planung des Neubaus übernimmt der Architekt. Die **Auswahl** des Architekten sollte sehr sorgfältig vorgenommen werden, denn von seiner Planungsleistung hängen das Aussehen, der Zuschnitt, die Ausstattung und natürlich die Kosten des künftigen Eigenheims ab. Daher sollten Bauwillige vorab mit mehreren Architekten Gespräche führen und sich bereits fertig gestellte Gebäude anschauen.

Hinweis:

Eine Liste ansässiger Architekten erhalten Interessenten bei der Architektenkammer.

Für den Bauherrn ist es wichtig, dass der Architekt ihn „versteht". Denn der Architekt muss in der Lage sein, die Wünsche und Vorstellungen des Bauherrn realisierbar umzusetzen. Deshalb sollte neben ausführlichen Gesprächen immer die Besichtigung von Referenzobjekten zum Auswahlprozess dazu gehören.

Hinweis:

In manchen Fällen vermitteln Architekten auch Grundstücke. Der Architekt darf den Grundstückskaufvertrag jedoch nicht daran binden, dass der Käufer ihn oder einen im Vertrag festgelegten Architekten beauftragt. Eine solche Vereinbarung ist – anders als beispielsweise bei Bauträgern – unwirksam (§ 3 IngAlG; BGH, Urt. v. 22.7.2010, VII ZR 144/09, NJW 2010, S. 3154).

Welche Leistungen der Architekt erbringen soll, wird im **Architektenvertrag** – ein Werkvertrag – vereinbart, dem die Honorarordnung für Architekten und Ingenieure (HOAI) zugrunde liegt. Dieser Vertrag wird normalerweise schriftlich fixiert, gesetzlich vorgeschrieben ist dies aber nicht.

Hinweis:

Der Architektenvertrag kann mündlich geschlossen werden, obwohl der Abschluss dann meist nicht beweisbar ist. Nimmt der Bauherr die Leistung des Architekten jedoch erkennbar in Anspruch, ist ein Vertrag zumindest über diese Teilleistung wohl zustande gekommen und muss vergütet werden. Eine mögliche Absprache, dass die Leistung unentgeltlich erbracht werden sollte, muss der Bauherr beweisen (OLG Düsseldorf, Urt. v. 5.6.92, 22 U 251/09, NJW-RR 1992, 1172).

Der Architekt kann grundsätzlich das gesamte Bauvorhaben begleiten, von der ersten Planung, über die Vergabe der einzelnen Aufträge an Handwerker bis schließlich das Gebäude fertig gestellt ist. Daher muss der Vertrag exakt festlegen, was der Architekt übernehmen soll. Das geschieht in der Regel über sogenannte Leistungsphasen, die in der HOAI (Anlage 1 zu § 3) definiert werden.

- Grundlagenplanung
- Vorplanung
- Entwurfsplanung
- Genehmigungsplanung
- Ausführungsplanung
- Vorbereitung der Vergabe
- Mitwirkung bei der Vergabe
- Objektüberwachung
- Objektbetreuung und Dokumentation.

Die Leistungsphasen können einzeln vereinbart werden. Der Architekt kann aber auch mit der kompletten Erstellung des Gebäudes inklusive Dokumentation betraut werden. Das muss der Vertrag klar regeln. Oft ist es sinnvoll, die Planung beim Architekten zu lassen und mit der Durchführung einen Bauleiter zu betrauen, der eng mit dem Architekten zusammenarbeitet. Soll der Architekt das gesamte Bauvorhaben betreuen, hat es sich bewährt, zumindest die Planungs- und die Durchführungsphase getrennt zu beauftragen. Denn im Verlauf der Planung kann es durchaus zu Unstimmigkeiten kommen. Dann muss der Vertrag nicht gekündigt werden, er endet mit der Planungsphase. Auf diese Weise können Streitigkeiten insbesondere über eventuell noch bestehende Honoraransprüche vermieden werden.

Hinweis:

Um Streitigkeiten zu vermeiden, ob der Bauplan verwendet werden darf, wenn der Architekt nicht mit der Durchführung beauftragt wird, sollte eine entsprechende Klausel in den Vertrag aufgenommen werden.

Aufträge an Handwerker oder Bauunternehmen sollten nur nach einer Ausschreibung vergeben werden, damit ein Vergleich der Leistungen möglich ist. Der Vertrag kommt zwischen dem Bauherrn und den Handwerkern und nicht zwischen dem Architekt und dem Handwerker zustande. Hat ein Handwerker seine Leistung erbracht, wird sie vom Bauherrn in Zusammenarbeit mit dem Architekten abgenommen.

> **Hinweis:**
>
> Auch wenn der Architekt die Interessen seines Auftraggebers, also des Bauherrn, wahrnimmt, hat er nur eine eingeschränkte Handlungsberechtigung. Damit er nicht nur geringfügige Zusatzaufträge erteilen kann, benötigt er eine Vollmacht des Bauherrn (BGH, Urt. v. 20.4.1978, VII ZR 67/77).

Für seine Tätigkeit stellt der Architekt sein **Honorar** in Rechnung. Wie dieses Honorar berechnet wird, regelt die HOAI. Die HOAI definiert zunächst die sogenannten anrechenbaren Baukosten (§ 4 HOAI). Dazu zählen beispielsweise die Kosten für die Baugrube, das Dach, die Fenster und Ähnliches. Nicht eingerechnet werden dürfen Kosten für das Grundstück, seine Erschließung oder die Mehrwertsteuer. Diese Kosten lassen sich ohne eine umfassende Planung, Ausschreibung und Vergabe nicht oder nur sehr ungenau ermitteln. Daher bestimmt die HOAI zusätzlich, wie die Kosten in den einzelnen Leistungsphasen des Bauvorhabens zu berechnen sind und weist zudem den Leistungsphasen Anteile am Gesamthonorar zu.

> **BEISPIEL: Kostenberechnung** In der Leistungsphase „Entwurfsplanung" werden die Kosten auf der Basis einer Kostenberechnung ermittelt. Für diese Phase dürfen 10% der Gesamtkosten berechnet werden. In der Leistungsphase Objektüberwachung fallen 31% des gesamten Honorars an.

Doch nicht nur die Kosten bestimmen die Höhe des Honorars, auch der Schwierigkeitsgrad der erbrachten Leistung wird berücksichtigt. Dazu sieht die HOAI fünf Honorarzonen vor (§ 5 HOAI), in die das Bauvorhaben eingeordnet werden muss. Einfamilienhäuser liegen in der Regel in der Honorarzone III und IV, die immer dann Anwendung findet, wenn die Anforderungen an die Planung als durchschnittlich beziehungsweise überdurchschnittlich eingestuft werden. Die Honorarzonen sehen nur Mindest- und Höchstsätze vor, die in Abhängigkeit von der Höhe der anrechenbaren Kosten gestaffelt sind.

Hinweis:

Im Allgemeinen liegt das Honorar bei rund 10% der Baukosten, wenn sich der Architekt um das gesamte Bauwerk kümmert. Die komplexe Honorarberechnung ist für einen privaten Bauherrn meist nur schwer verständlich, insbesondere wenn zusätzlich – zulässige – Nebenkosten für Zusatzleistungen anfallen. Fragen zur Honorarabrechnung sollten zunächst mit dem Architekten geklärt werden. Können Fragen und Zweifel nicht ausgeräumt werden, kann zunächst die Architektenkammer, letztlich aber nur ein Anwalt helfen.

Auch die Arbeit des Architekten wird je nach Vertrag am Ende der Planung oder des Bauvorhabens abgenommen. Sinnvollerweise regelt der Vertrag, welche Voraussetzungen erfüllt sein müssen, damit die Immobilie als abgenommen gilt und es später keine Unstimmigkeiten über den Zeitpunkt der Abnahme und damit den Beginn der Verjährung geben kann. Hat der Architekt das Bauvorhaben von Anfang bis Ende betreut, wird grundsätzlich davon ausgegangen, dass mit Bezug der Immobilie, Rechnungsprüfung und Kostenfeststellung des Architekten und schließlich mit der Vorlage der Schlussrechnung die Abnahme erfolgt ist (BGH, Urt. v. 11.3.82, VII ZR 128/81). Auch die Bezahlung des Architektenhonorars lässt auf eine Abnahme schließen. Die Honorarrechnung muss jedoch prüffähig vorliegen, das heißt, sie muss transparent und nachvollziehbar sein. Ist die Rechnung nicht prüffähig, muss dies dem Architekten binnen 2 Monaten (BGH, Urt. v. 27.11.2003, VII ZR 288/02) mitgeteilt werden. Andernfalls wird die Rechnung als prüffähig anerkannt.

Hinweis:

Der Bauherr sollte daher dem Architekten unmissverständlich mitteilen, wenn er mit der Leistung nicht einverstanden ist, damit nicht durch schlüssiges Handeln von einer Abnahme der Bauleistung ausgegangen werden kann.

Erfüllt der Architekt seine Leistung nur unzureichend, kann ein Mangel vorliegen. In solchen Fällen bestehen gegenüber dem Architekten Mängelansprüche aus Werkverträgen. Diese Ansprüche verjähren nach BGB in 5 Jahren (§ 634 a Abs. 1 Nr. 2 BGB; BGH, Urt. v. 11.3.82, VII ZR 128/81).

c) Ingenieure

Bauingenieure können ebenso wie Architekten ein Bauvorhaben planen und durchführen. Auch sie sind an die HOAI gebunden. Daneben gibt es jedoch noch eine Reihe am Bau beteiligter Ingenieure, die oft unter dem Begriff Sonderfachleute zusammengefasst werden. Bestimmte Bauleistungen werden meist an diese Spezialisten vergeben werden, dazu gehören etwa die Berechnung der Gebäudestatik, die Heizungs-, Klima- und Lüftungstechnik und ähnliches. Die Verträge werden ebenfalls als Werkverträge geschlossen und richten sich nach den Vorgaben der HOAI.

d) Die Bauleistungen

Der Bauherr oder sein Beauftragter vergibt schließlich die Bauleistungen an spezialisierte Bauunternehmer oder Handwerker, wie beispielsweise Maurer, Trockenbauer, Schreiner, Dachdecker und viele andere Spezialisten. Die Bauleistungen sollten ausführlich entweder im Kostenvoranschlag oder im Leistungsverzeichnis beschrieben werden. Dabei sollte zunächst die gewünschte Bauleistung allgemein bezeichnet und anschließend alle Teilleistungen eindeutig und umfassend aufgelistet werden (beispielsweise § 9 Teil A VOB).

Bei dem zugrundeliegenden Vertrag handelt es sich um einen Bau-Werksvertrag nach § 634 a Abs. 1 Nr. 2 BGB. Ohne weitere Zusätze gelten für ihn die Regeln des Werkvertragsrechts des BGB (§§ 631 ff. BGB). Meist nehmen die Bauverträge jedoch Bezug auf die Verdingungsordnung für Bauleistungen (VOB), die aus drei Teilen besteht. Während die VOB/A die Vorgaben für öffentliche Vergaben und Ausschreibungen enthält, und daher in der Regel von öffentlichen Auftraggebern angewandt wird, ist die VOB/B für private Bauherren von Bedeutung. Sie enthält die wichtigsten Regeln für das Zusammenspiel der Vertragsparteien untereinander. Werden im Bauver-

trag die VOB/B vereinbart, gilt automatisch die VOB/C mit vereinbart (§ 1 NR. 1 VOB/B). Dieser dritte Teil enthält DIN-Normen und
Kalkulationsgrundlagen für Handwerksbetriebe.

Hinweis:

Anders als das Werkvertragsrecht des BGB handelt es sich bei der
VOB um ein Spezialrecht, das den Besonderheiten der Bauvorhaben Rechnung trägt. Da diese allgemeinen Geschäftsbedingungen
durchaus ausgewogen gestaltet sind, ist es für jeden Bauherrn
wichtig, dass die VOB dem Vertrag zugrunde gelegt werden. Die
VOB können aber nur im Ganzen vereinbart werden. Werden bestimmte Teile der VOB ausgeschlossen, liegt ein Werkvertrag nach
BGB zugrunde.

Im Vertrag sollte auf jeden Fall ein fester **Zahlungsplan** vereinbart
werden, der Zahlungen nur in Abhängigkeit vom Baufortschritt
vorsieht. Keinesfalls sollten feste kalendermäßige Zahlungstermine
vereinbart werden. Denn bei einer solchen Zahlungsweise würde die
Gefahr bestehen, dass der Bauunternehmer „überzahlt" wird, was
insbesondere bei Unstimmigkeiten während des Bauvorhabens oder
im Insolvenzfall für den Bauherrn teuer wird. Ein solcher Zahlungsplan kann sich beispielsweise nach den Vorschriften der Makler-
und Bauträgerverordnung richten (vergleiche Seite 51), doch ist
auch jede andere Zahlungsweise möglich.

Hinweis:

Trotz eines vom Baufortschritt abhängigen Zahlungsplans hat der
Bauherr keine Kontrolle darüber, ob der Unternehmer die von
ihm beauftragten Firmen und Handwerker tatsächlich bezahlt.
Das kann insbesondere im Insolvenzfall zu einem Problem werden. Als Schutz kann eine Vereinbarung getroffen werden, dass
der Bauherr eine regelmäßige Bestätigung erhält, dass der Unternehmer den beteiligten Firmen und Handwerkern gegenüber alle
Zahlungen regelmäßig geleistet hat.

Neben den Zahlungsterminen sollte auch der Fertigstellungstermin
vereinbart werden und Regelungen für den Fall getroffen werden,

dass dieser Termin nicht eingehalten wird. Denn wenn die bisherige Wohnung geräumt, Möbel eingelagert und ein Hotelzimmer genommen werden müssen, entstehen hohe Kosten. Mit einer entsprechenden Vereinbarung müssen diese Kosten in der Regel vom Vertragspartner getragen werden.

Der Vertrag sollte auf jeden Fall eine förmliche Abnahme vorsehen. Wird dies nicht gesondert vereinbart, gilt die Bauleistung „mit Ablauf von 12 Werktagen nach schriftlicher Mitteilung über die Fertigstellung der Leistung" als abgenommen (§ 12 Nr. 5 Absatz 1 VOB/B). Doch gerade die Abnahme ist entscheidend. Bei der Begehung des neu erstellten Gebäudes werden alle sichtbaren, aber auch verdeckten Mängel, sofern sie bekannt sind, benannt und dokumentiert. Diese letzte Phase des Bauvorhabens sollte sehr ernst genommen werden. Werden diese sichtbaren oder bekannten verdeckten Mängel nicht protokolliert, verliert der Bauherr meist den Anspruch auf Beseitigung.

> **Hinweis:**
>
> Spätestens bei der Bauabnahme sollte sich der Bauherr durch einen externen Fachmann begleiten lassen. Denn so sehr sich der künftige Eigentümer auch mit den technischen Bauvorgaben beschäftigt, erkennen Fachleute schneller und sicherer, ob den Vorschriften gemäß gebaut wurde, und wissen aus Erfahrung, wo sich Mängel häufig verbergen.

Mit der Abnahme der Immobilie beginnt die Gewährleistungsfrist zu laufen, die bei Bauwerken nach § 634 a Abs. 1 Nr. 2 BGB 5 Jahre und nach § 13 Nr. 4 Abs. 1 VOB/B 4 Jahre beträgt. Treten in dieser Zeit Mängel auf, hat der Auftraggeber einen Nacherfüllungsanspruch, der vom Bauunternehmer zu erfüllen ist und zwar entweder durch Beseitigung des Mangels oder durch Neuherstellung. Die Kosten dafür trägt der Bauunternehmer.

Als Mangel werden Fehler der Immobilie bezeichnet, die den Wert der Immobilie oder ihre Fähigkeit, dem gewöhnlichen oder im Vertrag vorausgesetzten Gebrauch zu dienen, vermindern oder sogar in Gänze aufheben. Fehlt eine zugesicherte Eigenschaft, gilt auch das als Mangel. Ein Mangel bei Bauwerken liegt in der Regel vor, wenn die anerkannten Regeln der Baukunst und Technik nicht eingehalten worden sind, zum Beispiel weil die verwendeten Materialien nicht geeignet waren oder DIN-Vorschriften zum Beispiel zum Schallschutz in Mehrfamilienhäusern nicht eingehalten wurden.

Gewährleistungsansprüche können vertraglich abgesichert werden. Dazu wird meist ein Sicherheitseinbehalt von 5% vereinbart, den der Auftraggeber erst mit Ablauf der Gewährleistungsfrist an den Unternehmer auszahlt. Alternativ kann eine Gewährleistungsbürgschaft der Bank akzeptiert werden, sofern sie „auf erstes Anfordern" ausgezahlt wird. Setzt die Auszahlung der Bürgschaft voraus, dass das Vorliegen von Mängeln gerichtlich bestätigt wird, ist sie für den Auftraggeber weitgehend nutzlos.

Hinweis:

Vorsicht, wenn der Einbehalt 5% der Bausumme überschreitet, die Vereinbarung kann dann nichtig sein.

Die Gewährleistungsfrist beginnt in dem Augenblick zu laufen, in dem das Bauwerk übergeben wurde. Wird bei VOB-Verträgen der Mangel angezeigt und die Beseitigung verlangt, wird die Gewährleistungszeit ausgesetzt. Anders bei BGB-Verträgen: hier muss der Mangel vom Bauunternehmer anerkannt sein, damit die Gewährleistungszeit ausgesetzt wird.

Hinweis:

Dieser Unterschied ist insbesondere kurz vor Ende der Gewährleistungszeit relevant. Denn beginnt eine Hinhaltetaktik über die Frage, ob ein Mangel vorliegt oder nicht, ist das Ende der Gewährleistungszeit schnell erreicht. Um das zu vermeiden, sollten schnell rechtliche Schritte – beginnend mit einem gerichtlichen Beweissicherungsverfahren – eingeleitet werden.

4. Die Fremdvergabe

a) Generalübernehmer – Generalunternehmer

Einfacher als ein Bau in eigener Regie wird das Bauvorhaben, wenn der Bauherr einen Dritten mit der Errichtung der Immobilie beauftragt. Ist das Grundstück bereits vorhanden, kann das Bauvorhaben einem Generalübernehmer übertragen werden. Der Generalübernehmer übernimmt die vollständige Planung des Bauvorhabens und vergibt die Ausführung der einzelnen Gewerke an verschiedene Unternehmen und Handwerker. Meist verfügt er nicht über eigene Handwerkerkapazitäten. Anders beim Generalunternehmer, der einen großen Teil der Handwerkerleistungen selbst ausführt, die Planungsleistung jedoch dazu kauft. Oft wird gleichzeitig ein Grundstück vermittelt, auf dem das Bauvorhaben ausgeführt werden kann. Doch der Vertrag mit dem Generalübernehmer wird nur über das Bauvorhaben geschlossen.

Hinweis:

Nach der geltenden Rechtsprechung ist es zumindest zweifelhaft, ob der Generalübernehmer- oder Generalunternehmervertrag unter der Bedingung geschlossen werden kann, dass das Grundstück gekauft werden muss (BGH, Urt. v. 26.11.1999, V ZR 251/98; BGH, Urt. v. 13.6.2002, VII ZR 321/00).

Der Generalübernehmer sollte sorgfältig ausgesucht werden. Dazu sollten nicht nur ausführliche Gespräche über die Art und Weise der Bauausführung gehören, sondern auch die Besichtigung von Referenzobjekten. Diese Auskünfte und Termine sollten für den zukünftigen Bauherrn kostenfrei sein. Wichtig für das Bauvorhaben ist eine solide Basis der Zusammenarbeit. Denn mit dem Generalübernehmer wird zunächst die Immobilie geplant und dann errichtet. Vor allem bei der Planung muss der Generalübernehmer in der Lage sein, die Wünsche und Vorstellungen des Bauherrn umzusetzen.

Die genaue Kalkulation der Baukosten ist schwierig. Denn die tatsächlichen Kosten hängen entscheidend von der zugrunde liegenden

Planung ab. Der Vertrag aber wird in der Regel vor der Planung geschlossen, also bevor die Pläne und eine exakte Baubeschreibung vorliegen.

> **Hinweis:**
>
> Zumindest eine überschlägige Überprüfung ist mit Hilfe der Baukostenindices des Statistischen Bundesamtes oder der Statistischen Landesämter möglich.

Mit dem Generalübernehmer können durchaus zwei getrennte Verträge – über die Planungsleistung und anschließend über die Bauleistung – abgeschlossen werden. Ein solches Vorgehen bietet dem Bauherrn eine größere Sicherheit, denn er erkennt bereits in der Planungsphase, ob die Zusammenarbeit mit dem Generalübernehmer funktioniert.

> **Hinweis:**
>
> Wird ein gesonderter Vertrag über die Planung der Bauleistung abgeschlossen, heißt das nicht zwangsläufig, dass die Ausführung mit einem anderen Generalübernehmer durchgeführt werden kann. Ein solcher Passus sollte explizit im Vertrag vereinbart werden, damit der Bauherr den Plan „erwirbt" und weiter verwenden darf. Damit lassen sich (doppelte) Kosten für eine zweite Planung vermeiden.

Wenn Planung und Ausführung in zwei getrennten Verträgen vereinbart werden sollen, müssen selbstverständlich auch beide Leistungen getrennt vergütet werden. Meist wird jedoch die Komplettleistung mit einem Pauschalpreis vereinbart. In diesen Fällen ist ein Wechsel des Bauunternehmens während der Bauphase im Allgemeinen nicht mehr möglich.

Bei den Verträgen mit dem Generalübernehmer handelt es sich um Werkverträge. Im Allgemeinen wird für Planungsleistungen ein Werkvertrag nach BGB, für die Bauleistungen selbst jedoch nach VOB vereinbart. Der Generalunternehmer überwacht die Bauarbeiten. Doch wird er trotz aller Sorgfalt gegenüber seinem Auftraggeber stets auch seine eigenen Interessen wahren. Daher sollte jeder Bauherr – und vor allem Bauherrengemeinschaften – über eine zusätzliche Bauüberwachung durch einen externen Fachmann nachdenken. Eine solche Baubegleitung durch einen objektiven Experten kann wesentlich dazu beitragen, Baumängel frühzeitig aufzudecken und zu vermeiden, und dem Bauherrn somit erheblichen Ärger ersparen.

> **Hinweis:**
>
> Geeignete Experten werden von den Interessenvertretungen der privaten Haus-, Wohnungs- und Grundeigentümer, aber auch von anderen Verbänden empfohlen.

Vielfach sehen die Verträge mit Generalübernehmern vor, dass regelmäßige Abschlagszahlungen unabhängig vom Baufortschritt zu leisten sind. Doch diese Varianten sind mit Vorsicht zu genießen, da die Käufer dabei häufig mit hohen Beträgen in Vorleistung treten. Im Konkursfall kann der Verlust des eingesetzten Kapitals drohen. Sinnvoll sind folglich Abschlagszahlungen nach Baufortschritt, beispielsweise in Anlehnung an die Makler- und Bauträgerverordnung (vergleiche Seite 51). Die Gewährleistungsfristen richten sich grundsätzlich nach § 634 a Abs. 1 Nr. 2 BGB, so dass eine Fünfjahresfrist gilt. Doch legen Generalübernehmerverträge häufig die VOB/B zugrunde, die neben anderen Vorschriften eine nur 4-jährige Gewährleistungsfrist enthält. Die längere Fünfjahresfrist nach BGB muss dann explizit vereinbart werden. Wurde die VOB/B nicht als Ganzes vereinbart, sondern vielmehr wichtige Bestandteile gestrichen oder ergänzt, oder verweist der Vertrag nur bezüglich der Verjährungsfristen auf die VOB/B, entfällt die vierjährige Verjährungsfrist. Denn die VOB/B dürfen nur als Ganzes vereinbart werden, folglich greift die Gewährleistungsfrist nach BGB automatisch.

> **Hinweis:**
>
> Da Mängel in Neubauten häufig erst nach 2 oder 3 Jahren, vielfach auch wesentlich später auftreten, sind die längeren Gewährleistungsfristen natürlich von Vorteil und sollten, wenn immer möglich, im Vertrag vereinbart werden.

b) Die Aufgabe des Bauherrn

Führt der künftige Eigentümer das Bauvorhaben in eigener Regie durch oder vergibt er die Planung und Ausführung an einen Generalübernehmer, bleibt er in jedem Fall der Bauherr und trägt eine hohe Verantwortung. Das beginnt beispielsweise bei der Baugenehmigung. Kann die Genehmigung nicht erteilt werden oder stellt sich etwa im Kenntnisgabeverfahren (vergleiche Seite 29 ff.) heraus, dass das geplante Bauvorhaben nicht zulässig ist, ist der Bauherr Ansprechpartner der Behörden.

Hinweis:

Werden Bußgelder fällig, sind sie vom Bauherrn zu tragen. Inwieweit der mit der Planung beauftragte Architekt oder der Generalübernehmer in Haftung genommen werden kann, ist abhängig von der vertraglichen Regelung.

Der Bauherr muss die verschiedenen behördlichen Termine, die sich im Laufe des Bauvorhabens ergeben, grundsätzlich selbst wahrnehmen, wie beispielsweise die Rohbauabnahme. Wenn der Termin aufgrund vertraglicher Regelungen vom Vertragspartner wahrgenommen wird, sollte der Bauherr zusätzlich selbst anwesend sein, er bleibt stets verantwortlich. Ergeben sich Reklamationen, ist wiederum der Bauherr der Ansprechpartner. Benötigte Sondergenehmigungen, beispielsweise wenn die angrenzenden Fußwege oder Straßen in Anspruch genommen werden, müssen vom Bauherrn eingeholt werden, wenn dies nicht vertraglich auf den Generalübernehmer übertragen wurde.

Der Bauherr ist auch verantwortlich für die Baustelle. Wird diese Aufgabe nicht auf den Generalübernehmer oder ein Bauunternehmen übertragen, muss sich der Bauherr um die sichere Baustellenzufahrt, Baustrom, Bauwasser, WC und ähnliches kümmern.

Hinweis:

Kümmert sich der Bauherr selbst um diese infrastrukturellen Leistungen, hat er Verzögerungen der Arbeiten, die beispielsweise durch eine ausgefallene Versorgung mit Baustrom entstehen, selbst zu verantworten.

Auch die Sicherung der Baustelle ist Aufgabe des Bauherrn. Mit dem Bauzaun allein ist es nicht getan. Das Baumaterial, die bereits errichteten Teile des Gebäudes, unter Umständen Nachbargebäude und auf jeden Fall Passanten und Personen, die sich berechtigter Weise auf der Baustelle befinden, müssen geschützt werden. Diese Aufgabe kann ebenso wie der ordnungsgemäße Rückbau der Baustelle vertraglich auf den Vertragspartner übertragen werden.

Hinweis:

Die Handwerker sollten möglichst nur soviel Baumaterialien auf der Baustelle lagern, wie sie am jeweiligen Tag verbauen. Materiallager können im Schadensfall für den Bauherrn teuer werden.

c) Die Baubegleitung

Trotz intensiver Begleitung des Bauvorhabens durch den zukünftigen Immobilieneigentümer kann in der Regel nur ein Fachmann beurteilen, ob die Bauausführung und die eingebauten Bauteile den jeweiligen Vorschriften entsprechen. Auch die Beurteilung von Baumängeln – das beginnt bereits mit der Entscheidung, ob es sich bei einem Riss im Putz tatsächlich um den Haarriss handelt, der in der Regel als noch zulässig angesehen wird – kann der Bauherr in der Regel nicht rechtssicher vornehmen. Das gleiche gilt für die Planung des Bauvorhabens und die spätere Abnahme des Gebäudes. In diesen und vielen anderen Fällen gibt eine Baubegleitung Sicherheit. Da der Baubegleiter zusätzlich „von außen kommt", wird er auch auf Fehler und Mängel hinweisen, für die der Vertragspartner des Bauherrn und nicht „nur" einzelne Handwerker die Verantwortung tragen.

Hinweis:

Die Baubegleitung wird typischerweise von Architekten und Bauingenieuren durchgeführt.

d) Die Absicherung des Bauherrn

Auf keinen Fall darf der Bauherr vergessen, notwendige Versicherungen abzuschließen (vergleiche Seite 200 ff.). Sonst kann aus dem Traum vom Eigenheim schnell ein Alptraum werden. Das gilt besonders dann, wenn der Bauherr sein Bauvorhaben weitgehend selbst organisiert, also in eigener Regie Unternehmen und Handwerker beauftragt oder auf die Hilfe von Verwandten und Freunden zurückgreift. Versicherungen sind aber auch wichtig, wenn das Bauvorhaben mit einem Generalübernehmer durchgeführt wird, da der Bauherr im Ernstfall, beispielsweise bei einem Unfall mit Passanten, zunächst der Ansprechpartner der Geschädigten ist. Daher sollte in allen Fällen auf ausreichenden Versicherungsschutz geachtet werden.

III. Erwerb von Neuimmobilien

1. Besondere Auswahlkriterien

Käufer von Neubauten brauchen sich normalerweise keine Gedanken zu machen, ob im Zeitpunkt des Erwerbs Sanierungs- oder Modernisierungsmaßnahmen notwendig sind, wie sie sich bei Bestandsimmobilien zum Beispiel für Fenster, Dach oder Heizungsanlagen in regelmäßigen Abständen ergeben. Trotz dieser Vorteile sollte der Kaufinteressent beim Erwerb neuer Immobilien verschiedene Grundregeln beachten.

Besichtigungen neuer Immobilien sind oft (noch) nicht möglich. Denn im Allgemeinen existieren sie erst auf dem Papier in Form von Bauzeichnungen und Prospekten. Nur das Grundstück ist schon vorhanden. Alle anderen Informationen muss der zukünftige Immobilieneigentümer vom Bauherrn erfragen. Daher sollten auf jeden Fall die Bauunterlagen intensiv geprüft werden. Dazu gehören insbesondere die Baubeschreibung und die Planunterlagen. Zu den Planunterlagen sollten Vermessungs- beziehungsweise Lagepläne und die Baupläne gehören.

Hinweis:

Bestehen Unklarheiten, wie Baubeschreibung oder Planungsunterlagen zu verstehen sind, sollte der Kaufinteressent auf jeden Fall nachfragen und sich die Informationen im Zweifel schriftlich bestätigen lassen.

Jeder Interessent sollte sich das Grundstück und die Umgebung genau ansehen. So sehen am Hang gebaute Immobilien zwar sehr attraktiv aus, doch wie sind zum Beispiel die Zimmer gelegen: Bietet das Souterrain genügend hellen Wohnraum? Wie ist der Abstand zum Nachbarn? Auf diese und ähnliche Aspekte hin sollte sich jeder Kaufwillige die Zeichnungen genau ansehen, sie mit zum Grundstück nehmen, im Zweifel nachfragen und sich die Antworten schriftlich geben lassen.

Hinweis:

Der Übergabetermin sollte schriftlich fixiert werden. Denn Verzögerungen können für den künftigen Eigentümer teuer werden, wenn die alte Wohnung bereits gekündigt ist, die Möbel zwischengelagert werden müssen und anderes mehr.

Neue Immobilien zeichnen sich dadurch aus, dass sie nach dem neuesten Baustandard gebaut wurden. Damit entsprechen sie – zumindest ist das die Regel – auch den neuesten Bauvorschriften, wie sie zum Beispiel nach der Energieeinsparverordnung für den energetischen Standard bestehen. Dies sollte in den Bauunterlagen geprüft und im Vertrag niedergelegt werden. Der Käufer sollte zudem darauf achten, dass immer die Vorschriften der **aktuellen** Energieeinsparverordnung zugrunde gelegt werden. In der Regel muss eine Immobilie zwar (nur) den energetischen Anforderungen entsprechen, die im Zeitpunkt des Bauantrags galten. Verschärfen sich die Vorschriften der Energieeinsparverordnung jedoch zwischen dem Bauantrag und der Vertragsunterzeichnung durch den Erwerber, entspricht die Immobilie nicht mehr den aktuellen Anforderungen an die Energieeffizienz.

> **Hinweis:**
>
> Dies wirkt sich für den Käufer nicht unmittelbar aus, denn die Immobilie entspricht dennoch dem geltenden Recht. Doch die Änderung des Standards schlägt sich im Wiederverkaufspreis nieder. Der jeweilige Standard ist der Baubeschreibung zu entnehmen.

Gerade beim Erwerb neuer Immobilien ist es schwierig, den Preis unterschiedlicher Immobilien mit einander zu vergleichen. Ein erster Anhaltspunkt kann aus dem Preis pro m²-Wohnfläche gewonnen werden. Zur Wohnfläche zählen in der Regel auch die Nutzflächen innerhalb der Wohnung wie beispielsweise Speisekammer oder Besenkammer, nicht jedoch solche außerhalb der Wohnung wie etwa Keller oder Hobbyräume unter Tag. Terrassen im Garten oder auf dem Dach zählen nur teilweise zur Wohnfläche. Wird in den Angeboten die Wohn- und Nutzfläche in einer Summe angegeben – gekennzeichnet durch die Bezeichnung W/Nfl. –, sollte der Käufer nachfragen.

2. Erwerb vom Bauträger

a) Das Prinzip

Der Immobilienerwerb über einen Bauträger gehört derzeit zu den am meisten genutzten Möglichkeiten des Erwerbs von Neuimmobilien. Bauträger bieten gleichzeitig das Grundstück und die Bauleistungen an. Es handelt sich jedoch nicht um einen Bauvertrag, wie vielfach angenommen, sondern vielmehr um einen Kaufvertrag. Bauherr ist der Bauträger. Damit liegt die Verantwortung beispielsweise für Genehmigungen, die Sicherheit der Baustelle und Ähnliches anders als beim Bau in eigener Regie beim Bauträger.

Dieses Modell ist für den Erwerber einer Immobilie bequem. Der Bauträger sucht sich passende Grundstücke, plant die Immobilie und erbringt die Bauleistung in der Regel schlüsselfertig zu einem festen Preis zu einem festgelegten Termin.

47

> **Hinweis:**
>
> Zwischen Bauträger und Käufer kann vereinbart werden, dass der Käufer bestimmte Leistungen selbst erbringt, beispielsweise Tapezier- und Streicharbeiten, unter Umständen aber auch den Ausbau des Dachgeschosses. Dies muss im Vertrag festgelegt werden. Selbstverständlich erstreckt sich die Gewährleistung des Bauträgers nicht auf die vom Käufer selbst erbrachten Leistungen.

Das Bauvorhaben wird vom Bauträger konzipiert und auf eigene Rechnung in eigenen Namen realisiert. Ob der Bauträger weitere Unternehmen oder Handwerker einschaltet – was er regelmäßig tun wird –, spielt für den Erwerber zunächst keine Rolle. Denn erfüllen diese ihre Leistung nur mangelhaft, haftet dem Erwerber gegenüber der Bauträger. Und das nach Bürgerlichem Gesetzbuch fünf Jahre lang (§ 634 a Abs. 1 Nr. 2 BGB).

Der Bauträger sollte sorgfältig ausgesucht werden. Denn wenn er seine Verpflichtungen nicht mehr erfüllen kann, bleibt das Bauvorhaben stecken. Das kann dem Erwerber je nach Bonität des Bauträgers schnell viel Geld kosten. Auf jeden Fall sollte also ein Bauträger mit gutem Ruf und guter Bonität gewählt und zusätzlich eine Vertragserfüllungsgarantie vereinbart werden. Auch ein Gespräch mit früheren Käufern oder die Besichtigung weiter fortgeschrittener Objekte kann zusätzliche Informationen bringen.

> **Hinweis:**
>
> Oft beauftragen Bauträger Makler mit dem Vertrieb der Projekte. In diesem Fall sollte vorher geklärt werden, ob für die Vermittlung eine Courtage verlangt wird und in welcher Höhe.

b) Der Auswahlprozess

Bauträger beginnen mit der Errichtung der Immobilien häufig, bevor sich Käufer gefunden haben. Daher können sich Bauträgerprojekte in der Planungsphase oder bereits im Bau befinden, aber auch fertig gestellt sein, wenn Verhandlungen aufgenommen werden. Alle drei Phasen haben ihre Vorteile. Denn bei Objekten, die sich noch in der Planung oder in einer frühen Bauphase befinden, kann der Erwerber zumindest in eingeschränktem Maß noch Einfluss nehmen und in gewissem Umfang eigene Vorstellungen verwirklichen. Ist das Projekt fertig gestellt, kann es im fertigen Zustand besichtigt werden, wodurch sich ein besserer Eindruck gewinnen lässt. Zudem kann der Erwerber schneller einziehen.

Hinweis:

Je nach Baufortschritt können beim Erwerb der Immobilie von einem Bauträger Sonderwünsche oder Änderungen verwirklicht werden. Doch entstehen für diese Sonderwünsche in der Regel Zusatzkosten, nicht nur für die Leistung, beispielsweise die zusätzliche Tür, sondern bereits für die Planung. Kleinere Bauträger zeigen sich in solchen Fällen oft flexibler. Gerade bei den Kosten für Zusatzleistungen besteht häufig Verhandlungsspielraum.

c) Die Baubeschreibung

Der Bauträger erbringt die Bauleistung in dem Umfang, der in der Baubeschreibung festgelegt ist. Daher sollte diese genau geprüft, sofern notwendig konkretisiert oder ergänzt werden. Die Baubeschreibung regelt die Bauausführung. Sie sollte daher möglichst exakt sein.

Hinweis:

Dazu gehört beispielsweise die Festlegung, aus welchem Material und in welcher Stärke Innenwände gefertigt werden, aus welchem Material die einzubauenden Abwasserrohre bestehen und ob sie schallentkoppelt sind. Geregelt wird aber ebenso die Art und Weise der Wandgestaltung – Tapete oder Anstrich – oder der Umfang des Gartenausbaus durch den Bauträger.

Die Baubeschreibung definiert zudem Art und Qualität der Innenausstattung und sollte dies auch exakt regeln. So sagt die Beschreibung einer Badausstattung als „hochwertig" nichts aus. Notwendig ist vielmehr die Angabe, was zur sanitären Einrichtung gehört, von welchem Hersteller welche Serie unter Umständen sogar in welcher Farbe eingebaut wird. Alternativ kann eine Preisspanne angegeben werden. Ob dies zusagt, sollte jeder Käufer vor Vertragsschluss prüfen. Oft können Muster der Ausstattung vor Ort besichtigt werden, in anderen Fällen steht im festgelegten Fachgeschäft eine bestimmte Auswahl zur Ansicht zur Verfügung. Gefällt die vorgesehene Auswahl nicht, kann in den meisten Fällen eine andere Qualität und Ausführung gewählt werden, die Mehrkosten trägt der künftige Immobilieneigentümer.

Hinweis:

Manche Preise beziehungsweise Preisspannen werden inklusive Handwerkerleistung angegeben. Damit reduziert sich zwangsläufig der Anteil der Materialien, in der Konsequenz meist auch die Qualität. Auf die Angabe der Materialpreise sollte in diesen Fällen bestanden werden.

Die Baubeschreibung ist ein Vertragsbestandteil, der vom Notar mit zu beurkunden ist. Allerdings können auch Pläne, Angaben in Inseraten oder Prospekten oder andere Unterlagen, die im Zuge der Verhandlungen übergeben wurden, herangezogen werden, wenn Unklarheiten über den vereinbarten Leistungsumfang bestehen (BGH, Urt. v. 7.5.1987, VII ZR 366/85, NJW 1989, S. 193). Zusätzliche Vereinbarungen sollten schriftlich festgehalten und im Kaufvertrag mit beurkundet werden. Je genauer die Baubeschreibung ist, desto weniger Unklarheiten und Streitpotential können entstehen. Es ist durchaus sinnvoll die Baubeschreibung bereits vorab mit dem späteren Baubegleiter durchzusprechen (vergleiche Seite 44). Denn gerade technische Einzelheiten sind in ihren Konsequenzen für den Käufer oft nur schwer nachvollziehbar.

Hinweis:

Manche Bauträgerverträge sehen noch vor, dass die Grundlage der Bauausführung zwar die Baubeschreibung ist, dass Änderungen der Bauausführung, der Material- beziehungsweise der Baustoffauswahl jedoch vorgenommen werden können, sofern sie gleichwertig sind. Eine solche Klausel ist unwirksam (BGH, Urt. v. 23.6.2005, VII ZR 200/04, DWW 2005, 388).

d) Zahlungsweise

Grundsätzlich werden in Bauträgerverträgen Festpreise vereinbart. Sollen Preissteigerungen möglich sein, muss dies ausdrücklich und sehr deutlich vereinbart werden. Da es sich um einen Vertrag handelt, der mit Verbrauchern geschlossen wird, muss zudem zwischen dem Vertragsschluss und dem Fertigstellungstermin eine Frist von mindestens 4 Monaten liegen, sonst ist eine solche Klausel nicht zulässig (§ 309 Nr. 1 BGB).

Üblicherweise wird der Kaufpreis in Raten nach Baufortschritt gezahlt, damit muss der Bauträger zunächst in Vorausleistung treten. Im Bauträgervertrag können gemäß § 3 Abs. 2 Makler- und Bauträgerverordnung Abschlagszahlungen nach Baufortschritt vereinbart werden. Sie werden in 7 Teilbeträgen fällig und können sich wie folgt zusammen setzen:

Von der Vertragssumme:	
30%	nach Beginn der Erdarbeiten,
von der verbleibenden Vertragssumme:	
40%	nach Rohbaufertigstellung einschließlich Zimmererarbeiten
8%	für die Herstellung der Dachflächen und Dachrinnen,
3%	für die Rohinstallation der Heizungsanlage
3%	für die Rohinstallation der Sanitäranlagen,
3%	für die Rohinstallation der Elektroanlagen
10%	für den Fenstereinbau einschließlich der Verglasung.
6%	für den Innenputz, ausgenommen Beiputzarbeiten,
3%	für den Estrich
4%	für die Fliesenarbeiten im Sanitärbereich
12%	nach Bezugsfertigkeit und Zug um Zug gegen Besitzübergabe
3%	für die Fassadenarbeiten
5%	nach vollständiger Fertigstellung.

Eine Staffel, die die Zahlungen nach hinten schiebt, ist zulässig und für den Erwerber selbstverständlich sinnvoll.

> **Hinweis:**
>
> Der Bauträger darf keine Abschlagszahlungen vereinbaren, die über den Grenzen der Makler- und Bauträgerverordnung liegen. Eine solche Klausel ist nichtig (OLG Celle. Urt. v. 6.7.03, 7 U 36/03, NJW-RR, 2004, 592).

Nach den Vorschriften der Makler- und Bauträgerverordnung, die von Maklern, Darlehens- und Anlagevermittlern, Baubetreuern und eben auch Bauträgern beachtet werden muss, dürfen Abschlagszahlungen erst vom Bauträger angenommen werden, wenn die Baugenehmigung der Immobilie vorliegt, der Kaufvertrag rechtskräftig besteht, eine Auflassungsvormerkung ins Grundbuch eingetragen und der Käufer von eventuell noch bestehenden Grundpfandrechten am Grundstück freigestellt ist (§ 3 Abs. 1 Makler- und Bauträgerverordnung). Zwar kann vereinbart werden, dass der Kaufpreis unabhängig von diesen Voraussetzungen nach Baufortschritt gezahlt wird. Doch damit geht der Erwerber ein hohes Risiko ein, wenn der Bauträger in die Insolvenz gerät. Oft lassen sich Bauträger auch darauf ein, dass die gesamte Kaufsumme bei Abnahme gezahlt wird. Zwar werden dafür in der Regel Aufschläge fällig. Der zukünftige Immobilieneigentümer muss sich bei dieser Zahlungsweise aber keine Gedanken um sein investiertes Kapital machen, wenn das Bauvorhaben zum Beispiel wegen Insolvenz des Bauträgers stockt.

> **Hinweis:**
>
> Ob ein solcher Aufschlag tatsächlich eine Mehrbelastung ist, ist ein reines Rechenexempel. Denn der Immobilienerwerber muss sein Eigenkapital erst bei Abnahme einsetzen und erhält bis zu diesem Zeitpunkt weiterhin Zinsen. Auch der Schuldendienst für das Darlehen beginnt erst mit Inanspruchnahme des Darlehens. Mögliche Bereitstellungsgebühren können ebenfalls reduziert werden.

Obwohl die Leistung schlüsselfertig erworben wird, sollten die Käufer sich den Neubau regelmäßig anschauen. Durch Fotos kann der

Baufortschritt, aber auch so mancher Mangel dokumentiert werden, der später nicht mehr sichtbar ist.

Hinweis:

Wird die Immobilie vom Bauträger erworben, sollte wie bei den anderen Erwerbsfällen eine Baubegleitung durch einen externen Bauingenieur oder Architekten vereinbart werden. Auf diese Weise lassen sich Mängel bereits während der Bauphase vermeiden, nach Beendigung des Baus schneller feststellen und die Mangelbeseitigung einfacher durchsetzen.

Der Bauträger haftet nach der Makler- und Bauträgerverordnung fünf Jahre lange für die Beseitigung von Mängeln. Die Frist beginnt im Zeitpunkt der Abnahme der Leistung. Sie kann nicht in den allgemeinen Geschäftsbedingungen eingeschränkt werden. Vielfach wird der Bauherr vom Bauträger verpflichtet, die Mängelansprüche bei den beteiligten Handwerkern oder beim Architekten geltend zu machen. Doch eine solche Klausel ist nicht zulässig (BGH, Urt. v. 21.3.2002, VII ZR 493/00, DWW 2002, 242).

IV. Kauf von Bestandsimmobilien

1. Neubau – Altbau – Denkmalschutz

Der Kauf von Bestandsimmobilien wird häufig mit dem Kauf eines Altbaus gleichgesetzt. Doch Altbau ist nicht gleich Altbau. Zu den Bestandsimmobilien zählen auch Häuser, die erst wenige Jahre alt sind und aus den unterschiedlichsten Gründen wieder verkauft werden. Ein Neubau ist ohne Zweifel ein Gebäude, das soeben erst errichtet und abgenommen wurde. Vom Zeitpunkt seiner Nutzung an unterliegt es einem Alterungsprozess. Streng genommen gilt ein Haus mit seiner ersten Nutzung als gebrauchte Immobilie als „Altbau".

> **Hinweis:**
>
> Bei einer unterstellten Lebensdauer von rund 80 Jahren, ist das natürlich differenziert zu sehen. Wird eine Bestandsimmobilie erworben, muss bei jungen wie bei älteren Gebäuden genau geprüft werden, in welchem Zustand sie sich befinden. Trotz gleichen Baujahrs können sich die Häuser gerade in Abhängigkeit von der ursprünglichen Bauqualität in durchaus unterschiedlichem Erhaltungsgrad präsentieren.

Nicht jeder Altbau ist ein Denkmal. Damit ein Gebäude zu einem Denkmal erhoben wird, müssen besondere Gründe für seinen besonderen Schutz sprechen. Mit einem Denkmal sind für den Eigentümer eine ganze Reihe Verpflichtungen verbunden, so dass der Erwerb eines denkmalgeschützten Gebäudes gut überlegt sein will (vergleiche Seite 83 ff.).

2. Die Immobiliensuche

Dem Erwerber von Bestandsimmobilien stehen verschiedene Wege offen, eine geeignete Immobilie zu finden. Er kann von dem Angebot durch Mund-zu-Mund-Propaganda – der einfachste, aber seltenste Weg –, durch Annoncen in Tageszeitungen oder Anzeigenblättern erfahren oder einen Makler mit der Suche beauftragen. Auch Aushänge von Kreditinstituten, örtlichen Haus-, Wohnungs- und Grundeigentümervereinen oder eigene Aushänge können zum gewünschten Erfolg führen. Welcher Weg der beste ist, muss im Grunde jeder für sich entscheiden. Gerade in Zeiten oder Regionen, in denen Immobilien sehr gesucht sind, bietet es sich an, mehrere Wege zu beschreiten.

a) Die Eigeninitiative

Praktisch jede Tageszeitungen verfügt über Immobilienseiten, in denen Kauf- oder Verkaufsanzeigen geschaltet werden. Auch Anzeigen- oder Mitteilungsblätter der verschiedenen Gemeinden enthalten vielfach Kauf- und Verkaufsanzeigen. Ob Suchanzeigen erfolgreich sind, hängt stark von der jeweiligen Marktlage ab. Denn bei guter Verkaufslage müssen Verkäufer nicht erst auf Suchanzeigen reagieren. Doch gibt es selbstverständlich auch Verkäufer, die keine unzähligen Anrufe entgegennehmen möchten und lieber selbst auf ausgewählte Suchanzeigen reagieren. Daher kann eine Suchanzeige zumindest nicht schaden.

Hinweis:

Chiffreanzeigen sind denkbar ungeeignet, denn auf Chiffreanzeigen muss schriftlich reagiert werden, was eine zusätzliche Hemmschwelle ist.

Die Suchanzeige sollte die wichtigsten Eigenschaften enthalten, über die die gesuchte Immobilie verfügen muss: im Wesentlichen Art der Immobilie, Ort, Größe, Alter, Preis und unter Umständen besondere Eigenschaften wie Garten, S-Bahn-Nähe oder ähnliches. Unter den angegebenen Kontaktdaten – Telefon, E-Mail – muss der Suchende natürlich auch erreichbar sein.

Einen guten Überblick über den regionalen Immobilienmarkt erhalten Interessenten durch ein sorgfältiges Studium der Verkaufsanzeigen in Tageszeitungen und Anzeigenblättern. Die Beschreibungen sind in der Regel knapp gehalten und auf das Wesentliche beschränkt. Fehlen wichtige Angaben in den Anzeigen oder bestehen Unklarheiten, sollte diese Information im Telefonat zur Terminvereinbarung abgefragt werden, um unnötige Fahrten zu vermeiden.

Seit Mai 2014 müssen „öffentliche" Immobilienanzeigen auch Angaben über die Energieeffizienz der angebotenen Immobilie enthalten, unabhängig davon, ob es sich um ein Haus oder eine Wohnung handelt. Diese Angaben können und müssen dem Energieausweis entnommen werden. Dazu zählen: die Art des Energieausweises, also Bedarfs- oder Verbrauchsausweis, der Wert des Endenergiebedarfs oder Endenergieverbrauchs, der Energieträger, mit dem das Gebäude ausweislich des Ausweises heizt, das im Ausweis ausgewiesene Baujahr sowie die ausgewiesene Energieeffizienz (§ 16 a EnEV).

Hinweis:

Bezieht sich der Kaufpreis nur auf die Immobilie und müssen ein Stellplatz oder eine Garage zusätzlich bezahlt werden, müssen die Kosten in Anzeigen, die von Maklern oder Bauträgern geschaltet werden, angegeben werden. Nur in Anzeigen von Privatpersonen besteht Gestaltungsfreiheit.

Verstärkt werden Immobilien auf den verschiedenen Internetplattformen angeboten. Die Datenbanken dieser Plattformen können nach verschiedenen Kriterien durchsucht werden. Über die Eingabe von Suchkriterien kann meist zusätzlich ein „Newsletter" eingerichtet werden, der den Suchenden benachrichtigt, wenn passende Immobilien neu eingestellt oder Daten bereits in der Datenbank vorhandener Immobilien verändert werden. Gerade bei der Suche nach Bestandsimmobilien bieten diese Internetportale erhebliche Vorteile gegenüber Anzeigen in Zeitungen. Denn in den Portalen können nicht nur mehr Informationen über die Immobilie eingesehen werden, sondern durch Fotos und Grundrisse lassen sich erste Eindrücke gewinnen. Die Möglichkeit, Näheres über die Umgebung und die vorhandene Infrastruktur zu erfahren, rundet das Bild ab. Doch das entbindet den Immobiliensuchenden nicht davon, sich selbst eine Bild von dem Gebäude und der Umgebung zu machen.

Hinweis:

Werden mehrere Objekte besichtigt, sollten die Objektdaten und dazu erfragte Informationen notiert werden, um am Ende eines „ertragreichen" Wochenendes noch alle Informationen zu den wirklich interessanten Immobilien griffbereit zu haben.

b) Der Makler

Bequemer, dafür jedoch auch teurer, ist der Erwerb mit Hilfe eines Maklers. Üblicherweise wird der Makler vom Verkaufswilligen beauftragt, einen Käufer für das Objekt zu finden. Nichts hält jedoch einen Immobiliensuchenden davon ab, seinerseits einen Makler zu beauftragen, ein geeignetes Objekt zu suchen oder ihn zumindest vorzumerken, für den Fall dass er eine passende Immobilie bekommt.

Hinweis:

Eine Übersicht über ortsansässige Makler bieten die Maklerverbände. Adressen erhalten Interessenten auch auf den jeweiligen Immobilienseiten der Zeitungen sowie auf den Internetplattformen.

Die Qualität des Maklers kann nicht so einfach überprüft werden. Zudem ist der Maklerberuf kein Ausbildungsberuf. Während die Mitgliedschaft im Berufsverband zwar positiv, aber nicht zwangsläufig ein Qualitätsmerkmal ist, ist eine einschlägige Berufsausbildung und die Teilnahme an Aus- und Fortbildungsmaßnahmen zumindest ein positives Zeichen. Inzwischen haben viele Makler eine Ausbildung als Immobilienkauffrau/mann oder Ähnliches, so dass sie ihre Kunden mit Hintergrundwissen unterstützen können. Einen Eindruck der Qualität kann auch die Art und Weise geben, in der das Exposé sowie Anzeigen in Zeitungen und Internet gestaltet werden. Sinnvoll ist es zudem, zunächst mit mehreren Maklern Kontakt aufzunehmen und sich einen Überblick zu verschaffen.

Hinweis:

Für Verkäufer ist es wichtig zu wissen: nicht immer ist der Makler, der den höchsten Preis verspricht, der beste. Der Wink mit einem suggerierten hohen Verkaufspreis kann der Versuch sein, den Auftrag zu erhalten, wohl wissend, dass der Preis am Markt nicht zu erzielen ist.

Der Makler kann nicht die Gewähr dafür übernehmen, dass die Immobilie wirklich die richtige ist. Jeder Käufer muss selbst prüfen, ob die Immobilie seinen Vorstellungen entspricht. Je genauer der Kaufinteressent dem Makler seine Vorstellungen vermittelt, desto größer ist die Chance, dass die angebotene Immobilie die richtige ist. Wird ein Makler eingeschaltet, kann das für Käufer und Verkäufer eine teils erhebliche Zeitersparnis bedeuten. Denn der Makler wird in der Regel zielgerichtet Objekte anbieten, die zu den Vorstellungen des Käufers passen. So entfallen unnütze Besichtigungen.

Hat der Makler entsprechende Angebote in seinem Portfolio, wird er dem Kaufinteressenten ein Exposé überlassen, in dem die wichtigsten Eckpunkte der Immobilie sowie Fotos enthalten sind. So kann ein erster Überblick gewonnen werden. Bei den Besichtigungen ist der Makler in der Regel anwesend und kann über die Immobilie Auskünfte geben. Ein guter Makler kann durchaus bautechnischen Fragen – zum Beispiel zu Umbaumöglichkeiten – beantworten. Kommt es schließlich zum Kauf, wird der Makler bei der Vertragsgestaltung mitwirken und den Notartermin wahrnehmen.

Hinweis:

Bei bautechnischen Fragen oder Unklarheiten beim Kaufvertrag kann der Makler aufgrund seiner Erfahrung auf jeden Fall weiterhelfen. Sicherheit kann jedoch nur gewonnen werden, wenn ein professioneller Rat von einem Experten – etwa von einem Architekten, Ingenieur, Handwerker oder Anwalt – eingeholt wird.

Makler werden besonderen Wert darauf legen, eine Immobilie im Alleinauftrag zu vermitteln. Dabei verpflichtet sich der Verkäufer, während der Vertragslaufzeit keinen anderen Makler mit der Vermittlung der Immobilie zu beauftragen. Für den Makler ist diese Variante von Vorteil, da bei einem Allgemeinauftrag Unklarheiten darüber entstehen können, wer die Immobilie vermittelt hat und wem die Courtage zusteht. Er wird in der Regel auch größere Anstrengungen unternehmen, einen Käufer zu finden. Der Verkäufer ist während der Vertragslaufzeit zwar gebunden und damit unflexibel, doch durch einen zeitlich befristeten Auftrag oder durch Kündigungsmöglichkeiten kann das Vertragsverhältnis beendet werden, wenn der Verkaufserfolg nicht eintritt.

Bei einem Allgemeinauftrag kann der Verkäufer zwar mehrere Makler beauftragen. Gerade in Zeiten eines wachsenden Zuspruchs bei Internetportalen fällt dies den Interessenten meist relativ schnell auf und kann einen schlechten Eindruck von der Immobilie entstehen lassen.

Hinweis:

Beauftragen Sie einen Makler sollten Sie einen schriftlichen Maklervertrag abschließen, damit die wesentlichen Dinge – Allein- oder Allgemeinauftrag, Courtage, Laufzeit, eventuelle Erstattungsansprüche, Nebenleistungen und Ähnliches – fest vereinbart sind. Damit verringert sich das Streitpotential.

Ein guter Makler hat einen Überblick über die Marktpreise und weiß daher, zu welchem Preis sich Immobilien verkaufen lassen. Für den Verkäufer ist dies vorteilhaft, denn er vermeidet, dass die Immobilie zunächst zu unrealistisch hohen Preisen angeboten und nicht verkauft wird. Ein solches Vorgehen schwächt die Verkäuflichkeit des Objekts.

Hinweis:

Die Werteinschätzung durch einen Makler kann nicht mit der Bewertung durch einen Sachverständigen verglichen werden. Wird eine Immobilie nach den gängigen Wertermittlungsvorschriften (richtig) bewertet, muss sie zu diesem Preis nicht unbedingt verkäuflich sein. Denn welcher Preis realisierbar ist, richtet sich nach den Gegebenheiten des Immobilienmarktes und den örtlichen Besonderheiten, die einem ortskundigen und erfahrenen Makler durch seine Tätigkeit bekannt sind.

Für seine Tätigkeit erhält der Makler die Maklercourtage. Sie wird immer dann fällig, wenn ein Maklervertrag zustande gekommen ist, der Makler die Nachweis- oder Vermittlungsleistung erbracht hat, der Kaufvertrag durch die Tätigkeit des Maklers zustande gekommen ist und rechtswirksam geschlossen wurde. Die Pflicht zur Zahlung der Courtage entsteht also nicht bereits, wenn ein Kaufinteressent ein Exposé anfordert oder Besichtigungstermine gemeinsam mit dem Makler wahrnimmt. Kommt es aber zum Abschluss des Kaufvertrages, wird die Courtage fällig. Der Maklervertrag muss dazu nicht schriftlich geschlossen werden, er kann auch stillschweigend zustande kommen. Nimmt der Käufer die Leistung des Maklers in Anspruch und weiß er – oder muss er wissen –, dass der

Makler im Erfolgsfall eine Provision verlangen wird, entsteht die Provisionspflicht (BGH, Urt. v. 25.5.83, IV a ZR 26/82, NJW 1984, S. 232). Dazu reicht es, wenn im Exposé ausdrücklich festgehalten wird, dass Provision verlangt wird und der Kunde weiterhin die Tätigkeit des Maklers in Anspruch nimmt (BGH, Urt. v. 20.3.91, IV ZR 93/90, NJW RR 1991, S. 950).

Hinweis:

Ist dem Käufer das Objekt bereits bekannt, zum Beispiel weil es bereits durch einen anderen Makler angeboten wurde, sollte er direkt darauf hinweisen, um späteren Ärger zu vermeiden.

Für seine Tätigkeit kann der Makler die Maklerprovision von rund 3–6% vom Kaufpreis zuzüglich Mehrwertsteuer verlangen. In der Regel trägt der Käufer diese Kosten. In manchen Regionen ist es üblich, dass die Kosten zwischen Käufer und Verkäufer geteilt werden. Nicht durch die Courtage abgedeckt sind besondere Leistungen, die der Makler erbringt, beispielsweise Finanzierungsvermittlungen. Solche Leistungen müssen regelmäßig gesondert vergütet werden.

Hinweis:

Über die Höhe der Courtage kann verhandelt werden. Werden Zusatzleistungen angeboten, sollte ausdrücklich nach den Kosten gefragt und diese fest vereinbart werden.

Im Maklervertrag kann vereinbart werden, dass der Makler Anspruch auf Ersatz seiner Aufwendungen hat, wenn trotz seiner Bemühungen kein Abschluss zustande kommt. Ein solcher Aufwendungsersatz kann Kosten für Inserate, Exposés, Telefonate und andere Auslagen umfassen. Die Kosten müssen jedoch unterhalb der für den Erfolgsfall zu zahlenden Courtage bleiben.

Wird zwischen Käufer und Verkäufer eine aufschiebende Bedingung vereinbart oder benötigt der Verkauf einer Eigentumswohnung eine Zustimmung, wird die Courtage erst fällig, wenn die Bedingungen erfüllt sind. Wird ein gesetzliches Rücktrittsrecht ausgeübt oder greift eine auflösende Vertragsbedingung, entfällt der Anspruch auf

Zahlung der Courtage (BGH, Urt. v. 9.1.74, V ZR 71/73, NJW, 1974, 694; BGH, Urt. v. 27.9.2001, III ZR 318/00, NJW-RR, 2002, 50).

c) Die Zwangsversteigerung

Immobilien können auch im Rahmen der Zwangsversteigerung (vergleiche Seite 130 ff.) erworben werden. Unter Umständen können auf diesem Weg echte Schnäppchen gelingen, da die Immobilien stets aus einer Notsituation heraus „verkauft" werden. Allerdings bedarf ein solcher Kauf der Vorbereitung. Denn die Immobilie kann in der Regel nicht besichtigt werden. Die wichtigsten Informationen können beim zuständigen Gericht eingesehen werden. Die Termine werden zum Beispiel in den Aushangkästen im Gericht und in den Tageszeitungen veröffentlicht.

3. Auswahl von Bestandsimmobilien

a) Besondere Auswahlkriterien bei Gebrauchtimmobilien

Die Auswahlkriterien entsprechen im Wesentlichen denen eines Grundstücks oder Neubaus (vergleiche Seite 2 ff. sowie 18 ff.). Bei Bestandsimmobilien sollte allerdings sehr genau geprüft werden, in welchem Erhaltungszustand sie sich befinden. Denn in Abhängigkeit vom Zustand, müssen Zeit und/oder zum Teil erhebliche finanzielle Mittel eingesetzt werden, um einen baulichen und technischen Zustand zu erreichen, der dem aktuell üblichen Standard entspricht.

b) Bestandsimmobilien zum Schnäppchenpreis?

Keine Frage: Es gibt sie auch auf dem regulären Immobilienmarkt – die Immobilie zum Schnäppchenpreis. Doch werden Bestandsimmobilien im Normalfall zu Preisen ge- und verkauft, die ihrem Wert entsprechen. Daher sollte ein überraschend niedriger Preis stets die Frage nach dem Warum aufwerfen.

> **Hinweis:**
>
> Fällt einem Interessenten auf, dass eine Immobilie bereits seit längerem zum Verkauf steht, kann dies einen guten Ansatzpunkt für Preisverhandlungen bieten. Dazu ist es jedoch notwendig, regelmäßig die Immobilienanzeigen in den örtlichen Zeitungen beziehungsweise auf den Internetplattformen zu verfolgen.

Grundsätzlich müssen bei der Auswahl von „gebrauchten" Immobilien die gleichen Kriterien beachtet werden wie bei Neubauten. Doch ist der Erwerber nicht auf Beschreibungen und Pläne angewiesen, sondern kann das Gebäude, seine Lage und Ausstattung unmittelbar besichtigen. Von dieser Möglichkeit sollte auf jeden Fall Gebrauch gemacht werden.

Mit zunehmendem Alter der Immobilien entspricht der bauliche Zustand meist nicht mehr dem aktuellen Standard. Häufig müssen anstehende Sanierungsmaßnahmen noch nachgeholt werden. Denn jedes Haus hat seinen Lebenszyklus und der Immobilieneigentümer kann davon ausgehen, in festen Abständen sanieren und renovieren zu müssen. Wann solche Sanierungsmaßnahmen anfallen, hängt von der ursprünglichen Qualität, sicher auch von Pflege und Wartung der Bauteile sowie vom schonenden oder nicht schonenden Umgang mit den Bauteilen und Einrichtungsgegenständen ab. Trotz bester Pflege und Wartung werden zyklisch Sanierungs- und Modernisierungsmaßnahmen anfallen (vergleiche Seite 70 ff.). Ob und in welchem Umfang diese regelmäßigen Sanierungs- und Modernisierungsmaßnahmen durchgeführt worden sind, sollte mit dem bisherigen Eigentümer vorab geklärt werden und schließlich in die Preisverhandlungen einfließen.

Explizit sollte der Erwerber zumindest das Alter der Heizungsanlage, der Elektro- und Wasserleitungen erfragen. Auch über das Ob und Wie der Gebäudedämmung, den Zustand von Fassaden, Dach, Fenstern und Balkonen sollte sich jeder Kaufinteressent informieren. Vor dem Hintergrund der derzeitigen Energiepolitik sollte sich jeder Immobilienerwerber über die eingesetzte Energie zum Beheizen und zum Bereiten von Warmwasser informieren. Muss die bestehende Heizungsanlage aufgrund ihres Alters erneuert werden, sollte zumindest geprüft werden, ob ganz oder teilweise alternative Energieformen eingesetzt werden können.

Hinweis:

Da in verschiedenen Gemeinden bestimmte Energieformen für einzelne Baugebiete vorgeschrieben sind, bietet sich eine Nachfrage in der Gemeinde an.

Jeder Erwerber eines Bestandsgebäudes sollte die Immobilie vorab (!) intensiv in Begleitung eines Sachverständigen besichtigen. Sachverständige können den Kaufinteressenten unterstützen, da viele Mängel für den Laien nicht oder zumindest nicht sofort ersichtlich sind und Experten viele Schwachstellen älterer Immobilien bereits kennen und somit leichter und schneller feststellen können. Solche Schwachstellen bieten häufig eine gute Gelegenheit, um erneut über den Preis zu verhandeln.

Hinweis:

Um einen geeigneten Sachverständigen zu finden, kann zum Beispiel bei den Industrie- und Handelskammern (IHK), Architektenkammern oder bei der Haus-&-Grund-Organisation nachgefragt werden.

Das Alter, die Ausstattung, aber auch mögliche Mängel beeinflussen den Preis der Immobilie, so dass die Bestandsimmobilie zu einem vermeintlich günstigeren Preis erworben wird als ein Neubau. Doch Sanierungs- und Renovierungsarbeiten gehören zu Immobilien hinzu. Sind sie vom Alteigentümer nicht vorgenommen worden und konnte dadurch der Preis in den Preisverhandlungen reduziert werden, müssen die Kosten der nun durchzuführenden Maßnahmen in der Kalkulation des Immobilienerwerbers berücksichtigt werden, wenn eine Immobilie erworben und finanziert wird. Sonst können diese Kosten zusammen mit dem regulären Schuldendienst die Finanzierung der neu erworbenen Immobilie schnell gefährden.

> **Hinweis:**
>
> Wird eine Eigentumswohnung (vergleiche Seite 87 ff.) erworben, sollte auch der Zustand der Wohnanlage und die Finanzlage der Gemeinschaft in die Kaufentscheidung und in die Preisgestaltung einfließen. Stehen erhebliche Sanierungsmaßnahmen an, ohne dass die Gemeinschaft über eine ausreichende Instandhaltungsrückstellung verfügt, sollte dies den Kaufpreis mindern.

Werden denkmalgeschützte Immobilien (vergleiche Seite 83 ff.) erworben, sollte zunächst geprüft werden, ob die Immobilie so umgebaut und saniert werden kann, wie es zur künftigen Nutzung notwendig ist. Denn bei denkmalgeschützten Gebäuden bestehen umfangreiche Auflagen, inwieweit Immobilien innen und außen verändert werden und welche Materialien bei der Sanierung eingesetzt werden dürfen. Baumaßnahmen müssen grundsätzlich mit den Denkmalschutzbehörden abgestimmt werden.

Trotz intensiver Beschäftigung mit der Auswahl und der Begutachtung der Bausubstanz kann die Immobilie mit Mängeln behaftet sein. Im Kaufvertrag (vergleiche Seite 108 ff.) kann sich der Käufer vom Verkäufer zusichern lassen, dass diesem gravierende Mängel an der Immobilie nicht bekannt sind. Eine solche Vereinbarung ermöglicht dem Käufer unter Umständen, Schadenersatzansprüchen zu stellen. Der Erwerber sollte auch prüfen, ob im Grundbuch Grundschulden oder Hypotheken, unter Umständen jedoch auch andere Belastungen, wie zum Beispiel Wohnrechte eingetragen sind. Sollen diese Belastungen nicht übernommen werden, muss der Notar Löschungsbewilligungen einholen.

c) Die Beurteilung der Immobilie

Bei der Beurteilung des Grundstücks und des darauf befindlichen Gebäudes spielen viele Gesichtspunkte eine Rolle. Auf einige Punkte sollte allerdings besonders geachtet werden:

- Das Grundstück: Die Grundstücke von Bestandsimmobilien sind meist größer als sie in neu ausgewiesenen Baugebieten geplant werden. Dies schlägt sich im Preis nieder. Doch kann ein Grundstück nicht in jedem Fall geteilt und eine Bebauung in der zweiten Reihe realisiert werden. Das ist zunächst im Bebauungsplan zu prüfen. Ebenfalls sollte ein Blick in den Bebauungsplan geworfen werden, wenn die Immobilie erweitert oder ganz abgerissen und neu gebaut werden soll. Denn Bebauungspläne beschränken häufig die zulässige Bebauung (vergleiche dazu Seite 9 ff.).

Hinweis:

Manche Bestandsimmobilien dürften in der bestehenden Form heute nicht mehr gebaut werden. Beispielsweise weil das Grundstück nach geltendem Recht gar nicht mehr oder nicht mehr in dem Umfang bebaut werden dürfte. In diesen Fällen besteht ein Bestandsschutz für die bestehende Immobilie, der aber grundsätzlich dann entfällt, wenn das Gebäude abgerissen und neu gebaut wird. Im Allgemeinen sind nur Änderungen oder Umbauten zulässig, ohne dass der Bestandsschutz entfällt.

Geprüft werden sollte auch die Erschließungssituation des Grundstücks: Wie sind die Zufahrten geregelt, benötigt das Grundstück beispielsweise ein Geh- und Fahrtrecht über ein Vorderliegergrundstück? Falls ja, ist es entsprechend im Grundbuch vermerkt? Oder bestehen Geh- und Fahrtrechte gegenüber dem Grundstück? Ist es unter Umständen mit weiteren Dienstbarkeiten belastet?

Hinweis:

Das Wasserhaushaltsgesetz (§§ 60 ff. WHG) schreibt vor, dass bis zum Jahr 2015 Abwasseranlagen vom Grundstückseigentümer auf ihre Dichtheit überprüft werden müssen. Diese Regelungen werden in der Regel von den Landesgesetzgebern konkretisiert, wie etwa in Nordrhein-Westfalen (§ 61 LWG NRW). Treffen die Bundesländer keine andere Regelung – wie beispielsweise in Bayern – gilt die bundesrechtliche Regelung unmittelbar. Diese Prüfung muss grundsätzlich alle 10 Jahre wiederholt werden (zum Beispiel Musterentwässerungssatzung des Bayerischen Innenministeriums), sofern nicht landesrechtliche Reglungen oder kommunale Satzungen etwas anderes vorsehen. Viele kommunale Satzungen lassen längere Abstände zu, wie beispielsweise München oder Würzburg (20 Jahre). Den Nachweis sollte sich der Käufer aushändigen lassen und gut aufbewahren.

Gerade bei Bestandsgebäuden lässt sich gut beurteilen, wie das Grundstück gelegen ist. Hanglagen oder Senken können eine zusätzliche bauliche Nutzung oder die Gartenarbeit erschweren. Starker Baumbewuchs auf dem Nachbargrundstück oder gar die umliegende Bebauung kann zu unerwünschter Schattenbildung führen. Gut beurteilen lässt sich auch die Nachbarschaft: etwa die Art der umliegenden Bebauung, der Zustand und das Alter von Nachbarhäusern, das Vorhandensein von Kleingewerbe.

Hinweis:

Befinden sich ältere Häuser in der Nachbarschaft – häufig Bauten aus den 50er oder 60er Jahren – muss berücksichtigt werden, dass bei einem möglichen Verkauf der Häuser mit einem Abriss und einem (größeren) Neubau zu rechnen ist.

Der Blick in den Garten sollte nicht nur den gepflegten oder ungepflegten Zustand beurteilen. Müssen Bäume gefällt werden, entstehen hohe Kosten. Sie dürfen zudem nicht ohne weiteres entfernt werden, wenn in der Gemeinde eine Baumschutzsatzung besteht oder die Bäume unter Naturschutz stehen. In diesen Fällen müssen von den Eigentümern unter Umständen Auflagen beachtet werden, die die Nutzung des Grundstücks einschränken und – etwa durch Fällarbeiten oder durch notwendige Umplanungen – erhebliche Kosten verursachen.

BEISPIEL: Baumschutzverordnung So dürfen nach der Baumschutzverordnung Eichstätt zum Beispiel einstämmige Bäume mit einem Stammumfang von mehr als 60 cm (130 cm über dem Erdboden gemessen) grundsätzlich nicht ohne spezielle Genehmigung gefällt, abgetrennt, entwurzelt oder durch andere Eingriffe zerstört oder verändert werden (§§ 1 f. Baumschutzverordnung Eichstätt). Die Stadt München stellt regelmäßig solche Bäume und Sträucher unter Schutz, die einen

Stammumfang von 80 cm (100 cm über dem Erdboden gemessen) und mehr aufweisen (§ 1 Baumschutzverordnung München). Meist werden diese Vorschriften auf bestimmte Baumarten beschränkt.

Ein Blick sollte auch auf den Erhaltungszustand der Straße geworfen werden. Denn gerade in bestehenden Wohngebieten sind auch die Anliegerstraßen in die Jahre gekommen. Die Kosten der Instandhaltung trägt zwar die Gemeinde. Doch wenn die Straße oder die Beleuchtung von Grund auf erneuert werden muss, werden die Anlieger gemäß den Vorschriften der landeseigenen Kommunalabgabengesetze über Straßenbaubeiträge daran beteiligt. Bis zu 80% der Kosten, je nach Verkehrsbedeutung der Straße, werden auf die angrenzenden von der Straße erschlossenen Grundstück verteilt (vergleiche beispielsweise Art. 5 BayKAG).

Hinweis:

Die Lebensdauer einer „normalen" Anliegerstraße wird mit 20–25 Jahren unterstellt. Ist diese Lebensdauer abgelaufen, werden die Kosten der Erneuerung dieser Straße auf die Anlieger abgewälzt, auch wenn die Gemeinden die Instandhaltung und Instandsetzung nur schleppend erfüllt haben (für viele OVG Münster, Beschluss. v. 22.3.99, 15 A 1047/99, ZMR 1999, 515).

Ist die Straße daher in einem sehr abgenutzten Zustand, sollte der Erwerber auf jeden Fall klären, ob bereits Straßenbaumaßnahmen geplant sind. Zumindest sollte in die Planung des Finanzbedarfs des Immobilienerwerbs ein gewisses Polster einkalkuliert werden, um die anfallenden Beiträge bezahlen zu können.

Hinweis:

Ist die Straße in einem älteren Wohngebiet gerade erneuert worden, sollte der Erwerber klären, ob die Beiträge bereits abgerechnet worden sind. Falls das nicht der Fall ist, sollte im Kaufvertrag festgelegt werden, ob Käufer oder Verkäufer die Beiträge zu zahlen haben. Ohne entsprechende Festlegung gilt die gesetzliche Regelung. In Bayern beispielsweise ist derjenige beitragspflichtig, der im Augenblick des Entstehens der Beitragsschuld im Grundbuch als Eigentümer eingetragen ist (Art. 5 Abs. 6 BayKAG), in Hessen dagegen, derjenige, der bei Bekanntgabe des Beitragsbescheides im Grundbuch eingetragen ist (§ 11 Abs. 7 Hess. KAG).

Ähnliches gilt auch für die Abwasserentsorgung. Manche alte Wohngebiete werden noch über Abwassergruben entsorgt. Diese Gebiete werden vermehrt an die zentrale Abwasserentsorgung angeschlossen, wodurch meist Anschlusskosten in Form von Anschlussbeiträgen entstehen (zum Beispiel gemäß Art. 5 BayKAG). Das Kanalsystem der zentralen Abwasserentsorgung hat in der Regel eine Lebensdauer von 80–100 Jahren, so dass in vielen älteren Wohngebieten in den nächsten Jahren mit umfangreichen Erneuerungsmaßnahmen zu rechnen ist, an denen die Anlieger wiederum über Abwasserbeiträge beteiligt werden (vergleiche beispielsweise Art. 5 BayKAG). Daher sollten auch diese Fragen bereits vor Erwerb geklärt werden, um unliebsame, teure Überraschungen zu vermeiden.

Geprüft werden sollte zudem, ob sich das Grundstück in einem Überschwemmungsgebiet befindet. Ist dies der Fall, muss der künftige Eigentümer mit mehr oder weniger regelmäßigen Überschwemmungen rechnen. Klarheit bringt auf jeden Fall eine Nachfrage bei der Gemeinde oder bei der Versicherungsgesellschaft, bei der die verbundene Wohngebäudeversicherung (vergleiche Seite 205 ff.) abgeschlossen werden soll. Denn über Kartierungssysteme kann grundstücksgenau festgestellt werden, welche Grundstücke noch zu den gefährdeten Zonen gehören oder welche nicht. Soll die Immobilie trotz gelegentlicher **Hochwassergefahr** erworben werden, sollte zumindest eine Elementarschadenversicherung abgeschlossen werden, sofern das möglich ist. Denn in der normalen Gebäudeversicherung oder Hausratversicherung sind Hochwasserschäden nicht versichert (vergleiche Seite).

Hinweis:

Im Internet können Sie schnell und einfach selbst prüfen, ob das gewünschte Grundstück hochwassergefährdet ist, denn das Kartierungssystem ZÜRS, das die Entscheidungsgrundlage der Versicherer bildet, finden Sie neuerdings öffentlich zugänglich im Internet (http://www.zuers-public.de/zuerspublic/). Derzeit sind zwar erst einige Bundesländer (z. B. Niedersachsen, Sachsen) vertreten, doch werden sich weitere Länder in Kürze anschließen. Darüber hinaus erfahren Sie auf ZÜRS public, welches Risiko für weitere Naturgefahren wie Starkregen, Sturm, Blitzschlag und Erdbeben besteht.

■ Das Gebäude: Grundriss und Größe der Immobilie müssen den Wünschen des neuen Eigentümers entsprechen (vergleiche dazu auch die Ausführungen auf Seite 24 f.). Der Grundriss kann zwar geändert werden. Doch bereits das „einfache" Versetzen einer nicht tragenden Wand führt zu vielfältigen weiteren Anpassungen, wie beispielsweise bei Heizungs- und Stromversorgung, Bodenbelägen, Türen, Fenstern und ähnlichem. Diese Maßnahmen müssen in der Finanzierung berücksichtigt werden.

Auf die Erreichbarkeit der Räume, möglicherweise „gefangene" Räume, die aufgrund des Zuschnitts der Wohnung nur über ein Durchgangszimmer erreicht werden können, auf ausreichende Bäder, Gäste-WC und ähnliches sollte geachtet werden. Nicht immer dürfen Terrassen erweitert werden, können fehlende Balkone nachträglich angebaut werden. Zudem sollten genügend große Abstellmöglichkeiten, mögliche Raumreserven durch Ausbau von Dachböden, Be- und Entlüftung von Bädern und Gäste-Toiletten vorhanden sein.

Hinweis:

Im Allgemeinen sind Änderungen und Anpassungen kein unlösbares Problem. Doch kosten diese Baumaßnahmen Zeit und Geld. Das muss sowohl bei der Terminierung des Umzugs als auch bei der Finanzierungsplanung berücksichtigt werden.

Für die langfristige eigene Nutzung der Immobilie ist die Barrierefreiheit der Immobilie von wachsender Bedeutung, die gerade in Bestandsgebäuden oft nur durch umfangreiche Umbaumaßnahmen erreicht werden kann.

d) Der Blick hinter die Mauern

Das Gebäude sollte gründlich geprüft werden, um später unliebsame Überraschungen zu vermeiden. Dazu gehört auf jeden Fall der bauliche Zustand. Denn je nach Alter der Gebäudeteile werden Sanierungs- und Modernisierungsmaßnahmen notwendig.

Übliche Zeiträume für Renovierungs- und Sanierungsmaßnahmen:	
5–10 Jahre:	– Tapeten
	– Innenanstrich
	– Teppichböden
	– Fensteranstrich
	– Anstrich Innentüren
15–30 Jahre:	– Dachrinnen aus Stahl
	– Plattenverkleidungen
	– Außenverglasung
	– Kunststofffußböden
	– Heizkessel
	– Heißwasserboiler
	– Schalter, Steckdosen
	– Elektronische Regeleinrichtungen
	– Armaturen
	– Öltanks
30–50 Jahre:	– Flachdächer
	– Dachrinnen aus Kupfer
	– Außenputz
	– Dacheindeckung
	– Fenster
	– Fliesen und Plattenbeläge innen
	– Wand- und Deckenputz innen
	– Sanitärinstallationen Bäder
	– Sanitärinstallationen für Küchen
	– Küchenausstattung
	– Elektroinstallation

Übliche Zeiträume für Renovierungs- und Sanierungsmaßnahmen:	
	– Heizungsinstallation inkl. Heizkörper
	– Ausstattung von Bädern
	– Außentüren
	– Holzfußböden
	– Elektroleitungen
	– Wasserleitungen
	– Abwasserleitungen
100 Jahre und mehr:	– Holzdachstuhl
	– Gemauerte Außenwände

Selbstverständlich können die Bauteile länger halten. Eine gute Pflege und Wartung und ein pfleglicher Umgang verlängern die Lebensdauer. Doch bei Bestandsimmobilien hat der Käufer diese Faktoren nicht im Griff. Daher sollte unbedingt vor dem Kauf abgeklärt werden, ob notwendige Maßnahmen bereits ergriffen wurden beziehungsweise welche Maßnahmen in Zukunft notwendig sind.

Unabhängig von den „normalen" Renovierungs- und Sanierungsintervallen sollte die Ausstattung der Immobilie, also die Versorgung mit (ausreichenden) Wasser- und Abwasserleitungen sowie Heizung und Elektrizität, berücksichtigt werden. Gerade bei Altbauten ist die Stromversorgung immer wieder eine Schwachstelle, wenn die Elektroanlage nicht bereits saniert worden ist. Die „normale" Ausstattung mit Elektrogeräten – auch mit größeren Haushaltsgeräten – unterscheidet sich erheblich von dem, was früher üblich war. Ältere Stromnetze sind für diese Belastung häufig nicht ausgelegt. In manchen Fällen entsprechen sie nicht den modernen Sicherheitsanforderungen: der Schutzleiter – die grün-gelbe Ader – fehlt. Gleichzeitig muss die Ausstattung mit Bädern und Gäste-Toiletten sowie der Zustand der jeweiligen Installationen, der Zustand der Fußbodenbeläge, des Innenputzes beurteilt werden.

Je nach Bauzeit weisen die Immobilien typische Probleme auf. Immobilien aus der Anfangszeit des 20. Jahrhunderts leiden häufig unter feuchten Kellern, für heutige Verhältnisse unterdimensionierten Geschossdecken und ähnlichen statischen Problemen. Bei Häusern aus der Nachkriegszeit musste oft Material gespart werden, was zu Lasten der tragenden Bauteile ging. Flachdächer – ein typisches Gestaltungsmerkmal der 70er Jahre – sind immer wieder undicht. In diesen Jahren wurde vermehrt Beton verbaut, was bei den aufkommenden Gestaltungsmerkmalen – wie herausragende Balkone oder Erker – meist zu Wärmebrücken (Schimmelgefahr!) führt. Oft wurde der gesundheitsschädliche Asbest als Baustoff eingesetzt, was nicht ohne weiteres bei Besichtigungen erkannt werden kann.

Hinweis:

Bei diesen Mängeln wird es besonders deutlich: Die Besichtigung und Beurteilung von Immobilien kann selbstverständlich jeder zukünftige Immobilieneigentümer selbst durchführen. Doch Fachleute, die täglich mit neuen und älteren Häusern zu tun haben, haben einen geschulten Blick für zahlreiche Schwachstellen und Mängel. Sie kennen die Probleme der Immobilien aus den verschiedenen Baujahrgängen und wissen, wo sie den Blick auch hinter die Kulissen werfen müssen. Es lohnt sich also immer, einen Fachmann mitzunehmen, bevor der Kaufvertrag unterschrieben wird. Denn die Sanierung von schadhaften Bauteilen kann sehr teuer werden.

Ein typischer Mangel praktisch aller älterer Immobilien ist der unzureichende Schallschutz. Dabei muss unterschieden werden, ob es sich um Geräusche von außen, um Geräusche aus anderen Räumen oder aus den sogenannten haustechnischen Anlagen handelt. Der Außenlärm lässt sich in der Regel nur vermeiden beziehungsweise verringern, wenn beim Austausch der Fenster nicht nur auf die Energieeffizienz, sondern auch auf den Schallschutz Wert gelegt wird.

Innerhalb des Hauses können Geräusche aus anderen Räumen übertragen werden und die Wohnqualität erheblich beeinträchtigen. Massive Betondecken benötigen in der Regel eine gute Trittschalldämmung, die den Beton vom Estrich trennt und so verhindert, dass der Trittschall weitergeleitet wird. Diese Vorkehrungen wurden bei älteren Bauten in der Regel nicht getroffen. Eine nachträgliche Verbesserung ist bei Sanierungen von Treppenhäusern gut durchführbar. Auch bei Sanierungen von Heizungen oder Wasser- beziehungsweise Abwasseranlagen können die neuen Installationen neben die bestehenden schalldämmend eingebracht werden.

Hinweis:

Die steigenden Anforderungen an die Energieeffienz führen zu einer zunehmenden Luftdichtheit der Immobilien, so dass in Zukunft der Einbau von Lüftungsanlagen eine immer größere Bedeutung gewinnen wird. Dabei sollte von vornherein darauf geachtet werden, dass zwischen den Räumen keine Schallübertragung entsteht und dass von den Geräten möglichst wenige Geräusche ausgehen.

Auf den Schallschutz zwischen einzelnen Doppel- und Reihenhäusern sollte besonderer Wert gelegt werden, da dies das Wohlbefinden der Bewohner stark beeinflusst. Welcher Schallschutz bei diesen Häusern eingehalten werden muss, wird heute durch DIN-Normen festgelegt, die erheblich höhere Anforderungen stellen als in früheren Zeiten.

Hinweis:

Die Anforderungen an den Schallschutz sind in DIN-Normen festgelegt, sowohl für Mehrfamilienhäuser als auch für Doppel- und Reihenhäuser. In VDI-Richtlinien ist der Schallschutz für Wohnungen geregelt. Doch diese Vorgaben sind für den Bau von Einfamilienhäusern nicht verbindlich. Daher sollte beim Bau oder Kauf explizit nachgefragt werden, nach welchen Regeln der Schallschutz in Einfamilienhäusern errichtet wird, und im Zweifel der höherwertige Schallschutz vereinbart werden.

Den Schallschutz nachträglich zu verbessern, ist zwar möglich, aber in der Regel aufwendig. Daher sollten Interessenten sich bereits im Vorfeld darüber im Klaren sein, dass diese Probleme gerade bei Doppel- oder Reihenhäusern auftreten können.

Auch eine noch so gründliche Besichtigung kann nicht alle Schwachstellen an der Immobilie aufzeigen. Daher sollte besondere Vorsicht walten, wenn der Verkäufer eine Mängelausschlussklausel im Notarvertrag vereinbaren will. In diesem Fall sollte stets ein Sachverständiger hinzugezogen werden. Doch trotz einer solchen Klausel darf ein Veräußerer Mängel nicht arglistig verschweigen. Ist ihm ein solcher Mangel bekannt und weist er den Käufer nicht darauf hin, obwohl (oder weil) er davon ausgehen kann, dass der Kaufvertrag dann nicht zustande kommen würde, setzt die Arglisthaftung ein. Das gilt im Übrigen bereits dann, wenn er lediglich einen Verdacht hat, dass dieser Mangel besteht. Ein solcher Mangel kann beispielsweise bei Feuchtigkeitsschäden vorliegen, wenn eine mangelhafte Außenabdichtung zu einem regelmäßigen Eindringen von Feuchtigkeit führen kann (OLG Koblenz, 13.11.09, 2 U 443/09, NJW-RR, 2010, 989). Inwieweit Mängel erkennbar sind beziehungsweise waren, lässt sich durch ein Sachverständigengutachten nachweisen (BGH, Beschl. v. 22.10.09, V ZR 21/09, IBR 2010, S. 241).

Nicht alle Schäden sind bei Immobilien auf den ersten Blick zu erkennen. Gerade bei älteren Immobilien können in der Holzkonstruktion des Dachstuhls Probleme durch Holzschädlinge, wie Hausbock, oder durch Schwammbefall auftreten. Erkennbar werden diese Schäden meistens erst, wenn die Dachkonstruktion geöffnet wird, was bei Besichtigungen zum Kauf natürlich nicht der Fall sein kann.

Hinweis:

Kein Verkäufer wird sich ohne weiteres darauf einlassen, die Dachkonstruktion zu öffnen, damit der Erwerber einen Blick in die Dachkonstruktion werfen kann. Doch kann im Kaufvertrag eine Klausel aufgenommen werden, die – zeitlich befristet – festlegt, wer die Kosten für die Sanierung dieser Schäden zu tragen hat, wenn sie bei Dacharbeiten zu Tage treten.

e) Die energetische Sanierung

Werden Immobilien verkauft oder vermietet, muss ein **Energieausweis** vorliegen, der dem Kauf- oder Mietinteressenten vorgelegt werden muss (§ 16 Abs. 2 EnEV). Dieser Energieausweis erlaubt einen ersten Eindruck von der Energieeffizienz der Immobilie.

Hinweis:

Auch wenn der Energieausweis die Besichtigung der Immobilie zusammen mit einem Sachverständigen nicht ersetzen kann, sollte er auf jeden Fall eingesehen werden. Denn er erlaubt bereits eine erste Einschätzung, welche energetischen Sanierungsmaßnahmen notwendig werden könnten.

Der Energieausweis besteht aus fünf Seiten. Das Deckblatt enthält allgemeine Informationen, wie zum Beispiel das Alter und die Nutzfläche der Immobilie, das Alter der Anlagentechnik. Deutlich sichtbar ist hier auch die Information enthalten, ob der Ausweis nach dem Bedarfswert- oder Verbrauchswertverfahren erstellt worden ist und wie lange der Ausweis gültig ist.

Die Seiten zwei und drei bilden die energetische Situation der Immobilie ab. Der Energieausweis weist für jede Immobilie – nicht für jede Wohnung – einen Energieeffizienzwert aus. Dieser Wert kann auf der Basis des Energiebedarfs des Gebäudes (Seite 2 des Ausweises) oder auf der Basis des tatsächlichen Energieverbrauchs (Seite 3 des Ausweises) ermittelt und ausgewiesen werden. Als Energiebedarf wird dabei die Energie bezeichnet, die zum Heizen des Gebäudes und zum Bereiten von Warmwasser benötigt wird. Dieser Wert muss jedoch durch eine komplizierte Berechnung ermittelt werden. Dabei werden die energetische Qualität der Gebäudehülle, der Heizungsanlage und ähnliches in die Ermittlung mit einbezogen. Diese Berechnung kann grundsätzlich aufgrund von vorhandenen Unterlagen vorgenommen werden, die der Gebäudeeigentümer zur Verfügung stellt (§ 17 Abs. 5 EnEV). Genauer – und in manchen Fällen wegen fehlender Informationen auch der einzige Weg – ist jedoch die Begehung des Hauses durch einen Energieberater und die darauf basierende Ermittlung des Energiekennwertes. Der tatsächliche Energieverbrauch fließt in diese Berechnung nicht ein.

Von Energieberatern weniger geschätzt, aber dennoch zulässig, ist die Ermittlung des Energieverbrauchs als Grundlage des Energiekennwertes. Dabei fließt der tatsächliche Verbrauch der letzten drei Jahre in die Berechnung ein. Wohnungsleerstände in einem Mehrfamilienhaus werden ebenso berücksichtigt wie außergewöhnliche

Wetterverhältnisse (§ 19 Abs. 3 EnEV). Damit basiert dieser Kennwert auf dem tatsächlichen Verbrauch, der zusätzlich im Ausweis angegeben werden muss. Er lässt zudem Rückschlüsse auf die zu erwartenden Kosten zu, ist aber objektiviert, d. h. weniger von Gebrauchsgewohnheiten beeinflusst als der tatsächliche Energieverbrauch.

Ob der Ausweis nach dem Energiebedarf oder dem Energieverbrauch ausgestellt sein muss, hängt ab vom Alter und der Größe der Immobilie: Wohngebäude mit bis zu vier Wohneinheiten, für die der Bauantrag vor dem 1. November 1977 gestellt worden ist, müssen grundsätzlich mit dem bedarfsorientierten Ausweis ausgestattet sein (§ 17 Abs. 2 EnEV). Entsprachen sie zu diesem Zeitpunkt jedoch bereits dem energetischen Standard der Wärmeschutzverordnung vom 11. August 1977 oder sind sie auf diesen Standard hin nachgerüstet worden, besteht Wahlfreiheit (§ 17 Abs. 2 EnEV). Wahlfreiheit gilt auch für Gebäude, die vor dem 1. November 1977 errichtet wurden, jedoch mehr Wohneinheiten enthalten, sowie für Gebäude, die nach dem 1. November 1977 errichtet wurden. Zudem bestand bis zum 30. September 2008 eine Übergangsfrist, in der für alle Wohngebäude unabhängig von Alter und Größe Ausweise nach dem Energieverbrauch ausgestellt werden durften. In beiden Fällen gilt der Ausweis 10 Jahre, er kann nicht verlängert werden (§ 17 Abs. 6 EnEV).

Hinweis:

Bereits vor 2008 wurden in verschiedenen staatlich geförderten Projekten in Feldversuchen Energieausweise ausgestellt. Diese Ausweise haben ebenfalls 10 Jahre Gültigkeit.

Der Energieausweis enthält zudem weitere Informationen: Er weist der Immobilie und ihrem persönlichen Energiekennwert eine Rangordnung zu, da er sie auf einem Farbstrahl – rot ist verschwenderisch, grün ist sparsam – einordnet. Vergleichswerte typischer Immobilien zum tatsächlichen Energieverbrauch runden die Vergleichsmöglichkeiten ab. Zusätzlich werden die Immobilien mit einem Buchstabenlabel versehen – ähnlich wie bei verschiedenen Elektrogeräten – um das Gebäude plakativ nach seiner Energieeffizienz einzuordnen. Der Ausweis enthält außerdem Informationen zur eingesetzten Heizungstechnik, die in die Bewertung der Immobilie mit einfließen. Denn die unterschiedlichen Energiearten – Öl, Gas, Holzpellets, Luft, Sonne, Wasser – werden energetisch gewichtet und daraus der Primärenergiebedarf ermittelt. Auch dieser Primärenergiebedarf wird im Energieausweis auf der Farbskala eingeordnet.

Alle Ausweise müssen registriert werden, die Registriernummer ist auf dem Ausweis vermerkt (§ 26 c EnEV). Die Registrierung wird durch den Aussteller bei einer zentralen Stelle vorgenommen. Damit soll die Überprüfung erleichtert werden. Die Überprüfung ist stichprobenmäßig vorgeschrieben (§ 26 d).

Hinweis:

Der Primärenergiebedarf berücksichtigt zusätzlich zum Energieverbrauch zum Heizen und Bereiten von Warmwasser, wie viel Energie benötigt wird, um aus dem ursprünglichen Energieträger – Rohöl, Umweltwärme – einen Stoff zu erhalten, der in der Immobilie, zum Beispiel als Heizöl, eingesetzt werden kann.

Neben einer Seite mit Erläuterungen enthält der Ausweis eine Seite mit Modernisierungsempfehlungen (§ 20 EnEV). Solche Modernisierungsempfehlungen sollen dem Eigentümer Hinweise geben, welche energetischen Verbesserungen möglich und sinnvoll sind, um den Energiebedarf des Gebäudes zu senken. Diese Empfehlungen können sich beispielsweise auf den Austausch von Fenstern, der Heizungsanlage oder auf die Außendämmung beziehen. Zusätzlich ist anzugeben, wie sich die Maßnahmen auf den Energiebedarf beziehungsweise -verbrauch auswirken.

Hinweis:

Obwohl die Modernisierungsempfehlung ein zwingender Bestandteil des Energieausweises ist, handelt es sich lediglich um Empfehlungen. Die genannten Maßnahmen müssen vom Eigentümer nicht realisiert werden. Auch Mieter haben keinen rechtlichen Anspruch darauf, dass die empfohlenen Maßnahmen auch durchgeführt werden.

Für Neubauten muss stets ein bedarfsorientierter Energieausweis ausgestellt werden (§ 16 Abs. 1 i.V.m. § 17 Abs. 2 EnEV). Das gleiche gilt bei Änderungen, also größeren An- oder Umbauten (§ 16 EnEV). Werden an Immobilien größere Maßnahmen zur energetischen Sanierung durchgeführt, sollte ein neuer Ausweis beauftragt werden. Denn bessere Energiekennwerte verbessern die Vermietbarkeit sowie die Verkaufschancen.

Eine weiterhin wachsende Bedeutung nimmt die **Energieeffizienz von Gebäuden** ein. Neubauten müssen immer strengere Anforderungen an den (sinkenden) Energiebedarf und die Effizienz der Heizungsanlage erfüllen. Diese Anforderungen werden im Wesentlichen von der **Energieeinsparverordnung** (§§ 3 ff. EnEV) definiert. Sie müssen berücksichtigt werden.

Neubauten, für die nach dem 1. Januar 2009 der Bauantrag gestellt beziehungsweise die Bauanzeige erstattet wurde (§ 19 EEWärmeG), sind zudem verpflichtet, ihren Wärmeenergiebedarf zumindest anteilig durch erneuerbare Energien zu decken. Im Wohngebäudesektor sind alle beheizten Gebäude mit mehr als 50 m² Nutzfläche davon betroffen (§§ 3 f. EEWärmeG). Der Gesetzgeber legt den Mindestanteil der Nutzung im Gesetz ausdrücklich fest. So muss beispielsweise bei der Nutzung von solarer Strahlungsenergie mindestens 15% des Wärmeenergiebedarfs, bei Nutzung von Geothermie und Umweltwärme mindestens 50% aus der Nutzung dieser erneuerbaren Energien gewonnen werden (§ 5 EEWärmeG).

Hinweis:

Ob Neubauten diese Anforderungen erfüllen, muss nachgewiesen werden, im Fall der Geothermie beispielsweise durch die Bescheinigung eines Sachverständigen (§ 10 EEWärmeG i.V.m. Nr. III 5. Anlage zu §§ 5, 7 10 und 15) oder durch die Vorlage der Brennstoffabrechnung bei gasförmiger und flüssiger Biomasse (§ 10 Abs. 2 EEWärmeG). Zudem können die Behörden durch Stichproben die Pflichterfüllung und die Richtigkeit der Angaben prüfen (§ 11 EEWärmeG).

Die Anforderungen, die die Energieeinsparverordnung an den Gebäudeneubau stellt, müssen von Bestandsgebäuden zwar nicht erreicht werden. Doch stehen die **Bestandsgebäude** natürlich im direkten Vergleich zu den Neubauten. Jeder Immobilienerwerber berücksichtigt in seiner Kalkulation von vorneherein, dass unsanierte Altbauten erheblich mehr Energie zum Heizen und Bereiten von Warmwasser benötigen. Das fließt in die Bewirtschaftungskosten des Hauses ein. Werden bereits direkt nach dem Erwerb der Immobilie Maßnahmen zur energetischen Sanierung ergriffen, fließen die dafür entstandenen Kosten in die Gesamtkalkulation ein. Damit reduziert sich in der Regel der Betrag, den ein Käufer bereit ist, in eine Gebrauchtimmobilie zu investieren. Denn Neubauten, die in Konkurrenz zu den Bestandsgebäuden stehen, müssen die geltenden energetischen Anforderungen erfüllen.

Hinweis:

Die energetische Effizienz ist damit auch für Eigentümer älterer Immobilien ein wichtiges Thema. Die Frage, ob sich energetische Sanierungsmaßnahmen für den Eigentümer noch rechnen, ob die Investitionen sich also während der noch verbleibenden Nutzungszeit durch Einsparung von Energie amortisieren, ist zu kurz gegriffen. Denn solche Modernisierungsmaßnahmen fließen auch in den zu erzielenden Verkaufspreis ein.

Die Vorschriften der Energieeinsparverordnung werden regelmäßig verschärft. Die strengsten Vorschriften gelten für den Gebäudeneubau. Hier entwickelt sich der Standard weiter in Richtung Passivhaus. Zwar wird regelmäßig von Neuem diskutiert, dass auch für den Gebäudebestand höhere energetische Standards verbunden mit einem Zwang zur umfassenden energetischen Sanierung eingeführt werden, doch gelten derzeit (Juli 2014) für den Gebäudebestand lediglich wenige verpflichtende Vorgaben.

Öl- und Gasheizkessel, die vor dem 1. Oktober 1978 eingebaut worden sind, dürfen nicht mehr betrieben werden (§ 20 Abs. 1 EnEV). Ab 2015 dürfen solche Heizungsanlagen nicht mehr betrieben werden, die älter als 30 Jahre sind. Diese Vorschriften gelten selbst dann, wenn diese Heizungsanlagen die Abgasgrenzwerte einhalten. Waren diese Anlagen jedoch bereits mit Brennwert- oder Niedertemperaturtechnik ausgestattet, besteht ebenso wie für besonders kleine (≤ 4 Kilowatt) oder besonders große (≥ 400 Kilowatt) Anlagen eine Ausnahme.

> **Hinweis:**
>
> Die Energieeinsparverordnung schreibt vor, dass in Zukunft der Kaminkehrer überprüfen muss, ob der Austausch erfolgt ist (§ 26 b).

Sind Heizungs- und Warmwasserrohre sowie Armaturen in nicht beheizten Räumen zugänglich aber ungedämmt, müssen sie gedämmt werden. (§ 10 Abs. 2 EnEV)

> **Hinweis:**
>
> Das betrifft in der Regel Keller oder Flure. Ungedämmte Heizungsrohre in beheizten Hobbyräumen sind davon beispielsweise nicht betroffen.

Befinden sich über beheizten Räumen oberste Geschossdecken, die zugänglich sind, müssen sie gedämmt werden. Die EnEV 2007 sah dies nur für Geschossdecken vor, die nicht begehbar sind, die EnEV 2009 hat die Vorschrift auf alle Geschossdecken erweitert; für beide Fälle gelten nun höhere Anforderungen (§ 10 Abs. 3 und 4 EnEV). Dies gilt allerdings nur in den Fällen, in denen das Dach nicht (§ 10 Abs. 3 EnEV) gedämmt ist. Oberste Geschossdecken müssen dann in der Regel nicht nachgerüstet werden, wenn sie bereits einen gewissen „Mindestwärmeschutz" aufweisen. Das gilt für die meisten Holzbalkendecken, aber auch für viele massive Deckenkonstruktionen (zum Beispiel Betondecken), die nach 1969 errichtet oder in der Vergangenheit mit mindestens etwa 4 Zentimetern gedämmt wurden. Der aktuell vorgeschriebene Dämmwert muss durch die damaligen Maßnahmen nicht erreicht worden sein.

Für Ein- und Zweifamilienhäuser sieht das Gesetz eine Ausnahmeregelung (§ 10 Abs. 5 EnEV) vor. Hat der Eigentümer am 1. Februar

2002 eine Wohnung in diesem Haus selbst bewohnt, wird die Nachrüstpflicht ausgesetzt. Fand allerdings nach diesem Termin ein Eigentümerwechsel statt, muss der neue Eigentümer die Maßnahmen nachholen, er hat dazu eine Frist von 2 Jahren.

Hinweis:

Unter einem Eigentümerwechsel wird im Allgemeinen auch eine Erbschaft verstanden. Bewohnt der Erbe jedoch weiterhin die Immobilie – beispielsweise bei Ehepartnern – ist im Sinne der Energieeinsparverordnung wohl davon auszugehen, dass die Nachrüstpflichten erst beim nächsten – tatsächlichen – Eigentümerwechsel entstehen.

Für die verpflichtenden Nachrüstmaßnahmen hat der Gesetzgeber eine weitere Ausnahme (§ 10 Abs. 5 EnEV) vorgesehen: Können die Kosten der Dämmmaßnahmen nicht durch Energieeinsparungen innerhalb einer angemessenen Frist erwirtschaftet werden, müssen die Dämmmaßnahmen nicht durchgeführt werden.

Die Vorschriften der Energieeinsparverordnung muss ein Eigentümer auch beachten, wenn er an seinem Haus größere Sanierungsmaßnahmen vornimmt, beispielsweise den Putz erneuert, Fenster austauscht oder das Dach saniert. In diesen Fällen spricht der Gesetzgeber von „Änderungen", die vorgenommen werden. Betreffen diese Änderungen 10% eines Bauteils (§ 9 Abs. 3 EnEV), müssen die Maßnahmen so durchgeführt werden, dass das ganze Bauteil die Vorschriften der EnEV für die Sanierung von Bestandsgebäuden erfüllen (§ 9 Abs. 1 EnEV).

Führt ein Eigentümer nicht nur Sanierungsmaßnahmen durch, sondern erweitert er seine Immobilie, zum Beispiel durch Anbauten oder Dachausbauten, gelten die Vorschriften für reine Sanierungsmaßnahmen nicht mehr. Vielmehr müssen in diesem Fall die wesentlich höheren Effizienzwerte erreicht werden, die für Neubauten gelten, sofern die Nutzfläche um mindestens 50 m² steigt (§ 9 Abs. 4 und 5 EnEV).

Für denkmalgeschützte Gebäude sieht die Energieeinsparverordnung eine Sonderregelung vor. Voraussetzung für die Sonderrelungen ist, dass aufgrund der Energieeinsparverordnung Maßnahmen notwendig werden würden, die die Substanz oder das Erscheinungsbild der schützenswerten Bausubstanz erheblich beinträchtigen. In diesem Fall dürfen sie nicht durchgeführt werden. Wären zwar andere Maßnahmen möglich, die im Vergleich jedoch unverhältnismäßig teuer sind, darf von den Vorgaben der Verordnung abgewichen werden (§ 24 Abs. 1 EnEV). Auf Antrag können andere Maßnahmen ergriffen werden, wenn durch sie die Vorgaben der Energieeinsparverordnung erfüllt werden (§ 24 Abs. 2 EnEV).

Die Energieeinsparverordnung sieht vor, dass die Einhaltung ihrer Vorschriften überprüft wird. Führen Unternehmen etwa Maßnahmen zur energetischen Sanierung von Immobilien durch, werden zum Beispiel die Außenhülle gedämmt oder neue Fenster eingebaut, muss der Unternehmer eine Unternehmererklärung abgeben (§ 26 a Abs. 1 EnEV), die bestätigt, dass die Maßnahme und insbesondere die Bauteile den Vorgaben der Energieeinsparverordnung entsprechen. Die Unternehmererklärung muss 5 Jahre lang aufbewahrt und auf Verlangen den zuständigen Behörden vorgewiesen werden (§ 26 a Abs. 2 EnEV).

Hinweis:

Die Unternehmererklärung sollte möglichst in der Hausakte mit abgelegt werden. Sie dürfte insbesondere dann angefordert werden, wenn erneut Umbaumaßnahmen an dem Haus ergriffen werden sollen.

Gleichermaßen werden die Heizungs- und Warmwasseranlagen überprüft. Im Rahmen der Feuerstättenschau muss der Bezirksschornsteinfeger prüfen, ob Heizungsanlagen älter als 30 Jahre sind (§ 26 b Abs. 1 Nr. 1 EnEV) und ob die Dämmung der zugänglichen Heizungs- und Warmwasserrohre in unbeheizten Räumen nachgeholt worden ist (§ 26 b Abs. 1 Nr. 2 EnEV). Stellt der Kaminkehrer fest, dass die Vorschriften nicht eingehalten worden sind, wird eine Nachfrist gesetzt. Ist auch dann noch nichts geschehen, wird die Aufsichtsbehörde eingeschaltet.

> **Hinweis:**
>
> Der Kaminkehrer ist durch die Vorschriften verpflichtet, ein Zuwiderhandeln zu melden.

Verstoßen Eigentümer gegen die Verordnung, kann es sich um eine Ordnungswidrigkeit handeln, beispielsweise wenn ein Energieausweis nicht, nicht vollständig oder nicht rechtzeitig zugänglich gemacht wird (§ 27 Abs. 2 EnEV) oder wenn ein Heizkessel eingebaut wird, der nicht den Anforderungen der Energieeinsparverordnung entspricht (§ 27 Abs. 1 Nr. 7 EnEV). Entsprechend können Bußgelder verhängt werden.

Der Erwerber von Bestandsimmobilien muss die Vorschriften der Energieeinsparverordnung berücksichtigen. Die Ausnahmeregelungen für Eigentümer von Ein- und Zweifamilienhäusern gelten im Erwerbsfall nicht, nur die Übergangsfrist von 2 Jahren (vergleiche Seite 80 f.) schafft eine Erleichterung.

> **Hinweis:**
>
> Das bedeutet natürlich auch, dass die Kosten in die Kalkulation der Finanzierung einfließen müssen.

f) Erwerb von Denkmalen

Immobilien, die unter Denkmalschutz stehen, unterliegen zunächst den gleichen Auswahlkriterien wie jede andere Immobilie auch. Doch wird die Entscheidung zum Erwerb einer solchen Immobilie in den meisten Fällen nicht allein aus objektiven Überlegungen heraus getroffen, vielmehr spielen subjektive – oft nicht fassbare – Faktoren mit. Immer erwirbt der Käufer etwas Besonderes, ein Denkmal eben. Aber Denkmale unterliegen besonderen Vorschriften, gerade wenn sie renoviert oder saniert werden müssen. Denn dabei sind die Auflagen des Denkmalschutzes zu beachten.

Denkmalschutz soll Maßnahmen verhindern, die das Denkmal beeinträchtigen. Dabei sollen die staatlichen Behörden und die Eigentümer zusammenarbeiten. Welche Eigenschaften ein Gebäude aufweisen muss, damit es ein Denkmal ist, definieren die Denkmalschutzgesetze der Länder. In verschiedenen Ländern, wie beispielsweise Nordrhein-Westfalen oder Baden-Württemberg (§ 3 Abs. 1 DSchG NRW, § 13 DSchG B-W), werden Denkmale grundsätzlich erst durch die Eintragung in eine Denkmalliste zu einem Denkmal, das dem gesetzlichen Schutz unterliegt. Die Eintragung erfolgt von Amt wegen – Denkmale werden also von staatlicher Seite gesucht. Auch Eigentümer oder der Landschaftsverband können die Eintragung beantragen (§ 3 Abs. 2 DSchG NRW). Den Eigentümern wird durch einen Verwaltungsakt bekannt gegeben, dass ihr Gebäude nun unter Denkmalschutz steht. In diesem „Eintragungssystem" ist die Aufnahme der Immobilie in die Denkmalliste der auslösende Faktor für die Denkmaleigenschaft, sie hat konstitutive – also rechtsbegründende – Wirkung. Andere Länder wie beispielsweise Bayern oder nach einer Gesetzesänderung Rheinland-Pfalz setzen voraus, dass jeder aufgrund der gesetzlichen Definition weiß, ob sein Gebäude ein Denkmal ist. In diesem „Normativsystem" muss der Eigentümer die entsprechenden Auflagen beachten, ohne vorab durch einen Verwaltungsakt mitgeteilt zu bekommen, dass es sich bei seiner Immobilie um ein Denkmal handelt. Auch in diesen Ländern werden Denkmale in ein Verzeichnis aufgenommen. Doch hat die Aufnahme in die Liste in diesem Fall lediglich eine deklaratorische, also rechtsbekundende Wirkung (zum Beispiel Art. 2 BayDSchG; § 8 Abs. 1 und 3 sowie § 10 DSchG Rh-Pf).

Handelt es sich bei einer Immobilie um ein Denkmal, kann der Eigentümer nicht mehr frei über seine Immobilie entscheiden. Diese Einschränkung beginnt bereits bei Kauf beziehungsweise Verkauf der Immobilie. Häufig sind denkmalgeschützte Immobilien schwerer verkäuflich als andere Immobilien, da die Nutzungsmöglichkeiten eingeschränkt sind und bei Sanierungsmaßnahmen erhebliche – oft sehr teure – Auflagen beachtet werden müssen. Denkmale unterliegen jedoch in den meisten Ländern besonderen Auflagen, der Verkauf muss in der Regel angezeigt werden (§ 12 Abs. 2 DSchG Rh-Pf, § 10 DSchG NRW). Das kann – beispielsweise in Rheinland-Pfalz – auch im Erbfall vorgeschrieben sein. Zudem hat der Eigentümer Hinweispflichten zu beachten, also den Käufer auf die

Denkmaleigenschaft (§ 12 Abs. 2 DSchG Rh-Pf) aufmerksam zu machen.

Denkmale sollen zwar soweit möglich genutzt werden, doch nicht um jeden Preis. Daher strebt der Denkmalschutz eine Nutzung an, die der ursprünglichen Zweckbestimmung entspricht, oder die zumindest die Substanz erhält. Eigentümer können verpflichtet werden, die Immobilie in einer bestimmten Art zu nutzen beziehungsweise eine solche Nutzung zu dulden (zum Beispiel Art. 5 BayDSchG; § 8 DSchG NRW).

Sollen Maßnahmen durchgeführt werden, die den Bestand der Immobilie, ihre Substanz oder das Erscheinungsbild in irgendeiner Art und Weise beeinträchtigen, wird die Erlaubnis der Denkmalschutzbehörden notwendig; dies gilt selbst in den Fällen, in denen in der Nähe von Baudenkmalen Anlagen errichtet, verändert oder beseitigt werden sollen, wenn sich diese Maßnahmen auf den Bestand oder das Erscheinungsbild des Baudenkmales auswirken (zum Beispiel Art. 6 Abs. 1 BayDSchG, § 9 DSchG NRW, § 16 Hess. DSchG). Ist für die Maßnahme eine Baugenehmigung notwendig, wird in der Regel gleich geprüft, ob sie aus denkmalschützerischen Gesichtspunkten zulässig ist. Bei baugenehmigungsfreien Maßnahmen muss die Erlaubnis der Denkmalbehörde trotzdem eingeholt werden und zwar vorher (z. B. Art. 6 BayDSchG).

Eine solche Erlaubnis wird bereits bei allen Maßnahmen notwendig, die das Erscheinungsbild, schützenswerte Bestandteile und die Substanz der Immobilie beeinflussen, also auch bei so einfachen Maßnahmen, wie einem Fassadenanstrich. Die Maßnahmen müssen so durchgeführt werden, dass der Charakter der Immobilie nicht verändert wird. Das betrifft ebenfalls nicht sichtbare Teile, wie etwa einen Dachstuhl. Selbst im Innenbereich können Auflagen zu beachten sein, zum Beispiel wenn besondere Holztäfelungen oder Wandmalereien vorhanden sind.

Hinweis:

Stehen solche Maßnahmen an, sollte ein Fachmann hinzugezogen werden. In der Regel unterstützen die Denkmalämter gerne bei solchen Sanierungsmaßnahmen mit ihrem Fachwissen. Dabei lassen sich durch eine frühzeitige Kontaktaufnahme oft Lösungen finden, die auch dem Eigentümer entgegenkommen. Verstöße gegen den Denkmalschutz sind Ordnungswidrigkeiten, die empfindliche Geldstrafen nach sich ziehen können. Zudem kann die Behörde verlangen, dass der ursprüngliche Zustand wieder hergestellt wird.

Die umfangreichen Auflagen zur Sanierung und Modernisierung verteuern die Maßnahmen im Vergleich zu entsprechenden Maßnahmen an nicht denkmalgeschützten Immobilien, da beispielsweise die dem „Originalzustand" entsprechenden Baumaterialien eingesetzt und Handwerker beziehungsweise Firmen gefunden werden müssen, die diese speziellen Arbeiten überhaupt noch ausführen können. Sinnvollerweise werden die Denkmalschutzbehörden bereits bei der Planung der Maßnahmen mit einbezogen, damit gemeinsam mit einem entsprechend spezialisierten Architekt eine konfliktfreie Lösung gefunden werden kann.

Hinweis:

Vielfach werden Baumaßnahmen gefördert. Doch müssen die Baumaßnahmen vorab abgestimmt und die Gelder vor Beginn beantragt werden. Im Nachhinein ist keine Förderung mehr möglich.

Die Auflagen des Denkmalschutzes dürfen bei der Sanierung nicht außer Acht gelassen werden, unabhängig davon, ob die notwendigen finanziellen Mittel zur Verfügung stehen. Ebenso wenig darf aus finanziellen Gründen auf die Erhaltung und notwendige Maßnahmen verzichtet werden. Vielmehr sind die Eigentümer von Denkmalen verpflichtet, die Gebäude zu erhalten und Instandzusetzen (beispielsweise Art. 4 Abs. 1 BayDSchG). Nehmen sie die Maßnahmen nicht freiwillig vor, können sie dazu verpflichtet werden (etwa Art. 4 Abs. 2 BayDSchG). Werden die Maßnahmen auch dann noch nicht durchgeführt, können sie von staatlicher Seite ergriffen werden und die entsprechenden Kosten dem Eigentümer in Rechnung gestellt werden (beispielsweise Art. 4 Abs. 3 BayDSchG). Die Instandsetzung selbst kann unter Genehmigungsvorbehalt gestellt werden (etwa § 13 Abs. 4 DSchG Rh-Pf).

> **Hinweis:**
>
> Bevor Eigentümer von Denkmalen Maßnahmen an ihren Gebäuden – auch unterstützt durch Fachleute – vornehmen, sollten sie stets klären, welche Auflagen zu beachten sind, ob Anzeigepflichten bestehen, Genehmigungen eingeholt werden müssen oder ähnliches. Dies kann mit der zuständigen Denkmalschutzbehörde abgesprochen werden.

4. Besonderheiten bei Wohnungseigentum

a) Sondereigentum – Gemeinschaftseigentum

Mit dem Erwerb einer Eigentumswohnung erwirbt der Käufer zunächst „seine" Wohnung. Doch er erwirbt viel mehr als lediglich das Objekt „Wohnung". Denn neben dem Sondereigentum an einer Wohnung – dem Wohnungseigentum – kauft er zugleich den Miteigentumsanteil an einem Grundstück (§ 1 Abs. 2 WEG). Er wird damit sowohl Alleineigentümer (am Sondereigentum) als auch Mitglied der Gemeinschaft der Wohnungseigentümer.

Sondereigentum bedeutet nichts anderes als Alleineigentum, d. h. der Wohnungseigentümer kann grundsätzlich allein über dieses Eigentum verfügen. Sondereigentum kann an wesentlichen Bestandteilen eines Grundstücks entstehen, also insbesondere an Wohnungen. Was eine Wohnung ist, definiert das Wohnungseigentumsgesetz nicht. Doch als Wohnung werden Räume bezeichnet, die die Führung eines Haushalts ermöglichen; dazu gehören demnach Kochgelegenheit sowie Bad und Toilette. Entsteht Sondereigentum an Räumen, die nicht Wohnzwecken dienen, sondern anderweitig genutzt werden sollen, wird von **Teileigentum** (§ 1 Abs. 3 WEG) gesprochen. Teileigentum umfasst Räume, die zu gewerblichen (Werkstatt, Laden), freiberuflichen (Arztpraxis, Anwaltskanzlei) oder sonstigen (Garage, Keller) Zwecken bestimmt sind. Dabei ist grundsätzlich nicht die tatsächliche, sondern die vereinbarte Zweckbestimmung entscheidend (vergleiche dazu näher auch S. 91).

Sondereigentum kann grundsätzlich nur an Räumen entstehen (§ 1 WEG), die zudem in sich abgeschlossen sein müssen (§ 3 Abs. 2 WEG). Dazu müssen sie dauerhaft von anderen Räumen abgegrenzt werden können, so dass das Sondereigentum der einzelnen Miteigentümer eindeutig voneinander unterschieden werden kann. Abgeschlossen sind Räume, wenn sie durch Wände oder Decken vollkommen von anderen Wohnungen beziehungsweise Räumen abgegrenzt sind, und wenn sie innerhalb dieser Räume über eine Wasserver- und -entsorgung sowie ein WC, eine Küche beziehungsweise Kochnische verfügen. Von diesen Räumen aus muss ein eigener direkter und abschließbarer Zugang ins Freie oder in gemeinschaftliche Räume bestehen (Nr. 5 allg. Verwaltungsvorschrift zu § 7 Abs. 4 Nr. 2 WEG). Die Abgeschlossenheitsbescheinigung muss vorliegen, damit Wohnungseigentum eingetragen werden kann. Die Abgeschlossenheitsbescheinigung wird grundsätzlich von öffentlich bestellten oder anerkannten Sachverständigen erstellt, sofern die Landesregierungen ihnen diese Aufgabe übertragen haben. Ist dies nicht der Fall, erteilt die Baubehörde die Abgeschlossenheitsbescheinigung (§ 7 Abs. 4 Satz 1 WEG). Stimmt der Aufteilungsplan nicht mit den tatsächlichen baulichen Verhältnissen überein, kann die Ausstellung der Abgeschlossenheitsbescheinigung verweigert werden (§ 3 Abs. 2 S. 1 WEG i.V.m. § 1 Abs. 6 WEG).

> ### Hinweis:
>
> Bevor das Grundbuchamt Wohnungseigentum einträgt, muss es selbst prüfen, ob die Voraussetzungen vorliegen, damit Sondereigentum eingetragen werden kann (OLG Hamm, Urt. v. 26.1.98, 15 W 502/97, ZMR 1998, 456; OLG Düsseldorf, Urt. v. 15.9.97, 3 Wx 313/97, ZMR 1997, S. 662).

Daneben können Kellerräume, Dachspeicherräume oder Garagen dem Sondereigentum zugeordnet werden, obwohl sie außerhalb der abgeschlossenen Wohn- oder Gewerbeeinheit liegen (BGH Urt. v. 10.10.80, V ZR 47/79, BGHZ 78, Seite 227). Ihre Zuordnung kann der Teilungserklärung beziehungsweise dem Aufteilungsplan entnommen werden.

Hinweis:

Das Wohnungseigentumsgesetz definiert auch Tiefgaragenstellplätze als „abgeschlossene Räume", sofern die Fläche dieser Stellplätze durch dauerhafte Markierungen erkennbar ist (§ 3 Abs. 2 Satz 2 WEG).

Bestandteile von Räumen zählen ebenfalls zum Sondereigentum (§ 5 Abs. 1 WEG). Allerdings setzt dies voraus, dass diese Bestandteile verändert, entfernt oder wieder eingefügt werden können, ohne dass das Gebäude in seiner Gestalt oder Konstruktion verändert wird. Damit gehören im Allgemeinen lediglich Fußbodenbeläge, wie Parkett oder Teppichboden, sanitäre Einrichtungen wie zum Beispiel Badewannen, und ähnliche Gebäudebestandteile zum Sondereigentum. Fenster dagegen sind keine Bestandteile der Räume und damit kein Sondereigentum, da sie nicht verändert werden können, ohne die äußere Gestaltung des Hauses zu verändern. Sie gehören grundsätzlich zum Gemeinschaftseigentum.

Gemeinschaftseigentum wird am Grundstück erworben, wie auch an allen Teilen, Anlagen oder Einrichtungen des Gebäudes, die eben nicht im Sonder- oder Teileigentum stehen (§ 1 Abs. 5 WEG). Auch Gebäudeteile, die für den Bestand oder die Sicherheit des Gebäudes notwendig sind, sowie Anlagen oder Einrichtungen, die dem gemeinschaftlichen Gebrauch der Wohnungseigentümergemeinschaft dienen, zählen grundsätzlich zum Gemeinschaftseigentum (§ 5 Abs. 2 WEG). Gehören solche Bestandteile des Gebäudes zwingend zum Gemeinschaftseigentum, ist es nicht möglich, sie zum Sondereigentum zu erklären, auch nicht durch eine Vereinbarung der Wohnungseigentümer (§ 5 Abs. 3 WEG; vergleiche dazu im Einzelnen auch Seite 200 ff.) Dies gilt zum Beispiel grundsätzlich für die Fenster, tragende Wände, aber auch die konstruktiven Bestandteile der Böden des Sondereigentums (zum Beispiel der Estrich, nicht jedoch die Fußbodenbeläge – sie zählen zum Sondereigentum). Räume, die im Gemeinschaftseigentum stehen, können in Sondereigentum überführt werden, wenn sie nicht zwingend als Gemeinschaftseigentum benötigt werden. So kann beispielsweise der zunächst als Fahrradraum genutzte Kellerraum durch Vereinbarung einem Eigentümer als Sondereigentum zugeschlagen werden.

In der Praxis führt die Abgrenzung von Sonder- und Gemeinschaftseigentum immer wieder zu Problemen. Ein typisches Beispiel sind Fenster oder Wasserleitungen. Versorgungsleitungen, die wesentliche Bestandteile des Gebäudes sind, stehen zwingend im gemeinschaftlichen Eigentum, solange sie im räumlichen Bereich des Gemeinschaftseigentums verlaufen. So gehören die Wasserleitungen zum Gemeinschaftseigentum. Sie gehen erst dann in Sondereigentum über, wenn sie in das Sondereigentum führen und sich durch eine Absperrvorrichtungen im räumlichen Bereich des Sondereigentums, die vom Sondereigentümer bedient werden kann, vom Gemeinschaftseigentum trennen lassen. Dieses Schema kann auf andere Versorgungsleitungen wie Strom, Wasser und Wärme angewandt werden. Auch Hebeanlagen für Abwasser zählen zum Gemeinschaftseigentum (OLG Schleswig, Beschl. v. 29.9.06, 2 W 108/ 06, WM 2007, S. 285). Blumentröge, die der Begrenzung von Terrassen, Dachterrassen, Wegen oder von Grünflächen dienen, gehören zum gemeinschaftlichen Eigentum; Balkonkästen oder Blumenkübel werden dagegen dem Sondereigentum zugeordnet.

Doch trotz der Abgrenzungsprobleme ist die Unterscheidung zwischen Sonder- und Gemeinschaftseigentum unerlässlich, da Gemeinschaftseigentum, wie beispielsweise ein Fahrradraum oder der Garten, nicht nur grundsätzlich von allen Eigentümern genutzt werden kann, sondern gleichermaßen alle Eigentümer die Kosten für Erhalt und Instandsetzung zu tragen haben. Für sein Sondereigentum ist dagegen jeder Eigentümer weitgehend selbst verantwortlich.

Sondereigentum kann von den Wohnungseigentümern grundsätzlich nach Belieben genutzt werden (§ 13 Abs. 1 WEG), sofern nicht die im Grundbuch eingetragene Zweckbestimmung verletzt wird, also die Nutzung als Wohnung oder als Ladengeschäft, Cafe oder wie immer die Zweckbestimmung des Teileigentums bezeichnet ist. Der Eigentümer kann das Sondereigentum selbst nutzen, vermieten, verpachten, verkaufen oder vererben.

Hinweis:

Die Wohnungseigentümergemeinschaft kann vereinbaren, dass der Verkauf des Wohnungseigentums nur zulässig ist, wenn die anderen Wohnungseigentümer oder ein Dritter – meist der Verwalter – zustimmt (§ 12 Abs. 1 WEG). Eine solche Beschränkung kann Bestandteil der Teilungserklärung/des Teilungsvertrages sein oder nachträglich vereinbart werden.

Andere Wohnungseigentümer dürfen durch den Gebrauch des Eigentums nicht benachteilig werden, d. h. Belästigungen durch Küchengerüche, Lärm, aber möglicherweise auch durch Wäsche auf dem Balkon müssen vermieden werden. Bestimmte Einschränkungen ergeben sich unter Umständen aus der Gemeinschaftsordnung oder der Hausordnung.

Grundsätzlich können Wohnungen auch in anderer Form genutzt werden, wenn diese Nutzung keine anderen Beeinträchtigungen oder Störungen mit sich bringt als die Wohnnutzung, zum Beispiel ein Architekturbüro, eine Steuerberaterkanzlei oder eine psychologische Einzelpraxis (OLG Düsseldorf, Beschl. v. 7.1.98, 3 Wx 500/97, WM 1998, 112).

Hinweis:

Dies gilt grundsätzlich auch für Arztpraxen (zum Beispiel LG Bremen, Beschl. v. 25.3.91, ZT 19/91, NJW-RR 1991, S. 1423). Der damit verbundene Hinweis, dass erheblicher Patientenverkehr im konkreten Fall dazu führt, dass eine solche abweichende Nutzung nicht geduldet werden muss (zum Beispiel BayObLG, Beschl. v. 20.7,2000, 2 Z BR 50/00, NZM 2001, S. 137), macht deutlich, wie eng der Spielraum auszulegen ist.

Sind Räume im Teileigentum mit einer Zweckbestimmung versehen, also zum Beispiel mit dem Zusatz „Laden", ist eine andere Nutzung im Allgemeinen nur zulässig, wenn daraus keine wesentlichen Nachteile für die übrigen Mitglieder der Eigentümergemeinschaft entstehen. Nutzt ein Wohnungs- oder Teileigentümer sein Sondereigentum entgegen der Zweckbestimmung, kann jeder „gestörte"

Wohnungseigentümer verlangen, dass dieses Verhalten unterlassen wird. Dieser Anspruch kann gerichtlich durchgesetzt werden.

Hinweis:

Ein solcher Anspruch kann auch gegenüber Mietern des Sondereigentums bestehen.

Sondernutzungsrechte regeln die Nutzung des gemeinschaftlichen Eigentums zugunsten einzelner Wohnungs- oder Teileigentümer, ohne jedoch die Eigentumsrechte zu berühren. Die Gemeinschaft kann einem einzelnen oder mehreren Sondereigentümern das ausschließliche Recht zur Nutzung eines exakt definierten Teils des Gemeinschaftseigentums durch eine Vereinbarung aller Eigentümer nach § 10 Abs. 2 Satz 2 WEG einräumen. Die übrigen Mitglieder der Wohnungseigentümergemeinschaft sind damit von der Nutzung ausgeschlossen. Das Sondernutzungsrecht kann auf bestimmte Nutzungsarten beschränkt sein. Es gestattet jedoch nicht, bauliche Veränderungen vorzunehmen.

Hinweis:

So darf nicht einfach eine Terrasse angelegt werden, wenn ein Sondernutzungsrecht am Garten besteht, oder ein Durchbruch zum Dachboden mit Wendeltreppe geschaffen werden, wenn einer Wohnung das Sondernutzungsrecht am Dachboden zugeordnet wird.

Sondernutzungsrechte können direkt bei der Begründung des Wohnungseigentums in der Teilungserklärung (vergleiche Seite 95) festgelegt werden, wie es typisch für die Garten- oder Kellernutzung oder für PKW-Stellplätze ist. Doch können die Wohnungseigentümer auch zu einem späteren Zeitpunkt nach § 10 Abs. 2 S. 2. WEG vereinbaren, solche Sondernutzungsrechte einzuräumen. In gleicher Weise können Sondernutzungsrechte geändert oder aufgehoben werden.

Wird ein Sondernutzungsrecht im Grundbuch eingetragen, wirkt es automatisch gegenüber neuen Eigentümern (§ 10 Abs. 3 WEG).

Fehlt eine solche Eintragung, muss ein neuer Eigentümer der – für ihn nachteiligen – Vereinbarung ausdrücklich beitreten, damit sie weiter besteht. Tritt er nicht bei, verliert die Vereinbarung ihre Wirkung, das Sondernutzungsrecht entfällt (BayObLG, Beschl. v. 10.1. 2002, 2 Z BR 180/01, NZM 2003, 321).

Hinweis:

Wird daher eine Eigentumswohnung erworben, der als Sondernutzungsrecht die Gartennutzung zugeordnet ist, sollte vor dem Kauf geprüft werden, ob diese Vereinbarung im Grundbuch eingetragen ist. Eine schriftliche – auch vertragliche – Zusicherung des Eigentümers ändert nichts an einer möglicherweise fehlenden Eintragung, allerdings bestehen dann gegebenenfalls Ansprüche gegen den Verkäufer.

Soll der Eigentümer, dem die Sondernutzungsrechte zustehen, auch die Kosten zum Beispiel der Instandhaltung- und Instandsetzung tragen, muss dies von den Wohnungseigentümern entsprechend vereinbart werden. Ohne eine solche Vereinbarung müssen sich grundsätzlich alle Wohnungseigentümer an den Kosten beteiligen, obwohl sie von der Nutzung ausgeschlossen sind (BayObLG, Beschl. v. 18.12.03, 2 Z BR 203/03, ZMR 2004, 357).

b) Die Begründung von Wohnungseigentum

Wie bei allen anderen Immobilien können Eigentumswohnungen aus dem Bestand heraus oder im Erstbezug erworben werden. In selteneren Fällen finden sich mehrere Bauinteressenten, die gemeinsam eine Wohnungseigentumsanlage zur späteren Selbstnutzung errichten. Im weitaus häufigeren Fall errichtet ein Bauherr, der bereits über ein Grundstück verfügt, eine solche Anlage, in der er eine Wohnung selbst nutzen und die anderen Wohnungen verkaufen will. Dazu teilt er seine Immobilie – auch eine noch zu errichtende – mittels einer Teilungserklärung (vergleiche Seite 95) in Wohnungs- oder Teileigentum.

Die Entscheidung für den Bau einer (großen oder kleinen) Wohnungseigentumsanlage in eigener Regie und den späteren Verkauf der nicht selbst genutzten Immobilien bietet dem Bauherrn eine ganze Reihe von Vorteilen. Denn der Bauherr legt nicht nur den Inhalt der Teilungserklärung), also die Zuordnung von Sonder- und Gemeinschaftseigentum, die Höhe der Miteigentumsanteile oder die Verteilung von Lasten, Kosten und Stimmrechten fest. Er kann darüber hinaus die Teilungserklärung so lange ohne Mitwirkung Dritter ändern, bis die erste Eigentumswohnung verkauft wurde. Damit gestaltet er nicht nur die Immobilie nach seinen Wünschen, sondern auch die Regeln des zukünftigen gemeinschaftlichen Zusammenlebens.

Hinweis:

Diese Gestaltungsfreiheit wird begrenzt durch die gesetzlichen Vorgaben und endet spätestens dann, wenn durch eine eigenwillige Gestaltung die Verkäuflichkeit der Wohnungen gefährdet wird. Doch nicht zuletzt wegen dieser Gestaltungsmöglichkeiten sollte jeder Erwerber die Teilungserklärung oder den Teilungsvertrag sehr genau prüfen.

In der **Bauherrengemeinschaft** schließen sich mehrere Personen zusammen, die gemeinsam eine Eigentumswohnanlage errichten wollen. Dazu erwerben sie gemeinsam ein Grundstück und werden Miteigentümer an diesem Grundstück. Eine Bauherrengemeinschaft ist auch möglich, wenn sich das Grundstück bereits im Eigentum von mehreren Eigentümern befindet – zum Beispiel bei **Erbengemeinschaften**. Zur Begründung des Wohnungseigentums reicht allerdings nicht aus, dass sich das Eigentum in der Gesamthandsgemeinschaft befindet. Gesamthandseigentum bedeutet, dass das Eigentum allen Eigentümern gemeinsam gehört, wie eben in der Erbengemeinschaft (§§ 2032 f. BGB). Jedem gehört das gesamte Grundstück mit Haus, nicht nur ein Anteil daran. Verfügen können nur alle gemeinsam. Anders bei der Bruchteilsgemeinschaft. Das Grundstück gehört zwar mehreren Eigentümern. Ihnen gehört jedoch nur ein ideeller Anteil am Grundstück, der im Grundbuch festgeschrieben ist und über den jeder Eigentümer selbst verfügen kann. Dieses Bruchteilseigentum im Sinne des §§ 1008 ff. BGB entsteht durch Vertrag oder durch Gesetz. Steht das Eigentum im Gesamthandseigentum, muss es zunächst in Bruchteilseigentum überführt werden, wenn Wohnungseigentum begründet werden soll.

Die Bauherrengemeinschaft schließt anschließend die Verträge zum Beispiel mit Bauunternehmern und Architekten. Sie kann zudem einen Baubetreuer einschalten.

Hinweis

Werden Eigentumswohnanlagen durch eine private Bauherrengemeinschaft errichtet, empfiehlt es sich, die Errichtung einem Bauträger oder einem Generalunternehmer zu übertragen, um eine reibungslose Abwicklung zu gewährleisten.

Die gleichen Grundsätze gelten, wenn Bestandsgebäude in Wohnungseigentum unterteilt werden. Auch sie können einem oder mehreren Miteigentümern gehören, die sich entschließen, ihr Eigentum in Wohnungseigentum umzuwandeln und anschließend zu verkaufen.

Hinweis:

Sind die umgewandelten Wohnungen vermietet, müssen Erwerber besondere Kündigungsfristen beachten, zudem steht den Mietern ein Vorkaufsrecht zu (vergleiche Seite 107 f.).
In Bayern etwa muss vor der Umwandlung zusätzlich eine Genehmigung eingeholt werden. Zwar muss die Genehmigung erteilt werden, wenn bestimmte Voraussetzungen gegeben sind, sich der Eigentümer etwa verpflichtet, die Wohnungen sieben Jahre lang nur an die Mieter zu veräußern. Doch wird die Verfügungsmöglichkeit der Eigentümer eingeschränkt, die Kosten der Eigentumsbildung werden erhöht. Ähnliches gilt auch in Hamburg.

Im weitaus häufigsten Fall steht ein Grundstück im Eigentum eines Eigentümers, der beschließt, das Grundstück und das darauf zu errichtende oder bereits bestehende Gebäude in Wohnungseigentum zu unterteilen. Dazu gibt der Eigentümer gegenüber dem Grundbuchamt einseitig eine **Teilungserklärung** mit dem Inhalt ab, dass er sein Grundstück in Miteigentumsanteile unterteilt hat und dass mit jedem dieser Miteigentumsanteile Sondereigentum (vergleiche Seite 87) an bestimmten Räumen in dem bereits errichteten oder noch zu errichtenden Gebäude verbunden ist (§ 8 Abs. 1 WEG). Diese Erklärung kann ein Eigentümer bereits abgeben, wenn das Gebäude noch errichtet werden soll (Vorratsteilung). Die Teilungserklärung selbst ist zwar grundsätzlich formlos möglich, sie muss jedoch ins Grundbuch eingetragen werden. Dazu muss sie vom Notar zumindest beglaubigt, sinnvollerweise jedoch beurkundet werden (§ 29 GBO). Anschließend wird sie auf Antrag im Grundbuch (vergleiche Seite 124) eingetragen. Zu diesem Antrag gehört stets die Bewilligung der Eintragung. Beides ist in der Regel in der Teilungserklärung vorhanden. Der Bewilligung müssen als Anlagen der Aufteilungsplan sowie die Abgeschlossenheitsbescheinigung beiliegen.

Anschließend kann der bisherige Alleineigentümer das Sondereigentum zusammen mit dem Miteigentumsanteil an Interessenten veräußern. Dabei kann der bisherige Alleineigentümer durchaus nur einzelne Wohnungen der Anlage veräußern, das Sondereigentum an ein oder mehr Wohnungen jedoch behalten.

Befindet sich das Eigentum an einem Grundstück im Bruchteilseigentum mehrerer Eigentümer (vergleiche Seite 94) können die Miteigentümer einen notariellen Vertrag – den **Teilungsvertrag** – schließen und sich gegenseitig Sondereigentum (vergleiche Seite 87) nach § 3 WEG einräumen. Dieser Teilungsvertrag bedarf der Auflassung, das heißt, die Miteigentümer müssen gleichzeitig bei einem Notar anwesend sein und erklären, dass das Sondereigentum eingeräumt wird. Der Einräumungsvertrag muss notariell beglaubigt und anschließend im Grundbuch eingetragen werden (§ 4 Abs. 1 und 2 WEG). Dazu bedarf es eines Antrags beim Grundbuchamt (§ 13 GBO), dem die Eintragungsbewilligung aller Miteigentümer sowie der dazugehörige Aufteilungsplan und die Abgeschlossenheitsbescheinigung beigefügt sein muss.

Hinweis:

Wird die Teilungsvereinbarung beurkundet, ohne dass alle Miteigentümer anwesend sind, ist die Vereinbarung zunächst unwirksam (§§ 4 Abs. 2 S. 1 WEG i.V.m. § 925 BGB). Sie wird erst dann insgesamt geheilt, wenn ein Käufer gutgläubig Wohnungseigentum erwirbt (BGH, Urt. v. 23.6.89, V ZR 40/88, NJW 1989, S. 2534; BayOblG, Beschl. v. 5.2.98, 2 Z BR 127/97, NZM 1998, S. 545).

Das Sondereigentum muss zwingend mit einem Miteigentumsanteil (vergleiche Seite 87) verbunden sein. Die Höhe der Miteigentumsanteile kann im Teilungsvertrag noch geändert werden. Mit einem Miteigentumsanteil können im Übrigen mehrere im Sondereigentum stehende Wohnungen verbunden sein.

Der Einräumungs- oder Teilungsvertrag kann geschlossen werden, ohne dass gleichzeitig über die Gemeinschaftsordnung (vergleiche Seite 225 ff.) beschlossen wird. In diesen Fällen greifen die gesetzlichen Regelungen. Und dennoch hat der Einräumungsvertrag bereits erhebliche Auswirkungen, denn er regelt ebenso wie die Teilungserklärung (vergleiche Seite 95) die sachenrechtlichen Fragen der Wohnungseigentümergemeinschaft, grenzt also zum Beispiel Sonder- und Gemeinschaftseigentum gegeneinander ab. Der Vertrag legt auch die Höhe der Miteigentumsanteile und das dazugehörige Sondereigentum fest. Damit ist auch die wesentliche Entscheidung über die Verteilung der Lasten und Kosten (vergleiche Seite 277) sowie der Stimmrechte (vergleiche Seite 260) gefallen. Die Höhe der Miteigentumsanteile kann zu einem späteren Zeitpunkt neu geregelt werden, dies bedarf jedoch einer erneuten Auflassung und Eintragung im Grundbuch. Verschiedene Teilungsverträge regeln bereits Gebrauchs- und Nutzungsrechte am Sonder- und Gemeinschaftseigentum.

Hinweis:

Die Regelungen in der Teilungserklärung und im Teilungsvertrag sind weitreichend. Sie sollten bei einem Erwerb genau geprüft werden.

Voraussetzung, dass Wohnungs- beziehungsweise Teileigentum entstehen kann, sind zwar Teilungsvertrag beziehungsweise Teilungserklärung und Eintragung im Wohnungs- beziehungsweise Teileigentumsgrundbuch. Doch die Eigentümergemeinschaft entsteht erst, wenn das Sondereigentum auf mindestens zwei Eigentümer verteilt wurde. Wird Wohnungseigentum durch einen Teilungsvertrag begründet, ist dies unproblematisch. Denn ein Teilungsvertrag wird zwischen mehreren Vertragsparteien geschlossen, denen der Vertrag das jeweilige Sondereigentum zuweist. Wird Wohnungseigentum jedoch durch eine Teilungserklärung geschaffen, ist der aufteilende Eigentümer zunächst in allen Wohnungsgrundbüchern (vergleiche Seite 129) als Eigentümer eingetragen, so dass eine wirkliche Gemeinschaft noch nicht existiert. Erst wenn zumindest eine Wohnung verkauft und der Eigentumsübergang im Grundbuch eingetragen wurde, entsteht die Eigentümergemeinschaft (BGH, Beschl. v. 5.6.2008, V ZB 85/07, NJW 2008, S. 2639).

Besondere Bedeutung erlangt die Frage, von welchem Zeitpunkt an eine Wohnungseigentümergemeinschaft besteht, wenn das Wohnungseigentum durch Bauträger (vergleiche Seite 117) begründet wird. Denn in diesem Fall wird der Eigentumsübergang in der Regel erst nach Leistung der Abschlusszahlungen durch die Käufer im Grundbuch eingetragen. In der Regel nutzen die meisten der zukünftigen Eigentümer das Sondereigentum zu diesem Zeitpunkt bereits – sie bilden eine „werdende Eigentümergemeinschaft" – und benötigen Regeln für ihr Zusammenleben. Daher werden die Regeln des Wohnungseigentumsgesetzes bereits auf die „werdende Gemeinschaft" angewandt, sobald im Grundbuch die Auflassungsvormerkung eingetragen worden und Nutzen und Lasten auf die Erwerber übergegangen ist (BGH, Beschl. v. 5.12.03, V ZB 447/01, NJW 2004, 1798). Diese rechtliche Konstruktion endet, wenn die Wohnungsgrundbücher angelegt und mindestens zwei Wohnungseigentümer eingetragen worden sind (BayObLG, Beschl. v. 11.4.90, 2 Z 7/90, NJW 1990, 3216). Zu diesem Zeitpunkt entsteht die Wohnungseigentümergemeinschaft.

c) Kauf neuer Eigentumswohnungen

Die Auswahlkriterien für Eigentumswohnungen entsprechen grundsätzlich denen von Grundstücken und Immobilien. Doch zusätzlich muss berücksichtigt werden, dass es sich eben nicht um ein einzelnes

Gebäude auf einem Grundstück, sondern um eine Wohnung in einem Mehrfamilienhaus handelt. Daher sollte bereits die Ausrichtung der Wohnanlage und im Verhältnis dazu die Lage der gewünschten Wohnung besonders genau geprüft werden, insbesondere dann, wenn die Anlage noch nicht steht, sondern nur anhand von Plänen beurteilt werden kann.

BEISPIEL: Hangwohnungen So sehen am Hang gebaute Wohnanlagen beispielsweise sehr attraktiv aus. Soll jedoch die Souterrainwohnung erworben werden, sollten die Kaufinteressenten etwa klären, ob der Hang direkt vor dem Fenster liegt oder ob dazwischen noch genügend Abstand ist. Denn je nach Lage können Helligkeit und Aussicht der Wohnung beeinträchtigt sein. Auch der Abstand zum Nachbarn wirkt sich auf die Wohnqualität erheblich aus.

Auf die Lage der Wohnung innerhalb der Anlage sollten Interessenten besonders achten, sich die Bauzeichnungen genau ansehen, im Zweifel nachfragen und sich die Antworten schriftlich geben lassen.

BEISPIEL: Wohnungslage Die Lage der Wohnungen innerhalb des Gebäudes ist unterschiedlichen Einflussfaktoren ausgesetzt. Eine Wohnung beispielsweise im 5. Stock ohne Aufzug ist nicht für jeden geeignet. Die Nähe zu Müllschluckern, Fahrstuhlanlagen, gewerblich genutzten Räumen, zu einem Spielplatz oder zu gemeinschaftlich genutzten Grünflächen kann Geräusche und unter Umständen Geruchsbelästigungen mit sich bringen. Darüber muss sich der Käufer im Klaren sein, sonst ist der Ärger vorprogrammiert.

Irritieren nur Kleinigkeiten, die scheinbar leicht geändert werden können, sollten sie trotzdem beachtet werden. Denn der Eigentümer einer Wohnung ist kein Alleineigentümer, der in seinen Entscheidungen weitgehend unabhängig ist. Er benötigt in vielen Fällen die Zustimmung der Miteigentümer (vergleiche Seite 263 ff.), die aus ganz unterschiedlichen Gründen verwehrt werden kann.

BEISPIEL: Zustimmungsbedürftigkeit Steht vor einem Fenster ein Baum, der viel Helligkeit schluckt, kann er in der Regel nur mit Zustimmung der Eigentümergemeinschaft gefällt werden. Soll an einer Terrasse ein Windschutz angebracht werden, kann die Zustimmung der Eigentümergemeinschaft notwendig werden.

Befindet sich in der Anlage Teileigentum, sollte geprüft werden, welche Nutzungen zulässig sind (vergleiche Seite 91). Denn von einer Büronutzung oder von einem kleinen Ladengeschäft mögen keine nennenswerten Störungen ausgehen. Das kann jedoch anders aussehen, wenn ein Inhaberwechsel stattfindet und ein größerer Publikumsverkehr entsteht, wie zum Beispiel bei einer (zulässigen) Nutzung als Café oder Bar. Der Erwerb einer Eigentumswohnung – auch vor Baubeginn – sollte also gründlich vorbereitet werden.

Auch oder gerade wenn die Eigentümergemeinschaft erst entstanden ist, sollte sich jeder spätere Miteigentümer sehr genau über die Verhältnisse innerhalb der Gemeinschaft informieren. Denn er erwirbt nicht nur die Wohnung, sondern wird Mitglied der Eigentümergemeinschaft und tritt in die bestehenden Rechtsbeziehungen ein.

Die wichtigsten Unterlagen, die eingesehen werden müssen, sind Teilungserklärung (vergleiche Seite 95) und Gemeinschaftsordnung (vergleiche Seite 225). Denn sie entscheiden über die Abgrenzung von Sonder- und Gemeinschaftseigentum, welche Rechte und Pflichten dem einzelnen Wohnungseigentümer zustehen, schließlich aber auch darüber, welche Kosten er anteilig übernehmen muss. Beide Regelwerke gelten gegenüber neuen Wohnungseigentümern weiter.

Hinweis:

Wird Wohnungseigentum durch eine Teilungserklärung begründet, kann der teilende Eigentümer die Teilungserklärung solange einseitig ändern, bis die erste Eigentumswohnung verkauft und die Auflassungsvormerkung im Grundbuch eingetragen ist (BayObLG, 24.6.93, 2Z BR 56/93, NJW-RR 1993, S. 1362). Zudem kann sich der Verkäufer vorbehalten, die Teilungserklärung und Gemeinschaftsordnung auch nach Vertragsabschluss noch zu ändern. Zwar können auf diese Weise die dinglichen Rechtsverhältnisse nicht mehr geändert werden (BGH, 8.11.1985, V ZR 113/84, BB 1986, 151), dennoch kann es zu Anpassungen kommen, die den zukünftigen Eigentümer beeinträchtigen.

Die Teilungserklärung bestimmt die Miteigentumsquote am Grundstück. Sie ist in der Regel die Grundlage für die Verteilung der Kosten innerhalb der Gemeinschaft sowie für die Verteilung der Stimmrechte. Der Erwerber sollte die Miteigentumsanteile daraufhin überprüfen, dass sie grundsätzlich stimmig sind und keine besonderen Vor- oder Nachteile im Verhältnis zur Kosten- und Stimmrechtsverteilung entstehen. Die Miteigentumsquote kann zwar grundsätzlich geändert werden, doch wird dafür die Zustimmung aller Wohnungseigentümer benötigt, die vor allem in diesen Fällen nur sehr schwer zu erreichen sein dürfte.

Hinweis:

Gerade in kleineren Wohnungseigentümergemeinschaften kommt es immer wieder vor, dass einzelnen Wohnungen ein besonders hoher Miteigentumsanteil zugeordnet ist, der im Verhältnis nicht zur Größe der Wohnung passt. Damit muss nicht zwangsläufig ein höherer Kostenanteil einher gehen, wenn sich die Kostenverteilung zum Beispiel nach den Wohnflächen richtet. Doch durch den hohen Miteigentumsanteil gewinnt der Wohnungseigentümer ein größeres Gewicht bei den Entscheidungen und ist bei Abstimmungen klar im Vorteil.

Jeder Erwerber einer neuen Eigentumswohnung sollte darauf achten, wie Sondernutzungsrechte und Gebrauchsregelungen innerhalb der Gemeinschaft ausgestaltet sind. Unterliegen Gartenflächen oder Garagenplätze einem Sondernutzungsrecht, sollten dem Inhaber des Sondernutzungsrechts auch die Kosten zum Beispiel für Instandsetzungsmaßnahmen zugeordnet sein.

Wichtig ist zudem die Beschreibung von Sondereigentum und Teileigentum. Sie sollte im Aufteilungsplan überprüft werden. Denn je nach Zweckbestimmung der gewerblichen Einheiten können sich unterschiedliche Beeinträchtigungen der anderen Eigentümer ergeben. Eine nachträgliche Änderung der vorgesehenen Nutzung des Teileigentums ist zwar möglich. Doch wird dazu eine Vereinbarung der Miteigentümer benötigt, die aufgrund der notwendigen Übereinstimmung aller Eigentümer zumindest schwer zu erreichen ist. Wird Teileigentum erworben, darf deshalb keinesfalls versäumt werden zu prüfen, ob die beabsichtigte Nutzung gemäß Zweckbestimmung überhaupt zulässig ist (vergleiche Seite 91).

Die Beschreibung des Sondereigentums in der Teilungserklärung und die Zeichnung im Aufteilungsplan müssen übereinstimmen. Stellt sich im Nachhinein heraus, dass einzelne Räume, zum Beispiel Kellerräume in der Teilungserklärung dem Sondereigentum zugeordnet sind, im Aufteilungsplan aber gar nicht existieren oder einem anderen Miteigentumsanteil oder gar dem Gemeinschaftseigentum zugewiesen sind, ist Sondereigentum an diesen Räumen nicht rechtswirksam entstanden, sie zählen demnach zum Gemeinschaftseigentum (OLG Frankfurt, 20 W 825/77, Beschl. v. 21.2.78, Rpfleger 1978, 380; BayObLG BReg 2 Z 55/91, Beschl. v. 23.5. 1991, WM 1991, 604).

Sieht die Gemeinschaftsordnung bereits den ersten Verwalter vor, sollte es sich um versierte und fachlich anerkannte Verwalter handeln. In diesem Fall ist eine erste Bestellung nach der WEG-Reform nur noch für drei Jahre zulässig (§ 26 Abs. 1 S. 1 WEG). Eingesehen werden sollte auch die Hausordnung, die oft Bestandteil der Gemeinschaftsordnung ist. Sie regelt beispielsweise Fragen der Tierhaltung, der Nutzung von Wasch- und Trockenräume oder Reinigungspflichten. Auch wenn die Hausordnung in die Gemeinschaftsordnung aufgenommen worden ist, kann sie dennoch in der Regel mit Mehrheitsbeschluss geändert werden (BayObLG, Urt. v 4.7.74, 2 Z 16/74, NJW 1974, 2134; BayOblG. 15.7.88, 2 Z 145/82, DWE 1989, S. 37).

Hinweis:

Die Hausordnung kann im Nachhinein noch geändert werden, doch sollte der künftige Eigentümer grundsätzlich mit den dort getroffenen Regelungen einverstanden sein. Denn jede Änderung bedarf der Abstimmung auf der Wohnungseigentümerversammlung, die nicht immer (BGH Urt. v. 10.04.2013, VIII ZR 213/12) wie gewünscht ausfallen muss. Der erste Ärger wäre damit vorprogrammiert.

Beide Regelwerke sollten daher vor dem Kauf der Wohnung genau gelesen werden. Da Änderungen der Teilungserklärung und Gemeinschaftsordnung im Grundbuch eingetragen werden müssen, kann anhand des Grundbucheintrags überprüft werden, ob die Unterlagen aktuell sind.

Ebenso wichtig ist die Frage, ob gerade bei noch in Bau befindlichen Anlagen dem Bauträger die Möglichkeit eingeräumt wurde, scheinbar kleinere bauliche Änderungen während der Bauphase ohne weitere Rücksprache vorzunehmen. Unzulässig sind solche Vollmachten in Formularverträgen, wenn der Erwerber unzumutbar beeinträchtigt wird, zum Beispiel wenn Lage, Größe oder Umfang des Sondereigentums noch nachträglich geändert werden (BGH, Urt. v. 23.6.05, VII ZR 200/04, NJW 2005, 3420).

Hinweis:

Im Kaufvertrag kann eine Regelung aufgenommen werden, die bei solchen Änderungen vorschreibt, dass der Erwerber sein Einverständnis erklären muss.

d) Kauf von Eigentumswohnungen im Bestand

Bestandswohnungen können in der Regel preisgünstiger erworben werden als Neubauwohnungen. Mit zunehmendem Alter der Wohnung entspricht im Allgemeinen auch der bauliche Zustand nicht mehr dem aktuellen Standard. Häufig wurden bereits Sanierungsmaßnahmen an der Wohnung, aber auch an der Anlage vorgenommen beziehungsweise müssen sie noch vorgenommen werden. Ob solche Maßnahmen bereits durchgeführt wurden beziehungsweise welche Maßnahmen in Zukunft notwendig sind, sollte daher vor dem Kauf ebenso wie beim Erwerb anderer Immobilien abgeklärt werden. Neben der Besichtigung und Prüfung der Wohnung auf den baulichen Zustand hin, muss auch die gesamte Anlage in Augenschein genommen werden. Der Zustand der Wohnanlage muss auf jeden Fall in die Kaufentscheidung und in die Preisgestaltung einfließen. Wenn erhebliche Sanierungsmaßnahmen anstehen, ohne dass die Gemeinschaft über eine ausreichende Instandhaltungsrückstellung (vergleiche Seite 291 f.) verfügt, sollte dies den Kaufpreis mindern. Denn wenn die Rückstellungen nicht ausreichen, können Sonderumlagen beschlossen werden, die auch von neuen Eigentümern zu leisten sind.

Hinweis:

Im Kaufvertrag kann der Verkäufer zusichern, dass ihm gravierende Mängel am gemeinschaftlichen Eigentum sowie im Sondereigentum nicht bekannt sind. Eine solche Vereinbarung ermöglicht dem Käufer unter Umständen, Schadenersatzansprüchen zu stellen (vergleiche Seite 115 ff.).

Auch der Käufer einer Bestandswohnung sollte die Teilungserklärung und die Gemeinschaftsordnung einsehen und besonders auf Änderungen der ursprünglichen Vereinbarungen hin überprüfen (vergleiche Seite 220 ff.). Doch trifft eine Eigentümergemeinschaft im Laufe ihres Bestehens nicht nur Vereinbarungen, sondern auch viele Beschlüsse, die keinen Eingang in diese beiden Dokumente finden. An diese Beschlüsse der Gemeinschaft ist der Erwerber grundsätzlich gebunden. Zwar muss nach der Reform des Wohnungseigentumsgesetzes eine Beschluss-Sammlung geführt werden. Sie erfasst aber nur Beschlüsse, die nach Inkrafttreten der Reform gefasst wurden (§ 24 Abs. 7 WEG).

Hinweis:

Die Beschluss-Sammlung muss aktuell sein. Notwendige Eintragungen müssen unverzüglich vorgenommen werden.

Vor der WEG-Reform musste keine Beschluss-Sammlung geführt werden. Daher sollten zusätzlich die Protokolle der Eigentümerversammlung eingesehen werden. Aus den Protokollen erkennt der zukünftige Eigentümer zum Beispiel, ob Vereinbarungen über bauliche Veränderungen oder Beschlüsse über Instandhaltungs- und Instandsetzungsmaßnahmen beziehungsweise Modernisierungsmaßnahmen bestehen. Die Protokolle der Eigentümerversammlung bieten dem Interessent zusätzlich einen Eindruck, ob innerhalb der Wohnungseigentümergemeinschaft ein gutes Miteinander herrscht.

Stetige Streitigkeiten der Eigentümer untereinander, Auseinandersetzungen vor Gericht oder mehrfache Verwalterwechsel sollten zumindest zum Nachdenken anregen.

Der Kaufinteressent sollte auch in den Verwaltervertrag Einsicht nehmen. Denn der neue Eigentümer ist an die vertraglichen Vereinbarungen gebunden. Von Bedeutung sind insbesondere die Verwaltergebühren und die vereinbarten Sondervergütungen, natürlich ebenso die dafür vereinbarten Leistungen.

Die Höhe des Hausgelds spielt für jeden Kaufinteressent eine besondere Rolle, da das Hausgeld von jedem Mitglied der Eigentümergemeinschaft zu zahlen ist und folglich die eigene Liquidität belastet. Der Käufer einer älteren Eigentumswohnung sollte zudem die finanzielle Lage der Wohnungseigentümergemeinschaft prüfen. Besonderes Augenmerk ist dabei auf die Instandhaltungsrückstellung zu legen. Denn diese Rückstellung dient der Finanzierung der notwendigen Instandhaltungs- oder Instandsetzungsmaßnahmen des gemeinschaftlichen Eigentums. Können solche Maßnahmen nicht über die angesammelten finanziellen Mittel finanziert werden, drohen Sonderumlagen. Zwar gehört es zur ordnungsgemäßen Verwaltung, eine entsprechende Rückstellungen zu bilden, doch ist sie häufig nicht oder nicht in ausreichender Höhe vorhanden. Die aktuelle Höhe ergibt sich aus der Jahresabrechnung, die daraufhin eingesehen werden sollte.

Mögliche Rückstände anderer – auch ehemaliger – Mitglieder der Wohnungseigentümergemeinschaft belasten die finanzielle Situation der Eigentümergemeinschaft. Sie können beispielsweise aus rückständigen Hausgeldzahlungen oder noch nicht bezahlten Sonderumlagen resultieren. Zwar haftet der Erwerber von Wohnungseigentum in der Regel nicht für diese „Altlasten", doch lässt eine solche angespannte Finanzsituation natürlich Rückschlüsse auf die Zukunft zu. Die Verbindlichkeiten müssen in der Jahresabrechnung ausgewiesen werden, sollten jedoch auch beim Verwalter hinterfragt werden. Nicht nur die Verbindlichkeiten der Gemeinschaft sollte der Erwerber erfragen. Unter Umständen kann in Teilungserklärung beziehungsweise Gemeinschaftsordnung vereinbart worden sein, dass ein Erwerber für Hausgeldrückstände des Veräußerers haftet.

Damit können erhebliche Zahlungsverpflichtungen auf den Erwerber zukommen. Daher sollte zunächst geklärt werden, ob der Verkäufer der Wohnung Hausgeldrückstände hat und – falls ja – ob Teilungserklärung beziehungsweise Gemeinschaftsordnung eine solche Haftung des Erwerbers vorsehen.

Ist die zum Erwerb stehende Immobilie noch vermietet, übernimmt der Käufer den Mietvertrag. Denn: **Kauf bricht nicht Miete.** Soll die Immobilie selbst genutzt werden, kann der Käufer – nicht der Verkäufer – den Mietvertrag in der Regel wegen Eigenbedarf kündigen. Die Kündigungsmöglichkeit besteht in der Regel erst mit dem Eintrag ins Grundbuch. Diese Möglichkeit besteht auch, wenn nahe Angehörige, beispielsweise Eltern, Kinder, aber auch Nichten und Neffen, einziehen sollen. Der Eigenbedarf muss nachweisbar sein und bereits im Kündigungsschreiben nachvollziehbar erläutert werden. Auch gelten die üblichen Kündigungsfristen, die für den Vermieter bei einer Mietdauer unter fünf Jahren drei Monate, bei mehr als fünf Jahren 6 Monate und bei mehr als 8 Jahren 9 Monate betragen (§ 573 c Abs. 1 S. 1 BGB).

Solange das Mietverhältnis besteht, tritt der Käufer mit allen Rechten und Pflichten in das Mietverhältnis ein. Daher sollte vor dem Kauf auf jeden Fall der Mietvertrag eingesehen werden, denn der Abschluss eines neuen Mietvertrages mit dem Mieter ist nicht möglich. Auch sollte der Käufer einer vermieteten Immobilie darauf achten, dass alle Unterlagen, die das Mietverhältnis betreffen, ausgehändigt werden, und dass er die Kaution erhält.

Sichert der Verkäufer mündlich zu, dass der Mieter auszieht, ist dies nicht rechtsverbindlich. Im Kaufvertrag kann jedoch vereinbart werden, dass die Wohnung oder das Haus geräumt übergeben wird.

Hinweis:

Ist das Haus oder die Wohnung bei Übergabe nicht geräumt, kann der Käufer Schadenersatzansprüche geltend machen, sofern eine entsprechende Vereinbarung vorhanden ist.

Werden Miethäuser in Wohnungseigentum **umgewandelt**, haben die Mieter der Wohnungen zunächst ein gesetzliches Vorkaufsrecht (§ 577 Abs. 1 S. 1 BGB). Damit soll verhindert werden, dass Spekulanten Mehrfamilienhäuser erwerben, sanieren, umwandeln, gewinnbringend verkaufen und so die bisherigen Mieter verdrängen. Dieses Vorkaufsrecht entsteht, sobald sich der Kaufgegenstand, also die Eigentumswohnung und der Miteigentumsanteil, genau bestimmen lässt, zum Beispiel wenn die Teilungserklärung beurkundet ist. Die Teilung selbst muss noch nicht im Grundbuch eingetragen sein. Der Mieter kann das Vorkaufsrecht durch eine schriftliche Erklärung gegenüber seinem Vermieter ausüben (§ 577 Abs. 3 BGB).

Hinweis:

Das Vorkaufsrecht gilt nur im Verkaufsfall. Wandelt ein Eigentümer ein Mehrfamilienhaus um, ohne das nun bestehende Wohnungseigentum anschließend zu verkaufen, hat der Mieter kein Vorkaufsrecht (BGH, Beschl. v. 6.7.94, VIII ARZ 2/94, NJW 1994, 2542).

Will der Mieter sein Vorkaufsrecht ausüben, muss er nicht nur über den Kaufvertrag informiert werden, sondern er kann auch den – fertig ausgehandelten – Kaufvertrag übernehmen. Der Mieter übt sein Vorkaufsrecht durch eine schriftliche Erklärung aus. Dafür steht ihm eine Frist von zwei Monaten nach Mitteilung des mit dem Dritten geschlossenen Vertrag zu (§§ 577 Abs. 1 Satz 3, 469 Abs. 3 BGB). Das Vorkaufsrecht gilt allerdings nur für den ersten Verkaufsfall nach der Umwandlung. Wird die Wohnung zu einem späteren Zeitpunkt erneut verkauft, kann der Mieter das Vorkaufsrecht nicht mehr ausüben.

Hinweis:

Das Vorkaufsrecht besteht in dem Fall nicht, wenn der erste Verkauf oder in diesem Fall besser: Eigentümerwechsel auf eine Zwangsversteigerung zurückzuführen ist, bei der das Vorkaufsrecht des Mieters ausgeschlossen ist (§ 471 BGB). Das Vorkaufsrecht ist zudem bei einem Verkauf an nahe Verwandte ausgeschlossen und kann bei einem weiteren Verkauf nicht wieder aufleben (§ 577 Abs. 1 Satz 2 BGB; BGH, Urt. v. 22.6.07, V ZR 269/06, NZM 2007, 640).

Dem Mieter umgewandelter Eigentumswohnungen steht ein spezieller erweiterter Kündigungsschutz zu. Der Gesetzgeber hat ein Kündigungssperrfrist von drei Jahren festgelegt, die in Gebieten mit besonderem Wohnungsmangel durch die Länder auf bis zu 10 Jahre verlängert werden kann (§ 577a BGB). Davon hat zum Beispiel der bayerische Landesgesetzgeber in der „Verordnung über die Gebiete mit gefährdeter Wohnungsversorgung" für die Städte München, Bad Reichenhall oder Kempten Gebrauch gemacht. Soll die Wohnung selbst genutzt werden, bedeutet dies, dass schlimmstenfalls der Bezug der Wohnung erst nach Ablauf der Kündigungsschutzfrist und der Kündigungsfrist möglich ist.

Der bayerische Gesetzgeber hat zudem einen Genehmigungsvorbehalt für die Umwandlung von Mietwohnungsbau in Wohnungseigentum eingeführt. Dieser Vorbehalt betrifft Gebäude im Geltungsbereich von Milieuschutzsatzungen. Die Umwandlung kann beispielsweise untersagt werden, wenn die Gefahr besteht, dass die bisherigen Bewohner aufgrund der Mietpreisentwicklung verdrängt werden. Die Genehmigung muss erteilt werden, wenn sich der neue Eigentümer verpflichtet, die Wohnungen innerhalb von 7 Jahren nur an Mieter zu verkaufen oder sie zur Nutzung nur an Familieneigentümer veräußert werden sollen. Die Regelung ist zunächst auf 5 Jahre beschränkt. Eine ähnliche Regelung besteht etwa in Hamburg.

V. Der Erwerbsvorgang

1. Wesentliche Regelungen des Kaufvertrags

Ist das richtige Grundstück, das passende Haus oder die richtige Wohnung gefunden, wird der Kaufvertrag ausgehandelt. Im Kaufvertrag regeln die Parteien die Umstände des Verkaufs, also den

Kaufpreis, den Zeitpunkt der Übergabe und ähnliches. Sie einigen sich auch darüber, dass es zu einem Eigentumswechsel kommen soll: der bisherige Eigentümer verpflichtet sich, das Objekt zu übertragen, der Käufer verpflichtet sich, den Kaufpreis zu bezahlen. Gültig wird der Kaufvertrag allerdings erst in dem Moment, in dem er von einem Notar beurkundet wird (§ 311 b Abs. 1 BGB).

Der Kaufvertrag bezeichnet stets die am Vertrag **beteiligten Personen**: Käufer und Verkäufer beziehungsweise deren Vertreter sowohl mit Namen, Geburtsnamen, Geburtstag, Staatsangehörigkeit, Güterstand sowie Adresse. Oft wird auch der Beruf aufgenommen.

Hinweis:

Sind die Beteiligten dem Notar nicht bekannt, muss er sich durch Vorlage des Personalausweises versichern, dass die richtigen Personen erschienen sind. Die Ausweisnummern werden im Vertrag festgehalten.

Häufig wird eine Immobilie nicht nur von einer, sondern von mehreren Personen erworben – typischerweise von Ehepaaren. In diesem Fall muss im Kaufvertrag vermerkt werden, ob das Grundstück im Miteigentum steht, die Erwerber also jeweils einen Miteigentumsanteil erwerben, oder ob sie es als BGB-Gesellschaft erwerben. Erwerben mehrere Personen das Grundstück im Miteigentum, können sie vereinbaren, dass die Gemeinschaft für immer oder auf Zeit besteht und nur aus einem wichtigen Grund aufgelöst werden kann (§ 1010 BGB). Wird diese Vereinbarung im Grundbuch eingetragen, gilt sie auch für Sondernachfolger eines Miteigentümers. Dies führt zwar zu einer Belastung der Miteigentumsanteile, erschwert aber einen Verkauf eines der Miteigentumsanteile. Wird die Konstruktion der BGB-Gesellschaft gewählt, sollten die Beteiligten klarstellen, dass der Tod eines Gesellschafters nicht zur Auflösung der Gesellschaft führt (§ 727 BGB), d. h. es sollte eine sogenannte Fortsetzungsklausel vereinbart werden.

Hinweis:

Wird eine **BGB-Gesellschaft** gegründet, um Grundstücke zu erwerben, muss bereits die Gründung notariell beurkundet werden, wenn sich die Gesellschafter im Gesellschaftsvertrag zum Erwerb eines Grundstücks verpflichten (BGH, Urt. v. 10.4.78, II ZR 61/77, NJW 1978, 2505; BGH, Urt. v. 13.2.96, XI ZR 239/94, NJW 1996, 1279).

Der Vertrag muss auch das Grundstück bezeichnen und zwar so, dass es individualisierbar ist. Dazu nennt der Vertrag die Adresse des Grundstücks, zitiert aber auch die Grundbucheintragung (Name des Amtsgerichts, Band Nummer, Blatt-Nummer, laufende Nummer des Bestandsverzeichnisses) sowie die katastermäßige Bezeichnung des Grundstücks (Flurnummer und Gemarkung), damit es nicht zu Verwechslungen kommen kann.

Hinweis:

Die genauen **Grenzen** des Grundstücks lassen sich dem Grundbuch nicht entnehmen. Dazu sollte vielmehr das Grundstückskataster eingesehen werden, das beim Katasteramt geführt wird.

Der Lageplan des Grundstücks sollte nicht nur vor dem Kauf vorliegen, sondern durch einen Verweis Bestandteil des Vertrages werden. In manchen Fällen wird lediglich ein Teil eines Grundstücks verkauft oder Grundstücke werden geteilt und anschließend veräußert. Steht in diesen Fällen die Vermessung noch aus, muss sie nach Vertragsabschluss nachgeholt werden. Die Vertragsparteien müssen erneut zusammenkommen, um in einer Nachtragsurkunde zum Kaufvertrag zu bestätigen, dass die Vermessung anerkannt wird.

In diesen Fällen muss der Kaufvertrag die Grundstücksteile so genau beschreiben, dass sie eindeutig identifiziert werden können, zum Beispiel durch Verbindungslinien zwischen eindeutigen Markierungen im Gelände, eine wörtliche Beschreibung des abzuteilenden Grundstücksteils oder durch die Flächengröße. Besser ist es, einen

Lageplan beizufügen, aus dem die Grundstücksfläche entnommen werden kann. Es sollte möglichst nur eine Form der Beschreibung gewählt werden, um zu verhindern, dass sich die Beschreibungen widersprechen.

Trotz aller Überlegungen und Vorsichtsmaßnahmen kann es immer wieder zu Ungenauigkeiten kommen, die Streitigkeiten, gerichtliche Auseinandersetzungen und letztlich ein Rücktrittsrecht (BGH Urt. v. 30.1.04, V ZR 92/03) oder gar die Unwirksamkeit des Vertrages (BGH, Urt. v. 23.4.99, V ZR 54/98) zur Folge haben können. Zwar kann durch Klauseln vorgesorgt werden, die Folgen festlegen, was geschieht, wenn die Ergebnisse der anschließenden Vermessung nicht mit dem Gewollten übereinstimmt. Sinnvoll ist es jedoch in den allermeisten Fällen, die Vermessung abzuwarten und dann den Vertrag zu schließen.

Im Grundbuch wird auch angegeben, um was es sich handelt.– ein Grundstück, ein Grundstück mit Wohnhaus, eine Eigentumswohnung. Die Bezeichnung ist für die weitere Nutzung allerdings nicht verbindlich. Wird das Grundstück zum Beispiel als „Garten" bezeichnet, kann es durchaus mit einer Immobilie bebaut werden. Verbindlich für die Nutzung ist nur die in der Flurkarte und im Bebauungsplan vorgegebene Nutzungsart (vergleiche Seite 9 ff.).

Wesentliche Bestandteile des Grundstücks (§ 94 BGB) gelten stets als mit verkauft. Wesentliche Bestandteile des Grundstücks sind Sachen, die mit dem Grund und Boden fest verbunden sind, wie insbesondere die Immobilie, aber auch Zäune, Mauern, oder innerhalb des Gebäudes die Heizkörper oder Waschbecken. Es kann sich aber auch um „Erzeugnisse" des Grundstücks handeln, die mit dem Grund und Boden zusammenhängen, wie Bäume, Sträucher, Gemüse und ähnliches.

Zubehör (§ 97 Abs. 1 BGB) ist zwar rechtlich selbständig, gilt aber durch eine gesetzliche Vermutung ebenso wie die Bestandteile des Grundstücks als mit verkauft (§ 311 c BGB). Typischerweise gehören Heizölvorräte oder die hauseigenen Mülltonnen dazu. Bei Einbauküchen, Einbauschränken, Parabolantennen und ähnlichem kann es durchaus strittig sein, ob es sich um Zubehör handelt, das automatisch mit verkauft wird. In diesen Fällen sollte es vertraglich festgehalten werden.

> **Hinweis:**
>
> Das Zubehör kann explizit in einem Bestandsverzeichnis aufgenommen und durch einen Verweis Bestandteil des Kaufvertrages werden.

Der Kaufvertrag muss den vereinbarten **Kaufpreis** in voller Höhe angeben. Sind Nebenleistungen des Käufers vereinbart oder werden Verbindlichkeiten übernommen, muss dies im Vertrag festgehalten werden.

> **Hinweis:**
>
> Es muss stets der gesamte Kaufvertrag beurkundet werden. Werden Nebenabreden zwischen den Vertragsparteien getroffen, müssen sie beurkundet werden, sonst kann zumindest der nichtbeurkundete Teil des Vertrages nichtig sein (BGH, Urt. v. 6.3.98, V ZR 298/96). Wird ein falscher Kaufpreis beurkundet, fließt beispielsweise ein Teil des Kaufpreises schwarz, um Grunderwerbsteuer zu sparen, ist der Vertrag als Scheingeschäft nichtig (§§ 117, 125 BGB).

Der Kaufpreis wird normalerweise in einer Summe fällig. Wird die Immobilie noch errichtet, vereinbaren die Vertragsparteien in der Regel eine Teilzahlung nach Baufortschritt, die jedoch im Vertrag ausdrücklich vereinbart werden sollte.

> **Hinweis:**
>
> Werden Zubehör oder andere Gegenstände explizit mit verkauft, sollte der dafür vereinbarte Preis im Vertrag gesondert vom Kaufpreis des Grundstücks beziehungsweise der Immobilie ausgewiesen werden. Denn auf den Preis für das Zubehör muss keine Grunderwerbsteuer gezahlt werden.

Selbstverständlich müssen die Vertragsparteien auch vereinbaren, wann der Kaufpreis **fällig** sein soll. Dazu gibt es verschiedene Möglichkeiten. Ein fester kalendermäßig bestimmter Termin ist eher die Ausnahme. In der Regel vereinbaren die Parteien bestimmte Voraussetzungen, die erfüllt sein müssen, damit der Kaufpreis vom Käufer zu zahlen ist, wie beispielsweise die Mitteilung des Notars, dass die Auflassungsvormerkung eingetragen ist.

Hinweis:

Die Mitteilung des Notars kann „konstitutiv", das heißt, die Fälligkeit auslösend, oder „deklaratorisch" sein, das heißt, die Beteiligten werden durch die Mitteilung lediglich über die Fälligkeit informieren. In beiden Fällen haftet der Notar, falls die Mitteilung falsch ist (BGH, Urt. v. 6.7.06, III ZR 80/05).

Zusätzlich zur Eintragung der Auflassungsvormerkung werden häufig noch die vertraglich vereinbarte Freistellung von nicht übernommenen Belastungen, die Bestätigung, dass kein Vorkaufsrecht der Gemeinde vorliegt beziehungsweise dass es nicht ausgeübt wird, sowie das Vorliegen möglicherweise benötigter Genehmigungen als Voraussetzung der Fälligkeit vereinbart.

Hinweis:

Der Vertrag sieht dazu normalerweise vor, dass der Kaufpreis 8 oder 10 Tage nach Zugang der Mitteilung des Notars fällig wird.

Handelt es sich bei dem „Kaufvertrag" um einen Bauträgervertrag, müssen bestimmte gesetzliche Voraussetzungen erfüllt sein, damit der Bauträger die erste Rate anfordern darf (vergleiche Seite 52). Der Vertrag wird im Allgemeinen vorsehen, dass der Notar dem Käufer nicht nur die Auflassungsvormerkung mitteilt, sondern ihn auch darüber informiert, dass die Voraussetzungen erfüllt sind, die den Bauträger berechtigen, die erste Rate anzufordern.

Für den Fall, dass sich die Kaufpreisfälligkeit erheblich verzögert oder der Käufer nicht zum Fälligkeitszeitpunkt zahlt, wird oft bereits im Kaufvertrag eine Verzinsungsregel vereinbart. Ohne Vereinbarung muss der Käufer grundsätzlich erst durch eine Mahnung in Verzug gesetzt werden und ist dann zur Zahlung von Verzugszinsen verpflichtet.

Grundstücke sind meist mit Grunddienstbarkeiten oder Grundschulden belastet. Daher muss im Kaufvertrag vereinbart werden, welche Lasten zu welchen Bedingungen übernommen werden. Sieht der Vertrag keine Regelung vor, muss der Verkäufer das Grundstück grundsätzlich **frei von Lasten** übergeben (§ 433 BGB).

Das ist von besonderer Bedeutung, wenn auf dem Grundstück noch Grundschulden eingetragen sind, die der Käufer nicht übernehmen will. Die Löschungsbewilligung kann durchaus davon abhängig gemacht werden, dass der Kaufpreis gezahlt und aus dem Kaufpreis die Schuld getilgt wird. Allerdings besteht die Gefahr, dass die Schuld eben nicht aus dem Kaufpreis getilgt wird, weil der Kaufpreisanspruch bereits durch einen Dritten gepfändet oder abgetreten war. Daher können die Parteien vereinbaren, dass der anteilige Kaufpreis an den Gläubiger abgetreten wird oder nur an den abzulösenden Gläubiger gezahlt werden kann (BGH, Urt. v. 20.11.1997, IX ZR 152/96).

Üblicherweise enthalten Grundstückskaufverträge eine Klausel, durch die sich der Käufer der sofortigen Zwangsvollstreckung in sein gesamtes Vermögen unterwirft. Eine solche Klausel ist zulässig, sie dient in erster Linie der Absicherung des Verkäufers, damit er den Kaufpreis auch erhält. Der Verkäufer muss allerdings beweisen, dass die Kaufpreisforderung entstanden ist (BGH, Urt. v. 3.4.2001, XI ZR 120/00, NJW 2001, 2096). Die Unterwerfung unter die sofortige Zwangsvollstreckung kann auch vereinbart werden für den Fall, dass der Verkäufer die Kaufsache nicht übergibt beziehungsweise bestimmte geschuldete Arbeiten nicht mehr ausführt.

Die vollstreckbare Ausfertigung wird von einem Notar gefertigt, der grundsätzlich nicht verpflichtet ist zu prüfen, ob der Anspruch tatsächlich besteht (OLG Oldenburg, Beschl. v. 5.12.93, 5 W 182/93). Weiß er aber, dass der Anspruch nicht besteht, beispielsweise, weil der Kaufpreis auf das Notaranderkonto des Notars eingezahlt worden ist, darf er die vollstreckbare Urkunde wohl nicht ausfertigen

(BayObLG, 2.10.1997, 3 Z BR 300/97). Aus der vollstreckbaren Urkunde heraus, kann sofort die Zwangsvollstreckung betrieben werden, ohne dass es eines Gerichtsverfahrens bedarf (§ 794 Abs. 1 Nr. 5 ZPO).

Hinweis:

Bauträgerverträge dürfen eine solche Klausel nicht enthalten, sie wäre unwirksam, sofern der Notar berechtigt wäre, die Vollstreckungsklausel ohne besonderen Nachweis zu beurkunden (BGH, Urt. v. 22.10.1998, VII ZR 99/97). Werden solche Klauseln dennoch von Notaren beurkundet, bestehen nicht nur Zweifel an der Unparteilichkeit des Notars. Die Erwerber können vielmehr die Nichtigkeit der Klausel feststellen lassen, ohne dass das Gericht prüft, ob die Ansprüche des Bauträgers, aus denen heraus er die Zwangsvollstreckung betreibt, berechtigt sind (BGH, Urt. v. 27.9. 2001, VII ZR, 388/00).

Nur in wenigen Fällen kann der Immobilienerwerber den Kaufpreis ohne eine Finanzierung aufbringen. Damit ein Kreditinstitut jedoch eine Finanzierung im notwendigen Umfang übernimmt, muss das Darlehen in der Regel durch eine Grundschuld abgesichert werden. Dazu sieht der Grundstückskaufvertrag normalerweise die Ermächtigung vor, dass das finanzierende Institut des Käufers bereits eine erstrangige Grundschuld eintragen lassen kann.

Die Mängelhaftung nach §§ 437 ff. BGB ist an die Stelle der Gewährleistungshaftung getreten. Grundsätzlich wird zwischen Sachmängeln und Rechtsmängeln unterschieden. Eine Immobilie beziehungsweise ein Grundstück muss grundsätzlich frei von Sach- oder Rechtsmängeln sein (§ 433 BGB).

Sofern nichts anderes vereinbart ist, muss ein Grundstück oder eine Immobilie frei von Sachmängeln übergeben werden. Das heißt, die vertraglich vereinbarte Art und Weise der Nutzung – etwa eine Bebauung – muss möglich beziehungsweise die vereinbarte Beschaffenheit muss vorhanden sein. Sachmängel einer Immobilie können beispielsweise in der Größe des Grundstücks oder in der Bodenbeschaffenheit liegen. Ein Sachmangel kann auch vorliegen, wenn öffentlich – beispielsweise in der Werbung – bestimmte Eigenschaften betont werden, die sich schließlich nicht finden (BGH, Urt. v. 7.5.1987, VII ZR 366/85). Grundsätzlich haftet der Verkäufer für solche Mängel.

Immobilien können auch durch Rechtsmängel belastet sein, zum Beispiel dass Wohnungen anders als vereinbart der Wohnungsbindung unterliegen, dass Leitungsrechte auf dem Grundstück liegen oder Immobilien laut Grundbuch über Wegerechte verfügen, die längst nicht mehr existieren. Auch in diesen Fällen muss der Verkäufer grundsätzlich haften.

Der Verkäufer wird von der Sachmangelhaftung frei, wenn die Mängel dem Käufer bei Vertragsabschluss bekannt waren, der Verdacht allein reicht nicht aus. (OLG Hamm, Urt. v. 15.2.2001, 22 U 105/01; § 442 Abs. 1 BGB). Eine Aufklärungspflicht trifft den Verkäufer jedoch nicht, wenn nur die Gefahr von möglichen Mängeln besteht (z. B. bei Hausschwammgefahr). Hat er bereits einen konkreten Verdacht, muss er diesen aber äußern (z. B. Verdacht, dass Hausschwamm besteht; vergleiche BGH, Urteil v. 7. 2. 2003, V ZR 25/02). Hat der Verkäufer einen Mangel absichtlich verschwiegen, ist auch ein etwa vereinbarter Gewährleistungsausschluss unwirksam (§ 444 Abs. 1 Satz 1 BGB). Er haftet für den Schaden – Voraussetzung: der Käufer kann dies beweisen.

> ### Hinweis:
>
> Typische Risiken wie beispielsweise Altlasten, Wohngifte, Hausschwamm, Schimmel oder Pilzbefall sollten daher insbesondere beim Erwerb aus dem Bestand heraus in den Vertragsverhandlungen erfragt und die Auskünfte in den Kaufvertrag aufgenommen werden. Das erleichtert im Schadensfall die Beweisführung.

Liegen Mängel vor, kann der Käufer die Beseitigung des Mangels oder die Lieferung einer mangelfreien Sache verlangen, bei einem fälschlicherweise noch eingetragenen Recht im Grundbuch beispielsweise seine Löschung. Verweigert der Verkäufer diese Nacherfüllung, ist sie fehlgeschlagen oder ihm nicht zuzumuten, kann der Käufer vom Vertrag – in diesen Fällen sogar fristlos – zurücktreten und unter Umständen Schadenersatz verlangen. Statt eines Rücktritts ist auch die Kaufpreisminderung möglich (§ 437 BGB).

Hinweis:

Kannte der Käufer die Mängel oder hat er sie grob fahrlässig nicht gekannt, tritt die Haftung grundsätzlich nicht ein. Daher sollte das Grundstück und die Immobilie vor dem Kauf sorgfältig geprüft werden. Bei grober Fahrlässigkeit des Käufers muss der Verkäufer nur haften, wenn er den Mangel arglistig verschweigt (§ 442 BGB).

Meist enthält der Vertrag jedoch eine Klausel, die die Rechte des Käufers bei Mängeln beschränkt. Das ist in der Regel zulässig. Spielen besondere Eigenschaften eines Grundstücks oder einer Immobilie für einen Erwerber eine besondere Rolle, sollte er diese Eigenschaften ausdrücklich im Vertrag vereinbaren, beispielsweise eine bestimmte Grundstücksgröße, die Bebaubarkeit des Grundstücks, aber auch die Denkmaleigenschaft einer Immobilie. Stellt sich später heraus, dass die Eigenschaft nicht erfüllt ist, ist die vereinbarte Beschaffenheit nicht gegeben und der Verkäufer haftet.

Auf jeden Fall sollten die Parteien vereinbaren, wann die neu erbaute Immobilie bezugsfertig sein soll beziehungsweise wann die Immobilie im Bestand frei ist und **übergeben** werden soll. Denn dieser Zeitpunkt ist für den Erwerber wichtig. Besonders wichtig wird er, wenn die eigene Wohnung gekündigt und der Umzug organisiert werden muss. Ist der eigene Mietvertrag bereits gekündigt und müssen Möbel unter Umständen noch eingelagert, der eigene Lebensmittelpunkt ins Hotel verlagert werden, wird eine solche Terminverzögerung schnell sehr teuer. Für diesen Fall können Vertragsstrafen vereinbart werden.

Die Parteien können sich im Vertrag für bestimmte Fälle den **Rücktritt** vorbehalten. Typischerweise wird das für den Fall vorgesehen, dass eine Baugenehmigung nicht bis zu einem bestimmten Zeitpunkt erteilt ist. Daneben existieren selbstverständlich die gesetzlichen Rücktrittsmöglichkeiten, zum Beispiel wenn die Nacherfüllung nicht erfolgreich war oder rundweg abgelehnt wird (§ 440 BGB).

2. Beurkundung

a) Beurkundungspflicht

Der Gesetzgeber schreibt vor (§ 311 b Abs. 1 S. 1 BGB), dass Verträge, durch die Grundstücke, Immobilien, aber auch grundstücksgleiche Rechte gekauft, verkauft oder auf andere Weise übereignet werden, notariell beurkundet werden müssen. Dazu zählen beispielsweise Grundstückskaufverträge, Kaufverträge über Wohnungseigentum, Vorverträge oder Reservierungsvereinbarungen zur Vorbereitung eines Immobilienerwerbs. Diese Formvorschriften sollen die Beteiligten noch einmal auf die Bedeutung des Vertragsschlusses hinweisen und vor übereilten Handlungen schützen. Gleichzeitig wird durch die Urkunde eine sichere Beweisgrundlage für mögliche Streitigkeiten geschaffen, die Gültigkeit des Vertrages wird gesichert und letztlich müssen die Vertragsparteien zu einer neutralen Instanz, die eine neutrale fachkundige Beratung gewährleisten kann.

Ist der Vertrag daher zwischen Käufer und Verkäufer ausgehandelt, wird in der Regel ein Notar mit der Ausfertigung des Kaufvertragsentwurfs beauftragt, den beide Parteien nochmals zur Prüfung erhalten. Die Parteien sollten sich genügend Zeit zur Prüfung lassen, mögliche Fragen klären und Änderungswünsche noch rechtzeitig beim Notar einbringen. Damit kann für beide Seiten die größtmögliche Sicherheit erreicht werden.

Hinweis:

Bauträgerverträge müssen vierzehn Tage vor der Beurkundung dem Käufer zugestellt werden, damit dieser sie nochmals ohne Zeitdruck prüfen kann (§ 17 Abs. 2a Satz 2 Nr. 2 BeurkG). Die Frist darf nur aus wichtigem Grund unterschritten werden, beispielsweise bei einer beruflichen Abwesenheit oder einem Krankenhausaufenthalt.

Verstöße gegen die Beurkundungspflicht können die Nichtigkeit oder zumindest Teilnichtigkeit des Vertrages nach sich ziehen (§§ 125, 139 BGB; BGH, Urt. v. 17.3. 2000, V ZR 362/98, NJW

2000, 2100). Dies gilt insbesondere bei einer falschen Beurkundung des Kaufpreises (vergleiche Seite 112), aber auch bei einer unrichtigen oder unvollständigen Beurkundung anderer Abreden. Die Eintragung der Auflassung ins Grundbuch heilt jedoch grundsätzlich den Formmangel (§ 311 b Abs. 1 Satz 2 BGB; OLG Hamm, Urt. v. 4.3.2003, 21 U 80/02, MDR 2003, 1227).

b) Der Notar

Die Beurkundung vollzieht der Notar. Der Notar übt ein öffentliches Amt aus. Er untersteht der Dienstaufsicht der jeweils zuständigen Landgerichtspräsidenten. Verschiedene Länder sehen vor, dass die Notare hauptberuflich tätig sind, in anderen Ländern können sie das Amt neben ihrer Haupttätigkeit als Anwalt ausüben. In Baden-Württemberg sind die Notare beamtet. Die Aufgabe der Notare liegt – bei Grundstücksgeschäften – darin, für Rechtssicherheit im Grundstücksverkehr zu sorgen. Notare sind zur Verschwiegenheit verpflichtet. Sie sind unparteiisch. Das heißt, sie sollen gleichermaßen alle am Vertrag Beteiligten betreuen. Sie dürfen nicht zugunsten einer Vertragspartei tätig werden und die andere dabei benachteiligen. (§ 14 Abs. 1 S. 2 Bundesnotarordnung [BNotO]).

Der Notar muss bei einem Immobiliengeschäft insbesondere:

■ den Willen der Vertragsbeteiligten am Grundstücksgeschäft ermitteln und unter Umständen den Sachverhalt durch gezielte Nachfragen klären. Er muss das Grundbuch einsehen, außer wenn die Beteiligten auf eine sofortige Beurkundung bestehen.

> **Hinweis:**
>
> Die Grundakten muss der Notar nicht unbedingt einsehen. Daher sollte der Erwerber selbst Einsicht nehmen (§ 21 BeurkG i.V.m. § 4 GBV).

■ von sich aus regelungsbedürftige Fragen ansprechen und entsprechende Formulierungen vorschlagen (BGH, Urteil v. 27.10. 1994, NJW 1995, 330, AZ IX ZR 12/94). Wird mit einem Grundstücksverkauf beispielsweise ein besonderer Zweck verfolgt –

z. B. Verkauf zu einem günstigen Preis, um als Gegenleistung vom Erwerber gepflegt zu werden -, sollte der Notar darauf ausdrücklich hingewiesen werden, damit dieser Zweck bei der Vertragsgestaltung berücksichtigt werden kann.

■ einen juristisch einwandfreien Vertrag aufsetzen und beurkunden. Allerdings muss er die Vereinbarungen nicht daraufhin prüfen, ob und inwieweit sie für einen der beiden Vertragspartner vorteilhaft sind. Denn damit würde er das Gebot der Neutralität gegenüber beiden Vertragsparteien verletzen.

Hinweis:

In der Regel legt der Notar einen standardisierten Kaufvertrag vor, in dem lediglich die individuellen Daten des Kaufvorgangs eingefügt sind. Die Vorgaben dieses Standardvertrages sind selbstverständlich nicht bindend, sondern können an die Bedürfnisse der Vertragsparteien angepasst werden. Dabei sollten auf jeden Fall sämtliche Punkte aufgenommen werden, die zwischen den Vertragsparteien vereinbart worden sind.

Aufgabe des Notars ist es, den Willen der Beteiligten festzustellen und in Vertrag niederzulegen. Er muss aber auch über die rechtliche Bedeutung der abgegebenen Erklärungen aufklären. Daher sollten die Vertragsparteien stets nachfragen, wenn etwas nicht verständlich ist. Der Notar muss für sich dafür ausreichend Zeit nehmen.

Hinweis:

Der Kaufvertrag ist in der juristischen Fachsprache abgefasst, die gerade für den privaten Immobilienerwerber nur schwer verständlich ist. Daher sollte der Vertrag bereits vor dem Notartermin intensiv gelesen werden. Schon vor dem Beurkundungstermin besteht die Möglichkeit, sich die Regelungen erklären zu lassen. Bestehen Zweifel, ob die Regelung vorteilhaft ist oder welche Auswirkungen die Regelungen haben, sollte auf jeden Fall nachgehakt werden. Befriedigt die Erklärung des Notars nicht, sollte ein neutraler Dritter hinzugezogen werden.

Stellt der Notar fest, dass einer der Beteiligten am Kaufvorgang besonders unerfahren ist und dass nach den Umständen des konkreten Falls die Gefahr besteht, dass dieser Partei deshalb ein besonderer Schaden entsteht, trifft ihn eine besondere Aufklärungspflicht über die möglichen Rechtsfolgen (§ 17 Abs. 1 S. 2 BUrkG; BGH, Urteil v. 2.11.1995, IX ZR 15/95).

Verletzt der Notar seine Amtspflichten schuldhaft, klärt er beispielsweise einen Käufer nur unzureichend auf oder berät er ihn falsch und entsteht dem Käufer dadurch ein Schaden, muss der Notar dafür haften.

c) Der Beurkundungsvorgang

Wird der Grundstückskaufvertrag beurkundet, muss der Notar weitere Sachverhalte prüfen und gemeinsam mit den Erklärungen der Vertragsparteien protokollieren (§§ 8, 9 Abs. 1 Nr. 2 BeurkG). Die Niederschrift umfasst (vergleiche § 9 BeurkG):

- den Namen des Notars
- die erschienenen Personen sowie die Feststellung der Identität der Beteiligten.

> **Hinweis:**
>
> Personalausweis nicht vergessen!

- die Geschäftsfähigkeit der Beteiligten
- die Vertretungsvollmacht (z. B. wenn einer der Beteiligten als Bevollmächtigter oder gesetzlicher Vertreter für einen Dritten handelt, etwa einen Minderjährigen)
- die Eintragungen im Grundbuch sowie der Zeitpunkt, an dem der Notar das Grundbuch eingesehen hat
- die Verlesung, Genehmigung und Unterzeichnung der Urkunde (Die Urkunde wird tatsächlich verlesen. Meist jedoch sehr schnell. Daher sollte der Vertrag bereits vorher intensiv gelesen und geprüft werden. Bestehen Fragen, sollten sie vorher markiert und die Verlesung unterbrochen werden. Die Verlesung der Ur-

kunde sollte in der eigenen Kopie verfolgt werden, um sicherzustellen, dass die zu beurkundende Fassung des Vertrages auch der ausgehandelten entspricht.)

■ Wird auf Lagepläne, Baupläne oder andere Karten oder Abbildungen verwiesen, müssen sie bei der Beurkundung vorgelegt werden. Sie sollten eingesehen werden. Wird auf andere notarielle Urkunden verwiesen, müssen sie in der Regel nicht verlesen werden, wenn die Beteiligten erklären, dass sie ihnen bekannt sind.

■ den Hinweis auf Anlagen (beispielsweise Pläne, Karten, Abbildungen oder das sogenannte „Bestandsverzeichnis" über das Zubehör).

Wird Wohnungseigentum erworben, sollte zumindest noch einmal ausdrücklich geprüft werden,

■ ob die Teilungserklärung bereits im Grundbuch eingetragen ist; falls nicht sollte sie mit beurkundet werden

■ ob das Sondereigentum den Miteigentumsanteilen richtig zugeordnet ist

■ ob alle dazu gehörigen Räume auch außerhalb der Wohnung erfasst wurden – beispielsweise Kellerräume oder Garagen

■ ob Sondernutzungsrechte im Grundbuch eingetragen sind und ob und wie die Kostenverteilung geregelt ist

■ ob Teilungserklärung und Aufteilungsplan übereinstimmen.

Das Original des notariellen Kaufvertrages wird von den beteiligten Vertragsparteien, aber auch vom Notar unterschrieben. Es verbleibt beim Notar. Käufer und Verkäufer erhalten eine sogenannte „Ausfertigung", also eine Abschrift des Kaufvertrages, die mit einem vom Notar unterschriebenen Ausfertigungsvermerk versehen ist (§ 49 BeurkG).

d) Auflassung und Auflassungsvormerkung

Obwohl die Vertragsparteien darin übereinstimmen, dass der Eigentumswechsel vollzogen werden soll, und einen entsprechenden Vertrag geschlossen haben, bedarf es noch eines formalen Aktes. Sie müssen gleichzeitig vor dem Notar erklären, dass der Verkäufer das Eigentum am Grundstück beziehungsweise an der Immobilie auf den Käufer übertragen und der Käufer das Eigentum erwerben will (Auflassung, § 925 BGB). Das Grundstück, um das es geht, muss als „Auflassungsgegenstand" genau bezeichnet werden. Dieser Vorgang muss beurkundet werden (§ 29 GBO). Die Auflassung kann eigenständig beurkundet werden. Meist wird sie aus Kostengründen gleichzeitig mit dem Abschluss des Kaufvertrages beurkundet. In diesem Fall wird jedoch grundsätzlich vereinbart, dass die Umschreibung des Eigentums im Grundbuch vom Notar erst beantragt wird, wenn die vom Käufer zu erbringende Gegenleistung erbracht oder zumindest sichergestellt ist.

Durch diese Formvorschriften, die beim Abschluss eines Kaufvertrages über Grundstücke, Immobilien, aber auch grundstücksgleiche Rechte beachtet werden müssen, soll noch einmal allen Beteiligten die Tragweite der getroffenen Vereinbarungen verdeutlicht werden.

Die Auflassungsvormerkung (§ 883 BGB) geht der Auflassung voraus. Der Erwerber des Grundstücks kann sie sich vom Verkäufer bewilligen lassen, dies geschieht meist im Zuge der notariellen Beurkundung des Kaufvertrages. Die Auflassungsvormerkung wird im Grundbuch eingetragen und sichert den Anspruch auf Auflassung, das heißt, auf Einräumung des Eigentums am Grundstück. Mit dieser Vormerkung kann die Zeitspanne überbrückt werden, die zwischen dem Abschluss des Grundstückskaufvertrages und der Eintragung im Grundbuch vergeht, durch die der Käufer Eigentümer wird.

Hinweis:

Besonders deutlich wird die häufig lange Zeitspanne bei Bauträgerverträgen, bei denen der Erwerbsvorgang oft noch vor Beginn der Bautätigkeit liegt, so dass schnell 9 oder 12 Monate vergehen, bis die letzte Rate bezahlt und damit die Voraussetzungen für den Eigentumsübergang geschaffen sind.

Eintragungen im Grundbuch werden grundsätzlich in der Reihenfolge ihres Eingangs beim Grundbuchamt vorgenommen. Durch die Auflassungsvormerkung wird zum Beispiel verhindert, dass der (bisherige) Eigentümer das Grundstück erneut verkauft und der (zweite) Käufer als Eigentümer eingetragen werden kann. Auch kann das Grundstück nicht mehr in die Insolvenzmasse fallen, falls der Verkäufer insolvent werden sollte.

e) Der Grundbucheintrag

Der Notar beurkundet nicht nur das Immobiliengeschäft, er veranlasst auch den Eintrag in das Grundbuch. Die Eintragung ins Grundbuch setzt die Eintragungsbewilligung voraus, das heißt, derjenige, dessen Recht betroffen ist, muss der Eintragung zustimmen. Im Verkaufsfall muss also der (bisherige) Eigentümer zustimmen, dass der Käufer als neuer Eigentümer eingetragen wird. Meist wird der Notar beauftragt, den Antrag zur Eintragung zu stellen. Alle Erklärungen müssen beurkundet werden oder der Notar muss die Unterschriften beglaubigen. Die Anträge werden vom Grundbuchamt jeweils in der Reihenfolge des Eingangs eingetragen. Erst wenn der neue Eigentümer eingetragen ist, ist der Erwerb der Immobilie abgeschlossen.

3. Das Grundbuch

a) Die Bedeutung des Grundbuchs

Das Grundbuch ist ein öffentliches Register (fast) aller Grundstücke eines Grundbuchbezirks, der in der Regel dem Gemeindebezirk entspricht. Nicht im Grundbuch aufgenommen werden Grundstücke der Gemeinde, des Bundes, der Länder, öffentliche Wege und ähnliches. Das Grundbuch informiert über die privatrechtlichen Rechtsverhältnisse eines Grundstücks und bildet eine zweifelsfreie Grundlage für alle Geschäfte rund um die Immobilie. Denn das Grundbuch genießt öffentlichen Glauben. Das heißt, jeder, der gutgläubig ist, kann auf die Richtigkeit des Grundbuchs vertrauen (§§ 891 ff. BGB).

Das bedeutet nicht, dass das **Grundbuch** immer richtig ist. Erwirbt jedoch ein Käufer ein Grundstück von einem eingetragenen Eigentümer, der gar nicht Eigentümer ist – beispielsweise aufgrund eines fälschlich erteilten Erbscheins –, bleibt er Eigentümer.

Ist allerdings im Grundbuch bereits ein Widerspruch eingetragen, besteht diese Schutzwirkung nicht, denn durch Einsicht in das Grundbuch hätte Klarheit geschaffen werden können. Das gleiche gilt, wenn der Erwerber weiß, dass die Grundbucheintragung unrichtig ist, der Käufer beispielsweise weiß, dass das Grundstück mit einer Hypothek belastet ist und diese Eintragung fälschlicherweise gelöscht wurde (§ 892 Abs. 1 S. 1 BGB).

Einsicht in das Grundbuch kann jeder nehmen, der ein berechtigtes Interesse darlegen kann, denn das Grundbuch ist grundsätzlich öffentlich. Diese Eigenschaft des Grundbuchs ist entscheidend, denn das Grundbuch soll Sicherheit in den Handel mit Grundstücken bringen.

Hinweis:

Zur Einsicht reicht nicht der – durchaus verständliche – Wunsch aus, zu erfahren, wem ein Grundstück gehört. Soll jedoch vor einem Erwerb geprüft werden, ob der Verkäufer wirklich der Eigentümer ist, ist dies als Begründung ausreichend.

b) Die Organisation des Grundbuchs

Grundbücher werden von den Grundbuchämtern geführt, die bei den Amtsgerichten angesiedelt sind. In der Regel werden sie elektronisch geführt, früher in Loseblattform. Aufgeteilt sind die Grundbücher in Blätter, das heißt, für jedes Grundstück wird ein eigenes Grundbuchblatt angelegt.

Das Grundbuchblatt beginnt mit der „Aufschrift", das heißt, dem Titelblatt, auf dem das zugehörige Amtsgericht, der Grundbuchbezirk, die Band- und Blattnummer angegeben sind. Die Aufschrift gibt die wesentlichen Ordnungsbegriffe des Grundbuchs wieder, das heißt, mit diesen Angaben kann jeder das Grundstück in den Registern finden. Die Angaben der Aufschrift finden sich in der Regel in der Kopfleiste der weiteren Seiten wieder.

Der Aufschrift folgt das Bestandsverzeichnis, das das Grundstück nach Lage, Art und Größe als Auszug des amtlichen Katasters beschreibt.

Hinweis:

Bestimmte Angaben im Bestandsverzeichnis wie zum Beispiel über Wirtschaftsart, Lage und Grundstücksgröße sind nicht verbindlich. Die verbindliche Nutzungsart und Größe ergibt sich ausschließlich aus der Flurkarte und dem Bebauungsplan.

Grundsätzlich wird für jedes Grundstück ein eigenes Grundbuchblatt angelegt. Doch Grundstücke desselben Eigentümers werden in der Regel auf einem Blatt zusammengeschrieben (§§ 3, 4 GBO). Hierbei gewinnt die laufende Nummerierung der Grundstücke im Bestandsverzeichnis besondere Bedeutung, damit das Grundstück eindeutig identifiziert werden kann. Auf die laufende Nummer verweisen die Eintragungen der Folgeseiten.

BEISPIEL: Grundschuld Wurde eines der Grundstücke mit einer Grundschuld belastet, ist diese Grundschuld mit Bezug auf die laufende Nummer des Bestandsverzeichnisses eingetragen.

Aus mehreren rechtlich selbständigen Grundstücken kann durch Vereinigung ein Grundstück werden (§ 890 Abs. 1 BGB), ebenso können Grundstücke einem anderen als Bestandteil zugeschrieben werden (§ 890 Abs. 2 BGB). Diese Veränderungen lassen sich aus dem Bestandsverzeichnis ersehen.

Abteilung I des Grundbuchblatts legt die Eigentumsverhältnisse des Grundstücks offen. Der aktuelle Eigentümer ist derjenige, der an letzter Stelle der Eigentümer einer Grundstücksparzelle eingetragen ist. Bei mehreren Eigentümern werden Angaben zur Art der Miteigentümerstellung gemacht (z. B. Erbengemeinschaft, Miteigentümer zu je 1/3). Eingetragen wird auch die Form des Eigentumserwerbs (z. B. Auflassung, Zuschlag in der Zwangsversteigerung, Erbfolge). Im Kauf- beziehungsweise Verkaufsfall wird der alte Eigentümer rot unterstrichen und der neue Eigentümer darunter eingetragen.

Die **Abteilung II** enthält sämtliche Belastungen des Grundstücks mit Ausnahme von Grundpfandrechten, die sich in Abteilung III befinden.

Dazu gehören zum Beispiel:

- Rechte Dritter
  wie Wegerechte, Leitungsrechte, Nießbrauchsrechte, Reallasten, Erbbaurechte

- Bau- und Nutzungsbeschränkungen
  bestimmte Bebauungen oder Nutzungen eines Grundstücks können untersagt sein, so darf beispielsweise keine Tankstelle errichtet werden;

- vertragliche (dingliche) Vorkaufsrechte
  zugunsten eines Nachbarn kann etwa ein Vorkaufsrecht an der Immobilie eingetragen sein;

- Verfügungsbeschränkungen
  zum Beispiel kann ein Vermerk über die Eröffnung des Insolvenzverfahrens oder über die Anordnung der Nachlassverwaltung eingetragen sein;

- einstweilige Sicherungen
  dazu zählen unter anderem Auflassungsvormerkungen

Hinweis:

Bestehen Unklarheiten über die Eintragungen in dieser Abteilung, sollte die Grundakte eingesehen werden.

Abteilung III verzeichnet alle Grundpfandrechte, also Hypotheken, Grund- und Rentenschulden, mit denen das Grundstück belastet ist. Die Rangfolge der Belastungen ergibt sich, sofern nichts anderes vermerkt ist, aus der Reihenfolge der Eintragung. Erloschene Rechte sind gerötet und mit einem Löschungsvermerk versehen. Die Reihenfolge der Eintragung ist insbesondere bei Zwangsvollstreckungen von Bedeutung (vergleiche Seite 130 ff.).

Die Grundakte wird ebenfalls beim Grundbuchamt geführt. Sie gehört zum Grundbuch. Die Grundakte enthält sämtliche Urkunden und gerichtliche Protokolle, auf denen die Grundbucheintragungen basieren wie beispielsweise Eintragungsbewilligungen, aber auch Karten z. B. für Dienstbarkeiten oder Aufteilungspläne nach Wohnungseigentumsrecht.

Das Handblatt (§ 24 Abs. 4 GBV) ist ein Vordruck, der als Arbeitshilfe bei der Führung des Grundbuchs benötigt wird. Er enthält den Inhalt des Grundbuchs noch einmal im Wortlaut. Meist wird er als Ausdruck aus dem Computer erstellt. Obwohl die Angaben im Handblatt mit den Eintragungen im Grundbuch übereinstimmen müssen, gilt das Handblatt nicht als Grundbuch. Eine Einsicht in das Handblatt ersetzt keinesfalls die Grundbucheinsicht. Das Handblatt wird bei der Grundakte aufbewahrt.

c) Eintragungen ins Grundbuch

Eintragungen ins Grundbuch benötigen als Voraussetzung stets eine Eintragungsbewilligung (§ 19 GBO) und einen Eintragungsantrag (§ 13 GBO). Das gleiche gilt für Löschungen. Auch bei Löschungen handelt es sich um Eintragungen, allerdings mit dem Inhalt, dass eine bestimmte Eintragung keinen Bestand mehr hat. Eintragungen werden durch rotes Unterstreichen des zu löschenden Textes, die sogenannte Rötung, gelöscht (§§ 10 Abs. 6, 17 Abs. 2 GBV). In den Abteilungen II und III des Grundbuchs werden Texte häufig nicht gerötet. Vielmehr wird die erste und letzte zu streichende Zeile waagerecht und der Text dazwischen schräg gestrichen.

Der Eintragungsantrag ist grundsätzlich formlos möglich, er kann sowohl von demjenigen gestellt werden, der durch die Eintragung begünstigt wird, als auch von demjenigen, dessen Recht eingeschränkt wird. Wird die zugrunde liegende Erklärung, also die Bewilligung, von einem Notar beurkundet oder beglaubigt, gilt er grundsätzlich als ermächtigt, die Eintragung zu beantragen (§ 15 GBO). Der Eintragungsantrag selbst muss weder beglaubigt noch beurkundet werden. Etwas anderes gilt nur dann, wenn der Antrag gleichzeitig die Eintragungsbewilligung enthält. Die Eintragung muss stets von demjenigen bewilligt werden, dessen Recht betroffen ist, nur bei Auflassungen oder bei Begründung eines Erbbaurechts reicht dies nicht aus. Die Eintragungsbewilligung muss beurkundet werden.

Das Grundbuchamt nimmt die Eintragungen in der Reihenfolge vor, in der die Anträge eingegangen sind, das heißt, der Rang der Rechte an einem Grundstück richtet sich nach dem zeitlichen Eingang beim Grundbuchamt. Da dies nicht immer gewollt ist, kann ein Recht an einen vorderen Rang rücken (§ 880 BGB), wenn sich die Inhaber der beiden Rechte darüber einigen. Die dazwischen liegenden Rechte werden nicht berührt (§ 880 Abs. 5 BGB).

> **Hinweis:**
>
> Der Rang eines Rechts spielt beispielsweise in der Zwangsversteigerung eine besondere Rolle. Denn aus dem Erlös aus der Versteigerung werden grundsätzlich die Rechte in der Reihenfolge ihres Ranges befriedigt. Je nachdem aus welchem Rang heraus die Zwangsversteigerung betrieben wird, können zudem Belastungen bestehen bleiben (vergleiche Seite 132 ff.).

d) Besonderheiten des Wohnungsgrundbuchs

Beim Wohnungseigentum legt das Grundbuchamt für jeden Miteigentumsanteil ein eigenes Grundbuchblatt an: ein sogenanntes Wohnungsgrundbuchblatt im Fall des Sondereigentums an Wohnungen sowie ein Teileigentumsgrundbuchblatt im Fall des Sondereigentums an anderen Räumen. Lediglich bei sehr kleinen Gemeinschaften wird ein gemeinsames Grundbuchblatt angelegt. Das Grundbuchblatt des Grundstücks, auf dem das Wohnungseigentum errichtet wird, wird in der Regel geschlossen. Jedes Grundbuchblatt enthält im Bestandsverzeichnis den Miteigentumsanteil – ausgedrückt in einem zahlenmäßigen Bruchteilsanteil – sowie das dazugehörige Sondereigentum an bestimmten Räumen. Auch die Beschränkungen des Miteigentums sind verzeichnet, die durch das Sondereigentum der anderen Wohnungseigentümer bestehen. Bestehen Veräußerungsbeschränkungen, müssen sie als Inhalt des Sondereigentums ausdrücklich im Wohnungsgrundbuch – im Bestandsverzeichnis – eingetragen sein. Der oder die Eigentümer werden wie gewohnt in der ersten Abteilung des Grundbuchs ausgewiesen.

e) Erbbaugrundbuch

Werden an einem Grundstück Erbbaurechte (vergleiche Seite 135 ff.) begründet, wird ein eigenes Erbbaugrundbuch angelegt (§ 14 Erbbaurechtsgesetz). Im Grundbuch des Grundstücks wird auf die Eintragung im Erbbaugrundbuch Bezug genommen.

4. Erwerb durch Zwangsversteigerung

a) Das Versteigerungsobjekt

Werden Grundstücke im Wege einer Zwangsversteigerung erworben, kann ein Schnäppchen gelingen. Denn bei Vollstreckungsversteigerungen sind diese Immobilien oft erheblich günstiger als Angebote auf dem freien Markt, da sie aus einer Notsituation heraus verkauft werden. Zudem fallen erheblich geringe Kaufnebenkosten an, weil beispielsweise Maklergebühren und Notarkosten entfallen.

> **Hinweis:**
>
> Von der Vollstreckungsversteigerung ist die Teilungsversteigerung zu unterscheiden. Die Teilungsversteigerung wird betrieben, wenn eine Immobilie mehreren Personen gehört – z. B. einer Erbengemeinschaft – und eine der Personen ihren Anteil am Eigentum ausgezahlt haben möchte.

Über anstehende Zwangsversteigerungen wird etwa in Tageszeitungen, Amtsblättern, im Bundesanzeiger oder über die Aushangkästen der Amtsgerichte in der Regel sechs bis acht Wochen vor dem Versteigerungstermin informiert.

> **Hinweis:**
>
> Der Versteigerungstermin wird häufig aus den unterschiedlichsten Gründen abgesagt. Daher sollte – gerade wenn eine weitere Anreise in Kauf genommen werden muss – am Tag vorher bei Gericht nochmals geklärt werden, ob der Termin stattfindet.

Vor dem Versteigerungstermin sollten sich Interessenten möglichst umfassend über das Objekt informieren. Informationen können über den zuständigen Rechtspfleger des Vollstreckungsgerichts (Amtsgericht) eingeholt werden. Oft wird vom Gericht bei einem öffentlich bestellten Sachverständigen ein sogenanntes Verkehrswertgutachten in Auftrag (§ 4 Abs. 1 RpflG) gegeben, aus dem wichtige Einzelheiten entnommen werden können.

Hinweis:

Ein Recht, die Immobilie zu besichtigen, besteht nicht. Das heißt aber nicht, dass eine Begutachtung von außen – von den öffentlichen Fußwegen und Straßen – nicht möglich ist. So lässt sich ein erster Eindruck vom Zustand des Hauses und vom Garten gewinnen. Auch die Umgebung sollte daraufhin betrachtet werden, ob die eigenen Anforderungen, zum Beispiel im Hinblick auf öffentliche Infrastruktur, Einkaufsmöglichkeiten und ähnliches erfüllt sind.

b) Der Ablauf des Versteigerungsverfahrens

Das Versteigerungsverfahren beginnt mit dem Aufruf der „Sache", der Festsetzung des Mindestgebotes und der Bekanntgabe der Versteigerungsbedingungen (§ 66 ZVG).

Hinweis:

Auch wenn das Verfahren mit scheinbar „allgemeinen Hinweisen" beginnt, sollten Interessierte pünktlich erscheinen. Denn zu Beginn werden wichtige Objektdaten bekannt gegeben, zu denen auch Belastungen des Grundstücks zählen, die im Falle des Zuschlags übernommen werden müssen.

Nach Aufforderung durch den Rechtspfleger können die Bieter ihre Gebote abgeben. Sämtliche Bieter werden einzeln protokolliert, das heißt, es werden die Personalien aufgenommen.

Hinweis:

Daher sollte auf jeden Fall der Personalausweis mitgenommen werden. Bieten Eltern für ihr minderjähriges Kind, muss bereits im Termin eine vormundschaftsgerichtliche Genehmigung vorliegen.

Danach können die Gebote per Zuruf abgeben werden, das heißt, es wird mündlich geboten. Will ein Ehepaar gemeinsam Eigentümer werden, muss dies zu Beginn der Bietstunde erklärt werden (z. B. dass jeder Ehepartner zu 1/2 Miteigentümer werden soll). Andernfalls erhält nur der bietende Ehepartner den Zuschlag und wird Alleineigentümer.

Die Bieter können sich im Termin durch einen Bevollmächtigten (z. B. einen Rechtsanwalt) vertreten lassen. Dazu benötigt der Vertreter jedoch eine notariell beglaubigte Bietungsvollmacht, die er nicht nachreichen kann. Eine solche Vollmacht ist auch notwendig, wenn Eheleute gemeinsam ein Grundstück ersteigern wollen, jedoch nur einer der beiden Partner anwesend sein kann.

Die Bietstunde dauert mindestens 30 Minuten, beginnend mit der Aufforderung, Gebote abzugeben (§ 73 ZVG). Sie kann jedoch länger dauern. Die Bietstunde endet erst, wenn keine Gebote mehr abgegeben werden. Das höchste Gebot wird am Ende der Bietstunde durch 3-maligen Aufruf verkündet und erhält den Zuschlag. Der Rechtspfleger muss dabei jedoch darauf hinweisen, dass er noch weitere Gebote annehmen kann. Das heißt, dass trotz 3-maligen Aufrufs des höchsten Gebots noch einmal überboten werden kann. Doch muss das Gebot nun sehr schnell erfolgen, sonst ist das Verfahren beendet.

c) Das Gebot

Die Versteigerung beginnt mit dem Mindestgebot, das vom Gericht festgesetzt wird. Ob zu diesem Mindestgebot überhaupt der Zuschlag erteilt werden kann, hängt davon ab, in welchem Stadium sich das Verfahren befindet (vergleiche Seite 133). Geboten wird per Zuruf. Durch jedes höhere, wirksame Gebot erlischt das vorherige Gebot (§ 72 ZVG). Die Entscheidung, um wie viel ein abgegebenes Gebot überboten wird, bleibt allein dem Bieter überlassen, es gibt keine Mindestbietschritte.

> **Hinweis:**
>
> Jeder Bieter sollte im Vorfeld entscheiden, bis zu welcher Höhe er mit bieten will, damit nicht im Eifer des Gefechts unüberlegt Gebote abgegeben werden.

Wird die Höhe des Mindestgebots zu Beginn der Versteigerung bekannt gegeben, informiert der Rechtspfleger auch über die bestehen bleibenden Rechte. Dabei handelt es sich um Belastungen aus Abteilung II und III des Grundbuchs, die vom Erwerber übernommen werden müssen. Die Belastungen aus Abteilung II, zum Beispiel Leitungsrechte oder Wohnrechte, können in der Regel nicht abgelöst werden. Anders dagegen bei Lasten aus Abteilung III – sie müssen abgelöst werden. Daher müssen diese Belastungen zum Gebot hinzugezogen werden.

> **BEISPIEL: Grundschulden** Ein Bieter erhält den Zuschlag bei einem Gebot von 150.000,– €. Es bleiben aber nach der Versteigerung noch Grundschulden in Höhe von 100.000,– € bestehen. Der Bieter muss folglich 250.000,– € bezahlen.

Ob Belastungen aus Abteilung III des Grundbuchs bestehen bleiben, richtet sich danach, welcher Gläubiger die Versteigerung betreibt und welchen Rang sein Recht einnimmt. Alle Rechte, die seinem Recht vorhergehen, bleiben bestehen. Entscheidend ist folglich der bestrangig betreibende Gläubiger.

> **Hinweis:**
>
> Diese Belastungen sind ganz entscheidend für den Bieter. Kalkuliert er sie nicht in sein persönliches Höchstgebot mit ein, kann es bei Zuschlagserteilung zu einem bösen Erwachen kommen. Schon aus diesem Grund sollte die umfassende Information vor dem Versteigerungstermin und das Erscheinen vor der Eröffnung des Versteigerungstermins ein „Muss" sein.

d) Der Zuschlag

Der Zuschlag wird grundsätzlich direkt im Anschluss an die Bietstunde erteilt (§§ 73 ff. ZVG). Das höchste Gebot erhält den Zuschlag. Im ersten Versteigerungsverfahren wird der Zuschlag allerdings nur erteilt, wenn das Höchstgebot mindestens 50% des amtlich festgesetzten Verkehrswertes – er wird vom Gericht nach dem Sachverständigengutachten festgesetzt – erreicht. Zudem können die Verfahrensbeteiligten beantragen, den Zuschlag nicht zu erteilen, wenn 70% dieses Wertes nicht erreicht werden. In diesem Fall wird ein zweiter Termin angesetzt, bei dem diese Grenzen nicht mehr gelten.

Der Meistbietende erhält den Zuschlag und wird Eigentümer des Grundstücks. Nach Zahlung der Grunderwerbsteuer (vergleiche Seite 546 ff.) wird der neue Eigentümer im Grundbuch (vergleiche Seite 125 ff.) eingetragen. Alle Lasten gehen mit sofortiger Wirkung auf ihn über. An weiteren Kaufnebenkosten fallen lediglich die Eintragungskosten des Grundbuchamtes und die Zuschlagsgebühr an.

Hinweis:

Durch den Zuschlagsbeschluss erhält der neue Eigentümer einen vollstreckbaren Titel auf Herausgabe des Grundstücks. Ist die Immobilie vermietet, besteht ein Sonderkündigungsrecht, etwa wenn die Immobilie selbst genutzt werden soll.

e) Der Zahlungstermin

Jeder, der am Verfahren Beteiligten (in der Regel der Gläubiger des Grundstückseigentümers) kann beantragen, dass der Bieter direkt nach Abgabe seines Gebotes eine Sicherheit leisten muss. Diese Sicherheit ist in Höhe von 10% des festgesetzten Verkehrswertes zu erbringen. Die zulässigen Sicherheiten sind abschließend gesetzlich geregelt (etwa Bankbürgschaft, Bundesbankscheck; § 69 ZVG). Jeder Bieter sollte davon ausgehen, dass eine Sicherheit verlangt wird. Daher sollte frühzeitig vor dem Termin beim Amtsgericht geklärt werden, welche Sicherheit „üblich" ist. Entsprechende Mittel sollten auf jeden Fall mitgeführt werden: Kann auf Antrag keine oder keine ausreichende Sicherheit erbracht werden, weist das Gericht das Gebot zurück.

Hinweis:

Schecks von Kreditinstituten dürfen frühestens drei Werktage vor dem Versteigerungstermin ausgestellt worden sein (§ 69 ZVG).

Der gebotene Betrag wird in der Regel 4–8 Wochen nach dem Versteigerungstermin fällig, der Termin – Verteilungstermin – wird vom Gericht bestimmt. Vom Zeitpunkt des Zuschlags bis zum Verteilungstermin ist der Betrag zu verzinsen.

5. Erwerb von Immobilien im Erbbaurecht

Immobilien können im Erbbaurecht errichtet werden. Das Erbbaurecht gewährt das Recht, auf einem Grundstück ein Bauwerk zu errichten (§ 1 ErbbauRG). Das Grundstück verbleibt im Eigentum des Grundstückseigentümers. Die zu errichtende Immobilie steht im Eigentum des Erbbauberechtigten (§ 12 Abs. 1 ErbbauRG). Erbbauberechtiger und der Erbbaurechtsgeber schließen darüber den sogenannten Erbbaurechtsvertrag, der notariell beurkundet (§ 11 Abs. 2 ErbbauRG i.V. m. § 311 b Abs. 1 BGB) und im Grundbuch eingetragen (§ 11 Abs. 2 ErbbauRG i.V. m. § 925 BGB) werden muss. Der Erbbaurechtsvertrag gestaltet die Rechte und Pflichten des Erbbaurechts nach den Vorschriften des Erbbaurechtsgesetzes aus.

> **Hinweis:**
>
> Das Erbbaurecht kann sowohl verkauft als auch vererbt werden (§ 1 Abs. 1 ErbbauRG).

Der Erbbauberechtigte muss für die Nutzung des Grundstücks in der Regel den Erbbauzins zahlen. Im Gegenzug entfallen die oft hohen Kosten des Grundstückserwerbs. Doch fällt der Erbbauzins zusätzlich zum Zins- und Tilgungsanteil – bei Wohnungseigentum auch zusätzlich zum Hausgeld – während der Dauer des Erbbaurechts an. Er entfällt auch dann nicht, wenn das Darlehen zum Bau der Immobilie bereits getilgt ist. Dies muss bei der Planung der Finanzierung (vergleiche Seite 140 ff.) berücksichtigt werden. Für die Erbbauzinsen haftet der Erbbauberechtigte sowohl dinglich als auch persönlich (§ 9 Abs. 1 ErbbauRG i.V.m. § 1108 BGB). Der Erbbaurechtsvertrag kann vorsehen, dass der Erbbauzins angepasst wird, sofern die Anpassung nicht über die allgemeinen wirtschaftlichen

Verhältnisse hinausgeht und nur alle drei Jahre erfolgt (§ 9a Erb-bauRG). Meist wird sie an einen amtlichen Index gekoppelt, bei-spielsweise den Verbraucherpreisindex des Statistischen Bundesamtes. Eine solche Anpassung sollte vom Erbbauberechtigten in der Kalkulation seiner Finanzierung berücksichtigt werden. Ohne ent-sprechende Klausel ist eine Änderung der Zinsen nur in Ausnahme-fällen möglich.

Hinweis:

Der Erbbauberechtigte – und nicht mehr der Grundstückseigen-tümer – zahlt nach Vertragsschluss die öffentlichen Lasten, wie Grundsteuer, Erschließungsbeiträge, Anschluss- und Straßenbau-beiträge sowie alle anfallenden Gebühren.

Das Erbbaurecht wird üblicherweise auf 75 oder 99 Jahren befristet, es kann jedoch verlängert werden (§ 27 Abs. 3 ErbauRG). Nach Ab-lauf der vereinbarten Dauer erlischt es. Je kürzer die Restlaufzeit des Erbbaurechts ist, desto schwieriger lässt sich die Immobilie in der Regel wieder verkaufen.

Hinweis:

Läuft das Erbbaurecht bereits im Zeitpunkt des Eigentumserwerbs, sollte der Käufer prüfen, ob die Laufzeit und die Verlängerungs-möglichkeiten seinen Bedürfnissen entsprechen. Zudem sollte sich dieser verkürzte Zeitraum im Preis niederschlagen.

Wenn das Erbbaurecht erlischt, muss der Grundstückseigentümer den Erbbaurechtsnehmer für das von ihm errichtete (oder erworbe-ne) Gebäude entschädigen (§ 27 Abs. 1 ErbauRG). Wie hoch die Entschädigung ist oder ob sie von vornherein ausgeschlossen ist, kann im Erbbaurechtsvertrag vereinbart werden.

Das Erbbaurecht an einem Grundstück kann in Wohnungs- und Teilerbbaurechte unterteilt werden (§ 30 WEG). Dabei kann entwe-der der Grundstückseigentümer oder ein Erbbauberechtigter das Erbbaurecht unterteilen. Jedes Wohnungs- oder Teilerbbaurecht wird auf einem eigenen Erbbaugrundbuchblatt eingetragen.

6. Erwerb von Immobilien im Mietkauf

Der Mietkauf ist eine Form des Eigentumserwerbs. Es handelt sich um eine Kombination zwischen Miet- und Kaufvertrag. Zwischen den Vertragsparteien wird zunächst ein Mietvertrag über eine Immobilie geschlossen. Gleichzeitig schließen Mieter (Mietkäufer) und Vermieter (Mietverkäufer) einen Kaufvertrag ab, in dem der Mieter durch eine einseitige Erklärung ein Ankaufsrecht geltend machen und die Immobilie erwerben kann. Diese Erklärung ist in der Regel nur innerhalb einer bestimmten Frist möglich.

Der Vertrag legt neben dem Mietpreis gleich die Höhe des Kaufpreises fest. Wird ein längerer Zeitraum vereinbart, in dem der Mieter die Kaufoption ausüben kann, sind Mieterhöhungen grundsätzlich ebenso möglich wie die Vereinbarung von Index- oder Staffelmieten. Zwar sind auch bei nur kurzen Laufzeiten im Rahmen der gesetzlichen Vorschriften Mieterhöhungen möglich, doch schließen die Vertragsparteien dies üblicherweise aus. Übt der Mieter seine Kaufoption aus, wird die gezahlte Kaltmiete in der Regel zumindest teilweise auf den Kaufpreis angerechnet. In welcher Höhe das geschieht, ist Verhandlungssache, gesetzliche Vorschriften bestehen nicht. Daher sollte der Umfang der Anrechnung auf jeden Fall vertraglich festgehalten werden.

Hinweis:

Im Mietkaufvertrag sollte auf jeden Fall geregelt werden, ob das Ankaufsrecht übertragen oder gar vererbt werden kann.

Der Mietkauf bietet scheinbar die Möglichkeit, Immobilieneigentum auch mit einem nur geringeren Eigenkapitalanteil zu erwerben. Denn bis zur Ausübung des Kaufrechts zahlt der Mieter seine Miete an den Eigentümer, der die Zahlungen wiederum teilweise auf den Kaufpreis anrechnet. Dies entspricht auf den ersten Blick einer Ratenzahlung wie bei einem Darlehen. Sobald der Mieter aber von seinem Kaufrecht Gebrauch macht, benötigt er wie in allen anderen Fällen ein Darlehen, für das er einen bestimmten Anteil Eigenkapital vorweisen muss. Dieses Eigenkapital muss er sowohl im Fall der sofortigen Darlehensaufnahme als auch im Fall des Mietkaufs aufbringen. Das Eigenkapital bildet der Mietkäufer parallel zu den Mietzahlungen. Die Höhe der Mietzahlungen entspricht im Fall des Mietkaufs häufig den Ratenzahlungen. Denn die Miete kann durch ein sogenanntes Bindungsentgelt erhöht werden und fällt damit in der Regel höher aus als die ortsübliche Vergleichsmiete. Durch diese höhere Miete wird die einseitige Bindung des Eigentümers honoriert. Das Darlehen kann der Mietkäufer erst zu den dann üblichen Konditionen aufnehmen, wenn er sein Kaufrecht ausgeübt hat. Damit hat er im Zeitpunkt des Vertragsabschlusses keine Möglichkeit, seine spätere Belastung annähernd zu kalkulieren. Denn die Zinssätze, die die finanzielle Belastung entscheidend beeinflussen, können sich zwischen dem Zeitpunkt des Mietkaufs und dem Kauf erheblich ändern.

Hinweis:

Der Mietkauf bietet allerdings die Möglichkeit, die Immobilie in ihrer Umgebung kennenzulernen. Sie kann auch in solchen Fällen eine gute Option sein, in denen den Mietkäufern eine Immobilie besonders gut gefällt, sie aber noch nicht sicher sind, ob sie – zum Beispiel aus beruflichen Gründen – tatsächlich am Ort wohnen bleiben können oder unter Umständen einen Ortswechsel hinnehmen müssen. In einem solchen Fall kann die Kaufoption gesichert werden, der Verkäufer wird durch die – unter Umständen höhere – Miete dafür entschädigt, dass er seine Immobilie nicht sofort verkauft.

Der Eigentumserwerb durch Mietkauf ist nicht kostenlos zu haben. Auch in diesem Fall fallen die üblichen Kaufnebenkosten wie Notar- und Grundbuchkosten oder Grunderwerbsteuer an.

7. Erwerb auf Renten- oder Leibrentenbasis

Der Vollständigkeit halber sei der Erwerb auf Renten- oder Leibrentenbasis erwähnt. Diese Form des Immobilienerwerbs spielt beim Erwerb von Wohnimmobilien nur eine untergeordnete Rolle. Typischerweise ist sie im landwirtschaftlichen Bereich von Bedeutung, wenn der Fortbestand des Betriebes und gleichzeitig der Lebensunterhalt der Altbauern gesichert werden soll. Der Kaufpreis wird in diesen Fällen nicht in einer Summe an den Verkäufer gezahlt. Vielmehr werden Raten vereinbart, die der Erwerber lebenslang an den Verkäufer zu zahlen hat. Die Vertragsparteien können auch vereinbaren, dass ein Teil des Kaufpreises ausgezahlt, der Rest verrentet wird. Die Rentenzahlung wird im Grundbuch als persönliche Dienstbarkeit eingetragen und geht auf einen späteren Erwerber über.

Doch auch beim Verkauf von Wohnimmobilien gewinnt diese Erwerbsform langsam an Bedeutung. Und zwar insbesondere in den Fällen, in denen Immobilien nur schwer verkäuflich sind, weil hohe Summen in eine Sanierung investiert werden müssen. Der Käufer hat bei einem Erwerb auf Rentenbasis mehr Kapital zur Sanierung zur Verfügung, da er den Kaufpreis nicht in einer Summe aufbringen muss, sondern ihn monatlich als Rente zahlt – ähnlich wie der Kapitaldienst bei einer Finanzierung.

Der Käufer lebt jedoch mit dem Risiko, dass er nicht weiß, wie lange er die Rente zahlt. Denn er weiß nicht, wie lange der Verkäufer lebt. Daher besteht durchaus die Möglichkeit, dass er über die Zeitdauer hinweg einen höheren Preis zahlt, als es bei einer anderen Erwerbsform der Fall gewesen wäre. Allerdings benötigt er kein Eigenkapital für den Erwerb, auch Fremdkapital muss er in der Regel nicht aufnehmen und spart dadurch die Zinsen. Anders kann sich die Situation dann darstellen, wenn nach Vertragsabschluss vom Käufer eine Abschlagzahlung zu leisten ist.

Der Verkäufer hat dagegen den Vorteil einer lebenslangen Rente. Das Risiko des Verkäufers, dass er zeitnah verstirbt und der Erwerber ein „Schnäppchen" macht, kann etwa durch Abschlagszahlungen gemildert werden. Auch eine Mindestdauer kann vereinbart werden, über die die Rente zu zahlen ist. Damit wäre der Käufer auch im Falle eines vorzeitigen Todes des Verkäufers noch zu Zahlungen verpflichtet, eine Regelung, von der zwar nicht mehr der Verkäufer, sondern vielmehr seine Erben profitieren.

Diese Verträge laufen in der Regel über relativ lange Zeit, ohne dass sich der Verkäufer sicher sein kann, dass die vereinbarten Rentenzahlungen tatsächlich fließen. Zur Absicherung wird zugunsten des Verkäufers meist eine Reallast im Grundbuch eingetragen. Auch ein Rückübertragungsrecht für den Fall, dass eine bestimmte Anzahl von Monatsraten ausbleibt, oder der Abschluss einer Leibrentenversicherung durch den Käufer ist als Sicherungsinstrument möglich.

Grundsätzlich kann ein Verkauf auf Renten– oder Leibrentenbasis frei vereinbart werden. Zur Berechnung der Leibrente muss zunächst der Wert der Immobilie ermittelt werden. Um aus diesem Wert die Höhe der Leibrente zu ermitteln, wird in der Regel das Alter und damit die durchschnittliche Lebenserwartung des Verkäufers zugrunde gelegt, die mit Hilfe der Sterbetafeln des Statistischen Bundesamtes ermittelt werden kann. Aufgrund dieser Daten wird der Gesamtpreis verrentet. Allerdings können die Vertragsparteien auch vereinbaren, dass der Käufer zu Beginn eine Teilsumme zahlt – Abschlagszahlung – und nur der Rest verrentet wird. Käufer und Verkäufer können zudem ein lebenslanges oder befristetes Wohnrecht für den Verkäufer vereinbaren, wodurch sich allerdings die Leibrente vermindert.

8. Die Finanzierung des Eigentumserwerbs

a) Die Finanzplanung

Dem Immobilienerwerb sollte eine möglichst genaue Finanzplanung voraus gehen. Denn die Finanzierung der Immobilie, die nach einem oft langwierigen Such- und Entscheidungsprozess erworben wird, soll grundsätzlich sicher und tragbar sein. Sicherheit bedeutet, dass die notwendigen Mittel verfügbar sind und zwar in dem Zeitpunkt, in dem sie benötigt werden. Tragbar heißt, dass der Schuldendienst über die Dauer der Finanzierung hinweg aus den Gesamteinkünften des Immobilieneigentümers bezahlt werden kann und gleichzeitig sein „normaler" Lebensunterhalt gesichert ist. Eine Finanzplanung kann dies zwar nicht garantieren, aber zumindest ein Stück weit sicherstellen.

Die Finanzplanung sollte jeder künftige Eigentümer durchführen, bevor er seine Traumimmobilie gefunden hat. Nur dann weiß er, welchen finanziellen Spielraum er hat, welche Mittel er benötigt und unter Umständen durch ein Darlehen noch beschaffen muss, um die Immobilie finanzieren zu können. Die Planung basiert auf den zu erwartenden Bau- beziehungsweise Kaufkosten, die im Zeitpunkt der ersten Finanzplanung meist nur geschätzt werden können. Zu diesen Kosten müssen selbstverständlich alle weiteren Kosten des Bau oder Kaufs hinzugerechnet werden.

Dem Kapitalbedarf muss die Finanzierungsplanung folgen. Das notwendige Kapital setzt sich aus dem Eigenkapital und dem Fremdkapital zusammen. Während sich das Fremdkapital in der Regel aus langfristigen Darlehen der finanzierenden Kreditinstitute, der Bausparkassen und aus Fördermitteln zusammensetzt, stammt das Eigenkapital aus den selbst angesparten Finanzmitteln, unter Umständen aus Eigenleistung.

Ist der Kapitalbedarf gedeckt, muss die Finanzplanung schließlich durch die Lastenberechnung abgeschlossen werden. In die Lastenberechnung fließen die Kosten des Kapitaldienstes, also Zins und Tilgung der Darlehen, sowie die Bewirtschaftungskosten der Immobilie hinein.

Hinweis:

Wird die Immobilie vermietet, dürfen die Einnahmen aus Vermietung und Verpachtung gegen gerechnet werden.

b) Der Kapitalbedarf: Kosten des Immobilienerwerbs

Die **Bau- und Erwerbskosten** der Immobilie lassen sich in der Regel sehr schnell aus dem Bau- oder Kaufvertrag entnehmen. Dies ist allerdings dann nicht möglich, wenn sich der künftige Hauseigentümer noch in der Planungsphase befindet und zunächst abklären will, welchen Kapitalbedarf er hat und wie er zu finanzieren ist. Um die Bau- oder Kaufkosten für eine erste Planung überschlägig zu kalkulieren, kann er sich zunächst an Preisen vergleichbarer Immobilien orientieren, die aus Anzeigen in Zeitungen oder aus dem Internet gewonnen werden können. Es können auch durchschnittliche Preise herangezogen werden, wie sie von verschiedenen Organisationen, aber auch regionalen Zeitungen ermittelt werden.

Hinweis:

Wird ein durchschnittlicher Wert von 1600,– € pro m² für eine Eigentumswohnung mittlerer Wohnlage angegeben, kann schnell für eine 100 m² Wohnung der Durchschnittspreis von 160.000,– € ermittelt werden. Doch muss selbstverständlich mit Auf- und Abschläge für Alter, Lage und Ausstattung gerechnet werden, da die ermittelten Werte nur Durchschnittswerte sind.

Erheblich aufwendiger ist die Berechnungsmethode nach der Zweiten Berechnungsverordnung (II. BV): Die Baukosten eines Einfamilienhauses werden nach dieser Methode nach dem umbauten Raum errechnet. Der Umfang des umbauten Raumes kann entweder selbst in einem recht anspruchsvollen Verfahren nach der DIN 277/1950 oder DIN 277/1987 ermittelt – beziehungsweise in der Planungsphase aufgrund der gewünschten Wohnfläche geschätzt – oder beim Bauunternehmen abgefragt werden. Die so ermittelten Kubikmeter werden dann mit den Preisen multipliziert, die sich aus der II. BV ergeben – dabei muss zwischen einfacher, durchschnittlicher oder guter Ausstattung – unterschieden werden. Da die Werte auf den Preisen des Jahres 1913 basieren, müssen sie zu guter Letzt mit den jeweiligen Indexziffern für Einfamilienhäuser bewertet werden, die das Statistische Bundesamt errechnet.

BEISPIEL: Baukosten

Kubikmeter umbauter Raum:	1.200
Preis:	22,– Mark (1913)
Indexziffer	10,985 €

1200 × 22,- = 26400,–
26.400 × 10,985 € = 290.004,– €
Auf diese Weise werden nur die Baukosten ermittelt, nicht jedoch die Grundstückskosten, die noch dazu gerechnet werden müssen.

Damit kann allerdings nur ein Anhaltspunkt gewonnen werden, denn es handelt sich um durchschnittliche Kosten, die sich je nach Bauweise und Ausstattung durchaus verändern können.

Ob der Preis der Immobilie angemessen ist, muss letztlich jeder Käufer für sich entscheiden. Anhaltspunkte kann ein Vergleich mit den durchschnittlichen Kosten für Immobilien geben, wie sie zum Beispiel von den Maklerverbänden, aber auch von Zeitungen regelmäßig veröffentlicht werden.

Hinweis:

Hier muss darauf geachtet werden, dass die Werte nach Alter und Ausstattung unterschiedlich ausgewiesen werden.

Daneben besteht die Möglichkeit, mit Sachverständigen über den Neubau, seine Ausstattung und Lage und letztlich über den Preis und seine Angemessenheit zu sprechen. Solche Gespräche bieten häufig gute Argumente, um mit dem Verkäufer noch einmal über den Kaufpreis zu verhandeln. Selbstverständlich werden Sachverständige für ihre Beratung ein Honorar in Rechnung stellen.

Wird ein Neubau geplant, müssen stets Zusatzkosten einkalkuliert werden, mit 5–10% des eigentlichen Kaufpreises kann schnell gerechnet werden. Denn in der Bauphase steht regelmäßig die Entscheidung an, ob nicht statt der geplanten Materialien doch ein höherwertiges Material verarbeitet wird. Insbesondere bei Käufen von Bauträgern ist zu beobachten, dass die Vorauswahl zum Beispiel der Fliesen oder der Badausstattung zwar gut ist, doch eine teurere Qualität eben besser gefällt.

Hinweis:

Ist das Parkett mit 30,– € pro Quadratmeter geplant und wird die teurere Qualität zu 50,– €/m² gewählt, kostet der Bodenbelag für das 40 m² große Wohnzimmer 800,– € mehr. Diese Einzelpositionen summieren sich schnell zu großen Summen auf.

Daher sollte der Bauherr oder Käufer diese Summen im Blick behalten. Seriöse Bauträger unterbreiten für die gewünschten Zusatzleistungen Angebote, so dass der Käufer stets verfolgen kann, wie hoch die zusätzlichen Kosten sind. Wird in eigener Regie gebaut, muss der Bauherr selbst – oder sofern beauftragt der Architekt – dafür sorgen, dass Angebote eingeholt werden und stets ein Überblick über die (zusätzlichen) Kosten vorhanden ist.

Hinweis:

Durch Kompromisse in der Ausstattung können die Kosten – zunächst – reduziert werden. Doch von Provisorien ist abzuraten. Denn sie verteuern die Immobilie und haben die unangenehme Eigenschaft, länger zu bestehen als geplant. So ist es selbstverständlich günstiger etwa in Schlafräume zunächst Teppichboden zu verlegen, die Ausstattung mit Parkett oder Fliesen auf „später" zu verschieben. Doch „später" wird die Änderung des Bodenbelags allein dadurch erschwert, dass die Räume komplett geräumt werden müssen. Zudem wird der Bodenbelag doppelt bezahlt, insbesondere wenn die Änderung zeitnah geschieht.

Eigenleistung kann die Kosten der Immobilie senken (vergleiche Seite 150 ff). Sie kann vom Bauherrn selbst, von Angehörigen oder Freunden mit erbracht werden. Doch hier ist Vorsicht angeraten. Denn die mögliche Eigenleistung muss realistisch eingeschätzt werden.

Zusätzlich zum Kaufpreis der Wohnung fallen **Notar- und Gerichtskosten** an. Notarkosten entstehen zum Beispiel für die Beurkundung des Kaufvertrages, die Grundschuldbestellung, die Beurkundung der Auflassung und die entsprechenden Anträge auf Eintragung ins Grundbuch. Auch für die Eintragung von Geh- und Fahrtrechten, Vormerkungen, Rangänderungen entstehen Notarkosten. Ebenso darf der Notar für die Anfrage bei der Gemeinde, ob ein Vorkaufsrecht besteht, für Post- und Telekommunikationskosten, für Beurkundungen außerhalb der üblichen Geschäftszeiten (Unzeitgebühr) Gebühren berechnen. Die Gerichtskosten entstehen etwa für die Eintragung der Änderungen ins Grundbuch. Sie berechnen sich ebenso nach dem Gerichts- und Notarkostengesetz.

Diese Gebühren berechnen sich nach dem Gerichts- und Notarkostengesetz, in der Regel müssen noch einmal rund 1–1,5% des Kaufpreises eingeplant werden. Handelt es sich um einen Kauf auf Rentenbasis, wird der zu zahlende Rentenbetrag kapitalisiert und danach die Gebühr berechnet.

> **Hinweis:**
>
> Ein Großteil dieser Kosten wird direkt nach dem Erwerb fällig, muss also zu einem entsprechend früheren Zeitpunkt in die Finanzplanung einkalkuliert werden.

Handelt es sich um einen Neubau oder wird an einem Bestandsgebäude angebaut, fallen meist noch einmal **Vermessungskosten** an. Auch Kleinbeträge, wie zum Beispiel Gebühren der Stadt, die bestätigen, dass kein Vorkaufsrecht der Stadt auf dem Grundstück liegt, addieren sich schnell zu größeren Summen auf.

Trotz guter Planung fallen stets **außerplanmäßige Kosten** an: Trotz mehrfachen Messens in den Plänen passen oder gefallen die eigenen Möbel im neuen Eigenheim nicht (mehr). Teppiche, Gardinen, Gardinenleisten, Regale, Schrauben, Dübel, Werkzeuge werden benötigt, die sich schnell zu stattlich Beträgen aufaddieren. Daher sollte ein gewisses finanzielles Polster für die großen und kleinen Kleinigkeiten vorhanden sein. Die Gartengestaltung – auch wenn sie in Eigenleistung gestaltet und einfach gehalten wird – erfordert Kapitaleinsatz, der in der Regel niedriger geschätzt wird als realistisch ist.

Werden Immobilien durch einen Makler angeboten (vergleiche Seite 56 ff.), muss in der Regel eine **Maklerprovision** gezahlt werden. Der Makler erhält im Allgemeinen eine ortsübliche Provision, die 3–6% des Kaufpreises zuzüglich Mehrwertsteuer beträgt. Die Maklergebühr wird unmittelbar nach Abschluss des Kaufvertrages fällig.

Das Finanzamt erlässt den Bescheid über die **Grunderwerbsteuer,** die vom Wert der sogenannten Gegenleistung berechnet wird, also vom Kaufpreis zuzüglich sonstiger Leistungen. Seit der Föderalismusreform 2006 wird der Steuersatz der Grunderwerbsteuer von den Bundesländern selbst festgelegt. In Bayern liegt er noch bei 3,5%, eine Erhöhung ist nicht geplant. Doch Brandenburg und Nordrhein-Westfalen verlangen bereits 5% Grunderwerbsteuer, Berlin und Hessen haben auf 6% und Schleswig-Holstein auf 6,5% erhöht.

Hinweis:

Da die Grunderwerbsteuer einen erheblichen Anteil an den Kaufnebenkosten ausmacht, sollte bereits vor der Finanzierungsplanung geklärt werden, wie hoch der anzuwendende Grunder-
werbsteuersatz ist.

Während der Bauherr die Grunderwerbsteuer nur vom Kaufpreis
des Grundstücks zu zahlen hat, wird beim Erwerb vom Bauträger
die Grunderwerbsteuer vom Kaufpreis von Grundstück und Immobilie berechnet. Die Steuerzahlung ist direkt nach Abschluss des
Kaufvertrages fällig, muss also entsprechend in die Finanzierung
einkalkuliert werden. Die Unbedenklichkeitsbescheinigung, die Voraussetzung für die Eintragung ins Grundbuch ist, wird erst ausgestellt, wenn die Grunderwerbsteuer bezahlt ist.

Hinweis:

Werden der Kauf des Grundstücks und der Bau des Hauses in zwei
Verträgen vereinbart, handelt es sich beim Verkäufer des Grundstücks jedoch um das Bauunternehmen selbst, wird darin vom
Finanzamt in der Regel ein Vorgang gesehen: der Kauf eines bebauten Grundstücks. Daher fällt die Grunderwerbsteuer auf den
gesamten Vorgang an. Soll dies vermieden werden, müssen die
einzelnen Gewerke frei vergeben werden.

Ist die Immobilie endlich übergeben, entstehen **Kosten für den
Umzug.** Wird der Umzug mit Freunden und Verwandten organi-
siert, beschränken sich die Kosten im Allgemeinen auf Kosten für
Umzugskisten und anderes Zubehör, die Kosten des Mietwagens,
Benzinkosten, Verpflegungskosten für die fleißigen Helfer. Doch
dieser „preiswerte" Umzug kann teuer werden, wenn in der alten
Wohnung oder am neuen Eigenheim Schäden entstehen, Porzellan,
Spiegel oder auch Schränke zu Bruch gehen.

Wird eine Spedition beauftragt, entstehen erheblich höhere Kosten.
Doch geht der Umzug schneller und bequemer, denn die Profis bie-
ten – je nach Wunsch – jede Leistung rund um den Umzug an.
Preisgünstiger lässt sich der Umzug mit einem Unternehmen gestal-

ten, wenn beispielsweise das Umzugsgut selbst gepackt wird oder auf das Aufhängen von Bildern, Lampen oder Spiegeln verzichtet wird. Wird ein Festpreis für die gewünschte Leistung vereinbart, sind die Kosten kalkulierbar.

> **Hinweis:**
>
> Wird eine Spedition beauftragt, sollten auf jeden Fall mehrere Angebote eingeholt werden, da zum Teil erhebliche Preisunterschiede zwischen den Unternehmen auftreten. Besteht eine besondere Vorliebe für ein spezielles Umzugsunternehmen, kann auf der Basis niedrigerer Kostenvoranschläge meist nach verhandelt werden. Aber auch hier gilt: Jede Leistung hat ihren Preis.

Nicht vergessen werden dürfen die Kosten für Schönheitsreparaturen in der alten Wohnung, wenn dies im Mietvertrag vereinbart worden ist. Die Maler- und Tapezierarbeiten können in Eigenleistung – dann allerdings fachgerecht – ausgeführt werden. Sind Schäden an der Wohnung entstanden, müssen die Kosten für die Beseitigung dieser Schäden mit berücksichtigt werden.

Für die **Finanzierung** können neben den Zinsen als Kosten der zeitlichen Überlassung des Kapitals weitere Kosten entstehen. Ist das Darlehen bis zu einem bestimmten Zeitpunkt nicht vollständig abgerufen, verlangt das Kreditinstitut meist Bereitstellungszinsen (vergleiche Seite 178). Ein Disagio bei der Auszahlung des Darlehens – also ein Abschlag von der Darlehenssumme – muss ebenso bei der Kostenberechnung berücksichtigt werden wie Bearbeitungsgebühren, Schätzungsgebühren, Beiträge für abzuschließende Versicherungsverträge wie Risikolebensversicherungen zur Absicherung, Notar- und Gerichtskosten. Die Kosten der Finanzierung können sich etwa durch die vereinbarten Zahlungsfälligkeiten oder die Modalitäten der Zinsberechnung ändern.

Der künftige Eigentümer muss bereits bei der Planung der Finanzierung berücksichtigten, dass seine **Kosten nach dem Umzug** ins eigene Heim steigen werden. Meist hat sich die Wohnfläche vergrößert, so dass bereits aus diesem Grund die Heizkosten steigen. Die Grundsteuer wird nicht mehr anteilig wie bei einer Mietwohnung, sondern in vollem Umfang getragen. Auch Reparaturen und ähnliches müssen vom Eigentümer in Zukunft selbst finanziert werden. Speziell Erwerber einer Eigentumswohnung müssen berücksichtigen, dass sie neben dem Zins- und Tilgungsdienst, Hausgeld bezahlen müssen, das neben den üblichen Betriebskosten auch noch Pauschalen für die Instandhaltungsrückstellung, Verwaltungskosten und ähnliches enthält.

Die Bau- und Kaufnebenkosten summieren sich auf rund 15–20% der Bau- oder Kaufkosten auf. Dieser Betrag wird von den Kreditinstituten meist problemlos mitfinanziert. Höhere Beträge müssen gut begründet sein. Besser ist es, vorab ein entsprechendes Polster angespart zu haben, um diese Kosten daraus bezahlen zu können.

c) Die Finanzierungsplanung

Eine Immobilie vollständig über eigene Mittel finanzieren zu wollen, dürfte nur in wenigen Fällen realistisch sein. Und dennoch geht ohne Eigenkapital nichts. 20–30% der Kosten der Eigentumswohnung sollten realistischer Weise aus eigenen Mittel finanziert werden. Ohne ausreichende Eigenmittel ist eine seriöse Immobilienfinanzierung nicht zu bekommen, denn aus der Höhe des vorhandenen Eigenkapitals wird vielfach ein Rückschluss auf das Verhalten des Kreditnehmers bei Zins- und Tilgungszahlungen gezogen. Das Risiko wird von den Kreditinstituten zudem größer eingeschätzt, so dass im Allgemeinen ein höherer Zins berechnet wird.

Kreditinstitute finanzieren meist nicht die gesamten Kauf- oder Baukosten. Vielmehr wird der Kredit maximal in der Höhe des Beleihungswertes gewährt, der 10 bis 20% unter dem Kauf- oder Baupreis liegt. Wie hoch der Sicherheitsabschlag ist, richtet sich im Wesentlichen nach der jeweiligen Immobilie.

Hinweis:

Obwohl die 100-%-Finanzierung von Immobilien in den USA zumindest ein Auslöser für die schwere Finanzkrise der letzten Jahre war, wird sie immer wieder propagiert. Von solchen Modellen sollten Immobilienerwerber und Bauherrn absehen, auch wenn diese Finanzierungsmodelle den Traum von der einfach und schnell finanzierten Immobilie scheinbar erfüllen. Denn diese Darlehen sind nicht nur durch einen höheren Zins und eine längere Tilgungsdauer teurer, sondern für den Immobilieneigentümer auch risikoreicher.

Ein höherer Eigenkapitalanteil schafft bei der Finanzierung Erleichterungen, da die Höhe der Darlehenszinsen auch vom Eigenkapitalanteil abhängt. Werden Fördermittel in Anspruch genommen, setzt dies in der Regel eine Eigenkapitalquote von 10–20% voraus. Eigene Mittel können als Bargeld, auf Sparkonten oder in Wertpapieren vorliegen.

Die Faustformel einer gängigen Immobilienfinanzierung sieht **20–30% Eigenkapital** vor. Dazu zählen im Wesentlichen Bargeld, Sparguthaben, Festgelder, Wertpapiere, Bausparguthaben, aber auch Münzen oder Gold. Der Aufbau des Eigenkapitals durch die eigene Spartätigkeit ist eine langfristige Angelegenheit. Denn die Verzinsung des Kapitals bleibt in der Regel weit hinter dem Zins zurück, der für die spätere Immobilienfinanzierung benötigt wird. Riskantere Geschäfte bringen zwar meist eine höhere Rendite, doch besteht im Gegenzug ein hohes Verlustrisiko. Schneller kann notwendiges Eigenkapital aufgebracht werden, wenn Erbschaften gemacht werden. In manchen Fällen wird Vermögen bereits zu Lebzeiten im Zuge der vorweggenommenen Erbfolge übertragen.

Hinweis:

Eine solche Übertragung zu Lebzeiten kann bei entsprechender Gestaltung durchaus auch bei mehreren Erbberechtigten relativ problemlos durchgeführt werden. Ein solches Vorhaben sollte jedoch gut geplant und vertraglich dokumentiert werden.

Gehört den künftigen Bauherren bereits das Grundstück, zählt es auch zum Eigenkapital.

In die Finanzierung sollte möglichst das gesamte Eigenkapital fließen. Denn Fremdkapital muss teuer verzinst und an das finanzierende Institut zurückgezahlt werden. In manchen Fällen kann über

Eigenmittel im Zeitpunkt der Kreditaufnahme nur mit Verlusten verfügt werden, beispielsweise bei bestimmten Wertpapieren oder längerfristigen Festgeldern. Dann sollte mit dem finanzierenden Institut eine Sondertilgung vereinbart werden, in die diese Mittel einfließen.

Hinweis:

Obwohl möglichst das gesamte vorhandene Kapital als Eigenmittel eingesetzt werden sollte, muss stets ein Notgroschen – zumindest ein bis zwei netto Monatsgehälter – als Reserve zurückgehalten werden.

Als sogenannte **indirekte Eigenmittel** werden von Kreditinstituten auch Arbeitgeberdarlehen oder Darlehen von Angehörigen akzeptiert. Denn diese Darlehen werden meist ohne eine dingliche Sicherung gewährt.

Als **Eigenkapitalersatz** wird häufig die **Eigenleistung** propagiert, manche Kreditinstitute akzeptieren 5–10% der Baukosten als Eigenleistung. Doch hier heißt es: **Vorsicht!** Ein Zuviel an Eigenleistung kann den Bauherrn schnell überfordern. Denn die in Eigenleistung geplanten Arbeiten müssen in der neben der Arbeitszeit verbleibenden Freizeit ausgeführt werden, die in der Regel knapp bemessen ist. Die Eigenleistung kann zudem nur die Arbeitsleistung, nie jedoch das benötigte Material ersetzen. Diese Kosten kommen trotz Eigenleistung auf den Bauherrn zu,

BEISPIEL: Eigenleistung Liegt der Bauwert der Immobilie bei 250.000,–, könnten demnach 12.500,– € bis 25.000,– € Eigenleistung angesetzt werden. Wird die durchschnittliche Handwerkerstunde jedoch mit 40,– € angesetzt, müssten zwischen 300 und 600 Stunden geleistet werden, um diesen Betrag zu erreichen. Würde der gesamte Jahresurlaub (etwa 30 Tage) eingesetzt und täglich 12 Stunden ohne Pause durchgearbeitet werden, wären 360 Stunden abgeleistet.

Bei Modernisierungen und Sanierungen von Bestandshäusern ist Eigenleistung in der Regel besser zu erbringen als beim Neubau. Denn diese Arbeiten können zum Teil durchgeführt werden, wenn das renovierungsbedürftige Haus bereits bezogen ist. Sollen jedoch Eigenleistungen am Neubau erbracht werden, sind durch geringe Freizeit und mangelnde Erfahrung schnell Grenzen gesetzt. Beschränken sich die Eigenleistung nicht auf das Verlegen der Böden, das Tapezieren oder Streichen der Wände und Decken am Ende des Bauprozesses, werden sie vielmehr während des Bauprozesses – Klopfen von Schlitzen für Elektroleitungen – erbracht, darf dadurch nicht der Baufortschritt gestört werden. Werden die auf den Eigenleistungen des Bauherrn aufbauenden Arbeiten behindert, kann das zu Verzögerungen führen, die nicht nur Mehrkosten verursachen, sondern bei einer verspäteten Fertigstellung des Bauvorhabens trotz entsprechender vertraglicher Klausel keine Haftung des Bauunternehmers auslösen.

Hinweis:

Mit den beauftragten Bauunternehmen sollte bereits im Vorhinein abgesprochen werden, welche Eigenleistungen der Bauherr erbringen will. Dies sollte ebenso in den Vertrag aufgenommen werden wie der besprochene organisatorische und zeitliche Ablauf.

Müssen die Eigenleistungen dann doch noch durch ein Unternehmen ausgeführt werden, steigt dadurch zwangsläufig der Finanzbedarf. Wird die Eigentumswohnung direkt von einem Bauträger erworben, können eigenen Leistungen häufig nur in sehr engen Grenzen vereinbart werden.

Hinweis:

Durch Eigenleistung werden lediglich Arbeitskosten gespart. Die Materialkosten fallen trotzdem an. Zudem entstehen Kosten für die Absicherung des Bauherrn und seiner Helfer (vergleiche Seite 202).

Besondere Vorsicht ist geboten, wenn durch Eigenleistung des Bauherrn und seiner Helfer Vorarbeiten erbracht werden, auf denen die Profis anschließend aufbauen sollen. Kommt es später zu Beanstandungen, können sich die Handwerker schnell darauf berufen, dass die Vorarbeiten nicht fachgerecht ausgeführt worden sind, um so Gewährleistungspflichten zu entgehen.

> **Hinweis:**
>
> Diese Probleme können weitgehend verhindert werden, wenn die Eigenleistung erst einsetzt, wenn die Handwerker ihre Leistung bereits erbracht haben und der Bauherr sie – nach gründlicher Prüfung – abgenommen hat.

Bedenken sollte zudem jeder Bauherr, dass bestimmte Arbeiten von Fachleuten durchgeführt werden müssen, wie beispielsweise Arbeiten an Elektro- oder Gasanlagen, in anderen Gewerken Abnahmen und Genehmigungen vorgeschrieben sind, etwa beim Schornstein- oder Treppenbau. Und nicht jeder Bauherr hat entsprechende Fachhandwerker im Verwandten- oder Freundeskreis.

> **Hinweis:**
>
> Schwarzarbeit ist keine Eigenleistung. Helfen Freunde und Bekannte mit, muss dies unentgeltlich und auf Gegenseitigkeit erfolgen.

Eigenkapital muss grundsätzlich aus dem Arbeitseinkommen angespart werden. Dies gelingt meist nur durch einen soliden, langfristig angelegten „Spar"plan. Dennoch verfügen viele Bauherren erst durch eine Schenkung oder Erbschaft über das notwendige Eigenkapital zum Erwerb der Immobilie. Um den Kapitalaufbau für den Immobilienerwerb zu erleichtern, fördert der Staat unter bestimmten Voraussetzungen solche Sparvorgänge, die speziell zum Erwerb von Immobilienvermögen konzipiert sind.

Die **Wohnungsbauprämie** ist eine Leistung des Staates, mit der Sparleistungen einer unbeschränkt steuerpflichtigen Person (§ 1 Wohnungsbauprämiengesetz-WoPG) etwa in einen Bausparvertrag, aber beispielsweise auch für den Ersterwerb von Anteilen an Bau- und Wohnungsgenossenschaften oder für Wohnbausparverträge gefördert werden (§ 2 Wohnungsbauprämiengesetz).

Jeder unbeschränkt Steuerpflichtige (in der Regel ab 16 Jahren [§ 1 WoPG]) hat grundsätzlich Anspruch auf diese Wohnungsbauprämie, sofern er selbst mindestens 50 € jährlich auf den Vertrag einzahlt (§ 2 Abs. 1 Nr. 1 WoPG) und das zu versteuernde Jahreseinkommen bestimmte Grenzen (25.600/51.200 € für Alleinstehende beziehungsweise Verheiratete [§ 2 a WoPG]) nicht übersteigt. Maximal wird derzeit eine Prämie von 8,8% der geleisteten prämienbegünstigten Aufwendungen gewährt (§ 3 Abs. 1 WoPG). Der Höchstbetrag liegt bei 512,– € für Alleinstehende und 1024 € für Ehepaare (§ 3 Abs. 2 WoPG). Die Prämie beträgt daher im besten Fall 45,06 € beziehungsweise 90,11 €.

Hinweis:

Anders als bei der Arbeitnehmer-Sparzulage werden nur eigene Einzahlungen der Arbeitnehmer gefördert. Eine zweifache Förderung des gleichen Betrages ist nicht möglich. Werden jedoch in den Bausparvertrag Beträge eingezahlt, die über die vermögenswirksamen Leistungen hinausgehen, wird für diese Beträge zusätzlich die Wohnungsbauprämie gewährt.

Grundsätzlich ist eine Sperrfrist zu beachten, vor deren Ablauf nicht über das angesparte Guthaben verfügt werden darf. Anderenfalls muss die Wohnungsbauprämie zurückgezahlt werden. Bei Bausparverträgen gilt im Allgemeinen eine Sperrfrist von 7 Jahren (§ 2 Abs. 2 WoPG).

Hinweis:

Doch auch in diesem Fall muss die Bausparsumme zugeteilt worden sein. Soll folglich vor Ablauf der Sperrfrist über das Kapital verfügt werden, muss genau geprüft werden, ob die Verwendung die Prämie gefährdet.

Das angesparte Kapital darf grundsätzlich nur für den Erwerb von Wohneigentum eingesetzt werden. Nach Ablauf der siebenjährigen Zweckbindung darf das Kapital aus Bausparverträgen zweckfrei weiterverwendet werden, sofern der Bausparvertrag bis zum 31.12.2008 abgeschlossen worden ist. Alle jüngeren Verträge unterliegen der unbefristeten Zweckbindung.

Wird der Förderbetrag in den Ersterwerb von Anteilen an Bau- und Wohnungsgenossenschaften investiert, bleiben die Prämien bis zum Ausscheiden aus der Genossenschaft gebunden. Danach besteht keine Bindung mehr. Bei Wohnbausparverträgen und Baufinanzierungsverträgen muss die jeweilige Festlegungsfrist beachtet werden. Allerdings gibt es Ausnahmen wie Erwerbslosigkeit oder Tod (§ 2 WoPG).

Hinweis:

Für neue Bausparverträge (ab 1. 1. 2009) gilt eine unbefristete Zweckbindung, sofern die begünstigten Raten in Bausparverträge fließen. Wird der Vertrag allerdings von Personen abgeschlossen, die jünger sind als 25 Jahre, erhält der Sparer bei zweckwidriger Verwendung des Bausparguthabens dennoch die Prämie, gequotelt für die letzten 7 Sparjahre vor der Auflösung (§ 2 Abs. 2 WoPG).

Der Antrag auf Erhalt der Wohnungsbauprämie muss nach Ablauf des Sparjahres gestellt werden und zwar bei dem Unternehmen, bei dem die prämienbegünstigten Sparraten angelegt sind. Dort wird geprüft, ob die Voraussetzungen erfüllt sind und anschließend die Prämie beim Finanzamt eingezogen. Anders dagegen bei Neuverträgen (Abschluss nach dem 1.1.2009): Die Auszahlung der Prämie erfolgt erst, wenn das Bausparguthaben zweckgemäß eingesetzt wird oder ein sozialer Härtefall eintritt (§ 4a Abs. 2 WoPG)

Für Neuverträge gelten weitere Einschränkungen. Zwar bleiben die Sonderregelungen für Härtefälle bestehen, doch wird die Prämie nicht mehr für die gesamte Laufzeit, sondern nur für die letzten 7 Jahre gewährt (§ 2 Abs. 2 WoPG). Altverträge können zwar aufgestockt werden, gelten dann aber als selbständiger Vertrag und unterliegen in Höhe der Aufstockung den Regelungen für Neuverträge.

Hinweis:

Die Zinsen aus Bausparguthaben unterliegen seit Januar 2009 der Abgeltungssteuer, sofern die Bausparsumme nicht für ein Vermietungsobjekt eingesetzt wird. Dann zählen die Zinsen zu Einkünften aus Vermietung und Verpachtung und unterliegen nicht der Abgeltungsteuer.

Die **Arbeitnehmersparzulage** (Fünftes Gesetz zur Förderung der Vermögensbildung der Arbeitnehmer) dient nicht ausschließlich der Förderung des Immobilienerwerbs, sondern vielmehr dem Aufbau eines Vermögens zur Alterssicherung. Mit dieser Zulage werden Arbeitnehmer gefördert, deren Jahreseinkommen unterhalb der sog. Fördergrenze von derzeit 17.900 € bei Ledigen und 35.800 € bei Ehegatten liegt (§ 13 Abs. 1 Nr. 2 5.VermBG).

Hinweis:

Wird in Beteiligungen investiert, liegt die Grenze bei 20.000,– € bei Alleinstehenden und 40.000,– € bei Ehepaaren (§ 13 Abs. 1 Nr. 1 5.VermBG).

Die Arbeitnehmersparzulage wird häufig fälschlicherweise gleichgesetzt mit den sogenannten Vermögenswirksamen Leistungen, die Arbeitnehmer von ihren Arbeitgebern erhalten können. Die Vermögenswirksamen Leistungen sind ein Baustein des Arbeitsentgelts, sie werden vom Arbeitgeber für den Arbeitnehmer angelegt (§ 2 Abs. 1 5. Vermögensbildungsgesetz). Ob und in welcher Höhe der Arbeitgeber diese Vermögenswirksamen Leistungen zusätzlich zum Arbeitslohn zahlt, ist abhängig von den Regelungen des Tarifvertrages beziehungsweise des individuellen Arbeitsvertrages. Die Zahlung der Vermögenswirksamen Leistungen ist damit nicht zwangsläufig einkommensabhängig, sie hängt von den jeweiligen arbeits- oder tarifvertraglichen Regelungen ab, die bestimmte Einkommensgrenzen vorsehen können. Die Arbeitnehmersparzulage ist allerdings an das Jahreseinkommen gebunden (siehe oben).

Hinweis:

Zahlt der Arbeitgeber keine vermögenswirksamen Leistungen, kann dennoch ein Teil des Gehaltes vermögenswirksam angelegt werden (§ 11 Abs. 2 VermBG). Diese eigenen Leistungen können durch die Arbeitnehmersparzulage gefördert werden.

Auf diesen Vermögenswirksamen Leistungen baut die Arbeitnehmersparzulage auf. Daher ist es durchaus möglich, dass Arbeitnehmer zwar die Vermögenswirksamen Leistungen von ihren Arbeitgebern erhalten, jedoch keine Arbeitnehmersparzulage vom Staat, da sie die Einkommensgrenzen der staatlichen Förderung überschritten haben. Ebenso kann ein Arbeitnehmer aus mehreren Arbeitsverhältnissen heraus mehrfach Vermögenswirksame Leistungen erhalten; die staatliche Förderung steht ihm trotzdem nur einmal zu.

Vermögenswirksame Leistungen können in verschiedene Anlageformen eingezahlt werden, doch nicht jede wird gefördert. Zu den typischen Anlageformen zählt beispielsweise der Bausparvertrag, der Wohnungsbau, die Anlage in deutsche oder ausländische Investmentfonds oder Sparverträge bei Kreditinstituten. Förderfähig sind insbesondere Bausparverträge (§ 8 Abs. 5 5. VermBG), das sogenannte Beteiligungssparen (§ 4 5. VermBG), der Erwerb von Wertpapieren (§ 5 5.VermBG) oder der Erwerb von Beteiligungen am Unternehmen des Arbeitgebers meist durch Aktien (§§ 6 f. 5. VermBG). Grundsätzlich müssen Sperrfristen von 6 beziehungsweise 7 Jahren berücksichtigt werden (§§ 4 ff. 5. VermBG). Während dieser Zeit darf über das Guthaben nicht verfügt werden, sonst erlischt der Anspruch auf die Arbeitnehmer-Sparzulage (§ 13 Abs. 5 5.Vermögensbildungsgesetz).

Die Förderung selbst wird nur auf Antrag gewährt, der beim zuständigen Finanzamt zu stellen ist, meist im Zuge der Einkommensteuererklärung. Die Arbeitnehmersparzulage wird in der Regel erst ausgezahlt, wenn die Sperrfrist abgelaufen ist. Wird allerdings der Bausparvertrag vorher zugeteilt, wird die Zulage sofort ausgezahlt (§ 14 Abs. 4 5. VermBG).

Auf diese vermögenswirksamen Leistungen wird eine staatliche Prämie von 9% beziehungsweise 20% je nach Anlageform gewährt. Der geförderte Betrag ist begrenzt auf 400 € beziehungsweise 470 € – wiederum in Abhängigkeit von der Anlageform.

Mit der sogenannten **Riesterrente** soll die Bildung einer Altersvorsorge gefördert werden. Jeder förderfähige Arbeitnehmer erhält auf den selbst aus versteuertem Gehalt eingezahlten Betrag eine staatliche Zulage, um auf diese Weise eine eigene zusätzliche Altersvorsorge anzusparen. Die Gelder müssen in Pensionsfonds, Pensionskassen oder in Direktversicherungen eingezahlt werden.

Durch die Neuregelungen im Eigenheimrentengesetz wurde die Riester-Rente durch das Modell „Wohn-Riester" ergänzt, um die selbstgenutzte Immobilie stärker in die gesetzlich geförderte Altersversorgung einzubeziehen (Eigenheimrente). Gefördert werden im Wesentlichen die unbeschränkt Steuerpflichtigen. Dazu wird das steuerlich begünstigte Kapital auf einem sogenannten Wohnförderkonto erfasst, die dort angesammelten Beträge werden jährlich um 2% erhöht. Wie bei allen anderen Riesterverträgen gilt, dass die auf diesem Konto angesammelten Beträge erst im Alter in die Besteuerung einbezogen werden (nachgelagerte Besteuerung). Die Mittel werden auf dem Wohnförderkonto jedoch nicht eingezahlt, vielmehr können die Mittel direkt eingesetzt werden, um eine Eigentumswohnung, ein Haus, eine Genossenschaftswohnung oder ein eigentumsähnliches oder lebenslanges Dauerwohnrecht zu erwerben oder zu errichten.

> **BEISPIEL: Zertifizierter Vertrag** Wird zur Finanzierung einer Immobilie ein Darlehen aufgenommen, kann ein sogenannter zertifizierter Vertrag abgeschlossen werden, der den Anforderungen der Riester-Rente entspricht.

Voraussetzung ist, dass die geförderte Immobilie den Lebensmittelpunkt bildet. Die Förderung wird nicht gefährdet, wenn die Immobilie verkauft wird. Allerdings muss das Kapital wieder in eine Immobilie oder in einen Riester-Sparvertrag fließen.

Selbstverständlich handelt es sich bei Kapital entweder um Eigenkapital oder um Fremdkapital. Doch gibt es im Rahmen einer Finanzierung Möglichkeiten, Eigenkapital zu ersetzen, ohne dass dadurch ein höherer Fremdkapitalanteil entsteht. Diese Mittel werden dem Eigenkapital als gleichwertig angesehen.

Kein Eigenkapital oder Eigenkapital in nur geringem Umfang wird benötigt, wenn eine Immobilie auf **Rentenbasis** (vergleiche Seite 138) erworben wird. Denn in diesem Fall wird der Kaufpreis verrentet und der Eigentümer zahlt dem Verkäufer lediglich die monatliche Rente. Eine feste Summe Eigenkapital benötigt der Erwerber nur dann, wenn ein Teil des Kaufpreises verrentet wird, der andere Teil als Anzahlung geleistet werden muss. Eigenkapital wird auch benötigt, um die Kaufnebenkosten sowie möglicherweise Sanierungs- und Renovierungskosten zu bezahlen.

Ein Ersatz durch Fremdfinanzierungsmittel ist dann denkbar, wenn dieses Fremdkapital entweder nicht durch eine Belastung der Immobilie gesichert wird (vergleiche Seite 181 f.) oder diese im Rang erst nach allen anderen Finanzierungsmitteln im Grundbuch eingetragen wird (vergleiche Seite 184 f.). In den meisten Fällen handelt es sich um ein Darlehen, das Eltern oder andere Verwandte entweder aus vorhandenen Finanzmitteln oder durch eine Kreditaufnahme auf ihre eigene Immobilie gewähren. Auch Arbeitgeberdarlehen werden in der Regel nicht dinglich abgesichert.

Der Fremdkapitaleinsatz muss die Differenz zwischen den Erwerbsbeziehungsweise Baukosten und dem Eigenkapital decken. Es müssen sämtliche Kosten einbezogen werden, also auch die Bau- und Kaufnebenkosten, wie beispielsweise Grunderwerbsteuer, Notar- und Gerichtskosten (vergleiche Seite 141 ff.). Berücksichtigt werden muss ebenfalls ein Polster für nicht einkalkulierte Ausgaben. Ist der Finanzbedarf zu knapp kalkuliert, kann dies die Kalkulation schnell gefährden.

Der **Fremdkapitalanteil** sollte 70–80% der gesamten Investitionssumme nicht überschreiten. Die Finanzierungsgrenze wird nicht allein durch die Anforderungen der Kreditinstitute an den Eigenkapitaleinsatz gesetzt, sondern errechnet sich vor allem aus dem eigenen

Einkommen und der sich daraus ergebenden monatlichen Belastungsgrenze. Diese Belastungsgrenze kann jeder zukünftige Eigentümer sehr leicht selbst errechnen, in dem er von dem monatlichen Nettoeinkommen fixe Kosten, wie zum Beispiel Versicherungen und die Lebenshaltungskosten abzieht.

Hinweis:

Überschlägig kann die mögliche monatliche Belastung ermittelt werden, wenn zur Kaltmiete noch die Sparrate hinzugerechnet wird.

Diese Lebenshaltungskosten setzen die Kreditinstitute häufig als Pauschalen an, die nach der Haushaltsgröße, oft zusätzlich nach dem Einkommen gestaffelt werden. Die Lebenshaltungskosten lassen sich genauer feststellen, wenn zumindest eine gewisse Zeit ein Haushaltsbuch geführt wird.

Hinweis:

Ein solches Haushaltsbuch bietet einen guten Überblick über die tatsächlich anfallenden Ausgaben, denn die werden häufig falsch eingeschätzt. Aus den Aufzeichnungen lässt sich schnell erkennen, ob und in welchem Umfang bei den Ausgaben Einsparpotentiale bestehen.

Bei der Berechnung der Belastungsgrenze darf nicht übersehen werden, dass neben den regelmäßigen Kosten außerplanmäßige Ausgaben anfallen. Das kann beispielsweise der Ersatz des defekten PKW oder der defekten Waschmaschine sein, der sich in den meisten Fällen nicht vermeiden lässt. Berücksichtigt werden sollte aber auch, dass die meisten Eigentümer langfristig nicht auf einen Urlaub oder andere Extras verzichten wollen und können. Daher sollte die Belastungsgrenze realistisch geplant und die eigene Verzichtsbereitschaft nicht überschätzt werden.

Hinweis:

Die Belastung aus dem Kapitaldienst sollte maximal 40% des Nettoeinkommens eines Haushalts betragen. Ein anderer Erfahrungswert geht davon aus, dass pro erwachsenem Haushaltsmitglied ein Betrag von 500 € und pro Kind von 200 € für die Lebenshaltung zur Verfügung stehen muss.

Bei der Finanzplanung muss zudem berücksichtigt werden, dass die Nebenkosten des Wohnens häufig höher sind als in einer Mietwohnung. Normalerweise entstehen für das (meist größere) Eigenheim höhere Energiekosten. Auch die Grundsteuer wird im Regelfall höher ausfallen. Handelt es sich um Eigentumswohnungen, muss eingerechnet werden, dass im zu zahlenden Hausgeld neben den üblichen Betriebskosten – zu denen unter Umständen anteilige Kosten für einen Fahrstuhl gehören können – Instandhaltungsrücklagen, Anteile für die Kosten der Verwaltung und Ähnliches enthalten sind.

Hinweis:

Eine Rücklage für die Instandhaltung muss bei Einfamilienhäusern, Reihenhäusern und anderen Immobilienformen zwar nicht gebildet werden, doch sollte sich jeder Eigentümer frühzeitig dazu entschließen, um eine Reserve für anfallende Reparaturen und Instandhaltungen zu haben. Diese Beträge sollten nicht zur Finanzierung anderer Ausgaben herangezogen werden.

Aus dem individuellen Belastungsspielraum müssen Zins- und Tilgungsleistung gezahlt werden können. Verschiedene Kreditinstitute verlangen, dass aus dem aktuellen Einkommen eine Zins- und Tilgungsquote finanziert werden kann, bei der der Zins um zwei bis drei Punkte über dem aktuellen Zins liegt. Dies hat für den Kreditnehmer den Nachteil, dass erheblich weniger Fremdkapital aufgenommen werden kann, als bei dem derzeitigen Einkommen maximal finanzierbar ist. Andererseits verbleibt dem Kreditnehmer ein Spielraum, um – spätestens nach Ablauf der Zinsbindung – die Raten noch zahlen zu können.

d) Bankdarlehen

Im Grundsatz funktionieren alle Darlehen gleich: Ein bestimmter Darlehensbetrag wird ausgezahlt. Über die Laufzeit muss er in Raten zurückgezahlt werden, die „Restschuld" wird verzinst. Abgesichert wird das Darlehen durch Grundschulden. Früher wurden diese Darlehen in der Regel durch Hypotheken (vergleiche Seite 182) gesichert. Daher werden sie auch heute noch oft als Hypothekendarlehen bezeichnet, obwohl sie meist durch Grundschulden (vgl. S. 183) abgesichert werden. Die Darlehen können durchaus von mehreren Instituten gewährt werden, in der Regel finanziert jedoch nur ein Gläubiger das Bau- oder Kaufvorhaben, unter Umständen ergänzt durch ein Bauspardarlehen.

Das Darlehen wird in der Regel in voller Höhe ausgezahlt. Allerdings kann ein Damnum – auch Disagio genannt – vereinbart werden. Dabei wird ein Teil des Darlehens – zum Beispiel 5% der Darlehenssumme – nicht ausgezahlt. Mit dem Disagio sollen einmalige Kosten abgedeckt werden, die dem Kreditgeber bei der Refinanzierung entstehen.

Zur Finanzierung der Eigentumswohnung werden langfristige Darlehen benötigt. Kurzfristige Kredite eignen sich meist nur für geringe Darlehenssummen oder als Form der Zwischenfinanzierung. Im Allgemeinen muss bei der Immobilienfinanzierung von Darlehenslaufzeiten zwischen 20 und 30 Jahren ausgegangen werden. Unter **Laufzeit** wird der Zeitraum zwischen der Auszahlung eines Darlehens und seiner vollständigen Tilgung verstanden. Diese langen Laufzeiten könnten zwar erreicht werden, wenn mehrere kurzfristige Darlehen aufeinander folgen. Doch besteht bei dieser zweiten Variante die Gefahr, dass die Auszahlung des neuen nicht zeitgleich mit der Ablösung des alten Darlehens gelingt. Damit können Deckungslücken, aber auch eine doppelte Zinsbelastung entstehen.

Die Laufzeit sollte so festgelegt werden, dass spätestens mit dem Eintritt ins Rentenalter das Darlehen vollständig getilgt ist. Denn die finanzielle Leistungsfähigkeit sinkt in der Regel mit dem Ausscheiden aus dem Berufsleben.

Hinweis:

Zeigt bereits die Planung, dass das Darlehen bis zum Eintritt in die Rente nicht abgezahlt werden kann, sollte die Höhe des benötigten Darlehens – und damit die Ausgestaltung des Bauvorhabens – nochmals überprüft werden.

Von der Darlehenslaufzeit zu unterscheiden ist die Dauer der **Zinsbindung**, die häufig erheblich kürzer ist als die Darlehenslaufzeit. Ist die Zinsbindungszeit von normalerweise 2, 5 oder 10 Jahren abgelaufen, muss ein Anschlussvertrag geschlossen werden, in dem die Höhe des Zinses neu vereinbart wird.

Hinweis:

Ob der Zinssatz nach Ablauf der Zinsbindungsdauer höher oder niedriger ausfällt, lässt sich im Vorhinein nicht bestimmen. Läuft die Zinsbindung in absehbarer Zeit aus, lassen sich in Niedrigzinsphasen Kreditinstitute verschiedentlich darauf ein, bereits vorab den Anschlusszins zu vereinbaren.

Über welchen Zeitraum eine Zinsbindung vereinbart wird, ist jedem Darlehensnehmer selbst überlassen und wird sich danach richten, ob er steigende oder sinkende Zinsen erwartet. Sinnvollerweise werden in Niedrigzinsphasen lange Zinsbindungsfristen – kombiniert mit einer hohen Tilgung – und in Hochzinsphasen kurze Zinsbindungsfristen – meist kombiniert mit einer niedrigeren Tilgung – gewählt.

Ist die Zinsbindung ausgelaufen, ist ein Wechsel des finanzierenden Kreditinstituts problemlos möglich – oft lassen sich bei dem neuen Institut niedrigere Zinsen erzielen. Allerdings können zusätzliche Kosten entstehen, weil die Kreditsicherheiten für das neue kreditgebende Institut erneut bestellt werden müssen.

Hinweis:

Liegt der neu vereinbarte Zinssatz unter dem bisher zu zahlenden Zinssatz, sollte der Tilgungsanteil erhöht werden, um das Darlehen schneller zu tilgen. Denn je schneller die Tilgung beendet ist, desto geringer sind die Gesamtkosten der Finanzierung.

Die Zinshöhe ergibt sich grundsätzlich aus dem **Marktzins**. Doch die Zinsen differieren zwischen den Kreditinstituten. Übersichten über die Höhe der Zinsen bei unterschiedlichen Zinsbindungszeiten finden sich oft in Tageszeitungen, aber auch im Internet. So kann ein erster Eindruck gewonnen werden, welche Zinsen die verschiedenen Kreditinstitute verlangen.

Hinweis:

Die veröffentlichten „Best-Zinsen" gewähren die Institute meist nur in besonderen Fällen, wenn zum Beispiel ein besonders hoher Eigenkapitalanteil vorhanden ist, keine Sondertilgungen vereinbart werden und ähnliches. Es sollten daher Vergleichsangebote eingeholt werden.

Die Zinshöhe wird nicht nur vom Marktpreis bestimmt. Vielmehr spielen insbesondere die Darlehenshöhe, die Höhe des Eigenkapitals, die Laufzeit, der Beleihungswert, aber auch die Bonität des

Schuldners eine Rolle. Der Zinssatz, der jährlich für das Darlehen gezahlt werden muss, ist der **Nominalzins**. Der Nominalzins differiert zwischen den Kreditinstituten zum Teil erheblich. Daher ist er alleine als Vergleichsgröße nicht geeignet. Denn neben dem Nominalzins wirken sich andere Faktoren, wie Auszahlungsabschläge, Bearbeitungsgebühren, Schätzgebühren, Zahlungsfälligkeiten, Verrechnungsmodalitäten, unter Umständen auch Beiträge für abzuschließende Versicherungsverträge wie Risikolebensversicherungen zur Absicherung des Kreditgebers und Ähnliches auf die tatsächliche Höhe der Darlehenskosten aus. Daher sind die Kreditinstitute verpflichtet (§ 6 Preisangabenverordnung), den **Effektivzins** im Kreditvertrag auszuweisen, der einen Teil dieser „Nebenkosten" des Darlehens enthält. Der Effektivzins soll die Gesamtkosten des Darlehens wiedergeben, so dass die zu entrichtenden Zinsen sowie alle sonstigen Kosten einschließlich der Vermittlungskosten einzubeziehen sind (§ 6 Preisangabenverordnung). Dennoch kann der Effektivzins nicht die letzte Sicherheit über die tatsächlichen Kosten bieten, da bestimmte Kosten, wie zum Beispiel Schätzgebühren, Notarkosten und Ähnliches nicht enthalten sind. Trotzdem bietet er eine erheblich bessere Vergleichsmöglichkeit als der Nominalzins.

Hinweis:

Natürlich sollte der Zins ausschlaggebend für die Wahl des finanzierenden Instituts sein. Wichtig sind aber auch die Beratung und das gegenseitige Vertrauen. Denn die Qualität des Kreditinstituts zeigt sich spätestens dann, wenn während der Rückzahlungsphase Probleme auftreten.

Die Darlehen können grundsätzlich mit festen oder mit flexiblen Zinsen vereinbart werden. Bei einem festen Zinssatz bleibt die Zinsbelastung während der Vertragsdauer gleich. Dies ist für den Kreditnehmer von Vorteil, wenn das Zinsniveau steigt, jedoch nachteilig, wenn das Zinsniveau fällt. Aber er hat während der Laufzeit stets eine feste Größe, mit der er kalkulieren kann. Ist die Zinsbindung ausgelaufen, ist eine Prolongation, also eine Verlängerung der Vertragslaufzeit möglich, allerdings muss ein neuer Zins ausgehandelt werden. Zu diesem Zeitpunkt kann das Kreditinstitut problemlos gewechselt werden, so dass es – schon aus verhandlungstaktischen Gründen – sinnvoll ist, frühzeitig Konkurrenzangebote einzuholen.

Bei flexiblen Zinssätzen (Gleitzins) passt sich der Darlehenszins während der Laufzeit der Marktentwicklung an. Bei steigenden Zinsen kann dies die Finanzierung gefährden, wenn der Belastungsspielraum eng gesteckt ist.

Hinweis:

Gerade in Zeiten niedriger Zinsen sollte der zu zahlende Zinssatz fest vereinbart werden. Denn trotz derzeit „normaler" Zinssätze von 3–4% darf nicht vergessen werden, dass über viele Jahre die Zinsen zwischen 9–10% lagen. Steigt der Nominalzins beispielsweise von 4% p.a. auf 6% p.a. – jeweils gerechnet auf 100.000,– €, sind statt 4000,– € p.a., also 333,33 € im Monat, 6000,– € p.a., das sind 500,– € im Monat, zu zahlen. Eine solche Steigerung kann zum Scheitern der Finanzierung führen, wenn die Differenz von 166,67 € nicht zusätzlich aufgebracht werden kann.

Manche Darlehensverträge sehen vor, dass die Zinsen während des Jahres von der Darlehensschuld berechnet werden, ohne dass die Tilgungsleistungen sofort mit der Darlehensschuld verrechnet werden (nachschüssige Zahlungsweise), eine für den Darlehensnehmer meist ungünstige Regelung, die sofern möglich nachverhandelt werden sollte.

Das Darlehen kann mit festen oder mit flexiblen Raten zurückgezahlt werden. Bei Annuitätendarlehen wird das Darlehen während der gesamten Laufzeit des Darlehensvertrages mit einem gleichbleibenden Betrag pro Jahr – mit der Annuität – bedient. Diese Annuität setzt sich aus dem Zins- und dem Tilgungsanteil zusammen. Normalerweise wird ein Tilgungssatz von 1 bis 2 Prozent vereinbart.

Hinweis:

Die Höhe des Tilgungsanteils hängt wesentlich von der Höhe des Kapitaldienstes ab, den sich der Bauherr leisten kann. Zwar kann der Schuldner durch eine kurze Tilgungsdauer – also einen hohen Tilgungsanteil – Zinsen sparen. Doch insbesondere in einer Hochzinsphase kann daraus eine monatliche Belastung entstehen, die häufig aus dem regulären Einkommen nicht zu finanzieren ist. Daher muss diese Entscheidung gut überlegt und natürlich gerechnet werden.

Mit zunehmender Laufzeit des Darlehens wird ein immer höherer Anteil der Kreditsumme getilgt, so dass die Zinsen auf die Restschuld abnehmen. Folglich erhöht sich der Tilgungsanteil stetig. Die zu zahlende Annuität bleibt zwar gleich, der Anteil von Zins und Tilgung ändern sich jedoch monatlich. Die Laufzeit des Darlehens hängt entscheidend von der Höhe der Zinsen ab.

Hinweis:

Gerade in Zeiten niedriger Zinsen sollte gleich zu Beginn ein höherer Tilgungsanteil gewählt werden. Die monatliche Belastung steigt zwar, doch wird das Darlehen schneller getilgt. Da nur für eine kürzere Zeit Zinsen gezahlt werden müssen, reduzieren sich die Darlehenskosten.

Darlehen können mit einem festen Tilgungsanteil vereinbart werden, sogenannte Abzahlungsdarlehen. Der Darlehensnehmer zahlt in jedem Jahr einen gleichbleibenden Betrag des Darlehens ab. Zusätzlich zu diesen Teilbeträgen, den „Raten", muss der Kreditnehmer die Zinsen zahlen. Daraus ergibt sich eine monatliche Belastung, die sich stets verändert. Denn die Zinsen werden von sinkenden Restschulden berechnet. Die Restschuld nimmt im Laufe der Zeit immer weiter ab, so dass zwangsläufig die Zinsbelastung sinkt. Für den Eigentümer bedeutet dies, dass seine Belastung aus Zins und Tilgung im Laufe der Zeit abnimmt. Zu Beginn der Darlehenslaufzeit, also im Zeitpunkt des Erwerbs der Immobilie, wenn der Finanzbedarf am höchsten ist, ist auch die Belastung am höchsten.

Das sogenannte Festdarlehen ist ein endfälliges Darlehen. Die Darlehensschuld wird am Ende der Vertragslaufzeit in einer Summe zurückgezahlt. Während der Laufzeit müssen nur die Zinsen bezahlt werden. Ein Festdarlehen wird oft mit Lebensversicherungen, Bausparverträgen oder ähnlichem kombiniert, anstelle der Tilgung zahlt der Schuldner die Versicherungsbeiträge und tilgt das Darlehen am Ende mit einer Zahlung aus dem Versicherungsvertrag. Auch die Kombination mit Investmentfonds wird immer wieder angeboten. Kann bei Lebensversicherungen aufgrund der nicht sicher kalkulierbaren Ablaufleistung schon nicht mit Sicherheit erwartet werden, dass die notwendige Summe zur Tilgung zur Verfügung steht, ist dies noch fraglicher bei der Kombination mit Investment-Fonds. Denn in diesem Fall hängt die Rendite wesentlich von der Wertentwicklung der Fonds ab, die nicht garantiert das Niveau erreicht, das zur Tilgung notwendig ist. Daher besteht durchaus die Gefahr einer Deckungslücke am Ende der Vertragslaufzeit.

Häufig werden Festdarlehen eingesetzt, um die Zeit zu überbrücken, bis Kapitalanlagen fällig werden oder eine andere Immobilie veräußert wird. Da die Zinsen während der gesamten Laufzeit auf die gesamte Darlehenssumme gezahlt werden, handelt es sich um eine relativ teure Finanzierungsform. „Rechnen" kann sie sich jedoch beispielsweise durch Steuervorteile bei Lebensversicherungen oder durch hohe Zinsen bei einer Kapitalanlage, die nicht aufgelöst werden kann oder soll.

Hinweis:

Aus steuerlichen Gründen wird ein solches Festdarlehen interessant, wenn beispielsweise die Beiträge zur Lebensversicherung als Sonderausgaben bei der Lohn- oder Einkommensteuer angesetzt werden können. Ein solches Vorgehen sollte allerdings mit dem Steuerberater abgestimmt werden.

Eine weitere Variante der Darlehenstilgung berücksichtigt den Zeitraum, an dessen Ende das Darlehen zurückgezahlt sein soll. Danach richtet sich der zu vereinbarende anfängliche Tilgungssatz. Für eine solche Ausgestaltung des Darlehens kann es verschiedene Gründe geben, doch führt sie oft zu einem hohen Kapitaldienst. Daher empfiehlt sie sich meist nur für Zwischenfinanzierungen oder ähnliche Sonderfälle.

Sondertilgungen sind stets möglich, wenn der Kreditvertrag dies vorsieht. Sie verringern die Darlehensschuld. Damit werden die Zinsen auch von einem niedrigeren Kreditbetrag berechnet, so dass sich der Tilgungsanteil an den Raten erhöht, das Darlehen wird schneller reduziert. Auch wenn es zunächst unwahrscheinlich sein mag, dass zusätzlich zu den Annuitäten und den sonstigen Belastungen des Eigentümers Sonderzahlungen geleistet werden können, sollte jeder Kreditnehmer sich diesen Weg offen halten und eine entsprechende Klausel vereinbaren.

Hinweis:

Manche Klauseln zur Sondertilgung sehen vor, dass die Sondertilgung erst zum Ende des Jahres auf den Darlehensbetrag angerechnet wird, der der Zinsberechnung zugrunde liegt. Diese für den Darlehensnehmer ungünstige Regelung sollte nachverhandelt werden.

Üblicherweise beginnt die Darlehenstilgung mit der Auszahlung der ersten Darlehensrate. Um eine zeitweise Entlastung gerade zu Beginn des Darlehens zu erreichen, wenn durch den Bau oder Erwerb zusätzliche Ausgaben das Haushaltsbudget belasten, können tilgungsfreie Monate oder Jahre zu Beginn des Darlehens vereinbart werden. In diesem Fall verzichtet das Kreditinstitut zu Beginn der Laufzeit auf die Tilgung, lediglich die Zinsen müssen gezahlt werden. Über die gesamte Laufzeit hinweg entsteht dadurch für den Kreditnehmer allerdings eine höhere Zinsbelastung.

e) Exkurs: Kreditverkauf

Auch in Deutschland sind Immobiliendarlehen und die sie sichernden Grundschulden verkauft worden. Als Reaktion darauf ist am 12.8.2008 das Gesetz zur Umsetzung der Verbraucherkreditrichtlinie, des zivilrechtlichen Teils der Zahlungsdiensterichtlinie sowie zur Neuordnung der Vorschriften über das Widerrufs- und Rückgaberecht (Risikobegrenzungsgesetz) verabschiedet worden. In Bezug auf Immobilienkredite legt es fest:

■ dass die Möglichkeit der Forderungsabtretung im Vertrag erwähnt sein muss,

- dass die Forderungsabtretung dem Schuldner anzuzeigen ist, sofern nicht der Darlehensgeber weiterhin gegenüber dem Darlehensnehmer auftritt,

- dass die Kreditinstitute spätestens 3 Monate vor Ablauf der Zinsbindung ein Folgeangebot machen müssen,

- dass Immobiliendarlehensverträge einem erweiterten Kündigungsschutz unterliegen, wenn der Schuldner mit der Ratenzahlung in Verzug gerät (§ 498 Abs. 3 BGB),

- dass eine Sicherungsgrundschuld nicht gutgläubig erworben werden kann. Das heißt, dass sich ein Erwerber einer Sicherungsgrundschuld grundsätzlich Einwendungen entgegenhalten lassen muss, wie zum Beispiel eine vorzeitige vollständige oder teilweise Rückzahlung.

- dass eine Sicherungsgrundschuld nur fällig gestellt werden kann, wenn sie vorab gekündigt worden ist.

f) Zahlungsprobleme

Entstehen während der Dauer der Finanzierung Zahlungsprobleme, zum Beispiel aufgrund von Arbeitslosigkeit, sollte direkt mit den finanzierenden Kreditinstituten Kontakt aufgenommen werden. Denn in diesen Fällen sind in der Regel verschiedene Maßnahmen möglich, wie zum Beispiel Tilgungsaussetzungen, Stundungen von Monatsraten, eine Änderung der Annuitätenleistungen durch eine Verlängerung der Darlehenslaufzeit und ähnliches. So können Auswege gefunden werden. Dies funktioniert jedoch nur, wenn der Kontakt unmittelbar gesucht wird.

Hinweis:

Auch selbstnutzende Eigentümer – nicht nur Mieter – können Wohngeld in Anspruch nehmen, das „Wohngeld" wird dann als Lastenzuschuss bezeichnet.

Kann die Finanzierung auch mit Unterstützung des Kreditinstituts nicht gerettet werden, droht die Zwangsversteigerung. Bevor es so weit kommt, sollten möglichst alle Wege ausgeschöpft werden, noch einen Ausweg zu finden. Ist dies nicht mehr darstellbar, sollte – nach Rücksprache mit dem Kreditinstitut – versucht werden, die Immobilie selbst zu verkaufen – unter Umständen mit Unterstützung der Bank. Der „reguläre" Verkauf führt in der Regel zu einem höheren Erlös als die Zwangsversteigerung.

Ist der Schuldner mit seinen Zahlungen im Rückstand oder ist die Sicherheit des Kredits gefährdet, kann der Schuldner das Darlehen außerordentlich kündigen. Das Darlehen wird dann sofort in vollem Umfang fällig.

Die Tilgungsaussetzung kann gewährt werden, um eine Überbrückung in schwierigen Phasen zu ermöglichen. Typischerweise kommt sie zum Einsatz, wenn in Hochzinsphasen bereits die Zinszahlung das für den Kapitaldienst zur Verfügung stehende Einkommen voll ausschöpft. Doch verlängert sich nur die Darlehenslaufzeit, die verbleibende Darlehenshöhe sinkt nicht.

Hinweis:

Die Tilgungsaussetzung kann allerdings auch bei Zahlungsproblemen, zum Beispiel bei vorübergehender Kurzarbeit oder Arbeitslosigkeit, ein Ausweg sein.

Das **Tilgungszuschussdarlehen** ist im Grund ein weiteres Darlehen, das ratenweise ausgezahlt wird, damit der Darlehensnehmer seine Zins- und Tilgungsverpflichtungen erfüllen kann. Das Tilgungszuschussdarlehen selbst wird erst getilgt, wenn das ursprüngliche Darlehen zurückgezahlt worden ist. Diese recht teure Variante kann bei der kurz- und mittelfristigen Überbrückung von Zahlungsschwierigkeiten helfen, doch erhöhen sich dadurch die Darlehenskosten.

Die „**Umschuldung**" führt zu einer Änderung der Finanzierungsstruktur. Das heißt, es kann sich die Laufzeit des Darlehens verändern, so dass sich zwangsläufig die Höhe des Schuldendienstes ändert. Das Darlehen wird damit nicht preiswerter, im Gegenteil: die Laufzeit verlängert sich, Zinsen müssen länger gezahlt werden, so dass die Darlehenskosten steigen. Doch durch eine verlängerte Laufzeit, kann es gelingen, den Tilgungsanteil des Darlehens so zu reduzieren, dass der Schuldendienst wieder bezahlbar wird.

Hinweis:

Treten während der Rückzahlung des Darlehens Zahlungsprobleme auf, können sie meist schneller und einfacher gelöst werden, wenn der Kreditnehmer mit der finanzierenden Bank schon länger zusammenarbeitet. Denn wenn ein Vertrauensverhältnis besteht, lassen sich Probleme leichter lösen als in Fällen, in denen der Kunde nicht bekannt ist, unter Umständen auch keinen festen Ansprechpartner hat. Gerade in diesen Situationen zeigt sich die Qualität des Kreditinstituts.

g) Bauspardarlehen

Bei Bausparverträgen handelt es nicht um reine Darlehensverträge, sondern um eine Mischform von Spar- und Darlehensvertrag. Innerhalb eines vereinbarten Zeitraums wird Eigenkapital angespart und ein Anrecht erworben, zum Auszahlungszeitpunkt eine vertraglich vereinbarte Zuteilungssumme (Vertragssumme/Bausparsumme) zu erhalten. Diese setzt sich aus dem angesparten Eigenkapital und dem Darlehensanteil zusammen. Der Eigenkapitalanteil beträgt im Allgemeinen 40–50%.

Hinweis:

Gerade in Hochzinsphasen werden Bausparverträge oft noch kurzfristig vor dem Eigentumserwerb abgeschlossen, um in den Genuss der niedrigen Fremdkapitalzinsen zu kommen. Dazu wird die notwendige Ansparsumme meist in einem oder in nur wenigen Beträgen eingezahlt. Allerdings wird der Bausparvertrag damit noch nicht zuteilungsreif, da in der Regel eine Mindestwartezeit zu erfüllen ist.

Die Bausparsumme ist im Vertrag fest vereinbart. Sie kann aber herabgesetzt oder erhöht werden, wenn die persönliche Situation des Bausparers dies erfordert. Der Bausparvertrag zeichnet sich durch eine relativ niedrige Verzinsung in der Ansparphase aus. Die Verzinsung wird im Voraus vereinbart und liegt im Allgemeinen zwischen 0,5 und 4%. Der Bausparer muss zudem eine Abschlussgebühr (in der Regel zwischen 1 und 1,6%) entrichten, die über die ersten Einzahlungen abgerechnet wird. Der Vertrag wird nicht zu einem festen Zeitpunkt fällig, sondern erst wenn die Zuteilungskriterien erfüllt sind. Zu den Zuteilungskriterien zählt insbesondere das Mindestsparguthaben, das in der Regel 40–50% der Bausparsumme beträgt. Auch die Mindestwartezeit muss eingehalten sein, in der Regel beträgt sie 18–24 Monate. Erst dann ist der Bausparvertrag „zuteilungsreif", das heißt, die Zuteilungsvoraussetzungen sind erfüllt. Ob der Vertrag dann direkt zugeteilt wird oder nicht, hängt zusätzlich von der sogenannten Bewertungszahl ab, die sich aus der eingezahlten Summe, den Zinsen und der Einzahlungsdauer ergibt.

Hinweis:

Die Bausparkassen lassen zusätzlich Sonderzahlungen zu, die die Bewertungszahlen positiv beeinflussen.

Auch wenn die Zuteilungszahl erreicht ist, können noch Wartezeiten entstehen, da immer nur so viel Kapital ausgekehrt wird, wie ausreichende Mittel von den Sparern ein- beziehungsweise von den Darlehensnehmern zurückgezahlt worden sind. Der Auszahlungstermin kann damit nicht exakt festgelegt werden. Eine Garantie darf das Institut grundsätzlich nicht erteilen. Allerdings versprechen die Bausparkassen häufig Zuteilungstermine, die zwar meist eingehalten werden, formell jedoch unverbindlich bleiben.

Über die Zuteilung wird der Bausparer durch die Zuteilungszusage informiert. Er muss die Zuteilung innerhalb einer bestimmten Frist annehmen. Er kann allerdings auch die Fortführung des Vertrages verlangen. In diesem Fall kann er das Recht aus der Zuteilungszusage zu einem anderen Zeitpunkt geltend machen.

Hinweis:

Diese Zusage ist wichtig, wenn der Bausparer die Mittel erst zu einem späteren Zeitpunkt benötigt, um sein Bau- oder Kaufvorhaben zu verwirklichen. Allerdings stellt sich dann die Frage, ob es nicht sinnvoll wäre, die Bausparsumme zu erhöhen.

Ist die Zuteilung erfolgt, wird die gesamte Bausparsumme, also das angesparte Eigenkapital sowie der Darlehensanteil, ausgezahlt. Der Darlehenszins steht bereits seit dem Vertragsabschluss fest. Ist das Darlehen zugeteilt, muss es innerhalb einer relativ kurzen Zeit – meist 12 Jahre – zurückgezahlt werden.

Hinweis:

Das Bauspardarlehen wird in der Regel nachrangig gesichert. Das ist für den Darlehensnehmer interessant, da das „normale" Darlehen üblicherweise über eine erstrangige Grundschuld gesichert werden muss.

Ausgestaltet sind diese Darlehen im Allgemeinen als Annuitätendarlehen. Der Darlehenszins ist gerade in Hochzinsphasen vergleichsweise niedrig – aber eben auch der Guthabenzins. Durch die schnelle Rückzahlung entsteht eine relativ hohe monatliche Belastung, so dass diese Darlehensform oft nur für einen – kleineren – Teil der gesamten Kreditsumme gewählt wird. Gerechnet werden muss mit 0,4 bis zu 1% der Bausparsumme.

Hinweis:

Sondertilgungen sind möglich, rechnen sich aufgrund der niedrigeren Zinsen jedoch nicht im selben Maße wie Sondertilgungen im Hauptdarlehen.

Verschiedentlich halten Kreditinstitute auch Bausparverträge vor, sogenannte Bausparvorratsverträge. Diese Verträge sind bereits von den Kreditinstituten angespart, so dass sie in Hochzinsphasen ausgewählten Kunden ein besonderes Angebot unterbreiten können.

Hinweis:

Selbstverständlich müssen bei der Übertragung zumindest die niedrigen Bausparzinsen ausgeglichen und die Abschlussgebühr bezahlt werden. Auch können Zuteilungssperrfristen vereinbart werden. Und dennoch kann ein solches Angebot gerade in Hochzinsphasen durchaus rentabel sein. Dies muss auf jeden Fall gut durchkalkuliert werden.

Das Bausparen wird vom Staat durch die Wohnungsbauprämie und die vermögenswirksame Leistungen gefördert (vergl. Seite 152 ff.).

h) Umkehrdarlehen

Immer wieder taucht in letzter Zeit der Begriff des Umkehrdarlehens auf. Ein solches Umkehrdarlehen dient nicht der Finanzierung des Neubaus oder des Kaufs einer Immobilie. Vielmehr handelt es sich um ein Konzept für Immobilieneigentümer, ihre Immobilie weiter zu bewohnen und dennoch vom Vermögen, dass sie in die Immobilie investiert haben, zu leben.

Die Bank leistet in diesem Fall eine Einmalzahlung oder eine – in der Regel lebenslange – Rentenzahlung. Als Sicherheit dient eine entsprechende Belastung der Immobilie. Allerdings wird die Schuld weder monatlich getilgt noch werden monatlich Zinszahlungen fällig, so dass dem Hauseigentümer keine weiteren finanziellen Belastungen entstehen. Vielmehr wird sie erst mit einer Einmalzahlung am Ende der Laufzeit getilgt. Die Laufzeit dieses Darlehens endet mit dem Tod des Kreditnehmers. Das Darlehen kann dann (plus Zinsen) von den Erben zurückgezahlt werden oder die Bank verkauft die Immobilie und tilgt damit die aufgelaufene Schuld.

Hinweis:

Diese Variante ist insbesondere interessant, wenn ein Immobilieneigentümer keine Erben hat, die Immobilie zu Lebzeiten aber nicht verkaufen möchte. Allerdings liegen die Beleihungswerte oft sehr niedrig, da die Banken darüber ihre Risiken – etwa Lebenserwartung des Darlehensnehmers oder Zustand der Immobilie bei Darlehensende – ausgleichen.

i) Der Abschluss des Darlehens

Der erste Schritt zum Darlehen führt über die **Beratungsgespräche** der Kreditinstitute. In Vorgesprächen zwischen dem Immobilienerwerber und dem Kreditinstitut wird in der Regel ein Finanzierungsplan aufgestellt. Aus diesem Finanzierungsplan lässt sich ersehen, welche Finanzierung für das gewünschte Objekt benötigt wird und ob sie aus dem vorhandenen Einkommen und anderen Vermögenswerten dargestellt werden kann. Dieses Beratungsgespräch sollte von Seiten des Darlehensnehmers genutzt werden, um zu prüfen, ob die Finanzierung langfristig darstellbar ist. Dadurch kann Sicherheit für das Bauvorhaben gewonnen werden. Auf jeden Fall sollte mit verschiedenen Banken gesprochen werden, da sich die Konditionen zum Teil erheblich unterscheiden.

Hinweis:

Den verschiedenen Angeboten sollten stets die gleichen Rahmenbedingungen zugrunde liegen. Vergleichsgröße darf nie der Nominalzins sein, entscheidend ist der Effektivzins. Neben dem Effektivzins sollten weitere Bedingungen mit einbezogen werden, wie beispielsweise die Dauer der Bereitstellung des Darlehens oder die Berechnung von Bereitstellungszinsen.

Die Kreditinstitute stellen sowohl unterschiedliche Anforderungen an die Kreditfähigkeit des Kreditnehmers als auch an die Bewertung der Sicherheiten. Daher kann die Bereitschaft der einzelnen Institute die gewünschte Finanzierung zu gewähren, durchaus unterschiedlich sein. Auch wenn ein oder mehrere Kreditinstitute bereit sind, das Darlehen zu gewähren, muss jeder Kreditnehmer für sich sehr genau prüfen, ob er die notwendigen finanziellen Belastungen auf Dauer tragen kann oder ob er sich besser für ein günstigeres Objekt entscheidet (vergleiche Seite 148).

Aus den Informationen heraus, die im Beratungsgespräch gewonnen werden, wird der Darlehensantrag gestellt, den die Bank – in einem entsprechenden Schreiben – annimmt. Seltener wird der umgekehrte Weg gewählt, dass das Kreditinstitut ein (befristetes) Angebot unterbreitet, dass der Darlehensnehmer annehmen kann.

Bevor ein Kreditinstitut ein Darlehen gewährt, muss jeder Kreditnehmer verschiedene Hürden überwinden. Zunächst müssen Unterlagen über das Objekt eingereicht werden. Dazu gehören insbesondere

- der aktuelle Grundbuchauszug,

- ein amtlicher Lageplan – unter Umständen mit Grenzbescheinigungen – beziehungsweise Katasterhandzeichnungen oder Flurkarte,

- der Nachweis über die Feuerversicherung,

- der Kostenvoranschlag bei Neubau oder Modernisierung,

- der Kaufvertrag beziehungsweise ein Entwurf,

- im Falle eines Erbbaurechts der Erbbaurechtsvertrag,

- bautechnische Unterlagen,

- Baupläne mit Wohnflächenberechnung sowie einer Berechnung des umbauten Raums,

- die Teilungserklärung beim Erwerb von Wohnungseigentum,

- Rohbau- und Schlussabnahmeschein,

- bei vermieteten Objekten eine Aufstellung der Mieterträge.

> **Hinweis:**
>
> Soweit die Unterlagen bereits vorhanden sind, sollten sie bereits bei den Vorgesprächen mitgebracht werden. Das Verfahren wird dadurch beschleunigt.

Der Kreditnehmer muss zudem persönlich kreditfähig sein. Das setzt voraus, dass er geschäftsfähig ist: der zukünftige Eigentümer muss dazu mindestens 18 Jahre alt, seine Geschäftsfähigkeit darf nicht durch ein Gericht eingeschränkt worden sein.

> **Hinweis:**
>
> Eheleute können grundsätzlich jeder für sich ein Darlehen aufnehmen. Allerdings verpflichten die Kreditinstitute gerade bei Immobilienkrediten in der Regel beide Ehepartner. Damit haften die Eheleute gesamtschuldnerisch, das heißt, jeder kann alleine vom Gläubiger zur Begleichung der Schuld herangezogen werden – allerdings nur einmal bis zur Höhe der Schuld.

In die Beurteilung der persönlichen Kreditwürdigkeit fließen zudem Alter, Familienstand, Dauer und Art des Beschäftigungsverhältnisses ein. Als Unterlage wird zumindest der Personalausweis eingesehen.

Beurteilt wird die sachliche oder wirtschaftliche Kreditfähigkeit auf der Grundlage des Einkommens des Kreditnehmers und seiner sonstigen Vermögensverhältnisse. Es soll geprüft werden, ob er grundsätzlich in der Lage ist, Zins und Tilgung zu leisten, ohne dass die Sicherheiten verwertet werden müssen. Berücksichtigt wird

- das gesamte dauerhafte Einkommen,
  neben dem Erwerbseinkommen zählen etwa Nebeneinkünfte, Renten oder andere regelmäßige Einkünfte dazu. Gleichermaßen ist das Einkommen des Kreditnehmers unter Umständen auch das Einkommen des Ehegatten zu berücksichtigen.

Hinweis:

In der Regel werden die Kreditinstitute versuchen, den Ehepartner in die Haftung einzubeziehen, beispielsweise indem beide Eheleute Kreditnehmer werden – sie haften dann gesamtschuldnerisch – oder indem der Ehepartner eine Bürgschaft übernimmt.

- regelmäßige Belastungen
  Dem Einkommen entgegen zurechnen sind die regelmäßigen Belastungen, wie beispielsweise Versicherungen, Kraftfahrzeug-Kosten, Zins- und Tilgungsverpflichtungen anderer Darlehen, Unterhaltsleistungen
- bereits im Grundbuch eingetragene Belastungen des Grundstücks
- Bewirtschaftungskosten des zukünftigen Eigenheims
  wie etwa Kosten für Heizung, Strom, Wasser, Abwasser, Müll, Grundsteuer und ähnliche Betriebskosten. Bei Eigentumswohnungen fällt das Hausgeld an, in dem neben den üblichen Betriebskosten zusätzlich Kosten des Verwalters, die Instandhaltungsrückstellung und ähnliches enthalten sind.
- Lebensunterhalt
  Der Rest des Einkommens muss für den Lebensunterhalt und für die Zins- und Tilgungsleistungen des Darlehens ausreichen.

Um die sachliche Kreditwürdigkeit zu überprüfen, verlangen die Banken in der Regel einen Einkommensnachweis (Gehaltsbescheinigung/Steuerbescheid) und einen Nachweis der eigenen Mittel. Vorhandene eigene Mittel können über Kontoauszüge nachgewiesen werden, Lebensversicherungen durch die dazugehörige Police. In der Regel überprüfen die Kreditinstitute die zukünftigen Darlehensnehmer auch bei der Schufa (Schutzgemeinschaft für allgemeine Kreditsicherung), um festzustellen, ob weitere Kredite vorliegen oder in der jüngeren Vergangenheit Auffälligkeiten bei der Rückzahlung anderer Verbindlichkeiten vorlagen, wie zum Beispiel eidesstattliche Versicherungen, eine Privatinsolvenz oder ähnliches.

Im Darlehensvertrag vereinbaren Kreditnehmer und Kreditgeber die Konditionen des Darlehens. Dazu gehört insbesondere die Darlehenshöhe, die Zinshöhe und –bindungsfrist sowie der Tilgungssatz. Auch sämtliche zusätzlichen Kosten, die der Kreditnehmer während der Laufzeit zu tragen hat, wie etwa die Bereitstellungsgebühren, Kreditvermittlungsgebühren oder Wertermittlungsgebühren, müssen aufgeführt werden. Müssen Versicherungen abgeschlossen werden, ist auf die Versicherungstarife zu verweisen. Solche Klauseln sollte jeder Darlehensnehmer sehr sorgfältig prüfen, denn gerade durch Versicherungen, wie zum Beispiel Risikolebensversicherungen beziehungsweise Restrückzahlungsversicherungen, entstehen Kosten, die in die Kalkulation einfließen müssen.

Der Darlehensvertrag legt die regelmäßige Belastung fest und bezeichnet die vom Kreditnehmer geleisteten Sicherheiten. Allerdings können die zu bestellenden Sicherheiten ebenso in zusätzlichen Verträgen benannt werden. Diese Regelungen müssen noch einmal genau geprüft werden, damit sie wirklich den ausgehandelten Bedingungen und den eigenen Vorstellungen entsprechen. Exakt sollte besonders der Zinssatz geprüft werden. Denn neben dem Nominalzins muss auch der effektive Darlehenszins ausgewiesen werden (vergleiche Seite 164). Der Vertrag sollte zudem klar definieren, wie lange das Darlehen bereitgestellt wird, ohne dass das Kreditinstitut Bereitstellungszinsen verlangt: Je länger, desto besser.

Hinweis:

Bereitstellungszinsen sollten nicht unterschätzt werden, denn sie werden – meist nach einer vereinbarten Karenzzeit – für das noch nicht abgerufene Darlehen fällig. Zieht sich die Fertigstellung der Immobilie hin, summieren sich die dadurch entstehenden Kosten schnell auf. Der Darlehensnehmer sollte versuchen, mit seinem finanzierenden Institut eine möglichst lange Karenzzeit auszuhandeln.

Alle Bedingungen des Vertrages müssen in einer Urkunde aufgenommen werden. Nur die zu bestellenden Sicherheiten dürfen in einem gesonderten Vertrag niedergelegt sein.

Normalerweise sieht der Vertrag vor, dass die Darlehenssumme erst ausgezahlt wird, wenn bestimmte vertraglich bezeichnete Unterlagen eingereicht und sämtliche zur Verfügung stehenden Eigenmittel eingesetzt worden sind. Zudem wird der Betrag meist nicht in einem Zuge, sondern nach Baufortschritt ausgezahlt, der dem finanzierenden Institut nachzuweisen ist.

Manche Darlehensverträge enthalten noch eine Klausel, dass der Kredit vom Kreditgeber verkauft werden kann. Eine solche Klausel ist zulässig (BGH, Urt. v. 27.2.07, XI ZR 195/05, NJW 2007, S. 2106). Der Kreditnehmer muss dem Verkauf weder zustimmen, noch hat er ein Sonderkündigungsrecht. Durch das Risikobegrenzungsgesetz ist er aber auch im Verkaufsfall nicht rechtlos (vergleiche Seite 168). Problematisch werden solche Verkäufe häufig erst dann, wenn das Darlehen notleidend wird, da der neue Vertragspartner oft weniger bereit ist, eine für den Kreditnehmer tragbare Lösung zu finden wie eine Hausbank, mit der der Kunde schon viele Jahre zusammenarbeitet. Aber vor einer sofortigen Zwangsvollstreckung ist der Darlehensnehmer dennoch geschützt (BGH, Urt. v. 30.3.2010, XI ZR 200/09, NJW 2010, S. 2041; vergleiche dazu Seite 184).

Hinweis:

Naht das Ende der Zinsbindungsfrist sollten sich Darlehensnehmer frühzeitig nach einer guten Anschlussfinanzierung umsehen, um nicht mit hohen Anschlusszinsen konfrontiert zu werden.

Bei Verträgen mit variablen Zinsen wird meist vereinbart, dass der Vertrag von beiden Vertragsparteien nach Ablauf einer vereinbarten

Mindestlaufzeit (zum Beispiel 6 Monate) gekündigt werden kann. Die Frist beträgt im Allgemeinen drei Monate. Die Folge für den Kreditnehmer ist allerdings, dass er den verbleibenden Darlehensbetrag innerhalb einer kurzen Frist zurückzahlen muss, wenn das Kreditinstitut tatsächlich von diesem Recht Gebrauch macht.

Bei Darlehen mit festen Zinsen besteht die Kündigungsmöglichkeit in der Regel nur, wenn die Zinsbindungsfrist ausläuft, meist muss sie einen Monat oder vier Wochen vor Ablauf schriftlich erfolgen.

Hinweis:

Zum Ablauf der Zinsbindung muss der Zins neu verhandelt werden. Das bietet eine gute Möglichkeit, auch bei Konkurrenzinstituten nach einer günstigen Finanzierung zu schauen. Allerdings sollten berücksichtigt werden, dass diese Verhandlungen eines gewissen Vorlaufs bedürfen.

Eine solche Vereinbarung bedeutet allerdings auch, dass das Darlehen nicht vorzeitig abgelöst werden kann, wenn unerwartet größere Geldsummen zur Verfügung stehen. In vielen Fällen lässt sich das zwar mit den Banken verhandeln, doch wird im Allgemeinen zumindest eine Vorfälligkeitsentschädigung zu zahlen sein.

Hinweis:

Die Möglichkeit, bereits bei Vertragsabschluss Sondertilgungen zu vereinbaren, sollte daher auf jeden Fall genutzt werden.

Meist sehen die Kreditinstitute eine sofortige Fälligkeit des Darlehens für den Fall vor, dass der Kreditnehmer in Verzug gerät, gegen seine Auskunftpflichten verstößt oder gegen Pflichten verstößt, die im Sicherungsvertrag niedergelegt worden sind.

j) Sicherung des Kredites

Trotz der Überprüfung der Bonität des Kreditnehmers verlangen die Kreditinstitute zur Absicherung der langfristigen Darlehen natürlich **Sicherheiten**. Gerade bei langfristigen Darlehen zur Finanzierung des Erwerbs einer Immobilie werden in der Regel Grundpfandrechte – also Hypotheken oder Grundschulden – eingetragen. Als zusätzliche Sicherheit werden teilweise Bürgschaften, zum Beispiel der Ehepartner, Abtretungen von Lohn- und Gehaltsansprüchen, Abtretungen oder Verpfändungen von Bankguthaben, Sparbriefen, Wertpapieren oder von Lebensversicherungen verlangt.

> **Hinweis:**
>
> Werden Kapitallebensversicherungen als Sicherung eingesetzt, sollte geprüft werden, ob eine solche Abtretung unter Umständen steuerliche Auswirkungen auf die Versicherungen hat.

Meist enthalten die Kreditverträge eine Klausel, in der der Grundstückseigentümer und Darlehensschuldner sich der sofortigen Zwangsvollstreckung unterwirft. Der Gläubiger hat mit der vollstreckbaren Ausfertigung der Schuldurkunde die Möglichkeit, die Schuld schnell und einfach einzutreiben. Da er bereits eine vollstreckbare Urkunde hat, muss er nicht mehr den Klageweg beschreiten. Allerdings hat der Schuldner, also der Eigentümer des Grundstücks, die Möglichkeit, die Vollstreckung abzuwehren. Er muss dazu jedoch eine sogenannte Vollstreckungsgegenklage oder Vollstreckungsabwehrklage erheben.

> **Hinweis:**
>
> Selbstverständlich ist es immer am besten, wenn es gar nicht erst so weit kommt. Doch spätestens wenn das Darlehensverhältnis an diesem Punkt angelangt ist – egal aus welchem Grund –, sollte sich jeder betroffene Eigentümer schnellstens professionelle Hilfe holen, sei es bei einer Schuldnerberatung, weil er tatsächlich überschuldet ist, sei es bei einem Anwalt, weil die Forderung der Bank unberechtigt ist.

Werden Darlehen für den Immobilienerwerb durch Grundpfandrechte abgesichert, wird nicht der gesamte Wert der Immobilie und des Grundstücks zur Sicherung herangezogen, sondern lediglich ein Teil des Wertes: der Beleihungswert. Der Beleihungswert, den die

Banken durch ein Wertgutachten eigener oder fremder Experten aus dem Sach- und dem Ertragswert einer Immobilie ableiten, liegt normalerweise 10 bis 20% unter dem Kaufpreis. Er soll den jederzeit – also insbesondere im Fall einer Zwangsversteigerung – erzielbaren Wert der Immobilie wiedergeben und somit dem Kreditgeber eine größtmögliche Sicherheit bieten. Doch das benötigte Darlehen wird nicht in Höhe des Beleihungswertes gewährt. Zusätzlich besteht eine Beleihungsgrenze, die je nach Kreditinstitut und nach Bonität des Schuldners unterschiedlich ausfällt. Sie liegt üblicherweise zwischen 60 und 80% des Beleihungswertes.

Hinweis:

Je näher das aufzunehmende Darlehen dem Beleihungswert kommt, desto teurer wird die Finanzierung.

Grundpfandrechte räumen dem Gläubiger das Recht ein, sich aus dem Pfand – also dem Grundstück oder der Immobilie – zu befriedigen. Dies geschieht im Wege der Zwangsversteigerung – bestenfalls im Wege der Zwangsverwaltung. Grundpfandrechte hängen am Grundstück. Wird dieses Grundstück verkauft oder vererbt, bleiben sie bestehen und müssen vom Rechtsnachfolger erfüllt werden.

Hinweis:

Daher sollte vor dem Abschluss eines Kaufvertrages besonders geprüft werden, ob noch Grundpfandrechte an dem Grundstück bestehen und wie sie abzulösen sind.

Zu den Grundpfandrechten gehören im Wesentlichen Hypotheken und Grundschulden. Aber auch Rentenschulden werden als Grundpfandrecht im Grundbuch eingetragen.

Hypotheken sind Pfandrechte an einem Grundstück, die ausschließlich der Sicherung einer bestimmten Schuld dienen. Ihre Existenz ist an eine bestimmte Forderung gebunden. Ist die Schuld zurückgezahlt, erlischt auch die Hypothek. Sie schützt daher den Schuldner vor einem Missbrauch. Da sie mit Rückzahlung des Darlehens erlischt, kann sie nicht zur Absicherung späterer neuer Darlehen eingesetzt werden. Die Hypothek wird zugunsten des Gläubigers in Abteilung III des Grundbuchs eingetragen. Hypotheken sind weitgehend von Grundschulden verdrängt worden.

Üblicherweise werden zur Absicherung des Darlehens Grundschulden eingetragen. Wie bei Hypotheken wird durch Grundschulden der Zahlungsanspruchs eines Gläubigers abgesichert. Doch ist die Existenz der Grundschuld nicht daran gebunden, dass die Forderung weiter existiert. Sie kann ohne diese Forderung – also ohne einen Schuldgrund – bestehen. Durch den Darlehensvertrag ist allerdings in der Regel gewährleistet, dass sich die Ansprüche des Kreditinstituts als Gläubiger nicht nach der Höhe der Grundschuld – der ursprünglichen Darlehenshöhe – richten, sondern nach dem Darlehensvertrag und damit nach dem aktuellen Darlehensstand. Diese Besonderheit der Grundschuld kommt unter Umständen auch dem Kreditnehmer zugute. Denn ist die durch die Grundschuld gesicherte Forderung erloschen, kann sie im Grundbuch stehen bleiben und zu einem späteren Zeitpunkt zur Absicherung eines weiteren Darlehens, zum Beispiel zur Finanzierung von Modernisierungsmaßnahmen, genutzt werden.

Hinweis:

Die Löschungsbewilligung des Kreditinstituts sollte in diesem Fall jedoch sehr gut aufbewahrt werden. Besser ist es, die Grundschuld zu löschen, sofern nicht in absehbarer Zeit ein neues Darlehen benötigt wird.

Grundschulden entstehen durch Einigung und Eintragung. Die Einigung kommt durch den Abschluss des Darlehensvertrags zustande. Danach muss die Grundschuld ins Grundbuch eingetragen werden. Dies muss eine der beiden Parteien, also Gläubiger oder Eigentümer, beim Grundbuchamt formlos beantragen. Der Eigentümer muss die Eintragung jedoch bewilligen, dazu ist eine öffentliche oder öffentlich beglaubigte Urkunde notwendig. Ein Grundschuldbrief kann ausgestellt werden. Normalerweise verzichten die beiden Parteien – auch aus Kostengründen – auf die Ausstellung.

Die Kreditinstitute dürfen nur auf die Grundschuld zurückgreifen, wenn der Kreditnehmer seine Verpflichtungen, also die Zahlung von Zins- und Tilgungsleistungen, nicht erfüllt. Daran ändert auch die im Darlehen vereinbarte Unterwerfungsklausel nichts (vergleiche Seite 181). Solange das Darlehen regelmäßig bedient wird, können die Kreditinstitute von dieser Klausel keinen Gebrauch machen. Erst wenn der Schuldner die Zins- und Tilgungsleistungen nicht mehr zahlt, kann der Gläubiger, also das Kreditinstitut, das Grundpfandrecht verwerten, also die Zwangsvollstreckung veranlassen. Bevor jedoch tatsächlich ein Grundstück im Wege der Zwangsvollstreckung versteigert wird, wird das Kreditinstitut in der Regel zunächst auf den Kreditnehmer zukommen und Alternativen suchen. In Frage kommen zum Beispiel Tilgungsaussetzungen, Umschuldungen oder ähnliches. Hier ist jeder Kreditnehmer gefragt, aktiv zu werden, um sein Eigentum zu retten (vergleiche Seite 169 f.).

In der Bestellungsurkunde der Grundschuld wird meist die Höhe der Grundschuld beziffert und gleichzeitig ein Zins genannt, der sehr viel höher ist, als der im Darlehensvertrag vereinbarte. Dies dient im Wesentlichen der Absicherung des Kreditinstituts gegenüber nachrangigen Gläubigern. Zudem erleichtert es den Abschluss einer neuen – unter Umständen höheren – Zinsvereinbarung. Der Kreditnehmer hat lediglich den Zinssatz zu zahlen, der im Kreditvertrag vereinbart ist.

Hinweis:

Die Bestellung der Grundschuld löst Kosten aus: für die Beurkundung der Bestellung durch den Notar, für die Eintragung des Grundpfandrechts durch das Grundbuchamt und unter Umständen für die Erteilung des Grundpfandbriefes. Sie sind unmittelbar nach dem Beurkundungstermin zu bezahlen.

Die Rangordnung, in der dingliche Rechte ins Grundbuch eingetragen werden, bestimmt die Reihenfolge, in der diese Rechte bei einer Verwertung – Zwangsvollstreckung – befriedigt werden. Denn die Forderung, aufgelaufene Zinsen und Kosten dieser Rechte, werden aus dem Erlös der Zwangsvollstreckung bedient. Je besser der Rang

eines dinglichen Rechts folglich ist, desto größer ist die Wahrscheinlichkeit, dass dieses Recht im Verwertungsfall auch befriedigt wird.
Der Rang ergibt sich zunächst aus der Reihenfolge des Eintrags dieser Rechte. Allerdings gibt es die Möglichkeit, dass der Inhaber eines
dinglichen Rechts in seinem Rang zurücktritt oder sogar der Löschung zustimmt und dieser Rang dann von einem anderen Recht
eingenommen wird. Dies ist bei Grundpfandrechten zur Finanzierung des Immobilienerwerbs von besonderer Bedeutung, denn in
der Regel verlangen Kreditinstitute, dass die zu ihren Gunsten eingetragenen Grundpfandrechte erstrangig sind, also bei einer evtl.
Zwangsvollstreckung zuerst bedient werden.

Bürgschaften werden von Kreditinstituten normalerweise dann verlangt, wenn die Beleihungsgrenzen der Immobilie den Darlehens-
wunsch nicht abdecken können. Sie dienen als zusätzliche Sicherheit. Typischerweise werden solche Bürgschaften von Ehepartnern –
so sie nicht auch Kreditnehmer sind – oder Angehörigen verlangt.

Hinweis:

Jeder Bürge sollte sich darüber im Klaren sein, dass er für die
Schuld in der Höhe der Bürgschaft mit seinem Vermögen einzu-
stehen hat, wenn der Kreditnehmer seine Verpflichtungen nicht
erfüllen kann. Er geht also ein beträchtliches Risiko ein.

k) Restschuldversicherung

Restschuldversicherungen können als zusätzliche Sicherheit abgeschlossen werden, in manchen Fällen bestehen die Kreditinstitute
darauf. Die Restschuldversicherung deckt das Risiko, dass der
Schuldner stirbt. Im Grunde handelt es sich um eine Risikolebensversicherung, die in Höhe des Darlehens abgeschlossen wird. Die
Versicherungssumme nimmt entsprechend der Tilgung ab, sie ist
daher meist günstiger als eine Risikolebensversicherung. Versichert
ist das Darlehen jeweils in der Höhe, in der es zu Beginn des Ver-
sicherungsjahres besteht. Muss die Versicherung im Laufe des Jahres
in Anspruch genommen werden, bleibt ein Restguthaben, da die
Darlehensschuld im Versicherungsjahr durch regelmäßige Tilgun-
gen weiter gesunken ist. Dieser Restbetrag steht den Erben zu.

9. Staatliche Förderung des Eigentumserwerbs

a) Die soziale Wohnraumförderung

Die soziale Wohnraumförderung ist im Wesentlichen ein Modell für den Mietwohnungsbau. Die Förderung wird durch eine Förderzusage (§ 13 Wohnraumförderungsgesetz) oder einen Kooperationsvertrag (§§ 14 ff. Wohnraumförderungsgesetz) gewährt, in der beziehungsweise in dem festgelegt wird, in welcher Höhe Fördermittel ausgeschüttet werden, wie sie eingesetzt, verzinst und getilgt werden. Auch die Dauer der Förderung, die jeweiligen Einkommensgrenzen, die Wohnungsgröße werden vereinbart. Festgelegt werden muss auch der Gegenstand, die Art und Dauer der Belegungsbindung sowie Art, Höhe und Dauer der Mietbindung.

Die Gegenleistung der Förderung sind Belegungsrechte (§ 26 Wohnraumförderungsgesetz), die in der Regel an der geförderten Wohnung begründet werden. Möglich ist jedoch auch die Begründung von Belegungsrechten an den geförderten und an anderen Wohnungen oder nur an anderen Wohnungen. Grundsätzlich kann der Vermieter den Wohnraumberechtigten auswählen, die Wohnung darf aber nur an einen Mieter vermietet werden, der den Wohnberechtigungsschein vorweisen kann (§ 27 Wohnraumförderungsgesetz). In Gebieten mit erhöhtem Wohnbedarf kann ein Bewerber von der jeweils zuständigen Stelle zugewiesen werden. Diese Gebiete mit erhöhtem Wohnbedarf werden von den Ländern bestimmt (§ 5a WoBindG).

Der Mietvertrag darf die in der Förderzusage vereinbarte – höchstzulässige – Miete nicht überschreiten, eine Erhöhung der Miete ist nur bis zur Höhe der höchstzulässigen möglich. Auch das Bindungsende muss im Mietvertrag angegeben werden. Werden die Fördermittel zurückgefordert, weil der Vermieter gegen die Förderbestimmungen verstoßen hat, bleibt die Belegungs- und Mietpreisbindung noch 12 Jahre bestehen, sofern die vereinbarte Bindungsfrist nicht bereits früher geendet hätte (§ 28 Abs. 1 Nr. 1 WoBindG i. V.m. Art. 17 Gesetz über die Wohnraumförderung in Bayern).

Hinweis:

Die Bindung bleibt auch bei Zwangsversteigerungen bestehen, allerdings nur drei Jahre nach dem Jahr der Zuschlagserteilung. Ausnahme: Die Bindung wäre früher ausgelaufen (§ 17 Abs. 1 WoBindG).

Wohnungen, die der Belegungsbindung unterliegen, können durchaus verkauft oder in Wohnungseigentum umgewandelt werden. Dies ist der jeweils zuständigen Stelle allerdings umgehend schriftlich mitzuteilen. Eine Eigenbedarfskündigung (§ 573 Abs. 2 Nr. 2 BGB) ist während der Bindungsdauer nicht möglich (§ 32 Abs. 3 Wohnraumförderungsgesetz).

b) Förderung von selbst genutztem Wohneigentum

Nicht nur vermieteter Wohnraum wird gefördert. Nutzen Eigentümer ihre Immobilie selbst, können sie zinsgünstige Darlehen, monatliche Aufwendungshilfen oder direkte Baukostenzuschüsse in Anspruch nehmen. Des Weiteren übernehmen Bund und Länder Bürgschaften, Gemeinden stellen vergünstigtes Bauland zur Verfügung. Von diesen Maßnahmen profitieren Neubaumaßnahmen, aber auch der Kauf von Immobilien aus dem Bestand sowie die in diesem Fall notwendigen Modernisierungs- und Instandsetzungsmaßnahmen. Allerdings muss der Antrag auf Förderung gestellt werden, bevor der Bau- oder Kaufvertrag geschlossen wird.

Die Rahmenbedingungen der Förderung werden im Wohnraumförderungsgesetz (§ 8) bundeseinheitlich festgelegt, dazu zählen im Wesentlichen die Einkommensgrenzen sowie die Förderkriterien (§§ 8 ff. Wohnraumförderungsgesetz). Familien mit mehr als 2 Kindern werden bevorzugt. Die Einzelheiten legen die Länder individuell fest, beispielsweise der Freistaat Bayern im Bayerischen Wohnungsbauprogramm oder im Bayerischen Modernisierungsprogramm.

Gefördert werden im Wesentlichen Haushalte, deren Gesamteinkommen bei Einpersonenhaushalten 12.000,– €, bei Zweipersonenhaushalten 18.000,– € im Jahr nicht überschreitet. Für weitere Personen im Haushalt, beispielsweise Eltern oder Großeltern, wird der Betrag um 4.100,–, für jedes Kind um 500,– € pro Jahr erhöht (§ 9 Wohnraumförderungsgesetz). Die Länder sind ermächtigt, die Beträge regional anzupassen. Das Gesamteinkommen (§§ 20 ff. Wohnraumförderungsgesetz) wird auf der Basis des Jahresbruttoeinkommens ermittelt, von dem die Werbungskosten, pauschal je 10% für Steuern, gesetzliche Kranken und Rentenversicherung abgesetzt werden können.

> **Hinweis:**
>
> Voraussetzung ist in allen Fällen, dass ein Anteil von 15–20% der Gesamtkosten in Eigenleistung erbracht wird. Dieser Anteil kann in Geldmitteln, in Sachleistungen, als Arbeitsleistung, aber auch durch das vorhandene Baugrundstück geleistet werden.

Weiterhin dürfen als Freibeträge (§ 24 Wohnraumförderungsgesetz) abgezogen werden:

- 600 € für jedes kindergeldberechtigte Kind unter 12 Jahren bei Alleinerziehenden, die wegen Erwerbstätigkeit oder Ausbildung nicht nur kurzfristig vom Haushalt abwesend sind,

- 4000,– € bei jungen Ehepaaren bis zum Ablauf des 5. Jahres nach dem Jahr der Eheschließung, sofern beide Ehepartner jünger als 40 Jahre sind,

- bis zu 600,– € für jedes zum Haushalt gehörende Kind, das eigenes Einkommen bezieht, über 16 Jahre alt ist, das 25. Lebensjahr jedoch noch nicht vollendet hat,

- 4.500,– € bei einem schwerbehinderten Haushaltsangehörigen mit einem Behinderungsgrad von 100% oder mindestens 80%, wenn dieser häuslich pflegebedürftig ist,

- 2.100,– € bei einem schwerbehinderten Menschen mit einem Behinderungsgrad unter 80%, wenn dieser häuslich pflegebedürftig ist.

Bestehen beurkundete Unterhaltsvereinbarungen, Unterhaltstitel oder Unterhaltsbescheide, dürfen die vereinbarten Beträge abgezogen werden. Sofern kein Bescheid oder Titel besteht, dürfen folgende Beträge abgezogen werden:

- bis zu 3000,– € für jeden Haushaltsangehörigen, der außerhalb untergebracht ist und sich in Berufsausbildung befindet,

- bis zu 6000,– € für jeden nicht zum Haushalt zählenden früheren oder dauernd getrennt lebenden Ehegatten oder Lebenspartner

- bis zu 3000,– € für jede sonstige nicht zum Haushalt zählende Person.

c) Förderung denkmalgeschützter Gebäude

Private Eigentümer von Denkmalen können Fördermittel erhalten. In der Regel werden sie von den Ländern und Gemeinden gewährt. Ob und in welchem Umfang gefördert wird, ist allerdings sehr unterschiedlich. Informationen können sowohl in der Gemeinde als auch bei den Landesbehörden für den Denkmalschutz eingeholt werden.

d) KfW-Darlehen

Mit KfW-Darlehen unterstützt der Bund den Erwerb und den Neubau von selbst genutzten Eigenheimen durch Privatpersonen. Aber auch Modernisierungsmaßnahmen können gefördert werden.

Hinweis:

Grundsätzlich müssen KfW-Mittel über die Kreditinstitute beantragt werden. Weisen die Kreditinstitute nicht von sich aus auf diese Möglichkeit hin, sollte explizit nachgefragt werden. Eine Verpflichtung der Banken, diese Darlehen zu vermitteln, besteht allerdings nicht. Für die Banken ist es grundsätzlich lukrativer, eigene Darlehen zu vergeben. Die KfW-Mittel werden von ihnen lediglich „durchgeleitet", ohne dass sie davon einen – finanziellen – Vorteil haben.

Im Wohneigentumsprogramm der KfW wird der Erwerb oder der Bau eines eigenen Hauses oder einer eigenen Wohnung gefördert. Maximal 50.000,– € der Gesamtkosten werden von der KfW als langfristiges zinsgünstiges Darlehen gewährt. Allerdings wird nur der Erwerb von selbst genutztem Wohneigentum unterstützt. Wird beispielsweise ein Doppelhaus oder ein Zweifamilienhaus errichtet und die zweite

Wohneinheit an Dritte – auch an Eltern oder Kinder – überlassen, wird von der KfW nur der selbst genutzte Anteil gefördert.

Hinweis:

Eine Ausnahme gilt nur, wenn die Wohneinheit zeitgleich mit errichtet und den Angehörigen unentgeltlich überlassen wird.

Sollen Fördergelder in Anspruch genommen werden, muss der Antrag vor Beginn des Bauvorhabens oder des Erwerbs gestellt werden. Entsprechende Anträge müssen über die Hausbank gestellt werden, über die die Finanzierung abgewickelt wird.

Hinweis:

Die KfW fördert auch den Erwerb von Genossenschaftsanteilen und zwar bis zu 100%

Ein besonderer Schwerpunkt des geförderten Wohnungsbaus liegt bei Maßnahmen, die dazu beitragen sollen, dass die Energieeffizienz der Immobilien verbessert wird. Speziell im Neubaubereich fördert die KfW daher vor allem die Errichtung, die Herstellung und den Ersterwerb von Immobilien, deren Energiebedarf deutlich unter den Vorgaben der Energieeinsparverordnung für den Neubau liegen. Derzeit bestehen im Wesentlichen 3 Programme, das KfW-Effizienzhaus 40, 55 und das KfW-Effizienzhaus 70. Je deutlicher die Immobilien die Anforderungen der Energieeinsparverordnung unterschreiten, desto besser wird die Förderung. Derzeit werden 100% der förderfähigen Baukosten (ohne Grundstück) bis maximal 50.000,– € pro Wohneinheit gefördert. Neben den günstigen Zinsen können auch Tilgungszuschüsse gewährt werden.

Hinweis:

Die Förderprogramme der KfW werden immer wieder geändert. Sowohl die geförderten Maßnahmen, die Wege der Förderung als auch der Förderumfang ändern sich. Daher muss bei der Vorbereitung des Baus, des Erwerbs oder einer Sanierungsmaßnahme stets geprüft werden, ob und in welcher Höhe sie gefördert werden.

Neben dem energetisch effizienten Neubau wird auch die Modernisierung des Gebäudebestandes gefördert. Auch bei diesem Programm steigt die Förderung mit dem Grad der erreichten Energieeffizienz. Von der Förderung erfasst werden nicht nur Maßnahmen zur Verbesserung des eigenen Gebäudes. Auch der Erwerb eines sanierten Bestandsgebäudes/einer sanierten Bestandswohnung kann gefördert werden. Sowohl der Ersterwerb als auch die Maßnahmen, die ergriffen werden müssen, um den Standard eines KfW-Effizienzhauses zu erreichen, werden unterstützt. Gefördert werden aber auch solche Maßnahmen, die zunächst lediglich dazu dienen, die technischen Mindestanforderungen zu erfüllen. Die Höhe der Förderung hängt von den jeweils ergriffenen Maßnahmen ab

Hinweis:

Werden keine Darlehen aufgenommen, um das Haus energetisch zu sanieren, vergibt die KfW auch Zuschüsse. Natürlich muss durch die Maßnahme das Niveau eines Energieeffizienzhauses erreicht werden.

Auch Wohnungseigentümergemeinschaften können Darlehen zum Bau beziehungsweise zum Erwerb oder zur Sanierung energieeffizienter Anlagen beantragen. Je nach Maßnahme muss entweder der einzelne Eigentümer oder die Gemeinschaft das Darlehen beantragen.

Besondere Zinskonditionen werden gewährt für den altersgerechten Umbau von Immobilien. Unter altersgerecht wird barrierefrei verstanden. Gefördert werden beispielsweise Maßnahmen, um Bewegungsfreiflächen zu schaffen oder notwendige elektrische Steuerungssysteme zu installieren. Das Programm gibt bestimmte Mindeststandards vor, die erfüllt werden müssen. Auch hier werden 100% der förderfähigen Kosten gefördert, die Höchstsumme liegt bei 50.000,– €.

Die Unterstützung wird dem selbstnutzenden Eigentümer gewährt. Aber auch Vermieter, die Wohnraum barrierefrei umbauen wollen, können diese Förderung beantragen. Ebenso steht sie Wohnungseigentümergemeinschaften frei.

Der Einsatz erneuerbarer Energie wird durch die KfW gefördert. Dabei stehen solche Anlagen im Vordergrund, durch die Strom, Strom und Wärme oder nur Wärme erzeugt wird.

Grundsätzlich muss der Antrag auf Förderung vor Beginn des Bauvorhabens beziehungsweise vor dem Erwerb gestellt werden. Nicht alle Kosten sind förderfähig. Voraussetzung ist, dass die Kosten angemessen sind und der Kapitaldienst sowie die Kosten der Bewirtschaftung der Immobilie vom Antragsteller auch finanziert werden können. Nicht gefördert werden Umschuldungen oder bereits begonnene Bauvorhaben beziehungsweise der bereits abgeschlossene Erwerb von Wohnraum. Die Förderprogramme berücksichtigen zudem – sofern nicht ausdrücklich vermerkt – selbst genutzten Wohnraum.

In der Regel werden Zinsvergünstigungen gewährt, in manchen Fällen sogar ein Zuschuss. Zur Sicherung des Darlehens akzeptiert die KfW eine nachrangige Grundschuld. Die Programme der KfW können miteinander, aber auch mit Programmen der Bundesländer kombiniert werden. Der Antrag wird über das finanzierende Kreditinstitut gestellt, also nicht direkt über die KfW. Die KfW verlangt in der Regel umfassende Nachweise, insbesondere wenn es um die Energieeffizienz der Gebäude geht. Die Anträge werden nach Eingang behandelt. Werden Haushaltsmittel gesperrt oder sind sie erschöpft, wird die Auszahlung eingestellt. Ein Anspruch auf Auszahlung besteht in diesen Fällen nicht.

Auch das Bundesamt für Wirtschaft und Ausfuhrkontrolle (BAFA) gewährt Fördergelder. Zum einen wird die Vor-Ort-Beratung der Eigentümer durch einen Energieberater gefördert, allerdings müssen die Energieberater von der BAFA zugelassen sein. Als Förderung wird ein Zuschuss gewährt, der nicht zurückgezahlt werden muss. Zum anderen werden Solarthermieanlagen und Biomassekessel gefördert.

Die Länder verfügen über eigene Programme, mit denen sowohl energetische Maßnahmen als auch Bau und Erwerb von Immobilien gefördert werden. In Bayern beispielsweise wird dies durch die Bayerische Landesbodenkreditanstalt und die Bayerische Landesanstalt für Aufbaufinanzierung übernommen.

Manche Kommunen legen eigene Förderprogramme auf. Je nach Kommune werden Maßnahmen zur Energieeinsparung oder zum Erwerb von Immobilien gefördert. Oft sind diese Programme an Einkommensgrenzen gebunden. Informationen erhalten interessierte Bürger bei ihrer Gemeinde.

Fördermittel zu erhalten ist für die Bürger nicht einfach. Die Programme sind zum Teil recht kompliziert aufgebaut, viele Bedingungen müssen exakt erfüllt werden. Auch muss im jeweiligen Einzelfall genau durchgerechnet werden, ob sich die Förderung lohnt. Daher sollten sich Interessierte möglichst frühzeitig informieren, welche Programme für die geplanten Maßnahmen in Frage kommen und welche Bedingungen sie dafür erfüllen müssen. Eine möglichst frühe Auseinandersetzung mit der staatlichen Förderung ist auch aus dem Grund wichtig, dass sie in der Regel vor Beginn der Maßnahmen beantragt werden muss.

Hinweis:

Die Bedingungen und Konditionen der Förderung können sich recht schnell ändern. Daher müssen stets die aktuellen Programme der verschiedenen staatlichen Stellen abgefragt werden.

VI. Die Versicherung der Immobilie

1. Die Grundüberlegung

Welche Versicherungen ein Immobilieneigentümer abschließt, ist letztlich vom Empfinden jedes Einzelnen abhängig. Doch sollte sich jeder Eigentümer gut überlegen, wie er sich vor dem Verlust seines Eigentums und vor erheblichen Vermögensschäden schützt und dabei am besten auch seinen eigenen Versicherungsschutz, wie zum Beispiel die Hausratversicherung oder die Privathaftpflichtversicherung, überprüfen.

2. Der Abschluss der Versicherung

Die Besonderheiten der Wohnungseigentümergemeinschaft

Jeder Eigentümer einer Immobilie entscheidet grundsätzlich alleine über den Abschluss einer Versicherung. Komplizierter ist es allerdings bei Wohnungseigentümergemeinschaften. Ob die Wohnungseigentümergemeinschaft den Abschluss dieser Versicherungen mehrheitlich beschließen kann oder ob alle Wohnungseigentümer zustimmen müssen, richtet sich danach, ob der Abschluss der Versicherung noch als Maßnahme der ordnungsmäßigen Verwaltung gesehen werden kann. Der Gesetzgeber sieht allerdings vor, dass der Abschluss einer Feuerversicherung zum Neuwert sowie die Haus- und Grundbesitzerhaftpflichtversicherung zu den Maßnahmen einer ordnungsgemäßen Verwaltung gehören (§ 21 Abs. 5 Nr. 3 WEG). Auf den Abschluss dieser Versicherungen besteht folglich ein Anspruch.

Über den Abschluss – aber auch über die Kündigung – einer oder mehrerer Versicherungsverträge entscheidet grundsätzlich die Wohnungseigentümergemeinschaft. Nur aufgrund entsprechender Beschlüsse der Gemeinschaft darf der Verwalter Versicherungen abschließen oder kündigen. Die Wohnungseigentümergemeinschaft kann den Verwalter jedoch durch eine Klausel im Verwaltervertrag, der Teilungserklärung, der Gemeinschaftsordnung oder durch eine andere Vollmacht ermächtigen, Versicherungen abzuschließen und/oder zu kündigen. Abgeschlossen werden die Versicherungen vom Verwalter entweder im Namen der Wohnungseigentümergemeinschaft oder im eigenen Namen für fremde Rechnung. Wird eine Versicherung gekündigt, muss zwar nicht gleichzeitig eine neue Versicherung abgeschlossen werden. Sehen Beschlüsse der Gemeinschaft jedoch vor, dass eine solche Versicherung bestehen muss, muss spätestens zum Zeitpunkt des Vertragsendes eine neue Versicherung vorhanden sein, so dass der Versicherungsschutz lückenlos besteht.

a) Der Vertrag

Vor dem Abschluss einer Versicherung sollte Jeder – also nicht nur, aber auch Immobilieneigentümer – mehrere Angebote einholen. Ein wichtiges Entscheidungskriterium ist stets die Versicherungsprämie. Doch ist die Prämie nicht allein ausschlaggebend. Entscheidend ist vielmehr, welche Leistungen der jeweilige Tarif bietet, welche Ausschlussgründe vorgesehen sind und wie hoch der Selbstbehalt ist. Zumindest diese Merkmale müssen in den Vergleich der Versicherungsangebote einfließen.

Hinweis:

Natürlich müssen Versicherungen nur eintreten, wenn der Schaden gemäß den Versicherungsbedingungen auch abgesichert wird. Doch zeigt sich in der Praxis immer wieder, dass die Art und Weise der Schadensregulierung zwischen den verschiedenen Gesellschaften sehr unterschiedlich ist. Auch diese Überlegung muss in die Wahl der „richtigen" Versicherung einfließen.

Im Versicherungsvertrag wird vereinbart, dass der Versicherer für bestimmte Schäden einsteht. Der Versicherungsnehmer verpflichtet sich dafür, die Prämie zu zahlen. Nach Abschluss der Versicherung erhält der Versicherungsnehmer die Versicherungsurkunde beziehungsweise den Versicherungsschein.

Hinweis:

Der Versicherungsschein sollte genau geprüft werden, um sicherzugehen, dass er mit dem Antrag übereinstimmt. Falls Abweichungen festgestellt werden, muss binnen eines Monats in Textform widersprochen werden.

Seit dem 1. Januar 2008 gelten besondere Informationspflichten für Versicherungen. Noch vor dem Abschluss des Vertrages müssen die Versicherungsbedingungen dem Interessenten ausgehändigt werden. Zusätzlich muss ein Produktinformationsblatt überreicht werden, in dem die wichtigsten Merkmale der Versicherung zusammengefasst sind. Außerdem muss ein ausführliches Beratungsgespräch geführt werden, das dokumentiert werden muss. Wird dieses Gespräch unterlassen oder unterlaufen dabei Fehler, kann dem Versicherungsnehmer ein Anspruch auf Schadenersatz zustehen. Werden die notwendigen Informationspflichten nicht erfüllt, beginnt die Frist zur Ausübung des Widerrufsrecht nicht zu laufen.

Hinweis:

Bei Antragstellung kann der Versicherungsnehmer schriftlich in einer gesonderten Verzichtserklärung darauf verzichten, die Versicherungsbedingungen und das Informationsblatt vorab ausgehändigt zu bekommen. Die Unterlagen müssen auch dann nicht vorab ausgehändigt werden, wenn der Versicherungsnehmer einen Antrag stellt, dass die Versicherung ein Angebot unterbreitet. Dann werden die Unterlagen nur einmal zusammen mit dem Vertragsangebot und einer Willenserklärung zugeschickt. Erst wenn der Versicherungsnehmer die Willenserklärung unterschrieben zurücksendet, kommt der Vertrag zustande.

Die Versicherungsbedingungen sind in den Allgemeinen Vertragsbedingungen (AVB) sowie in den Besonderen Bedingungen enthalten. Sie bilden die Grundlagen des Vertrages und werden zusammen mit der Versicherungspolice ausgehändigt. Die Bedingungen sollten auf jeden Fall vor dem Abschluss des Versicherungsvertrages, spätestens jedoch bei Versicherungsbeginn nachgelesen werden.

Hinweis:

Die Versicherungsbedingungen sollten gut aufbewahrt werden, denn aus den Unterlagen heraus kann festgestellt werden, welche Schäden versichert sind und in welcher Höhe die Entschädigung im Schadensfall zu leisten ist. Auch für den Zeitpunkt der Schadensmeldung sind diese Unterlagen wichtig.

Versicherungsbedingungen können sich ändern, beispielsweise wenn die Versicherung den Tarif neu gestaltet. Doch die Schadensregulierung richtet sich stets nach den Versicherungsbedingungen, die zum Zeitpunkt des Vertragsabschlusses galten.

Der Versicherungsschutz beginnt erst, wenn die Versicherungspolice eingegangen und die erste Prämie fristgerecht bezahlt worden ist (§ 38 Abs. 2 VVG).

> **Hinweis:**
>
> Es ist möglich, ein bestimmtes Datum zu vereinbaren, zu dem der Versicherungsschutz beginnen soll (etwa den Beginn der Bauarbeiten). Das ist allerdings nicht rückwirkend möglich!

Geraten Versicherungsnehmer mit der Prämienzahlung in Verzug, kann die Versicherung die Prämie einklagen. Verzichtet sie darauf, gilt dies als Rücktritt der Gesellschaft von dem geschlossenen Vertrag. In diesem Fall besteht kein Versicherungsschutz, denn der Vertrag ist nicht zustande gekommen.

b) Die Beendigung des Vertrages

Versicherungsverträge werden in der Regel für eine gewisse Laufzeit – meist 1, 3 oder 5 Jahre – vereinbart. Werden sie nicht gekündigt, verlängern sie sich meist stillschweigend. Sie können jedoch sowohl von der Versicherungsgesellschaft als auch vom Versicherungsnehmer unter bestimmten Umständen vorzeitig beendigt werden.

Die **Versicherungsgesellschaft** kann von einem Vertrag zurücktreten, wenn der Versicherte seine vorvertraglichen Anzeigepflichten vorsätzlich oder grob fahrlässig verletzt. Der Versicherungsnehmer hat in diesen Fällen keinen Versicherungsschutz.

Die Versicherung kann den Vertrag schriftlich und fristgerecht zum Ende der vereinbarten Vertragslaufzeit kündigen. Doch eine Kündigung ohne einen besonderen Grund durch die Versicherungsgesellschaft ist eher selten. Typischerweise wird von der Gesellschaft eine Vertragskündigung ausgesprochen, wenn sich zu viele Schäden in zu kurzer Zeit häufen. Eine solche Klausel sehen die meisten Bedingungswerke vor. Die Versicherung muss in diesem Fall die in den Allgemeinen Vertragsbedingungen angegebenen Kündigungsfristen einhalten – unter Umständen kann sie allerdings fristlos kündigen. Der Versicherungsnehmer muss die Beiträge bis zum Ende der Kündigungsfrist bezahlen und hat solange auch Versicherungsschutz.

> **Hinweis:**
>
> Ist abzusehen, dass die Versicherungsgesellschaft eine Kündigung wegen einer Schadenshäufung ausspricht, sollte sich der Versicherte möglichst frühzeitig nach einem anderen Versicherer umsehen und von sich aus kündigen. Denn die meisten Antragsformulare sehen die Frage vor, ob und warum dem Versicherten von seinem vorherigen Versicherer gekündigt worden ist. Unter diesen Bedingungen ist ein neuer Vertrag häufig nur mit einem Risikozuschlag zu bekommen.

Die Versicherung hat die Möglichkeit der außerordentlichen Kündigung, sofern ein Schaden aufgetreten ist. Dieses Recht besteht unabhängig davon, ob dieser Schaden reguliert wird oder nicht. Dazu hat die Versicherung eine Frist von einem Monat einzuhalten. Ein Kündigungsrecht steht dem Versicherer auch dann zu, wenn der Versicherte die Prämie nicht zahlt.

> **Hinweis:**
>
> Wird die erste Prämie nicht gezahlt, kann der Versicherer vom Vertrag zurücktreten.

Versicherungsnehmer haben ein gesetzliches Widerrufsrecht von 14 Tagen. Die Frist beginnt mit Vertragsschluss zu laufen, das ist üblicherweise der Zeitpunkt des Zugangs des Versicherungsscheins. Dieses Widerrufsrecht besteht allerdings nur bei Verträgen mit Privatpersonen mit einer Laufzeit von mehr als einem Jahr. Über das gesetzliche Widerrufsrecht muss der Versicherungsnehmer schriftlich belehrt werden, dies geschieht meist im Antragsformular. Fehlt die Belehrung oder ist sie nicht korrekt, verlängert sich das Widerrufsrecht bis einen Monat nach Leistung der ersten Prämie.

> **Hinweis:**
>
> Das Widerrufsrecht entfällt auch, wenn sofortiger Versicherungsschutz vereinbart worden ist. Innerhalb der Frist von 14 Tagen ist der Widerruf nur bis zur Zahlung der ersten Prämie möglich.

Wurde der Versicherungsnehmer nicht über sein Widerrufsrecht belehrt, sind ihm die Informationen zur Versicherung nicht ausgehändigt worden oder hat er den Versicherungsschein nicht erhalten, erlischt das Widerrufsrecht erst nach korrekter Belehrung. Der Versicherer muss im Streitfall beweisen, dass die Unterlagen rechtzeitig vorgelegen haben.

Ein Widerspruchsrecht besteht, wenn die Police vom Antrag abweicht. Sofern der Versicherer diese Abweichungen jedoch deutlich gekennzeichnet hat und der Versicherungsnehmer nicht widerspricht, kommt der Vertrag mit den geänderten Konditionen zustande.

Jede Versicherung lässt sich mit der vertraglich vereinbarten Kündigungsfrist kündigen. Sie ist stets zum Ende der Vertragslaufzeit möglich. Das Kündigungsschreiben muss fristgerecht bei der Gesellschaft eingehen.

Hinweis:

Besteht noch ausreichend Zeit bis zum Ablauf der Kündigungsfrist, reicht ein einfacher Brief mit Bitte um Bestätigung der Kündigung. Läuft die Kündigungsfrist in Kürze ab oder gab es bereits Probleme mit der Versicherungsgesellschaft, sollte die Kündigung per Einschreiben verschickt werden.

Im Schadensfall hat der Versicherte das Recht, die Versicherung außerordentlich zu kündigen. Die Frist beträgt zwei Wochen oder einen Monat, sie kann den Versicherungsbedingungen entnommen werden. Auch bei einer Beitragserhöhung steht dem Versicherten ein Kündigungsrecht zu, das er innerhalb von einem Monat nach der Beitragserhöhung ausgeübt haben muss, sofern der Vertrag nach dem 28. Juli 1994 abgeschlossen worden ist und sich der Versicherungsschutz nicht geändert hat.

3. Versicherungen für Bauherren

a) Die Bauherrenhaftpflichtversicherung

Will der künftige Eigentümer seine Immobilie in eigener Verantwortung errichten, muss er sich gut absichern. Denn der Gesetzgeber erlegt ihm unter anderem die Verkehrssicherungspflicht für die Baustelle auf. Er muss dafür sorgen, dass niemand zu Schaden kommen kann, also Absperrungen, Abdeckungen, Beleuchtungen und Ähnliches vorhanden sind. Gegenüber dem Bauherrn haften natürlich die von ihm beauftragten Bauunternehmer, Architekten, Handwerker und andere, die im Zuge des Bauvorhabens beauftragt werden. Doch ist der Eigentümer nicht aus der Haftung entlassen. Ihm bleibt die Pflicht zu kontrollieren, im Zweifel Gefahrenstellen selbst zu beseitigen oder die Unternehmen darauf hinzuweisen.

Die Bauherren-Haftpflicht fängt das Haftungsrisiko auf. Sie prüft im Schadensfall, ob der Eigentümer überhaupt haften muss: Zum einen prüft sie gegenüber dem Geschädigten, ob der Schaden überhaupt auf die Baustelle zurückzuführen ist. Zum anderen prüft sie, ob nicht eines der beteiligten Unternehmen seine Pflichten verletzt hat.

Hinweis:

Die Bauherrenhaftpflicht tritt auch ein, wenn Helfer, also Freunde, Verwandte, die am Bau mithelfen, den Schaden verursacht haben.

Die Bauherrenhaftpflichtversicherung setzt allerdings voraus, dass der Bauherr sachverständige Dritte mit Planung, Ausführung und Bauleitung beauftragt. Übernimmt der Bauherr selbst diese Regiearbeiten, muss der Versicherungsschutz explizit darum erweitert werden.

b) Die Bauleistungsversicherung

Schäden, die während eines Neubaus durch höhere Gewalt entstehen, können durch die Bauleistungsversicherung abgedeckt werden. Solche Schäden können beispielsweise entstehen, wenn Regen den

Estrich oder frisch gemauerte Bauteile zerstört oder ein Sturm den gerade errichteten Dachstuhl umweht. In diesen Fällen tritt meist die Bauleistungsversicherung ein. Versichert sind etwa Baustoffe und Bauteile, wie beispielsweise Zement oder Fenster, aber auch Hilfsbauten, wie Gerüste.

Hinweis:

Eingebaute Teile können mitversichert werden, beispielsweise die Badezimmereinrichtung, die frisch eingebaut bereits gestohlen wird. Baugeräte, Handwerkszeug und Ähnliches sind grundsätzlich nicht versichert.

Die Bauleistungsversicherung wird vom Bauherrn abgeschlossen. Da auch die Risiken der Bauunternehmer und Handwerker mit abgedeckt werden, kann Streit darüber verhindert werden, wer für den Schaden aufkommen muss. Damit kann ein eventuell drohender Stillstand auf der Baustelle vermieden werden.

Hinweis:

Vertraglich kann vereinbart werden, dass die beauftragten Unternehmen und Handwerker einen Teil der Prämie zahlen.

c) Die Feuerrohbauversicherung

Die Feuerrohbauversicherung ist eine unumgängliche Versicherung. Denn gerade durch Schweiß- oder Elektroarbeiten können während des Baus schnell Brände entstehen. Die Versicherung gewährleistet, dass das Haus wieder aufgebaut werden kann. Bei der oft engen Kalkulation von Bauvorhaben wäre ohne eine solche Versicherung der Wiederaufbau in vielen Fällen gefährdet. Neben dem Wiederaufbau sind auch die Räumung und die unter Umständen notwendig werdende Dekontamination der Brandstelle abgedeckt.

Die Feuerrohbauversicherung gibt es nur in wenigen Fällen als eigenständigen Vertrag. Meist gehört sie zur Wohngebäudeversicherung und ist bei vielen Tarifen bereits inbegriffen. Daher sollte sich der künftige Immobilieneigentümer bereits frühzeitig darum kümmern, bei welcher Gesellschaft er seine Immobilie später versichern will.

d) Die Baufertigstellungsgarantie-Versicherung

Die Baufertigstellungsgarantie-Versicherung ist keine Versicherung, die der Bauherr abschließen kann. Vielmehr kann das Bauunternehmen diese Versicherung zugunsten seines Kunden abschließen. Doch hat diese Versicherung in der Praxis noch keine große Bedeutung.

Die Versicherung springt ein, wenn der Bauunternehmer zahlungsunfähig wird und der Bau nicht fertig gestellt werden kann. Kündigt der Bauherr den Vertrag und lässt die noch ausstehenden Arbeiten von einer anderen Firma ausführen, trägt die Versicherung die Mehrkosten für die Fertigstellung – allerdings nicht unbesehen: denn der Bauherr muss die Angebote für die verschiedenen Maßnahmen einreichen, die zunächst von der Versicherung geprüft werden.

e) Bauhelfer-Unfallversicherung

Die Bauhelfer-Unfallversicherung wird zwingend notwendig, wenn Freunde, Verwandte oder Bekannte beim Hausbau oder Umbau helfen. Der Bauherr ist gesetzlich verpflichtet, seine privaten Helfer bei der Bauberufsgenossenschaft anzumelden (§ 192 SGB VII). Dabei ist es unerheblich, ob diese Hilfe entgeltlich oder unentgeltlich geleistet wird.

Hinweis:

Die Bauhelfer-Unfallversicherung kann nicht durch den Abschluss einer privaten Unfallversicherung ersetzt werden. Wird die Anmeldung unterlassen, drohen Bußgelder.

Der Bauherr selbst ist nicht über die gesetzliche Versicherung abgesichert, denn er gilt als „Unternehmer", so dass die Versicherung bei einem Unfall nicht einspringt. Das gilt entsprechend für Ehepartner. Allerdings kann mit der Berufsgenossenschaft eine Zusatzvereinbarung getroffen oder eine private Bauhelfer-Unfallversicherung abgeschlossen werden.

Die Bauhelfer-Unfallversicherung tritt nur für die versicherten Unfälle ein, also solche Unfälle, die die gemeldeten Personen erleiden und die durch die Bautätigkeit ausgelöst werden, etwa ein Sturz vom Gerüst. Auch Wegeunfälle werden von der Versicherung umfasst (z. B. Verkehrsunfall auf dem Weg zur Baustelle). Je nach Schaden werden etwa einmalige oder regelmäßige Zahlungen bei Invalidität, Übergangsleistungen, aber auch Todesfall-Leistungen erbracht.

Die gesetzliche Pflichtversicherung bemisst die Beitragshöhe nach den geleisteten Arbeitsstunden und einem dafür festgesetzten marktgerechten, aber fiktiven Entgelt. Die Beiträge gleichen im Wesentlichen der Versicherung gewerblicher Arbeitnehmer. Wird eine zusätzliche private Versicherung abgeschlossen, richtet sich die Prämienhöhe in der Regel nach der Anzahl der Helfer, die gleichzeitig auf der Baustelle anwesend sind.

4. Die Versicherung der Immobilie

Die **Wohngebäudeversicherungen** gehören zu den grundlegenden Versicherungen die Haus- und Wohnungseigentümer abschließen sollten. Denn wird eine Immobilie durch Sturm, Leitungswasser oder Feuer schwer beschädigt oder gar total zerstört, können die wenigsten Eigentümer sie aus eigener Kraft wiederaufbauen. Davor schützen die Wohngebäudeversicherungen. Versichert sind sowohl das Gebäude – also der reine Baukörper – als auch fest mit dem Baukörper verbundene Teile wie Heizungsanlagen, sanitäre Einrichtungen, fest verlegte Fußbodenbeläge – etwa Parkett –, Brennstoffvorräte, Markisen und Ähnliches. Mülltonnen, Zäune, unter Umständen auch Nebengebäude und Garagen sind im Regelfall nicht versichert, können aber durch einen meist nur geringen Aufpreis eingeschlossen werden.

Durch den Abschluss einer **Feuerversicherung** ist die Immobilie gegen Brandschäden versichert. Ein solcher Brand kann beispielsweise durch eine Kerze, Öfen oder einen Kurzschluss ausgelöst werden. Doch die Versicherung springt auch für Schäden ein, die durch Blitzschlag, Explosion oder den Absturz von Flugzeugen entstehen.

Aber nicht jeder Brandschaden ist versichert. Klar ist der Fall bei Brandstiftung oder einem Kurzschluss. Anders dagegen bei Brandschäden, die durch grobe Fahrlässigkeit ausgelöst worden sind, beispielsweise durch die Kerze, die unbeaufsichtigt brennt und den Brand auslöst. In diesen Fällen muss der Schaden nach dem neuen Versicherungsvertragsgesetz nach dem Grad des Verschuldens geregelt werden – der Schaden wird „gequotelt".

> **Hinweis:**
>
> Sengschäden in Teppich oder Parkett werden nicht durch einen Brand verursacht und sind daher nicht mit versichert.

Wenn das Gebäude im Ernstfall vollständig abbrennt, erhält der Versicherungsnehmer meist den ortsüblichen Neubauwert, der den ursprünglichen Bauwert in der Regel übersteigt. Sind nur Teile des Gebäudes beschädigt, werden nur die Kosten der Wiederherstellung übernommen. Wird das Gebäude nicht wieder errichtet, muss die Versicherung nur eine Entschädigung zum Zeitwert zahlen. Der Zeitwert des Gebäudes berücksichtigt neben dem tatsächlichen Alter auch den Erhaltungszustand und die Abnutzung.

Der Eigentümer ist nicht verpflichtet, seine Immobilie als exakte Rekonstruktion wieder zu errichten. Doch sollte sie in Größe und Nutzungszweck in etwa identisch bleiben. Eine Modernisierung – also ein Wiederaufbau unter Berücksichtigung des neusten technischen Standes – ist allerdings zulässig, ohne dass die Neuwertentschädigung in Gefahr gerät. Auch eine unwesentliche Vergrößerung der Wohnfläche ist grundsatzlich denkbar (OLG Köln, 9 U 92/05, Urteil v. 10. 1. 2006, VersR 2006, 84).

> **Hinweis:**
>
> In der Regel sind Schäden durch Lösch- oder Abrissarbeiten mit einem bestimmten Prozentsatz mitversichert. Sie können häufig noch nach verhandelt werden.

Meist wird eine Feuerversicherung nicht einzeln, sondern als Bestandteil der **verbundenen Wohngebäudeversicherung** abgeschlossen. Diese Versicherung umfasst als Paketlösung verschiedene Sachversicherung und sichert die Immobilie gegen Schäden durch Brand, Blitzschlag, Explosionen, Leitungswasser, Sturm oder Hagel ab. Sie übernimmt normalerweise – wenn auch oft in begrenzter Höhe – die Kosten für Aufräum- und Abbruchkosten. Auch Mietausfälle, die in der Folge des Ereignisses entstanden sind, sind im Allgemeinen versichert.

Sturm ist nicht jeder stärkere Wind. Erst bei einer Windstärke von mindestens 8 oder mehr, die für die jeweilige Gegend gemessen wurde, wird ein Sturm angenommen. Alternativ wird ein Sturm unterstellt, wenn auch an anderen Häusern beziehungsweise auf anderen Grundstücken Schäden aufgetreten sind, die regelmäßig nur durch einen Sturm entstanden sein können.

> **BEISPIEL: Sturmschäden** Zu den Sturmschäden zählen beispielsweise direkte Schäden am Gebäude – ein Dach wird abgedeckt –, Folgeschäden – Regenwasser dringt durch das abgedeckte Dach ein –, indirekte Einwirkungen – der Sturm entwurzelt einen Baum, der wiederum das Dach beschädigt – oder Hagelschäden.

Steht bei Sturm ein Fenster offen und dringt dadurch Schnee, Regen oder Hagel ein, sind diese Schäden nicht mit versichert. Auch Schäden durch Schneedruck oder Überschwemmung zählen nicht zu den versicherten Gefahren.

> **Hinweis:**
>
> Hauseigentümer sind trotz allem gefordert. Wird durch einen Sturm ein Dach abgedeckt, das bereits seit längerem schadhaft war, kann der Versicherungsschutz entfallen. Jeder Eigentümer muss folglich seine Immobilie regelmäßig kontrollieren und instand halten.

Leitungswasserschäden entstehen im Wesentlichen durch Undichtigkeiten an den Zu- oder Ableitungen der Wasserversorgung sowie der Heizung zum Beispiel durch Rohrbruch, Frost oder schadhafte

Ventile. Schäden entstehen dabei nicht nur an Teppichboden, Parkett oder Tapeten. Vielmehr kann das Wasser auch in das Mauerwerk und in Dämmmaterialien eindringen und alles durchfeuchten. Kommt Frost dazu, können erhebliche Schäden auftreten. Die Versicherung springt in der Regel sogar ein, wenn die Schäden durch Einrichtungen verursacht werden, die mit diesen beiden **Anlagen verbunden** sind, also beispielsweise von Wasch- oder Spülmaschinen ausgehen.

Nicht versichert sind allerdings Schäden, die dadurch entstehen, dass der Versicherungsnehmer seinen Obliegenheiten nicht nachgekommen ist.

> **BEISPIEL: Frostschaden** Ist zum Beispiel ein Frostschaden dadurch entstanden, dass die Heizung ausgefallen ist und der Versicherungsnehmer dies durch eine fehlende Kontrolle nicht festgestellt hat, tritt die Versicherung nicht ein. Als zumutbar wird eine halbwöchentliche Kontrolle angesehen (OLG Stuttgart, Urt v. 4.3.2004, 7 U 166/03).

Nicht versichert sind auch Schäden, die durch eingedrungenes Regenwasser, ein ausgelaufenes Wasserbett oder ein Aquarium entstanden sind. Auch Rohrbrüche von Abwasserrohren oder Schäden in Nebenanlagen – wie Gartenhäusern, Schwimmbecken und Ähnlichem – sind meist nicht mitversichert. Für viele dieser Risiken gibt es allerdings die Möglichkeit, dass sie durch eine Erweiterung der Deckung abgesichert werden können.

> **Hinweis:**
>
> **Leitungswasserversicherungen** werden zum Teil auch als eigenständige Versicherung angeboten. Besteht allerdings die verbundene Wohngebäudeversicherung, wird sie nicht zusätzlich benötigt.

Die verbundene Wohngebäudeversicherung schützt neben dem Haus auch das sogenannte Zubehör, wie Markisen oder Antennen. Damit Zubehör versichert ist, muss es sich entweder im Gebäude befinden oder von außen an das Gebäude anmontiert sein. Zudem muss es notwendig sein, um das Gebäude instand zu halten oder zu

Wohnzwecken zu nutzen. Der Versicherungsschutz umfasst die Reparaturkosten für Schäden beziehungsweise beschädigte Gebäudeteile, Aufräumungsarbeiten, Abbruch und Ähnliches, Entschädigungen für zerstörtes oder abhanden gekommenes Gebäudezubehör, im Ernstfall aber auch den Wiederaufbau eines zerstörten Gebäudes. Werden Teile des Gebäudes vermietet, ist in der Regel zusätzlich der Mietausfall versichert, wenn der Mieter die Wohnung nicht bewohnen oder sein Geschäft betreiben kann.

Entscheidend ist für diese Entschädigungen jedoch, dass das Gebäude richtig versichert ist. Die Versicherungssumme muss auf jeden Fall dem Wert des Hauses entsprechen. Sie ist abhängig von der Wohnfläche und der Ausstattung der Immobilie, aber auch von der Bauweise und der Lage des Hauses.

Hinweis:

Eine Unterversicherung des Hauses sollte auf jeden Fall vermieden werden. Daher sollte die Versicherungssumme stets vom Versicherer ermittelt werden und alle dazu notwendigen Informationen vom Versicherungsnehmer offen angegeben werden. Verletzt der Versicherer dabei die Hinweis- und Beratungspflicht, hat das zur Folge, dass er sich nicht auf Unterversicherung berufen kann (OLG Düsseldorf, I-4 U 205/04, Urt. v. 13. 12. 2005). Werden größere Modernisierungen, An- oder Umbauten vorgenommen, sollte dies ohne Zeitverzögerung gemeldet werden.

Der Wert des Hauses muss stets der Baupreisentwicklung angepasst werden. Dies geschieht durch eine Versicherung zum Neuwert, beziehungsweise besser zum dynamischen oder gleitenden Neuwert. Im ersteren Fall muss der Versicherte stets dafür sorgen, dass der Neuwert angepasst wird. Wird jedoch der gleitende Neuwert versichert, ist automatisch die Wiederherstellung des Gebäudes zu den jeweiligen Kosten abgesichert.

Da die verbundene Wohngebäudeversicherung unterschiedliche Einzelpolicen koppelt, ist sie meist preisgünstiger als der Abschluss verschiedener Einzelversicherungen. Doch schützt die verbundene Wohngebäudeversicherung die Immobilie nicht gegen Elementarschäden durch Hochwasser oder Erdbeben. Dafür wird eine Elementarschadenversicherung benötigt.

Werden Bestandsimmobilien verkauft, geht die Wohngebäudeversicherung per Gesetz auf den Erwerber über. Damit soll verhindert werden, dass in der Übergangszeit Unklarheiten bestehen, ob und bei wem ein Versicherungsschutz besteht. Der Verkäufer muss seinen Versicherer über den Verkauf informieren. Dieser nimmt dann Kontakt mit dem Käufer auf. Der Käufer trägt die Kosten der Versicherung von dem Tag an, der hierfür im Kaufvertrag vorgesehen ist, und ist von diesem Zeitpunkt an gegen die versicherten Risiken geschützt.

Dem Erwerber steht ein Sonderkündigungsrecht zu, von dem er innerhalb von 4 Wochen nach dem Eigentumsübergang Gebrauch machen kann. Der Kündigung sollte gleich ein Nachweis über den Eigentumsübergang beigelegt werden, um nachzuweisen, dass der Kündigende dazu berechtigt ist.

Hinweis:

Besser, als auf eine Nachricht des Versicherers zu warten, ist in jedem Fall, direkt nach dem Eigentumswechsel selbst den bisherigen Versicherer anzuschreiben, und das Sonderkündigungsrecht auszuüben. Damit wird vermieden, dass die Frist versäumt wird. Allerdings sollte die Kündigung nicht ausgesprochen werden, bevor ein neuer Versicherungsvertrag besteht.

Vor allem bei der Übernahme der bereits bestehenden Wohngebäudeversicherung einer Bestandsimmobilie muss geprüft werden, ob die Versicherungsbedingungen den Anforderungen des Käufers entsprechen, beispielsweise, ob die Versicherungssumme noch ausreichend ist, um im Schadensfall nicht unterversichert zu sein.

Hinweis:

Dies gilt insbesondere dann, wenn umfangreiche Umbauten an der Immobilie vorgenommen worden sind. Doch besteht das Risiko, dass bereits der Voreigentümer die Versicherungssumme falsch festgelegt hatte. In jedem Fall sollte Kontakt zur Versicherung aufgenommen werden

Als Elementarschäden werden normalerweise Schäden durch Hochwasser, durch Erdrutsch, durch Schneedruck oder ähnliche Naturereignisse bezeichnet, die in den letzten Jahren erheblich zugenommen haben und zu einer großen finanziellen Belastung des Eigentümers werden können. Diese Schäden sind in der Regel nicht durch die verbundene Wohngebäudeversicherung erfasst, können jedoch durch eine **Elementarschadenversicherung** abgesichert werden. Diese Versicherung ist oft als Zusatz zur verbundenen Wohngebäudeversicherung abzuschließen. Sind in der Vergangenheit jedoch größere Schäden, beispielsweise durch Hochwasser, entstanden, ist eine Elementarschadenversicherung entweder nicht oder nur zu sehr hohen Prämien zu erhalten. Liegt eine Immobilie folglich in einem möglichen Gefährdungsgebiet, sollte der Eigentümer prüfen, ob der Abschluss einer Elementarschadenversicherung sinnvoll und möglich ist.

Hinweis:

Bislang hat die Öffentliche Hand vielen Opfern von Überschwemmungen geholfen. Doch beispielsweise in Bayern werden in Zukunft nur noch die Eigentümer unterstützt, die eine Elementarschadenversicherung nicht abschließen können. Über eine entsprechende Kampagne wurde dies der Bevölkerung bekannt gemacht. Daher sollte sich jeder Eigentümer frühzeitig informieren, ob und zu welchen Kosten ein solcher Versicherungsschutz zu haben ist. Es ist zu erwarten, dass andere Bundesländer folgen.

Exkurs: Um zu erfassen, welche Gebiete hochwassergefährdet sind, ist das web-basierte Geo-Informationssystem „Zonierungssystem für Überschwemmungen, Hochwasser und Rückstau" (ZÜRS) entwickelt worden. In diesem Kartierungssystem lässt sich grundstücksgenau feststellen, welche Grundstücke im Hochwassergebiet liegen, gefährdet sind und in der Vergangenheit bereits von Hochwasser betroffen waren. Dieses System teilt ganz Deutschland in vier verschiedene Zonen ein. Versicherungsschutz ist grundsätzlich in den Zonen 1 und 2 möglich, die Zonen 3 und 4 sind meist ausgeschlossen. Dies betrifft allerdings nur rund 3% der Grundstücke. ZÜRS steht inzwischen im Netz (www.zuers-public.de/zuerspublic/), so dass Immobilieneigentümer das Hochwasserrisiko ihrer Immobilien selbst feststellen können.

Ob eine **Glasversicherung** notwendig ist oder nicht, wird immer wieder diskutiert und ist eine Frage der persönlichen Einstellung. Sie lohnt sich meist dann, wenn die Immobilie mit großen Glasflächen gestaltet ist – beispielsweise ein Wintergarten angebaut oder große Glaswände eingebaut worden sind. Die Versicherung ersetzt das Glas und die Reparaturkosten. Die Schäden werden in der Regel direkt beglichen, die Schadenssumme nicht ausgezahlt. Versichert sind typischerweise Glasscheiben am Gebäude, an Wintergärten oder in Glaskuppeln; aber auch Glasbausteine, Gläser von Bildern, Spiegel und unter Umständen auch Glasplatten etwa als Brandschutz vor dem Kamin. Dies kommt im Einzelnen auf die gewählte Versicherung an. Wichtig kann eine Glasversicherung insbesondere dann werden, wenn Sonnenkollektoren auf dem Dach installiert sind – Photovoltaikanlagen sind meist nicht eingeschlossen.

Hinweis:

Bei manchen Versicherungsgesellschaften gehören selbst Ceran-Kochfelder zum Versicherungsumfang der Glasversicherung (AG Köln, Urteil v. 23. 8. 2005, 112 c 294/05), bei anderen Gesellschaften muss eine Zusatzversicherung abgeschlossen werden.

Versichert sind der Bruch oder die Beschädigungen des Glases; etwa wenn der Sonnenschirm in den Wintergarten fällt und die Glasscheiben zerbrechen. Dabei spielt es keine Rolle, warum der Schaden entstanden ist, ob er etwa fahrlässig herbei geführt wurde. Nicht versichert sind dagegen Schäden, die durch Explosionen, Brand oder ähnliche Risiken entstehen. Werden Mehrscheiben-Isolierverglasungen undicht, fallen sie ebensowenig unter den Versicherungsschutz wie Schäden an der Oberfläche – beispielsweise Kratzer – oder Schäden an Beleuchtungskörpern.

BEISPIEL: So ist die Glasplatte des Wohnzimmertischs versichert, wenn sie zerspringt, nicht jedoch wenn Kratzer auf der Glasplatte auftreten. Sie zählen zu Beschädigungen der Oberfläche und sind nicht mit versichert.

Die **Haus- und Grundbesitzerhaftpflicht** schützt vor Haftungsverpflichtungen, die entstehen, wenn Dritte durch die Immobilie oder das Grundstück einen Schaden erleiden. Solche Schäden entstehen schnell, zum Beispiel durch schadhafte Treppenstufen, nicht geräumte Wege im Winter und vieles mehr.

Im Grundsatz muss ein Hauseigentümer haften, wenn durch ihn oder seine Immobilie einem Dritten ein Schaden zugefügt wird, für den der Eigentümer verantwortlich ist, etwa weil er seine Verkehrssicherungspflicht schuldhaft verletzt hat. Damit können dem Eigentümer Kosten entstehen als Ersatz für einen beschädigten Gegenstand, möglicherweise auch Folgekosten und Nutzungsausfall. Kommt es gar zu Personenschäden, muss mit Behandlungskosten, Verdienstausfall, unter Umständen Schmerzensgeld und im Extremfall Rentenzahlungen gerechnet werden. Solche Kosten sind eine große Belastung und können die Betroffenen unter Umständen ruinieren, da sie mit ihrem aktuellen und zukünftigen Vermögen und Einkommen haften.

Typische Schadensfälle entstehen etwa, wenn Passanten auf dem Gehweg stürzen, der Briefträger auf der Treppe ausrutscht, Dachziegel auf ein Auto fallen oder Bäume umstürzen. Voraussetzung ist jedoch, dass der Eigentümer der Immobilie schuldhaft gehandelt hat: die Räum- und Streupflicht wurde nicht oder nicht richtig erfüllt, das Dach war schadhaft, der Baum bereits marode. Oft ist die Schuldfrage nicht schnell und einfach zu klären. Allein die Auseinandersetzung darum, ob der Hauseigentümer haftet oder nicht, kann sich vor Gericht lange hinziehen.

Hinweis:

Solche Haftungsverpflichtungen können sich nicht nur aus dem Immobilieneigentum ergeben. Auch im „normalen" Leben entstehen immer wieder Konstellationen, aus denen heraus eine Haftungsverpflichtung entsteht. Daher sollte sich jeder gegen diese Haftungsverpflichtungen versichern.

Die Versicherung übernimmt die Haftung für den Immobilieneigentümer. Sie unterstützt auch bei der Klärung der Haftungsfrage und wehrt unberechtigte Haftungsansprüche ab. Denn nur wenn der Versicherte auch für den Schaden verantwortlich ist, muss er haften.

> **BEISPIEL: Glatteis** Rutscht der Briefträger auf der Treppe aus, weil sie vereist war und der Eigentümer sie nicht vom Glatteis befreit hat, besteht ein Anspruch. Rutscht er aber aus, obwohl die Treppe eisfrei war, gut beleuchtet, ohne Herbstlaub und Ähnliches, dürften seine Ansprüche unbegründet sein.

Die Versicherung springt auch in den Fällen ein, in denen der Eigentümer seine Pflichten als Haus- und Grundeigentümer schuldhaft verletzt hat. Dabei spielt es keine Rolle, ob Mieter, Besucher, Passanten oder Lieferanten betroffen sind. Allerdings haftet sie nicht in allen Fällen, etwa wenn Schäden vorsätzlich herbeigeführt werden, wenn der Beitrag nicht gezahlt wurde oder wenn die Immobilie gewerblich oder freiberuflich genutzt wird und der Schaden in diesem Zusammenhang entsteht.

Solche Haftungsfälle können schnell sehr teuer werden, daher sollte die Haus- und Grundbesitzerhaftpflichtversicherung für jeden Eigentümer Standard sein. Ist die Immobilie allerdings nicht vermietet, sondern wird sie durch den Eigentümer selbst genutzt, wird das Risiko meist durch die private Haftpflichtversicherung des Eigentümers abgedeckt. Dies sollte aber auf jeden Fall mit der Versicherung abgeklärt werden. Unbebaute Grundstücke müssen im Allgemeinen ebenfalls durch eine Haus- und Grundbesitzerhaftpflichtversicherung abgesichert werden.

Hinweis:

Die private Haftpflichtversicherung springt in der Regel jedoch schon dann nicht mehr ein, wenn eine Einliegerwohnung vermietet wird oder wenn in einem Zweifamilienhaus die zweite Wohnung von Verwandten genutzt wird. Dies sollte unbedingt mit der Gesellschaft geklärt werden.

Eine besondere Art der Haftpflichtversicherung ist die **Gewässerschadenhaftpflichtversicherung.** Sie ist in der Regel nicht in der

„normalen" Haus- und Grundbesitzerhaftpflichtversicherung inbegriffen und muss extra abgeschlossen werden. Sie ist für Immobilieneigentümer immer dann eine wichtige Versicherung, wenn die Immobilie mit Öl beheizt wird: Sickert aus einem undichten Öltank oder aus undichten Zuleitungen Öl in das umliegende Erdreich und gelangt ins Grundwasser, entstehen schnell Schäden, für deren Beseitigung der Eigentümer verantwortlich ist. Die Beseitigung dieser Schäden verursacht meist erhebliche Kosten, denn mit der Reparatur des Tanks ist es nicht getan. Ebenso muss das verseuchte Erdreich vernichtet werden, weitere Maßnahmen, zum Beispiel zum Schutz des Grundwassers können notwendig werden. Der Eigentümer haftet ebenso, wenn durch die Verunreinigung auf seinem Grundstück beispielsweise nahe Gewässer oder Feuchtgebiete verunreinigt und Sanierungsmaßnahmen notwendig werden.

Die Haftung trifft den Eigentümer – anders als bei der privaten Haftpflichtversicherung oder bei der Haus- und Grundstücksversicherung – unabhängig davon, ob er an dem Schaden schuld ist oder nicht. Denn von Öltanks geht generell ein Risiko aus, dafür haftet er. Wird der Schadensfall allerdings dadurch ausgelöst, dass der Tank aufgrund eines Herstellungsfehlers leckt, die Leitungen fehlerhaft verlegt wurden oder liegen ähnliche Fehler von Dritten vor, kann er versuchen, Regress zu nehmen. Für den Schaden haftet jedoch zunächst der Eigentümer.

Vor diesen Haftungsfolgen kann sich der Eigentümer durch den Abschluss der Gewässerschadenhaftpflichtversicherung absichern. Der Beitrag ist abhängig von der Größe und der Lage des Tanks. Liegt der Tank zum Beispiel unterirdisch, fällt die Prämie normalerweise höher aus, da ein Leck später entdeckt wird und daher größeren Schaden anrichten kann.

5. Die Absicherung des Immobilieneigentümers

a) Rechtsschutzversicherung

Rechtsschutzversicherungen sind insbesondere dann sinnvoll, wenn sich ein Eigentümer entschließt zu vermieten. Dafür gibt es spezielle Vermieterrechtsschutzversicherungen. Vertragsstreitigkeiten, zum

Beispiel beim Erwerb oder beim Bau von Wohneigentum, oder Streitigkeiten im Bereich des öffentlichen Rechts – z. B. über Beiträge oder Gebühren – sind in der Regel durch diese Rechtsschutzversicherungen nicht mehr abgedeckt.

Hinweis:

Auch Wohnungseigentümergemeinschaften können sich gegen Risiken durch Rechtsstreitigkeiten durch den Abschluss einer Rechtsschutzversicherung schützen. Dabei spielt es keine Rolle, ob es sich um Streitigkeiten innerhalb der Gemeinschaft handelt oder ob die Streitigkeiten gegen Dritte ausgetragen werden.

Die Rechtsschutzversicherung tritt nicht ein, wenn der Versicherungsfall bereits vor Beginn der Versicherung eingetreten ist. In der Regel besteht zudem eine dreimonatige Wartefrist. Versicherungsfälle, die in dieser Zeit entstehen, sind nicht mit abgesichert.

b) Hausratversicherung

Die Hausratversicherung schützt den gesamten Hausrat. Wird er durch Brand, Blitzschlag, Explosion, Einbruchdiebstahl, Leitungswasser oder Sturm zerstört, beschädigt oder kommt er abhanden, tritt die Hausratversicherung ein. Als Hausrat werden alle Gegenstände bezeichnet, die bei einem Umzug mitgenommen werden können, wie zum Beispiel Kleidung, Möbel, Lebensmittel. Sie müssen sich allerdings innerhalb des Hauses – nicht innerhalb des Gartens – befinden.

Wertsachen, etwa Antiquitäten, Schmuck oder Gemälde, zählen grundsätzlich zum Hausrat. sie werden allerdings nur bis zu einem bestimmten Anteil der Versicherungssumme (20%) oder mit einem festen Betrag mit versichert. Sind umfangreiche Wertsachen vorhanden, lohnt es sich zu prüfen, ob eine höhere Versicherung abgeschlossen werden sollte.

Die Hausratversicherung muss zum Neuwert abgeschlossen werden. Dann bezahlt die Versicherung in der Regel im Schadensfall die Reparaturkosten des beschädigten Hausrats bis zur Höhe der Wiederbeschaffungskosten. Können die Gegenstände nicht repariert werden, erstattet die Versicherung die Wiederbeschaffungskosten. Allerdings ist die Haftung auf die vertraglich vereinbarte Versicherungssumme beschränkt. Die meisten Versicherer sehen jedoch die Möglichkeit vor, einen Unterversicherungsausschluss zu vereinbaren. Dabei wird die Prämie oft nach Quadratmeter Wohnfläche vereinbart. Trotz Unterversicherungsverzicht wird nicht jede Summe vom Versicherer beglichen, sondern der Wert, der sich aus dem Vertrag ergibt.

Hinweis:

Die **Vertragssumme** wird durch eine Formel (m^2 x 650,– € = Versicherungssumme) errechnet. Befinden sich in einer kleinen Wohnung sehr viele wertige Gegenstände, kann die Versicherungssumme viel zu niedrig sein, bei wenigen Gegenständen in einer großen Wohnung kann sie sich als zu hoch erweisen.

Typische Risiken sind Feuer, Leitungswasser, Sturm, Hagel, Einbruchdiebstahl oder Vandalismus. Nicht versichert sind Schäden, die der Versicherungsnehmer durch Unachtsamkeit oder gar grober Fahrlässigkeit (LG Oldenburg, Urt. v. 19.9.03, 13 O 1359/93, r+s 2004, 112) selbst verursacht hat. Ebenfalls nicht versichert ist einfacher Diebstahl oder der Verlust von Gegenständen.

Schäden sollten stets sofort gemeldet werden. Der beschädigte oder gar zerstörte Gegenstand muss aufbewahrt werden, bis die Versicherungsgesellschaft ihn freigegeben hat. Die Versicherung kann nur den gemeldeten Schaden begleichen. Daher sollten möglichst schnell umfassende Listen der beschädigten, zerstörten oder bei einem Einbruch gestohlenen Sachen gefertigt werden.

Hinweis:

Einfacher wird der **Schadensnachweis**, wenn der Hausrat fotografiert wird. Diese Fotos sowie Quittungen teurer Anschaffungsgegenstände sollten sicher verwahrt werden, so dass sie im Schadensfall den Nachweis erleichtern.

Bestimmte Verhaltensregeln sollten stets beachtet werden, um den Versicherungsschutz nicht zu verlieren: So müssen etwa Fenster und Türen bei Verlassen des Hauses stets geschlossen werden (OLG Oldenburg, Beschl. v. 2.8.05, 3 U 34/05, r-s 2005, S. 422), Kerzen und offenes Feuer darf nicht unbeaufsichtigt bleiben. Ändert sich die Gefahrensituation, beispielsweise weil ein Kamin eingebaut oder das Haus vorübergehend eingerüstet wird, muss dies der Versicherungsgesellschaft gemeldet werden, um den Versicherungsschutz nicht zu gefährden.

Zieht der Eigentümer in sein neues Heim, muss er dies seinem Versicherer mitteilen, damit die Vertragsdaten angepasst werden können. Wird der Umzug dem Versicherer vorab mitgeteilt, besteht Versicherungsschutz sowohl für die alte als auch für die neue Wohnung. Der Versicherungsschutz für die alte Wohnung erlischt allerdings spätestens zwei Monate nach dem Umzug.

2. Kapitel

Die Verwaltung des Wohnungseigentums

Für die Verwaltung von Wohnungseigentum sind **drei Organe** zuständig, nämlich einmal die Wohnungseigentümergemeinschaft, zum Zweiten der Verwalter und zum Dritten der Verwaltungsbeirat. Gegenstand der Verwaltung kann dabei nur das **gemeinschaftliche Eigentum** sein (§ 20 Abs. 1 WEG).

Die Verwaltung des gemeinschaftlichen Eigentums obliegt in erster Linie den **Wohnungseigentümern** selbst als dem **obersten Entscheidungsgremium** in Wohnungseigentümergemeinschaften (§ 21 Abs. 1 WEG). Die Verwaltungstätigkeit findet ihre Ausgestaltung in Beschlüssen (§ 21 Abs. 3 WEG), die in **Eigentümerversammlungen** gefasst werden (§ 23 Abs. 1 WEG), vereinzelt auch durch den Abschluss von **Vereinbarungen**, d. h. durch schriftlich fixierte Absprachen, an denen alle im Grundbuch eingetragenen Miteigentümer zu beteiligen sind. Da für das Zustandekommen einer Vereinbarung ausnahmslos jeder im Grundbuch eingetragene Wohnungseigentümer zustimmen muss, können Vereinbarungen auch als **wohnungseigentumsrechtliche Verträge** umschrieben werden.

Umgesetzt werden diese Beschlüsse vom **Verwalter** als dem zweiten Verwaltungsorgan (§§ 26 bis 28 WEG).

Der **Verwaltungsbeirat** schließlich als drittes Glied der organschaftlichen Verwaltung hat die Aufgabe, die Tätigkeit des Verwalters mit wachem Auge zu begleiten und ihn bei der Ausführung der Verwaltungsaufgaben zu unterstützen (§ 29 Abs. 2 WEG).

Träger aller Rechte und Pflichten einer Wohnungseigentümergemeinschaft in Bezug auf das Rechtsverhältnis zu außenstehenden Dritten ist der sogenannte **teilrechtsfähige Verband**, der die Gemeinschaft aller im Grundbuch eingetragenen Wohnungseigentümer repräsentiert und selbständig am Rechtsverkehr mit Dritten teilnimmt, also im Außenverhältnis auftritt. Dies bedeutet, dass Partner aller für die Gesamtheit der Wohnungseigentümer mit außen stehenden Dritten geschlossene Verträge der teilrechtsfähige Verband ist.

Im Innenverhältnis zu seinen Mitgliedern ist der **Verband Inhaber aller Wohngeldansprüche**, soweit solche von den Wohnungseigentümern durch Beschlussfassung begründet worden sind.

Der teilrechtsfähige Verband kann jedoch alleine weder Entscheidungen treffen, noch ist er ohne einen für ihn auftretenden Bevollmächtigten selbständig handlungsfähig. Diese Funktion wird vom Verwalter wahrgenommen.

I. Verwaltung durch die Wohnungseigentümer

Die Entscheidungen im Innenverhältnis, welche Aufgaben der Verband auszuführen hat und welche Rechtsgeschäfte er abwickeln soll, treffen seine Mitglieder, also die einzelnen Wohnungseigentümer. Soweit dies Verwaltungsaufgaben des Verbandes anbelangt, finden diese Willensbildungsprozesse auf sogen. Wohnungseigentümerversammlungen statt, in denen die Eigentümer zusammenkommen und durch Beschlussfassung die Geschicke der Eigentümergemeinschaft regeln.

Diese **Regelungskompetenz** betrifft ausschließlich das **Gemeinschaftseigentum**. Sein Sondereigentum verwaltet jeder Wohnungseigentümer selbst. So kann eine Eigentümergemeinschaft niemals durch einen nur mehrheitlich gefassten Beschluss in den Bestand des Sondereigentums eingreifen und dieses verändern. Dies würde einen Eingriff in den Kernbereich des Sondereigentums bedeuten. Hierzu fehlt einer Eigentümergemeinschaft jedoch die Beschlusskompetenz, so dass sie für derartige Maßnahmen absolut unberechtigt und unzuständig wäre, ein solcher Beschluss wäre nichtig (OLG Düsseldorf, Beschluss vom 10.1.2001, 3 Wx 419/00).

Ausnahme:

Führt eine das Gemeinschaftseigentum betreffende Verwaltungs-maßnahme als Begleiterscheinung zu einer Einwirkung auf das Sondereigentum, wie es z. B. bei Reparatur- oder Erneuerungs-maßnahmen von im Gemeinschaftseigentum stehenden Bestand-teilen der Wohnungseigentumsanlage der Fall sein kann und wird dabei als unvermeidbare Konsequenz auch Sondereigentum be-troffen, so besteht in solchen Fällen eine sich auf das Sondereigen-tum auswirkende Beschlusskompetenz der Eigentümergemein-schaft. So können Wohnungseigentümer z. B. im Rahmen einer Er-neuerung der Heizungsanlage auch den Austausch defekter Heiz-körper mit beschließen, ohne dass es darauf ankäme, ob diese im Sonder- oder im Gemeinschaftseigentum stehen (OLG München, Beschl. vom 20.3.2008, 34 Wx 36/07).

Grundsätzlich aber gilt, dass die Eigentümergemeinschaft nur ge-meinschaftliche Belange zu regeln hat, und dazu gehören das Son-dereigentum und die sich aus dem Sondereigentum ergebenden Rechte und Pflichten nicht.

Nicht ganz einfach ist oft die Abgrenzung zwischen Gemeinschafts-und Sondereigentum. Erschwerend kommt hinzu, dass bei der Ver-waltung von Wohnungseigentum eine Vielzahl von Begriffen ver-wendet wird, ohne deren Verständnis man sich nur schwer im Woh-nungseigentumsrecht zu Recht finden wird.

1. Rechtliche Grundlagen

Wer eine Eigentumswohnung erwerben will und sich danach um de-ren Bewirtschaftung kümmern muss, der sollte sich über die recht-lichen Zusammenhänge informieren, die für ihn als zukünftiges Mit-glied einer Wohnungseigentümergemeinschaft gelten werden.

Ein Verständnis dieser rechtlichen Grundlagen ist für den Erwerber einer Eigentumswohnung jedoch nur dann möglich, wenn er sich einen Überblick über die Begriffsvielfalt verschafft, die das Wohnungseigentum inhaltlich bestimmt. Folgendes Schaubild soll erste begriffliche Zusammenhänge verdeutlichen, die jedem, der eine Eigentumswohnung erwerben will, bereits im Zusammenhang mit dem Kaufvertragsabschluss begegnen werden und deshalb geläufig sein müssen, wenn man sich um die Verwaltung seines Eigentums kümmern und dabei die rechtlichen Zusammenhänge verstehen will:

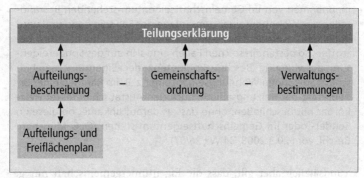

Abb.: Darstellung der rechtlichen Zusammenhänge:

a) Teilungserklärung

Vor dem Erwerb einer Eigentumswohnung ist eine genaue Durchsicht der sogenannten „Teilungserklärung" unverzichtbar. Bei der Teilungserklärung handelt es sich um ein für die bestimmte Wohnungseigentumsanlage aufgestelltes Regelwerk, dass das Verhältnis der Mitglieder der Eigentümergemeinschaft untereinander maßgeblich bestimmt.

Eine Teilungserklärung besteht regelmäßig aus der sogenannten **Aufteilungsbeschreibung** und einer **Gemeinschaftsordnung**. Bisweilen sind in Teilungserklärungen auch zusätzlich **Verwaltungsbestimmungen** zu finden, die insbesondere beim Entstehen einer neuen Eigentümergemeinschaft von Bedeutung sein können.

Aufteilungsbeschreibung und Gemeinschaftsordnung können zu einem späteren Zeitpunkt nur noch durch ein gemeinschaftliches Zusammenwirken aller im Grundbuch eingetragenen Mitglieder der

Eigentümergemeinschaft verändert werden (vgl. dazu Allstimmigkeit). Änderungen von Verwaltungsbestimmungen sind dagegen durch Mehrheitsbeschluss möglich (vgl. dazu Abstimmung in Eigentümerversammlungen).

Ausnahme:

Die im Jahre 2007 in Kraft getretene Novelle des WEG hat die Möglichkeit eröffnet, in der Gemeinschaftsordnung vereinbarte Bestimmungen zur Verteilung von Bewirtschaftungskosten durch Mehrheitsbeschluss (§ 16 Abs. 3 WEG) oder auch die Kosten von Instandhaltungs- oder Instandsetzungsmaßnahmen mit doppelt qualifizierter Mehrheit, d. h. mit 75% aller im Grundbuch eingetragenen Eigentümer, die gleichzeitig mehr als 50% der Miteigentumsanteile repräsentieren müssen, abzuändern.

Grundstücksbezeichnung: In jeder Teilungserklärung wird einleitend der Grundstückseigentümer mit Namen, Anschrift und ggf. der Vertretungsberechtigung genannt, der ein entweder zukünftig noch zu bebauendes oder ein bereits bebautes Grundstück in Wohnungseigentum aufteilt.

Sodann folgt die genaue Bezeichnung des Grundstücks sowie die Beschreibung von Grundstücksfläche und Bauwerk, die in Wohnungseigentum aufgeteilt werden sollen, unter Angabe des zuständigen Amtsgerichts, bei dem das Grundbuch geführt wird, Bezirk, Band und Blatt, Flurnummer und Flurstücke, Bezeichnung der Grundstücks- und Gebäudefläche nach dem Straßennamen.

Aufteilungsbeschreibung: Nach diesen allgemeinen Angaben folgt die Aufteilungsbeschreibung. Diese beginnt in der Regel mit der fortlaufenden Nummerierung der aufzuteilenden Einheiten. Sodann folgt die Zweckbestimmung, d. h. die Angabe, wie das Sondereigentum genutzt werden darf (z. B. Wohnung, Laden, Büro, Arztpraxis, Restaurant usw.), sowie die Angabe der Miteigentumsanteile (MEA), die den jeweiligen Einheiten zugeordnet werden. Oft ist auch die Wohn- bzw. Nutzungsfläche der Einheiten angegeben. Bei der Überprüfung der Aufteilungsbeschreibung ist unbedingt darauf zu achten, dass eine genaue räumliche Beschreibung des Sondereigentums erfolgt ist (Anzahl der Zimmer, Bäder, Flure, Balkone oder Terrassen, Keller, Sondernutzungsrechte).

BEISPIEL:

lfd. Nr. 1   Wohnung im Erdgeschoss rechts mit 61,55/1.000 MEA, bestehend aus 3 Zimmern, Diele, Küche, Bad, Terrasse, Wohnfläche ca. 73,4 qm.

Achtung:

Die in der Aufteilungsbeschreibung angegebene Zweckbestimmung ist von besonderer Bedeutung. Der Erwerber einer Eigentumswohnung muss unbedingt überprüfen, ob die in der Aufteilungsbeschreibung enthaltene Zweckbestimmung in Übereinstimmung steht mit seiner Nutzungsabsicht. Wer z. B. in einem Sondereigentum wohnen will, wird mit der Eigentümergemeinschaft größte Probleme bekommen, wenn die Zweckbestimmung eine Büronutzung vorsieht. Wer ein Restaurant betreiben will, wird dies nicht in einem Sondereigentum tun können, dessen Zweckbestimmung „Laden" ist.

Praxistipp:

Bei einer Überprüfung der textlichen Definition des Sondereigentums in der Aufteilungsbeschreibung ist unbedingt darauf zu achten, dass Übereinstimmung mit der zeichnerischen Darstellung der Einheit im Aufteilungsplan besteht. Widersprüche zwischen Aufteilungsbeschreibung und Aufteilungsplan würden nämlich verhindern, dass Sondereigentum entstehen kann.

Soweit in der Aufteilungsbeschreibung für ein Sondereigentum Miteigentumsanteile benannt worden sind, handelt es sich um die Angabe der zahlenmäßigen Größe der Miteigentumsanteile, die diesem Sondereigentum zugeordnet worden ist. In der Praxis gebräuchlich ist eine Aufteilung nach 1.000stel Miteigentumsanteilen. Je nach Größe der Wohnungseigentumsanteile können auch andere Bezugsgrößen gewählt werden, so z. B. 100stel oder 10.000stel Miteigentumsanteile. Wie viele Miteigentumsanteile einem Sondereigentum zugeordnet werden, kann von demjenigen, der die Teilungserklärung verfasst, frei entschieden werden. Für die Zuordnung einer mehr oder weniger großen Anzahl von Miteigentumsanteilen gibt es keine festen Regeln oder Vorschriften. Für die Bemessung der MEA können die Wohnfläche, die Lage der Wohnung nach Himmelsrichtung oder Höhe der Stockwerke, die Aussicht sowie alle denkbaren Lage- oder Benutzungsnach- oder vorteile maßgeblich sein. Der Wert einer Wohnung oder die Größe eines Sondereigentums können, müssen aber nicht Maßstab für den Umfang der zuzuordnenden Miteigentumsanteile sein (OLG Düsseldorf, Beschl. vom 8.1.2001, 3 Wx 402/00; BayObLG, Beschl. vom 12.8.1999, 2 Z BR 80/99).

Merke:

Von besonderer Bedeutung kann der Umfang der zugeordneten Miteigentumsanteile für die Verpflichtung des Sondereigentümers sein, sich an den anteiligen Lasten und Kosten der Eigentümergemeinschaft zu beteiligen. Ist nämlich in der Teilungserklärung nichts anderes bestimmt, oder wird von der Eigentümergemeinschaft nichts anderes beschlossen (§ 16 Abs. 3 und Abs. 4 WEG), dann gilt das Gesetz, wonach die Mitglieder einer Eigentümergemeinschaft alle Lasten und Kosten des gemeinschaftlichen Eigentums nach dem Verhältnis ihrer Miteigentumsanteile zueinander tragen (§ 16 Abs. 2 WEG).

Aufteilungsplan: Beim Aufteilungsplan handelt es sich gemäß § 7 Abs. 4 Satz 1 Nr. 1 WEG um ein von der Baubehörde zu genehmigende Bauzeichnung, aus der unter anderem Lage und Größe der im Sondereigentum und der im gemeinschaftlichen Eigentum stehenden Gebäudeteile ersichtlich wird. Dabei ist darauf zu achten, dass die wechselseitige Zuordnung von textlicher Beschreibung in der Teilungserklärung und der zeichnerischen Darstellung im Aufteilungsplan aufeinander abgestimmt und harmonisiert sein müssen. Gemäß § 7 Abs. 4 Satz 1 Nr. 1 WEG sind alle zu demselben Wohnungseigentum gehörenden Einzelräume mit der jeweils gleichen Nummer zu kennzeichnen.

Praxistipp:

Jeder, der den Erwerb einer Eigentumswohnung beabsichtigt, sollte unbedingt überprüfen, ob alle Räume und Bereiche (z. B. Balkone u. Terrassen, Treppenaufgänge, Keller, Vorräume, Dachböden, Mansarden, Abstell- und Nutzräume aller Art, Garagenstellplätze usw.), an denen er Eigentum erwerben will, diesem Sondereigentum auch nachvollziehbar zugeordnet sind. Dies gilt sowohl für die Aufteilungsbeschreibung, in der jeder einzelne Raum ausdrücklich als zu diesem Sondereigentum zugehörig bezeichnet sein muss, als auch für den Aufteilungsplan, in dessen zeichnerischer Darstellung die einzelnen, dem Sondereigentum zugeordneten Räume und Bereiche gekennzeichnet sein müssen, sei es durch gleichlautende numerische Bezifferung mit der Eigentumswohnung, sei es durch eine besondere farbliche Hervorhebung, sei es durch eine farbliche Umrandung oder sonstige Darstellungen, die eine unzweifelhafte Zuordnung ermöglichen und auf die in der textlichen Beschreibung des Sondereigentums dann entsprechend Bezug zu nehmen ist.

BEISPIEL:

lfd. Nr. 3 Wohnung im 1. Obergeschoss links mit 45,01/1.000 MEA bestehend aus 2 Zimmern, Diele, Küche, Bad, Balkon, Wohnfläche ca. 55,13 qm, sowie Kellerverschlag Nr. 3 im Kellergeschoss, im Aufteilungsplan rot umrandet.

Merke:

Unklarheiten, Auslassungen oder Widersprüche beim Vergleich zwischen textlicher Beschreibung des Sondereigentums und den Aufteilungsplänen führen in der Praxis häufig zu erbitterten Streitigkeiten zwischen den Mitgliedern einer Eigentümergemeinschaft. Jeder Wohnungserwerber sollte daher größtmögliche Sorgfalt bei der Überprüfung walten lassen, ob das im Kaufvertrag genannte Sondereigentum in allen Einzelheiten auch wirklich den Angaben in der Teilungserklärung entspricht.

Freiflächenplan: Beim Freiflächenplan handelt es sich um die zeichnerische Darstellung des Grundstücks der Eigentümergemeinschaft, das grundsätzlich vollumfänglich im Gemeinschaftseigentum steht. Neben den in Umrissen dargestellten Baulichkeiten der Wohnungseigentumsanlage sind dort alle Zufahrts- und Eingangsbereiche, etwaige Kfz-Abstellplätze sowie gemeinschaftliche Einrichtungen aller Art (z. B. Kinderspielplatz, Freizeiteinrichtungen usw.) eingezeichnet. Auch markante Bepflanzungen können eingetragen werden.

Sind an einzelnen Flächen des gemeinschaftlichen Grundstücks Sondernutzungsrechte begründet (vgl. Sondernutzungsrechte) sind auch diese entsprechend kenntlich zu machen.

Wer also beim Erwerb einer Eigentumswohnung wissen will, ob ihm selbst oder anderen Miteigentümern besondere Nutzungsrechte an Flächen des gemeinschaftlichen Grundstücks zustehen, der muss die Aufteilungsbeschreibung und den Freiflächenplan auf entsprechende Übereinstimmung überprüfen. In der Aufteilungsbeschreibung muss enthalten sein, dass das Sondereigentum mit dem entsprechenden Sondernutzungsrecht verbunden ist und im Freiflächenplan muss dieses Sondernutzungsrecht so dargestellt sein, dass es seinem Inhalt und Umfang nach dem Sondereigentum zugeordnet werden kann, mit dem es verbunden ist.

BEISPIEL:

lfd. Nr. 6   Wohnung im 2. Obergeschoss rechts mit 35,09/1.000 MEA, bestehend aus einem Zimmer, Diele, Küche, Bad, Balkon, Terrasse, Wohnfläche ca. 39 qm, sowie Kellerverschlag Nr. 6 im Erdgeschoss, im Aufteilungsplan gelb umrandet, verbunden mit dem Sondernutzungsrecht an dem straßenseitig gelegenen und mit Nr. 6 bezeichneten und gelb umrandeten Pkw-Abstellplatz.

Gemeinschaftsordnung: Die Gemeinschaftsordnung enthält die maßgeblichen Regeln für die Gestaltung der späteren Verwaltung der Wohnungseigentümergemeinschaft. Sie definiert die Rechte und Pflichten, die sich aus dem Sondereigentum ergeben sollen und die von jedem Mitglied der Eigentümergemeinschaft unbedingt zu beachten sind. In der Gemeinschaftsordnung kann von gesetzlichen

Vorschriften abgewichen oder diese ergänzt werden, solange es sich nicht um zwingende gesetzliche Bestimmungen handelt.

Folgende Regelungen können typischerweise in Gemeinschaftsordnungen enthalten sein:

– Vom Gesetz abweichende Bestimmung des Umfanges von Sondereigentum,

– Gebrauchs- und Kostenregelungen,

– Modalitäten zur Durchführung von Wohnungseigentümerversammlungen und dem geltenden Stimmrecht,

– Ergänzung der sich aus dem Gesetz ergebenden Verwalterbefugnis,

– Gebrauchsregelungen.

Der Inhalt einer Gemeinschaftsordnung kann nach ihrer erstmaligen Erstellung durch den teilenden Grundstückseigentümer nur durch allstimmiges Zusammenwirken der im Grundbuch eingetragenen Miteigentümer verändert werden. Ausnahme gelten nur dort, wo sie das Gesetz ausdrücklich zulässt (z. B. abweichende Kostenregelungen gemäß § 16 Abs. 3 und Abs. 4 WEG).

Verwaltungsbestimmungen: In einer Teilungserklärung können auch Regelungen enthalten sein, die sich ausschließlich auf die Verwaltung beziehen. Um von Anfang an die Verwaltung der Wohnungseigentümergemeinschaft aktiv betreiben zu können, bietet es sich an, bereits in der Teilungserklärung einen Verwalter einzusetzen, der seine Tätigkeit ab dem Tage aufnehmen kann, ab dem eine sogenannte werdende oder faktische Eigentümergemeinschaft (vgl. werdende Eigentümergemeinschaft) entsteht. Ist ein solcher Verwalter auf unbestimmte Zeit eingesetzt, steht es einer Eigentümergemeinschaft frei, jederzeit einen neuen Verwalter zu wählen. Regelungen über die anfängliche Verwaltervergütung, ein erster pauschalierter Betrag als monatliche Wohngeldvorauszahlung usw. können berücksichtigt werden. Für alle derartige Verwaltungsbestimmungen gilt, dass sie jederzeit nach Entstehen einer (werdenden) Eigentümergemeinschaft durch Mehrheitsbeschluss aufgehoben oder geändert werden können.

b) Wohnungseigentumsanlage

Das Verständnis der Bestandteile der Teilungserklärung reicht jedoch nicht aus, damit sich ein Wohnungseigentümer später bei der Verwaltung seines Wohnungseigentums begrifflich zurechtfinden kann.

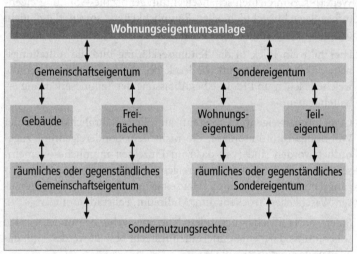

Abb.: Überblick über weitere wichtige begriffliche Zusammenhänge

Unter der Bezeichnung „Wohnungseigentumsanlage" sind zuerst einmal verschiedene Eigentumsbereiche zu definieren. So ist zu unterscheiden zwischen dem Gemeinschafts- und dem Sondereigentum.

Gemeinschaftseigentum: Gemeinschaftliches Eigentum im Sinne des WEG sind das Grundstück, sowie die Teile, Anlage und Einrichtung des Gebäudes, die nicht im Sondereigentum oder im Eigentum eines Dritten stehen (§ 1 Abs. 5 WEG).

Zum Gemeinschaftseigentum gehört also zuerst einmal der gesamte Grund und Boden, auf dem sich die Wohnungseigentumsanlage befindet. Weiterhin die baulich gestalteten, außerhalb des Gebäudes selbst liegenden Grundstücksflächen wie z. B. Kfz-Abstellplätze im Freien, mit einem Bodenbelag versehene Hofräume usw.

An allen Grundstücksflächen, seien sie unbefestigt oder mit einem Bodenbelag versehen oder gar überdacht ist ein Sondereigentum nach dem Gesetz ausgeschlossen. Insoweit können nur Sondernutzungsrechte begründet werden (vgl. dazu nachfolgend Stichwort „Sondernutzungsrecht").

Weiterhin zum Gemeinschaftseigentum gehört die Wohnungseigentumsanlage hinsichtlich aller Räumlichkeiten, soweit diese nicht dem Sondereigentum zugewiesen sind.

Hier hilft ein Blick in die Teilungserklärung und die Aufteilungspläne, in denen überprüft werden kann, welche Zweckbestimmung welche Flächen und Räume bei Abfassung der Teilungserklärung erhalten haben.

Gemeinschaftseigentum besteht an allen Räumlichkeiten einer Wohnungseigentumsanlage, die nicht dem Sondereigentum zugeordnet worden sind (vgl. dazu im Einzelnen räumliches Gemeinschafts- und räumliches Sondereigentum). Hierzu gehören alle Zugangsbereiche, wie etwa die Hauseingänge, die Flure, Treppenhäuser, Waschkeller, Trockenraum, Müllraum, Fahrradraum usw.

Sofern an Freiflächen besondere Nutzungsrechte begründet werden sollen, muss dazu ein Sondernutzungsrecht bestellt werden (vgl. dazu „Sondernutzungsrechte").

Merke:

Da Sondereigentum nur an umbauten Räumen begründet werden kann (Ausnahmen: Terrassen und nur durch Bodenmarkierung gekennzeichnete Tiefgaragenplätze), gehören sämtliche Außen- und Freiflächen einer Wohnungseigentumsanlage immer und ausschließlich zum Gemeinschaftseigentum, Freiflächen sind nicht sondereigentumsfähig.

Sondereigentum: Der Oberbegriff des „Sondereigentums" wird untergliedert in das sogenannte **Wohnungseigentum** und das **Teileigentum**. Teileigentum sind alle diejenigen Sondereigentumseinheiten, die nicht zum Wohnen zweckbestimmt sind. Welche andere Nutzungsmöglichkeit als die des Wohnens zulässig ist (z. B. Büro, Praxis, Laden, Restaurant, sonstige gewerbliche Nutzbarkeit), ergibt sich aus der in der Aufteilungsbeschreibung enthaltenen Zweckbestimmung (vgl. dort zur Aufteilungsbeschreibung). Zum Teileigentum gehören auch Tiefgaragenstellplätze (vgl. dazu räumliches Sondereigentum).

Gemeinschafts- und Sondereigentum sind dabei wiederum in zweierlei Hinsicht zu definieren. So gibt es **räumliches** und auch **gegenständliches Gemeinschafts- und Sondereigentum.**

Räumliches Gemeinschaftseigentum: Die räumliche Zuordnung wird bestimmt nach Flächen innerhalb umbauten Raumes, die dem Gemeinschafts- oder dem Sondereigentum zugeordnet werden, je nachdem, wer zur Nutzung befugt ist. Dabei ist die Nutzungsbefugnis der Maßstab, der am besten zur Unterscheidung geeignet ist.

Solche Flächen oder Räume, die von allen Mitgliedern einer Eigentümergemeinschaft gemeinsam genutzt werden dürfen, gehören zum räumlichen Gemeinschaftseigentum. Bei denjenigen Flächen und Räume, die von einem Sondereigentümer unter Ausschluss der übrigen Mitglieder der Wohnungseigentümergemeinschaft alleine genutzt werden dürfen, handelt es sich um räumliches Sondereigentum.

Darf ein Bereich des räumlichen Gemeinschaftseigentums (z. B. nicht einem Sondereigentum zugeordnete Räume) von einem Sondereigentümer exklusiv genutzt werden, so spricht man von einem **Sondernutzungsrecht** (vgl. dazu im Folgenden den Abschnitt „Sondernutzungsrechtes").

Räumliches Sondereigentum: Zum räumlichen Sondereigentum gehören alle die Bereiche, die einer Wohnung oder einem Teileigentum zugeordnet worden sind, denn insoweit ist jeder Sondereigentümer berechtigt, anderen die Mitbenutzung zu untersagen.

Soweit es sich um nach außen abgegrenzten, umbauten Raum handelt, z. B. die **Zimmer** einer Wohnung, ist die Zuordnung unproblematisch.

Auch wenn nicht von allen Seiten umbaut, so sind auch **Balkone** und **Dachterrassen** trotz fehlender Raumeigenschaft sondereigentumsfähig, sofern sie nur über eine ihrerseits allseits baulich abgeschlossene Wohnung zu erreichen sind, diese Wohnung im Sondereigentum steht und Balkon oder Dachterrasse die räumliche Abgeschlossenheit der mit ihr verbundenen Wohnung teilen (LG Schwerin, Beschl. v. 24.7.2008, 5 T 165/05).

Auch offene und von außen erreichbare **Terrassen im Erdgeschoss** gehören zum räumlichen Sondereigentum, wenn sie durch die Beschreibung des Sondereigentums im Aufteilungsplan (vgl. dazu Definition der Teilungserklärung) diesem zugewiesen wurden, und sich aus den Grundrissplänen eine entsprechende Einbeziehung in den räumlichen Sondereigentumsbereich ergibt.

Als Besonderheit beim räumlichen Sondereigentum sind PKW-Stellplätze in einer Tiefgarage zu nennen. Garagenstellplätze gelten nach dem Gesetz (§ 3 Abs. 2 Satz 2 WEG) als abgeschlossenen Räume, wenn ihre flächenmäßige Ausdehnung durch dauerhaft auf dem Boden angebrachte Markierungen deutlich gemacht werden.

Differenziert zu betrachten ist die Rechtslage bei sogenannten Doppelstockgaragen, auch Duplexparker genannt. Es handelt sich dabei um bewegliche Hebebühnen mit übereinander angeordneten Pkw-Abstellflächen. Eine solche Doppelstockgarage, die mit Hilfe einer Hebebühne für zwei oder vier Pkw genutzt werden kann, bildet einen Raum im Sinne von § 3 Abs. 1 bzw. Abs. 2 WEG. Sie kann daher als Ganzes im Teileigentum einer Person oder mehrerer Personen in Bruchteilsgemeinschaft stehen. In diesem Falle umfasst das Sondereigentum an der Doppelstockgarage auch die dazugehörige Hebebühne nebst Antrieb. Einzelne Stellplätze eines Mehrfachparkers sind allerdings nicht sondereigentumsfähig, da es insoweit an einer klaren Trennung von Raum und Decke fehlt, so dass der einzelne Stellplatz keinen sondereigentumsfähigen Raum darstellt (LG Dresden, Urt. v. 24.6.2010 – 2 O 750/08).

Betreibt eine Hebevorrichtung jedoch mehrere Einheiten, ist sie allerdings zwingend Gemeinschaftseigentum, denn nach § 5 Abs. 2 WEG sind Anlagen und Einrichtungen, die dem gemeinschaftlichen Gebrauch der Wohnungseigentümer dienen, auch dann kein Sondereigentum, wenn sie sich im Bereich der im Sondereigentum stehenden Räume befinden. Eine Anlage, die mehrere Duplexparker betreibt, dient dem gemeinschaftlichen Gebrauch der Wohnungs-

eigentümer, wobei es ausreicht, dass mindestens zwei Wohnungs-
oder Teileigentümer auf die Nutzung der Anlage angewiesen sind
(BGH, Urt. v. 21.10.2011 – V ZR 75/11).

Merke:

Ob Duplexparker im Sonder- oder Gemeinschaftseigentum stehen
können, hängt ausschließlich davon ab, ob die als Duplex- oder
Vierfachparker ausgestaltete Hebeanlage nur einem Eigentümer
dient oder Stellplätze mit unterschiedlichen Wohnungseigentums-
rechten verbunden sind. Ist nur ein Eigentümer betroffen, kann
die Doppelstockgarage bei entsprechender Zuordnung in der Teilungserklärung im Sondereigentum stehen. Sind die Stellflächen
jedoch unterschiedlichen Wohnungseigentümern zugeordnet,
dann besteht an der Duplexparkerkonstruktion zwingend Gemeinschaftseigentum, eine Zuordnung zum Sondereigentum wäre nichtig. Einzelne Parkflächen sollen allerdings im Sondereigentum stehen können (LG München, Urt. v. 5.11.2012 – 1 S 1504/12)),
was aber wohl davon abhängt, ob die Parkerkonstruktion auch
dann im Übrigen einsatzbereit bleibt, wenn einzelne Fahrebenen
oder Fahrbleche entfernt werden. Dienen einzelne Fahrebenen
oder einzelne Fahrbleche jedoch der Stabilität der Gesamtkon-
struktion, so dass diese nicht mehr betrieben werden kann, wenn
einzelne Fahrebenen oder Fahrbleche demontiert werden, dann
stehen auch diese Bestandteile zwingend im Gemeinschaftseigentum.

Gegenständliches Gemeinschafts- und Sondereigentum: Sowohl
bei Gemeinschafts- als auch bei Sondereigentum ist schließlich zwischen dem räumlichen und dem gegenständlichen Eigentumsbegriff
zu unterscheiden.

Die vom Gesetz vorgesehene Definition des gemeinschaftlichen Eigentums, wonach Gemeinschaftseigentum im Sinne des WEG das
Grundstück, sowie die Teile, Anlage und Einrichtungen des Gebäudes sind, die nicht im Sondereigentum oder im Eigentum eines
Dritten stehen (§ 1 Abs. 5 WEG) ist sehr theoretisch und nicht in
allen Fällen hilfreich.

Praxistipp:

In der Praxis hat sich zur Abgrenzung zwischen gegenständlichem Sonder- und Gemeinschaftseigentum folgende Faustformel bewährt, wobei es sich insoweit nicht um eine Legaldefinition handelt: „Zum gegenständlichen Sondereigentum gehören alle Bestandteile in einer Wohnungseigentumsanlage, die ein Eigentümer verändern oder sogar beseitigen könnte, ohne dabei in die Interessenssphäre der Eigentümergemeinschaft oder eines anderen Miteigentümers einzugreifen".

Ungeachtet dieser Allgemeindefinition bleibt die Abgrenzung dennoch oft schwierig.

Dazu folgende Beispielsfälle:

■ Die im Inneren einer Wohnung befindliche Zimmertür gehört unzweifelhaft zum Sondereigentum. Würde sie vom Eigentümer der Wohnung verändert oder gar beseitigt, würde dies die Interessen der Eigentümergemeinschaft oder anderer Miteigentümer unter keinem denkbaren Aspekt beeinträchtigen können.

■ Etwas anderes gilt hinsichtlich der Wohnungseingangstür. Auch wenn diese eine Wohnung nach außen zu den Gemeinschaftsbereichen hin abgrenzt, kann kein Eigentümer mit der Wohnungseingangstür nach Belieben verfahren, insbesondere diese nicht gegen eine andere Eingangstür mit anderem Aussehen austauschen. Die Eigentümergemeinschaft hat nämlich ein Interesse daran, dass ein einheitliches Erscheinungsbild in Allgemeinbereichen beibehalten bleibt. Keine Gemeinschaft muss es hinnehmen, dass die Eingangstüren farblich voneinander abweichen oder gar unterschiedliche Materialien verwendet werden. Ein Wohnungseigentümer kann zwar bestimmen, wie er die Wohnungseingangstür von innen gestalten will, er kann sie anmalen, bekleben oder sonst wie verändern, solange dies weder in die Substanz eingreift und insbesondere von außen nicht sichtbar ist. Diese, auf die, dem räumlichen Sondereigentum zugewandte Innenseite einer Wohnungseingangstür beschränkte Gestaltungsfreiheit ändert aber nichts daran, dass eine Wohnungseingangstür immer Gemeinschaftseigentum bleibt.

■ Die Hauseingangstür bei Wohnungseigentumsanlage gehört immer zum Gemeinschaftseigentum. Dasselbe gilt für Wohnungseingangstüren (BGH, Urteil v. 25.10.2013, V ZR 212/12), an denen auch durch Vereinbarung in der Teilungserklärung kein Sondereigentum begründet werden kann (BGH, Urteil v. 26.10. 2012, V ZR 57/12). Es ist daher ausschließlich der Beschlusskompetenz der Wohnungseigentümergemeinschaft vorbehalten, über Reparaturen, Erneuerungen oder Umgestaltungen in Funktion und/oder Aussehen zu entscheiden.

Sondernutzungsrechte: Soll einem Miteigentümer das Recht zur exklusiven Nutzung eines räumlichen oder gegenständlichen Bestandteiles des Gemeinschaftseigentums eingeräumt werden, so kann dies durch Vereinbarung eines Sondernutzungsrechtes geschehen. Die übrigen Miteigentümer sind dann von der Nutzung ausgeschlossen. Ein vereinbartes und im Grundbuch eingetragenes Sondernutzungsrecht kann dem begünstigten Eigentümer nicht mehr genommen werden, es sei denn, er wirkt einvernehmlich an einer vertraglichen Aufhebung mit.

Zu unterscheiden davon ist eine durch Mehrheitsbeschluss zu Gunsten eines Eigentümers geschaffene Gebrauchsregelung, mit der ein Bestandteil des Gemeinschaftseigentums ebenfalls der alleinigen Nutzung eines Wohnungseigentümers zugewiesen werden kann. Der Unterschied zum Sondernutzungsrecht liegt darin, dass diese Gebrauchsregelung durch die Eigentümergemeinschaft einseitig z. B. durch Widerruf oder durch Kündigung beendet werden kann, so dass der Eigentümergemeinschaft die grundsätzliche Entscheidung über die Nutzungsmöglichkeit vorbehalten bleibt. Werden Bestandteile des Gemeinschaftseigentums auf Dauer der alleinigen Nutzung eines Wohnungseigentümers zugewiesen, so handelt es sich nicht mehr um eine, dem Mehrheitsbeschluss zugänglichen Gebrauchsregelung, sondern um die Begründung eines Sondernutzungsrechts, die nur durch Vereinbarung erfolgen kann, so dass ein solcher Mehrheitsbeschluss nichtig wäre (OLG Düsseldorf, Beschl. v. 25.7. 2003 – 3 Wx 133/03).

Sondernutzungsrechte werden in der Praxis am Häufigsten an Gartenflächen begründet. Ist Gegenstand des Sondernutzungsrechtes ein bestimmter Gartenteil, so ist der berechtigte Wohnungseigentümer befugt, die Fläche gärtnerisch zu gestalten, zu Erholungszwecken zu benutzen, eine Baumschaukel oder eine Hängematte anzubringen und einen Abfallplatz zu errichten (BayObLG, Beschl. v. 23.10.2003 – 2Z BR 63/03), Gemüsebeete anzulegen, Obstbäume, Sträucher und Blumen anzupflanzen, wobei jedoch die nachbarrechtlichen Bestimmungen zu beachten sind (BayObLG, Beschl. v. 11.2.1999 – 2Z BR 167/98), in einer parkähnlichen Gartenanlage einen japanischen Steingarten anzulegen (LG München I, Beschl. v. 3.8.2005 – 1 T 10251/05), eine Schaukel zu installieren (OLG Düsseldorf, NJW-RR 1989, 1167), ein Rankgerüst für Schling- und Kletterpflanzen aufzustellen (BayObLG, Beschl. v. 19.3.1998 – 2Z BR 131/97). Die gärtnerische Gestaltung darf jedoch für andere Miteigentümer nicht zu unzumutbaren Beeinträchtigungen führen, z. B. Verschattung oder Beeinträchtigung der Sicht- und Lichtverhältnisse durch hochwachsende Bäume (OLG Köln, Beschl. v. 7.6.1996 – 16 Wx 88/96)

Ein Sondernutzungsrecht berechtigt nicht zur Veränderung des Gesamteindruckes einer Gartenanlage. So dürfen z. B. keine großen Bäume gefällt werden (BayObLG, Beschl. v. 27.7.2000 – 2Z BR 112/99), größere Heckenteile entlang der Grundstücksgrenze, die dem Sichtschutz dienen, dürfen nicht entfernt werden (OLG Hamburg, Beschl. v. 12.2.2003 – 2 Wx 41/01). Auf Sondernutzungsflächen sind auch keine baulichen Veränderungen erlaubt wie z. B. die Errichtung eines Carports (BayObLG, Beschl. v. 14.11.2002 – 2Z BR 107/02), die Errichtung von Zäunen (OLG Hamburg, Beschl. v. 4.3.2003 2 Wx 102/99; OLG Koln, IMR 2008, 278), das Aufstellen von Sichtschutzwänden (OLG Hamburg, Beschl. v. 4.4.2002 – 2 Wx 91/98), das Aufschütten oder Vergrößern einer Terrasse (OLG Frankfurt, Beschl. v. 24.7.2007 – 20 W 538/05).

Das Bestehen eines Sondernutzungsrechtes bringt aber auch Pflichten für den berechtigten Wohnungseigentümer mit sich. So hat er einen Garten zu pflegen, er hat den Rasen zu mähen, Bäume zu beschneiden, ggfls. sind Sturm- und Bruchschäden zu beseitigen (AG Frankfurt am Main, Urteil v. 9.4.2013 – 33 C 3057/12 (52)), es ist insgesamt für einen geordneten Gesamtzustand der vom Sondernutzungsrecht betroffenen Fläche zu sorgen. Die Verpflichtungen gehen jedoch nicht über pflegerische Maßnahmen hinaus. Muss z. B. ein hochgewachsener Baum gefällt und beseitigt werden, so ist dies Angelegenheit der Eigentümergemeinschaft (OLG Düsseldorf, Beschl. v. 17.10.2003 – I-3 Wx 227/03).

c) Entstehen einer Wohnungseigentümergemeinschaft

Nur eine rechtlich tatsächliche existierende Wohnungseigentümergemeinschaft kann verwaltet werden. Schon für die Beantwortung der Frage, wann vom Entstehen einer Wohnungseigentümergemeinschaft gesprochen werden kann, bedarf es eines besonderen Hintergrundwissens.

Bereits der Begriff „Eigentümergemeinschaft" macht deutlich, dass eine Person alleine eine Eigentümergemeinschaft nicht bilden kann. Errichtet ein Bauträger ein Gebäude, das er in Wohnungseigentum aufteilen lässt, und werden sodann einzelne Wohnungsgrundbücher angelegt, dann steht erst einmal der Bauträger als Eigentümer in allen Grundbüchern. Auch wenn das errichtete Bauwerk also bereits in Eigentumswohnungen aufgeteilt ist, existiert dennoch keine Eigentümergemeinschaft, weil es an mindestens einem weiteren Eigentümer fehlt. Eine Eigentümergemeinschaft kann frühestens dann entstehen, wenn es zur ersten **Grundbuchänderung** bei den Eigentumsverhältnissen kommt. Unabhängig davon, ob der Bauträger und ursprüngliche Alleineigentümer eine Wohnung verkauft, verschenkt oder das Eigentum auf sonstige Weise an einen Dritten übergeht, eine Wohnungseigentümergemeinschaft kann immer erst dann entstehen, wenn eine Veränderung der Grundbuchlage eingetreten ist (OLG Frankfurt, Beschl. vom 10.12.2000, 20 W 531/00).

Wird das erste Eigentum im Grundbuch umgeschrieben, wird die Eigentümergemeinschaft „in Vollzug gesetzt".

Die Annahme, frühestens ab diesem Zeitpunkt könnte das Wohnungseigentumsgesetz Anwendung und damit eine Verwaltung stattfinden, trifft allerdings nicht zu. Es existiert nämlich ein zeitliches und rechtliches **Zwischenstadium**, in dem zwar einerseits noch nicht von einer neu entstandenen Eigentümergemeinschaft gesprochen werden kann, trotzdem jedoch bereits die Notwendigkeit besteht, dass eine Verwaltungstätigkeit entfaltet wird und die Bestimmungen des Wohnungseigentumsgesetzes beachtet werden müssen.

Es ist dies der Zeitraum, in dem von der Existenz einer sogenannten „werdenden" oder „faktischen" **Wohnungseigentümergemeinschaft** gesprochen wird. Eine werdende Eigentümergemeinschaft ist dann entstanden, wenn folgende Voraussetzungen vorliegen:

■ Ein bisher ausstehender Dritter hat einen **schuldrechtlichen Erwerbsvertrag** geschlossen, der auf die Übernahme des Eigentums einer Wohnung vom Bauträger gerichtet ist. Dies kann z. B. ein Schenkungs-, ein Erb- oder ein normaler Kaufvertrag sein.

■ Zusätzlich zu Punkt 1 muss der Erwerber mit einer sogenannten **Auflassungsvormerkung** im Grundbuch eingetragen worden sein. Mit der Auflassungsvormerkung sichert sich ein Erwerber ein Anwartschaftsrecht auf die Eigentumsumschreibung.

■ Drittens muss der **Besitz** an dem erworbenen Sondereigentum übergeben worden sein.

Nur wenn alle diese drei Voraussetzungen **kumulativ** gegeben sind, dann kann von einem werdenden Wohnungseigentümer gesprochen werden.

Merke:

Es ist zwingend notwendig, dass alle drei Voraussetzungen kumulativ gegeben sind. Wäre z. B. nur ein Kaufvertrag abgeschlossen und eine Auflassungsvormerkung eingetragen worden, ohne dass der Besitz an der Wohnung übergeben worden ist, kann noch nicht von einem werdenden Eigentümer gesprochen werden. Da eine Besitzübergabe regelmäßig die Fertigstellung eines Bauvorhabens voraussetzt, kann im Umkehrschluss daraus entnommen werden, dass es für eine noch im Bau befindliche Wohnungseigentumsanlage noch keine werdende Eigentümergemeinschaft geben kann. Sollte es bereits zu diesem Zeitpunkt Regelungsbedarf geben, müssen sich die Erwerber zu einer „Bauherrengemeinschaft" zusammenschließen und nach den für eine Gesellschaft bürgerlichen Rechts geltenden Bestimmungen die anstehenden Probleme regeln. Die Bestimmungen des WEG gelten für Bauherrengemeinschaften noch nicht, auch wenn die Mitglieder dieser

Gemeinschaft Personen identisch mit den zukünftigen werdenden Eigentümern sein mögen.

Der zweite und jeder weitere Erwerber, der die vorgenannten drei Voraussetzungen kumulativ erfüllt, wird ein weiterer werdender Eigentümer und tritt als weiteres Mitglied der werdenden Eigentümergemeinschaft bei. Dies gilt solange, bis auf einen ersten beliebigen werdenden Eigentümer das Eigentum im Grundbuch umgeschrieben wird. An diesem Stichtag wird aus einer werdenden eine echte Wohnungseigentümergemeinschaft, mit der ersten Eigentumsumschreibung wird diese in Vollzug gesetzt.

Wer allerdings bis zu diesem Stichtag der ersten Eigentumsumschreibung den Kaufvertrag abgeschlossen hat, die Auflassungsvormerkung jedoch noch nicht eingetragen und auch der Besitz an dem erworbenen Sondereigentum noch nicht übertragen wurde, der erlangt dennoch die Stellung eines werdenden Eigentümers (BGH, Urt. v. 11.5.2012, V ZR 196/11) Denn nach Auffassung des BGH reicht es für die Erlangung der Rechtstellung eines werdenden Eigentümers aus, dass der Erwerber aufgrund einer rechtlich verfestigten Erwerbsposition ein berechtigtes Interesse daran erlangt hat, die mit dem Wohnungseigentum verbunden Mitwirkungsrechte an der Verwaltung der Wohnanlage vorzeitig auszuüben. Im Ergebnis bedeutet dies, dass beim Kauf vom Bauträger nur diejenigen Erwerber nicht mehr die Rechtsstellung eines echten werdenden Eigentümers erlangen können, die den Erwerbsvertrag erst nach der ersten Eigentumsumschreibung abschließen. Wer nach dem Tag der Invollzugsetzung einer Eigentümergemeinschaft Wohnungseigentum erwirbt, die Auflassungsvormerkung eingetragen bekommt und den Besitz am Sondereigentum erhält, tritt der werdenden Eigentümergemeinschaft nicht mehr bei, weil es eine solche nach ihrem endgültigen Entstehen (Vollzug durch die erste Eigentumsumschreibung) nicht mehr gibt. Ein solcher Erwerber kann erst dann Mitglied der Eigentümergemeinschaft werden, wenn er Volleigentümer geworden ist. Dies geschieht durch Umschreibung des Eigentums im Grundbuch.

> **Merke:**
>
> Durch den Vollzug einer Eigentümergemeinschaft verlieren die Erwerber, die bereits Mitglieder der faktischen Wohnungseigentümergemeinschaft geworden sind, ihre einmal erworbene Stellung als werdender Eigentümer nicht. In der Übergangsphase bis zur Umschreibung auch des letzten Eigentums auf den letzten Erwerber besteht eine Eigentümergemeinschaft also gleichzeitig aus werdenden Eigentümern und aus Volleigentümern.

Für alle gilt jedoch gleichermaßen das Wohnungseigentumsgesetz, das ab dem Tage Anwendung findet, ab dem es den ersten werdenden Eigentümer gegeben hat.

2. Verwaltung der Wohnungseigentümergemeinschaft

Die Fähigkeit einer Eigentümergemeinschaft, Rechte und Pflichten zu übernehmen und im rechtsgeschäftlichen Verkehr aufzutreten, setzt eine entsprechende Handlungsfähigkeit voraus. In aller Regel wird dazu ein Verwalter bestellt, der die Eigentümergemeinschaft vertritt.

Gibt es keinen Verwalter, so wird die Eigentümergemeinschaft von allen Wohnungseigentümern gemeinschaftlich vertreten (§ 27 Abs. 3 Satz 2 WEG). Die Wohnungseigentümer können jedoch auch im Einzelfall durch Beschluss mit Stimmenmehrheit einen oder mehrere Wohnungseigentümer zur Vertretung des Gemeinschaft ermächtigen (§ 27 Abs. 3 Satz 3 WEG).

Bei kleinen Eigentümergemeinschaften wäre es denkbar, dass alle Mitglieder der Eigentümergemeinschaft jede rechtsgeschäftliche Tätigkeit gemeinsam ausführen, alle Miteigentümer Verträge gemeinsam unterschreiben und alle Erklärungen gemeinsam abgeben. Selbst bei Kleinstgemeinschaften dürfte dies aber oft äußerst mühselig sein und nicht selten bei Uneinigkeit der Eigentümer untereinander die Handlungsfähigkeit eines Eigentümergemeinschaft zumindest zeitlich verzögern, wenn nicht gar blockieren.

Angesichts der Wichtigkeit und Bedeutung der Verwaltertätigkeit kann eine Verwalterbestellung weder durch Vereinbarung in der Teilungserklärung, noch durch Mehrheitsbeschluss ausgeschlossen werden (§ 20 Abs. 2 WEG), entgegen stehende Bestimmungen oder Beschlüsse wären wegen Gesetzeswidrigkeit (§ 134 BGB) nichtig. Dabei kommt es nicht auf die Größe einer Eigentümergemeinschaft an. Auch für Zweier- oder Dreiergemeinschaften kann eine Verwalterbestellung nicht ausgeschlossen werden.

Zwar steht es jeder Eigentümergemeinschaft frei, ob sie einen Verwalter bestellen will, einen gesetzlichen Zwang gibt es hierzu nicht. Dies berührt aber nicht das Recht eines jeden Eigentümers, auch gegen den Willen der übrigen Miteigentümer eine Verwalterbestellung als Maßnahme ordnungsgemäßer Verwaltung gerichtlich durchzusetzen (§ 21 Abs. 4 und 8 WEG). Solange sich Eigentümer darüber einig sind, kann eine Verwalterbestellung unterbleiben.

Praxistipp:

Auch wenn in der Praxis Kleinstgemeinschaften oft auf die Bestellung eines Verwalters verzichten, kann von einer Selbstverwaltung durch die Wohnungseigentümer nur abgeraten werden. Die Erfahrung lehrt, dass solche Selbstverwaltungsversuche spätestens in dem Augenblick scheitern, wenn Uneinigkeit zwischen den Miteigentümern auftritt und deren Selbstverwaltung einer juristischen Überprüfung stand halten soll. Da Miteigentümer in aller Regel noch nicht einmal über die für eine ordnungsgemäße Verwaltung notwendigen rechtlichen Grundkenntnisse verfügen, funktioniert die Selbstverwaltung nur, solange sie von niemandem problematisiert wird.

Zur Vertretung von Eigentümergemeinschaften werden daher in aller Regel, – bei Großgemeinschaften ausnahmslos, professionelle Wohnungseigentumsverwalter bestellt, die berechtigt sind, in den vom Gesetz genannten Fällen sowohl die einzelnen Wohnungseigentümer (§ 27 Abs. 2 WEG) als auch die Gesamtheit der Wohnungseigentümergemeinschaft, nämlich den sogen. teilrechtsfähigen Verband (§ 27 Abs. 3 WEG) zu vertreten.

Zwingende persönliche Voraussetzungen, die von einem Verwalter erfüllt werden müssen, gibt es nach dem Gesetz nicht. Die Praxis lehrt jedoch, dass je kleiner eine Eigentümergemeinschaft ist, umso unbedarfter ist der tätige Verwalter, bis hin zu den Eigentümergemeinschaften, die einen Eigentümer zur ehrenamtlichen Selbstverwaltung bestellt haben, bei dem es oft an jeglichen Kenntnissen, die für eine Verwaltertätigkeit erforderlich sind, mangelt.

Da hierauf jedoch bei der Teilnahme eines Eigentümerverbandes am Rechtsverkehr nicht Rücksicht genommen werden kann, erleiden Privatverwalter bei ihrer Tätigkeit oft herben Schiffbruch.

Praxistipp:

Auch bei Kleinstgemeinschaften sollte ein Fremdverwalter mit entsprechender beruflicher Qualifikation gewählt werden. Zwar wird nicht verkannt, dass es kleine Gemeinschaften oft sehr schwer haben, einen geeigneten Verwalter zu finden, der bereit ist, die Verwaltung trotz entsprechend geringem Aufkommen an Verwalterhonorar zu übernehmen. Angesichts des Stellenwertes einer funktionierenden Verwaltung sei Kleingemeinschaften daher empfohlen solche Schwierigkeiten durch eine deutliche Erhöhung des Verwalterhonorars zu begegnen, damit sich auch die Verwaltung einer kleinen Gemeinschaft für einen Profiverwalter finanziell rechnen kann.

Viele Eigentümergemeinschaften missverstehen die Wahl eines Verwalters als die Installation eines „Rundum-Sorglos-Paketes". Sie meinen, die Existenz eines Verwalters würde sie von allen Pflichten eines Eigentümers entheben, sie müssten nur noch ihre finanziellen Beträge leisten, alles andere sei Aufgabe des Verwalters.

Hierbei handelt es sich um einen oft folgenschweren Irrtum: Es ist und bleibt in erster Linie Sache der Wohnungseigentümer selbst, sich um ihre Anlage zu kümmern (BayObLG, Beschluss vom 4.4.2001 – 2 Z BR 13/01). Ein Verwalter kann deshalb nur so effektiv sein, wie es die Eigentümergemeinschaft zulässt. Da ein Verwalter nicht ständig in einer Wohnungseigentumsanlage anwesend sein kann, sondern allenfalls einige Male im Jahr eine Begehung durchführt, sind die einzelnen Miteigentümer aufgerufen, Handlungsnotwendigkeiten aller Art an den Verwalter zu kommunizieren. Wann immer ein Miteigentümer einen Missstand in der Anlage erkennt, einen Schaden feststellt oder sonstigen Verwaltungsbedarf erkennt, darf er dies nicht auf sich beruhen lassen, weil es ja einen Verwalter gibt, sondern er muss der aus seiner Eigentümerstellung resultierenden Verpflichtung entsprechen und sich um sein Eigentum aktiv kümmern. Dies geschieht regelmäßig durch Kontaktaufnahme mit und Information an den Verwalter.

Hat ein Verwalter Kenntnis von Handlungsnotwendigkeiten, ist er verpflichtet, die notwendigen Vorbereitungen zu treffen, um den Eigentümern Gelegenheit zu geben, darüber zu entscheiden, wie sie weiter vorgehen wollen. Auch wenn ein Verwalter Vorschläge unterbreiten und Angebote für zu vergebende Handwerkeraufträge einholt und sich auch um alle sonstigen Voraussetzungen kümmern muss, die für einen Beschluss der Eigentümer notwendig sind, die Entscheidung, wie letztendlich verwaltet wird, d. h. welche Maßnahmen ergriffen und welche Aufträge an welchen Handwerker zu welchem Preis erteilt werden, obliegt immer den Wohnungseigentümern selbst.

Ausnahme:

Dies gilt nicht für Fälle der sogenannten Notgeschäftsführung. Von einer Notgeschäftsführung ist dann auszugehen, wenn ein Handlungsbedarf besteht, der so dringend ist, dass keine Zeit mehr bleibt, den Verwalter zu informieren oder die übrigen Eigentümer einzuschalten. Z. B. ist im Falle eines Wasserrohrbruches ist jeder Eigentümer berechtigt, aus hiesiger Sicht allerdings auch verpflichtet, unverzüglich selbst einen Installateur oder sonstigen Notdienst zur Fehlersuche und Behebung der Ursache einzuschalten, damit es nicht zu weiteren Schäden kommen kann. Die Notgeschäftsführung beschränkt sich dabei auf Notmaßnahmen, die der einzelne Eigentümer zu Lasten des Eigentümerverbandes in Auftrag geben kann. Von der Notgeschäftsführung nicht eingeschlossen sind Folgereparaturen, auch wenn sich diese als notwendig erweisen sollten. Für alles andere ist die Eigentümergemeinschaft zuständig, die über die erforderlichen Maßnahmen beschließt und den Verwalter beauftragt, die Beschlüsse umzusetzen.

II. Der Wohnungseigentumsverwalter

Um die Handlungsfähigkeit einer Eigentümergemeinschaft sicherzustellen, sollte also auch bei Kleinstgemeinschaften möglichst ein
Fremdverwalter bestellt werden. Zwar neigen kleine Wohnungseigentümergemeinschaften oft dazu, im vermeintlichen guten Einvernehmen untereinander, insbesondere aber auch zur Kosteneinsparung, eine gemeinsame Verwaltung „auf Zuruf" durchzuführen, in
dem vermeintlichen Glauben, eine kurzfristige Abstimmung unter
einigen wenigen Miteigentümern begegne keinen Schwierigkeiten.
Dass es sich hier in den meisten Fällen um einen Trugschluss handelt, wird spätestens dann deutlich, wenn es zu ersten Meinungsverschiedenheiten und Reibungsverlusten zwischen den Miteigentümern kommt und keine einheitliche Linie mehr vertreten wird. So
unverzichtbar auch die Selbstverwaltung durch die Eigentümergemeinschaft ist, so notwendig ist ein Verwalter, der durch die Wahrnehmung der Regelungsinstrumente des WEG die Handlungsfähigkeit einer Eigentümergemeinschaft auch dann sichern kann, wenn
sich Eigentümer uneinig sind. Die Möglichkeit, gemäß § 26 WEG
einen Verwalter zu wählen, gehört daher zu den Vorschriften, die
vom Gesetzgeber als besonders wichtig angesehen wurden, so dass
die Bestellung eines Verwalters nicht ausgeschlossen werden kann
(§ 20 Abs. 2 WEG), mithin eine abweichende Vereinbarung in der
Gemeinschaftsordnung nichtig wäre.

1. Einheitlichkeit der Verwaltung

Bei der Entscheidung einer Eigentümergemeinschaft, wen sie als
Verwalter bestellen will, muss darauf geachtet werden, dass dieses
Amt nur von einer einzelnen natürlichen oder juristischen Person
ausgeübt werden kann. Dies ergibt sich aus dem Grundsatz, dass
nur eine im Rechtsverkehr handlungsfähige Person zum Verwalter
gewählt werden kann (OLG Zweibrücken, Beschl. vom 9.11.2006, 3
W 103/06). Da Interessen- und Kompetenzkollisionen bei der Verwaltertätigkeit unbedingt vermieden werden müssen, kann eine **Per-**

sonenmehrheit nicht zum **Verwalter** gewählt werden. So kann eine **Gesellschaft bürgerlichen Rechts** nicht zum Verwalter gewählt werden (BGH, Beschl. vom 18.5.1989, V ZB 4/89). Auch ein **Ehepaar** kann nicht gemeinsam zum Verwalter bestellt werden (AG Essen, Beschl. vom 21.8.1992, 95 II 49/92).

Unzulässig wäre es auch, mehrere Wohnungseigentümer gemeinschaftlich oder alle Eigentümer einer kleinen Eigentümergemeinschaft gemeinsam zum Verwalter zu wählen. Auch die Bestellung sämtlicher Mitglieder eines Verwaltungsbeirates zum Verwalter ist unzulässig (OLG Zweibrücken, Beschl. vom 9.1.2006, 3 W 103/06).

Aus dem gleichen Grunde ist es auch unzulässig, für die einzelnen Häuser einer **Mehrhausanlage** oder für einzelne Wohnungseigentümergruppen, nach welchen Kriterien sich diese auch immer voneinander abheben mögen, getrennte Verwalter zu bestellen. Der Beschluss über die Bestellung eines Unterverwalters für einzelne Häuser einer Mehrhausanlage wäre nichtig (LG Nürnberg-Fürth, Urt. vom 23.9.2009, 14 S 1754/09; LG Düsseldorf, Urt. vom 22.10.2009, 19 S 40/09).

Da Wohnungseigentumsverwalter im Sinne des WEG nur für das sogenannte Gemeinschaftseigentum zuständig sind, gilt das Gebot der einheitlichen Verwaltung auch nur für diesen Bereich. Die Verwaltung von Sondereigentum ist davon nicht betroffen, so dass jeder Sondereigentümer nach freiem Belieben darüber entscheiden kann, welchem Verwalter er z. B. die Mietverwaltung für seine Wohnung oder seine Gewerbeeinheit übertragen will.

2. Person des Verwalters

Zum Verwalter können nur volljährige, d. h. geschäfts- und handlungsfähige natürliche, aber auch juristische Personen sowie Gesellschaften, die als rechtlich selbständige Einheiten handlungsfähig sind, gewählt werden.

Da jede **geschäftsfähige natürliche Person** für das Verwalteramt in Frage kommt, kann neben jedem beliebigen außenstehenden Dritten auch ein Wohnungseigentümer gewählt werden. Scheidet ein zum Verwalter gewählter Wohnungseigentümer später aus der Eigentümergemeinschaft aus, so hat dies auf seine Verwalterbestellung keinerlei Auswirkung.

Ist ein Einzelkaufmann zum Verwalter bestellt worden, und tritt dieser unter seiner Firma auf, wird die Verwaltertätigkeit vom Einzelkaufmann persönlich ausgeübt.

Juristische Personen können zum Verwalter gewählt werden. Als juristische Personen treten als Verwalter insbesondere Gesellschaften mit beschränkter Haftung (GmbH) und Aktiengesellschaften (AG) in Erscheinung, deren Wahl zum Verwalter ohne Weiteres zulässig ist (OLG Frankfurt am Main, Beschl. vom 3.2.1981, 20 W 259/88). Immer mehr treten auch ausländische Kapitalgesellschaften mit beschränkter Haftung auf dem Verwaltermarkt auf, so beispielsweise die Limited (Ltd.) nach Englischem Recht.

Voraussetzung für die Wahl einer juristischen Person zum Verwalter ist immer deren selbständige Handlungsfähigkeit im Rechtsverkehr. Nicht zulässig ist es daher, unselbständige Organisationseinheiten, örtliche Niederlassungen oder sonstige unselbständige Abteilungen überregional tätiger Verwaltungsfirmen zu wählen. Es kann nur die Verwaltungsfirma als solche bestellt werden, die dann die Ausführung einzelner Verwaltungstätigkeiten einer örtlichen Niederlassung oder einer Abteilung überlassen kann. Nach außen handlungsbevollmächtigt bleibt jedoch immer die überörtliche Verwaltungsgesellschaft.

Auch **Personenhandelsgesellschaften** wie die OHG, die KG und die GmbH & Co. KG können zum Verwalter bestellt werden, da sie im Rechtsverkehr selbständig handlungsfähig sind.

Dasselbe gilt für **Partnerschaften** im Sinne des Partnerschaftsgesellschaftsgesetzes, da auch dieses aufgrund des in § 7 Abs. 2 PartGG enthaltenen Hinweis auf § 124 HGB rechtsfähig ist.

Persönliche Voraussetzungen: Welche persönlichen Voraussetzungen eine Person mitbringen muss, um das Verwalteramt ausüben zu dürfen, ist gesetzlich nicht geregelt. In Deutschland existieren für diesen Beruf **keine** Zugangsvoraussetzungen. So muss ein Verwalter weder irgendwelche Befähigungen noch sonstige **Qualifikationen** nachweisen, um das Amt eines Verwalters ausüben zu dürfen. Dies erscheint allerdings weder im Hinblick auf die an eine qualifizierte Verwaltertätigkeit zu stellenden Anforderungen als angemessen, noch trägt es dem berechtigten Anspruch eines Wohnungseigentümers Rechnung, der von einem Verwalter qualifizierte Arbeit verlangen darf. Unabhängig davon sollte eine Verwaltertätigkeit nur derjenige übernehmen, der den an dieses Berufsbild gestellten Anforderungen auch gerecht werden kann. Nachdem seit der WEG-Novelle des Jahres 2007 Wohnungseigentumsverwaltern Prozesskosten auferlegt werden können, soweit die Einschaltung des Gerichts durch eine fehlerhafte Verwaltertätigkeit veranlasst worden ist und den Verwalter dabei ein grobes Verschulden trifft (§ 49 Abs. 2 WEG), sollte sich in eigenem Interesse nur noch der zum Verwalter bestellen lassen, der auch zu einer fachlich qualifizierten Amtsführung in der Lage ist.

Die Ortsansässigkeit ist kein entscheidendes Kriterium für die Eignung eines Verwalters. Sind die Konditionen oder sonstigen Qualifikationen eines „auswärtigen" Verwalters dem Angebot eines Verwalters vor Ort vorzuziehen, so entspricht dessen Wahl ordnungsgemäßer Verwaltung (LG Lüneburg, Urteil v. 18.3.2014 – Az: 9 S 70/13).

Wahl des Verwalters: Bei neubegründeten Eigentümergemeinschaften findet sich oftmals bereits in der Teilungserklärung die Vereinbarung, wer als erster Verwalter tätig werden soll. Eine solche Bestimmung hat ihre Berechtigung, da es für neu entstehende Wohnungseigentümergemeinschaften mit erheblichen Schwierigkeiten verbunden ist, nach den Regeln des WEG eine Verwalterwahl durchzuführen. Hat sich der teilende Grundstückseigentümer in der Teilungserklärung nur die Befugnis vorbehalten, den ersten Verwalter zu bestellen, ohne dies vor dem Entstehen der werdenden Wohnungseigentümergemeinschaft auch umgesetzt zu haben, so endet diese Befugnis grundsätzlich mit dem Entstehen der faktischen Wohnungseigentümergemeinschaft, die ab diesem Zeitpunkt durch Mehrheitsbeschluss über die Bestellung eines Verwalters entscheiden kann (BayObLG, Beschl. vom 3.3.1994, 2 Z BR 142/93).

Ist eine Eigentümergemeinschaft einmal faktisch entstanden oder ist sie gar durch eine erste Eigentumsumschreibung in Vollzug gesetzt, findet eine Verwalterbestellung in aller Regel im Rahmen von Eigentümerversammlungen per Mehrheitsbeschluss statt. Ist eine werdende Eigentümergemeinschaft entstanden, ohne dass in der Teilungserklärung ein Erstverwalter vorgesehen ist, kann eine Verwalterwahl angesichts der noch sehr geringen Zahl an werdenden Miteigentümern unproblematisch durch allstimmigen, schriftlichen Umlaufbeschluss erfolgen. Diese Vorgehensweise ist zu empfehlen, weil keiner der Mitglieder einer werdenden Wohnungseigentümergemeinschaft ohne Weiteres befugt wäre, zu einer Eigentümerversammlung einzuladen, auf der dann ein Verwalter gewählt werden könnte.

Lässt sich ein Umlaufbeschluss nicht herbeiführen und muss die Verwalterwahl deswegen auf einer Eigentümerversammlung stattfinden, bleibt nur die Möglichkeit, dass sich ein werdender Eigentümer durch gerichtliches Urteil ermächtigen lässt, eine Eigentümerversammlung mit dem Beschlusspunkt „Verwalterwahl" einzuberufen. Auf der Grundlage eines solchen Gerichtsurteils kann der so ermächtigte werdende Miteigentümer Zeit und Ort einer Eigentümerversammlung vorgeben, zu dieser einladen, die Eigentümerversammlung eröffnen, deren Beschlussfähigkeit feststellen und über den Tagesordnungspunkt „Verwalterwahl" das Abstimmungsverfahren durchführen.

a) Verwalterbestellung durch Gerichtsbeschluss

Ist jedoch erkennbar, dass es aufgrund Meinungsverschiedenheiten oder abweichender Interessen auf einer Eigentümerversammlung zu keinem Mehrheitsbeschluss für eine Verwalterbestellung kommen wird, kann jedes Mitglied der werdenden Eigentümergemeinschaft eine Verwalterbestellung durch Gerichtsurteil herbeiführen. Zwar gilt der Grundsatz, dass immer dann, wenn eine der Eigentümergemeinschaft vorbehaltene Beschlussfassung durch Richterspruch ersetzt werden soll, der Beschlussantrag erst einmal in einer Eigentümerversammlung zu behandeln ist. Diese erübrigt sich jedoch, wenn bereits von vornherein feststeht, dass der klagende Eigentümer ohnehin keine Mehrheit in der Eigentümerversammlung finden würde (OLG Hamburg, Beschl. vom 14.3.2001, 2 Wx 35/97; BayObLG, Beschl. vom 23.3.2000, 2 Z BR 177/99).

Wird die Verwalterbestellung durch Gerichtsurteil beantragt, ist in den Klageantrag nicht nur die genaue Bezeichnung des zukünftigen Verwalters aufzunehmen, sondern es ist auch die angestrebte Bestellungsdauer sowie die zu zahlende Verwaltervergütung zu benennen. Dies setzt selbstverständlich eine vorherige Abstimmung mit dem zukünftigen potenziellen Verwalter voraus.

b) Bestellungsdauer

Gesetzliche Bestimmungen, die einen Mindestzeitraum für die Verwalterbestellung vorgeben würden, existieren nicht. Dagegen beschränkt das WEG die Höchstdauer einer Verwalterbestellung. Zu unterscheiden ist dabei zwischen der allerersten Verwalterwahl entweder bereits in der Teilungserklärung oder nach Entstehen einer werdenden Wohnungseigentümergemeinschaft und einer späteren Neu- oder Wiederwahl.

Im Falle der **ersten Bestellung** eines Verwalters nach der Begründung von Wohnungseigentum darf der Verwalter höchstens auf die Dauer von **drei Jahren** gewählt werden (§ 26 Abs. 1 Satz 2 WEG). Wird ein Verwalter bereits vom Bauträger in der Teilungserklärung bestimmt, so beginnt seine Amtszeit und damit der Lauf der dreijährigen Erstbestellungsdauer mit dem Tage des Entstehens einer werdenden Wohnungseigentümergemeinschaft. Erst wenn eine faktische Wohnungseigentümergemeinschaft entstanden ist, kann das Wohnungseigentumsgesetz zur Anwendung gelangen und erst dann ist eine Verwaltung nach den Vorschriften des WEG überhaupt möglich.

Handelt es sich um eine **Neu- oder Wiederwahl als zweite Verwalterbestellung,** so beträgt die **Höchstbestellungsdauer fünf Jahre** (§ 26 Abs. 1 Satz 2 WEG). Hintergrund für die Verkürzung der Erstbestellungsdauer ist die Absicht des Gesetzgebers gewesen, einen Gleichlauf von Verjährung der Gewährleistungsansprüche der Wohnungseigentümer mit der Dauer der Verwalterbestellung zu vermeiden, da in der Vergangenheit Bauträger bei der Begründung von Wohnungseigentum einen ihnen genehmen Erstverwalter für die Dauer von fünf Jahren eingesetzt haben. In der Praxis kam es daher oft zu Konflikten, die den sich meist diametral gegenüberstehenden

Interessen der Wohnungseigentümer und des Bauträgers geschuldet waren, zwischen welchen Fronten die von Bauträgern eingesetzten Verwalter leicht in die Konfliktsituation geraten konnten, „Diener zweier Herren" sein zu müssen. Die Konfliktsituation ist dadurch entschärft worden, dass es einer Eigentümergemeinschaft frei steht, nach Ablauf einer ersten Bestellungszeit von drei Jahren einen anderen, dem Bauträger möglicherweise nicht nahestehenden Verwalter zu wählen, der sodann die zwei Jahre der restlichen Gewährleistungszeit nutzen kann, um die Rechte der Wohnungseigentümer gegen den Bauträger geltend zu machen und ggf. auch durchzusetzen.

Eigentümergemeinschaften sind jedoch nicht gezwungen, eine Bestellung auf bestimmte Zeit vorzunehmen. Eine Verwalterwahl ist auch ab einem bestimmten Stichtag möglich, ohne dass in dem Beschluss eine Aussage über die Dauer der Verwalterbestellung enthalten ist. Wird ein Verwalter auf unbestimmte Zeit gewählt, so ist eine solche Verwalterbestellung dennoch auf die Höchstdauer von fünf Dauer beschränkt (§ 26 Abs. 1 Satz 2 WEG).

Praxistipp:

Unabhängig davon, ob ein Verwalter auf bestimmte oder unbestimmte Dauer gewählt worden ist, sollten Wohnungseigentümergemeinschaften peinlich genau darauf achten, wann die Bestellungsdauer ihres Verwalters zu Ende geht. Mit dem Ablauf der Bestellungsdauer scheidet ein Verwalter nämlich automatisch aus seinem Amt aus. Versäumt es eine Eigentümergemeinschaft, rechtzeitig für eine Neu- oder Wiederwahl Sorge zu tragen, wird sie plötzlich verwalterlos und damit handlungsunfähig.

Eine Neu- oder Wiederwahl des Verwalters darf frühestens ein Jahr vor Ablauf der bisherigen Bestellungszeit gefasst werden. Der Gesetzgeber wollte dadurch verhindern, dass ein Vorziehen des Beschlusses über die Neubestellung um mehr als ein Jahr dazu führen könnte, dass die Eigentümergemeinschaft länger als fünf Jahre an einen Verwalter gebunden bleibt.

Bei der Beurteilung der Bindungsdauer ist immer auf den Zeitpunkt der Aufnahme der Verwaltertätigkeit abzustellen. Würde eine Eigentümergemeinschaft mehr als ein Jahr vor Ablauf des bisherigen Bestellungszeitraumes den Verwalter erneut auf die Dauer von fünf Jahren wählen, würde sie jedoch den Beginn dieser Wahlperiode trotz eigentlich darüber hinausgehender Erstbestellungsdauer auf einen Zeitpunkt vorverlegen, der gerechnet ab dem Beschlussdatum auch nicht zu einer mehr als sechsjährigen Bindung an den Verwalter führen würde (einjähriger Beschlusszeitraum zzgl. fünfjähriger Bestellungsdauer), so würde ein solcher verfrühter Bestellungsbeschluss ebenfalls keinen Bedenken begegnen.

Unter Beachtung der Höchstbestellungsfrist kann ein Verwalter nach Belieben immer wieder neu bestellt werden (§ 26 Abs. 2 Satz 1 WEG).

3. Verwaltervertrag

Wohnungseigentümer verwechseln oder vermischen bisweilen die Verwalterwahl bzw. Verwalterbestellung mit dem Abschluss eines Verwaltervertrages. Tatsächlich ist die Verwalterbestellung vom Abschluss eines Verwaltervertrages völlig unabhängig.

Mit der Verwalterwahl wird die Amtsstellung des Verwalters nach WEG begründet, hierzu bedarf es eines Verwaltervertrages nicht. Wer zum Verwalter gewählt worden ist, kann sein Amt mit oder ohne Verwaltervertrag ausüben. Existiert kein Verwaltervertrag, so regeln sich die Rechte und Pflichten eines Verwalters nach dem Gesetz (§ 27 WEG). Fehlt es im Gesetz an notwendigen Ermächtigungen des Verwalters für bestimmte Tätigkeiten, so z. B. an der Befugnis zur gerichtlichen Beitreibung rückständiger Wohngelder von säumigen Miteigentümern, so muss eine Eigentümergemeinschaft solche Ermächtigungen im Einzelfall durch Beschlussfassung schaffen.

Es empfiehlt sich jedoch, einen Verwaltervertrag abzuschließen, da sich dadurch die Möglichkeit bietet, sowohl das Leistungsspektrum des Verwalters als auch die ihm obliegenden Pflichten sowie die ihm zustehenden Rechte zu ergänzen oder auch nur genau zu definieren. Die Ermächtigung zum Lastschrifteinzug, die Befugnis zur Erhebung von Mahngebühren gegenüber säumigen Wohngeldschuldnern, die Verpflichtung zur Durchführung einer zweiten Wohnungseigentümerversammlung je Kalenderjahr, die Pflicht zur Versendung von Versammlungsprotokollen, all dies gehört genauso in den Verwaltervertrag wie ein Anspruch des Verwalters auf zusätzliche Vergütung z. B. für das Anfertigen von Kopien, für die Durchführung zusätzlicher Eigentümerversammlungen, für die Betreuung von baulichen Vorhaben der Gemeinschaft, für die Einleitung und Betreuung von Prozessen der Eigentümergemeinschaft usw.

Der Verwaltervertrag ist zwischen dem gewählten Verwalter und der Wohnungseigentümer-gemeinschaft als teilrechtsfähigem Verband zu schließen (OLG Hamm, Beschl. vom 3.1.2006, 15 W 109/05). Da ein Verwaltervertrag aber regelmäßig auch Pflichten enthält, die dem Verwalter gegenüber den einzelnen Wohnungseigentümern obliegen, handelt es sich insoweit um einen Vertrag mit Schutzwirkung zugunsten der einzelnen Wohnungseigentümer. Soweit ein Verwalter zur rechtsgeschäftlichen Vertretung des Wohnungseigentümerverbandes berufen ist (§ 27 Abs. 3 Satz 1 WEG) kann er diesen beim Abschluss des Verwaltervertrages nicht vertreten (Selbstkontrahierungsverbot gemäß § 181 BGB). Es bedarf daher in diesem Fall einer besonderen Vertretung des Wohnungseigentümerverbandes. Üblicherweise wird für den Abschluss des Verwaltervertrages einzelnen Miteigentümern Vollmacht erteilt. Existiert ein Verwaltungsbeirat, so werden meist dessen Mitglieder ermächtigt, den Verwaltervertrag auszuhandeln und zu unterzeichnen. Streitig ist dabei, in welchem Umfange die Festlegung des Vertragsinhaltes übertragen werden darf, denn das Aushandeln und der Abschluss des Verwaltervertrages gehören zu den ureigensten Aufgaben einer Eigentümergemeinschaft (HansOLG Hamburg, Beschl. vom 17.7.2003, 2 Wx 147/00).

Ist der Verwaltungsbeirat oder ein sonstiger Miteigentümer ermächtigt, den Inhalt des Verwaltervertrages auszuhandeln, so stellt sich schnell die Frage, wie weit eine solche Vollmacht gehen kann. Überschreitet der Bevollmächtigte die Grenzen seiner Vollmacht, so handelt er als vollmachtloser Vertreter, der Verwaltervertrag würde insoweit nur wirksam werden können, wenn von der Eigentümerversammlung die Vollmachtüberschreitung nachträglich genehmigt wird. Ohne diese Genehmigung blieben diejenigen Vertragsklauseln, für deren Vereinbarung dem Bevollmächtigten die Ermächtigung gefehlt hat, unwirksam, der Vertrag im Übrigen aber bliebe davon unberührt, er wäre insoweit wirksam (OLG Hamm, Beschl. vom 19.10.2000, 15 W 133/00).

Der zum Aushandeln oder zum Abschluss des Verwaltervertrages ermächtigte Miteigentümer kann grundsätzlich als berechtigt angesehen werden, mit dem Verwalter Sondervergütungen für Zusatzleistungen festzulegen, die nicht bereits als Regelleistung vom Verwalterhonorar erfasst sind. Dazu gehört z. B. eine zusätzliche Vergütung für eine weitere Eigentümerversammlung, Aufwendungsersatz für das Anfertigen von Kopien, eine Sondervergütung für die Betreuung von Gerichtsverfahren usw.

Nicht von der Abschlussvollmacht gedeckt, sondern von der Eigentümergemeinschaft zu beschließen sind dagegen Regelungen, die sich unmittelbar auf die Mitglieder der Wohnungseigentümergemeinschaft auswirken können. Dazu gehört die Fälligkeitsbestimmung für Wohngeldvorauszahlungen, die Verpflichtung der Miteigentümer zur Teilnahme am Lastschriftverfahren, das Einführen von Mahngebühren, die Zahlung von Umzugspauschalen usw.

Hat eine Eigentümergemeinschaft nicht nur über die Person des Verwalters, sondern auch über die Bestellungsdauer und die Grundvergütung beschlossen und damit die wesentlichen Eckdaten für den Abschluss eines Verwaltervertrages vorgegeben, dann wird es als zulässig angesehen, das Aushandeln der Vertragsbestimmungen im Übrigen auf einzelne Eigentümer zu delegieren (HansOLG Hamburg, Beschl. vom 25.7.2003, 2 Wx 112/02).

Sind dagegen von der Eigentümerversammlung die wesentlichen Eckdaten eines Verwaltervertrages nicht beschlossen worden, sondern hat eine Eigentümergemeinschaft bis auf die eigentliche Verwalterwahl die gesamte Ausgestaltung des Verwaltervertrages durch Mehrheitsbeschluss auf einen Miteigentümer, vorzugsweise den Verwaltungsbeirat übertragen, dann würde ein solcher Beschluss auf Anfechtung für unwirksam erklärt. Denn das Aushandeln und der Abschluss des Verwaltervertrages hinsichtlich seiner tragenden Elemente gemäß § 26 WEG gehören zu den ureigensten Aufgaben einer Eigentümergemeinschaft, die nicht delegiert werden können (OLG Hamm, Beschl. vom 4.6.2002, 15 W 66/02).

> ### Praxistipp:
>
> Unabhängig davon ist ein Verwaltungsbeirat oder ein sonst zur inhaltlichen Vertragsgestaltung und zum Vertragsabschluss ermächtigter Wohnungseigentümer gut beraten, wenn er nach dem Aushandeln der Vertragskonditionen mit dem Verwalter den Vertragsentwurf der Eigentümerversammlung zur Beschlussfassung vorlegt. Wird der Entwurf eines solchen Verwaltervertrages durch die Eigentümerversammlung mehrheitlich gut geheißen, dann kann der bevollmächtigte Eigentümer sicher sein, dass er mit keiner der ausgehandelten Vertragsbestandteile seine Kompetenz überschritten hat und der gesamte Vertrag wirksam zustande gekommen ist. Der ermächtigte Wohnungseigentümer kann danach den beschlossenen Verwaltervertrag unbesorgt im Auftrage der Eigentümergemeinschaft unterzeichnen.

4. Aufgaben des Verwalters

Die Hauptaufgabe eines Verwalters liegt in der Umsetzung von Eigentümerbeschlüssen mit entsprechender Innenwirkung, die Vertretung der Eigentümer nach außen und die Verwaltung des Gemeinschaftsvermögens. Soweit sich die Rechte und Pflichten eines Verwalters nicht bereits aus der Teilungserklärung, aus sonstigen Vereinbarungen oder Mehrheitsbeschlüssen der Wohnungseigentümer, insbesondere aus Regelungen des Verwaltervertrages ergeben, ist § 27 WEG maßgeblich.

a) Verwalterrechte und -pflichten im Innenverhältnis

§ 27 Abs. 1 WEG regelt die Aufgaben und Befugnisse des Verwalters im Innenverhältnis zu den Wohnungseigentümern und zur Wohnungseigentümergemeinschaft als teilrechtsfähigem Verband. Der Verwalter ist berechtigt und verpflichtet, Beschlüsse der Wohnungseigentümer durchzuführen und für die Einhaltung der Hausordnung zu sorgen (§ 27 Abs. 1 Nr. 1 WEG), die für die ordnungsgemäße Instandhaltung und Instandsetzung des gemeinschaftlichen Eigentums erforderlichen Maßnahmen zu treffen (§ 27 Abs. 1 Nr. 2 WEG), sich um die Einhaltung der Wohngeldverpflichtungen der

Eigentümer zu kümmern, Wohngelder entgegen zu nehmen und diese zu verwalten (§ 27 Abs. 1 Nr. 4, 5, 6 WEG) und die Eigentümer über die Einleitung von Rechtsstreitigkeiten zu unterrichten (§ 27 Abs. 1 Nr. 7 WEG).

b) Aufgaben und Befugnisse im Außenverhältnis

§ 27 Abs. 2 WEG bestimmt, in welchem Umfange der Verwalter für die Wohnungseigentümer als ihr gesetzlicher Vertreter im Außenverhältnis tätig werden kann. Diese gesetzliche Vertretungsmacht reicht von der Befugnis zur Entgegennahme von Willenserklärungen und Zustellungen (§ 27 Abs. 2 Nr. 1 WEG), die Einleitung von Maßnahmen zur Abwendung von Rechtsnachteilen aller Art (§ 27 Abs. 2 Nr. 2 WEG), im Auftrage der Wohnungseigentümer ein Gerichtsverfahren durchzuführen (§ 27 Abs. 2 Nr. 3 WEG) bis hin zum Abschluss von Streitwertvereinbarungen mit einem Rechtsanwalt anlässlich von Gerichtsverfahren zwischen einzelnen Wohnungseigentümern gegen die übrigen Wohnungseigentümer (§ 27 Abs. 2 Nr. 4 WEG).

c) Vertretung des teilrechtsfähigen Verbandes

In § 27 Abs. 3 WEG ist geregelt, inwieweit der Verwalter berechtigt ist, im Namen der Gemeinschaft der Wohnungseigentümer und damit im Namen des teilrechtsfähigen Eigentümerverbandes im Außenverhältnis aufzutreten. So kann der Verwalter für den Verband Willenserklärungen und Zustellungen entgegennehmen (§ 27 Abs. 3 Nr. 1 WEG), fristwahrende Maßnahmen zur Abwendung von Rechtsnachteilen ergreifen (§ 27 Abs. 3 Nr. 2 WEG), laufende Maßnahmen der ordnungsgemäßen Instandhaltung und Instandsetzung des gemeinschaftlichen Eigentums veranlassen (§ 27 Abs. 3 Nr. 3 WEG), die dem Verband zustehenden Gelder einnehmen und diese verwalten (§ 27 Abs. 3 Nr. 4 und 5 WEG).

Merke:

Die vom Gesetz vorgesehenen Aufgaben und Befugnisse eines Verwalters können von den Wohnungseigentümern nicht eingeschränkt oder ausgeschlossen werden (§ 27 Abs. 4 WEG). Entgegenstehende Vereinbarungen in der Teilungserklärung wären nichtig, für Mehrheitsbeschlüsse würde den Eigentümern die Beschlusskompetenz fehlen, diese wären ebenfalls nichtig.

d) Wohnungseigentümerversammlung

In der Praxis wird die Tätigkeit eines Verwalters im Wesentlichen dadurch bestimmt, dass die Eigentümer auf Eigentümerversammlungen Beschlüsse fassen, die vom Verwalter umzusetzen sind (§ 27 Abs. 1 Nr. 1 WEG). Insofern finden alle notwendigen Meinungsbildungsprozesse zwischen den Mitgliedern des Eigentümerverbandes, soweit sie die Verwaltung des Gemeinschaftseigentums einer Wohnungseigentümergemeinschaft betreffen, üblicherweise im Rahmen von Wohnungseigentümerversammlungen statt (§ 23 Abs. 1 WEG).

Wohnungseigentümerversammlungen werden in aller Regel vom Verwalter einberufen (§ 24 Abs. 1 WEG).

Existiert kein Verwalter, ist er verhindert oder weigert er sich, eine Eigentümerversammlung einzuberufen, dann kann dies, sofern vorhanden, der Vorsitzende eines Verwaltungsbeirates bzw. dessen Stellvertreter tun (§ 24 Abs. 3 WEG; vgl. auch Abschnitt Verwaltungsbeirat).

Gibt es keinen Verwaltungsbeirat, dann kann sich jeder Eigentümer durch das Gericht bevollmächtigen lassen, zu einem oder mehreren bestimmten Tagesordnungspunkten eine Eigentümerversammlung einberufen zu dürfen.

Wird eine Eigentümerversammlung von einem beliebigen Eigentümer einberufen, der dazu nicht berechtigt gewesen ist, dann sind alle auf einer danach durchgeführten Eigentümerversammlung gefassten Beschlüsse fehlerhaft und anfechtbar. Da Beschlüsse, die auf einer von einem nicht Berechtigten einberufenen Eigentümerversammlung gefasst werden, jedoch nicht nichtig sind, erwachsen diese, wenn sie nicht angefochten werden, nach Ablauf der einmonatigen Anfechtungsfrist (§ 46 Abs. 1 Satz 2 WEG) in Bestandskraft und haben damit die gleiche Verbindlichkeit und Rechtswirkung, wie andere auf einer ordentlichen Eigentümerversammlung gefassten und bestandskräftig gewordenen Beschlüsse auch.

Wohnungseigentümerversammlungen können als ordentliche, als außerordentliche oder als Wiederholungsversammlung durchgeführt werden.

Praxistipp:

Bei kleinen Wohnungseigentümergemeinschaften mit überschaubarer Mitgliederzahl wäre es auch möglich, dass sich die Eigentümer ohne Einberufung freiwillig zu einer sogenannten Vollversammlung treffen. Dies bedeutet, dass sämtliche im Grundbuch eingetragenen Eigentümer entweder persönlich anwesend oder durch Vollmacht vertreten sind. Wenn sich alle Eigentümer darüber einig sind, dass eine Eigentümerversammlung zu einer bestimmten Zeit und an einem bestimmten Ort ohne Einhaltung der für eine Einladung geltenden Formalien stattfinden soll, die anwesenden Eigentümer einer Vollversammlung also insoweit auf die Einhaltung aller erforderlichen Formalien verzichten, dann können auch auf einer solchen Eigentümerversammlung Beschlüsse gefasst werden.

Einberufung: Eine ordentliche Eigentümerversammlung ist vom Verwalter mindestens einmal im Jahr einzuberufen (§ 24 Abs. 1 WEG). Diese eine Versammlung ist notwendig, um die Jahresabrechnung des Vorjahres und den Wirtschaftsplan für das laufende Jahr zu beschließen, beides unverzichtbare Grundlagen, um den notwendigen Finanzierungsbedarf des teilrechtsfähigen Verbandes sicherzustellen. Der Verwalter ist darüber hinaus dann zur Einberufung einer ordentlichen Eigentümerversammlung verpflichtet, wenn dies mehr als 25% aller Eigentümer, gerechnet nach Köpfen, verlangen (§ 24 Abs. 2, 2. Halbsatz WEG).

Einladung: Zu einer Eigentümerversammlung ist schriftlich einzuladen (§ 24 Abs. 4 Satz 1 WEG). Die Einladung muss eine Tagesordnung enthalten, die zumindest stichpunktartig darüber aufklärt, was Gegenstand der Eigentümerversammlung und insbesondere anstehender Beschlussfassungen sein wird. Da Beschlüsse über Themen, die in der Einladung nicht oder nicht ausreichend nachvollziehbar angegeben worden sind, anfechtbar wären, kommt der inhaltlichen Gestaltung eines Einladungsschreibens besondere Bedeu-

tung zu. Über Diskussionsthemen, die unter dem Tagesordnungspunkt „Verschiedenes" im Einladungsschreiben benannt sind oder
die aus dem Versammlungsverlauf heraus von Teilnehmern genannt
werden, darf nicht beschlossen werden. Geschieht dies dennoch,
sind solche Beschlüsse anfechtbar. Erfolgt keine Anfechtung, so erwachsen auch solche Beschlüsse in Bestandskraft.

Einladungsfrist: Bei der Einladung zu einer Eigentümerversammlung ist eine Frist von mindestens zwei Wochen einzuhalten (§ 24
Abs. 4 Satz 2 WEG), sofern nicht ein Fall besonderer Dringlichkeit
vorliegt (vgl. dazu außerordentliche Eigentümerversammlung).

Da es sich bei der zweiwöchigen Einladungsfrist nur um eine Sollvorschrift handelt, sind Beschlüsse, die auf einer Eigentümerversammlung gefasst werden, zu der nicht rechtzeitig eingeladen worden ist, nicht nichtig, sondern nur anfechtbar. Erfolgt keine Anfechtung, erwachsen die Beschlüsse in Bestandskraft. Auch im Falle
einer Anfechtung führt allerdings eine Unterschreitung der Einladungsfrist nicht automatisch zur Ungültigkeit der Beschlüsse. Die
Nichteinhaltung der Einladungsfrist ist nur dann von Bedeutung,
wenn der anfechtende Eigentümer durch die Fristunterschreitung
gehindert war, an der Eigentümerversammlung teilzunehmen oder
sich auf die Versammlung hinreichend vorzubereiten. Zusätzlich
müssen solche Ladungsmängel kausal für das Zustandekommen des
angefochtenen Beschlusses sein. Können die Miteigentümer beweisen, dass der angefochtene Beschluss auch bei rechtzeitiger Einladung bzw. Anwesenheit des anfechtenden Miteigentümers auf der
Eigentümerversammlung genauso zustande gekommen wäre, dann
wird die Anfechtung nicht erfolgreich sein (KG, Beschl. vom
30.4.1997, 24 W 5809/96).

Versammlungsort: Derjenige, der zu einer Eigentümerversammlung einlädt, kann auch darüber entscheiden, an welchem Ort diese
stattfinden soll. Bei der Ortswahl ist jedoch folgendes zu beachten:

■ räumliche Nähe zur Wohnanlage (OLG Köln, Beschl. vom 6.1.
   2006, 16 Wx 188/05),

■ zumutbare Erreichbarkeit (OLG Köln, Beschl. vom 3.12.2003, 16
   Wx 216/03),

- Erreichbarkeit mit öffentlichen Verkehrsmitteln,
- zumutbarer Versammlungsraum hinsichtlich Lage, Größe und Ausstattung,
- Gewährleistung der Vertraulichkeit.

Ein Verstoß gegen diese Anforderungen kann zur Anfechtbarkeit der gefassten Beschlüsse führen. Ist jedoch davon auszugehen, dass genau dieselben Beschlüsse gefasst worden wären, auch wenn es die Unzulänglichkeit des Versammlungsortes nicht gegeben hätte, der Mangel des Versammlungsortes also nicht kausal für die Beschlussfassung ist, wird eine Anfechtung nicht erfolgreich sein.

Versammlungszeitpunkt: Wer zu einer Eigentümerversammlung einlädt, kann auch den Zeitpunkt dazu festlegen. Dieser muss allerdings so gewählt werden, dass er üblicherweise als zumutbar angesehen werden kann. Dies ist dann nicht der Fall, wenn davon ausgegangen werden muss, dass berufstätigen Eigentümern die Teilnahme nur unter erschwerten Bedingungen möglich ist (OLG Frankfurt, Beschl. vom 9.8.1982, 20 W 403/82). An Werktagen sollte eine Eigentümerversammlung daher nicht vor 17:00 Uhr beginnen, da vorher davon ausgegangen werden muss, dass Berufstätige nur erschwert an der Eigentümerversammlung teilnehmen können (OLG Düsseldorf, Beschl. vom 1.3.1983, 3 Wx 512/92). An Sonn- und Feiertage ist auf Kirchenbesucher Rücksicht zu nehmen, so dass zu allgemeinen Gottesdienstzeiten eine Versammlung nicht stattfinden sollte (BayObLG, Beschl. vom 25.6.1987, BReg 2 Z 68/86).Uneinigkeit besteht über die Frage, ob Eigentümerversammlungen in den Schulferien abgehalten werden dürfen (dafür: LG München I, Urteil v. 28.06.2012 – 36 S 17242/11 WEG; dagegen: LG Karlsruhe, Urteil v. 25.10.2013 – 11 S 16/13). Da es keine bundeseinheitlichen Ferien gibt, ein Verwalter auch nicht wissen muss, ob ein Eigentümer schulpflichtige Kinder hat, Eigentümer auch in einem anderen Bundesland leben können, für das wiederum andere Ferienzeiten gelten, und schon eine Berücksichtigung aller in einem Bundesland geltenden Ferienzeiten dazu führen würde, dass kalenderjährlich während einer Dauer von ca. drei Monaten keine Eigentümerversammlungen abgehalten werden dürften, ist die Auffassung des LG Karlsruhe abzulehnen, wonach die Einberufung einer Eigentümerversammlung in der Ferienzeit zur Unzeit erfolge. Die Einschränkung, dass zumindest eine längere Einladungsfrist als zwei Wochen einzuhalten sei, überzeugt nicht, da kaum ein Eigentümer seine Ferienplanung an dem Termin einer Eigentümerversammlung ausrichten wird, zumal Urlaubsbuchungen in der Regel langfristig erfolgen, so dass auch bei Einhaltung einer längeren Einladungsfrist nicht mehr reagiert werden könnte. Da es jedem Eigentümer freisteht, sich in einer Eigentümerversammlung ggfls. unter Erteilung von Weisungen vertreten zu lassen, ist auch niemand gehindert, sich an den, auf einer Eigentümerversammlung statt findenden Willensbildungsprozessen zu beteiligen, auch wenn er nicht selbst daran teilnehmen kann. Die sich durch die Beachtung von Ferienzeiten für die Durchführungen von Eigentümerversammlungen ergebenden Erschwernisse sind daher abzulehnen. Um möglichst vielen Eigentümern eine problemlose Teilnahme an einer Versammlung zu ermöglichen, empfiehlt es sich in kleineren Wohnanlagen, den Versammlungszeitpunkt möglichst mit den Eigentümern abzustimmen (LG München I, Beschl. vom 19.7.2004, 1 T 3954/04).

Versammlungsleitung: Wer zu einer Eigentümerversammlung eingeladen hat, ist auch zur Versammlungsleitung berechtigt. Als erste Amtshandlung hat der Versammlungsleiter die Beschlussfähigkeit der Eigentümerversammlung festzustellen. Ist eine Eigentümerversammlung beschlussunfähig, muss die Eigentümerversammlung abgebrochen und zu einer Wiederholungsversammlung eingeladen werden. Ist eine Versammlung beschlussfähig, so steht es den versammelten Eigentümern ab Feststellung der Beschlussfähigkeit frei, durch Geschäftsordnungsbeschlüsse auf den weiteren Ablauf der Versammlung Einfluss zu nehmen. So können z. B. jederzeit mit einfacher Mehrheit ein Wechsel der Versammlungsleitung, die Person eines Protokollführers oder sonstige Regularien zum Ablauf der Versammlung (z. B. Redezeitbeschränkung) beschlossen werden.

Teilnahmerecht: Jeder, der im Grundbuch als **Eigentümer** eines Sondereigentums eingetragen ist, ist zur Teilnahme an einer Eigentümerversammlung berechtigt.

Das Gleiche gilt für **echte werdende Eigentümer** (vgl. werdende Eigentümer). **Zwangsverwalter, Insolvenzverwalter, Nachlassver-**

walter oder **Testamentsvollstrecker** dürfen ebenfalls an Eigentümerversammlungen teilnehmen, da sie das Stimmrecht für den eigentlich berechtigten Eigentümer ausüben.

Nießbraucher, Wohnungsberechtigte, Grundpfandgläubiger oder **Mieter** haben kein eigenes Stimmrecht und sind daher auch nicht teilnahmeberechtigt. Dem steht nicht entgegen, dass Eigentümer ihnen Vollmacht zur Vertretung in der Eigentümerversammlung erteilen, sofern dies in der Teilungserklärung nicht ausgeschlossen ist.

Durch Geschäftsordnungsbeschlüsse kann auch die Teilnahme von Gästen zugelassen werden. Dies gilt z. B. für im Auftrage der Wohnungseigentümergemeinschaft tätige Berater, wie Architekten, Sachverständige, Gutachter oder von der Gemeinschaft beauftragte Rechtsanwälte (BayObLG, Beschl. vom 19.2.2004, 2 Z BR 212/03).

Ordnungsrecht: der Versammlungsleiter hat das Recht, alle Maßnahmen zu ergreifen, die für einen ungestörten Verlauf einer Eigentümerversammlung erforderlich sind. Dazu gehört z. B. die Begrenzung der Redezeit, wenn ein Redner weitschweifige oder sich wiederholende Ausführungen macht, insbesondere, wenn sich diese gar nicht auf die Tagesordnung beziehen oder es sich um unsachliche Bemerkungen handelt (AG Koblenz, Urteil v. 18.5.2010 – 133 C 3201/09 WEG). Schließlich kann der Versammlungsleiter einen notorischen Störer nach vorheriger Androhung auch von der Versammlung ausschließen, wenn dies als letzte Möglichkeit unumgänglich ist, um einen geordneten Ablauf der Versammlung zu gewährleisten (BGH, Urteil v.10.12.2010 – V ZR 60/10).

Zu den ordnungsrelevanten Maßnahmen gehört auch das selbstverständliche Recht eines Versammlungsleiters, für die Dauer der Eigentümerversammlung auf ein Rauchverbot zu bestehen. Er muss die Versammlung jedoch in regelmäßigen Abständen unterbrechen, um Versammlungsteilnehmern die Möglichkeit zu geben, außerhalb des Versammlungsraumes zu rauchen.

Praxistipp:

Um jegliche Diskussion um das Rauchen während Eigentümerversammlungen zu vermeiden, steht es Eigentümergemeinschaften

> frei, durch Mehrheitsbeschluss für die Zukunft festzulegen, dass während Eigentümerversammlungen nicht geraucht werden darf, wobei die Versammlung auf Antrag von Rauchern jeweils kurz zu unterbrechen ist, um außerhalb des Versammlungsraumes rauchen zu können (LG Dortmund, Urteil v. 19.11.2013 – 1 S 296/12)

e) Stimmrecht

Bei der Abstimmung auf Eigentümerversammlungen hat jeder Wohnungseigentümer nur eine Stimme (Kopfstimmrecht) und zwar unabhängig davon, wie viele Sondereigentumseinheiten in seinem Eigentum stehen oder wie viele Miteigentumsanteile auf diese Einheiten entfallen (§ 25 Abs. 2 WEG).

In der Teilungserklärung kann allerdings von diesem Kopfstimmrecht abgewichen und eine Abstimmung nach Miteigentumsanteilen (Wertprinzip) oder nach der Anzahl der im Eigentum eines Wohnungseigentümers stehenden Einheiten (Objektprinzip) vereinbart werden.

Gibt es für ein Wohnungseigentum mehrere Eigentümer (z. B. Bruchteilsgemeinschaft, Erbengemeinschaft, Ehegatten), so kann bei geltendem Kopfprinzip das Stimmrecht nur einheitlich ausgeübt werden, d. h. alle Berechtigten müssen sich auf eine gemeinsame Stimmabgabe einigen (§ 25 Abs. 2 Satz 2 WEG).

Praxistipp:

Auf die Zahl der im Eigentum eines Miteigentümers stehenden Einheiten kommt es bei einer Abstimmung immer dann nicht an, wenn nach dem Kopfprinzip abgestimmt wird. Ist ein und derselbe Eigentümer im Grundbuch mehrerer Einheiten eingetragen, dann kann für alle Einheiten nur eine Stimme abgegeben werden. Dies gilt nicht bei unterschiedlicher Grundbuchlage. Steht ein Ehegatte z. B. für eine Einheit alleine im Grundbuch und ist er bei einer zweiten Einheit gemeinsam mit seinem Ehepartner als Eigentümer im Grundbuch eingetragen, so können zwei Stimmen abgegeben werden, weil für die unterschiedlichen Einheiten unterschiedliche Eigentumsverhältnisse bestehen.

Mehrheitsbeschluss: Ein Mehrheitsbeschluss kommt dann zustande, wenn mehr Ja-Stimmen als Nein-Stimmen abgegeben werden.

Praxistipp:

Es ist in der Praxis weithin unbekannt, dass Enthaltungen bei Abstimmungen nicht bewertet werden. Eine Enthaltung ist gleichbedeutend wie eine nicht abgegebene Stimme (BGH, Beschl. vom 8.12.1988, V ZB 3/88).

Folgende Abstimmungsbeispiele sollen verdeutlichen, unter welchen Umständen ein Mehrheitsbeschluss zustande kommt:

Beispiel a: Werden bei zehn Stimmrechten sechs Ja-Stimmen, vier Nein-Stimmen und keine Enthaltungen abgegeben, so ist ein Beschluss mehrheitlich zustande gekommen, da es mehr Ja- als Nein-Stimmen gibt.

Beispiel b: Werden bei zehn Stimmrechten fünf Ja-Stimmen und fünf Nein-Stimmen abgegeben, ist kein Mehrheitsbeschluss zustande gekommen. Es handelt sich vielmehr um eine Pattsituation, weil es genauso viele Ja- wie Nein-Stimmen gibt.

Beispiel c: Werden bei zehn Stimmrechten eine Ja-Stimme, keine Nein-Stimme bei neun Enthaltungen abgegeben, so ist ein Mehrheitsbeschluss zustande gekommen, weil es mehr Ja- als Nein-Stimmen gibt, die Enthaltungen zählen nicht.

Qualifizierter Mehrheitsbeschluss: Ausnahmsweise können im Einzelfall besondere Abstimmungsmodalitäten gelten. So ist z. B. auf § 16 Abs. 4 WEG hinzuweisen, wonach eine Eigentümergemeinschaft bauliche Veränderungen mit einer sogenannten doppelt qualifizierten Mehrheit beschließen kann, wenn eine solche bauliche Veränderung beispielsweise den Gebrauchswert der Mietsache nachhaltig erhöht, die allgemeinen Wohnverhältnisse auf Dauer verbessert oder zu einer nachhaltigen Einsparung von Energie oder Wasser führt.

Doppelt qualifizierte Mehrheit bedeutet in diesem Zusammenhang, dass die Maßnahme nur dann als mehrheitlich beschlossen gilt, wenn mehr als 3/4 aller im Grundbuch eingetragenen stimmberechtigten Wohnungseigentümer zugestimmt haben und diese 3/4-Mehrheit mehr als die Hälfte aller Miteigentumsanteile repräsentiert.

Einstimmigkeit: Vom Mehrheitsbeschluss begrifflich zu unterscheiden sind einstimmige Beschlüsse. Von Einstimmigkeit wird gesprochen, wenn alle auf einer Eigentümerversammlung anwesenden bzw. vertretenen Stimmen sich einheitlich für oder gegen einen Beschlussantrag aussprechen. Ob ein Beschlusses einstimmig gefasst wird, ist ohne besondere rechtliche Bedeutung, da Einstimmigkeit an keiner Stelle vom Gesetz für das Zustandekommen eines Beschlusses gefordert wird.

Ebenfalls nur eine Definitionsfrage und deshalb ohne besondere rechtliche Bedeutung ist die Bezeichnung eines Abstimmungsergebnisses, bei dem es nur Ja- oder nur Nein-Stimmen sowie Enthaltungen gegeben hat. Ein solcher Beschluss ist nicht einstimmig, sondern mehrheitlich gefasst worden, da es aufgrund der Enthaltungen an einem einheitlichen Abstimmungsverhalten aller anwesenden oder vertretenen Stimmrechte mangelt. Auch wenn die Enthaltungen nicht gewertet werden, handelt es sich dennoch um Stimmrechte, die sich nicht für oder gegen den Beschluss ausgesprochen haben, so dass das Abstimmungsergebnis nur von der Mehrheit der übrigen zählbaren und gleichlautenden Stimmen getragen wird.

Allstimmigkeit: Von einstimmig gefassten Beschlüssen zu unterscheiden sind allstimmige Beschlüsse. Allstimmigkeit besteht, wenn alle im Grundbuch eingetragenen Wohnungseigentümer gleichlautend für oder gegen einen Beschlussantrag stimmen (§ 23 Abs. 3 WEG).

Für bestimmte Regelungen in einer Eigentümergemeinschaft ist Allstimmigkeit erforderlich, so z. B. wenn es bauliche Veränderungen geht.

Stimmrechtsausschluss: Wenn es bei einer Beschlussfassung darum geht, dass der Eigentümerverband darüber befinden will, ob mit einem Mitglied der Eigentümergemeinschaft ein Rechtsgeschäft abgeschlossen werden soll oder wenn Beschlussgegenstand die Einleitung oder Erledigung eines Rechtsstreits mit einem anderen Wohnungseigentümer ist oder wenn darüber beschlossen werden soll, ob gegen einen Miteigentümer ein Wohnungseigentumsentziehungsverfahren nach § 18 WEG eingeleitet werden soll, dann darf der jeweils betroffene Eigentümer nicht mitstimmen (§ 25 Abs. 5 WEG).

Wer bei Abstimmungen vom Stimmrecht ausgeschlossen ist, darf bei dieser Abstimmung auch nicht von Vollmachten Gebrauch machen, die ihm erteilt wurden, es sei denn, der Vollmachtgeber hat bestimmte Weisungen zur Abstimmung erteilt.

f) Beschlussfassung

Dass Eigentümergemeinschaften überhaupt Beschlüsse fassen können setzt voraus, dass für das jeweilige Beschlussthema eine Beschlusskompetenz der Eigentümer besteht. Fehlt diese grundsätzliche Befugnis, über einen Lebenssachverhalt durch Beschlussfassung zu entscheiden, sind solche Beschlüsse nichtig (BGH vom 20.9. 2000, V ZB 8/99) und nicht nur anfechtbar.

Merke:

Das Wohnungseigentumsgesetz unterscheidet zwischen Angelegenheiten, über die die Wohnungseigentümer mit einer, je nach Einzelfall unterschiedlichen Stimmenmehrheit beschließen dürfen (§ 23 Abs. 1 WEG) und solchen, die nur durch Vereinbarung (§10 Abs. 1 WEG), d. h. durch einen Vertrag zwischen den Eigentümern geregelt werden können, wobei das Zustandekommen einer solchen Vereinbarung voraussetzt, dass ihr alle im Grundbuch eingetragenen Eigentümer zustimmen. Dabei ist die Unterscheidung oft schwierig. Als Faustformel gilt, dass Eingriffe in den dinglichen Kernbereich des Wohnungseigentums ausschließlich durch Vereinbarung möglich sind, wohingegen Fragen des ordnungsgemäßen Gebrauchs des Gemeinschaftseigentums und Verwaltungsangelegenheiten der Mehrheitsherrschaft der Eigentümer unterworfen sind, also mit (im Einzelfall unterschiedlicher) Stimmenmehrheit beschlossen werden können.

Mehrheitsbeschlüsse können nur auf Eigentümerversammlungen gefasst werden. Soll von der Möglichkeit einer schriftlichen Beschlussfassung Gebrauch gemacht werden (§ 23 Abs. 3 WEG), so handelt es sich um einen „**Umlaufbeschluss**", der nur dann zustande kommt, wenn alle im Grundbuch eingetragenen Eigentümer schriftlich zustimmen (Allstimmigkeit).

Auf Eigentümerversammlungen kann nur über solche Beschlussanträge beschlossen werden, die auf der Einladung zur Eigentümerversammlung ausdrücklich und inhaltlich nachvollziehbar erwähnt worden sind. Es reicht dazu eine stichwortartige Angabe des Beschlussthemas in der **Tagesordnung**, die Bestandteil der Einladung ist.

Unter dem Tagesordnungspunkt „Verschiedenes" können keine Beschlüsse gefasst werden. Geschieht dies dennoch, dann sind diese Beschlüsse anfechtbar. Auch neue Anträge können aus der Mitte der Eigentümerversammlung heraus nicht zur Abstimmung gestellt werden, sie wären ebenfalls anfechtbar. Alle diese Beschlüsse haben daher Bestandskraft, wenn sie nicht angefochten werden.

Anträge über die Gestaltung und Durchführung der Eigentümerversammlungen, sogenannte Anträge zur Geschäftsordnung, können jedoch jederzeit gestellt werden und bedürfen keiner Ankündigung. Über solche **Geschäftsordnungsanträge** ist ebenfalls mehrheitlich abzustimmen. Sie erledigen sich mit dem Ende der Eigentümerversammlung und sind daher auch nicht anfechtbar.

Abstimmung: Erfolgt eine mündliche Abstimmung, so hat der Versammlungsleiter die Beschlussformulierung vorzulesen und danach zur Abstimmung aufzufordern. Diese kann sodann durch Handzeichen erfolgen. Bisweilen werden von den Versammlungsleitern auch Stimmkarten verteilt, die je nach Bedeutung unterschiedliche Farben tragen können (z. B. grün = Ja-Stimme, rot = Nein-Stimme, weiß = Enthaltung) und bei der Abstimmung hochzuheben sind.

Ob zuerst zur Abgabe der Ja-Stimmen oder der Nein-Stimmen aufgefordert wird, steht im freien Belieben des Versammlungsleiters. Da mit der Feststellung der Beschlussfähigkeit zu Beginn einer Eigentümerversammlung auch feststeht, wie viel Stimmrechte anwesend sind, empfiehlt es sich, zur Geringhaltung des Zählaufwandes zuerst diejenigen abstimmen zu lassen, bei denen man eine Minderheit der Stimmabgabe vermutet. Besteht die Erwartung, dass einem Antrag mit großer Mehrheit zugestimmt wird, empfiehlt es sich also zuerst nach den Nein-Stimmen und den Enthaltungen zu fragen. Eine Auszählung der überwiegenden Ja-Stimmen erübrigt sich dann, weil man die Nein-Stimmen und die Enthaltungen schlicht von den gesamten anwesenden Stimmrechten abziehen kann.

Praxistipp:

Diese Verfahrensweise setzt allerdings voraus, dass eine Veränderung der Stimmrechte genau beobachtet wird. Kommen nach Feststellung der Beschlussfähigkeit noch weitere Eigentümer zur Eigentümerversammlung, dann ist dies im Protokoll genauso festzuhalten, wie wenn Eigentümer die Versammlung vorzeitig oder auch nur vorübergehend verlassen.

Verkündung des Beschlussergebnisses: Nach erfolgter Abstimmung hat der Versammlungsleiter das Abstimmungsergebnis in das Versammlungsprotokoll aufzunehmen und danach das Beschlussergebnis zu verkünden, indem er den anwesenden Miteigentümern mitteilt, wie viele Ja-Stimmen, Nein-Stimmen und Enthaltungen es gegeben hat. Hat ein Beschluss die erforderliche Mehrheit erreicht, so muss der Versammlungsleiter das Zustandekommen des entsprechenden Beschlusses verkünden. Dies kann beispielsweise durch folgende Erklärung des Versammlungsleiters geschehen:

„Für den Beschluss haben 10 Eigentümer mit „Ja" und 4 Eigentümer „Nein" gestimmt, 3 Eigentümer haben sich der Stimme enthalten. Damit wird festgestellt, dass der Beschluss zu Tagesordnungspunkt „X" über die Vergabe eines Reparaturauftrages für die Hauseingangstür an die Firma „Y" zum Angebotspreis von „Z" mehrheitlich zustande gekommen ist."

Dieser Feststellung durch den Versammlungsleiter kommt konstitutive Wirkung zu, d. h. der Beschluss ist mit dem Inhalt zustande gekommen, wie er vom Versammlungsvorsitzenden verkündet wird. Dies gilt auch dann, wenn die Verkündung der materiellen Rechtslage widerspricht. Erfolgt beispielsweise die Verkündung, dass ein Beschluss zustande gekommen sei, obwohl die erforderliche Mehrheit nicht erreicht wurde, ist von dem oder den Miteigentümern, die hiermit nicht einverstanden sind, innerhalb der Frist des § 46 Abs. 1 WEG (Monatsfrist) gerichtlich gegen diesen Beschluss vorzugehen.

Praxistipp:

Es ist unbedingt darauf zu achten, dass die Beschlussverkündung nach Ermittlung des Abstimmungsergebnisses erfolgt und dies auch im Versammlungsprotokoll so festgehalten wird. Wird die Beschlussverkündung vergessen, so kommt dieser Beschluss rechtlich nicht zustande, ein Beschluss liegt nicht vor (BGH, Beschl. vom 23.8.2001, V ZB 10/01) und entfaltet damit auch keine Rechtswirkung.

Beschlusswirkungen: Bei der Beschlussfassung ist zwischen unterschiedlichen Beschlussformen mit unterschiedlichen Beschlusswirkungen zu unterscheiden.

Beschlüsse, die mit Stimmenmehrheit zustande gekommen sind, entfalten ab dem Zeitpunkt der Beschlussfassung Wirkung und sind für die Wohnungseigentümer solange verbindlich, solange sie nicht angefochten und von einem Gericht rechtskräftig für unwirksam erklärt worden sind. Dieser Grundsatz führt dazu, dass Beschlüsse auch dann erst einmal weitergelten und sowohl vom Verwalter ausgeführt als auch von den Mitgliedern einer Eigentümergemeinschaft zu beachten sind, wenn sie angefochten worden sind.

Einstweilige Verfügung: Will ein Miteigentümer eine sofortige Stoppwirkung erreichen, wonach dem Verwalter untersagt werden soll, einen Beschluss bis zur gerichtlichen Entscheidung über seine Wirksamkeit auszuführen, so kann er dies nur durch ein gesondertes Verfahren auf Erlass einer einstweiligen Verfügung erreichen, mit dem durch Richterspruch eine vorläufige Beschlussausführung untersagt wird.

> ### Merke:
>
> Der Antrag auf Erlass einer einstweiligen Verfügung ist gegen die einzelnen Miteigentümer zu richten. Der Verwalter, der den Beschluss ausführen muss, ist für den Antrag auf Erlass einer einstweiligen Verfügung nicht der richtige Verfahrensgegner (Landgericht Frankfurt, Urt. vom 17.3.2010, 2–13 S 32/09).

Zitterbeschlüsse: In der Praxis geschieht es häufig, dass von Eigentümerversammlungen bewusst Beschlüsse gefasst werden, die formell oder materiell-rechtlich fehlerhaft sind, weil die Eigentümergemeinschaft ein bestimmtes Abstimmungsziel erreichen will. Da fehlerhafte Beschlüsse in Bestandskraft erwachsen, wenn sie nicht rechtzeitig innerhalb Monatsfrist angefochten werden, wird das Anfechtungsrisiko in der Hoffnung bewusst in Kauf genommen, dass eine Anfechtung nicht stattfinden wird. Die mit dem Abwarten des Ablaufs der einmonatigen Anfechtungsfrist verbundene Ungewissheit über das zukünftige Schicksal des Beschlusses hat zu der Bezeichnung „Zitterbeschluss" geführt.

BEISPIEL: Bei der Wahl eines Verwaltungsbeirates wird bewusst der Ehemann einer Miteigentümerin gewählt, der jedoch nicht im Grundbuch als Miteigentümer eingetragen ist. Da der Gewählte von Beruf Rechtsanwalt und noch dazu „Fachanwalt für Miet- und Wohnungseigentumsrecht" ist, erwartet sich die Eigentümergemeinschaft von ihm eine besonders fachkompetente Unterstützung durch die Tätigkeit im Verwaltungsbeirat. Da Nichteigentümer nicht in den Verwaltungsbeirat gewählt werden können (vgl. Zusammensetzung des Verwaltungsbeirates), wäre die Wahl auf Anfechtung für ungültig zu erklären. Unterbleibt jedoch eine Anfechtung, erwächst der Beschluss nach Ablauf der einmonatigen Anfechtungsfrist in Bestandskraft, der Nichteigentümer kann sein Verwaltungsbeiratsmandat ausüben.

Negativbeschlüsse: Erreicht ein Beschluss nicht die erforderliche Stimmenmehrheit, so handelt es sich um einen „Negativbeschluss", mit dem der Beschlussantrag als abgelehnt gilt. Ist ein Miteigentümer mit diesem Ergebnis nicht einverstanden, kann er auch den Negativbeschluss anfechten mit dem Ziel durch das Gericht feststellen zu lassen, dass die von der Eigentümerversammlung beabsichtigte Untätigkeit gegen das Gebot ordnungsgemäßer Verwaltung verstößt.

Ist ein Miteigentümer der Auffassung, dass es stattdessen eine zwingende Handlungsverpflichtung der Eigentümergemeinschaft gibt, ohne dass ein rechtmäßiges Alternativverhalten bestehen würde, wonach Eigentümer zwischen verschiedenen rechtmäßigen Beschlussfassungen entscheiden können, kann zusammen mit der Anfechtung eines Negativbeschlusses auch ein Verpflichtungsantrag gestellt werden, mit dem der Beschluss der Eigentümergemeinschaft auf Durchführung der Verwaltungsmaßnahme durch Richterspruch ersetzt werden soll.

Nicht- oder Scheinbeschlüsse: Um sogenannte „Nichtbeschlüsse" oder „Scheinbeschlüsse" handelt es sich, wenn es an den grundsätzlichen Voraussetzungen für eine mögliche Beschlussfassung fehlt. Dies wäre beispielsweise dann der Fall, wenn sich einige Eigentümer in privatem Rahmen treffen und über ein von ihnen ausgewähltes Thema abstimmen. Da das Zustandekommen von Beschlüssen gemäß § 23 Abs. 1 WEG voraussetzt, dass diese auf einer Wohnungseigentümerversammlung gefasst werden, kann bei privaten Zusammenkünften irgendwelcher Wohnungseigentümer kein Beschluss im Sinne des WEG gefasst werden. Solche rein privaten Meinungsbildungsprozesse würden „Nicht- oder Scheinbeschlüsse" darstellen, denen keinerlei rechtliche Bedeutung zukommt, so dass sie auch nicht angefochten werden müssen.

Nichtige Beschlüsse: Fasst eine Eigentümergemeinschaft auf einer regulären Eigentümerversammlung Beschlüsse, die außerhalb ihrer Beschlusskompetenz liegen, so sind diese Beschlüsse nichtig.

Nichtige Beschlüsse sind von Anfang an rechtlich unbeachtlich, ohne dass es dazu einer gerichtlichen Feststellungen ihrer Unwirksamkeit bedürfte, sie müssen also nicht angefochten werden.

Nichtig ist ein Beschluss, wenn

■ einer Eigentümergemeinschaft die Beschlusskompetenz zur Regelung des entsprechenden Sachverhaltes fehlt,

BEISPIEL: Ein Beschluss, mit dem einem Miteigentümer Vorschriften über die Gestaltung seines Sondereigentums gemacht würden, wäre wegen absoluter Beschlussunzuständigkeit der Eigentümergemeinschaft nichtig.

- der Beschluss gegen eine Rechtsvorschrift verstößt, auf deren Einhaltung nicht verzichtet werden kann,

BEISPIEL: Würde eine Eigentümergemeinschaft einem Verwalter untersagen, die Eigentümergemeinschaft rechtsgeschäftlich zu vertreten, so wäre dieser Beschluss nichtig, da die einem Verwalter gemäß § 27 Abs. 1 bis 3 WEG zustehenden Aufgaben und Befugnisse von den Wohnungseigentümern weder durch Vereinbarung noch durch Beschluss eingeschränkt oder ausgeschlossen werden können (§ 27 Abs. 4 WEG).

- der Beschluss gegen ein gesetzliches Verbot verstößt,

BEISPIEL: Der Beschluss, einen Hausmeister in Schwarzarbeit zu beschäftigen, wäre wegen eines Verstoßes gegen das Schwarzarbeitsgesetz (SchwarzarbG) nichtig.

- der Beschluss gegen die guten Sitten verstößt,

BEISPIEL: Ein Beschluss, der einem schwerbehinderten Wohnungseigentümer das Abstellen eines Rollstuhls im Treppenhaus verbietet, obwohl es keine anderweitige zumutbare Abstellmöglichkeit für ihn gibt, verstößt gegen die guten Sitten (OLG Düsseldorf, Beschl. vom 12.12.1983, 3 W 227/83).

- der Beschluss keinen inhaltlichen Regelungsgehalt hat,

BEISPIEL: Ein Beschluss, die Außenfassade der Wohnanlage mit einer „schönen Farbe" neu zu streichen wäre nichtig, da der Begriff „schöne Farbe" nicht objektiv bestimmbar wäre.

- der Beschluss inhaltlich undurchführbar wäre.

> **BEISPIEL:** Ein Beschluss, Fahrräder nur im gemeinschaftlichen Fahrrad-keller abzustellen, obwohl es einen solchen gar nicht gibt, wäre wegen Undurchführbarkeit nichtig.

Ein nichtiger Beschluss ist von Anfang an unwirksam, auf die Nichtigkeit kann sich jeder zu jedem Zeitpunkt und damit auch nach Ablauf der einmonatigen Anfechtungsfrist berufen. Dessen ungeachtet kann im Einzelfall das Bedürfnis bestehen, die Nichtigkeit eines Beschlusses durch das Gericht feststellen zu lassen. Dazu ist der Weg einer Feststellungsklage gemäß § 43 Nr. 4 WEG eröffnet, die unabhängig von jeder Frist zu jedem Zeitpunkt erhoben werden kann.

g) Außerordentliche Eigentümerversammlung

Die Frist für eine Einladung zur Eigentümerversammlung soll mindestens zwei Wochen betragen, sofern nicht ein Fall besonderer Dringlichkeit vorliegt (§ 24 Abs. 4 WEG). Wann es sich um einen solchen Fall besonderer Dringlichkeit handelt, ist im Einzelfall zu entscheiden. Regelmäßig dürfte dies dann der Fall sein, wenn für eine Eigentümergemeinschaft ein ganz kurzfristiger Handlungsbedarf besteht, dem bei Einhaltung einer zweiwöchigen Einladungsfrist nicht mehr entsprochen werden könnte. Auch zu einer außerordentlichen Eigentümerversammlung muss schriftlich unter Angabe der Beschlusspunkte eingeladen werden, wobei auf die Tagesordnung nur solche Angelegenheit gesetzt werden können, die auch wirklich dringlicher Erledigung bedürfen. Eine außerordentliche Eigentümerversammlung darf nicht dazu missbraucht werden, weitere allgemeine Verwaltungsangelegenheiten gleich mit zu erledigen.

h) Wiederholungsversammlung

Eine Eigentümerversammlung kann nur dann durchgeführt werden, wenn sie beschlussfähig ist. Beschlussfähigkeit ist nur dann gegeben, wenn durch die anwesenden Eigentümer mehr als die Hälfte der Miteigentumsanteile repräsentiert bzw. vertreten werden (§ 25

Abs. 3 WEG). Wird die Beschlussfähigkeit nicht erreicht, muss die Versammlung abgebrochen und zu einer Wiederholungsversammlung geladen werden. Um zu gewährleisten, dass auf einer solchen Wiederholungsversammlung dann auch Beschlüsse gefasst werden können, ist die Wiederholungsversammlung in jedem Falle beschlussfähig, unabhängig davon, wie viele Miteigentümer erschienen sind. Auf diese Besonderheit ist allerdings in der Einladung zur Wiederholungsversammlung hinzuweisen (§ 25 Abs. 4 WEG).

Eventualeinberufung: In der Praxis kann oft beobachtet werden, dass eine Einladung zur ordentlichen Eigentümerversammlung mit dem Hinweis verbunden wird, für den Fall der Beschlussunfähigkeit werde die Wiederholungsversammlung sogleich im Anschluss an die Erstversammlung bzw. eine halbe Stunde später durchgeführt (sogenannte Eventualeinberufung). Es ist jedoch unzulässig, die Einladung zur eventuell notwendig werdenden Wiederholungsversammlung bereits mit der Einladung zur ersten Eigentümerversammlung zu verbinden, es sei denn, in der Teilungserklärung wäre dies ausdrücklich so vereinbart (OLG Frankfurt, Beschl. vom 24.8. 2006, 20 W 214/06). Darf die Wiederholungsversammlung im Anschluss an die beschlussunfähige Eigentümerversammlung abgehalten werden, ist die erste, beschlussunfähige Versammlung erst einmal offiziell durch den Versammlungsleiter zu schließen. Sodann ist die zweite Versammlung ausdrücklich neu zu eröffnen.

Ohne eine derartige Bestimmung in der Teilungserklärung darf grundsätzlich zur Wiederholungsversammlung erst dann eingeladen werden, wenn die Erstversammlung geendet hat. Dazu müssen wiederum die formellen Voraussetzungen eingehalten werden, d. h. es muss unter Angabe einer Tagesordnung fristgerecht eingeladen werden, so dass die Wiederholungsversammlung frühestens zwei Wochen nach der Erstversammlung stattfinden kann.

Es besteht die Möglichkeit, auf die Tagesordnung der Wiederholungsversammlung weitere Beschlusspunkte zu setzen, die noch nicht Gegenstand der Einladung zur Erstversammlung gewesen sind. In einem solchen Fall gilt für die verschiedenen Tagesordnungspunkte eine unterschiedliche Beschlussfähigkeit:

Über diejenigen Tagesordnungspunkte, die bereits Gegenstand der ersten beschlussunfähigen Eigentümerversammlung gewesen sind, kann unabhängig von einer Beschlussfähigkeit der Wiederholungsversammlung beschlossen werden. Über neu in die Tagesordnung aufgenommene Beschlusspunkte darf in der Wiederholungsversammlung nur beschlossen werden, wenn diese beschlussfähig ist. Denn für die neuen Tagesordnungspunkte handelt es sich um eine Erstversammlung, für die das Erfordernis der Beschlussfähigkeit gemäß § 25 Abs. 3 WEG gilt (mehr als die Hälfte der Miteigentumsanteile).

Praxistipp:

Da es zulässig ist, in der Teilungserklärung zu vereinbaren, dass jede Eigentümerversammlung unabhängig von der Zahl der erschienen Eigentümer und der von diesen repräsentierten Stimmrechte beschlussfähig ist, sollte jede Gemeinschaftsordnung entsprechend überprüft werden, bevor man sich darauf verlässt, dass eine Beschlussfassung mangels ausreichender Eigentümerpräsenz nicht zustande gekommen ist.

i) Protokoll der Eigentümerversammlung

Über die in einer Eigentümerversammlung gefassten Beschlüsse ist eine Niederschrift, das sogenannte Versammlungsprotokoll anzufertigen (§ 24 Abs. 6 WEG). Dabei wird unterschieden zwischen sogenannten „Verlaufsprotokollen" oder sogenannten „Beschlussprotokollen". Bei Beschlussprotokollen handelt es sich um die bloße Wiedergabe aller auf einer Eigentümerversammlung gefassten Beschlüsse mit Darstellung des Beschlusswortlautes, des Abstimmungsergebnisses, getrennt nach Ja-, Nein-Stimmen und Enthaltungen sowie die Feststellungen des Versammlungsleiter zum Ergebnis der durchgeführten Beschlussfassung (Verkündung des Beschlussergebnisses).

Überwiegend wird in der Praxis jedoch die Form eines Verlaufsprotokolls gewählt, bei dem in die Niederschrift zusätzliche Informationen aufgenommen werden. Ob es sich dabei um die Vorstellung von Angeboten zur Vergabe von Reparaturaufträgen, die Wiedergabe von Diskussionsbeträgen oder die Mitteilung von Anregungen und Beschwerden aus der Mitte der versammelten Eigentümer handelt, eine Eigentümergemeinschaft ist insoweit bei der Wahl der Gestaltungsmöglichkeiten frei. Verlaufsprotokolle sind in aller Regel zu bevorzugen, weil sie auch nach längerer Zeit noch zulassen, Entwicklungen und Hintergründe von stattgefundenen Meinungs- und Willensbildungsprozessen nachzuvollziehen.

Die Eigentümer können mit Mehrheitsbeschluss darüber entscheiden, welche Form der Protokollgestaltung sie wählen wollen. Die Pflicht zur Protokollführung gänzlich abzuschaffen, ist nur durch eine Vereinbarung möglich, nicht jedoch durch Mehrheitsbeschluss.

Unterzeichnung des Versammlungsprotokolls: Die Niederschrift ist vom Versammlungsleiter zu unterschreiben. Existiert ein Verwaltungsbeirat, so hat auch der Vorsitzende das Protokoll zu unterzeichnen. Ist der Vorsitzende verhindert, so muss die Unterschrift von seinem Stellvertreter geleistet werden. Überdies ist noch die Unterschrift eines weiteren Wohnungseigentümers erforderlich (§ 24 Abs. 6 Satz 2 WEG).

Die Niederschrift unterzeichnen kann nur derjenige, der auch an der Eigentümerversammlung teilgenommen hat. Waren weder der Verwaltungsbeiratsvorsitzende noch dessen Stellvertreter anwesend, entfallen diese Unterschriften ersatzlos.

Besteht zwischen Versammlungsleiter und Verwaltungsbeiratsvorsitzenden Personenidentität, so reicht eine Unterschrift unter Hinweis auf die wahrgenommene Doppelfunktion. Das Protokoll einmal als Versammlungsleiter und ein anderes Mal als Vorsitzender des Verwaltungsbeirats zu unterzeichnen, ist nicht erforderlich (LG Lübeck, Beschl. vom 11.2.1991, 7 T 70/91).

Hintergrund für die vom Gesetzgeber gesehene Notwendigkeit, eine dreifache Unterzeichnung des Versammlungsprotokolls vorzusehen, ist die Erhöhung des ansonsten sehr eingeschränkten Beweiswertes eines Versammlungsprotokolls.

Öffentliche Unterschriftsbeglaubigung: Dem Protokoll einer Eigentümerversammlung kann auch die Funktion zukommen, als Beweismittel für die Legitimation des Verwalters zu dienen, im Rechtsverkehr für die Eigentümergemeinschaft auftreten zu dürfen. Ein entsprechender Nachweis wird beispielsweise vom Grundbuchamt gefordert, wenn aufgrund der Teilungserklärung für die Veräußerung eines Sondereigentums die Verwalterzustimmung notwendig ist. Dieser Nachweis ist in Form einer öffentlich beglaubigten Urkunde (§ 29 GBO) zu führen. Enthält das Protokoll einer Eigentümerversammlung den Beschluss über eine Verwalterneuwahl bzw. einer Wiederwahl des bereits amtierenden Verwalters, so sind sämtliche Unterschriften öffentlich zu beglaubigen. Dies kann durch jeden Notar oder beim Ortsgericht erfolgen.

Protokollversendung: Das Gesetz enthält dazu keine Bestimmungen, so dass ein Verwalter grundsätzlich nicht verpflichtet ist, den Wohnungseigentümern eine Fotokopie des Versammlungsprotokolls zu übersenden oder ihnen in sonstiger Weise den Inhalt der gefassten Beschlüsse unaufgefordert mitzuteilen (BayObLG, Beschl. vom 20.3.1991, 2 Z 8/91; OLG Zweibrücken, Beschl. vom 26.10.1990, 3 W 79/90; OLG Frankfurt, Beschl. vom 23.8.1990, 20 W 165/90). Von der Rechtsprechung wird jedoch gefordert, dass die Niederschrift mindestens eine Woche vor Ablauf der einmonatigen Anfechtungsfrist fertig gestellt wird (BayObLG, Beschl. vom 20.3. 2001, 2 Z BR 101/00). Diese Verpflichtung beinhaltet zwar nicht die Protokollversendung, sie ermöglicht aber jedem Anfechtungswilligen oder sonst interessiertem Eigentümer die Möglichkeit einer rechtzeitigen Einsichtnahme vor Ablauf der Anfechtungsfrist.

Soll ein Versammlungsprotokoll an die Eigentümer versandt werden, so kann dies geschehen, bevor die notwendigen Unterschriften eingeholt worden sind. Die Versendung kann mit normaler Post erfolgen. Ein Zustellungsnachweis ist nicht erforderlich.

Praxistipp:

Die Verpflichtung des Verwalters, das Versammlungsprotokoll rechtzeitig vor Ablauf der einmonatigen Anfechtungsfrist an alle Eigentümer zu verteilen, sollte in den Verwaltervertrag aufgenommen werden.

Berichtigung des Versammlungsprotokolls: Für den einzelnen Wohnungseigentümer besteht nur unter sehr engen Voraussetzungen ein Anspruch auf Berichtigung der Niederschrift. Nur wenn ein Wohnungseigentümer durch den Inhalt des Protokolls in seinen Rechten beeinträchtigt wird (z. B. beleidigende oder verleumderische Erklärungen) oder eine rechtlich erhebliche Erklärung falsch wiedergegeben wird (z. B. falsche Wiedergabe einer Beschlussfassung) besteht ein Berichtigungsanspruch (BayObLG, Beschl. vom 28.2.1991, BReg. 2 Z 144/90). Ist beabsichtigt, den Anspruch auf Protokollberichtigung gerichtlich durchzusetzen, ist eine Klage gegen denjenigen zu richten, der das Protokoll erstellt hat. Dies wird in der Regel der Verwalter sein. Eigentümerversammlungen steht es jedoch frei, die Protokollführung per Geschäftsordnungsbeschluss auf einen anderen Teilnehmer der Eigentümerversammlung zu delegieren. In keinem Falle ist eine Berichtigungsklage gegen die Wohnungseigentümergemeinschaft oder die einzelnen Miteigentümer zu richten. Die einmonatige Anfechtungsfrist des § 26 Abs. 1 WEG gilt für Berichtigungsklagen nicht.

j) Beschlusssammlung

Mit der zum 1.7.2007 in Kraft getretenen WEG-Novelle ist für den Verwalter die Pflicht zur Führung einer sogenannten „Beschluss-Sammlung" eingeführt worden (§ 24 Abs. 7 WEG). In diese Beschlusssammlung sind alle auf Eigentümerversammlungen gefassten Beschlüsse mit Angabe von Ort und Datum der Versammlung einzutragen (§ 24 Abs. 7 Satz 1 Nr. 1 WEG). Ebenfalls sind schriftliche Beschlüsse (Umlaufbeschlüsse) mit Angabe von Ort und Datum der Verkündung einzutragen (§ 24 Abs. 7 Satz 1 Nr. 2 WEG) und es sind alle Urteilsformeln von gerichtlichen Entscheidungen, die die Eigentümergemeinschaft betreffen mit Angabe ihres Datums, des Gerichts und der Parteien aufzunehmen (§ 24 Abs. 7 Satz 1 Nr. 3 WEG). Die Beschlusssammlung ist vom Verwalter zu führen (§ 24 Abs. 8 Satz 1 WEG). Fehlt ein Verwalter, so ist hierzu der jeweilige Vorsitzende einer Wohnungseigentümerversammlung verpflichtet (§ 24 Abs. 8 Satz 2 WEG).

Die Beschlusssammlung ist unverzüglich, jedoch längstens innerhalb einer Woche zu ergänzen (eine Woche zu lang: LG München I,

Beschl. vom 6.2.2008, 1 T 22613/07; eine Woche ausreichend: LG Berlin, Urt. vom 7.10.2009, 85 S 101/08).

Beschlüsse und gerichtliche Entscheidungen sind in chronologischer Reihenfolge einzutragen und fortlaufend zu nummerieren (§ 24 Abs. 7 Satz 3 WEG). Die Darstellung der Beschlüsse in der zeitlichen Abfolge, in der sie gefasst wurden, dient der leichteren Wiederauffindbarkeit von Beschlüssen und der zuverlässigen Information über die für die Eigentümergemeinschaft geltende aktuelle Beschlusslage, da davon ausgegangen werden kann, dass die letzte Eintragung die maßgebliche ist.

Die fortlaufende Nummerierung dient als Indiz für die Vollständigkeit der Sammlung. Einzutragen ist das Datum der Beschlussfassung, also in der Regel der Zeitpunkt, an dem die Eigentümerversammlung stattgefunden hat. Sodann ist der gesamte Beschlusswortlaut wiederzugeben, einschließlich des vollständigen Abstimmungsergebnisses und der konstitutiven Beschlussverkündung. Einzutragen sind sowohl positive als auch negative Beschlüsse, ebenso sogenannte Geschäftsordnungsbeschlüsse.

Handelt es sich um sogenannte Umlaufbeschlüsse, so ist zusätzlich das Datum der Verkündung des Beschlusses, die etwa durch Aushang oder Anschreiben an die Miteigentümer stattgefunden hat, mit einzutragen.

Handelt es sich um gerichtliche Entscheidungen, so sind die Urteilsformeln mit Angabe des Datums, des Gerichts und der Parteien in die Beschlusssammlung aufzunehmen. Endet ein Rechtsstreit durch Vergleich und wirkt sich dieser auf die Rechtslage in der Gemeinschaft aus, so ist auch dieser in die Sammlung aufzunehmen.

Wird ein Beschluss durch einen Zweitbeschluss abgeändert oder aufgehoben oder ein erstinstanzliches Urteil durch eine Rechtsmittelentscheidung abgeändert oder beseitigt, dann sind diese neuen Sachverhalte in entsprechender chronologischer Reihenfolge einzutragen, soweit sie zurückliegende Beschlüsse oder Gerichtsentscheidungen verändern, ist dies bei der Darstellung der früheren Eintragungen zu ergänzen.

Hinweis:

Verwalter sollten besondere Sorgfalt bei der Führung von Beschlusssammlung aufwenden. Der Gesetzgeber hat der Beschlusssammlung nämlich einen derartigen Stellenwert beigemessen, dass es als wichtiger Grund für die Abberufung eines Verwalters angesehen werden kann, wenn eine Beschlusssammlung Mängel aufweist bzw. im schlimmsten Fall gar nicht existiert (§ 23 Abs. 1 Satz 4 WEG).

5. Betreuung des Finanzwesens

Die wohl wichtigste Verwalteraufgabe ist im Finanzmanagement einer Eigentümergemeinschaft zu sehen. Ob es sich um die ordnungsgemäße Einnahme der Wohngelder, deren Anlage, ihre Verwendung und die spätere Abrechnung handelt, ein mangelhaftes Finanzmanagement kann Eigentümergemeinschaften sehr schnell in Schwierigkeiten bringen bis hin zur Einstellung von Versorgungs- oder Dienstleistungen, die von Versorgungsunternehmen erbracht werden, und ohne die eine Eigentümergemeinschaft nicht mehr funktionsfähig bleibt und bewirtschaftet werden kann.

Inhaber aller Geldforderungen gegen die einzelnen Wohnungseigentümer ist der teilrechtsfähige Verband. Der Verband macht Wohngeldforderungen geltend, in seinem Namen müssen rückständige Wohngelder beigetrieben und auf seinen Namen müssen die Bankkonten eingerichtet werden, auf denen die eingegangenen Gelder angelegt und verwaltet werden. Vertreten wird der teilrechtsfähige Verband dabei durch den Verwalter, der über alle Bankkonten auch verfügungsberechtigt ist. Soll im Einzelfall die Verfügungsberechtigung über die Verwendung von Geldern, so z. B. der Instandhaltungsrücklage, von einer weiteren Unterschrift abhängig gemacht werden, muss dies von der Eigentümerversammlung mehrheitlich beschlossen oder im Verwaltervertrag vereinbart werden.

a) Wirtschaftsplan

Aus dem Gesetz ergibt sich keine Anspruchsgrundlage für den Eigentümerverband, von seinen Mitgliedern bestimmte Beiträge zu den Bewirtschaftungskosten verlangen zu können. § 16 Abs. 2 WEG begründet nur die allgemeine grundsätzliche Verpflichtung eines jeden Wohnungseigentümers, sich an den Lasten und Kosten des gemeinschaftlichen Eigentums zu beteiligen und, sofern nichts anderen bestimmt ist, diese Kosten im Verhältnis der Miteigentumsanteile zu einander zu tragen.

Die Anspruchsgrundlage für die Forderung von Vorschüssen auf die Bewirtschaftungskosten stellt der Wirtschaftsplan dar. Im Wirtschaftsplan sollen die voraussichtlich in einem Wirtschaftsjahr anfallenden Kosten erfasst und auf die einzelnen Mitglieder der Gemeinschaft umgelegt werden. Erst der Beschluss über einen Wirtschaftsplan macht die allgemeine Verpflichtung von Miteigentümern zur Beitragsleistung verbindlich (OLG Frankfurt, Beschl. vom 7.6.2005, 20 W 135/05), erst auf der Basis eines beschlossenen Einzelwirtschaftsplanes können die Beiträge von den einzelnen Miteigentümern durch den Verwalter angefordert und ggf. gerichtlich beigetrieben werden.

Der Wirtschaftsplan besteht aus zwei Teilen, nämlich dem Gesamt- und dem Einzelwirtschaftsplan. Im **Gesamtwirtschaftsplan** werden die gesamten, voraussichtlich anfallenden Sachkostenpositionen aufgelistet und summenmäßig zusammengefasst. Im Einzelwirtschaftsplan werden diese Sachkostenpositionen nach dem für die Eigentümergemeinschaft geltenden Verteilungsmaßstab auf die einzelnen Eigentümer umgelegt. Der **Einzelwirtschaftsplan** ist mithin zur Geltendmachung von Wohngeldvorauszahlungen gegenüber den Miteigentümern unverzichtbar. Eine Addition der entsprechenden Kostenanteile führt zu dem Betrag, den ein Eigentümer als Vorauszahlung zur Bewirtschaftung des Gemeinschaftseigentums beizusteuern hat. Wird ein Gesamtwirtschaftsplan ohne Einzelwirtschaftspläne beschlossen, ist der Wirtschaftsplan auf Anfechtung für unwirksam zu erklären (BGH, Beschl. vom 2.6.2005, V ZB 32/05).

Aber auch ohne Anfechtung nützt einer Eigentümergemeinschaft ein Gesamtwirtschaftsplan ohne Einzelwirtschaftspläne wenig. Denn selbst wenn der Beschluss über einen Gesamtwirtschaftsplan ohne Einzelwirtschaftspläne mangels Anfechtung bestandskräftig würde, würde es an der Grundlage für die Anforderung von Wohngeldvorauszahlungen fehlen, da solche für den einzelnen Wohnungseigentümer weder errechnet wurden, noch über die Einzelanforderungen eines genauen Zahlungsbetrages beschlossen worden ist. Es ist auch nicht Aufgabe des einzelnen Wohnungseigentümers, auf der Basis eines beschlossenen Gesamtwirtschaftsplanes den auf sein Sondereigentum entfallenden Anteil an den Wirtschaftsgeldvorauszahlungen selbst zu ermitteln. Die wesentliche Bedeutung von Einzelwirtschaftsplänen besteht also darin, dass erst eine Beschlussfassung hierüber die Zahlungsverpflichtungen der Eigentümer überhaupt entstehen lässt. Die Entscheidung über die Umlage der Kosten auf die einzelnen Eigentümer kann daher nicht vom Verwalter übernommen werden, darüber ist alleine von den Eigentümern in Form von Einzelwirtschaftsplänen zu beschließen (BGH, Beschl. vom 2.6. 2005, V ZB 32/05).

In den Wirtschaftsplan sind auch solche Kostenansätze aufzunehmen, die nicht der unmittelbaren Finanzierung von Sachkostenpositionen dienen sollen, sondern für die Ansammlung von Rücklagen und Sparleistungen bestimmt sind. Hierunter fallen die anteiligen Zahlungen auf die Instandhaltungsrücklage. Deren Jahresansparleistung ist in den Gesamtwirtschaftsplan aufzunehmen, der Beitrag des einzelnen Miteigentümers in den Einzelwirtschaftsplan einzustellen. Vorauszahlungen auf die Bewirtschaftungskosten und der Beitrag zur Instandhaltungsrücklage können dann auf der Basis des Einzelwirtschaftsplanes vom Verwalter gemeinschaftlich beim Eigentümer angefordert werden. Aufgrund neuer höchstrichterlicher Rechtsprechung (BGH, Urt. vom 4.12.2009, V ZR 44/09) ist zu empfehlen, den Ansatz für die Instandhaltungsrücklage in einen optisch vom Sachkostenteil getrennten, zweiten Abschnitt des Wirtschaftsplanes darzustellen, um damit zu verdeutlichen, dass es sich um Sparleistungen handelt und die Vorauszahlung nicht auf zweckbestimmte und bereits vorausbestimmte Ausgaben erfolgt. Auch die Darstellung des vom Eigentümer zu zahlenden Beitrages zur Instandhaltungsrücklage ist als Bestandteil des Wirtschaftsplanes mit zu beschließen. Ob dies in einem einheitlichen Beschluss oder in getrennten Teilbeschlüssen erfolgen sollte, wird die Zukunft zeigen. Der Vorteil von getrennten Teilbeschlüssen könnte jedenfalls drin liegen, dass bei fehlerhaften Wirtschaftplänen im Falle einer Anfechtung nur der Teil des Wirtschaftsplanes für ungültig zu erklären wäre, in dem der Fehler aufgetreten ist.

Einnahmen: Die von den Miteigentümern zu entrichtenden Hausgeldvorschüsse sind nicht gesondert als Einnahmen in den Wirtschaftsplan aufzunehmen. Sie ergeben sich in der Regel aus dem Umkehrschluss zu den kalkulierten Ausgaben (BGH, Urteil v. 7.6. 2013 – V ZR 211/12). Aus einem Einzelwirtschaftsplan muss sich also nur die Höhe derjenigen Wohngeldvorauszahlung ergeben, die das Sondereigentum betrifft, für das der Wirtschaftsplan aufgestellt worden ist. Die Vorauszahlungen, die von den übrigen Miteigentümern zu leisten sind, müssen in einem Wirtschaftsplan weder zusammengestellt noch ausgewiesen werden.

Vorauszahlungshöhe: In einem Wirtschaftsplan sind alle Sachkosten einzustellen, deren Entstehen eine Eigentümergemeinschaft sowohl dem Grunde als auch der Höhe nach voraussehen kann. Die Höhe der Vorauszahlungen sollte sich an dem für diese Sachkostenposition bekannten Finanzbedarf des Vorjahres orientieren, zzgl. eines möglichen Mehrverbrauches sowie eines Teuerungszuschlages.

Um Deckungslücken zu vermeiden sollten auch solche Ausgaben bereits im Wirtschaftsplan berücksichtigt werden, deren Entstehen zwar noch nicht feststeht, aber ernsthaft zu erwarten ist (BayObLG, Beschl. vom 20.1.2005, 2 Z BR 117/04). Unter diese Position könnte z. B. die vorsorgliche Ansammlung von Rechtskosten fallen, wenn die Gefahr besteht, dass zur Betreibung rückständiger Wohngeldzahlungen gegen säumige Miteigentümer Gerichts- und Rechtsanwaltskosten bevorschusst werden müssen.

Verteilerschlüssel: Grundsätzlich sind die Bewirtschaftungskosten für das Gemeinschaftseigentum nach Miteigentumsanteilen auf die einzelnen Miteigentümer umzulegen (§ 16 Abs. 2 WEG). In der Teilungserklärung kann dieser Umlageschlüssel jedoch insgesamt oder auch nur für einzelne Sachkostenpositionen abweichend vereinbart werden. Seit Inkrafttreten der WEG-Novelle vom 1.7.2007 können gemäß § 16 Abs. 3 WEG der Verteilerschlüssel für Verwaltungs- und

Bewirtschaftungskosten durch Mehrheitsbeschluss abweichend vom Gesetz und abweichend von einem in der Teilungserklärung vereinbarten Umlageschlüssel geändert werden. Dies nicht nur für einen bestimmten Bewirtschaftungszeitraum, sondern mit Dauerwirkung. Seit 1.7.2007 kann überdies gemäß § 16 Abs. 4 WEG der Umlagemaßstab für die Verteilung von Instandhaltungs- bzw. Instandsetzungskosten durch qualifizierten Mehrheitsbeschluss geändert werden, jeweils aber nur für den Einzelfall und nicht mit Dauerwirkung.

Soweit diese Regelungen anfänglich von der Praxis als Möglichkeit missverstanden wurde, Verteilungsmaßstäbe nach Gutdünken abzuändern, hat die Rechtssprechung hier sehr schnell Einhalt geboten. So bedarf die Änderung eines Kostenverteilungsschlüssels regelmäßig eines sachlichen Grundes, um nicht gegen das Willkürverbot zu verstoßen (LG München I, Urt. vom 10.6.2009, 1 S 10155/08). Die Abänderung eines Umlageschlüssels nach § 16 Abs. 3 WEG muss des Weiteren transparent gestaltet werden, wofür es nicht genügt, dass schlicht ein neuer Verteilerschlüssel angewandt wird (BGH, Urt. vom 9.7.2010, V ZR 202/09).

Geltungsdauer: Grundsätzlich gilt ein Wirtschaftsplan zunächst ausschließlich für das Wirtschaftsjahr, für das er beschlossen worden ist (OLG Frankfurt, Beschl. vom 7.6.2005, 20 W 135/05; BayObLG, Beschl. vom 16.6.2004, 2 Z BR 085/04). Ist von der Eigentümergemeinschaft nichts anderes vereinbart worden, dann ist das Wirtschaftsjahr identisch mit dem Kalenderjahr (§ 28 Abs. 1 Satz 1 WEG). Mit der Beschlussfassung haben es die Eigentümer in der Hand, Beginn und Ablauf der Gültigkeit eines Wirtschaftsplanes festzulegen. Wird nichts Besonderes beschlossen, ist ein Wirtschaftsplan ab Beschlussdatum gültig und endet mit dem Ablauf des Kalenderjahres. Die Verpflichtung der Miteigentümer zur Vorschusszahlung endet in diesem Falle also mit dem Ablauf des 31. Dezember des betreffenden Wirtschaftsjahres (OLG Düsseldorf, Beschl. vom 11.7.2003, 3 Wx 77/03).

Praxistipp:

Um zu vermeiden, dass bei einem nicht rechtzeitig vor Ablauf des Wirtschaftsjahres neu beschlossenen Wirtschaftsplan die Vorschusszahlungen der Eigentümer nach dem Jahreswechsel eingestellt werden, ist anzuraten, dass in den Beschluss über den Wirtschaftsplan die Formulierung aufgenommen wird, dass dieser über das Jahresende hinaus bis zum Beschluss eines neuen Wirtschaftsplanes fortgelten soll. Zwar ist es Eigentümergemeinschaften nicht möglich, abstrakt zu beschließen, dass zukünftig jeder Wirtschaftsplan bis zur Verabschiedung eines Neuen Gültigkeit behalten solle. Hierzu fehlt die Beschlusskompetenz, ein solcher Beschluss wäre nichtig (OLG Düsseldorf, Beschl. vom 11.7.2003, 3 Wx 77/03). Für den einzelnen Wirtschaftsplan kann jedoch die Fortgeltung über das Ende des Kalenderjahres hinaus bis zum Beschluss eines neuen Wirtschaftsplanes mehrheitlich beschlossen werden (KG, Beschl. vom 7.1.2004, 24 W 326/01).

Fortschreibung des alten Wirtschaftsplanes: Ändert sich der zu erwartende Finanzbedarf einer Eigentümergemeinschaft nicht oder nur unwesentlich, ist es auch zulässig, die Fortgeltung des bisherigen alten Wirtschaftsplanes zu beschließen. Da jeder Beschluss jedoch aus sich heraus verständlich und nachvollziehbar sein muss, sind in diesem Falle entweder die Kostenansätze des bisher geltenden Wirtschaftsplanes zu wiederholen oder aber der Wirtschaftsplan, dessen Fortgeltung beschlossen worden ist, ist dem Versammlungsprotokoll beizuheften.

Beschlussvorschlag:

„Der für 2010 geltende Wirtschaftsplan wird einschließlich der Einzelwirtschaftspläne für das Jahr 2011 mit gleichen Ansätzen übernommen. Die sich aus den Einzelwirtschaftsplänen für 2010 ergebenden Wohngeldvorauszahlungen gelten unverändert auch für 2011. Der Wirtschaftsplan 2010 nebst Einzelwirtschaftsplänen wird diesem Beschluss beigefügt. Der fortgeschriebene Wirtschaftsplan gilt über den 31.12.2011 hinaus bis zum Beschluss eines neuen Wirtschaftsplanes".

Rückwirkung von Wirtschaftsplänen: Wird auf einer im Laufe eines Wirtschaftsjahres stattfindenden Eigentümerversammlung der Wirtschaftsplan für das laufende Kalenderjahr beschlossen, so ist es zulässig, dessen Gültigkeit bis zum Beginn der laufenden Wirtschaftsjahres zurück zu verlegen. Sofern von den Miteigentümern für den bereits abgelaufenen Zeitraum des Wirtschaftsjahres niedrigere Vorauszahlungen nach einem alten Wirtschaftsplan geleistet worden sind, ist zusätzlich zu beschließen, dass die sich für den gesamten abgelaufenen Zeitraum ergebende Differenz vom Verwalter angefordert werden kann und bis zu einem bestimmten Stichtag zur Zahlung fällig ist.

Beschlussvorschlag:

„Der Wirtschaftsplan 2011 wird mit der Maßgabe beschlossen, dass er ab 1.1.2011 gültig ist. Die sich im Vergleich zum bisher geltenden Wirtschaftsplan ergebende Vorauszahlungsdifferenz für die Monate Januar bis Juli 2011 ist vom Verwalter anzufordern, Nachzahlungen sind bis spätestens zum 30.10.2011 auf das Wohngeldkonto der Eigentümergemeinschaft zu entrichten".

Wirtschaftsplan nach abgelaufenem Wirtschaftsjahr: ist ein Wirtschaftsjahr abgelaufen und die Abrechnungsreife für diesen Wirtschaftszeitraum eingetreten, besteht in aller Regel kein Anspruch mehr auf Erstellung eines Wirtschaftsplanes. Wird dennoch für ein zurückliegendes Jahr ein Wirtschaftsplan beschlossen, so ist dieser Beschluss nicht nichtig (LG Saarbrücken, Urteil v. 21.6.2013 – 5 S 141/12), sondern allenfalls anfechtbar (BayObLG, Beschluss v. 13.12.2001 – 2Z BR 93/01).

Zahlungspflicht des Erwerbers: Wer beabsichtigt, eine Eigentumswohnung zu erwerben, sollte sich vorher unbedingt über die Höhe seiner zukünftigen Zahlungspflichten informieren. Zusammen mit den übrigen Kaufvertragsunterlagen sollte man sich vom amtierenden Verwalter eine Kopie des letzten Wirtschaftsplanes nebst Einzelwirtschaftsplan für das betreffende Sondereigentum vorlegen lassen.

Der Käufer einer Eigentumswohnung muss ab dem Zeitpunkt die Wohngeldvorauszahlungen an den teilrechtsfähigen Eigentümerverband entrichten, ab dem er im Grundbuch als Eigentümer eingetragen ist. Ein neuer Eigentümer haftet auf alle Zahlungen, die nach der Eigentumsumschreibung fällig geworden sind (Fälligkeitstheorie). In aller Regel werden von Eigentümergemeinschaften Vorauszahlungen für ein Wirtschaftsjahr beschlossen, mit der Maßgabe, dass die Miteigentümer den Gesamtbetrag in monatlich gleichen Raten zahlen können. Ist weder in der Teilungserklärung noch im Verwaltervertrag noch in einem Eigentümerbeschluss festgelegt, wann im jeweiligen Kalendermonat die Wohngeldvorauszahlung fällig wird, d. h. bis zu welchem Kalendertag bezahlt werden muss, kann sich ein Eigentümer bis zum letzten Tag eines Monats mit der Vorauszahlung Zeit lassen. Oft findet sich jedoch bereits in der Gemeinschaftsordnung die Regelung, dass die monatliche Wohngeldvorauszahlung spätestens zum 3. Werktag eines Kalendermonats zur Zahlung fällig ist. Vielfach verbinden Eigentümergemeinschaften eine besondere Fälligkeitsbestimmung auch unmittelbar mit dem Beschluss über den Wirtschaftsplan.

Für Altschulden des Verkäufers haftet ein Erwerber nicht. Hat der Verkäufer bis zur Eigentumsumschreibung keine oder nicht alle Wohngeldvorauszahlungen entrichtet, müssen diese vom Erwerber nicht nachbezahlt werden. Dessen ungeachtet empfiehlt es sich dennoch, vor dem Kauf einer Eigentumswohnung beim Verwalter darüber Erkundigungen einzuziehen, ob der Verkäufer allen Zahlungsverpflichtungen entsprochen hat. Denn für den Fall, dass Zahlungen ausstehen und der Verkäufer insolvent wird, müssen überdies endgültige Wohngeldausfälle von der Eigentümergemeinschaft auf die übrigen Miteigentümer umgelegt werden, so dass auch ein Erwerber entsprechend anteilig an diesen Ausfällen beteiligt wird. Wer jedoch rechtzeitig über Zahlungsrückstände eines Verkäufers Bescheid weiß, kann bei der Gestaltung des Kaufvertrages entsprechend Vorsorge treffen und vereinbaren, dass rückständige Wohngeldzahlungen vom Kaufpreis abgezogen und direkt an die Eigentümergemeinschaft ausgezahlt werden.

b) Sonderumlagen

Unabhängig von dem Recht einer Eigentümergemeinschaft, die Sachkostenansätze im Wirtschaftsplan großzügig zu bemessen, um für Mehrverbrauch oder Preissteigerungen gerüstet zu sein, kann es im Laufe eines Wirtschaftsjahres zu finanziellen Verpflichtungen einer Eigentümergemeinschaft kommen, die nicht voraussehbar waren.

Zusätzlich können Wohngeldausfälle auftreten, die z. B. im Falle einer Verbraucherinsolvenz eines Miteigentümers auch nicht nachträglich beigetrieben werden können, so dass sie endgültig abgeschrieben werden müssen und zu empfindlichen Deckungslücken im Haushalt einer Eigentümergemeinschaft führen, und kurzfristig für zusätzliche Liquidität gesorgt werden muss. Ein Beschluss über die Erhebung von Sonderumlagen zur Schaffung von Liquidität entspricht ordnungsgemäßer Verwaltung (BayObLG, Beschl. vom 20.11.2003, 2 Z BR 168/03). In solchen Fällen eines berechtigten zusätzlichen Finanzbedarfs können Sonderumlagen beschlossen werden, die nichts anderes darstellen als eine Ergänzung des Wirtschaftsplanes unter der imaginären Überschrift: „weitere Vorauszahlung auf nicht voraussehbaren Finanzbedarf".

Einzelberechnung: Wenn der Beschluss einer Sonderumlage die Ergänzung des Wirtschaftsplanes darstellt, dann gelten für die Beschlusserfordernisse die gleichen Anforderungen wie für Wirtschaftsplanbeschlüsse. Der Finanzierungsbedarf muss nach Sachkostenpositionen getrennt konkret benannt werden, es muss die anzufordernde Gesamtsumme aufgeführt und unter Angabe des für die Sonderumlage geltenden Verteilerschlüssels der auf den einzelnen Sondereigentümer entfallende anteilige Sonderumlagenbetrag ausgewiesen werden (BayObLG, Beschl. vom 4.3.2004, 2 Z BR 247/03).

Dass ein Sonderumlagenbeschluss nur den Verwendungszweck, die Gesamtsumme und den Umlageschlüssel enthalten müsse, nach dem die Sonderumlage auf die einzelnen Sondereigentümer zu verteilen ist, jedoch ohne betragsgenaue Ermittlung der Kostenbelastung des einzelnen Miteigentümers, erscheint nicht sachgerecht (so jedoch BayObLG vom 20.11.2002, 2 Z BR 144/01; OLG Düsseldorf, Beschl. vom 17.8.2001, 3 Wx 187/01). Das Entstehen einer Zahlungsverpflichtung in einer bestimmten Höhe kann nicht davon abhängen, dass ein Wohnungseigentümer der deutschen Sprache mächtig ist und den Beschluss über die Erhebung der Sonderumlage nicht nur richtig verstehen, sondern auch noch den darin enthaltenen Zusammenhang erfassen kann, dass nämlich der dort insgesamt ausgewiesene Betrag z. B. durch die Gesamtzahl der Miteigentumsanteile dividiert und das Ergebnis sodann mit den auf sein Sondereigentum entfallenden Miteigentumsanteilen wiederum multipliziert werden muss, um dadurch herauszufinden, wie hoch die auf ihn entfallende Sonderumlage betragsmäßig ist und was er genau zu bezahlen hat.

Formulierungsbeispiel zur Anforderung einer Sonderumlage:

„Zur Finanzierung eines durch Wohngeldausfälle verursachten Liquiditätsengpasses der Eigentümergemeinschaft wird eine Sonderumlage in Höhe von 100.000,00 Euro erhoben und nach Miteigentumsanteilen umgelegt. Die vom einzelnen Miteigentümer gemäß beigefügter Einzelberechnung zu leistende Zahlung ist innerhalb von vier Wochen nach Beschlussfassung fällig und auf das angegebene Konto der Eigentümergemeinschaft zu überweisen".

Zahlungspflicht des Erwerbers: Als Bestandteil des Wirtschaftsplanes mit dem Charakter einer Vorauszahlung gilt bei Sonderumlagen für die Zahlungsverpflichtung des Erwerbers nichts anderes als für Wohngeldvorauszahlungen nach dem Einzelwirtschaftsplan. Ein Erwerber hat die Sonderumlagen zu entrichten, die nach seiner Eigentumsumschreibung im Grundbuch zur Zahlung fällig werden.

Merke:

Nach der Fälligkeitstheorie kommt es ausschließlich auf den Zeitpunkt an, der von der Eigentümergemeinschaft als Zahlungsziel bestimmt worden ist. Ohne Bedeutung dabei ist, wann der Beschluss über die Sonderumlage gefasst worden ist.

Zwar wird eine Zahlungsforderung des Eigentümerverbandes grundsätzlich bereits mit der entsprechenden Beschlussfassung der Eigentümer begründet, denn sie entsteht bereits durch die Beschlussfassung. Trifft die Eigentümerversammlung anlässlich des Beschlusses einer Sonderumlage keine Bestimmung dazu, wann diese zu zahlen ist, ist sie sofort fällig. Eigentümergemeinschaften können jedoch auch beschließen, dass eine Sonderumlage in Raten und zu bestimmten, über das Kalenderjahr verteilten Fälligkeitszeitpunkten zu entrichten ist. Soweit diese Zahlungszeitpunkte nach der Eigentumsumschreibung eines Erwerbers im Grundbuch liegen, muss der Erwerber die entsprechende Rate der Sonderumlage zahlen, obwohl sie vor seinem Eigentumserwerb beschlossen wurde.

BEISPIEL: Eine Eigentümergemeinschaft beschließt in der ordentlichen Eigentümerversammlung im April eines Kalenderjahres eine Sonderumlage in Höhe von 100.000,00 Euro mit der Maßgabe, dass diese in vier Raten á 25.000,00 Euro in den Monaten Mai, Juli, September und November des laufenden Kalenderjahres zur Zahlung fällig werden und vom Verwalter abzurufen sind. Im August dieses Kalenderjahres findet die Eigentumsumschreibung auf einen Erwerber statt. Obwohl der Beschluss über die Sonderumlage bereits im April des Jahres gefasst wurde, muss der Erwerber die letzten beiden Raten, deren Fälligkeit für die Monate September und November des laufenden Kalenderjahres beschlossen wurde, bezahlen.

Praxistipp:

Jeder Kaufinteressent sollte sich beim Verwalter vor Abschluss des Kaufvertrages darüber informieren, ob es aktuelle Beschlüsse über Sonderumlagen gibt, deren Fälligkeit ganz oder teilweise erst zukünftig eintritt. Sollte absehbar sein, dass der Erwerber für Zahlungen auf eine Sonderumlage herangezogen werden kann, kann im Kaufvertrag bei der Gestaltung des Kaufpreises ein entsprechender Ausgleich berücksichtigt werden.

c) Jahreswirtschaftsabrechnung

Für jedes Kalenderjahr ist vom Verwalter eine Jahreswirtschaftsabrechnung zur Beschlussfassung vorzulegen (§ 28 Abs. 3 WEG). In aller Regel entspricht das Kalenderjahr auch dem für eine Wohnungseigentümergemeinschaft geltende Wirtschaftsjahr. Sollte jedoch in der Teilungserklärung ein unterjähriger Abrechnungszeitraum vereinbart sein, dann ist dies verbindlich. Für die entsprechenden unterjährigen Abschnitte eines Kalenderjahres sind dann unterschiedliche, kalenderjahrübergreifende Jahreswirtschaftsabrechnungen zu beschließen. Will eine Eigentümergemeinschaft

Wirtschaftsjahr und Kalenderjahr aufeinander abstimmen, so ist dies nur durch eine entsprechende allstimmige Vereinbarung möglich (OLG Düsseldorf, Beschl. vom 22.12.2000, 3 Wx 378/00). Unzulässig ist es, über zeitliche Unterabschnitte eines Wirtschaftsjahres gesondert abzurechnen. So widerspricht ein Eigentümerbeschluss über vier Quartalsabrechnungen anstelle einer Gesamtjahresabrechnung ordnungsgemäßer Verwaltung (OLG Düsseldorf, Beschl. vom 26.9.2006, 3 Wx 120/06).

Jahresabrechnung contra Wohngeldvorauszahlungen: Durch den Beschluss einer Jahreswirtschaftsabrechnung bleiben vorher gefasste Beschlüsse über Wirtschaftsplan oder Sonderumlagen inhaltlich unberührt. Wohngeldvorauszahlungen nach dem Wirtschaftsplan oder beschlossene Sonderumlage können daher trotz Abrechnungsbeschluss eingefordert werden, der Höhe nach allerdings begrenzt auf das Abrechnungsergebnis. Eine Wohnungseigentümergemeinschaft kann also nicht mehr an Vorauszahlungen von ihren Mitgliedern fordern, als letztendlich ausweislich der Einzelabrechnung für diesen Abrechnungszeitraum tatsächlich an Gesamtkosten entstanden sind.

Abrechnungsinhalt: Eine Jahresabrechnung muss eine geordnete, übersichtliche und inhaltlich zutreffende Aufstellung aller Einnahmen und Ausgaben enthalten, die in dem abzurechnenden Wirtschaftsjahr stattgefunden haben. Dabei ist streng formal vorzugehen:

Es sind alle Ausgaben zu erfassen, die von einem Konto oder aus einer Kasse der Eigentümergemeinschaft nach außen abgeflossen sind. Die Betonung liegt dabei auf dem Abfluss aus der Vermögenssphäre der Gemeinschaft, weil Kontobewegungen innerhalb einer Eigentümergemeinschaft keine Ausgaben darstellen (z. B. Überweisung vom Konto der Instandhaltungsrücklage auf das laufende Konto oder umgekehrt). Dabei ist ausnahmslos jede Ausgabe in die Abrechnung aufzunehmen, unabhängig von ihrem Verwendungszweck. Da jeder Zahlungsabfluss nach außen eine, die Vermögenslage der Gemeinschaft ändernde Ausgabe darstellt, müssen auch sachwidrige Zahlungen in die Jahresabrechnung mit aufgenommen werden. Es stellt einen weit verbreiteten Irrtum unter Miteigentümern dar, dass die Berücksichtigung von fehlerhaften Geldbewegungen bis hin zur Veruntreuung von Gemeinschaftsgeldern nicht in eine Jahresabrechnung gehören würden, so dass eine Jahresabrechnung, die derartige Zahlungsvorgänge enthalte, falsch sei. Dies ist nicht der Fall.

Merke:

Eine Jahreswirtschaftsabrechnung wird nicht dadurch unrichtig, weil sachwidrige Geldausgaben berücksichtigt worden sind. Jeder Geldabfluss ist bei der Jahresabrechnung zu berücksichtigen, unabhängig davon, ob er auf der Grundlage eines Eigentümerbeschlusses erfolgt ist, ob er der Höhe nach zutreffend veranlasst worden ist, ob er aus anderen Gründen unberechtigter Weise aus Mitteln der Gemeinschaft bezahlt worden ist (BGH, Urteil vom 4.3.2011 – V ZR 156/10) oder ob es sich bei der Geldentnahme gar um ein strafrechtlich relevantes Verhalten des Verwalters handelt

Der gleiche Grundsatz gilt auch für die Verbuchung von Geldzuflüssen. Jede Einnahme ist in die Abrechnung aufzunehmen, unabhängig davon, ob das Geld tatsächlich der Eigentümergemeinschaft zusteht.

Eine Jahresabrechnung muss vollständig, übersichtlich und nachvollziehbar sein. Nachvollziehbar ist eine Jahresabrechnung, wenn sie in einer für jeden Wohnungseigentümer verständlichen Art und Weise dargestellt ist (BayObLG, Beschl. vom 8.12.2004 – 2 Z BR 151/04).

Vollständig ist die Abrechnung nur, wenn sämtliche tatsächlichen Einnahmen und Ausgaben aufgeführt sind. Bei den Einnahmen sind insbesondere die Wohngeldzahlungen der Eigentümer aufzuführen. Auch Versicherungsleistungen, Zinserträge, Bareinnahmen aus der Bewirtschaftung von Gemeinschaftseinrichtungen (Waschkeller), Erlöse aus Zwangsversteigerungsverfahren usw. sind aufzunehmen. Fehlt in einer Abrechnung die Darstellung der Gesamteinnahmen, so ist ein Abrechnungsbeschluss auf Anfechtung für unwirksam zu erklären (LG Berlin, Urt. vom 20.11.2009, 85 S 5/09 WEG). Denn ohne Kenntnis der Einnahmen einer Gemeinschaft lässt sich die Schlüssigkeit einer Jahresabrechnung nicht überprüfen (OLG Hamm, Beschl. vom 3.5.2001, 15 W 7/01; OLG Düsseldorf, Beschl. vom 16.11.1998, 3 Wx 397/97).

Die Jahreswirtschaftsabrechnung ist keine Bilanz, da eine Abrechnung nicht die Aufgabe hat, den wirtschaftlichen Erfolg einer Eigentümergemeinschaft für den Abrechnungszeitraum zu ermitteln. In eine Jahresabrechnung sind also keine zukünftig zu erwartenden Ausgaben oder bereits fällige, aber noch nicht realisierte Einnahmen aufzunehmen. Der offene Rückstand eines säumigen oder auch zahlungsunfähigen Wohnungseigentümers darf daher nicht in einer Jahresabrechnung berücksichtigt werden (BayObLG, Beschl. vom 10.4.2002, 2 Z BR 70/01). Auch Abschreibungen können nicht Gegenstand einer Jahresabrechnung sein.

Auf der anderen Seite können Zahlungseingänge auf dem Konto der Eigentümergemeinschaft, die das Wirtschaftsjahr nicht betreffen, ausnahmsweise dennoch als Einnahme in der Abrechnung verbucht werden (BayObLG, Beschl. vom 4.7.2002, 2 Z BR 139/01). Die richtige Zuordnung solcher das Wirtschaftsjahr nicht betreffende Einnahmen ist dann im Rahmen der für die Wohnungseigentümer zu erstellenden Einzelabrechnungen vorzunehmen, so z. B. die Zahlung eines Eigentümers auf Wohngeldrückstände des Vorjahres.

Merke:

Vom Prinzip der reinen Einnahmen- und Ausgabenrechnungen darf ausnahmsweise nur bei der Darstellung der Heiz- und Warmwasserkosten abgewichen und zwischen tatsächlichem Verbrauch und im Wirtschaftsjahr geleistete Zahlungen abgegrenzt werden. Geschuldet ist diese Ausnahme der in der Heizkostenverordnung vorgeschriebenen verbrauchsabhängigen Abrechnung (§§ 3, 6, 7, Abs. 2 HeizkostenVO), wonach bei der Nebenkostenabrechnung für den Mieter nicht die tatsächlich für Heizöl oder Gas im Wirtschaftsjahr stattgefundenen Ausgaben berücksichtigt werden dürfen, sondern nur die Kosten abzurechnen sind, die im Abrechnungszeitraum tatsächlich verbraucht worden sind (LG Nürnberg-Fürth, Urt. vom 26.9.2008, 14 S 4692/08; OLG Köln, Beschl. vom 7.5.2007, 29 T 55/06; BayObLG, Beschl. vom 7.8.2003, 2 Z BR 47/03).

Praktische Folge daraus ist, dass die in einer Jahresgesamtabrechnung aufzunehmenden Kosten für den Einkauf von Brennstoff zweigliedrig darzustellen sind. Zum einen ist der Betrag auszuweisen, der für das verbrauchte Heizöl angefallen ist und der sich insoweit über die Umlage nach der Heizkostenabrechnung in den Einzelabrechnungen wiederfindet.

Getrennt davon sind die Kosten auszuweisen, die auf den nichtverbrauchten, noch im Heizöltank befindlichen Heizölbestand entfällt. Da es sich hier nicht um Verbrauchskosten handelt, mithin auch die Heizkostenverordnung nicht anwendbar ist, sind diese Kosten nach dem allgemeinen Umlagemaßstab gemäß § 16 Abs. 2 WEG, mithin nach Miteigentumsanteilen umzulegen. Korrespondierend hierzu ist dieser Kostenanteil, der auf den noch vorhandenen Heizölbestand entfällt, in einer gesonderten Sachkostenposition in der Einzelabrechnung auszuweisen und zwar unter der Rubrik der nicht umlagefähigen Kosten, weil ein vermietender Eigentümer ja die Kosten für eine Vorratshaltung auf einen Mieter nicht umlegen kann. Es dürfen nur die im Abrechnungszeitraum verbrauchten Brennstoffe abgerechnet werden (BGH, NZM 2012, 230, 231). Differenzierung zwischen verbrauchten Kosten und Kosten der Lagerhaltung sind vom Verwalter in der Abrechnung verständlich zu erläutern (BGH ZMR 2012, 372, 374).

Instandhaltungsrücklage: Um für einen zukünftigen Finanzierungsbedarf für Reparaturen und Erneuerungen aller Art vorzusorgen, sind Eigentümergemeinschaften zur Ansammlung von Instandhaltungsrückstellungen verpflichtet. Zuführungen zur Instandhaltungsrücklage sind daher Bestandteil des Wirtschaftsplanes, der vom einzelnen Eigentümer zu leistende Beitrag Gegenstand des Einzelwirtschaftsplanes. Die der Eigentümergemeinschaft auf diese Weise zufließenden Gelder sind in einer Jahresabrechnung als Einnahmen auszuweisen. Da die Beiträge der Wohnungseigentümer zur Instandhaltungsrückstellung in aller Regel zusammen mit der monatlichen laufenden Wohngeldvorauszahlung erbracht werden, handelt es sich um Geldeingänge auf dem laufenden Konto der Eigentümergemeinschaft. Wurde sodann der auf dem laufenden Konto befindliche Anteil der Instandhaltungsrücklage auf ein zur Ansammlung dieser

Rücklagen gesondert eingerichtetes Konto überwiesen, so galt seit jeher der Grundsatz, dass solche Geldabflüsse vom laufenden Konto auf ein Sparkonto der Gemeinschaft in der Jahresabrechnung unter der Rubrik „Ausgaben" zu berücksichtigen und nicht gesondert auszuweisen seien (OLG München, Beschl. vom 5.4.2005, 32 Wx 15/05).

Dies gilt seit einer Entscheidung des Bundesgerichtshofs aus dem Dezember 2009 nicht mehr. Zahlungen der Wohnungseigentümer auf die Instandhaltungsrücklage sind in der Jahresgesamt- und den Einzelabrechnungen weder als Ausgaben noch als sonstige Kosten zu buchen (BGH, Urt. vom 4.12.2009, V ZR 44/09).

Zwar ist auch zukünftig die Darstellung der Entwicklung der Instandhaltungsrücklage in eine Jahresabrechnung aufzunehmen, was jedoch optisch abgesetzt und getrennt von der Abrechnung der Sachkostenpositionen erfolgen muss. Die von den Wohnungseigentümern auf die Instandhaltungsrückstellung geschuldeten Zahlungen (Sollstellung) sind getrennt auszuweisen, ebenso die hierauf tatsächlich von den Miteigentümern gezahlten Beiträge. Überdies ist die Entwicklung des Rücklagenkontos unter Berücksichtigung der tatsächlichen Zuführungen und der dem Instandhaltungsrücklagenkonto entnommenen Beträge zur Finanzierung von Gemeinschaftsausgaben darzustellen. Bei der Behandlung der Instandhaltungsrücklage in der Jahresabrechnung gilt also zukünftig nicht mehr das für die Jahreswirtschaftsabrechnung zu beachtende strenge Prinzip der Einnahmen-/Ausgabenrechnung mit ausschließlicher Gegenüberstellung der tatsächlich geflossenen Zahlungen. Dies soll einer Eigentümergemeinschaft die Möglichkeit eröffnen, die Entwicklung der Instandhaltungsrücklage insgesamt beurteilen zu können, indem auf einen Blick erkennbar wird, wie hoch die im Wirtschaftsplan eingestellte Instandhaltungsrücklage ist, welche Beiträge im laufenden Wirtschaftsjahr von den einzelnen Eigentümern darauf tatsächlich geleistet worden sind, welche Rückstände bestehen und welche Beträge der Instandhaltungsrücklage tatsächlich zur Verfügung stehen. Unzulässig ist es, statt dessen in die Darstellung der Instandhaltungsrücklage nur eine Soll-Rückstellung aufzunehmen, da diese nicht den tatsächlichen Rückstellungsbestand ausweist (AG Saarbrücken, Urt. vom 5.6.2008, 1 WEG C 155/07).

Angesichts der neuen Rechtslage noch ungeklärt ist die abrechnungstechnische Behandlung von Abflüssen aus der Instandhaltungsrücklage, die unmittelbar zur Bezahlung von Rechnungen im Außenverhältnis verwendet werden. Da es sich bei der Bezahlung von Rechnungen regelmäßig um Sachkostenpositionen handelt, die in der Jahresabrechnung zu berücksichtigen sind, dürfte eine entsprechende Entnahme aus der Instandhaltungsrücklage zukünftig erst einmal als Liquiditätszuführung auf das laufende Konto zu verbuchen sein, um danach die von der Eigentümergemeinschaft zu bezahlenden Rechnungen aus dem, durch diese Zuführung aus der Instandhaltungsrücklage aufgefüllten laufenden Konto zu bezahlen.

In gleicher Weise dürfte zu verfahren sein, wenn Mittel der Instandhaltungsrücklage zur allgemeinen Liquiditätssicherung des laufenden Kontos verwendet werden sollen. Beschließt eine Eigentümergemeinschaft, Beträge aus der Instandhaltungsrückstellung als vorübergehende Zwischenfinanzierung des laufenden Kontos zu verwenden, dann werden die tatsächlich von den Wohnungseigentümern geleisteten Zahlungen auf die Instandhaltungsrücklage erst einmal rein buchungstechnisch dem Instandhaltungsrücklagenkonto zugeführt werden müssen, um sodann den zur Zwischenfinanzierung des laufenden Kontos beschlossenen Betrag wieder auf das laufende Konto zurück zu überweisen.

Umlagemaßstab: Aus jeder Jahresabrechnung muss sich zweifelsfrei ergeben, welcher Verteilerschlüssel zur Umlage der Ausgaben der Eigentümergemeinschaft auf die einzelnen Miteigentümer Verwendung gefunden hat. Ausgangspunkt ist dabei § 16 Abs. 2 WEG, wonach jeder Miteigentümer verpflichtet ist, sich an den Kosten und Lasten des gemeinschaftlichen Eigentums im Verhältnis seiner Miteigentumsanteile zu beteiligen. Eigentümergemeinschaften haben es jedoch in der Hand, davon abweichend andere Verteilungsschlüssel zu vereinbaren oder zu beschließen. So kann bereits in der Gemeinschaftsordnung festgelegt werden, dass für alle oder auch nur einzelne Sachkostenpositionen andere Umlageschlüssel gelten sollen. In der Vereinbarung kann aber nicht nur der Umlagemaßstab festgelegt und verändert werden, sondern es kann auch auf Art und Umfang der Kostenverteilung Einfluss genommen werden. So ist in der

Teilungserklärung die Vereinbarung möglich, dass Erdgeschosswohnungen von den Aufzugskosten ausgenommen werden, dass Gewerbeeinheiten in größerem Umfange an den Kosten der Müllentsorgung zu beteiligen sind usw. Auch eine Kostenumlage nach Wohn- oder Nutzfläche, nach Einheiten oder Personenzahl kann vereinbart werden. Solche Regelungen haben Dauerwirkung und gelten, solange sie nicht erneut abgeändert werden, für alle zukünftigen Abrechnungen.

Änderung des Umlageschlüssels:

War in der Vergangenheit die Änderung des gesetzlichen oder eines vereinbarten Umlagemaßstabes praktisch nur durch Vereinbarung möglich, ist mit der zum 1.7.2007 in Kraft getretenen WEG-Novelle für Eigentümergemeinschaften die Möglichkeit eröffnet worden, die Verteilerschlüssel für Betriebs- und Verwaltungskosten durch Mehrheitsbeschluss zu ändern (§ 16 Abs. 3 WEG).

Merke:

Diese Befugnis zur Änderung von Umlageschlüsseln für Betriebs- und Verwaltungskosten kann auch durch Vereinbarung nicht eingeschränkt oder ausgeschlossen werden (§ 16 Abs. 5 WEG). § 16 Abs. 3 WEG eröffnet daher die Möglichkeit, Bestimmungen der Teilungserklärung, soweit sie die Verteilung von Betriebs- und Verwaltungskosten enthalten, durch einfachen Mehrheitsbeschluss mit Dauerwirkung zu verändern.

Die Beschlusskompetenz zur Änderung des Umlageschlüssel bezieht sich auf alle Betriebskosten des gemeinschaftlichen Eigentums oder des Sondereigentums, soweit gemeinschaftlich abgerechnete Betriebskosten betroffen sind. Zulässig ist die Einführung eines jeden Umlagemaßstabes, sofern er sachgerecht ist und dem Gebot ordnungsgemäßer Verwaltung entspricht. Insoweit ist Eigentümergemeinschaft ein Ermessensspielraum eingeräumt, der jedoch seine Grenze im Benachteiligungs- und Willkürverbot findet. Eine Abgrenzung dazu ist durch die Überlegung möglich, ob es einen sachlichen Grund für die Änderung des Umlageschlüssels gibt (LG Düsseldorf, Urt. vom 9.6.2009, 16 S 77/08). Nach diesem Maßstab ist ein Beschluss über jährlich wechselnde Umlageschlüssel genauso ausgeschlossen wie eine beliebige Neuordnung der Kostenverteilung oder deren Begründbarkeit, weil sich etwa die Verhältnisse geändert haben oder die Änderung unter Gerechtigkeitsgesichtspunkten geboten erscheint. Eine strenge Betrachtungsweise gilt insbesondere dann, wenn es nicht nur um die Neuverteilung von Betriebskosten geht, an denen die Miteigentümer ohnehin bereits beteiligt waren, sondern wenn einzelne Wohnungseigentümer erstmals an Kosten beteiligt werden sollen, die bislang aufgrund einer Vereinbarung aus sachlichen Gründen hiervon befreit waren. Solche Beschlüsse einer neuen Kostenbeteiligung verstoßen schnell gegen den von jedem Mitglied einer Eigentümergemeinschaft zu beanspruchenden Vertrauensschutz, in den nur aus triftigem Grunde eingegriffen werden darf.

In seinen Konsequenzen im Einzelfall noch weitergehend ist die neue, in § 16 Abs. 4 WEG geregelte Beschlusskompetenz der Wohnungseigentümer, **Kosten für Instandhaltungs- und Instandsetzungsmaßnahmen** anders als nach Miteigentumsanteilen umzulegen. § 16 Abs. 4 WEG eröffnet allerdings nur die Möglichkeit, die Kosten von Instandhaltungs- und Instandsetzungsmaßnahmen im Einzelfall abweichend zu regeln. Dies kann nur dann angenommen werden, wenn sich der Beschluss in der Kostenverteilung für die einzelne Maßnahme erschöpft und darüber hinaus nicht präjudizierend für die Verteilung von künftigen Kosten gleichartiger Maßnahmen herangezogen werden kann. Denn wenn eine Kostenumlage im Einzelfall als Präzedenzfall und damit als Argument für zukünftige gleichgelagerte Sachverhalte zur Beachtung des Gleichbehandlungsgebotes der Miteigentümer untereinander herangezogen werden müsste, fehlt es bereits an der Einzelfallregelung.

BEISPIEL: Sind in einer Wohnungseigentumsanlage alle Fenster erneuerungsbedürftig, so eröffnet § 16 Abs. 4 WEG die Beschlusskompetenz, die Verteilung der Erneuerungskosten daran zu orientieren, wie viele Fenster einem Sondereigentum räumlich zugehören.

Sind jedoch nur einzelne Fenster zu reparieren oder auszutauschen, dann wäre es einer Eigentümergemeinschaft verwehrt, nur diejenigen

Eigentümer mit den anfallenden Kosten zu belasten, zu deren Sondereigentum die Fenster gehören. Denn diese Art und Weise der Kosten-
behandlung würde eine Eigentümergemeinschaft für künftige gleichgelagerte Fälle aufgrund des zu beachtenden Benachteiligungsverbotes
zum Beschluss desselben Kostenverteilungsschlüssels verpflichten. Ein
solcher für zukünftige Fälle wirkender Beschluss würde die mit § 16
Abs. 4 WEG eröffnete neue Beschlusskompetenz überschreiten, ein
solcher Beschluss wäre nichtig.

Im Gegensatz zu der mit Mehrheitsbeschluss möglichen Änderung
der Verteilung von Betriebskosten gemäß § 16 Abs. 3 WEG ist für
einen Beschluss nach **§ 16 Abs. 4 WEG** eine sogenannte **„doppelt
qualifizierte Mehrheit"** erforderlich. Danach kommt ein positiver
Beschluss nur zustande, wenn eine Mehrheit von ¾ aller stimmberechtigten Wohnungseigentümer im Sinne des § 25 Abs. 2 WEG, die
mehr als die Hälfte aller Miteigentumsanteile repräsentieren, einem
Beschluss zustimmen (§ 16 Abs. 4 Satz 2 WEG). Durch die Inbezug-
nahme von § 25 Abs. 2 WEG wird dabei das Stimmrecht über das
sogenannte „Kopfprinzip" definiert, d. h. ein Eigentümer hat nur eine Stimme unabhängig davon, wie viele Sondereigentumseinheiten
in seinem Eigentum stehen.

Achtung:

Da diese Beschlussbefugnisse nicht durch Vereinbarung eingeschränkt oder ausgeschlossen werden können, ist die Anwendung
des Kopfprinzips zwingend. Sind in Gemeinschaftsordnungen abweichend von § 25 Abs. 2 WEG das Stimmrecht nach Einheiten
(Objektprinzip) oder nach Miteigentumsanteilen (Wertprinzip)
vereinbart, dann gilt dies nicht für Beschlüsse nach § 16 Abs. 4
WEG.

Da das Gesetz von 3/4 aller stimmberechtigten Wohnungseigentümer spricht, kommt es bei einer Abstimmung nicht etwa darauf an,
ob 3/4 der in einer Eigentümerversammlung anwesenden oder vertretenen Miteigentümer zustimmen. Gemeint sind 3/4 aller, im
Grundbuch eingetragenen stimmberechtigten Wohnungseigentümer.

Damit ein positiver Beschluss zustande kommen kann, müssen diese 3/4 aller stimmberechtigten Wohnungseigentümer mehr als die Hälfte aller im Grundbuch eingetragenen Miteigentumsanteile repräsentieren.

BEISPIEL: In einer Wohnungseigentümergemeinschaft mit vier Eigentümern sind die Miteigentumsanteile wie folgt verteilt:

Objekt 1:	500/1.000 MEA
Objekt 2:	200/1.000 MEA
Objekt 3:	150/1.000 MEA
Objekt 4:	150/1.000 MEA

Bei einem Beschluss gemäß § 16 Abs. 4 WEG stimmen die Eigentümer der Objekte 2 bis 4 einer Änderung der Kostenverteilung zu, der Eigentümer von Objekt 1 enthält sich. Der Beschluss ist nicht zustande gekommen. Zwar haben ¾ aller Miteigentümer zugestimmt, diese repräsentieren jedoch mit 500/1.000 MEA nicht mehr als die Hälfte aller im Grundbuch eingetragenen Miteigentumsanteilen.

Rückwirkungsverbot: Soll ein Kostenverteilungsschlüssels geändert werden, ist es ein Gebot des Vertrauensschutzes, die Kostenverteilung nicht nachträglich für abgelaufene Wirtschaftsjahre zu ändern. Ein Eigentümer muss sich darauf verlassen können, dass Kosten nach dem Maßstab abgerechnet werden, der zum Zeitpunkt des Entstehens dieser Kosten aktuell gilt. Die Änderung des Umlageschlüssels durch Mehrheitsbeschluss gem. § 16 Abs. 3 WEG kann daher nur für die Zukunft erfolgen. Deshalb kann die Änderung eines Kostenverteilungsschlüssels auch nicht durch eine Jahresabrechnung beschlossen werden. Denn in der Jahresabrechnung wird über die Kosten eines bereits abgelaufenen Wirtschaftsjahres abgerechnet, so dass die Jahresabrechnung nicht dazu bestimmt ist, neue Verteilungsmaßstäbe einzuführen (OLG München, Vorlagebeschluss vom 11.7.2007, 34 Wx 021/07). Würde beim Beschluss über eine Jahresabrechnung ein neuer Verteilerschlüssel verwendet, wäre dies anfechtbar (BGH, Urt. vom 9.7.2010, V ZR 202/09).

Soll ein Kostenverteilungsschlüssel für die Zukunft geändert werden, muss ein entsprechender Grundsatzbeschluss gefasst werden, bevor eine Abrechnung verabschiedet wird, in der der neue Umlageschlüssel erstmals zur Anwendung gelangen soll. Nicht ausreichend ist dabei, in ein und derselben Eigentümerversammlung zuerst den neuen Kostenverteilungsschlüssel zu beschließen und in unmittelbarer Folge daran die Abrechnung des letzten Wirtschaftsjahres unter Verwendung des soeben beschlossenen neuen Abrechnungsschlüssels. Eine solche Vorgehensweise würde zu einer unzulässigen Rückwirkung auf die Kostenverteilung eines bereits abgelaufenen Wirtschaftsjahres führen. Wird ein Kostenverteilungsmaßstab geändert, dann muss dies so rechtzeitig geschehen, dass sich jeder Miteigentümer in seinem Verbrauchs- und Bewirtschaftungsverhalten auf die Konsequenzen der neuen Kostenverteilung einstellen kann.

Einzelwirtschaftsabrechnungen: Die Jahresabrechnung hat eine Gesamtschau aller im Wirtschaftsjahr angefallener Kosten zu enthalten, die vom Eigentümerverband bezahlt werden mussten. Da sich der teilrechtsfähige Wohnungseigentümerverband über seine Mitglieder finanziert, sind die angefallenen Kosten nach den für die Eigentümergemeinschaft geltenden Umlageschlüsseln zu verteilen. Dies geschieht in Form von Einzelwirtschaftsabrechnungen, die unverzichtbarer Bestandteil der Jahresgesamtabrechnung sind. Ein Beschluss über die Genehmigung einer Gesamtabrechnung ohne Einzelabrechnung ist auf Anfechtung für ungültig zu erklären, (BayObLG, Beschl. vom 17.8.2005, 2 Z BR 229/04) jedenfalls dann, wenn nicht gleichzeitig im Beschluss oder in der Versammlungsniederschrift deutlich gemacht wird, dass ein Beschluss über die Einzelabrechnungen noch nachgeholt wird.

Gesamt- und Einzelabrechnungen müssen nicht zwangsläufig mit ein und demselben Beschluss verabschiedet und auch nicht unbedingt auf ein und derselben Eigentümerversammlung beschlossen werden. Zulässig ist es, in einer ersten Eigentümerversammlung die Gesamtabrechnung zu beschließen, um auf einer bestandskräftig gewordenen Abrechnungsbasis sodann in der nachfolgenden Eigentümerversammlung die Einzelabrechnungen zu verabschieden. In einem solchen Falle ist es allerdings erforderlich, in den Beschluss über die Gesamtabrechnung mit aufzunehmen, dass Einzelabrechnungen nachträglich erstellt und beschlossen werden sollen, um klarzustellen, dass eine Eigentümergemeinschaft nicht etwa ganz auf den Beschluss von Einzelabrechnungen verzichten will. Ein Beschluss, dass auf die Verabschiedung von Einzelwirtschaftsplänen verzichtet werden soll, wäre sogar nichtig, weil einer Eigentümergemeinschaft die Beschlusskompetenz fehlt, auf unabdingbare Bestandteile einer Jahresabrechnung zu verzichten.

Merke:

Der Beschluss über eine Gesamtabrechnung begründet für den einzelnen Eigentümer noch keine Zahlungsverpflichtung. Eine solche ergibt sich erst aus einer beschlossenen Einzelabrechnung. Für eine Eigentümergemeinschaft ist also eine Gesamtabrechnung ohne Einzelabrechnungen wertlos, weil dem teilrechtsfähigen Eigentümerverband, der Inhaber aller Wohngeldforderungen gegenüber seinen Mitgliedern ist, mangels Einzelabrechnungen die Rechtsgrundlage dafür fehlt, etwaige Nachzahlungen gegenüber den Wohnungseigentümern geltend machen zu können.

Werden nur Einzelabrechnungen beschlossen ohne eine Darstellung der Gesamtkosten in einer Gesamtabrechnung, die entweder vorher oder gleichzeitig mit den Einzelabrechnungen beschlossen werden muss, so ist ein solcher Beschluss nichtig und kann keine Wohngeldforderungen gegenüber den Mitgliedern einer Eigentümergemeinschaft begründen (OLG Düsseldorf, Beschl. vom 3.8.2007, I-3 Wx 84/07). Einzelabrechnungen können nur aus der Gesamtschau aller angefallenen Kosten abgeleitet werden. Dies aber setzt eine Gesamtabrechnung voraus, ohne die Einzelabrechnungen nicht isoliert beschlossen werden können.

Ausgaben, die nicht in der Jahresabrechnung enthalten sind, können auch nicht Gegenstand einer Einzelabrechnung sein (BayObLG, Beschl. vom 7.5.1992, 2 Z BR 26/92). Ist eine Eigentümergemeinschaft für Kosten in Vorlage getreten, die nur ein bestimmtes Sondereigentum betreffen, so sind auch diese Kosten in der Jahresgesamtabrechnung als Ausgabe zu berücksichtigen, bei der Verteilung aber nur dem betreffenden Sondereigentum in seiner Einzelabrechnung zu belasten.

Ausgaben-/Einnahmenrechnung: Der Grundsatz, dass eine Jahreswirtschaftsabrechnung eine Ausgaben-/Einnahmenrechnung darzustellen hat, gilt auch für die Einzelabrechnungen. Der nach dem geltenden Umlageschlüssel ermittelten Einzelbelastung eines Sondereigentums sind die tatsächlich geleisteten Wohngeldvorauszahlungen gegenüberzustellen. Ein Vergleich von Ausgaben und Wohngeldvorauszahlungen führt sodann zum Ergebnis der Einzelabrechnung. Waren die Vorauszahlungen höher als die tatsächlich angefallenen Kosten, kommt es zu einem Guthaben für den Sondereigentümer. Waren die Ausgaben höher als die Vorauszahlungen, dann verbleibt zu Lasten des Sondereigentums eine Nachzahlung.

Zahlungspflicht des Erwerbers: Das Wohngeldsoll ist bei einer Einzelabrechnung nur dann als Information einzustellen, wenn im Abrechnungsjahr ein Eigentümerwechsel stattgefunden hat. Da der Erwerber einer Eigentumswohnung nicht für die Altschulden seines Rechtsvorgängers haftet, sondern nur solche Wohngeldzahlungen zu erbringen hat, die nach der Eigentumsumschreibung für sein Sondereigentum fällig geworden sind, muss zur Ermittlung einer etwaigen Nachzahlungsverpflichtung des neuen Eigentümers die sogenannte **„Abrechnungsspitze"** ermittelt werden.

Bei der Abrechnungsspitze handelt es sich um die Kostendifferenz, die verbleibt, wenn man von den tatsächlich entstandenen Kosten eines Sondereigentums alle Wohngeldzahlungen abzieht, die vom Verkäufer einer Eigentumswohnung während seiner Zugehörigkeit zur Eigentümergemeinschaft hätten erbracht werden müssen (Vorauszahlungssoll). Abrechnungstechnisch wird der Erwerber einer Eigentumswohnung also so gestellt, wie wenn sein Vorgänger alle Wohngeldverpflichtungen auch tatsächlich erbracht hätte. Übersteigen dennoch die tatsächlich angefallenen Kosten das Vorauszahlungssoll, dann wird die Verpflichtung zur Zahlung dieses Differenzbetrages erstmalig durch den Beschluss über die Einzelabrechnung begründet und fällig gestellt und betrifft daher den zum Beschlusszeitpunkt im Grundbuch eingetragenen neuen Eigentümer, der gegenüber der Eigentümergemeinschaft zum Ausgleich der Abrechnungsspitze verpflichtet ist.

Ob und inwieweit ein Erwerber einen Teil der Abrechnungsspitze zurückfordern kann, soweit diese rechnerisch noch auf den Zeitraum der Zugehörigkeit des Verkäufers zur Eigentümergemeinschaft entfällt, betrifft nicht das Verhältnis des Erwerbers zur Eigentümergemeinschaft. Ein etwaiger Ausgleich bleibt dem Innenverhältnis zwischen Verkäufer und Erwerber einer Eigentumswohnung vorbehalten.

Da die Wirkungen eines Beschlusses über die Jahresabrechnung nur die im Grundbuch eingetragenen Eigentümer betreffen können, ein Abrechnungsbeschluss also nur für und gegen einen Erwerber wirken kann,steht dem Erwerber auch ein Guthaben aus der Einzelabrechnung zu, unabhängig davon, dass dieses Guthaben möglicher Weise darauf zurückzuführen ist, dass der Verkäufer bis zur Eigentumsumschreibung Wohngeldvorauszahlungen geleistet hat, die zwar den Ansätzen im Einzelwirtschaftsplan entsprochen haben, die letztendlich aber höher als die tatsächlichen Kosten gewesen sind. Dieses Guthaben verbleibt beim Erwerber, sofern nicht im Kaufvertrag ein interner Ausgleich mit dem Verkäufer vereinbart worden ist.

Praxistipp:

Wer im Falle eines Eigentümerwechsels die Folgen der Fälligkeitstheorie korrigieren will, wonach alle Zahlungs- und Abrechnungsbeschlüsse immer nur gegen den im Grundbuch eingetragenen Eigentümer Wirkung entfalten können, muss einen Ausgleich für Nachzahlungen, die anteilig den Zeitraum bis zur Eigentumsumschreibung betreffen, genauso im Kaufvertrag regeln, wie etwaige Erstattungsansprüche für Guthaben, die sich aus zu hohen Wirtschaftsgeldvorauszahlungen des Verkäufers ergeben.

Altschulden: Im WEG gilt der Grundsatz, dass der für ein Sondereigentum im Grundbuch eingetragene Eigentümer nur für die Wohngeldforderungen haftet, die zum Zeitpunkt seiner Eigentümerstellung entstanden und fällig geworden sind. Eine Haftung für Schulden aus einer Zeit, in der noch der Voreigentümer im Grundbuch eingetragen war (Altschulden) besteht grundsätzlich nicht.

Kontostände: Zur Vollständigkeit einer Jahresabrechnung gehört auch die Darstellung der Kontobestände einer Eigentümergemeinschaft. Es ist der Anfangs- und Endstand sowie die Zu- und Abflüsse der einzelnen Bankkonten aufsaldiert anzugeben, damit die rechnerische Schlüssigkeit zwischen den tatsächlichen Einnahmen und Ausgaben auf der einen Seite und den Salden der Kontostände zum Jahresanfang und zum Jahresende auf der anderen Seite überprüft werden kann. Darzustellen sind dabei nicht nur die Bankkonten, sondern auch die Bestände von Barkassen, wie z. B. einer Hausmeisterkasse oder die Erträge aus der Benutzung von Gemeinschaftseinrichtungen wie z. B. Waschmaschinen, Trockner usw.

Zinsabschlagssteuer: Bei der Zinsabschlagssteuer handelt es sich um eine Quellensteuer, bei der die Zinsen bereits vom Kreditinstitut einbehalten und an den Fiskus abgeführt werden, bevor der verbleibende Rest dem Konto der Eigentümergemeinschaft zugeführt wird. Da der abgeführte Zinsabschlag nicht vom Konto der Eigentümergemeinschaft abfließt, ist er auch nicht in die Abrechnung aufzunehmen. Unabhängig davon kann jeder Wohnungseigentümer vom Verwalter eine Bescheinigung über seinen Anteil an der Zinsabschlagssteuer verlangen, damit er die so entrichtete Steuer in seiner Steuererklärung berücksichtigen kann.

Haushaltsnahe Dienstleistungen: Die dazu einschlägigen Vorschriften (BMF-Rundschreiben vom 26.10.2007, abgedruckt in NZM 2007, 847) sehen eine steuerliche Berücksichtigung zugunsten des einzelnen Wohnungseigentümers in Höhe des Lohnkostenanteils für die definierten haushaltsnahen Tätigkeiten vor (z. B. für Reinigungspersonal, Gärtner, Hausmeister, Handwerker usw.). Bei dem Lohnkostenanteil der begünstigten Tätigkeiten handelt es sich jedoch nicht um gesonderte Ausgaben, sie sind vielmehr Bestandteile der einzelnen Gesamtrechnungen der Dienstleister, die als solche bezahlt werden, ohne dass nach Lohnkosten- und Materialanteilen unterschieden würde. Haushaltsnahe Dienstleistungen spielen daher für die Erstellung von Jahresabrechnungen keine besondere Rolle. Von Bedeutung für die Verwalterpraxis ist dies nur, weil der einzelne Wohnungseigentümer eine Bescheinigung über die Höhe der ihn betreffenden einteiligen haushaltsnahen Dienstleistungen vom Verwalter verlangen kann, wofür dieser allerdings eine gesonderte Vergütung verlangen kann (AG Neuss, Beschl. vom 29.6.2007, 74 II 106/07 WEG).

d) Zwangsversteigerung

Eine Form des Eigentumsübergangs, wenn auch durch Hoheitsakt mittels Zuschlagsbeschluss, stellt der Erwerb eines Sondereigentums in der Zwangsversteigerung dar. Auch wenn ein Ersteher in der Zwangsversteigerung lastenfrei erwirbt, gelten die vorgenannten Grundsätze, wonach der neue Eigentümer all die Wohngeldverpflichtungen zu tragen hat, die ab dem Tage der Rechtskraft des Zuschlages in der Zwangsversteigerung erstmals fällig werden. Erfolgt die Beschlussfassung über die Jahresabrechnung nach dem Zuschlag, so haftet auch ein Ersteigerer als neuer Eigentümer auf die sogenannte Abrechnungsspitze (OLG Düsseldorf, Beschl. vom 20.10.2000, 3 Wx 283/00), d. h. auf den Wohngeldmehrbedarf, der sich nach Abzug aller bis zum Zuschlag fällig gewesenen Wohngeldvorauszahlungen ergibt.

Zahlungspflicht trotz Anfechtung

Unabhängig davon, über welche Art einer Wohngeldzahlungsverpflichtung im Rahmen einer Eigentümerversammlung beschlossen wurde (z. B. Wohngeldvorauszahlung, Nachzahlung aus Jahresabrechnung, Sonderumlage), entsteht die Zahlungsverpflichtung des betroffenen Eigentümers mit der Beschlussfassung. Hieran ändert sich auch nichts, ob irgendein Miteigentümer den Beschluss, der die Zahlungspflicht begründet, bei Gericht anficht. Ist eine Zahlungsverpflichtung erst einmal durch Beschluss begründet worden, dann kommt einer Anfechtungsklage keine aufschiebende Wirkung zu. Solange Beschlüsse nicht rechtskräftig für ungültig erklärt worden sind, sind sie uneingeschränkt gültig und begründen gegen den betreffenden Eigentümer die sich aus seinem Einzelwirtschaftsplan, seiner Einzelabrechnung oder seiner Einzelanforderung einer Sonderumlage ergebenden Zahlungsverpflichtung (vgl. BGH, Urt. v. 4.4.2014 – V ZR 167/13).

Merke:

Jedem Wohnungseigentümer ist unbedingt anzuraten, seine Wohngeldzahlungsverpflichtungen uneingeschränkt zu erfüllen, sobald die Eigentümergemeinschaft eine solche Zahlungsverpflichtung per Beschluss begründet und fällig gestellt hat. Zahlt ein Wohnungseigentümer nicht, so kann er vom teilrechtsfähigen Wohnungseigentümerverband als dem Inhaber der Wohngeldforderung auch dann auf Zahlung gerichtlich in Anspruch genommen werden, wenn der säumige Eigentümer den Beschluss, mit dem die Zahlungsverpflichtung begründet worden ist, angefochten hat. Eine Zahlungsverpflichtung würde erst dann entfallen, wenn der Beschluss über die Begründung der Zahlungsverpflichtung von einem Gericht rechtskräftig für ungültig erklärt worden ist.

Keine Aufrechnung oder Zurückbehaltung gegenüber Wohngeldverpflichtungen: Hintergrund für diese unbedingte Verpflichtung zur Zahlung allfälliger Wohngelder ist der Umstand, dass in erster Linie dafür Sorge zu tragen ist, dass die Liquidität einer Eigentümergemeinschaft nicht gefährdet wird. Aus diesem Grunde gibt es für Eigentümer gegenüber fällig gestellten Wohngeldverpflichtungen auch kein Recht zur Aufrechnung mit eigenen, gegen den Verband gerichteten anderweitigen Zahlungsansprüchen oder ein Zurückbehaltungsrecht hinsichtlich der Zahlung der geschuldeten Wohngelder.

Aufrechnung und Zurückbehaltung sind jedenfalls dann ausgeschlossen, wenn dem Eigentümer nicht eine rechtskräftig titulierte Gegenforderung gegen den Eigentümerverband zusteht. Mit derartigen Gegenforderungen wäre eine Aufrechnung gegenüber anderweitigen Wohngeldverpflichtungen zulässig.

Das Gleiche gilt für Ansprüche auf Aufwendungsersatz, die sich im Zusammenhang mit einer Notgeschäftsführung ergeben. Hat ein Eigentümer z. B. einen Installateur beauftragt, bei einem Wasserrohrbruch das Wasser abzustellen, ausgetretenes Wasser abzupumpen und das Leck im Wasserrohr zur vorläufigen Wiederherstellung der Wasserversorgung zu verschließen, dann handelt es sich bei derartigen vom Eigentümer aufgewendeten Auslagen um Kosten einer Notgeschäftsführung, die er im Wege der Aufrechnung unmittelbar gegenüber dem Verband realisieren kann.

Hat eine Eigentümergemeinschaft eine gegen sie von einem Miteigentümer geltend gemachte Geldforderung anerkannt, so handelt es sich dabei um die dritte und letzte Möglichkeit, die für einen Miteigentümer das Recht zur Aufrechnung mit gegen ihn bestehenden Wohngeldforderungen des Verbandes begründet. In allen anderen Fällen vermeintlicher Gegenforderungen, so z. B. auf Aufwendungsersatzansprüchen aus Geschäftsführung ohne Auftrag (OLG Hamm, Beschl. v. 03.03.2009 – 15 Wx 298/08) ist eine Aufrechnung gegenüber Wohngeldverpflichtungen aller Art vor dem Hintergrund der großen Bedeutung fortlaufender Beitragszahlungen für eine mit ausreichenden Finanzmittel ausgestattete Verwaltung unzulässig.

6. Technische Verwaltung

Neben der rechtlichen und buchhalterischen Verwaltung obliegt einem Wohnungseigentumsverwalter auch die Pflicht, sich um den technisch einwandfreien Zustand der Wohnungseigentumsanlage zu kümmern. Ob es um Wartungen, Reparaturen oder Erneuerungen geht, der Verwalter hat hierzu die erforderlichen Maßnahmen zu veranlassen, sobald ihm Handlungsbedarf bekannt wird. Insoweit sind alle Mitglieder einer Eigentümergemeinschaft gehalten, den Verwalter darüber zu informieren, sobald aus ihrer Sicht Maßnahmen technischer Betreuung erforderlich sind. Es ist in erster Linie Sache der Wohnungseigentümer selbst, für die ordnungsgemäße Instandhaltung und Instandsetzung des gemeinschaftlichen Eigentums zu sorgen. Es stellt einen Irrglauben vieler Wohnungseigentümer dar, man müsse sich als Eigentümer um die Belange der Eigentümergemeinschaft nicht mehr kümmern, weil man ja einen Wohnungseigentumsverwalter gewählt habe, der hierfür zuständig sei. Die Verpflichtung eines Verwalters beschränkt sich grundsätzlich darauf, den Werterhaltungs-, Pflege- und Verbesserungsbedarf festzustellen, soweit ihm die entsprechenden Informationen vorliegen, sodann die Wohnungseigentümer darüber zu unterrichten und deren Entscheidung über das weitere Vorgehen herbeizuführen (BayObLG, Beschl. vom 4.4.2001, 2 Z BR 13/01). Hat ein Verwalter selbst wahrgenommene oder gemeldete Mängel erfasst, ist es seine Aufgabe, unter Zuhilfenahme geeigneter Sonderfachleute die notwendigen Maßnahmen aufzeigen zu lassen, die zur Erhaltung oder Instandsetzung des gemeinschaftlichen Eigentums notwendig sind.

Insoweit muss der Verwalter selbst nicht über die notwendigen technischen und fachlichen Kenntnisse verfügen, um dies selbst beurteilen zu können. Ist die Einschaltung von Sonderfachleuten mit erheblichen Kosten verbunden, sollte sich ein Verwalter eine entsprechende Auftragsvergabe durch Eigentümerbeschluss genehmigen lassen.

Die ggf. mit der Hilfe von Fachleuten gewonnenen Erkenntnisse und den sich daraus ergebenden Handlungsbedarf hat der Verwalter der Eigentümergemeinschaft vorzustellen und ggf. Vorschläge zu machen, welche Maßnahmen, abhängig von ihrer Dringlichkeit in welcher Reihenfolge veranlasst werden sollten.

Dabei hat der Verwalter keine eigene Entscheidungsbefugnis, es ist alleine Sache einer Eigentümergemeinschaft, darüber zu entscheiden, ob, wann und welche Maßnahmen sie veranlassen möchte, und welche Handwerker zu welchem Preis welchen Auftrag erhalten sollen.

Ausnahme:

Dieser Grundsatz der eigenverantwortlichen Entscheidung und Auftragsvergabe durch die Eigentümergemeinschaft selbst ist nur dort eingeschränkt, wo es sich um Kleinreparaturen handelt, die aus einem, dem Verwalter für das Wirtschaftsjahr zur Verfügung gestellten Reparaturbudget bestritten werden können. Maßgeblich dafür ist der Verwaltervertrag oder auch ein Eigentümerbeschluss, wonach die Höhe des Verfügungsrahmens insgesamt und die Höhe des Kostenaufkommens für Einzelmaßnahmen festgelegt worden sind.

Ob und inwieweit über die Vergabe von Reparaturaufträgen im Rahmen einer Eigentümerversammlung beschlossen werden muss, hängt also in erster Linie von dem finanziellen Umfang einer Maßnahme ab. Sollte ein Verwalter auch nur den geringsten Zweifel darüber haben, ob er einen Reparatur- oder Instandsetzungsauftrag ohne Mitwirkung der Eigentümergemeinschaft vergeben kann, ist dringend die Durchführung einer Eigentümerversammlung anzuraten. In der Praxis beschweren sich viele Eigentümer darüber, dass über ihre Köpfe hinweg entschieden werde und ihr gutes Geld ohne ihre Zustimmung ausgegeben werde. Dass ein Eigentümer sich darüber beklagen würde, er werde zu viel informiert und übermäßig in Entscheidungsprozesse der Verwaltung eingebunden, dürfte dagegen die Ausnahme darstellen.

a) Notgeschäftsführung

Ausnahmsweise ist der Verwalter – wie im übrigen auch jeder Eigentümer- ohne vorherige Beschlussfassung in der Wohnungseigentümerversammlung berechtigt, Aufträge zur Reparatur oder Erneuerung des gemeinschaftlichen Eigentums zu vergeben, um einen unmittelbar drohenden Schaden abzuwenden (OLG Schleswig, Beschl. vom 15.7.2009, 2 W 28/09). Dies setzt voraus, dass eine Maßnahme so dringend ist, dass sie die Einberufung einer Eigentümerversammlung rein zeitlich nicht mehr zuließe (§ 27 Abs. 1 Nr. 3 WEG).

Dass ein Verwalter im Wege der Notgeschäftsführung tätig werden darf, setzt eine Eilbedürftigkeit voraus, die eine Einberufung einer Wohnungseigentümerversammlung vor Auftragsvergabe nicht zulässt. Entscheidend ist dabei, ob die Erhaltung des gemeinschaftlichen Eigentums gefährdet wäre, wenn nicht umgehend gehandelt würde (BayObLG, Beschl. vom 26.2.2004, 2 Z BR 266/03). Der Fall einer Notgeschäftsführung, bei dem es die Eilbedürftigkeit noch nicht einmal zulassen würde, innerhalb weniger Tage eine außerordentliche Eigentümerversammlung einzuberufen, liegt nur in den seltensten Fällen vor. In aller Regel erschöpft sich die Befugnis zur Notgeschäftsführung in der Veranlassung einer Notmaßnahme, um die Schadensursache erst einmal abzustellen und den Eintritt oder die Vergrößerung eines Schadens zu verhindern.

> **BEISPIEL:** Im Falle einer geplatzten Wasserleitung wäre das Abstellen der Wasserleitung und im Interesse einer kurzfristigen Wiederaufnahme der Wasserversorgung ein auf die Erneuerung des defekten Leitungsbestandteiles gerichteter Auftrag von einer Notgeschäftsführung gedeckt. Nicht aber wäre die Erneuerung einer gesamten Steigleitung umfasst, auch wenn sich bei der Notreparatur herausstellen sollte, dass die gesamte Leitung marode ist. Je nach potentieller Gefährdungslage muss ein Verwalter entscheiden, ob er mit einem Beschluss über die Erneue-

rung der Steigleitung bis zur nächsten ordentlichen Eigentümerversammlung abwarten kann oder aber eine außerordentliche Eigentümerversammlung einberufen muss.

Die Berechtigung des Verwalters, gemäß § 27 Abs. 1 Nr. 3 WEG in dringenden Fällen auch ohne vorherige Zustimmung der Eigentümer erforderliche Maßnahmen in Auftrag zu geben, kann sich aber auch auf Lebenssachverhalte erstrecken, die ohne die möglichen dramatischen Begleiterscheinungen beispielsweise eines Wasserrohrbruches als dringend erforderlich erscheinen, um anderweitige Nachteile von der Eigentümergemeinschaft abzuwenden.

BEISPIEL: Bei einer von der Eigentümergemeinschaft beschlossenen Erneuerung der Dacheindeckung stellt sich heraus, dass einige Balken des Dachstockes morsch sind und ausgetauscht werden müssen. Da ein Dach nicht tagelang bis zur Abhaltung einer Eigentümerversammlung geöffnet bleiben kann, es aber auch jeder wirtschaftlichen Vernunft widersprechen würde, in Kenntnis des Erneuerungsbedarfs das Dach neu einzudecken um nach stattgefundenem Beschluss zur Erneuerung der morschen Dachbalken die Dacheindeckung wieder entfernen zu müssen, stellt eine solche Konstellation den Fall besonderer Dringlichkeit dar, in dem ein Verwalter einen weiteren kostenauslösenden Nachauftrag für die notwendigen Zusatzarbeiten auch ohne vorherigen ergänzenden Eigentümerbeschluss erteilen darf (KG, Urt. vom 4.2.1998, 24 U 8280/96).

Diese Befugnis zur Notgeschäftsführung betrifft das Sondereigentum nur in sehr eingeschränktem Maße. Ist Sondereigentum betroffen, so muss ein Verwalter den Wohnungseigentümern in erster Linie vom Schadensfall informieren, der dann selbst gehalten ist, die notwendigen Maßnahmen zu veranlassen (BayObLG, Beschl. vom 3.4.1996, 2 Z BR 5/96). Unabhängig davon, ob ein Schaden im Bereich des Gemeinschafts- oder Sondereigentum droht, ein Verwalter ist in jedem Falle gehalten, notwendige Notmaßnahmen sofort zu veranlassen. Die Befugnis zur Notgeschäftsführung ist dabei im Bereich des Sondereigentums auf ein Mindestmaß beschränkt und erfasst nur die notwendigen Maßnahmen, die eigentliche Schadensursache zu bekämpfen, wie z. B. bei einem geplatzten Wasserrohr die

Wasserleitung abzustellen. Spätere Reparaturmaßnahmen im Bereich des Sondereigentums sind dann vom Miteigentümer selbst zu veranlassen.

b) Versicherungsschäden

Hat die Eigentümergemeinschaft eine Versicherung abgeschlossen, dann obliegt dem Verwalter die Abwicklung des Versicherungsfalles insoweit, als Gemeinschaftseigentum betroffen ist. Der Versicherungsvertrag besteht regelmäßig zwischen dem Verband der Wohnungseigentümer und dem Versicherungsunternehmen. Da solche Versicherungen im Regelfall das gesamte Wohnungseigentum einschließlich des Sondereigentums umfassen, ist in der Praxis das Sondereigentum meistens mitversichert. Ist das Sondereigentum zusammen mit dem gemeinschaftlichen Eigentum versichert, so folgt hieraus keine Instandhaltungs- und Instandsetzungspflicht der Gemeinschaft und des Verwalters bezüglich des mitversicherten Sondereigentums (BayObLG, Beschl. v. 29.01.1998, 2 Z BR 53/97). Tritt in einer Wohnung ein Schaden auf, dessen Ursache im gemeinschaftlichen Eigentum liegen kann, so hat der Verwalter unverzüglich das Erforderliche zu unternehmen, um die Schadensursache festzustellen. Da der Verwalter nicht darüber entscheiden kann, wie ein im Sondereigentum aufgetretener Schaden behoben werden soll, ist dafür der Sondereigentümer zuständig. Weigert sich der Versicherer mit Hinweis auf das Bestehen des Versicherungsverhältnisses mit dem Eigentümerverband, die Schäden im Bereich des Sondereigentums unmittelbar mit dem Sondereigentümer abzuwickeln, beschränkt sich die Pflicht des Verwalters darauf, den Sondereigentümer bei der Regulierung insofern zu unterstützen, als er als Bindeglied zwischen Versicherer und Sondereigentümer fungiert und jeweils die notwendigen Informationen weiterleitet. Ist die eigenständige Schadensabwicklung durch den Sondereigentümer in den Allgemeinen Versicherungsbedingungen ausgeschlossen, muss der Verwalter den Anspruch des mitversicherten Sondereigentümers gegenüber dem Versicherer geltend machen. Für die Schadensbeseitigung selbst ist der Verwalter jedoch in diesem Falle nicht zuständig. Es ist Aufgabe des Sondereigentümers, dem Verwalter seine Ansprüche zur Weiterleitung an die Versicherung zu benennen. Zieht die

Gemeinschaft die Entschädigungssumme ein, muss sie diese aufgrund des zwischen ihr und den Wohnungseigentümern bestehenden gesetzlichen Treuhandverhältnisses an den Sondereigentümer weiterleiten.

Merke:

Bei Versicherungsschäden sollte sich jeder Eigentümer sofort mit dem Verwalter darüber abstimmen, was von ihm selbst im Zuge der Schadensabwicklung zu veranlassen ist, damit der Schaden nicht größer wird und auch alle Rechte gegenüber dem Versicherer gewahrt werden. Entstehen aus Untätigkeit eines Wohnungseigentümers weitergehende Schäden oder treten Rechtsverluste ein, muss ein Verwalter hierfür nicht haften (BayObLG, Beschl. vom 3.4.1996, 2 Z BR 5/96).

c) Technische Begehung

Um nicht alleine auf Mängelanzeigen von Miteigentümern oder Bewohnern der Anlage oder Berichte des Hausmeisters angewiesen zu sein, sollte jeder Verwalter in regelmäßigen Abständen eine Begehung der Wohnungseigentumsanlage durchführen. Mit der ersten Begehung nach Übernahme der Verwaltungstätigkeit sollte eine technische Bestandsaufnahme verbunden sein, die dem Verwalter einen Überblick über die in der Eigentümergemeinschaft vorhandenen technischen Einrichtungen verschafft. Eine solche Bestandsaufnahme kann dann auch als „Checkliste" herangezogen werden, deren einzelne Positionen je nach Anfälligkeit in unterschiedlichen Zeitintervallen begutachtet werden sollten.

Jeder Verwalter ist gut beraten, dabei eine enge Zusammenarbeit mit dem Hausmeister oder einem externen Hausmeisterservice zu pflegen, die durch ihre Tätigkeit vor Ort regelmäßig technische Schwachstellen als erste feststellen können. Auch hier hat es eine Eigentümergemeinschaft in der Hand, durch entsprechende Gestaltung des Verwaltervertrages und eine darauf abgestimmte Leistungsbeschreibung im Hausmeisterdienstvertrag eine höchst mögliche Harmonisierung der Kontrolltätigkeit zu gewährleisten.

Empfehlenswert ist es, technische Begehungen zusammen mit dem Hausmeister durchzuführen und das Ergebnis schriftlich festzuhalten. Diese Begehungsberichte können daher als Grundlage für spätere Eigentümerbeschlüsse herangezogen werden.

Wichtiger Bestandteil der technischen Betreuung durch den Verwalter ist auch die Überwachung der Wartungsverträge durch die beauftragten Firmen und eine sorgfältige Führung vorgeschriebener Wartungsunterlagen, wie z. B. bei Aufzugsanlagen, Feuermeldern, Brandschutzeinrichtungen und ähnlich sicherheitsrelevanten technischen Bestandteilen des Gemeinschaftseigentums.

Zusätzlich sind vom Verwalter die einer Wohnungseigentümergemeinschaft obliegenden Verkehrssicherungspflichten zu beachten. Sollten Gefahrenlagen entstehen, muss ein Verwalter die Eigentümergemeinschaft hierüber nicht nur informieren und Maßnahmen zur Beseitigung vorschlagen, er muss auch für Sicherungsmaßnahmen sorgen, damit bis zur Behebung der Gefahrenlage niemand zu Schaden kommen kann.

d) Auftragsvergabe

Ist die Phase der Eigentümerinformation abgeschlossen, müssen die Voraussetzungen dafür geschaffen werden, dass die notwendigen Aufträge zur Reparatur oder Erneuerung des Gemeinschaftseigentums vergeben werden können. Nachdem insoweit für eine eigenmächtige Auftragserteilung durch den Verwalter grundsätzlich kein Raum ist (vgl. BayObLG, Beschl. vom 26.2.2004, 2 Z BR 266/03), muss ein Verwalter dafür Sorge tragen, dass für eine Auftragsvergabe die notwendigen Rechtsgrundlagen geschaffen werden. Dies geschieht durch Herbeiführung einer Beschlussfassung durch die Eigentümergemeinschaft. Es ist alleine Sache einer Eigentümerversammlung, darüber zu entscheiden, welche Aufträge an welche Handwerksfirma zu welchem Preis vergeben werden sollen. Dabei muss jedwede Auftragsvergabe im Interesse der Gesamtheit der Wohnungseigentümer nach billigem Ermessen erfolgen. Dies bedeutet bei baulichen Maßnahmen, dass nicht nur technisch einwandfreie Lösungen zu wählen sind, sondern dass auch auf die Wirtschaftlichkeit geachtet werden muss und ein überteuerter Auftrag nicht erteilt werden darf. Vor der Vergabe eines größeren Auftrages sind daher regelmäßig **Alternativ-** oder **Konkurrenzangebote** einzuholen (vgl. BayObLG, Beschl. vom 9.9.1999, 2 Z BR 54/99). Die Verpflichtung zur Einholung von Konkurrenzangeboten gilt darüber hinaus auch dann, wenn für bereits abgeschlossene Bauarbeiten ein durch Einholung von Konkurrenzangeboten ermitteltes preisgünstiges Unternehmen beauftragt worden ist und nun ein nicht nur geringfügiger Folgeauftrag vergeben werden soll (Bay ObLG, Beschl. vom 11.4. 2002, 2 Z BR 85/01). Es würde ebenso eine Pflichtverletzung des Verwalters darstellen, keine Vergleichsangebote einzuholen, oder eine Reparatur- oder Sanierungsmaßnahme ohne vorherige eindeutige Beschlussfassung der Eigentümergemeinschaft zu vergeben (OLG Celle, Beschl. vom 12.3.2001, 4 W 199/00).

Es wird nicht verkannt, dass die notwendige Einschaltung der Eigentümergemeinschaft in allen Fragen der Auftragsvergabe, soweit es sich nicht nur um marginale Vertragsabschlüsse handelt, zu einer erheblichen Belastung von Verwaltung und Eigentümern führen kann. So sind Sachverhalte denkbar, für die es bis zur Auftragsvergabe der Durchführung von drei Eigentümerversammlungen bedarf. In der ersten Versammlung ist darüber zu beschließen, dass ein Sachverständiger zur Ermittlung des Handlungsbedarfs beauftragt werden soll. Zeigt das Sachverständigengutachten Handlungsalternativen auf, muss in einer Folgeversammlung darüber entschieden werden, welche Reparatur- oder Sanierungsmaßnahmen gewählt werden sollen einschließlich der Beauftragung des Verwalters, Vergleichsangebote einzuholen. Erst in einer dritten Eigentümerversammlung kann dann entschieden werden, welches der Konkurrenzangebote den Zuschlag erhält und an wen der Auftrag zu welchem Preis vergeben werden soll.

Angesichts eines solchen Aufwandes neigen Eigentümergemeinschaften gerne dazu, Entscheidungsbefugnisse zu delegieren. Beispielsweise wird der Verwaltungsbeirat ermächtigt, in Abstimmung mit dem Verwalter über die Vergabe von Aufträgen zu entscheiden. Unproblematisch ist eine solche Regelung nur, wenn sie bereits in der Teilungserklärung vereinbart worden sein sollte. Einem Mehrheitsbeschluss ist die Übertragung der Befugnis zur Entscheidung über die Vergabe von Reparaturaufträgen nur eingeschränkt möglich, und auch nur insoweit, als die grundsätzliche Entscheidungsbefugnis bei der Eigentümerversammlung verbleibt, die gleichzeitig auch über den finanziellen Rahmen zu entscheiden hat, in dem sich der Beauftragte bewegen darf (LG Landshut, Beschl. vom 26.6.2008, 64 T 3268/07). Nicht delegiert werden kann die Entscheidung, ob überhaupt eine Reparaturmaßnahme vergeben werden soll. Verwaltungsbeiräte werden häufig von Eigentümergemeinschaften beauftragt, nach dem Vorliegen von Vergleichsangeboten diese nach zu verhandeln und unter Beachtung eines finanziellen Höchstrahmens selbst darüber zu entscheiden, welches Angebot den Zuschlag erhalten soll. Eine solche Ermächtigung des Verwaltungsbeirates ist zulässig, da sich die Eigentümergemeinschaft dabei die Entscheidung darüber vorbehalten hat, „ob" ein bestimmter Auftrag vergeben werden soll und welcher finanzielle Rahmen dabei einzuhalten ist (OLG Düsseldorf, Beschl. vom 30.7.1997, 3 Wx 61/97).

e) Durchführung beschlossener Maßnahmen

Wie jeden anderen Eigentümerbeschluss auch, hat ein Verwalter Sanierungsbeschlüsse unverzüglich umzusetzen. Ob es sich um die Einschaltung eines Sachverständigen handelt, ob Vergleichsangebote einzuholen sind oder aber ob sich eine Eigentümergemeinschaft für ein bestimmtes Angebot entschieden hat, für den Verwalter besteht in allen Fällen die Verpflichtung, alle erforderlichen Maßnahmen zu ergreifen, um einen Eigentümerbeschluss in die Tat umzusetzen (vgl. BayObLG, Beschl. vom 5.1.2000, 2 Z BR 85/99).

An dieser Verpflichtung ändert sich auch nichts, wenn ein Eigentümerbeschluss gerichtlich angefochten wird. Die Erhebung einer Anfechtungsklage nach § 46 Abs. 1 WEG hat keine aufschiebende Wirkung. Solange ein angefochtener Beschluss nicht rechtskräftig durch Gerichtsurteil für ungültig erklärt worden ist, ist es für den Verwalter bindend, der den Beschluss gemäß § 27 Abs. 1 Nr. 1 durchzuführen hat (LG München I, Urt. vom 17.7.2008, 36 S 9508/08).

Einstweiliger Rechtsschutz: Die Verpflichtung zur unverzüglichen Ausführung von Eigentümerbeschlüssen kann nur durch den Antrag auf Erlass einer einstweiligen Verfügung gestoppt werden. Dieser Antrag ist gegen die Eigentümer zu richten, die den Beschluss gefasst haben und nicht gegen den Verwalter (LG Frankfurt am Main, Urt. vom 17.3.2010, 2–13 S 32/09). Der Erlass einer einstweiligen Verfügung setzt einen Verfügungsgrund voraus, wonach es zur Abwendung einer Gefährdung notwendig ist, im Eilverfahren eine Sicherungsmaßnahme auszusprechen. Ein dringendes Bedürfnis für den Erlass einer Eilanordnung ist jedoch nur dann gegeben, wenn bei Durchführung eines angefochtenen Beschlusses der daraus drohende Schaden erheblich größer ist, als die Nachteile, die eine Wohnungseigentümergemeinschaft bei Nichtausführung des Beschlusses erleiden würden (LG München I, Urt. vom 17.7.2008, 36 S 9508/08). Der Antrag auf Erlass einer einstweiligen Verfügung zur Erwirkung eines Baustopps hat nur dann Aussicht auf Erfolg, wenn er unverzüglich nach der Beschlussanfechtung und vor Beginn der Bauarbeiten gestellt wird. Bleibt ein Eigentümer in Kenntnis aller maßgeblichen Umstände untätig und wartet mit der Antragstellung ab, dokumentiert er damit, dass für sein Anliegen die gebotene Dringlichkeit gar nicht gegeben ist, so dass es an einem Verfügungsgrund mangelt (LG München I, a. a. O.). Haben Sanierungsarbeiten bereits begonnen, wird der durch eine einstweilige Einstellung der Arbeiten drohende Schaden in aller Regel größer sein, als die mit einem Folgenbeseitigungsanspruch verbundenen Nachteile. Die Praxis lehrt, dass Gerichte nicht geneigt sind, durch den Erlass einer einstweiligen Verfügung in die Grundentscheidung des Gesetzgebers einzugreifen, welche auch durch die Neufassung des WEG nicht angetastet worden ist, wonach ein Beschluss solange Gültigkeit behalten soll, solange er nicht durch rechtskräftiges Urteil für ungültig erklärt worden ist.

7. Rechtliche Betreuung

Ein Schwerpunkt jeder Verwaltertätigkeit ist die rechtliche Betreuung einer Eigentümergemeinschaft im Rahmen der Verwaltung des Gemeinschaftseigentums. Inzwischen sind die vom Gesetz und der Rechtsprechung gestellten Anforderungen an die rechtlichen Kenntnisse eines Wohnungseigentumsverwalters derart anspruchsvoll geworden, dass eine fehlerfreie Verwaltertätigkeit ohne rechtlich fun-

dierte Kenntnisse nicht mehr möglich ist. Da von den Wohnungseigentümern selbst einschlägige Rechtskenntnisse nicht erwartet
werden dürfen, muss ein Verwalter in der Lage sein, Anliegen von
Eigentümern rechtlich richtig zu bewerten und einzuordnen, damit
in einer Eigentümergemeinschaft nicht Beschlüsse gefasst oder
Maßnahmen veranlasst werden, die rechtlich keinen Bestand haben
können. Insbesondere muss ein Verwalter zuverlässige Kenntnis
darüber haben, welche Aufgaben und Befugnisse ihm zustehen.

Maßgeblich für das Innenverhältnis zwischen Verwalter und Wohnungseigentümern ist § 27 Abs. 1 WEG. Gemäß § 27 Abs. 1 Nr. 1
WEG hat ein Verwalter Beschlüsse der Wohnungseigentümer
durchzuführen, sofern diese wirksam zustande gekommen sind und
nicht von einem Gericht für unwirksam erklärt wurden.

Damit Beschlüsse auf Eigentümerversammlungen wirksam gefasst
werden können, ist Voraussetzung, dass

- der Beschlussantrag rechtzeitig mit der Einladung zur Eigentümerversammlung als Tagesordnungspunkt angekündigt worden
  ist,

- die Beschlussfähigkeit der Eigentümerversammlung gegeben ist,

- eine Beschlusskompetenz der Eigentümergemeinschaft besteht,

- ein formal nicht zu beanstandendes Abstimmungsverfahren
  durchgeführt wird und die abgegebenen Stimmen zutreffend
  ausgewertet werden,

- das Beschlussergebnis ordnungsgemäß verkündet wird,

- eine korrekte Versammlungsniederschrift erstellt wird,

- die Beschlusssammlung kurzfristig ergänzt wird.

Geht es um Beschlüsse, die die finanzielle Situation einer Wohnungseigentümergemeinschaft betreffen, so muss ein Verwalter wissen, dass

- Inhaber aller Geldforderungen gegenüber den einzelnen Miteigentümern der teilrechtsfähige Verband ist,

- Rechtsgrundlage für einen Zahlungsanspruch des Verbandes gegen seine Mitglieder nur ein Eigentümerbeschluss sein kann,

- Wirtschaftspläne die zu erwartenden und überschlägig zu schätzenden Ausgaben des betreffenden Wirtschaftszeitraumes enthalten sollen,

- neben einem Gesamtwirtschaftsplan zwingend die Einzelwirtschaftspläne beschlossen werden müssen,

- Sonderumlagen eine Ergänzung des Wirtschaftsplanes darstellen und daher den Regeln der Beschlussfassung über Wirtschaftspläne folgen,

- Jahresabrechnungen zwingend aus Gesamt- und Einzelabrechnungen bestehen,

- Umlageschlüssel für Bewirtschaftungskosten durch Mehrheitsbeschluss geändert werden können,

- die Kostenverteilung nicht rückwirkend verändert werden darf.

a) Verhalten bei Gerichtsverfahren

Im Falle einer gegen die Miteigentümer gerichteten Klage ist der Verwalter Zustellungsvertreter der Wohnungseigentümer (§ 45 Abs. 1 WEG). Ist auf Beklagtenseite der teilrechtsfähige Eigentümerverband betroffen, ergibt sich die Berechtigung zur Zustellungsvertretung aus § 27 Abs. 3 Satz 1 Nr. 1 WEG.

Hat eine Klagezustellung stattgefunden, so ist der Verwalter verpflichtet, die Wohnungseigentümer unverzüglich zu unterrichten (§ 27 Abs. 1 Nr. 7 WEG).

In Passivprozessen ist der Verwalter gesetzlich zur Vertretung der Wohnungseigentümer ermächtigt (§ 27 Abs. 2 Nr. 2 WEG). Dazu gehören u. a. Anfechtungsklagen (§ 43 Nr. 4 WEG) oder auch Klagen Dritter (§ 43 Nr. 5 WEG).

Merke:

Trotz der in § 27 Abs. 2 WEG enthaltenen Formulierung, dass der Verwalter „im Namen aller Wohnungseigentümer" tätig werden darf, darf der Verwalter in einem Rechtsstreit, den ein oder mehrere Wohnungseigentümer gegen die übrigen Mitglieder der Gemeinschaft führen, die übrigen Wohnungseigentümer auf der Passivseite vertreten. Bei Anfechtungsklagen ist der Verwalter als Vollzugsorgan der Mehrheitsbeschlüsse gesetzlich dazu berufen, den Mehrheitswillen gegen eine Anfechtungsklage zu verteidigen.

In Passivprozessen ist der Verwalter berechtigt, auch ohne gesonderten Eigentümerbeschluss einen Rechtsanwalt mit der Vertretung der beklagten Eigentümer zu beauftragen. Diese Beauftragung muss jeder Miteigentümer gegen sich gelten lassen, jeder davon betroffene Miteigentümer muss sich an den Rechtsanwaltskosten beteiligen. Jedem Miteigentümer steht es dabei jedoch frei, zusätzlich einen eigenen Anwalt zu beauftragen, für dessen Kosten er dann allerdings auch alleine einstehen muss.

Der Verwalter ist gesetzlich ermächtigt, mit einem Rechtsanwalt zu vereinbaren, dass sich dessen Vergütung nach einem höheren als dem gesetzlichen Streitwert richten kann (§ 27 Abs. 2 Nr. 4 WEG). Der Gesetzgeber hat diese Möglichkeit zur Streitwertvereinbarung durch den Verwalter vor dem Hintergrund eingeführt, dass es für Wohnungseigentümer im Einzelfall schwierig sein kann, einen Rechtsanwalt zu finden, der angesichts niedriger Streitwerte im Wohnungseigentumsrecht bereit ist, die Vertretung der Wohnungseigentümer zu übernehmen.

Entstehen durch eine Streitwertvereinbarung Mehrkosten gegenüber der gesetzlichen Vergütung eines Rechtsanwaltes, handelt es sich gemäß § 16 Abs. 8 WEG um Kosten der Verwaltung im Sinne von § 16 Abs. 2 WEG. Dies hat als Besonderheit zur Folge, dass die Mehrkosten auf alle Mitglieder der Eigentümergemeinschaft gleichermaßen umzulegen sind, unabhängig davon, auf welcher Seite sie am Prozess beteiligt waren und unabhängig vom Obsiegen oder Unterliegen.

Merke:

Da es sich bei den Mehrkosten aus einer Streitwertvereinbarung um Kosten der allgemeinen Verwaltung handelt, ist auch der Prozessgegner an diesen Mehrkosten anteilig zu beteiligen, obwohl der Rechtsanwalt, mit dem die Streitwertvereinbarung geschlossen wurde, für ihn gar nicht tätig geworden ist.

8. Beendigung der Verwaltertätigkeit

Ist ein Verwalter auf bestimmte Zeit gewählt worden (gemäß § 26 Abs. 1 Satz 2 WEG beträgt die Höchstdauer fünf bzw. drei Jahre) und erfolgt nicht rechtzeitig vor Ablauf dieses Zeitraumes eine Wiederwahl, so endet die Verwalterstellung automatisch mit dem Tag, mit dem die Befristung abläuft.

Ist zusammen mit dem Erstbeschluss über die Wahl eines Verwalters eine Verlängerungsklausel beschlossen worden, wonach sich die Bestellungszeit auch ohne erneuten Beschluss der Wohnungseigentümer um einen bestimmten Zeitraum verlängern soll, so ist ein solcher Beschluss nur dann wirksam, wenn aufgrund der Verlängerung der Bestellungszeit der höchst zulässige Zeitraum von fünf Jahren nicht überschritten wird.

BEISPIEL: Ist ein Verwalter auf die Dauer von drei Jahren gewählt worden mit der Maßgabe, dass sich seine Bestellung um zwei Jahre verlängert, falls er nicht zuvor abberufen wird, so würde damit die fünfjährige Höchstbestellungsdauer nicht überschritten, die Verlängerungsklausel wäre wirksam.

Hat eine Verwalterwahl mit der Maßgabe stattgefunden, dass sie nach Ablauf eines bestimmten Bestellungszeitraumes die Bestellung des Verwalters jeweils um ein Jahr verlängert, sofern er nicht abberufen wird, verliert der Verwalter spätestens nach fünf Jahren auch ohne Abberufung automatisch sein Amt, weil auch in diesem Fall die maximale Bestellungsdauer von fünf bzw. drei Jahren maßgeblich ist (OLG Köln, Beschl. vom 21.2.1990, 16 Wx 18/90, WE 1990,171,172).

Enthält der Verwaltervertrag eine Verlängerungsklausel, so ist dies für die Dauer der Verwalterbestellung ohne Bedeutung. Über die Wahl des Verwalters und die Dauer seiner Bestellung haben alleine die Wohnungseigentümer zu beschließen. Dies gilt auch für die Fortsetzung der Verwaltertätigkeit über die ursprüngliche Bestellungszeit hinaus. Jede Verlängerung der Verwalterbestellung bedarf eines ausdrücklichen Eigentümerbeschlusses, sei es im Rahmen eines Erstbeschlusses mit der zeitlichen Höchstbegrenzung von fünf Jahren, sei es eine Neuwahl durch einen weiteren Eigentümerbeschluss. Da eine Verlängerungsklausel in einem Verwaltervertrag eine unzulässige Beschränkung der Entscheidungsfreiheit der Wohnungseigentümer darstellen würde, kann die Dauer einer Verwalterbestellung bzw. deren Verlängerung in einem Verwaltervertrag nicht geregelt werden (AG Kerpen, Beschl. vom 13.2.1998, 15 II 5/97).

Endet die Verwalterstellung, so endet damit in aller Regel auch automatisch der Verwaltervertrag, da dieser gemäß § 26 Abs. 1 Satz 5 WEG nur für die Bestellungsdauer geschlossen werden kann. Bei Bestellung eines Verwalters auf unbestimmte Zeit gilt dasselbe, weil die Höchstdauer einer Verwalterbestellung gemäß § 26 Abs. 1 Satz 2 WEG auch für den Verwaltervertrag gelten soll.

Praxistipp:

Um eine Diskussion darüber zu vermeiden, ob der Verwaltervertrag trotz Beendigung der Verwalterbestellung möglicherweise weiter läuft und mangels ausdrücklicher Kündigung für einen Verwalter trotz Beendigung der Bestellung Vergütungsansprüche begründen könnte, empfiehlt es sich, bei Ablauf der Bestellungsdauer den Verwaltervertrag vorsorglich zu kündigen, wenn nicht bereits die Beendigung des Verwaltervertrages automatisch an den Ablauf der Verwalterbestellung geknüpft ist.

a) Tod des Verwalters

Verstirbt der Verwalter, so enden Verwalterbestellung und Verwaltervertrag automatisch. Hat eine natürliche Person das Verwalteramt ausgeführt, so ist dieses Amt an diese Person gebunden gewesen, die Verwalterstellung geht nicht auf die Erben über. Bei einer Personal- oder Kapitalgesellschaft endet das Verwalteramt mit dem Verlust der Rechtsfähigkeit bzw. einer Beendigung der Gesellschaft. Gleichzeitig erlischt auch der Verwaltervertrag (OLG Düsseldorf, Beschl. vom 28.5.1990, 3 Wx 159/90).

b) Veräußerung der Verwalterfirma

Wird eine zum Verwalter gewählte juristische Person (z. B. VerwaltungsGmbH, KG usw.) verkauft, so stellt dies keinen Verwalterwechsel dar, da sich dadurch die zum Verwalter gewählte (juristische) Person nicht ändert. Verkauft jedoch ein zum Verwalter bestellter Einzelkaufmann sein Einzelhandelsgeschäft, so kann der Erwerber nicht automatisch in die Verwalterstellung eintreten. Da das Amt des Verwalters als Vertrauensstellung an eine bestimmte Person gebunden ist und sich Eigentümergemeinschaften keine ihnen unbekannte und von ihnen nicht gewählte Person als neuen Verwalter aufdrängen lassen müssen, ist Träger der Verwalterstellung der Einzelhandelskaufmann persönlich. Jeder Übergang der Verwalterstellung auf einen Dritten bedarf eines zustimmenden Beschlusses der Wohnungseigentümergemeinschaft oder der Neuwahl des Rechtsnachfolgers. Selbst eine Regelung in der Teilungserklärung, wonach der Verwalter berechtigt sein soll, die Verwaltung auf ein anderes Unternehmen zu übertragen, wäre nichtig (OLG Schleswig, Beschl. vom 4.12.1996, 2 W 85/96).

c) Abberufung durch Mehrheitsbeschluss

Läuft eine feste Bestellungszeit aus, bedarf es einer Abberufung des Verwalters nicht. Die Amtsstellung endet automatisch, wenn keine Neubestellung erfolgt.

Hat die Verwalterwahl auf unbestimmte Dauer stattgefunden, dann ist eine ordentliche Abberufung jederzeit durch Mehrheitsbeschluss möglich, ohne dass dies einer Begründung durch die Eigentümergemeinschaft bedürfte (KG, Beschl. vom 21.12.1988, 24 W 1435/88).

Hat eine Verwalterbestellung auf bestimmte Zeit stattgefunden, kann ein Verwalter vor Ablauf der Bestellungsdauer nur aus wichtigem Grunde von seinem Amte abberufen werden. Ein solcher liegt vor, wenn den Wohnungseigentümern unter Berücksichtigung aller Umstände eine Fortsetzung der Zusammenarbeit mit dem Verwalter nicht mehr zugemutet werden kann. Abgestellt wird dabei in erster Linie auf die Frage, ob das für eine gedeihliche Zusammenarbeit mit dem Verwalter notwendige Vertrauensverhältnis endgültig zerstört ist (OLG Köln, Beschl. vom 22.8.2008, 16 Wx 228/07).

Nach der Einführung der vom Verwalter zu führenden Beschlusssammlung (§ 24 Abs. 8 WEG) soll es regelmäßig einen wichtigen Grund zur Abberufung darstellen, wenn ein Verwalter gegen die Pflicht verstößt, die Beschlusssammlung ordnungsgemäß zu führen

(§ 26 Abs. 1 Satz 4 WEG). Dennoch sollte jeder Einzelfall gründlich abgewogen werden, da nicht jedes noch so geringe Versäumnis eines Verwalters einen wichtigen Grund zur Abberufung darstellen muss (LG Berlin, Urt. vom 7.10.2009, 85 S 101/08).

Praxistipp:

Bei einer Verwalterabberufung aus wichtigem Grunde sollte regelmäßig sorgfältig abgewogen werden, ob es für eine Eigentümergemeinschaft tatsächlich unzumutbar ist, mit dem Verwalter bis zum Ablauf der regulären Bestellungszeit weiterzuarbeiten. Wer einen Verwalter ohne triftigen Grund voreilig abberuft läuft Gefahr, dass er dem Verwalter bis zum Ablauf der ursprünglichen Bestellungsdauer die vereinbarte Vergütung weiterzahlen muss.

Wann immer ein Verwalter abberufen werden soll, empfiehlt es sich, hierüber ausdrücklich einen Mehrheitsbeschluss zu fassen. Daneben sollte der Verwaltervertrag ebenfalls durch Mehrheitsbeschluss zum Abberufungszeitpunkt ausdrücklich gekündigt werden. Zwei getrennte Beschlüsse sorgen dabei für die erforderliche Rechtsklarheit, wonach nicht nur die Organstellung des Verwalters beendet werden soll, sondern gleichzeitig auch das schuldrechtliche Vertragsverhältnis zwischen dem Verwalter und dem Eigentümerverband. Wird nur ein Beschluss über die Abberufung gefasst oder wird nur der Verwaltervertrag gekündigt, besteht die Gefahr, dass darüber diskutiert werden muss, ob durch den Abberufungsbeschluss konkludent auch der Verwaltervertrag gekündigt wurde oder umgekehrt, ob durch den Beschluss über die Kündigung des Verwaltervertrag auch eine Abberufung vom Verwalteramt erfolgt ist.

Höchst unklar ist die Rechtslage, wenn eine Eigentümergemeinschaft einen neuen Verwalter wählt, ohne den bisher amtierenden Verwalter vorher abberufen zu haben. Da es gleichzeitig zwei Verwalter nebeneinander nicht geben kann, werden dazu die unterschiedlichsten Auffassungen vertreten. Zum einen soll durch den Beschluss über die Wahl eines neuen Verwalters konkludent die Abberufung des alten Verwalters erfolgen können. Nach anderer Auffassung soll der Neuwahlbeschluss nichtig sein, weil der alte Verwalter noch im Amt ist. Schließlich wird auch die Meinung vertreten, durch die Verwalterneuwahl werde der Beschluss über die Bestellung des bisherigen Verwalters nichtig. All diese rechtlichen Einschätzungen sind höchst umstritten, so dass jeder Eigentümergemeinschaft zur Vermeidung von Auseinandersetzung dringend anzuraten ist, die Rechtsbeziehungen zwischen altem und neuem Verwalter streng zu trennen und diese durch eigenständige Beschlüsse auch getrennt zu gestalten.

> ### Merke:
>
> Es sollte keine Wahl eines neuen Verwalters stattfinden, ohne vorher den bisherigen Verwalter abberufen und den Verwaltervertrag gekündigt zu haben.

d) Abberufung durch Gerichtsurteil

Liegt ein wichtiger Grund zur vorzeitigen Abberufung des Verwalters vor, ist hierüber auf einer Eigentümerversammlung zu beschließen. Weigert sich der Verwalter, diesen Beschlusspunkt auf die Tagesordnung zu setzen, kann er gerichtlich dazu verpflichtet werden, sofern mindestens 1/4 der Eigentümer die Aufnahme dieses Tagesordnungspunktes verlangt (§ 24 Abs. 2 WEG analog). Wurde die Abberufung des Verwalters trotz eines eklatanten Pflichtverstoßes mehrheitlich abgelehnt, so kann jeder Eigentümer diesen Negativbeschluss anfechten und als Folge des Anspruchs auf eine ordnungsgemäß Verwaltung gemäß § 21 Abs. 4 WEG die Abberufung des Verwalters verlangen.

Eine gerichtliche Abberufung des Verwalters ist allerdings nur dann gerechtfertigt, wenn die Nichtabberufung durch die Wohnungseigentümerversammlung dem Gebot ordnungsgemäßer Verwaltung widerspricht. Da ein wichtiger Grund Eigentümergemeinschaften dazu berechtigt, den Verwalter abzuberufen, sie dazu aber nicht verpflichtet, steht einer Wohnungseigentümergemeinschaft ein Ermessensspielraum zu, der es ihnen erlaubt, eine Gesamtschau des Verwalterhandelns vorzunehmen und seine positiven Leistungen gegenüber dem Pflichtverstoß abzuwägen. Erst wenn es sich um einen so erheblichen Pflichtverstoß handelt, dass sich das Beurteilungsermessen der Eigentümergemeinschaft auf null reduzieren würde,

weil es zur Abberufung des Verwalters keine mit dem Gebot ordnungsgemäßer Verwaltung vertretbare Alternative gibt (z. B. Veruntreuung von Gemeinschaftsgeldern), kann die Abberufung des Verwalters gerichtlich durchgesetzt werden.

Praxistipp:

Da ein gerichtliches Abberufungsverfahren erst mit der Rechtskraft eines Urteils zur tatsächlichen Beendigung der Verwaltertätigkeit führt, kann ein Verwalter während der gesamten Prozessdauer sein Amt unbeeinträchtigt weiter ausführen und dafür seine Vergütung beanspruchen. Da Prozesse durch zwei Instanzen
oft ein bis zwei Jahre dauern, macht der Versuch einer gerichtlichen Abberufung des Verwalters nur dann Sinn, wenn dessen
verbleibende Bestellungsdauer deutlich über der zu erwartenden
Prozessdauer liegt.

e) Amtsniederlegung

Eine eher seltenere Form der Beendigung der Verwaltertätigkeit
stellt die Amtsniederlegung dar. Auch ein Verwalter kann sein Amt
von sich aus aufgeben, bedarf dazu aber im Falle einer Bestellung
für einen bestimmten Zeitraum genauso eines wichtigen Grundes,
wie ihn die Eigentümergemeinschaft benötigen würde, um den Verwalter vorzeitig abzuberufen.

Will der Verwalter sein Amt niederlegen, muss er dies den Eigentümern gegenüber erklären. Es handelt sich insoweit um eine einseitige, empfangsbedürftige Willenserklärung, die keiner besonderen
Form bedarf, den Eigentümern aber zugehen muss. Um den Zugang
einer solchen Erklärung zu ermöglichen, kann der Verwalter zu einer Eigentümerversammlung einberufen und auf der Eigentümerversammlung die Erklärung abgeben. Unabhängig davon, ob dem
Verwalter ein wichtiger Grund zur Amtsniederlegung zur Seite gestanden hat oder nicht, ist seine Amtsniederlegung sofort wirksam.
Unberührt bleibt davon der Verwaltervertrag. Insoweit kann der
Verwalter selbst entscheiden, ob er auch den Verwaltervertrag kündigen oder ihn als Grundlage für weitergehende Vergütungsansprüche weiterlaufen lassen will. Liegt nämlich der wichtige Grund für

die Amtsniederlegung durch den Verwalter in einem Verhalten der Wohnungseigentümer, könnte sich für den Verwalter ein Schadensersatzanspruch gegen die Eigentümer in Höhe der vertraglichen Vergütung abzüglich ersparter Aufwendungen ergeben.

Hat ein Verwalter sein Amt niedergelegt, so kann die Eigentümergemeinschaft im Gegenzuge den Verwaltervertrag nur dann fristlos kündigen, wenn sie nicht selbst den Grund für die Amtsniederlegung geliefert hat.

f) Folgen der Beendigung der Verwalterstellung

Ab dem Zeitpunkt, zu dem die Verwalterbestellung geendet hat, ist der Verwalter nicht mehr zur Vertretung der Eigentümergemeinschaft berechtigt. Die Befugnis, für die Gemeinschaft Erklärungen abzugeben, Verträge abzuschließen, über deren Gelder zu verfügen oder sonstige Handlungen mit Außenwirkung vorzunehmen, endet unverzüglich und automatisch.

Auch im Innenverhältnis zur Eigentümergemeinschaft verliert ein ehemaliger Verwalter die ihm gesetzlich zugewiesenen Befugnisse mit sofortiger Wirkung. So kann ein Verwalter, der sein Amt niedergelegt hat, nicht mehr zu einer Eigentümerversammlung einladen. Er darf über die Bankkonten der Eigentümergemeinschaft nicht mehr verfügen. Er darf von den Wohnungseigentümern keine Gelder mehr einziehen oder Wohngeldverfahren einleiten.

Den Verwalter treffen nur noch Abwicklungspflichten. So muss er sämtliche Verwaltungsunterlagen an die Eigentümergemeinschaft bzw. den neuen Verwalter herausgeben. Er muss Rechnung legen über die von ihm verwalteten Gelder und er muss Auskunft erteilen über alle von ihm veranlassten Verwaltungstätigkeiten. Er schuldet die Herausgabe sämtlicher Verwaltungsunterlagen im Original, da nur anhand der Originale eine zuverlässige Belegprüfung stattfinden und ein neuer Verwalter hierauf aufbauen kann. Herauszugeben sind Bestände aus Barschaften, über laufende Gemeinschaftskonten hat der Verwalter seinem Nachfolger die Verfügungsbefugnis einzuräumen. Werden neue Konten für die Eigentümergemeinschaft angelegt, hat der ausgeschiedene Verwalter Guthaben unverzüglich zu überweisen.

Bei Beendigung der Verwaltungtätigkeit sind auch alle Hausschlüssel, insbesondere ein etwa vorhandener Generalschlüssel herauszugeben. Ein Zurückbehaltungsrecht des ausgeschiedenen Verwalters an im Eigentum der Eigentümergemeinschaft stehenden Unterlagen oder Gegenständen besteht in keinem Falle, und zwar auch dann nicht, wenn der Verwalter noch streitige Vergütungsansprüche geltend macht.

9. Klageverfahren

Obwohl keine Maßnahmen der unmittelbaren Verwaltung des Gemeinschaftseigentums, gehören prozessuale Streitigkeiten zwischen den Eigentümern bzw. zwischen dem teilrechtsfähigen Verband und seinen Mitgliedern dennoch zu den Ereignissen, die in ihrer Auswirkung besonders starken Einfluss auf die Verwaltungspraxis in einer Eigentümergemeinschaft haben können. Sie stellen das Korrektiv dar, mit dem unmittelbar in die Verwaltung einer Eigentümergemeinschaft durch Richterspruch eingegriffen werden kann, wenn sich Eigentümer oder Verwalter nicht an die Regeln halten, die für eine ordnungsgemäße Verwaltung eingehalten werden müssen.

Klagen auf Zahlung von Wohngeldbeiträgen und Anfechtungsverfahren stellen dabei die häufigsten Fälle der gerichtlichen Auseinandersetzungen dar, so dass die Erläuterungen an dieser Stelle auf diese beiden Verfahrensarten beschränkt werden.

a) Beitreibungsverfahren

Gemäß § 27 Abs. 2 Ziffer 3. WEG ist ein Verwalter berechtigt, Zahlungsansprüche der Wohnungseigentümergemeinschaft gerichtlich und außergerichtlich geltend zu machen, sofern er hierzu von den Wohnungseigentümern ermächtigt worden ist. Obwohl es also mit zu den wichtigsten Aufgaben eines Verwalters gehört, für die Sicherung der Liquidität einer Eigentümergemeinschaft zu sorgen und im Falle des Zahlungsverzuges eines Miteigentümers rückständige Wohngelder auch gerichtlich beizutreiben, enthält das Wohnungseigentumsgesetz keine eigenständige Ermächtigungsgrundlage für den Verwalter, ohne Weiteres eine Zahlungsklage gegen säumige Miteigentümer zu erheben. Hierzu bedarf es ausnahmslos einer besonderen Ermächtigung. Diese kann in verschiedener Form erteilt werden:

So kann bereits in die Teilungserklärung die Bestimmung enthalten sein, dass der Verwalter zur Erhebung von Zahlungsklagen berechtigt ist. Aber auch im Rahmen eines Mehrheitsbeschlusses kann der Verwalter eine entsprechende Ermächtigung erhalten. Wird der Verwaltervertrag inhaltlich von der Eigentümergemeinschaft beschlossen, kann eine solche Regelung bereits in den Verwaltervertrag aufgenommen werden.

Ansonsten muss über die Ermächtigung ein Mehrheitsbeschluss herbeigeführt werden. Dies kann in Form einer Dauerermächtigung geschehen. Es ist nicht notwendig, den Verwalter jeweils von Fall zu Fall mit der Erhebung einer Zahlungsklage zu beauftragen (BayObLG, Beschl. vom 10.8.2001, 2 Z BR 21/01).

Praxistipp:

In jeder Zahlungsklage ist routinemäßig auszuführen, woraus sich die Ermächtigung des Verwalters zur Durchführung der Zahlungsklage ergibt. Es empfiehlt sich, hierfür eine Kopie der Ermächtigungsgrundlage (Auszug aus der Teilungserklärung oder dem Verwaltervertrag, Beschlussprotokoll usw.) der Klageschrift beizufügen.

Die Wohnungseigentümer sind zur Zahlung von Wohngeldbeiträgen nur dann verpflichtet, wenn die Eigentümergemeinschaft hierfür im Einzelfall eine Rechtsgrundlage geschaffen hat. Ob Wohngeldvorauszahlungen, Sonderumlagen, Nachzahlungen aus Jahresabrechnungen, alle diese Beiträge können nur dann eingeklagt werden, wenn vorher über sie beschlossen worden ist und durch einen Mehrheitsbeschluss eine entsprechende Zahlungsverpflichtung begründet wurde. Da dies nachgewiesen werden muss, ist in der Klage nicht nur darzulegen, welcher Betrag aus welchem Rechtsgrund geltend gemacht wird, es sind auch die Unterlagen in Kopie vorzulegen, aus denen sich das Entstehen der Forderung ergibt.

Folgende Unterlagen sind in Beitreibungsverfahren der Klageschrift beizufügen:

- wenn Wohngeldvorauszahlungen geltend gemacht werden:

  – Protokoll der Eigentümerversammlung, in der der Jahreswirtschaftsplan nebst Einzelwirtschaftsplänen beschlossen worden sind,

  – Gesamtwirtschaftsplan nebst Einzelwirtschaftsplan für das betreffende Sondereigentum,

- wenn eine Sonderumlage eingeklagt werden soll:

  – Protokoll der Eigentümerversammlung, in der die Sonderumlage beschlossen worden ist,

  – Berechnung und Anforderung der Einzelsonderumlage,

- wenn Nachzahlungen aus Jahreswirtschaftsabrechnungen geltend gemacht werden sollen:

  – Protokoll der Eigentümerversammlung, in der die Jahreswirtschaftsabrechnung nebst Einzelabrechnungen beschlossen worden ist,

  – Jahresgesamtabrechnungen nebst Einzelabrechnung für das Sondereigentum.

Sobald über eine Beitragsschuld beschlossen worden ist, kann diese unabhängig davon, ob ein solcher Beschluss angefochten worden ist oder nicht, eingeklagt werden. Denn ein Beschluss ist solange gültig, solange er nicht rechtskräftig durch ein Gericht für unwirksam erklärt worden ist. Da es jedoch für den zukünftigen Bestand der geltend gemachten Forderung von Bedeutung sein kann, ob eine Anfechtung stattgefunden hat oder nicht, sollte in der Klageschrift darauf hingewiesen werden, ob der Beschluss, auf den sich die eingeklagte Beitragsforderung stützt, bereits bestandskräftig ist.

In allen Fällen sollte überprüft werden, ob es für die geltend gemachte Beitragsforderung eine besondere Fälligkeitsabrede gibt. Werden monatliche Wohngeldvorauszahlungen eingeklagt, ist von Interesse, wann ein Miteigentümer das monatliche Wohngeld spätestens zu zahlen hat. Ist nichts Besonderes bestimmt, muss die monatliche Wohngeldvorauszahlung spätestens bis zum letzten Kalendertag des betreffenden Monats auf dem von dem Wohnungseigentumsverwalter geführten Konto eingegangen sein. Häufig findet sich jedoch in Teilungserklärungen die Regelung, dass die Wohngeldvorauszahlungen bis zu einem festgelegten Tag des Kalendermonats im Voraus zur Zahlung fällig sind. Es ist aber auch möglich, zusammen mit der Verabschiedung eines Wirtschaftsplanes oder einer Jahresabrechnung ein Zahlungsziel zu beschließen.

Möglich ist schließlich auch, durch Mehrheitsbeschluss eine Fälligkeit für zukünftige Wohngeldvorauszahlungen mit Dauerwirkung festzulegen.

Beim Beschluss von Sonderumlagen wird in aller Regel auch ein nach dem Kalender bestimmtes Datum mit beschlossen, bis wann die Zahlung zu leisten ist. Kann eine Sonderumlage in Raten bezahlt werden, sind die dafür beschlossenen Zahlungsziele zu beachten.

In der Klageschrift ist nur derjenige Wohnungseigentümer mit vollem Namen und ladungsfähiger Anschrift zu bezeichnen, gegenüber dem die Wohngeldforderung geltend gemacht wird. Dabei ist zusätzlich darzulegen, dass der Beklagte Mitglied der Eigentümergemeinschaft ist und welches Sondereigentum in seinem Eigentum steht. Um Abrechnungsunterlagen des Verwalters dem bestimmten Sondereigentümer bzw. seinem Sondereigentum zuordnen zu können, empfiehlt es sich, in den Zahlungsunterlagen vom Verwalter verwendete Buchungs- oder sonstige Zuordnungsmerkmale zu erläutern.

Praxistipp:

Wenn über eine Zahlungsforderung des Eigentümerverbandes ein bestandskräftiger Beschluss vorliegt, gibt es für einen Miteigentümer praktisch keine Möglichkeit, sich gegen die Zahlungsverpflichtung zur Wehr zu setzen. Gegenüber Wohngeldforderungen kann weder aufgerechnet, noch ein Zurückhehaltungsrecht geltend gemacht werden. Der Grund für diese Beschränkungen ist das Interesse der Wohnungseigentümergemeinschaft an der Bewahrung ihrer Zahlungsfähigkeit, die nicht dadurch gefährdet werden darf, dass mit den Miteigentümern über die Berechtigung der Wohngeldbeiträge gestritten werden muss (OLG München, Beschl. vom 8.3.2007, 34 Wx 002/07).

Vom Aufrechnungsverbot ausgenommen sind ausnahmsweise solche Ansprüche, die zugunsten eines Wohnungseigentümers vom teilrechtsfähigen Verband anerkannt worden sind oder die zugunsten eines Wohnungseigentümers durch gerichtliches Urteil rechtskräftig festgestellt wurden.

Möglich wäre auch eine Aufrechnung mit Ansprüchen aus Notgeschäftsführung, sofern diese unstreitig ist. Besteht jedoch Uneinigkeit, ob eine Notgeschäftsführung vorgelegen hat, kann ein Miteigentümer mit den ihm vermeintlich zustehenden Aufwendungsersatzansprüchen weder aufrechnen, noch ein Zurückbehaltungsrecht geltend machen.

Praxistipp:

Sieht sich ein Wohnungseigentümer aus persönlichen Gründen nicht in der Lage, seinen Wohngeldverpflichtungen pünktlich nachzukommen, sollte er sich rechtzeitig an den Verwalter wenden, um mit diesem über die Möglichkeit der Verlängerung von Zahlungszielen oder der Einräumung von Ratenzahlungen zu verhandeln. Eine schlechte Empfehlung wäre es, „Vogel-Strauß-Politik" zu betreiben, auftretende Zahlungsschwierigkeiten nicht zur Kenntnis zu nehmen und schlicht abzuwarten, ob der Verwalter Zahlungsklage erhebt. Da sich ein Verwalter schadensersatzpflichtig machen könnte, wenn er rückständige Wohngelder nicht möglichst zeitnah beitreibt, muss jeder Wohnungseigentümer damit rechnen, über kurz oder lang verklagt zu werden. Dies führt dann nur zu zusätzlichen Kostenbelastungen, die besser zur Tilgung der Wohngeldrückstände eingesetzt würden.

Ist im Einzelfall ungewiss, ab wann genau ein Miteigentümer Mitglied der Eigentümergemeinschaft ist, sollte unbedingt ein Grundbuchauszug angefordert werden. Da der Erwerber einer Eigentumswohnung erst mit dem Tage der Eigentumsumschreibung im Grundbuch Mitglied der Eigentümergemeinschaft wird, haftet er auch nur auf solche Wohngeldbeiträge, die nach dem Tage der Eigentumsumschreibung fällig werden. Dies bedeutet nicht, dass die Wohngeldbeschlüsse nach dem Tage der Eigentumsumschreibung gefasst worden sein müssen, es reicht, dass die Zahlung erst nach dem Zeitpunkt der Eigentumsumschreibung fällig wird.

Ausnahmen gibt es nur bezüglich des echten werdenden Eigentümer, der auch schon vor Eigentumsumschreibung zur Wohngeldzahlung verpflichtet ist, sofern der schuldrechtliche Wohnungskaufvertrag abgeschlossen worden ist, zu seinen Gunsten eine Auflassungsvormerkung eingetragen und ihm der Besitz an dem Sondereigentum übergeben wurde (vgl. dazu Stichwort „werdender Eigentümer"). Wohngeldklagen sind unabhängig von der Höhe der geltend zu machenden Forderung ausschließlich an das Amtsgericht zu richten, in dessen Bezirk die Wohnungseigentumsanlage gelegen ist. Anwaltszwang besteht beim Amtsgericht nicht, anders beim Landgericht, das für ein Berufsverfahren zuständig wäre.

Muster einer Zahlungsklage:

An das Amtsgericht
Amtsgerichtsstr 1
Musterstadt

Klage

der Wohnungseigentümergemeinschaft Schlossallee 1 in Musterstadt, vertr. d. d. Wohnungseigentumsverwalterin, die Firma X GmbH, diese wiederum vertreten durch den Geschäftsführer, geschäftsansässig Parkstraße 10 in Ypsilonstadt

– Klägerin –

gegen

die Eheleute Anita und Adam Muster, beide wohnhaft Schlossallee 1 in Musterstadt

– Beklagte –

wegen: Wohngeldforderungen

Namens und im Auftrage der Klägerin erhebe ich

Klage

und stelle folgende Anträge:

1. Die Beklagten werden als Gesamtschuldner kostenpflichtig verurteilt, an die Klägerin zu Händen der Wohnungseigentumsverwalterin 3.700,00 Euro nebst 5% Zinsen über dem Basiszinssatz seit Rechtshängigkeit zu zahlen.

2. Gegen die Beklagten wird Versäumnisurteil im schriftlichen Verfahren gemäß § 331 Abs. 3 ZPO erlassen, sofern diese ihre Verteidigungsbereitschaft nicht rechtzeitig anzeigen.

Begründung:
Die Beklagten sind Mitglieder der Eigentümergemeinschaft Schlossallee 1 in Musterstadt. In ihrem Eigentum steht die Wohnung Nr. 3 mit 100/1.000 MEA. Die Wohnung wird von der Verwalterin abrechnungstechnisch unter der WE-Kontonummer 100203 geführt.

Die Firma X GmbH ist die amtierende Verwalterin. Sie wurde letztmalig in einer Eigentümerversammlung vom 11.4.2010 erneut auf die Dauer von drei Jahren zur Verwalterin bestellt.

Beweis: Das als **Anlage K1** beigefügte Protokoll der Eigentümerversammlung vom 11.4.2010, vgl. dort auf Seite 2 zu TOP 5.

Die Ermächtigung der Verwalterin, gegenüber säumigen Wohnungseigentümern Wohngeldrückstände gerichtlich geltend zu machen, ergibt sich aus dem Verwaltervertrag.

Beweis: Der als **Anlage K2** beigefügte Verwaltervertrag, vgl. dort zu § 3.

Die Beklagten, die seit 2003 der Eigentümergemeinschaft angehören, sind mit dem Ausgleich folgender Wohngeldverpflichtungen in Rückstand geraten:

1. Wohngeldvorauszahlung von Januar bis Mai 2010 monatlich jeweils 200,00 Euro:	1.000,00 Euro
2. Nachzahlung aus der Jahresabrechnung 2009:	700,00 Euro
3. Sonderumlage	2.000,00 Euro
Gesamt	3.700,00 Euro

Im Einzelnen gilt folgendes:

1. Wohngeldvorauszahlung von Januar bis Mai 2010: 1.000,00 Euro
In einer Eigentümerversammlung vom 14.5.2009 wurde der Wirtschaftsplan 2009 nebst Einzelwirtschaftsplänen mit der Maßgabe beschlossen, dass diese ab 1.6.2009 bis zum Beschluss eines neuen Wirtschaftplanes gelten sollten.

Beweis: Das als **Anlage K3** beigefügte Protokoll der Eigentümerversammlung vom 14.5.2009, vgl. dort auf Seite 2 zu TOP 5.

Da die Eigentümergemeinschaft erst in einer Eigentümerversammlung vom 10.6.2010 einen neuen Wirtschaftsplan für 2010 beschlossen hatte

Beweis: Das als **Anlage K4** beigefügte Protokoll der ETV vom 10.6.2010, vgl. dort auf Seite 1 zu TOP 3, und dieser Wirtschaftsplan erst ab 1.6.2010 gilt, schulden die Beklagten für die ersten fünf Monate des Jahres 2010 noch die monatliche Wohngeldvorauszahlung gemäß Wirtschaftsplan 2009.

Ausweislich des Einzelwirtschaftsplanes 2009 war von den Beklagten für ihr Sondereigentum eine monatliche Wohngeldvorauszahlung in Höhe von 200,00 Euro zu zahlen.

Beweis: Der als **Anlage K5** beigefügte Einzelwirtschaftsplan 2009.

Für den Zeitraum von Januar bis einschließlich Mai 2010 haben die Beklagten keine Wohngeldvorauszahlungen geleistet. Sie sind daher für fünf Monate in Höhe von jeweils 200,00 Euro und damit mit insgesamt 1.000,00 Euro in Rückstand geraten. Dieser Rückstand ist Bestandteil der Klageforderung.

2. Nachzahlung aus der Jahresabrechnung 2009: 700,00 Euro

In der Eigentümerversammlung vom 11.4.2010 wurde die Jahresabrechnung 2009 nebst Einzelabrechnungen beschlossen.

Beweis: Das bereits als Anlage K1 beigefügte Protokoll der Eigentümerversammlung vom 11.4.2010, vgl. dort auf Seite 1 zu TOP 2.

Ausweislich der Abrechnung 2009 ergab sich für das Sondereigentum der Beklagten eine Nachzahlung von 700,00 Euro.

Beweis: Die als **Anlage K6** beigefügte Gesamtabrechnung nebst Einzelabrechnung 2009, vgl. dort auf Seite 2 oben.

Nachdem die Beklagten die Nachzahlung nicht ausgeglichen haben, ist sie nunmehr Gegenstand der Klageforderung.

3. Sonderumlage: 2.000,00 Euro

In der Eigentümerversammlung vom 10.6.2010 wurde zur Sanierung der Aufzugsanlage eine Sonderumlage von 20.000,00 Euro beschlossen, die nach Miteigentumsanteilen umzulegen war.

Beweis: das bereits als Anlage K 4 beigefügte Protokoll der Eigentümerversammlung vom 10.6.2010, vgl. dort auf Seite 5 zu TOP 6.

Wie sich aus der Aufstellung der mit beschlossenen Einzelsonderumlagen ergibt, entfielen auf die Wohnung der Beklagten, die 100/1.000 MEA auf sich vereint, ein anteiliger Sonderumlagenbetrag von 2.000,00 Euro.

Die Sonderumlage wurde mit der Maßgabe beschlossen, dass die anteiligen Beträge in zwei Raten á 1.000,00 Euro zum 31.7.2010 und zum 31.8.2010 zur Zahlung fällig waren. Beide Raten sind zwischenzeitlich fällig geworden. Da die Beklagten die Sonderumlage nicht entrichtet haben, ist sie Gegenstand der Klageforderung.

Alle vorstehend in Bezug genommenen Beschlüsse sind bestandskräftig.

(Unterschrift)

Forderungsbeitreibung durch Mahnbescheid: Eigentümergemeinschaften können rückständige Wohngelder gegenüber säumigen Miteigentümern aber auch per Mahnbescheid geltend machen. Dazu ist ein Vordruck auszufüllen, der bei dem Amtsgericht einzureichen ist, das durch Rechtsverordnung von der Landesregierung als zuständiges zentrales Mahngericht bestimmt worden ist (§ 689 Abs. 3 ZPO). Das Mahngericht stellt dem säumigen Wohnungseigentümer sodann einen Mahnbescheid zu, gegen den dieser innerhalb einer Frist von zwei Wochen nach Zustellung Widerspruch einlegen kann. Wird kein Widerspruch eingelegt, ergeht zugunsten der Eigentümergemeinschaft auf Antrag „Vollstreckungsbescheid", aufgrund dessen die Eigentümergemeinschaft die im Vollstreckungsbescheid titulierten Forderungen gegen den Eigentümer vollstrecken kann.

Erhebt der betroffene Eigentümer jedoch gegen den Mahnbescheid Widerspruch, ist das Verfahren an das für Wohnungseigentumssachen ausschließlich zuständige Amtsgericht abzugeben, d. h. das Amtsgericht, in dem die Wohnungseigentumsanlage gelegen ist. Dort ist dann das normale Klageverfahren mit Klagebegründung, Klageerwiderung und mündlicher Verhandlung durchzuführen.

Gegen einen Vollstreckungsbescheid kann der betroffene Eigentümer Einspruch einlegen. Auch in diesem Fall ist das Verfahren an das zuständige Wohnungseigentumsgericht abzugeben und dort streitig durchzuführen. Liegt ein Vollstreckungsbescheid vor, kann die Eigentümergemeinschaft hieraus aber bereits die Zwangsvollstreckung betreiben, unabhängig davon, ob Einspruch gegen den Vollstreckungsbescheid eingelegt wurde. Insoweit wird der Vollstreckungsbescheid behandelt wie ein Versäumnisurteil im streitigen Klageverfahren, d. h., die Eigentümergemeinschaft muss nicht auf den Eintritt der Rechtskraft des Urteils warten, bevor sie die Zwangsvollstreckung ohne vorherige Sicherheitsleistung einleiten darf.

Ob es in einem Bundesland ein zentrales Mahngericht gibt und wo der Sitz dieses Gerichtes ist, kann beim örtlichen Amtsgericht erfragt werden.

b) Anfechtungsklage

Ist ein Miteigentümer der Auffassung, dass ein von der Eigentümergemeinschaft mehrheitlich gefasster Beschluss dem Gebot ordnungsgemäßer Verwaltung widerspricht, kann er diesen Beschluss anfechten. Die Anfechtung eines Eigentümerbeschlusses erfordert kein besonderes Rechtsschutzbedürfnis. Ein Eigentümer, der in der Eigentümerversammlung für einen Beschluss gestimmt hat, kann diesen Beschluss dennoch anfechten, wenn er nachträglich zu der Überzeugung gelangt ist, dass der Beschluss ordnungsgemäßer Verwaltung widerspricht (BayObLG, Beschl. vom 15.4.2004, 2 Z BR 235/03).

Die Anfechtung muss innerhalb eines Monats erfolgen, gerechnet ab dem Tage der Beschlussfassung (§ 46 Abs. 1 Satz 2 WEG).

Praxistipp:

Die Anfechtungsfrist beginnt immer am Tage der Beschlussfassung zu laufen, unabhängig davon, ob ein Eigentümer an der Eigentümerversammlung teilgenommen hat, ob das Protokoll der Eigentümerversammlung innerhalb der einmonatigen Anfechtungsfrist vom Verwalter versandt worden ist und unabhängig davon, ob der anfechtungswillige Eigentümer überhaupt auf andere Weise vom Beschlussinhalt Kenntnis erlangen konnte. Von jedem Miteigentümer wird erwartet, dass er sich um rechtzeitige Kenntnis bemüht. Wird das Protokoll nicht innerhalb der Monatsfrist verschickt, hat jeder Miteigentümer gegenüber dem Verwalter Anspruch auf Übersendung eines Auszuges aus dem Beschlussbuch, das innerhalb weniger Tage nach der Eigentümerversammlung ergänzt werden muss.

Ausschließlich örtlich und sachlich zuständig für eine Anfechtungsklage ist das Gericht, in dessen Bezirk die Wohnungseigentumsanlage liegt (§ 43 WEG).

Praxistipp:

Nur mit einer rechtzeitig bei Gericht eingegangenen Anfechtungsklage kann die Ordnungsgemäßheit eines Eigentümerbeschlusses zur Überprüfung durch das Gericht gestellt werden.

Wird die einmonatige Anfechtungsfrist auch nur um einen Tag versäumt, erwächst der Beschluss in Bestandskraft, und kann nicht mehr angegriffen werden. Ein an den Verwalter oder etwa gar an den Verwaltungsbeirat gerichtetes Anfechtungsschreiben löst keinerlei Rechtswirkung aus.

Die Anfechtungsklage ist gegen alle zum Zeitpunkt der Klageeinreichung im Grundbuch eingetragenen übrigen Mitglieder der Eigentümergemeinschaft zu richten. Es sind die einzelnen Eigentümer, die an dem zur Beschlussfassung führenden Willensbildungsprozess teilgenommen haben und nicht etwa der teilrechtsfähige Verband.

Die beklagten Eigentümer werden vom Verwalter vertreten, an den die Klage nicht nur zugestellt werden kann, sondern der auch ermächtigt ist, einen Rechtsanwalt für die beklagten Eigentümer zur Abwehr der Anfechtungsklage zu bestellen.

Da einem anfechtenden Eigentümer im Regelfall keine aktuelle Eigentümerliste vorliegt, mithin die übrigen Eigentümer namentlich noch nicht benannt werden können, reicht es bei der Erhebung einer Anfechtungsklage aus, diese „gegen alle übrigen zum Zeitpunkt der Rechtshängigkeit im Grundbuch eingetragenen Eigentümer" zu richten.

Eine Eigentümerliste ist jedoch spätestens bis zum Zeitpunkt der letzten mündlichen Verhandlung bei Gericht einzureichen. Sofern ein Eigentümer nicht über eine Eigentümerliste verfügt, kann er eine solche beim Verwalter anfordern. Reagiert der Verwalter nicht, kann bei Gericht beantragt werden, dass dem Verwalter aufgegeben wird, eine Eigentümerliste zur Akte zu reichen.

Besonderes Augenmerk ist bei Anfechtungsklagen auf eine schnelle Einzahlung des Gerichtskostenvorschusses zu richten, da die einmonatige Anfechtungsfrist nur dann gewahrt wird, wenn bei einer Einreichung der Anfechtungsklage am Ende der Einmonatsfrist die Zustellung an die beklagten Wohnungseigentümer „demnächst" erfolgt. Da eine Zustellung der Klageschrift vom Gericht jedoch erst dann veranlasst wird, wenn der Gerichtskostenvorschuss eingegangen ist, sollte dieser so schnell wie möglich, spätestens jedoch so rechtzeitig eingezahlt werden, dass der Vorschuss längstens zwei

Wochen nach Eingang der Gerichtskostenanforderung beim Kläger dem Konto der Gerichtskasse gutgeschrieben worden ist.

Hatte der Bundesgerichtshof die Frist zur Einzahlung des Gerichtskostenvorschusses als „zwei Wochen oder nur geringfügig darüber" definiert (BGH, Urt. vom 16.1.2009, V ZR 74/08), wird diese Frist von den Instanzgerichten restriktiv als 2-Wochen-Frist behandelt und keinen Tag länger (LG Hamburg, Urt. vom 7.1.2009, 318 S 78/08; LG Frankfurt, Beschl. vom 5.5.2009, 2–09 S 10/09).

Praxistipp:

Anfechtungsklägern, die über eine Rechtsschutzversicherung verfügen und die Gerichtskostenvorschussanforderung an diese weiterleiten, sollten mit einer Einzahlung des Gerichtskostenvorschusses nicht die Zahlung der Rechtsschutzversicherung abwarten, sondern erst einmal aus eigenen Mitteln in Vorlage treten. Die Erfahrung lehrt nämlich, dass die Sachbearbeitung bei Rechtsschutzversicherern einschließlich des Überweisungsvorganges zwei Wochen oder mehr in Anspruch nehmen kann, so dass eine erst danach erfolgende Weiterleitung der Zahlung an die Gerichtskasse verfristet wäre.

Vorsicht Falle:

Anfechtungskläger müssen eine schnelle Zustellung Ihrer Klage nicht nur durch eine Einzahlung des Gerichtskostenvorschusses nach Anforderung innerhalb einer 2-Wochen-Frist fördern, sie sind sogar weitergehend verpflichtet, bei Gericht nach dem Verbleib der Anforderung eines Gerichtskostenvorschusses nachzufragen, wenn diese nicht innerhalb von drei Wochen nach Klageeinreichung vorliegt.

Praxistipp:

Um all diese Hürden zu vermeiden empfiehlt es sich, bereits in der Anfechtungsklage selbst einen Gegenstandswert anzugeben und bei Einreichung der Anfechtungsklage den dafür notwendigen Gerichtskostenvorschuss unmittelbar bei der Gerichtskasse einzuzahlen.

Eine Anfechtungsklage ist spätestens nach Ablauf von zwei Monaten, gerechnet ab dem Tag der Beschlussfassung, zu begründen (§ 46 Abs. 1 Satz 2 WEG). Bis zu diesem Zeitpunkt hat der Anfechtungskläger dem Gericht jedes Argument vorzutragen, aufgrund dessen er die Beschlussfassung als Verstoß gegen ordnungsgemäße Verwaltung ansieht. Nach Ablauf der zweimonatigen Begründungsfrist können keine neuen Argumente zur Begründung der Anfechtungsklage nachgeschoben werden.

Muster einer Anfechtungsklage

An das
Amtsgericht
Amtsgerichtsstr. 1
Musterstadt

Klage

des Miteigentümers M, Schlossallee 1 in Musterstadt

– Kläger –

gegen

die übrigen zum Zeitpunkt der Rechtshängigkeit der Anfechtungsklage im Grundbuch eingetragenen Eigentümer der Eigentümergemeinschaft Schlossallee 1 in Musterstadt, vertr. d. d. Wohnungseigentumsverwalterin, die Firma X GmbH, diese wiederum vertreten durch den Geschäftsführer, geschäftsansässig Parkstraße 10 in Ypsilonstadt

– Beklagte –

wegen: Beschlussanfechtung.
Vorläufiger Gegenstandswert: 1.500,00 Euro
Hiermit erhebe ich

Klage

und stelle folgende Anträge:

1. Der in der Eigentümerversammlung vom 24.8.2010 zu TOP 5 (Wahl des Verwaltungsbeirates) wird für ungültig erklärt.
2. Die Kosten des Rechtsstreits werden den Beklagten auferlegt.

Begründung:

Ich bin Mitglied der Eigentümergemeinschaft Schlossallee 1 in Musterstadt. In meinem Eigentum steht die im 4. Obergeschoss rechts gelegene Wohnung Nr. 10.
Derzeit amtierende Verwalterin ist die Firma X, die mit Schreiben vom 11.5. 2010 zu einer Eigentümerversammlung am 15.6.2010 eingeladen hatte.

Beweis: Das als **Anlage K1** beigefügte Einladungsschreiben vom 11.5.2010.

Als Tagesordnungspunkt 5 war die Neuwahl des Verwaltungsbeirates vorgesehen, die unter diesem Tagesordnungspunkt auf der Eigentümerversammlung am 15.6.2010 auch durchgeführt wurde. Zu Mitgliedern des Verwaltungsbeirates wurden gewählt Frau A, Frau B und Herr C. Die Wahl erfolgte jeweils mehrheitlich.

Beweis: Das als **Anlage K2** beigefügte Protokoll der Eigentümerversammlung vom 15.6.2010, vgl. dort auf Seite 3 zu TOP 5.

Bereits auf der Eigentümerversammlung habe ich gegen die Wahl von Frau A und Herrn C eingewandt, dass diese keine Mitglieder der Eigentümergemeinschaft seien. Frau A ist die Mutter des Eigentümers AB. Herr C hat als Bevollmächtigter seiner Tochter CD an der Eigentümerversammlung teilgenommen, wobei nur die Tochter Mitglied der Eigentümergemeinschaft ist. Nachdem es sich bei Frau A und Herrn C um Nichteigentümer handelt, verstößt deren Wahl gegen § 29 Abs. 1 Satz 2 WEG, wonach der Verwaltungsbeirat nur aus Wohnungseigentümern bestehen darf. Ein Nichteigentümer kann jedoch nicht durch Mehrheitsbeschluss zum Verwaltungsbeirat gewählt werden (LG Karlsruhe, Beschl. vom 13.3.2009, 11 S 22/09).

Obwohl Frau B Mitglied der Eigentümergemeinschaft ist und als Miteigentümerin hätte zum Verwaltungsbeirat gewählt werden können, ist jedoch die gesamte Beiratswahl auf Anfechtung für unwirksam zu erklären. Wenn zwei Kandidaten als Nichteigentümer gar nicht hätten gewählt werden können, dann ist die Wahl des Verwaltungsbeirates insgesamt auf Anfechtung für ungültig zu erklären, weil ein aus einer Person bestehender Verwaltungsbeirat nicht gewählt werden kann (BGH, Urt. vom 5.2.2010, V ZR 126/09).

Ausgehend von einem vorläufigen Gegenstandswert von 1.500,00 Euro wird die Einzahlung eines Gerichtskostenvorschusses in Höhe von 195,00 Euro (drei volle Gebühren á 65,00 Euro) durch Aufdruck der Gerichtskasse nachgewiesen.

(Unterschrift)

c) Rechtsmittel

Seit wohnungseigentumsrechtliche Streitigkeit durch die zum 1.7.2007 in Kraft getretene WEG-Novelle aus dem Verfahren der freiwilligen Gerichtsbarkeit in das Verfahren der Zivilprozessordnung überführt worden sind, wurde auch die Zuständigkeit der Berufungsgerichte neu geregelt.

Gegen Endurteile der Amtsgerichte findet das Rechtsmittel der Berufung statt, wenn der Wert des Beschwerdegegenstandes (Berufungssumme) 600,00 Euro übersteigt. In allen Streitigkeiten, die in § 43 WEG im Einzelnen genannt sind, mit Ausnahmen Klagen Dritter, die sich gegen die Eigentümergemeinschaft richten, ist das für den Sitz des Oberlandesgerichts zuständige Landgericht gemeinsames Berufungsgericht für alle im Bezirk des Oberlandesgerichts gelegenen Amtsgerichte (§ 72 Abs. 2 Satz 1 GVG). Hintergrund dieser Regelung ist die Absicht des Gesetzgebers, für Wohnungseigentumssachen die Zuständigkeit eines einzigen Landgerichts im Bezirk eines Oberlandesgerichts zu konzentrieren, um durch eine häufige und intensive Befassung eines Gerichts mit Wohnungseigentumssachen die Qualität der Rechtsprechung zu erhöhen.

In der Praxis problematisch hat sich jedoch erwiesen, dass Landesregierungen ermächtigt sind, durch Rechtsverordnung anstelle des Landgerichts am Sitz des Oberlandesgerichts ein anderes Landgericht im Bezirk dieses Oberlandesgerichts zum Berufungsgericht zu bestimmen (§ 72 Abs. 2 Satz 3 GVG). Dies führt dazu, dass bisweilen auch der Rechtskundige Schwierigkeiten hat, das Berufungsgericht herauszufinden, das für das betreffende Amtsgericht tatsächlich zuständig ist.

Landgerichte, die zu Berufungsgerichten in Wohnungseigentumssachen bestimmt sind:		
Bundesland	**OLG-Bezirk**	**Zuständiges LG**
Baden-Württemberg	OLG Karlsruhe	LG Karlsruhe
	OLG Suttgart	LG Stuttgart
Bayern	OLG Bamberg	LG Bamberg
	OLG Nürnberg	LG Nürnberg-Fürth
	OLG München	LG München I
Berlin	Kammergericht	LG Berlin
Brandenburg	OLG Frankfurt/Oder	LG Frankfurt/Oder
Bremen	Hanseatisches OLG Bremen	LG Bremen
Hamburg	Hanseatisches OLG Hamburg	LG Hamburg
Hessen	OLG Frankfurt/Main	LG Frankfurt/Main

Landgerichte, die zu Berufungsgerichten in Wohnungseigentumssachen bestimmt sind:		
Mecklenburg-Vorpommern	OLG Rostock	LG Rostock
Niedersachsen	OLG Braunschweig	LG Braunschweig
	OLG Oldenburg	LG Aurich
	OLG Celle	LG Lüneburg
Nordrhein-Westfalen	OLG Hamm	LG Dortmund
	OLG Köln	LG Köln
	OLG Düsseldorf	LG Düsseldorf
Rheinland-Pfalz	OLG Koblenz	LG Koblenz
	OLG Zweibrücken	LG Landau
Saarland	OLG Saarbrücken	LG Saarbrücken
Sachsen	OLG Dresden	LG Dresden
Sachsen-Anhalt	OLG Naumburg	LG Dessau-Roslau
Schleswig-Holstein	OLG Schleswig	LG Itzehoe
Thüringen	OLG Jena	LG Gera

Praxistipp:

Da sich die Zuständigkeit der Berufungsgerichte aber jederzeit ändern kann, wenn eine Landesregierung gemäß § 72 Abs. 2 Satz 3 GVG von ihrer Ermächtigung Gebrauch macht, ein anderes Landgericht zum Berufungsgericht zu bestimmen, sollte auch bei geringster Unsicherheit vorsorglich immer rechtzeitig bei dem Landgericht, bei dem man die Berufung einlegen will, nachgefragt werden, ob die Zuständigkeit noch gegeben ist.

Die Frist zur Einlegung der Berufung beträgt einen Monat ab dem Zeitpunkt der Zustellung des amtsgerichtlichen Urteils, binnen eines weiteren Monats muss die Berufung begründet werden. Am Landgericht besteht Anwaltszwang.

III. Der Verwaltungsbeirat

Der Verwaltungsbeirat ist das Dritte der in § 20 Abs. 1 WEG genannten Verwaltungsorgane von Eigentümergemeinschaften. Als drittes Glied der organschaftlichen Verwaltung hat er die Aufgabe, die Tätigkeit des Verwalters mit wachem Auge zu begleiten und ihn bei der Ausführung der Verwaltungsaufgaben zu unterstützen.

Dabei ist der Verwaltungsbeirat das am meisten überschätzte Organ im WEG, da Mitglieder des Verwaltungsbeirates in vielen Fällen ihre Kompetenzen verkennen oder von Miteigentümern mit Erwartungshaltungen konfrontiert werden, die sie weder erfüllen können noch erfüllen dürfen.

Merke:

Die Mitglieder des Verwaltungsbeirates sind keine Aufsichtsräte, sie sind gegenüber niemandem, insbesondere nicht gegenüber dem Verwalter weisungsbefugt noch gar Vorgesetzte des Verwalters. Die Mitglieder des Verwaltungsbeirates sollten sich nicht als „Polizisten vor Ort" gerieren, sondern ihre Legitimationsgrenzen kennen.

Zu einer Überwachung der Verwaltertätigkeit sind die Mitglieder des Veraltungsbeirates zwar befugt, aber nur dann verpflichtet, wenn sie hierzu besonders beauftragt worden sind (BayObLG, Beschl. vom 22.6.1995, 2 Z BR 48/95). Hat der Verwaltungsbeirat Mängel bei der Tätigkeit des Verwalters festgestellt, muss er diese den Wohnungseigentümern als seinen Auftraggebern bekannt geben (BayObLG, Beschl. vom 22.6.2995, 2Z BR 48/95).

Aufklärung und Weiterbildung der Mitglieder von Verwaltungsbeiräten ist daher notwendig, um Reibungsverluste insbesondere im Verhältnis zwischen Verwaltungsbeirat und Verwalter zu vermeiden.

Macht in Kleinstgemeinschaften die Bestellung eines Verwaltungsbeirates keinen Sinn, da der Beirat oftmals aus der Mehrheit aller Eigentümer bestehen würde, kann eine Beiratstätigkeit in Großgemeinschaften dagegen höchst hilfreich sein und eine effektive Verwaltung im Interesse des Gemeinschaftswohles fördern.

1. Die gesetzlichen Regelungen

Das Wohnungseigentumsgesetz enthält nur wenige Bestimmungen, die die Mitglieder des Verwaltungsbeirates und ihre Tätigkeit betreffen. Hieran hat auch die am 1.7.2007 in Kraft getretene WEG-Novelle nichts geändert, die die bisherigen, den Verwaltungsbeirat betreffenden gesetzlichen Bestimmungen mit identischem Wortlaut übernommen hat. Man mag bedauern, dass dabei die Chance vertan wurde, Streitfragen zu klären und Unzulänglichkeiten in der Praxis zu beheben. So wäre es z. B. wünschenswert gewesen, die Vorgaben zur Zahl der Mitglieder eines Verwaltungsbeirates (§ 29 Abs. 1: drei Wohnungseigentümer) aufzuheben. Dies hätte es einerseits kleineren Eigentümergemeinschaften erleichtert, wenigstens einen aus ein oder zwei Personen bestehenden Beirat zu wählen, anstelle vor die Alternative gestellt zu werden, entweder ganz auf eine Verwaltungsbeiratswahl zu verzichten oder aber eine Wahl durchzuführen, die wegen Unterschreitung der vorgegebenen Mitgliederzahl anfechtbar ist. Andererseits hätte dem Bedürfnis größerer Wohnungseigentümergemeinschaften Rechnung getragen werden können, bei hoher Arbeitsbelastung der Verwaltungsbeiratsmitglieder die Beiratsarbeit auf mehr als drei Personen zu verteilen.

Im WEG finden sich nur wenige Bestimmungen, die den Verwaltungsbreirat und seine Tätigkeit betreffen:

■ Die gesetzliche Grundlage für die Wahl der Mitglieder eines Verwaltungsbeirates und deren Tätigwerden ist in § 29 WEG verankert.

■ Die organschaftliche Stellung des Verwaltungsbeirates findet ihren Ausdruck in § 20 Abs. 1 WEG.

■ Eine besondere Aufgabenstellung des Verwaltungsbeirates ergibt sich aus § 24 WEG, der die Modalitäten der Durchführung von Eigentümerversammlungen regelt.

■ Schließlich wird der Verwaltungsbeirat ein weiteres und letztes Mal im Zusammenhang mit der Unterzeichnung der Protokolle von Eigentümerversammlungen in § 24 Abs. 6 WEG erwähnt.

2. Regelungen zur Wahl des Verwaltungsbeirats in der Teilungserklärung

Im Gegensatz zur Verwalterbestellung, die auch in einer Teilungserklärung nicht ausgeschlossen werden kann (§ 20 Abs. 2 WEG), hat der Gesetzgeber eine vergleichbare Regelung für den Verwaltungsbeirat nicht für erforderlich gehalten. Auch wenn der Verwaltungsbeirat nur mit bescheidenen rechtlichen Möglichkeiten ausgestattet ist, kommt der Einrichtung eines Verwaltungsbeirats in der Praxis häufig eine weitreichende Vermittlungsfunktion zwischen Eigentümergemeinschaft und Verwalter zu, die bisweilen für ein reibungsloses Miteinander zwischen Eigentümergemeinschaft und Verwaltung entscheidend sein kann.

a) Ausschluss der Beiratswahl

Trotz des besonderen Stellenwertes, der einer Überwachung der Verwaltertätigkeit durch den Verwaltungsbeirat zukommen kann, hat der Gesetzgeber mit der WEG-Novelle nichts daran geändert, dass die Vorschriften über den Verwaltungsbeirat dispositiv sind. Die Bestellung eines Verwaltungsbeirates kann daher in der Gemeinschaftsordnung oder im Rahmen einer Vereinbarung zwischen den Wohnungseigentümern ausgeschlossen werden (BayObLG, Beschl. vom 21.10. 1993, 2 Z BR 103/93).

Der vereinbarte Ausschluss einer Bestellung des Verwaltungsbeirates muss allerdings eindeutig zum Ausdruck gebracht werden. Findet sich z. B. in einer Teilungserklärung die Formulierung, dass die Wahl des Verwaltungsbeirates „nicht vorgesehen" ist, so handelt es sich nicht um einen definitiven Ausschluss der Möglichkeit, dennoch einen Verwaltungsbeirat zu wählen. Eine solche Bestimmung hindert allenfalls den einzelnen Miteigentümer daran, eine Verwaltungsbeiratswahl gegen den Mehrheitswillen erzwingen zu können. Sie schließt jedoch nicht aus, dass sich Eigentümergemeinschaften im Rahmen eines mehrheitlichen Willensbildungsprozesses doch für die Wahl eines Verwaltungsbeirats entscheiden.

> **Merke:**
>
> Durch Mehrheitsbeschluss kann die Bestellung eines Verwaltungs-
> beirates niemals ausgeschlossen werden. Eigentümergemeinschaf-
> ten fehlt die Beschlusskompetenz, gesetzliche Regelungen durch
> Mehrheitsbeschluss abzuändern. Ein solcher Mehrheitsbeschluss,
> der die Bestellung eines Verwaltungsbeirates ausschließen würde,
> wäre daher nichtig (BGH, Beschl. vom 20.9.2000, V ZB 58/99).

b) Erzwingen der Beiratswahl

Ist in einer Gemeinschaftsordnung unzweideutig die Formulierung
enthalten, dass die Bestellung eines Verwaltungsbeirates ausgeschlossen ist, existiert für die Mitglieder dieser Eigentümergemeinschaft keine Möglichkeit, etwa unter Verweis auf § 29 WEG und mit
Hinweis auf die Wichtigkeit der Existenz eines Verwaltungsbeirates
für eine geordnete Zusammenarbeit mit dem Verwalter die Wahl eines Verwaltungsbeirates zu erzwingen.

c) Mehrheitsbeschluss contra Teilungserklärung

Auch wenn Eigentümer in solchen Fällen gegen den Willen der
Mehrheit die Installation eines Verwaltungsbeirates nicht erzwingen
können, sind Eigentümergemeinschaften selbst trotz einer solchen
Formulierung in der Teilungserklärung nicht gehindert, mehrheitlich einen Verwaltungsbeirat im Wege eines so genannten **Zitterbeschlusses** zu wählen. Zwar würde ein solcher Beschluss gegen die
Teilungserklärung verstoßen, er könnte jedoch mangels Anfechtung
in Bestandskraft erwachsen. Denn ein solcher Beschluss ändert die
Teilungserklärung inhaltlich nicht ab, wozu Eigentümergemeinschaften die Beschlusskompetenz fehlen würde, sondern die Wirkungen des teilungserklärungswidrigen Beschlusses würden sich auf
den Einzelfall der jeweiligen Beiratswahl beschränken. Die Wahl
eines Verwaltungsbeirates ist damit auch bei entgegenstehender Teilungserklärung um den Preis des **Anfechtungsrisikos** möglich.

Deswegen ist auch ein Mehrheitsbeschluss der Wohnungseigentümer, mit dem ein Verwaltungsbeirat bestellt wird, nicht nichtig, sondern nur anfechtbar, wenn die Gemeinschaftsordnung zwar die Be-

stellung eines Verwaltungsbeirates nicht ausschließt, für seine Wahl jedoch ein bestimmtes Abstimmungsquorum fordert (BayObLG, Beschl. vom 28.3.2002, 2 Z BR 4/02; BayObLG, Beschl. vom 31.3. 2004, 2 Z BR 011/04).

d) Erweiterung der Möglichkeiten zur Beiratswahl

In der Teilungserklärung können die Möglichkeiten zur Bestellung von Verwaltungsbeiräten aber auch erweitert werden. So kann die Wahl von Nichteigentümern in den Verwaltungsbeirat genauso vorgesehen werden, wie die zahlenmäßige Zusammensetzung abgeändert oder sogar völlig aufgehoben werden kann, so dass es sodann zulässig ist, einen Verwaltungsbeirat mit einer von § 29 Abs. 1 S. 2 WEG nach oben oder nach unten beliebig abweichenden Mitgliederzahl zu bestellen.

Das Gesetz sieht allerdings nicht ohne Grund einen dreiköpfigen Beirat vor, da im Falle von notwendigen Abstimmungen innerhalb des Verwaltungsbeirates nur durch eine ungerade Mitgliederzahl eine **Pattsituation** vermieden werden kann.

e) Vertrauensmann

Insbesondere in älteren Teilungserklärungen findet sich bisweilen die Bestimmung, dass ein „Vertrauensmann" gewählt werden kann. Der Begriff des Vertrauensmannes ist im Gesetz nicht vorgesehen. Gemeint ist damit regelmäßig ein Miteigentümer bzw. eine Miteigentümerin, der oder die die Funktion eines Verwaltungsbeirates bekleiden soll. Den Vertrauensmann könnte man daher auch als „**Ein-Personen-Beirat**" apostrophieren.

Mangels einer offiziellen Definition dieses Begriffes und seiner Funktion muss eine Teilungserklärung, die die Wahl eines Vertrauensmannes vorsieht, dahingehend verstanden werden, dass § 29 Abs. 1 Satz 2 WEG insoweit abbedungen worden ist, als sich der Verwaltungsbeirat aus drei Wohnungseigentümern zusammen setzen soll. Enthält die Teilungserklärung keine weitergehenden Regelungen, wonach z. B. die Wahl eines Verwaltungsbeirates zusätzlich oder neben dem Vertrauensmann ausdrücklich ausgeschlossen wird, dann ist einer Eigentümergemeinschaft die Möglichkeit eröffnet, einen Vertrauensmann oder aber anstelle dessen auch einen **Verwaltungsbeirat mit weniger als drei Mitgliedern** zu wählen. Gerade für kleinere Eigentümergemeinschaften kann dies hilfreich sein, wenn sich mit Mühe ein Eigentümer bereit erklärt, Beiratsaufgaben zu übernehmen, die Eigentümergemeinschaft ansonsten auf einen Verwaltungsbeirat verzichten müsste, weil sich drei Kandidaten zur Beiratswahl nicht finden lassen.

Sofern in der Teilungserklärung nichts anderes bestimmt ist, gelten für die Person des „Vertrauensmannes" die selben Voraussetzungen, wie für jedes andere Mitglied eines Verwaltungsbeirates auch. Der Vertrauensmann muss Mitglied der Wohnungseigentümergemeinschaft sein, er muss volljährig und geschäftsfähig sein und es dürfen keine schwerwiegenden Gründe vorliegen, die gegen seine Eignung sprechen. Ein besonderer beruflicher Hintergrund oder eine sonstige fachliche Qualifikation sind nicht erforderlich. Die Wahl zum „Vertrauensmann" ist vom **Geschlecht unabhängig**, so dass selbstverständlich auch eine **„Vertrauensfrau"** gewählt werden kann.

Ebenso wenig ist für die Eignung eines Miteigentümers zur Wahl des „Vertrauensmannes" erforderlich, dass zwischen der zu wählenden Person und der Eigentümergemeinschaft oder dem Verwalter ein besonderes Vertrauensverhältnis bestehen müsste. Mit der Verwendung des Begriffes „Vertrauen" ist vielmehr die Tätigkeit im Sinne vertrauensbildender Maßnahmen zwischen Verwaltung und Eigentümergemeinschaft gemeint.

Dass ein Vertrauensmann genauso wie Verwaltungsbeiräte aus Sicht der Eigentümergemeinschaft eine Vertrauensstellung inne haben, weil die Eigentümer mit der Wahl von Beiräten oder Vertrauensleuten darauf vertrauen und mit deren Wahl die Hoffnung verbinden, dass ihre wohlverstandenen Interessen gewahrt werden, ergibt sich aus der übertragenen Funktion und versteht sich daher von selbst.

3. Zusammensetzung des Verwaltungsbeirates

Jedes Mitglied einer Eigentümergemeinschaft kann zum Verwaltungsbeirat gewählt werden. Der Verwaltungsbeirat soll gem. § 29 Abs. 1 Satz 2 WEG aus Wohnungseigentümern bestehen. Auch wenn im § 29 Abs. 1 Satz 2 WEG nur von Wohnungseigentümern als Mitgliedern des Verwaltungsbeirats die Rede ist, können auch **Teileigentümer** (Eigentümer von nicht zu Wohnzwecken bestimmtem Sondereigentum, z. B. Eigentümer von Gewerbeeinheiten oder Garagen) in den **Verwaltungsbeirat** gewählt werden. § 1 Abs. 6 WEG bestimmt nämlich, dass die Vorschriften für das Wohnungseigentum für Teileigentum entsprechend gelten. Damit kann jedes Mitglied einer Wohnungseigentümergemeinschaft, unabhängig von der Zweckbestimmung seines Sondereigentums, zum Verwaltungsbeirat gewählt werden.

Wer also z. B. Eigentümer eines im Grundbuch selbständig angelegten Sondereigentums an einem Tiefgaragenplatz ist, ist damit genauso Mitglied der Eigentümergemeinschaft und kann die Tätigkeit eines Verwaltungsbeirates ausüben. Voraussetzung ist in allen Fällen nur, dass der Eigentümer im Grundbuch eingetragen ist.

Eine **Quotenregelung** im Sinne der Forderung, dass ein Verwaltungsbeirat aus männlichen und weiblichen Mitgliedern bestehen müsse, existiert nicht.

a) Werdender Eigentümer

Noch nicht im Grundbuch eingetragene Erwerber von Wohnungs- oder Teileigentum können ausnahmsweise in den Verwaltungsbeirat gewählt werden, wenn es sich um sogenannte **faktische oder werdende Eigentümer, bzw. Mitglieder einer werdenden WEG** handelt.

Unter **echten werdenden Eigentümern** sind solche Erwerber von Sondereigentum zu verstehen, an die der teilende Bauträger einzelne **Sondereigentumseinheiten verkauft** hat, für die sodann im Grundbuch eine **Auflassungsvormerkung** eingetragen worden ist und denen bereits der **Besitz** am Sondereigentum übertragen wurde.

Echte werdende Eigentümer sind nicht zu verwechseln mit zukünftigen Eigentümern, die sich nach dem Weiterverkauf eines Sondereigentums im Stadium zwischen eingetragener Auflassungsvormerkung und Eigentumsumschreibung befinden oder bei denen eine der vorstehenden drei Bedingungen erst nach Invollzugsetzung einer Eigentümergemeinschaft eintreten.

Echte werdende Eigentümer sind bereits Inhaber aller Rechte und Träger aller Pflichten eines späteren Volleigentümers und können daher auch vor dem Entstehen einer Eigentümergemeinschaft zum Verwaltungsbeirat gewählt werden, obwohl das Eigentum im Grundbuch noch nicht auf sie umgeschrieben ist.

Da ein **echter werdender Eigentümer** seine einmal erworbene Rechtsstellung auch dann nicht verliert, wenn eine Eigentümergemeinschaft durch Umschreibung des Eigentums auf den ersten Erwerber in Vollzug gesetzt wird (BGH, Beschl. vom 5.6.2008, V ZB 85/07), gelten echte werdende Eigentümer auch nach dem Entstehen einer Wohnungseigentümergemeinschaft als Wohnungseigentümer im Sinne von § 29 Abs. 1 Satz 2 WEG und können auch nach dem rechtlichen Entstehen der Eigentümergemeinschaft als noch nicht eingetragene Eigentümer weiterhin zu Verwaltungsbeiräten gewählt werden.

> **Merke:**
>
> Echte werdende Eigentümer kann es nur bei neu entstehenden Eigentümergemeinschaften geben.

b) Nichteigentümer

Nichteigentümer können nicht durch Mehrheitsbeschluss in den Verwaltungsbeirat gewählt werden. Die Wahl eines Nichteigentümers wäre anfechtbar (LG Karlsruhe, Beschl. v. 13.3.2009, 11 S 22/09), sie wäre nicht nichtig. Der Kreis der wählbaren Personen kann jedoch in der Teilungserklärung erweitert werden. So kann in der Gemeinschaftsordnung vorgesehen werden, dass auch Nichteigentümer zum Verwaltungsbeirat bestellt werden können. Dies kann insbesondere bei Großgemeinschaften Sinn machen, wenn kompliziertere rechtliche, technische oder steuerliche Zusammenhänge die Wahl eines Juristen, eines Steuerberaters oder Technikers in den Verwaltungsbeirat hilfreich erscheinen lassen, die Eigentümergemeinschaft aber selbst über Miteigentümer mit entsprechender Qualifikation nicht verfügt.

Fehlt es an einer erweiternden Regelung in der Teilungserklärung, kann dennoch im Einzelfall bei der Beiratswahl im Rahmen eines **Zit-**

terbeschlusses gegen das Gesetz verstoßen werden. Wird ein Nichteigentümer in den Verwaltungsbeirat gewählt, so kann dessen Wahl mangels Anfechtung bestandskräftig werden. Da sich ein solcher **gesetzeswidriger Beschluss** auf den Einzelfall beschränkt und nicht darauf abzielt, dass zukünftig grundsätzlich Nichteigentümer zu Verwaltungsbeiräten gewählt werden können, mangelt es Eigentümergemeinschaften für einen solchen gesetzeswidrigen Beschluss nicht an der **Beschlusskompetenz,** der Beschluss wäre also nur anfechtbar, er ist nicht nichtig (LG Karlsruhe, Beschl. v. 13.03.2009 – 11 S 22/09).

Möglich ist es auch, in der **Teilungserklärung** die Wahl außenstehender Dritter zuzulassen, dies jedoch auf einen bestimmten Personenkreis zu beschränken, so z. B. auf Ehegatten, Lebensgefährten oder sonstige Familienmitglieder, die mit einem Wohnungseigentümer in besonderer persönlicher Beziehung stehen.

Denkbar wäre auch die Erweiterung der Wahlmöglichkeit auf Mieter, die als Bewohner einer Wohnungseigentumsanlage eine besondere Sachnähe zu den Verwaltungsproblemen des täglichen Lebens innerhalb einer Eigentümergemeinschaft haben können.

Teilnahme an Eigentümerversammlungen: Wird ein Nichteigentümer zum Verwaltungsbeirat gewählt, sei es im Wege eines Zitterbeschlusses, sei es aufgrund entsprechender Vereinbarung in der Teilungserklärung, darf ein solcher Nichteigentümer auch an Eigentümerversammlungen teilnehmen, obwohl diese nicht öffentlich sind. Insoweit handelt es sich um ein generelles Teilnahmerecht, das nicht etwa nur auf bestimmte Aufgabenbereiche oder Tagesordnungspunkte einer Eigentümerversammlung beschränkt ist. Jedes Mitglied des Verwaltungsbeirates muss umfassend über die Verhältnisse in der Eigentümergemeinschaft informiert sein, sonst besteht die Gefahr, dass ihm Informationen vorenthalten bleiben, die für eine ordnungsgemäße Beiratstätigkeit erforderlich sind.

Die Anwesenheit eines Beiratsmitgliedes, das nicht zur Eigentümergemeinschaft gehört, nur in dem Umfange gestatten zu wollen, in dem der Aufgabenbereich des Verwaltungsbeirates betroffen ist (OLG Hamm, Beschl. vom 27.9.2006, 15 W 98/06), erscheint als nicht praktikabel.

Schon die Abgrenzung, welche Tagesordnungspunkte die Beiratstätigkeit betreffen und welche nicht, erscheint kaum möglich, da sich Themen und Aufgabenbereiche oft überschneiden. Abgesehen davon, dass das Gesetz keine Veraltungsbeiräte mit nur eingeschränkter Kompetenz kennt, besteht auch kein erkennbares praktisches Bedürfnis, einen als Beiratsmitglied tätigen Nichteigentümer ständig zwischen Warteraum und Versammlungsraum hin und her pendeln zu lassen, nur um bei einigen wenigen Gesprächs- oder Beschlusspunkten dem Gebot der Nichtöffentlichkeit von Eigentümerversammlungen Rechnung zu tragen. Dass ein Beiratsmitglied in ständigem Wechsel eine Eigentümerversammlung verlassen und wieder an ihr teilnehmen dürfte, wäre für die versammelten übrigen Eigentümer und das Beiratsmitglied gleichermaßen unzumutbar.

Rede- und Stimmrecht: Soweit eingewandt wird, außenstehende Dritte und damit auch Nichteigentümer im Verwaltungsbeirat könnten an den Rechtspositionen von Eigentümern nicht teilhaben, sie seien nicht Mitglieder der Eigentümerversammlung, sie hätten weder ein Teilnahme-, noch ein Rede- und auch kein Stimmrecht und sie seien daher zu Eigentümerversammlungen gar nicht einzuladen, so kann dies in Bezug auf Nichteigentümer, die aufgrund bestandskräftigen Mehrheitsbeschlusses oder aufgrund Vereinbarung zu Mitgliedern des Verwaltungsbeirates gewählt wurden, nicht überzeugen.

Zwar trifft es zu, dass Nichteigentümern, die als Verwaltungsbeiräte amtieren, solche Rechte nicht zustehen können, die sich unmittelbar aus der Eigentümerstellung ableiten, wie z. B. das Stimmrecht. Dies gilt jedoch nicht für das Teilnahme- und Rederecht, die sich als Nebenpflichten und Nebenrechte aus dem Auftragsverhältnis ableiten, das zwischen der Eigentümergemeinschaft und dem Nichteigentümer durch dessen Wahl in den Verwaltungsbeirat begründet worden ist.

Vertraulichkeit: Das Gebot der Vertraulichkeit von Eigentümerversammlungen, welches als Begründung dafür herangezogen wird, dass Eigentümerversammlungen nicht öffentlich sind, rechtfertigt sich aufgrund der Sensibilität personenbezogener Daten der einzelnen Miteigentümer, insbesondere im Zusammenhang mit dem Abrechnungswesen. Gerade diese Informationen können und dürfen Verwaltungsbeiräten aufgrund ihrer Prüfungstätigkeit aber ohnehin nicht verborgen bleiben, so dass kein Grund erkennbar ist, Nichteigentümer-Beiräte auch nur zeitweise von Eigentümerversammlungen auszuschließen.

Dass ein Nichteigentümer-Beirat zur Eigentümerversammlung zu laden und ihm alle erforderlichen Informationen zur Verfügung zu stellen sind, ergibt sich auch aus der ihm gegenüber bestehenden Treuepflicht der Eigentümergemeinschaft, der es versagt ist, sich mit ihrem eigenen Verhalten in Widerspruch zu setzen, in dem sie einerseits einen Nichteigentümer in den Verwaltungsbeirat wählt und von diesem mindestens die Wahrnehmung der ihm gesetzlich zugewiesenen Aufgaben verlangt und auch verlangen darf, ihm andererseits dann aber auch nicht gleichzeitig die vertraulichen Daten vorenthalten darf, die für eine Beiratstätigkeit die erforderlichen Informationsgrundlagen darstellen.

c) Natürliche Personen

Zum Verwaltungsbeirat können nur natürliche Personen gewählt werden. Die Fähigkeit, das Amt eines Verwaltungsbeirates bekleiden zu können, ergibt sich aus der Eigentümerstellung und ist höchst persönlicher Natur. Dadurch unterscheidet sich die Stellung eines Mitgliedes des Verwaltungsbeirates von der des Verwalters, der unabhängig von den Eigentumsverhältnissen bestellt und zu einer Tätigkeit verpflichtet wird, die er nach Belieben auf jeden geeigneten Mitarbeiter delegieren, und, soweit es Einzelaufgaben betrifft, sogar auf einen außenstehenden Dritten übertragen kann, solange er nur selbst die Verantwortung für die Verwaltertätigkeit insgesamt behält.

Solange eine natürliche Person im Grundbuch als Eigentümer eingetragen ist, kann sie zum Verwaltungsbeirat gewählt werden, und zwar unabhängig davon, in welcher Weise oder in welchem Umfang sie am Eigentum beteiligt ist. Ob als Mitglied einer Gemeinschaft nach Bruchteilen oder als Berechtigter einer Gesamthandgemeinschaft, so z. B. bei ungeteilten Erbengemeinschaften oder bei im gesetzlichen Güterstand lebenden Eheleuten, jeder eingetragene Ehegatte, aber auch jeder einzelne im Grundbuch eingetragene Erbe kann in den Verwaltungsbeirat gewählt werden.

d) Juristische Personen

Die Ansicht, dass bei der Wahl von juristischen Personen in den Verwaltungsbeirat deren Geschäftsführer die maßgebliche natürliche Person wäre, die die Verwaltungsbeiratstätigkeit auszuüben habe, überzeugt nicht, weil nicht der Geschäftsführer, sondern die juristische Person als Eigentümer im Grundbuch eingetragen und deshalb nur die juristische Person und nicht die Person des Geschäftsführers oder eines Gesellschafters zum Verwaltungsbeirat gewählt werden kann.

Genauso wenig, wie ein zum Beirat gewählter Miteigentümer einen Vertreter zur Beiratssitzung schicken oder ein zur Personensorge bestellter Dritter an Stelle der zum Beirat gewählten Person die Beiratstätigkeit ausüben kann, weil es sich um eine höchst persönliche Aufgabe und Tätigkeit handelt, genauso wenig kann eine juristische Person den **Geschäftsführer** oder ein **Gesellschafter** als ihren Vertreter mit der Beiratstätigkeit beauftragen. In allen Fällen würde die Beiratstätigkeit dann von einem **fremden Dritten** wahrgenommen, der nicht zur Gemeinschaft gehört, nicht Wohnungseigentümer i. S. von § 29 Abs. 1 WEG ist, und der somit auch nicht in den Verwaltungsbeirat gewählt werden kann.

Da überdies Geschäftsführer nach Belieben von den Gesellschaftern ausgewechselt werden können, würde die Entscheidungshoheit von Eigentümergemeinschaften, nur solche Personen in den Verwaltungsbeirat zu wählen, die ihr besonderes Vertrauen genießen, praktisch unterlaufen.

Ist allerdings ein Mitglied des Vertretungsorgans einer juristischen Person oder ein Gesellschafter selbst als Eigentümer im Grundbuch eingetragen, so können diese selbstverständlich zum Verwaltungsbeirat gewählt werden, den Umweg über die Wahl einer juristischen Person bedarf es dabei nicht.

e) Mitglieder von Personengesellschaften

Etwas anderes kann für Mitglieder von Personengesellschaften gelten, je nach dem, wie die Grundbucheintragung erfolgt ist.

Nach der neuesten Rechtsprechung des BGH gelten Gesellschaften bürgerlichen Rechts (GbR) als Teilrechts- und damit als Grundbuch fähig (BGH, Beschl. vom 4.12.2008, V ZB 74/08). Eine GbR kann unter der Bezeichnung in das Grundbuch eingetragen werden, die ihre Gesellschafter im Gesellschaftsvertrag für sie vorgesehen haben. Sieht der Gesellschaftsvertrag keine Bezeichnung der GbR vor, wird die GbR als „Gesellschaft bürgerlichen Rechts bestehend aus..." und den Namen ihrer Gesellschafter eingetragen (BGH, Beschl. vom 4.12.2008, V ZB 74/08).

Nach hier vertretener Auffassung scheidet im ersten Fall die Wahl der GbR in den Verwaltungsbeirat aus, weil es sich mangels Konkretisierung, welche Person denn nun die Verwaltungsbeiratstätigkeit ausüben soll, um einen Vorgang handeln würde, bei dem sich alle Eigentümer und insbesondere die übrigen Mitglieder des Verwaltungsbeirates überraschen lassen müssten, wer denn nun als Verwaltungsbeirat in Erscheinung tritt. Hinzu käme die Unwägbarkeit, aufgrund eines nicht zu kontrollierenden Gesellschafterwechsels ständig mit neuen Personen konfrontiert zu werden, die das Amt des Verwaltungsbeirates wahrnehmen wollen.

Anders verhält es sich bei einer GbR, die mit den Namen ihrer Gesellschafter in das Grundbuch eingetragen ist. Hier kann die Wahlentscheidung für einen der eingetragenen Gesellschafter als natürliche Person fallen, so dass die Eigentümergemeinschaft nicht Gefahr läuft, keinen Einfluss darauf nehmen zu können, wer denn nun tatsächlich das Amt des Verwaltungsbeirates ausübt.

Ob Gesellschaften bürgerlichen Rechts als teilrechtsfähige Träger von Rechten und Pflichten zu Mitgliedern des Verwaltungsbeirates gewählt werden können, ist bisher gerichtlich nicht entschieden.

Auch **Mitglieder eines nichtrechtsfähigen Vereines** können in den Verwaltungsbeirat gewählt werden, denn im Grundbuch ist nicht der Verein, sondern es sind alle seine Mitglieder persönlich als Eigentümer eingetragen. Auch wenn die Eigentümerstellung alle einzelnen Vereinsmitglieder gesamthänderisch innehalten, steht dies einer Wahl zum Verwaltungsbeirat nicht entgegen, da es keines Alleineigentums bedarf, um in das Amt eines Verwaltungsbeirates gewählt werden zu können.

f) Sonstige Berechtigte

Wird ein Wohnungseigentum treuhänderisch gehalten, ist der Treuhänder im Grundbuch als Eigentümer eingetragen und kann zum Verwaltungsbeirat gewählt werden. Es kommt insoweit nur auf die formale Grundbucheintragung an und nicht auf das Innenverhältnis zwischen Treuhänder und dem wirtschaftlich Berechtigten.

Sofern nicht in der Teilungserklärung vorgesehen, können nicht zum Verwaltungsbeirat gewählt werden:

- Nießbrauchsberechtigte,
- Dauerwohnberechtigte,
- Testamentsvollstrecker,
- Insolvenz- und Zwangsverwalter.

Allen vorgenannten Amtsinhabern fehlt die Eigentümerstellung, an die das Gesetz die Mitgliedschaft im Verwaltungsbeirat geknüpft hat.

Ist über ein Wohnungseigentum die **Zwangsverwaltung** angeordnet, so ist der betroffene Eigentümer nicht an einer Mitwirkung im Veraltungsbeirat gehindert, da seine Stellung als Miteigentümer von Zwangsverwaltungsverfahren nicht betroffen ist.

Ist ein **Zwangsversteigerungsverfahren** angeordnet, so kann der betroffene Eigentümer bis zum Tage der Erteilung des Zuschlages das Amt eines Verwaltungsbeirates innehalten. Mit Erteilung des Zuschlages verliert der bisherige Miteigentümer seine Eigentümerstellung, er scheidet damit automatisch aus dem Verwaltungsbeirat aus.

g) Verwalter

Der Verwalter kann niemals Mitglied des Verwaltungsbeirates sein. Dies gilt auch dann, wenn Eigentümergemeinschaften im Wege der Selbstverwaltung einen Verwalter aus der Mitte der Eigentümer

wählen, d. h. Verwalter ein Miteigentümer ist. Da ein Verwaltungsbeirat u. a. die Aufgabe hat, die Tätigkeit des Verwalters kritisch und
kontrollierend zu begleiten, der Kontrollierende jedoch nicht mit
der Person des Kontrollierten identisch sein kann, würde ein unauf-
lösliche Interessenkollision bestehen, so dass sich die Funktionen
gegenseitig ausschließen.

> **Merke:**
>
> Ein Beschluss, mit dem der amtierende Verwalter zum Verwal-
> tungsbeirat gewählt wird, ist daher nichtig (OLG Zweibrücken,
> Beschl. vom 22.9.1983, 3 W 76/83), und zwar auch dann, wenn der
> Verwalter selbst Eigentümer ist.

Ebenso wenig kann der Geschäftsführer einen Verwaltungs-GmbH
oder deren persönlich haftender Gesellschafter Mitglied des Verwaltungsbeirates werden, da auch diese Konstellation zur Unvereinbar-
keit beider Ämter in einer Hand führt.

4. Persönliche Eignung und Anforderungen

Für die Wahl zum Verwaltungsbeirat bedarf es außer einer uneinge-
schränkten **Geschäftsfähigkeit** keinerlei persönlicher Voraussetzungen des zu wählenden Eigentümers. Es sind **weder** eine besondere
Vorbildung noch irgendeine **sonstige Qualifikation** oder **einschlägige Fachkenntnisse** Voraussetzung, um die Aufgabe eines Verwaltungsbeirates ausüben zu können. Ungeachtet dessen ist es selbstverständlich hilfreich, wenn ein Verwaltungsbeirat in der Lage ist,
sei es aufgrund seines beruflichen Hintergrundes, sei es aufgrund
eigenständiger Schulung und Fortbildung, gerade bei Großgemeinschaften komplizierte Verwaltungszusammenhänge leichter durch-
schauen und beurteilen zu können.

a) Datenschutz

Da es innerhalb von Eigentümergemeinschaften jedenfalls insoweit
keinen Datenschutz gibt, als es Verwaltungsangelegenheiten und
Gemeinschaftsinteressen anbelangt, ist jeder Miteigentümer, der

Einwände gegen die Integrität eines zur Wahl stehenden Miteigentümers hat, berechtigt, dies in der Eigentümerversammlung auch mitzuteilen. Sachlich gehaltene Bedenken, die auch der Wahrheit entsprechen, sind vom **Recht auf freie Meinungsäußerung** gedeckt. **Herabwürdigende Schmähkritik** und Offenbarungen über die **persönlichen Verhältnisse** der zur Wahl stehenden Person, die mit der Verwaltungsbeiratstätigkeit in keinerlei Zusammenhang gebracht werden können, sind dagegen nicht nur fehl am Platze, sie sind schlicht unzulässig.

b) Strafrechtliche Auffälligkeit

Vorstrafen hindern grundsätzlich nicht, dass ein Miteigentümer zum Verwaltungsbeirat gewählt werden kann. Anders jedoch, wenn die Vorstrafen ihrer Art nach geeignet sind, Zweifel an der Integrität des zu wählenden Miteigentümers zu wecken (BayObLG, Beschl. vom 30.3.1990, Breg. 2 Z 22/90). Wer wegen eines **Verkehrsdeliktes** verurteilt worden ist, ist zweifellos für das Amt des Verwaltungsbeirates geeignet. Wer jedoch wegen Betrugs oder wegen des Verstoßes gegen Vermögensinteressen auffällig geworden ist (z. B. **Veruntreuung, Bestechlichkeit, Betrug** usw.), dessen Wahl dürfte gegen das Gebot ordnungsgemäßer Verwaltung verstoßen und daher anfechtbar sein. Vor diesem Hintergrund ist jeder Miteigentümer berechtigt, anlässlich der Diskussion über die Eignung eines Kandidaten auch solche strafrechtlichen Aspekte zur Sprache zu bringen, die für die Wahlentscheidung der übrigen Miteigentümer von Relevanz sein können.

c) Vermögensrechtliche Probleme

Hat ein Miteigentümer die **eidesstattliche Versicherung** abgegeben, so hindert dies nicht, ihn zum Verwaltungsbeirat zu wählen. Die persönlichen Vermögensverhältnisse eines Miteigentümers spielen für die Frage der Eignung für die Verwaltungsbeiratstätigkeit keine Rolle, solange der Miteigentümer zumindest seine **Hausgeldverpflichtungen** gegenüber der Eigentümergemeinschaft erfüllt.

Wer jedoch bereits die eigenen Zahlungsverpflichtungen nicht einhält, erscheint wenig glaubwürdig, wenn er gleichzeitig den Verwalter bei der Durchführung seiner Aufgaben überwachen und bei der Verwaltung der Gemeinschaftsfinanzen kontrollierend begleiten soll. Da dazu auch gehört, den Verwalter dazu anzuhalten, rückständige Hausgelder gegenüber säumigen Miteigentümern geltend zu machen, müsste ein mit den Wohngeldzahlungen säumiges Beiratsmitglied die Einleitung eines Beitreibungsverfahrens gegen sich selbst initiieren. Die Gefahr einer solchen **Interessenkollision** macht einen Eigentümer regelmäßig für das Amt eines Verwaltungsbeirates ungeeignet.

Der Auffassung, dass ein Wohnungseigentümer selbst dann noch für die Bestellung zum Verwaltungsbeirat geeignet sei, wenn er mit seinen Wohngeldverpflichtungen derart im Rückstand ist, dass sogar ein **Verfahren auf Entziehung des Wohnungseigentums** gem. § 18 Abs. 2 Nr. 2 WEG in Frage kommt (ein Wohngeldrückstand in Höhe von 3% des Einheitswertes länger als drei Monate), ist nicht zu folgen (so aber LG Baden-Baden, Beschl. vom 12.2.2009, 3 T 87/07). Wenn das Zahlungsverhalten eines Miteigentümers nach Wertung des Gesetzgebers dessen Verbleiben in der Eigentümergemeinschaft als unzumutbar einstuft und deshalb gem. § 18 Abs. 2 WEG die Möglichkeit eröffnet wird, diesen Miteigentümer aus der Eigentümergemeinschaft zu entfernen, dann würde es einen nicht auflösbaren Widerspruch darstellen, dass ein Miteigentümer, dessen bloße Mitgliedschaft in der Eigentümergemeinschaft bereits als unzumutbar gilt, dennoch für die Vertrauensstellung eines Verwaltungsbeirates als geeignet angesehen werden könnte. Die Wahl eines solchen Miteigentümers zum Verwaltungsbeirat widerspricht vielmehr ordnungsgemäßer Verwaltung.

d) Gerichtliche Auseinandersetzungen

Ebenfalls kein Hinderungsgrund für die Wahl zum Verwaltungsbeirat ist ein **laufender Rechtsstreit** zwischen der zu wählenden Person und anderen Miteigentümern bzw. dem Eigentümerverband. Da es das legitime Recht eines jeden Miteigentümers ist, Unregelmäßigkeiten bei der Verwaltung oder Verstöße gegen das Gebot ordnungsgemäßer Verwaltung jederzeit gerichtlich überprüfen zu lassen, führt es nicht zu Ungeeignetheit des betreffenden Miteigentümers, wenn von diesem Recht auch Gebrauch gemacht wird.

Auch **häufiger Streit** eines Miteigentümers mit dem Verband oder einzelnen Miteigentümern steht der Eignung zur Wahl als Verwaltungsbeirat grundsätzlich nicht entgegen (OLG Köln, Beschl. vom 30.8.1999, 16 WX 123/99). Handelt es sich um einen **Querulanten**, der mit allem und jedem im Streit liegt, ist dessen Eignung für das Amt des Verwaltungsbeirates nicht eine Frage des rechtlichen Könnens, sondern eine solche der Akzeptanz, da ein solcher Miteigentümer nur schwerlich Vertrauen genießen und mehrheitlich gewählt werden dürfte.

Ebenso unschädlich für die Eignung zum Verwaltungsbeirat ist es, wenn ein Miteigentümer in seiner beruflichen Funktion als Rechtsanwalt die Interessen des teilrechtsfähigen Verbandes gegen einzelne Miteigentümer vertritt oder aber als Vertreter eines Miteigentümers gegen einen anderen auftritt (OLG Frankfurt, Beschl. vom 12.4. 2001, 20 W 234/00).

e) Deutsche Sprachkenntnisse

Ein in der Person eines Miteigentümers liegender Hinderungsgrund für die Wahl zum Verwaltungsbeirat kann darin liegen, wenn der Miteigentümer die deutsche Sprache nicht beherrscht, da er in diesem Falle nicht in der Lage ist, seine Aufgaben als Verwaltungsbeirat auszuüben. Eine Eigentümergemeinschaft ist nicht verpflichtet, für einen solchen Eigentümer einen **Dolmetscher** bereitzustellen.

Ausnahmen können in Eigentümergemeinschaften bestehen, deren Zusammensetzung von einer bestimmten Sprachzugehörigkeit geprägt ist. Wenn die ganz überwiegende Mehrzahl der Miteigentümer und vielleicht sogar der Verwalter selbst dem ausländischen Sprachkreis zuzuordnen sind, dann bestehen selbstverständlich auch keine Einwendungen gegen einen Verwaltungsbeirat, der zwar die deutsche Sprache nicht beherrscht, aber im Innenverhältnis der Gemeinschaft seine Aufgabe als Verwaltungsbeirat möglicherweise besser erfüllen kann, als ein deutschsprachiger Miteigentümer.

f) Verfolgung von Eigeninteressen

Begegnen Eigentümer einer Person, die zum Verwaltungsbeirat gewählt werden soll, mit Misstrauen, weil sie diesem Miteigentümer die Verfolgung eigener Interessen oder Parteinahme für die Interessen einer Mehrheitsgruppe unterstellen, so reicht dies nicht aus, die Person für das Beiratsamt als ungeeignet erscheinen zu lassen (KG, Beschl. vom 28.1.2004, 24 W 3/02). Bei der Ausübung des Amtes eines Verwaltungsbeirates ist es legitim, Eigeninteressen zu verfolgen, was aber nicht bedeutet, sich Sondervorteile verschaffen zu dürfen.

g) Verkaufsabsicht

Die Absicht eines Wohnungseigentümers, seine Wohnung zu verkaufen, steht einer Wahl zum Verwaltungsbeirat nicht entgegen (BayObLG, Beschl. vom 7.8.2001, 2 Z BR 38/01(LS)), ebenfalls nicht die Unterzeichnung eines schuldrechtlichen Kaufvertrages, mit dem das Wohnungseigentum veräußert wird, da es ausschließlich auf die Eigentumsumschreibung im Grundbuch ankommt, die bisweilen lange auf sich warten lassen kann.

5. Die Wahl des Verwaltungsbeirates

Sind in der Teilungserklärung nicht besondere Modalitäten vorgesehen, erfolgt die Verwaltungsbeiratswahl durch einfachen Mehrheitsbeschluss. Ein **einfacher Mehrheitsbeschluss** ist dann zustande gekommen, wenn mehr Ja-Stimmen als Nein-Stimmen abgegeben worden sind. **Enthaltungen** zählen nicht. Sind genauso viele Ja-Stimmen wie Nein-Stimmen abgegeben worden, ist eine **Pattsituation** entstanden, eine Mehrheit wurde nicht erreicht, der Beschluss ist nicht zustande gekommen.

a) Stimmrecht

Bei der Abstimmung gilt das sogenannte **Kopfprinzip**, d. h. jeder Wohnungseigentümer hat eine Stimme (§ 25 Abs. 2 Satz 1 WEG). Beim Kopfprinzip bleibt es auch dann bei einer Stimme, wenn ein Eigentümer für mehrere Einheiten im Grundbuch als Eigentümer eingetragen ist.

Steht ein Wohnungseigentum mehreren gemeinschaftlich zu (z. B. Eheleuten oder Erbengemeinschaften usw.), so können sie das Stimmrecht nur einheitlich ausüben (§ 25 Abs. 2 Satz 2 WEG).

In der Teilungserklärung kann das Kopfprinzip abbedungen und ein anderer Abstimmungsmodus vereinbart werden. Häufig ist in der Teilungserklärung eine Abstimmung nach Miteigentumsanteilen vorgesehen, dann gilt das sogen. „**Wertprinzip**". Auch das „**Objektprinzip**" kann vereinbart werden, wonach für jedes Wohnungs- oder Teileigentum eine Stimme abgegeben werden kann.

Bei der Wahl ist der **Kandidat** selbst nicht vom **Stimmrecht** ausgeschlossen, sondern er kann selbst mitstimmen und sich auch selbst wählen (BayObLG, Beschl. vom 30.3.1990, 2 Z 22/90). Zwar ist oft zu beobachten, dass sich Beiratskandidaten der **Stimme enthalten**, wenn es um ihre eigene Wahl geht. Hierbei handelt es sich nur um eine vermeintlich gebotene vornehme Zurückhaltung, für die es jedoch keine rechtliche Grundlage gibt. Gem. § 25 Abs. 5 WEG ist ein Miteigentümer nämlich nur dann vom Stimmrecht ausgeschlossen, wenn die Beschlussfassung die Vornahme eines auf die Verwaltung des gemeinschaftlichen Eigentums gerichteten Rechtsgeschäftes mit ihm betrifft. Die Wahl zum Verwaltungsbeirat ist jedoch weder auf die Verwaltung des gemeinschaftlichen Eigentums gerichtet, noch handelt es sich dabei um ein zwischen der Eigentümergemeinschaft und dem Beiratsmitglied abzuschließendes Rechtsgeschäft.

Soll außerhalb einer Eigentümerversammlung abgestimmt werden, kann dies nur in schriftlicher Form geschehen. Es handelt sich dann um einen sogen. **Umlaufbeschluss**, der allerdings der **Allstimmigkeit** bedarf. Allstimmigkeit bedeutet, dass jeder im Grundbuch eingetragene Eigentümer zustimmen muss. Umlaufbeschlüsse sind daher nur in kleinen Eigentümergemeinschaften praktikabel, da eine Allstimmigkeit in Großgemeinschaften regelmäßig nicht erreichbar ist.

Ist die Wahl eines Verwaltungsbeirates in der **Teilungserklärung** ausgeschlossen worden, so dass eine dennoch erfolgende Wahl eines Verwaltungsbeirates der **Zustimmung aller Wohnungseigentümer** bedürfte (Allstimmigkeit), so ist eine dennoch nur mehrheitlich erfolgte Wahl nicht nichtig, sondern als „Zitterbeschluss" nur anfechtbar (BayObLG, Beschl. vom 28.3.2002, 2 Z BR 4/02).

b) Abstimmung

Für die Form der **Abstimmung** sind im Gesetz keine Besonderheiten vorgesehen. Im Rahmen eines Beschlusses zur Geschäftsordnung kann jedoch jeder auf der Eigentümerversammlung anwesende Miteigentümer den Antrag stellen, die Wahl des Verwaltungsbeirates z. B. **geheim** durchzuführen. Über diesen **Antrag zur Geschäftsordnung** muss vor Abstimmung über die Verwaltungsbeiratswahl entschieden werden. Zur Annahme des Geschäftsordnungsantrages reicht ebenfalls die einfache Mehrheit. Da sich der Beschluss über einen Geschäftsordnungsantrag mit der Durchführung der nachfolgenden Beiratswahl erledigt, ist er als solcher **nicht anfechtbar**.

Hat sich eine Eigentümerversammlung für eine schriftliche und/ oder geheime Wahl entschieden, steht es ihr frei, ebenfalls durch Mehrheitsbeschluss einen **Wahlausschuss** zu bestimmen, der mit der Auszählung der Stimmung beauftragt wird. Auch hierbei handelt es sich um einen Antrag zur Geschäftsordnung, der sich nach Durchführung der Wahl erledigt und nicht mehr angefochten werden kann.

Ein Eigentümer kann sich auch in **Abwesenheit zur Wahl** stellen und wählen lassen.

Der **Verwalter** einer Eigentümergemeinschaft kann nur dann bei der Verwaltungsbeiratswahl **mitstimmen**, wenn er gleichzeitig auch eingetragener Eigentümer ist.

Hat eine Eigentümerversammlung keinen besonderen Wahlmodus beschlossen, so sind die Verwaltungsbeiräte einzeln und durch **Abstimmungen per Handzeichen** nacheinander zu wählen. Für jeden einzelnen Kandidaten ist vom Versammlungsleiter gesondert festzustellen, ob ein Mehrheitsbeschluss zustande gekommen ist oder nicht.

Es muss solange abgestimmt werden, bis eine ausreichende Zahl von Kandidaten die erforderliche **einfache Mehrheit** erhalten hat, d. h. von den abgegebenen Stimmen auf einen Kandidaten mehr Ja- als Nein-Stimmen entfallen, wobei Enthaltungen nicht gewertet werden.

Eine **Verhältniswahl** ist **unzulässig**, wonach von verschiedenen Bewerbern diejenigen als gewählt gelten, die die meisten Stimmen auf sich vereinigt haben, unabhängig davon, ob diese Stimmen auch einer Mehrheit der abgegeben Stimmen entsprechen. Die Verkündung eines Beschlussergebnisses, dass die Kandidaten, die jeweils die meisten Stimmen auf sich vereinigt haben, gewählt sind, wäre fehlerhaft und anfechtbar, weil Abstimmungen nach dem WEG nicht mit relativer Mehrheit erfolgen dürfen. Relative Mehrheit bedeutet, zwar mehr Stimmen auf sich zu vereinigen als andere Kandidaten, ohne dabei gleichzeitig die einfache Mehrheit, d. h. mehr Ja-Stimmen als Nein-Stimmen aller Stimmberechtigen erhalten zu haben.

Haben sich mehr als 3 Kandidaten zur Wahl gestellt, ist solange über die einzelnen Kandidaten abzustimmen, bis 3 Kandidaten die einfache Mehrheit erhalten haben. Sodann ist die Wahl abzubrechen, da das Gesetz nur 3 Beiratsmitglieder vorsieht. In welcher **Reihenfolge** mit **der Abstimmung** begonnen wird, bleibt wiederum einem Geschäftsordnungsbeschluss vorbehalten (z. B. in alphabetischer Reihenfolge).

Fehlerhafte Wahl: Wird auf Wunsch der Eigentümerversammlung die Wahl fortgesetzt, weil ausdrücklich **mehr als 3 Beiratsmitglieder** bestimmt werden sollen, so trifft den Versammlungsleiter nur die Pflicht darauf hinzuweisen, dass die über die Anzahl von drei Beiräten hinausgehende Wahl dann wegen eines Verstoßes gegen § 29 Abs. 1 Satz 2 WEG (3 Wohnungseigentümer) anfechtbar ist. Findet die Wahl weiterer Beiratsmitglieder dennoch statt, so erwächst ein Beschluss in Bestandskraft, wenn er nicht angefochten wird (**Zitterbeschluss**). Der Verwaltungsbeirat besteht dann aus mehr als 3 Mitgliedern, alle Mitglieder sind gleichermaßen zur Ausübung der Verwaltungsbeiratstätigkeit befugt.

Anfechtbarkeit: Werden einzeln und hintereinander **mehr als 3 Beiräte** gewählt, so ist nur die Wahl der Kandidaten **anfechtbar**, die nach stattgefundener Bestellung der ersten drei Mitglieder erfolgt ist. Wenn über die Wahl eines jeden Beiratsmitglied einzeln abgestimmt wird, dann handelt es sich um selbständige Wahlvorgänge, die solange mit der Personenzahlbeschränkung des § 29 Abs. 1

Satz 2 WEG in Einklang stehen, solange die Zahl von drei Verwaltungsbeiräten nicht überschritten wird.

Die ersten drei Beiratsmitglieder sind deshalb auch dann wirksam gewählt, wenn insgesamt mehr als drei Kandidaten bestellt werden. Werden vier, fünf oder mehr Verwaltungsbeiräte gewählt, obliegt es der Entscheidung eines anfechtenden Eigentümers, ob er die Wahl aller oder nur einzelner der überzähligen Kandidaten anfechten will. Wird nur die Wahl eines der überzähligen Kandidaten angefochten, erwächst die Wahl der anderen überzähligen Bewerber in Bestandskraft. In welchem Umfang die Zahl der Mitglieder des Verwaltungsbeirates überschritten wird, ist dabei ohne Belang. Auch bei der Wahl von 21 Eigentümern zu Mitgliedern des Verwaltungsbeirates wäre ein Beschluss nicht etwa nichtig, sondern nur anfechtbar (BayObLG, Beschl. vom 8.5.2003, 2 Z BR 8/03). Es kann also jeder Wahlvorgang getrennt angefochten werden mit dem Ziel, bestimmte Eigentümer aus dem Amt zu entfernen, es aber im übrigen bei einem überzähligen Verwaltungsbeirat zu belassen.

Dabei wird nicht verkannt, dass dies für Miteigentümer die Möglichkeit eröffnet, mit dem formalen Sachargument eines Verstoßes gegen § 29 Abs. 1 Satz 2 WEG persönliche Animositäten gegen einen der überzählig zum Beirat gewählten Miteigentümer umzusetzen. Mit diesem Risiko muss eine Eigentümergemeinschaft jedoch leben, wenn sie bewusst einen Zitterbeschluss in Kauf nimmt.

Auch wenn der Versammlungsleiter ein **falsches Abstimmungsergebnis verkündet,** also trotz Vorliegens eines Zitterbeschlusses z. B. mitteilt, es seien fünf Miteigentümer zu Mitgliedern des Verwaltungsbeirates gewählt worden, ist dies erst einmal verbindlich. Ist ein Miteigentümer mit diesem Ergebnis nicht einverstanden, muss er den Beschluss anfechten (BGH, Beschl. vom 23.8.2001, V ZB 10/01).

Werden **weniger als 3 Miteigentümer** gewählt, so ist ein solcher Beschluss zwar nicht nichtig (LG Konstanz, Beschl. vom 6.5.2002, 62 T 109/00 C), nach herrschender Meinung aber wegen eines Verstoßes gegen das Gebot ordnungsgemäßer Verwaltung (§ 29 Abs. 1 WEG) anfechtbar (BGH, Urt. vom 5.2.2010, V ZR 126/09).

Ob damit jedoch gerade kleineren Eigentümergemeinschaften gedient ist, bei denen sich z. B. keine ausreichende Zahl von Kandidaten finden lässt, darf bezweifelt werden. Die Zahl der Verwaltungsbeiratsmitglieder sollte sich nach den jeweiligen Anforderungen einer Eigentümergemeinschaft richten dürfen. Es entspricht dem Interesse einer Eigentümergemeinschaft, die Arbeit des Verwalters wenigsten von zwei oder auch nur von einem Verwaltungsbeirat kontrollierend begleiten zu lassen, als notgedrungen vollständig auf die Tätigkeit von Verwaltungsbeiräten verzichten zu müssen. Dieser **Interessenlage** nur durch eine Vereinbarung Rechnung tragen zu können, erscheint als eine unangemessene Beschneidung der Gestaltungsbedürfnisse von Eigentümergemeinschaften. Die **Anfechtung** eines Mehrheitsbeschluss nur mit dem formalen Argument der zahlenmäßigen Abweichung von § 29 Abs. 1 Satz 2 WEG sollte als **rechtsmissbräuchlich** angesehen und einer Anfechtung ohne das Hinzutreten weiterer Umstände, die die Wahl im Einzelfall als bedenklich erscheinen lassen, deshalb der Erfolg versagt bleiben.

Selbst wenn in einer Eigentümergemeinschaft eine **30-jährige Übung** bestanden hat, mehr (oder ggfls. auch weniger) als drei Eigentümer zu Mitgliedern des Verwaltungsbeirates zu wählen, soll dies nicht dazu führen, dass auch zukünftig von § 29 Abs. 1 WEG abgewichen werden dürfte. Beschlüsse, mit denen mehr oder weniger als drei Beiratsmitglieder gewählt würden, blieben anfechtbar (BayObLG, Beschl. vom 8.5.2003, 2 Z BR 8/03). Nach hier vertretener Auffassung wird dies den individuellen Bedürfnissen von Eigentümergemeinschaften jedoch nicht gerecht.

c) Blockwahl

Gegen eine Blockwahl, d. h. die gleichzeitige Wahl mehrerer Kandidaten oder des Beirates insgesamt in seiner bisherigen Zusammensetzung sollen dann keine Bedenken bestehen, wenn die Einzelabstimmung von keinem Wohnungseigentümer verlangt wird (KG, Beschl. vom 31.3.2004, 24 W 194/02). Eine Blockwahl widerspricht angeblich nicht dem Verständnis demokratischen Wahlverhaltens, so dass eine solche nur dann nicht zulässig sei, wenn ihr aus der Mitte der Eigentümerversammlung heraus widersprochen wird

(HansOLG Hamburg, Beschl. vom 28.1.2005, 2 Wx 44/04). Eine Blockwahl ist darüber hinaus aber auch ohne jede Einschränkung grundsätzlich für zulässig gehalten worden (LG Schweinfurt, Beschl. vom 28.7.1997, 44 T 79/97).

Dem kann nach hier vertretener Auffassung nicht gefolgt werden: Es ist keinesfalls sichergestellt, dass alle in einer Eigentümerversammlung anwesende Miteigentümer mit einer Blockwahl einverstanden sind, nur weil sich niemand dagegen ausspricht. Fehlende Einwände gegen eine Blockwahl können genauso gut darauf zurückgeführt werden, dass Eigentümer nicht über genug Selbstbewusstsein verfügen, um ihre Bedenken laut auszusprechen, oder befürchten, die Äußerung ihrer Einwendungen könnte in eine Abneigung gegen einen oder mehrere Kandidaten uminterpretiert werden oder gar Anfeindungen oder Pöbeleien zur Folge haben. Nicht selten wird in der Praxis der Anregung, man möge die Beiräte einzeln wählen, entgegengehalten, man solle sich doch nicht so anstellen, die Zeit dränge, die Eigentümerversammlung dauere doch ohnehin schon viel zu lange, man habe besseres zu tun und wolle jetzt nach Hause gehen. Derartige Konfrontationen lassen sich vermeiden, wenn von Anfang an die getrennte Einzelwahl vorgesehen wird.

Auch für die Kandidaten selbst kann eine Blockwahl misslich sein. So kommt es in der Praxis nicht selten vor, dass ein Kandidat seine Bereitschaft, sich wählen zu lassen, von der Zusammensetzung des Gremiums abhängig machen will, weil er mit bestimmten Eigentümern nicht zusammen arbeiten möchte. Bei einer Einzelwahl würde er diesem Miteigentümer seine Stimme verweigern, müsste ihn aber bei einer Blockwahl akzeptieren, wollte er nicht insgesamt gegen alle Kandidaten und damit auch gegen sich selbst stimmen.

Letztlich besteht bei einer Blockwahl das Risiko, dass die gesamte Wahl unwirksam würde, wenn die Wahl eines Kandidaten angefochten und gerichtlich dessen Nichteignung für das Amt des Verwaltungsbeirates festgestellt wird, so dass die Wahl dieses Kandidaten als Verstoß gegen das Gebot ordnungsgemäßer Verwaltung für unwirksam erklärt werden müsste. Da nicht nur ein Teil der Blockwahl, die ja einen einheitlichen Wahlvorgang darstellt, für unwirksam erklärt werden kann, würde sich die Unwirksamkeit auf die Wahl aller Kandidaten erstrecken.

d) Bestätigungsbeschluss

Aus Gründen der Vereinfachung und der Zeitersparnis wird in Eigentümerversammlungen oft vorgeschlagen, den Verwaltungsbeirat, mit dessen Arbeit man im übrigen ja sehr zufrieden sei, in seiner bisherigen Zusammensetzung schlicht in seinem Amt zu bestätigen und auf eine einzelne Neuwahl der bisherigen Beiratsmitglieder zu verzichten. Eine solche Bestätigung ist grundsätzlich per Mehrheitsbeschluss möglich, denn auch hierbei handelt es sich um einen Willensbildungsprozess der Eigentümer, der darauf gerichtet ist, mehrere Miteigentümer für die Tätigkeit des Verwaltungsbeirates zu legitimieren.

Es darf jedoch nicht verkannt werden, dass es sich auch hierbei um eine **Blockwahl** handelt, denn der Beirat wird als Gremium mit einem einheitlichen Beschluss in seiner Funktion bestätigt. Daher gilt wie bei der Blockwahl, dass ein Bestätigungsbeschluss dann nicht zulässig ist, wenn sich auch nur ein Miteigentümer gegen diese Form der Abstimmung ausspricht.

e) Annahme der Wahl

Ist zugunsten eines Miteigentümers ein Mehrheitsbeschluss zustande gekommen, ist dieser Miteigentümer zum Verwaltungsbeirat gewählt. Damit aber hat noch keine Bestellung stattgefunden. Erforderlich ist dazu, dass der gewählte Miteigentümer die Wahl auch annimmt. Mit der Annahme der Wahl ist die Erklärung verbunden, dass der Kandidat bereit ist, die Tätigkeit eines Verwaltungsbeirates im Rahmen eines, zwischen ihm und der Eigentümergemeinschaft entstehenden Auftragsverhältnisses zu übernehmen. Da niemand zur Übernahme eines Ehrenamtes gezwungen werden kann, das nicht nur mit einer Tätigkeitsverpflichtung, sondern auch mit einem Haftungsrisiko verbunden ist, bedarf es dazu einer ausdrücklichen rechtsgeschäftlichen Erklärung des gewählten Miteigentümers.

f) Bestimmung durch den Verwalter

Die Wahl von Verwaltungsbeiräten ist ausschließlich Sache der Eigentümergemeinschaft. Diese originäre Aufgabe kann weder durch die Teilungserklärung noch durch Mehrheitsbeschluss auf Dritte übertragen werden. Eine Bestimmung von Verwaltungsbeiräten durch den Verwalter ist daher **nichtig**.

Nichtig wäre auch eine Vereinbarung in der Teilungserklärung, dass für den Fall, dass eine Eigentümergemeinschaft keinen Vertrauensmann und dessen Stellvertreter wählt, sodann der Verwalter den Vertrauensmann und seinen Stellvertreter aus den Reihen der Eigentümer nach freiem Ermessen bestellen kann.

6. Interne Beiratsorganisation

Wer **Vorsitzender** und wer **stellvertretender Vorsitzender** des Verwaltungsbeirates wird, entscheidet der Veraltungsbeirat auf seiner ersten, der **konstituierenden Sitzung** selbst (OLG München, Beschl. vom 6.9.2005, 32 Wx 60/05). Hierzu ist ein Mehrheitsbeschluss der Beiratsmitglieder erforderlich aber auch ausreichend. Auch hier kann jedes Beiratsmitglied für sich selbst stimmen, d. h. sich selbst wählen.

Die Wahl eines Vorsitzenden bzw. dessen Stellvertreters ist allerdings nicht zwingend, da der Beirat auf eine entsprechende Geschäftsverteilung auch verzichten kann. Dies wird sich aber in aller Regel als unpraktikabel erweisen, da immer dann, wenn der Verwaltungsbeiratsvorsitzende oder sein Stellvertreter aufgrund gesetzlicher oder sonstiger Ermächtigung zu besonderem Handeln aufgefordert sind, der gesamte Beirat tätig werden müsste.

Die **Eigentümergemeinschaft** kann sich aber die **Aufgabenverteilung innerhalb des Beirates** vorbehalten und zusammen mit der Beiratswahl festlegen, wer der Vorsitzende und wer dessen Stellvertreter werden soll. Die Annahme der Wahl zum Verwaltungsbeirat beinhaltet sodann gleichzeitig die Bereitschaft, auch die vorgegebene besondere Funktion zu übernehmen.

Da ein Verwaltungsbeirat nicht die Kompetenz besitzt, Eigentümerbeschlüsse zu ändern, kann in solchen Fällen die Geschäftsverteilung auch nicht durch internen Beiratsbeschluss abgeändert werden. Soll eine von der Eigentümerversammlung festgelegte Beiratsfunktion abgeändert werden, muss dies für die nächste Eigentümerversammlung als Beschlusspunkt beantragt werden. Ist ein Funktionsträger im Beirat nicht bereit, dies abzuwarten, kann er seine **Funktion niederlegen**, ohne gleichzeitig aus dem Beirat auszuscheiden. Handelt es sich hierbei um den Vorsitzenden, werden dessen Aufgaben von seinem Stellvertreter wahrgenommen, der bisherige Vorsitzende bleibt sodann einfaches Mitglied des Verwaltungsbeirates.

Ist nur ein Wohnungseigentümer zum Beirat gewählt worden, oder verbleibt nur noch ein Beiratsmitglied nach dem Ausscheiden der übrigen Mitglieder aus einem mehrköpfigen Beirat und übt das verbliebene Beiratsmitglied Befugnisse des Vorsitzenden aus, so ist darin eine konkludente schlüssige Bestellung zum Vorsitzenden zu sehen (OLG München, Beschl. vom 6.9.2005, 32 Wx 60/05).

Je nach Größe einer Eigentümergemeinschaft und einem damit verbundenen Arbeitsanfall können Verwaltungsbeiräte intern gesonderte Aufgabenzuweisungen vornehmen. So kann ein **Schriftführer** gewählt werden, der für die Abfassung der Protokolle von Beiratssitzungen zuständig ist.

Sind Beiratsmitglieder gewählt worden, die aufgrund ihres beruflichen Hintergrundes als „Sonderfachleute" gelten, ist es auch zulässig, Beirats intern eine Dezernatsverteilung vorzunehmen. Wird z. B. ein Rechtsanwalt in den Beirat gewählt, kann ihm ein **Dezernat „Recht und Personal"** zur Betreuung übertragen werden. Wurde ein technisch ausgebildeter Miteigentümer gewählt, kann ihm das **Dezernat „Technik"** übertragen werden. Wird ein Steuerberater oder Wirtschaftsprüfer zum Beirat bestellt, kann dieser mit dem Aufgabenbereich **„Rechnungswesen"** betraut werden.

Eine solche interne Aufgabenzuweisung führt jedoch nicht dazu, dass die betroffenen Beiratsmitglieder weitergehende Kompetenzen erhalten würden oder damit für die entsprechenden Sachbereiche eine Einzelverantwortung der Beiratsmitglieder begründet werden könnte. Es handelt sich vielmehr um eine interne Aufgabenteilung, um eine in Großgemeinschaften mögliche Arbeitsüberlastung einzelner Beiratsmitgliedes zu vermeiden und die Aufgabenwahrnehmung gleichmäßig auf alle zu verteilen.

An der Verantwortlichkeit des Gesamtbeirates ändert dies jedoch nichts. Prüft z. B. das für das Dezernat „Technik" zuständige Beiratsmitglied Kostenanschläge für Sanierungs- oder Reparaturarbeiten, so ist seine Tätigkeit im Sinne eines „Berichterstatters" zu verstehen, der den Beirat vom Ergebnis seiner Prüfung im Detail zu informieren hat, so dass auch die übrigen Mitglieder beurteilen können, ob eine Maßnahmen der Beschlusslage der Eigentümergemeinschaft und ordnungsgemäßer Verwaltung entspricht.

Ist ein Mitglied mit dem Dezernat „Rechnungsprüfung" betraut, bedeutet dies nicht, dass die Verwaltungsbeiratsmitglieder im Übrigen von der Verantwortung für eine ordnungsgemäße Belegprüfung frei würden. Der Gesamtbeirat muss vielmehr im Einzelnen über die Rechnungsprüfung unterrichtet werden, so dass er in der Lage ist, ggf. nachzufragen, weitere Nachforschungen zu betreiben, um schließlich seiner gesetzlichen Aufgabe gerecht werden zu können, eine fundierte gemeinsame Stellungnahme zu Wirtschaftsplan und Jahresabrechnung abzugeben (§ 29 Abs. 3 WEG).

Sind Ämter und Funktionen innerhalb des Beirates nicht bereits durch Eigentümerbeschluss festgelegt worden, steht es den Verwaltungsbeiratsmitgliedern auch frei, während einer Amtsperiode ein Rotationssystem umzusetzen, wonach die Funktionen oder auch nur einzelne Aufgabenbereiche in bestimmter Zeitabfolge jeweils einem anderen Beiratsmitglied übertragen werden. Dies gilt sowohl für die Vorsitzendenfunktion, als auch für den Stellvertreter, einen Schriftführer oder auch alle sonstigen Aufgaben- oder Dezernatszuweisungen.

a) Stellvertreter

Eine Stellvertretung bei der Ausübung der Beiratstätigkeit ist im WEG nicht geregelt. Vorbehaltlich einer ausdrücklichen Bestimmung in der Gemeinschaftsordnung, wonach eine Stellvertretung zulässig sein soll, scheidet die Wahl von Stellvertretern aus. Die Tätigkeit eines Verwaltungsbeirates ist eine höchstpersönliche Aufgabe, die grundsätzlich nicht auf Dritte übertragen werden kann. Damit ist auch ausgeschlossen, dass etwa ein Beiratsmitglied einen anderen Wohnungseigentümer bevollmächtigen könnte, im Einzelfall eine bestimmte Beiratsaufgabe auszuführen. Das Wesen der Stellvertretung ist aber gerade, dass ein eigenverantwortliches, unmittelbares Handeln in fremdem Namen mit entsprechender Vertretungsmacht erfolgen kann. Dies ist mit der höchstpersönlichen Natur des Beiratsamtes jedoch nicht vereinbar.

Die Wahl von Stellvertretern würde auch mit § 29 Abs. 1 WEG kollidieren, wonach der Verwaltungsbeirat aus 3 Wohnungseigentümern besteht. Würden Stellvertreter gewählt, würden diese ebenfalls zum Verwaltungsbeirat gehören und dadurch dessen Mitgliederzahl in unzulässiger Weise erhöhen.

b) Ersatzmitglieder

Anders verhält es sich mit der Wahl von Ersatzmitgliedern. Zwar ebenfalls nicht im WEG geregelt, begegnet sie jedoch keinen Bedenken, weil Ersatzmitglieder nicht etwa gleichzeitig neben den hauptamtlich gewählten Beiräten tätig werden, sondern ihre Aufgabe erst dann übernehmen, wenn ein Beiratsmitglied aus seinem Amt ausgeschieden ist. Rückt das Ersatzmitglied sodann in den Beirat nach, bleibt die gemäß § 29 Abs. 1 WEG vorgesehene Zusammensetzung aus 3 Wohnungseigentümern erhalten.

Ersatzmitglieder können ihre Tätigkeit nicht schon dann aufnehmen, wenn ein Beiratsmitglied vorübergehend oder ggf. auch auf Dauer an der Ausübung seiner Tätigkeit gehindert ist, ohne aus dem Amt ausgeschieden zu sein. Der Verwaltungsbeirat würde nämlich dann durch Hinzutreten des Ersatzmitgliedes unzulässiger Weise auf 4 Personen oder mehr erweitert. Sieht sich ein Mitglied des Verwaltungsbeirates zu einer weiteren Tätigkeit nicht mehr in der Lage, sei es vorübergehend oder auf Dauer, so ist es gehalten, sein Amt niederzulegen, um einem gewählten Ersatzmitglied den Weg freizumachen. Um Unsicherheiten zu vermeiden, wann ein Ersatzmitglied nachrücken kann, sollte dies zusammen mit der Wahl von Ersatzmitgliedern genau festgelegt werden.

Werden mehrere Ersatzmitglieder gewählt, so hat die Eigentümergemeinschaft darauf zu achten, auch die Reihenfolge eines Nachrückens im Einzelnen zu regeln, um Ungewissheit oder gar einen Streit über die Person dessen zu vermeiden, der als erster zum Nachrücken in den Beirat berufen ist. Dies kann durch Zuordnung laufender Nummern geschehen (z. B. Ersatzmitglied Nr. 1, Ersatzmitglied Nr. 2 usw.), verbunden mit der Maßgabe, dass ein Nachrücken in entsprechender Reihenfolge stattzufinden hat.

Es besteht aber auch die Möglichkeit, personenbezogene Ersatzmitglieder zu wählen. Die Wahl personenbezogener Ersatzmitglieder empfiehlt sich immer dann, wenn die Mitglieder des Verwaltungsbeirates aufgrund eines besonderen beruflichen Hintergrundes oder einer persönlichen Qualifikation und damit im Hinblick auf eine besondere Befähigung zur Ausübung des Amtes des Verwaltungsbeirates oder eine seiner Aufgaben gewählt worden sind. Ersatzmitglieder können daher auch mit der Maßgabe gewählt werden, dass das Ersatzmitglied, das über einen beruflichen juristischen Hintergrund verfügt, für das Mitglied des Verwaltungsbeirats nachrückt, das wegen einer entsprechenden Qualifikation in sein Amt gewählt worden ist. Das Gleiche gilt für kaufmännische, technische oder sonstige Qualifikationen, wenn solche Besonderheiten Orientierung bei der Verwaltungsbeiratswahl gewesen sind.

c) Ausschüsse

Insbesondere Großgemeinschaften neigen dazu, zur Behandlung von Einzelproblemen Ausschüsse oder Arbeitsgruppen zu bilden, die einen später von der Eigentümergemeinschaft zu treffenden Entscheidungsprozess inhaltlich vorbereiten sollen. Gegen die Wahl solcher Ausschüsse bestehen keine Bedenken (OLG Frankfurt, Beschl. vom 27.10.1987, 20 W 448/86). Da Sonderausschüsse mit der Bearbeitung von Einzelaufgaben beauftragt werden, handelt es sich um selbstständige Gremien, die nicht in Konkurrenz zu einem gewählten Verwaltungsbeirat stehen. Sie haben in aller Regel mit dem Verwaltungsbeirat nichts zu tun, ihnen stehen die einem Verwaltungsbeirat zugewiesenen gesetzlichen Befugnisse nicht zu. Auf Sonderausschüsse sind daher die gesetzlichen Vorschriften über den Verwaltungsbeirat auch nicht entsprechend anwendbar.

d) Kassenprüfer

Unzulässig erscheint die Wahl eines gesonderten Kassenprüfers zusätzlich zu einem amtierenden Verwaltungsbeirat. Da § 29 Abs. 3 WEG dem Verwaltungsbeirat ausdrücklich die Aufgabe zur Prüfung von Wirtschaftsplan, Jahresabrechnung, Rechnungslegung und Kostenanschlägen überträgt, würde die Wahl eines Kassenprüfers den Verwaltungsbeirat entweder in seiner Aufgabenstellung einschränken oder der Kassenprüfer müsste als Konkurrenz für den Verwaltungsbeirat verstanden werden. Beides kann nicht in Frage kommen, weil einer Eigentümergemeinschaft die Beschlusskompetenz fehlt, einem gewählten Verwaltungsbeirat die gesetzlich zugewiesenen Aufgaben zu entziehen.

Überdies wäre die Begründung einer Doppelzuständigkeit bzw. das Entstehen einer Konkurrenzsituation schädlich. Bei Doppelzuständigkeit besteht die Gefahr, dass sich der eine auf den anderen verlässt und in Wirklichkeit niemand tätig wird. Die mehrheitliche Wahl eines Kassenprüfers neben einem bestehenden Verwaltungsbeirat ist deshalb nach hier vertretener Auffassung nichtig.

Die Meinung, ein solcher Beschluss sei nur anfechtbar, weil die Vorschriften über den Verwaltungsbeirat in vollem Umfange dispositiv seien, überzeugt nicht. Genauso wenig wie durch Mehrheitsbeschluss die Wahl eines Verwaltungsbeirates ausgeschlossen werden kann, können die Aufgaben eines Verwaltungsbeirates durch Mehrheitsbeschluss eingeschränkt werden.

Die Vorschriften des § 29 WEG, deren Abänderung mit Dauerwirkung nur im Rahmen von Vereinbarungen zur Disposition stehen, sind auch dann nicht etwa einem Mehrheitsbeschluss zugänglich, wenn zwar nur ein Einzelfall geregelt werden soll, dieser aber eine unzulässige Kompetenzbeschneidung beinhalten würde. Genau das wäre aber die Folge der Wahl eines Kassenprüfers per Mehrheitsbeschluss, der dem Verwaltungsbeirat die vom Gesetz zugewiesene Aufgabe der Belegprüfung entziehen würde, mindestens aber eine Zuständigkeitenkollision zur Folge hätte.

7. Anfechtung der Beiratswahl

Ist auf der Tagesordnung der Eigentümerversammlung die Verwaltungsbeiratswahl nicht als Beschlusspunkt angekündigt worden, kann die Wahl angefochten werden. Es reicht aber aus, den **Tagesordnungspunkt** pauschal anzukündigen, so z. B. mit der Angabe **„Wahl des Verwaltungsbeirats"**. Der Angabe von Namensvorschlägen, Hinweisen auf die Amtsdauer oder sonstiger Erläuterungen zur anstehenden Wahl bedarf es in der Einladung nicht. Soll nur eine Ergänzungswahl für ein ausgeschiedenes Beiratsmitglied erfolgen, muss dies in der Einladung entsprechend deutlich gemacht werden.

Ist die **Zusammenarbeit** mit einem gewählten Beiratsmitglied aus objektiven Gründen **unzumutbar**, kann dessen Bestellung ebenfalls angefochten werden (BayObLG, Beschl. vom 28.1.2003, 2 Z BR 127/02). Eine Unzumutbarkeit kann z. B. dann angenommen werden, wenn von vorneherein nicht zu erwarten ist, dass das für die Beiratsarbeit notwendige Vertrauensverhältnis besteht. Dazu reicht es allerdings weder aus, dass vereinzelt persönliche Aversionen gegen ein Beiratsmitglied bestehen, noch ein Miteigentümer oder dessen Angehörige mit einem Verwaltungsbeiratsmitglied zerstritten sind. Zum einen besteht für Verwaltungsbeiräte **keine Neutralitätspflicht** (OLG Frankfurt, Beschl. vom 12.4.2001, 20 W 234/00), zum anderen wäre es kaum mehr möglich, einen geeigneten Kandidaten für das Beiratsamt zu finden, wollte man dafür voraussetzen, dass es zwischen dem zu wählenden Miteigentümer und allen übrigen Eigentümern keine Differenzen oder Streitigkeiten geben dürfte.

Nach dem Grundsatz, dass ein Beschluss solange wirksam ist, solange er nicht durch ein Gericht rechtswirksam für ungültig erklärt worden ist, bleibt ein Verwaltungsbeirat trotz Anfechtung des Wahlbeschlusses im Amt, bis die Ungültigkeit der Wahl gerichtlich rechtskräftig festgestellt worden ist.

Rechtshandlungen, die der Verwaltungsbeirat während der Dauer des über seine Wahl laufenden Anfechtungsprozesses vornimmt, sind **rechtsgültig**, da der Beirat ungeachtet der Anfechtung erst einmal wirksam bestellt ist. Wird die Wahl für ungültig erklärt, führt dies aber nicht zur rückwirkenden Unwirksamkeit der vom Beirat vorgenommenen Rechtshandlung, da diese zum Zeitpunkt ihrer Vornahme von einem wirksam bestellten Beirat veranlasst worden sind.

8. Dauer der Bestellungszeit

Anders als beim Verwalter, der höchstens auf die Dauer von 5 Jahren bestellt werden darf (§ 26 Abs. 1 Satz 2 WEG), bzw. im Falle einer ersten Verwalterbestellung nach Begründung des Wohnungseigentums sogar nur höchstens auf 3 Jahre (§ 26 Abs. 1 Satz 2, 2. Halbsatz WEG), sieht das Gesetz für Verwaltungsbeiräte keine Höchstdauer der Bestellung vor. Verwaltungsbeiräte können daher sowohl auf **unbestimmte Dauer** als auch für einen beliebigen bestimmten Zeitraum gewählt werden. Möglich ist es auch, Miteigentümer für unterschiedliche Zeitdauer in den Beirat zu wählen. Ist voraussehbar, dass ein Kandidat nach einem bestimmten Zeitraum an der Ausübung der Beiratstätigkeit verhindert sein wird, z. B. durch einen längeren Auslandsaufenthalt, legt die Eigentümergemeinschaft jedoch Wert darauf, diesen Miteigentümer bis dahin als Verwaltungsbeirat zu gewinnen, dann kann der betreffende Miteigentümer für einen kürzeren Zeitraum, die übrigen Beiratsmitglieder für einen längeren gewählt werden. Nach Ablauf der Amtszeit des auf kürzere Dauer bestellten Beiratsmitgliedes ist sodann eine Ergänzungswahl erforderlich, oder es wird von Anfang an ein Ersatzmitglied gewählt.

a) Beendigung der Verwaltungsbeiratstätigkeit

Wird ein Verwaltungsbeirat auf unbestimmte Dauer gewählt, endet die Tätigkeit automatisch dadurch, dass von der Gemeinschaft ein neuer Verwaltungsbeirat gewählt wird (LG Nürnberg – Fürth, Beschl. vom 15.1.2001, 14 T 7427/00). Einer ausdrücklichen Abwahl bedarf es in diesem Falle nicht, denn in der Bestellung eines neuen Verwaltungsbeirates ist schlüssig die Abberufung des alten enthalten.

b) Abberufung durch Eigentümerbeschluss

Ein einzelnes Verwaltungsbeiratsmitglied, aber auch der Beirat insgesamt können durch Mehrheitsbeschluss der Eigentümerversammlung abberufen werden. Wie bei ihrer Wahl, so sind die Beiratsmitglieder auch bei einem Antrag auf Abberufung selbst stimmberechtigt.

Ist die Bestellung auf **unbestimmte Dauer** erfolgt, so ist eine Abberufung jederzeit möglich, ohne dass es hierfür besondere Gründe bedürfte.

Wurde der Verwaltungsbeirat für eine **bestimmte Amtszeit** gewählt, ist eine vorzeitige Abberufung nur aus wichtigem Grunde möglich. Nicht jede Fehlleistung des Beirates stellt allerdings einen **wichtigen Grund zur Abberufung** dar. Verstößt ein Verwaltungsbeirat jedoch vorsätzlich gegen die ihm obliegenden Pflichten, wird z. B. über die Korrektheit von Jahresabrechnungen getäuscht, werden unkorrekte Handlungen des Verwalters gedeckt oder billigen Beiratsmitglieder vorsätzliche Pflichtverstöße eines anderen Mitglieds, so kann dies einen wichtigen Grund zur sofortigen Abbestellung darstellen (OLG München, Beschl. vom 28.9.2006, 32 Wx 115/06).

Stimmrecht: Wird über eine ordentliche Abberufung abgestimmt, haben auch die betroffenen Mitglieder des Verwaltungsbeirates ein Stimmrecht. Dies gilt jedoch nicht bei einer Abberufung aus wichtigem Grund.

Die in einem **Abberufungsbeschluss** liegende Willenserklärung der Eigentümergemeinschaft muss den betreffenden Verwaltungsbeiratsmitgliedern zugehen. Sind die Verwaltungsbeiräte in der Eigentümerversammlung anwesend, in der der entsprechende Entschluss gefasst wurde, gilt die Abberufung mit Verkündung des Beschlussergebnisses durch den Versammlungsleiter als zugegangen. Ist ein Verwaltungsbeiratsmitglied nicht anwesend, so muss ihm die Abberufung mitgeteilt werden. Hierfür ist der Verwalter zuständig. Erst mit dem **Zugang** der entsprechenden Mitteilung wird die Abberufung wirksam.

c) Anfechtung des Abberufungsbeschlusses

Genauso wie der Beschluss über die Bestellung eines Verwaltungsbeirats kann auch der Beschluss über dessen **Abwahl** gerichtlich angefochten werden. Die Anfechtung des Abberufungsbeschlusses hat wie in allen Anfechtungsfällen keine aufschiebende Wirkung (OLG Hamm, Beschl. vom 20.2.1997, 15 W 295/96). Auch hier gilt, dass der Beschluss **bis zu** seiner **gerichtlichen Ungültigerklärung wirksam** ist. Der Verwaltungsbeirat gilt also solange als abberufen und darf sein Amt nicht ausüben, solange nicht über die Wirksamkeit der Anfechtung des Abberufungsbeschlusses rechtskräftig entschieden ist.

Wird der Beschluss über die Abberufung für unwirksam erklärt, tritt das betreffende Beiratsmitglied ohne Weiteres wieder in seine Amtsstellung ein. Da der Abwahlbeschluss im Falle seiner Ungültigkeit ersatzlos beseitigt wird, hat die Beiratsstellung aufgrund des Abwahlbeschlusses nicht geendet, so dass es nicht etwa einer Neuwahl des betreffenden Beiratsmitgliedes bedarf.

Hat die Eigentümergemeinschaft während des Anfechtungsverfahrens einen oder mehrere neue Beiräte bestellt, so tritt das Verwaltungsbeiratsmitglied, das nicht erfolgreich abberufen worden ist, zu dem aktuell amtierenden Verwaltungsbeirat als weiteres Mitglied hinzu. Insofern ist die Situation nicht mit der Anfechtung des Beschlusses über die Abberufung eines Verwalters vergleichbar. Wird ein Verwalter abberufen und der Beschluss für unwirksam erklärt, ist die Wahl eines zwischenzeitlich bestellten neuen Verwalters nichtig, da Verwalter immer nur **eine** natürliche oder juristische Person sein kann (OLG Hamm, Beschl. vom 4.6.2002, 15 W 66/02). Dies ergibt sich aus dem Grundsatz der Einheitlichkeit der Verwaltung (OLG Zweibrücken, Beschl. vom 16.12.2002, 3 W 220/02), wonach es eine gleichzeitige rechtsgeschäftliche Vertretung von Eigentümergemeinschaften durch unterschiedliche Verwalter nicht geben kann. Eigentümergemeinschaften fehlt daher die Kompetenz, gleichzeitig verschiedene Verwalter zu wählen, so dass entgegenstehende Beschlüsse nicht nur anfechtbar, sondern nichtig wären.

Anders verhält es sich beim Verwaltungsbeirat. Auch wenn das Gesetz die Wahl von nur drei Wohnungseigentümern vorsieht, verfügen Eigentümergemeinschaften dennoch über die Kompetenz, im Rahmen eines Zitterbeschlusses mehr oder auch weniger als drei Eigentümer zu Mitgliedern des Verwaltungsbeirates zu wählen. Bleibt ein solcher Beschluss unangefochten, erwächst er in Bestandskraft, alle gewählten Eigentümer können das Amt des Veraltungsbeirates ausüben. Dies ist im Ergebnis auch unschädlich, da eine Über- oder Unterschreitung der vom Gesetzt vorgesehenen Mitgliederzahl mangels irgendwelcher, mit der Beiratätigkeit verbundenen Außenwirkung nicht zu Irritationen bei der Vertretung der Gemeinschaft im Außenverhältnis führen kann.

Wird der Beschluss über die Abwahl eines gesamten Verwaltungsbeirates für ungültig erklärt, dann wird ein bereits anderweitig gewählter Beirat um alle ehemals abberufenen Mitglieder erweitert. Es existieren dann aber nicht etwa zwei Verwaltungsbeiräte nebeneinander, sondern nur ein Beirat mit entsprechend mehr Mitgliedern.

Wer in einem solchen doppelt besetzten Beirat Vorsitzender und stellvertretender Vorsitzender ist, muss in der nächsten Sitzung des Verwaltungsbeirates durch interne Abstimmung entschieden werden. Sind Vorsitzender und dessen Stellvertreter durch Beschluss der Eigentümerversammlung bestimmt worden, ist es Sache der Eigentümergemeinschaft, insoweit einen klarstellenden Beschluss zu fassen. Will die Eigentümergemeinschaft eine verringerte Zahl von Beiratsmitgliedern, muss sie eine Neuwahl vornehmen. Der Verwaltungsbeirat selbst kann Eigentümerbeschlüsse nicht abändern.

d) Amtsniederlegung

Jedes Verwaltungsbeiratsmitglied ist grundsätzlich jederzeit berechtigt, sein Amt niederzulegen (KG, Beschl. vom 8.1.1997, 24 W 7947/95).

Eine entsprechende Erklärung ist von dem Verwaltungsbeiratsmitglied gegenüber der Eigentümergemeinschaft abzugeben. Dies kann entweder in einer Eigentümerversammlung durch Erklärung zu Protokoll geschehen, es ist aber auch ausreichend, wenn der Verwalter als der Vertreter sowohl des teilrechtsfähigen Verbandes als auch der einzelnen Miteigentümer hierüber mündlich oder schriftlich unterrichtet wird.

Die Amtsniederlegung kann in jeder möglichen Form, mit der Willenserklärung übermittelt werden können, abgegeben werden, sei es per Telefon, Telefax, Email oder per Brief. Eine Textform muss nicht eingehalten werden. Eine schriftliche Erklärung ist allerdings regelmäßig anzuraten, um Zweifel am Inhalt der abgegebenen Erklärung und Unklarheiten bezüglich des Zeitpunkts des Zugangs der Erklärung zu vermeiden.

Niederlegung zur Unzeit: Entgegen der in der Literatur vertretenen Auffassung, kann es eine Amtsniederlegung zu Unzeit nicht geben. Eine Amtsniederlegung soll dann zur Unzeit erfolgen, wenn der Auftraggeber, hier die Eigentümergemeinschaft, die dem Verwaltungsbeirat obliegenden Aufgaben nicht selbst oder durch einen anderen Beauftragten, d.h. durch ein Ersatzmitglied erledigen lassen kann. Zwar sei eine in der Niederlegung des Amtes enthaltene Kündigung zu Unzeit wirksam, sie könne aber zum Schadensersatz verpflichten.

Dem kann nach hier vertretener Auffassung nicht gefolgt werden, da sich der Begriff „zur Unzeit" im Zusammenhang mit der Tätigkeit eines Verwaltungsbeirates nicht alleine im Verhältnis zur Eigentümergemeinschaft und deren Bedürfnisse definiert, sondern es angesichts der ehrenamtlichen Tätigkeit in erster Linie auf die Person des Beiratsmitgliedes selbst und dessen besondere Lebenssituation ankommt. Wird ein Beiratsmitglied z.B. von einem persönlichen Schicksalsschlag betroffen, dann kann es keinen falschen oder richtigen Zeitpunkt geben, das Beiratsamt aufzugeben, wenn der persönliche Schicksalsschlag z.B. anderweitige Aktivitäten oder eine Ortsveränderung notwendig macht, die eine ordnungsgemäße Beiratstätigkeit verhindern.

Dasselbe gilt für eine schwere Erkrankung, aufgrund der das Beiratsmitglied zur Ausübung seiner Tätigkeit gar nicht mehr in der Lage ist. In Frage kommt etwa auch die vollständige Zerrüttung des Vertrauensverhältnisses zwischen den Beiratsmitgliedern untereinander, so dass eine sinnvolle Zusammenarbeit nicht mehr gewährleistet ist.

Wann immer also ein Beiratsmitglied sein Mandat nieder legt, weil ihm dessen Fortführung aus persönlichen Gründen unzumutbar ist, kann der Vorwurf, dies sei zur Unzeit geschehen, nicht erhoben werden.

Begründung: Die Amtsniederlegung bedarf keiner Begründung. Da niemandem eine ehrenamtliche Tätigkeit aufgezwungen und auch niemand gegen seinen Willen an einem Amt festgehalten werden kann, obliegt es der freien Entscheidung eines jeden Miteigentümers, ob und wie lange er sich dafür entscheidet, die Tätigkeit eines Verwaltungsbeirates auszuüben.

Dessen ungeachtet ist es dennoch anzuraten, die Amtsniederlegung zu begründen. Dies gebietet allein die Vorsicht, sich vor dem Vorwurf der Niederlegung zu Unzeit zu schützen, der allenfalls dann erhoben werden könnte, wenn die Amtsniederlegung mutwillig oder gar vorsätzlich zu einem Zeitpunkt erfolgt, in dem der Ausfall der Beiratstätigkeit unmittelbare Folgen für die Eigentümergemeinschaft hat. Würde z. B. die Beiratstätigkeit unmittelbar vor einer Eigentümerversammlung niedergelegt, um damit die Belegprüfung zu verhindern, mit dem Ziel, die Eigentümerversammlung und die vorgesehene Beschlussfassung über die Jahresabrechnung zu boykottieren, und entstünde der Eigentümergemeinschaft hieraus ein Schaden (z. B. doppelte Saalmiete oder eine zusätzliche Verwaltervergütung für die Durchführung einer weiteren Eigentümerversammlung), so kann eine Haftung eines ehemaligen Beiratsmitgliedes für die durch sein mutwilliges Verhalten verursachten Folgen in Frage kommen.

e) Verlust der Eigentümerstellung

Scheidet ein Beiratsmitglied aus der Eigentümergemeinschaft aus, in dem es sein Wohnungs-/ Teileigentum verkauft, dann endet die Mitgliedschaft im Verwaltungsbeirat automatisch am Tage der Eigentumsumschreibung auf den Erwerber. Dies gilt jedoch nur dann, wenn das Beiratsmitglied über nur ein einziges Sondereigentum verfügt. Bleibt es Mitglied der Eigentümergemeinschaft, weil in seinem Eigentum noch eine oder mehrere andere Einheiten stehen, dann wird die Beiratsstellung durch den Verkauf nur einer Wohnung nicht tangiert.

Verstirbt ein Beiratsmitglied, so endet das Beiratsamt automatisch mit dem Todestage (BayObLG, Beschl. vom 16.6.1988, BReg. 2 Z

46/88). Da das Amt des Verwaltungsbeirats eine höchstpersönliche Tätigkeit darstellt, ist diese Position nicht vererbbar. Beim **Tode eines Beiratsmitgliedes** entfällt dessen Mandat mithin ersatzlos, die Position bleibt vakant und kann nur durch eine Nachwahl oder ein bereits gewähltes Ersatzmitglied wieder besetzt werden.

f) Rumpfbeirat

Scheidet ein Verwaltungsbeiratsmitglied durch Amtsniederlegung, Tod oder aus sonstigen Gründen aus dem Beirat aus, so besteht der Verwaltungsbeirat aus den verbleibenden Mitgliedern als so genannter „Rumpfbeirat" bis zur Bestellung eines Ersatzmitgliedes oder bis zur kompletten Neuwahl eines Gesamtbeirates fort (BayObLG, Beschl. vom 16.6.1988, BReg. 2 Z 46/88).

Scheidet ein Mitglied des Verwaltungsbeirates aufgrund der Veräußerung seines Wohnungs-/Teileigentums aus der Eigentümergemeinschaft und damit auch gleichzeitig aus dem Amt des Verwaltungsbeirates aus, so wird er beim späteren Neuerwerb einer Eigentumswohnung und der damit verbundenen neuen Mitgliedschaft in der Eigentümergemeinschaft nicht wieder automatisch zum Verwaltungsbeirat. Dazu ist eine Neubestellung notwendig (BayObLG, Beschl. vom 5.11.1992, 2 Z BR 77/92).

g) Kein Ausschluss durch Beiratsbeschluss

Die Mitgliedschaft im Verwaltungsbeirat kann nicht dadurch beendet werden, dass die Mehrheit des Verwaltungsbeirats eines seiner Mitglieder per Mehrheitsbeschluss aus dem Verwaltungsbeirat ausschließt. Da die Mitglieder des Verwaltungsbeirates von der Eigentümergemeinschaft gewählt werden, unterliegt es nicht der Kompetenz des Verwaltungsbeirates, die Entscheidung der Eigentümergemeinschaft zu korrigieren oder abzuändern. Sollte eine Zusammenarbeit zwischen den Beiratsmitgliedern wegen tiefer Zerstrittenheit oder unüberbrückbarer Meinungsverschiedenheiten nicht mehr möglich sein, bleibt nur die kollektive Amtsniederlegung bzw. der Antrag, auf der nächsten Eigentümerversammlung über die Zusammensetzung des Verwaltungsbeirates neu zu entscheiden.

h) Gerichtliche Abberufung

Die Beiratstätigkeit kann auch durch gerichtliche Abberufung enden. So steht es jedem Miteigentümer frei, beim Amtsgericht den Antrag zu stellen, eines oder mehrere Mitglieder des Verwaltungsbeirates, oder aber den Verwaltungsbeirat insgesamt aus wichtigem Grunde abzuberufen. Da insoweit jedoch in die grundsätzlich der Eigentümergemeinschaft zustehende Entscheidungskompetenz eingegriffen werden soll, muss erst beantragt werden, die Abberufung als Beschlusspunkt auf einer Eigentümerversammlung zu behandeln. Erst wenn der Abberufungsantrag keine Mehrheit findet und abgelehnt wird, kann ein solcher Negativbeschluss angefochten werden. Die Anfechtung muss mit dem Verpflichtungsantrag verbunden werden, das oder die Mitglieder des Verwaltungsbeirates abzuberufen.

Die Anrufung der Wohnungseigentümerversammlung vor Einleitung eines gerichtlichen Abberufungsverfahrens ist allerdings nur dann erforderlich, wenn nicht bereits von vorneherein feststeht, dass ein entsprechender Antrag jedenfalls abgelehnt werden wird. Kann mit an Sicherheit grenzender Wahrscheinlichkeit davon ausgegangen werden, dass ein Abberufungsantrag nicht die erforderliche Mehrheit findet, würde die Verweisung des Antragstellers auf eine Eigentümerversammlung eine unnötige Förmelei darstellen, so dass in solchen Fällen die Anrufung des Gerichts auch ohne vorherige Befassung der Eigentümerversammlung möglich ist (OLG München, Beschl. vom 28.9.2006, 32 Wx 115/06).

Ein gerichtlicher Abberufungsantrag kann allerdings nur Erfolg haben, wenn derart **gravierende Pflichtverstöße** des oder der abzuberufenden Verwaltungsbeiratsmitglieder vorliegen, dass es außer der Abberufung kein rechtmäßiges Alternativverhalten der Eigentümergemeinschaft hätte geben können. Eigentümergemeinschaften haben bei der Wahl von Verwaltungsbeiräten ein **weites Ermessen** und können sich großzügig über Bedenken gegen die Eignung eines Miteigentümers für die Position des Verwaltungsbeirates hinwegsetzen, was ausdrücklich nicht für den Verwalter und der Beurteilung dessen Eignung gilt. So stellt nicht jedes Verhalten eines Beirates, das in den Augen eines oder mehrerer Miteigentümer ein Ärgernis sein mag, auch tatsächlich einen so zwingenden und gewichtigen Grund dar, dass nur die Abberufung des betreffenden Beiratsmitgliedes ordnungsgemäßer Verwaltung entsprechen kann.

Ordnungsgemäß ist in diesem Zusammenhang, was im Interesse der Gesamtheit der Wohnungseigentümer billigem Ermessen entspricht. Gerade bei personellen Entscheidungen lässt sich aber nur selten erreichen, dass alle Miteigentümer einverstanden sind. Die Bestellung eines Wohnungseigentümers zum Mitglied des Verwaltungsbeirates widerspricht deshalb nur dann ordnungsgemäßer Verwaltung, wenn schwerwiegende Gründe gegen diese Person sprechen (OLG Köln, Beschl. vom 30.8.1999, 16 Wx 123/99).

9. Gesetzliche Aufgaben des Verwaltungsbeirates

Zwischen dem **rechtlichen Handlungsspielraum** einerseits, den das Gesetz für den Verwaltungsbeirat eröffnet, und der eigenen Einschätzung vieler Eigentümer, welche Befugnisse und welche Vertretungs- und Handlungsmacht ihnen als Verwaltungsbeiräten vermeintlich zustünde, liegen bisweilen Welten.

Obwohl das Gesetz nur einige wenige Aufgaben für den Verwaltungsbeirat vorsieht, gerieren sich Verwaltungsbeiräte bisweilen als „Schattenverwalter", erteilen im Namen der Eigentümergemeinschaft Aufträge, verteilen an Hausmeister oder Reinigungspersonal Abmahnungen, fordern den Verwalter unter Fristsetzung zu bestimmtem Tätigwerden usw. und überschreiten damit regelmäßig ihre rechtlichen Kompetenzen.

Grundsätzlich sind Verwaltungsbeiräte nicht befugt, die Eigentümergemeinschaft zu vertreten, für diese Erklärung abzugeben oder in sonstiger Weise rechtsgeschäftlich für den teilrechtsfähigen Verband oder dessen einzelne Mitglieder aufzutreten.

Wenn einem Verwaltungsbeirat nicht durch Vereinbarung oder Mehrheitsbeschluss **Sondervollmachten** übertragen worden sind, beschränkt sich dessen Aufgabenkreis auf die im Gesetz vorgesehene Befugnisse und Maßnahmen.

a) Unterstützung des Verwalters

Gemäß § 29 Abs. 2 WEG unterstützt der Verwaltungsbeirat den Verwalter bei der Durchführung seiner Aufgaben. Dies bedeutet nicht mehr und nicht weniger als eine Ermächtigung des Verwaltungsbeirates, die Verwaltertätigkeit mit wachem Auge kontrollierend zu begleiten und, sofern gewünscht, den Verwalter bei Meinungsbildungsprozessen beratend zu unterstützen. Eine Pflicht, den Verwalter bei seiner Tätigkeit zu kontrollieren, besteht für den Verwaltungsbeirat allerdings nicht (BayObLG, Beschl. vom 3.5.1972, BReg. 2 Z 7/72).

§ 29 Abs. 2 WEG begründet kein Recht des Verwaltungsbeirates, einem Verwalter Weisungen zu erteilen. Genauso wenig ist ein Verwaltungsbeirat befugt, dem Verwalter ein bestimmtes Vorgehen zu gestatten, so z. B. von einem Eigentümerbeschluss abzuweichen und anstelle einer beschlossenen Sanierung einen anderen Sanierungsweg ohne neue Beschlussfassung einzuschlagen (OLG Celle, Beschl. vom 12.3.2001, 4 W 199/00). Ein Verwaltungsbeirat kann weder dem Verwalter noch irgendwelchen angestellten Mitarbeitern der Eigentümergemeinschaft kündigen, eine solche Kündigung wäre schlicht wirkungslos. Der Verwaltungsbeirat vertritt die Eigentümergemeinschaft auch nicht gegenüber dem Verwalter (OLG Hamm, Beschl. vom 20.2.1997, 15 W 295/96), genauso wenig, wie der Verwaltungsbeirat befugt ist, die Eigentümergemeinschaft Dritten gegenüber zu vertreten.

Soweit der Verwalter sachlich berechtigte Tagesordnungswünsche des Verwaltungsbeirates bei der Einberufung einer Eigentümerversammlung berücksichtigen muss (BayObLG, Beschl. vom 12.7.2001, 2 Z BR 139/00), handelt es sich insoweit um kein Privileg des Verwaltungsbeirates. Denn jeder Verwalter ist verpflichtet, das sachlich begründete Anliegen auch eines jeden anderen Miteigentümers auf die Tagesordnung einer Eigentümerversammlung zu setzen.

b) Überwachung des Rechnungswesens

Die wichtigsten Aufgaben von Verwaltungsbeiräten ergeben sich aus § 29 Abs. 3 WEG, wonach der Wirtschaftsplan, die Abrechnung über den Wirtschaftsplan, Rechungslegungen und Kostenanschläge vom Beirat geprüft und mit dessen Stellungnahme versehen werden sollen, bevor über sie von der Wohnungseigentümerversammlung beschlossen wird.

c) Prüfung des Wirtschaftsplanes

In Bezug auf den Wirtschaftsplan hat der Beirat insbesondere zu prüfen, ob die für eine Eigentümergemeinschaft notwendigen Sachkostenpositionen vollständig erfasst sind, ob der Kostenbedarf in Ansehung der Ausgabensituation des Vorjahres und unter Berücksichtigung von zu erwartenden Preissteigerung überschlägig zutreffend ermittelt ist, und ob die für die Gemeinschaft geltenden Umlageschlüssel richtig angewendet werden.

Genauso, wie Eigentümergemeinschaften beim Beschluss des Wirtschaftsplanes ein Ermessensspielraum zusteht und diese nicht gehalten sind, die zu erwartenden Kosten auf Cent und Euro genau zu ermitteln, genügt es, wenn auch der Beirat nur eine überschlägige Schätzung des zu erwartenden Kostenrahmens vornimmt. Aufgabe des Verwaltungsbeirates ist es nur zu vermeiden, dass Kostenansätze vom Verwalter zu niedrig gewählt werden, damit es nicht zu Liquiditätsengpässen kommt, die dann mit Sonderumlagen überbrückt werden müssten.

Der Verwaltungsbeirat hat ebenso darauf zu achten, dass die Kostenansätze nicht überhöht sind, so dass die Wohnungseigentümer nicht auf unangemessen hohe Wohngeldvorauszahlungen in Anspruch genommen werden. Auch wenn eine spätere Abrechnung dann zu Rückzahlungen führen würde, widerspräche dies doch dem Gebot ordnungsgemäßer Verwaltung, weil Wirtschaftspläne nicht dazu da sind, dem Verband über seinen tatsächlichen Kostenbedarf hinaus zinslose Darlehen zu gewähren.

Unterlässt der Verwaltungsbeirat die Prüfung des Wirtschaftsplanes, so ist eine Eigentümergemeinschaft nicht gehindert, den gesamten Wirtschaftsplan nebst Einzelwirtschaftsplänen dennoch zu beschließen. Allein aufgrund fehlender Prüfung kann ein Wirtschaftsplan nicht für ungültig erklärt werden (BayObLG, Beschl. vom 23.12. 2003, 2 Z BR 189/03). Bei § 29 Abs. 3 WEG handelt es sich um eine

Sollvorschrift, deren Nichtbeachtung den Beschluss über den Wirtschaftsplan nicht notwendigerweise ungültig macht (LG Baden-Baden, Beschl. vom 12.2.2009, 3 T 87/07).

d) Sonderumlagen

Ist die Erhebung von Sonderumlagen erforderlich, so gelten die selben Grundsätze wie bei der Vorprüfung über die Beschlussfassung eines Wirtschaftsplanes. Sonderumlagen ergänzen den Wirtschaftsplan und sollen solche Kosten der Verwaltung decken, die vorher in dieser Höhe nicht voraussehbar waren.

Hinzu kommt die Überprüfung, ob die Sonderumlage in der veranschlagten Höhe tatsächlich erforderlich ist, oder ob der anstehende Finanzbedarf teilweise auch aus Mitteln der Instandhaltungsrücklage gedeckt werden könnte. Umgekehrt ist auch darauf zu achten, dass die Instandhaltungsrücklage für die Finanzierung einer Sondermaßnahme nicht vollständig aufgelöst wird, sondern mindestens eine eiserne Reserve erhalten bleibt. In allen Fällen gilt die Überlegung, dass Nachteile für die Eigentümer vermieden werden sollen, indem sie entweder mit unnötig hohen Geldforderungen belastet werden oder Nachteile dadurch drohen könnten, dass dem Verband keine Finanzmittel mehr zur Verfügung stehen, wenn es z.B. gilt, Notreparaturen durchführen zu müssen.

Der Verwaltungsbeirat kann auch darauf hinwirken, dass Sonderumlagen sozial verträglich in Raten erhoben werden, wenn dies z.B. ein zeitlich gestreckter Sanierungsverlauf mit zeitlich gestaffelten Abschlagszahlungen an die Handwerksfirmen zulässt. Dabei muss aber darauf geachtet werden, dass dem Verwalter in ausreichendem Umfang die Geldmittel zur Verfügung stehen, die er benötigt, um allfällige Handwerkerrechnungen kurzfristig zu bezahlen und ggfls. auch Skontoabreden einhalten zu können. Denn ein Verwalter darf einen Auftrag erst dann vergeben, wenn der Verband über eine ausreichende Liquidität verfügt, um seinen finanziellen Verpflichtungen jederzeit genügen zu können.

e) Jahresabrechnung

Die Hauptprüfungslast ergibt sich für Verwaltungsbeiräte aus der Vorbereitung der Jahresabrechnung. Auch wenn gerade bei Großgemeinschaften nicht Hunderte oder Tausende von Zahlungspositionen einzeln durchgesehen werden können, so ist dennoch eine stichprobenartige Überprüfung mit hoher Prüfungsdichte erforderlich.

Die Verwaltungsbeiräte haben sich dazu sämtliche Auszüge aller vom Verband geführter Konten vorlegen zu lassen. Insbesondere bei größeren Ausgaben sind die dazu gehörigen Rechnungen einzusehen. Es ist ein Abgleich zwischen Beschlusslage und Geldverwendung vorzunehmen.

Sachwidrige Geldausgaben: Bei der Prüfung der Jahresabrechnung haben Verwaltungsbeiräte zu beachten, dass eine Jahresabrechnung nicht etwa dadurch unrichtig wird, weil der Verwalter z. B. einen Handwerker bezahlt hat, ohne dass die Auftragsvergabe durch die Eigentümergemeinschaft beschlossen worden wäre. Eine Jahresabrechnung als Einnahmen- und Ausgabenrechnung ist immer dann richtig und muss dementsprechend von einer Eigentümergemeinschaft auch beschlossen werden, wenn alle Kontobewegungen des Abrechnungszeitraums vollständig und richtig erfasst worden sind, unabhängig davon, ob sie inhaltlich und ihrer Veranlassung nach gerechtfertigt waren oder nicht (BayObLG, Beschl. vom 25.5.2001, 2 Z BR 133/00). Selbst veruntreuende Ausgaben des Verwalters müssten in der Jahresabrechnung erfasst werden, da sie Geldabflüsse darstellen, die notwendigerweise zu verbuchen sind.

Der Verwaltungsbeirat muss also selbst bei grob sachwidriger Geldverwendung den Beschluss der Jahresabrechnung empfehlen und seiner Kontrollpflicht dadurch Genüge tun, dass er die Eigentümergemeinschaft über die festgestellten Beanstandungen informiert und empfiehlt, den Verwalter nicht zu entlasten. Nur auf diese Weise kann sicher gestellt werden, dass eine Eigentümergemeinschaft einerseits die für die Finanzierung der Verwaltung des Gemeinschaftseigentums erforderlichen Finanzmittel von ihren Mitgliedern fordern kann, denn ohne Beschluss der Jahresgesamt- und Einzelabrechnungen entsteht für den Verband gegenüber seinen Mitgliedern kein Anspruch auf Hausgeldnachzahlung. Andererseits kann die Eigentümergemeinschaft den Verwalter sodann für die, sich aus der Abrechnung ergebende, ja gerade durch sie dokumentierte fehlerhafte Sachbehandlungen in Regress nehmen.

Merke:

Auch die Verbuchung sachwidriger Ausgaben in einer Jahresabrechnung machen diese nicht unrichtig, so dass eine solche Abrechnung dennoch zu beschließen ist. Als Folge sachlich falscher Ausgaben muss einem Verwalter die Entlastung versagt werden, was den Weg zu möglichen Schadensersatzansprüchen eröffnen würde.

Kontostände: Der Verwaltungsbeirat muss die Kontenstände überprüfen und eine Schlüssigkeitsprüfung zwischen den Kontoständen zum Beginn und zum Ende des Abrechnungszeitraumes vornehmen. Dazu sind zum Anfangsstand alle Einnahmen hinzu zu addieren, die Ausgaben sind zu subtrahieren und sodann ist zu überprüfen, ob das Rechenergebnis mit dem Kontostand zum Jahresende übereinstimmt (OLG Hamm, Beschl. vom 3.5.2001, 15 W 7/01).

Werden von der Eigentümergemeinschaft Festgeld- oder Sparkonten unterhalten, sind Kontostände und Zinszuflüsse sowie die Abbuchung von Kapitalertragssteuer und Solidaritätszuschlag zu überprüfen.

Instandhaltungsrücklage: Besonderes Augenmerk ist auf die Darstellung und Behandlung der Instandhaltungsrücklage (IHR) in der Jahresabrechnung zu richten. Treten dabei Fehler auf und werden diese vom Verwaltungsbeirat nicht aufgedeckt und wird eine Verabschiedung der Jahresabrechnung insgesamt uneingeschränkt empfohlen, kann ein Beschluss über die Entlastung des Verwaltungsbeirates auf Anfechtung für ungültig erklärt werden (BGH, Urt. vom 4.12.2009, V ZR 44/09).

So sind Zu- und Abflüsse vom Instandhaltungsrücklagenkonto nachzuvollziehen. Es ist zu überprüfen, ob die anteiligen Instandhaltungsrücklagen, die von den einzelnen Wohnungseigentümern zusammen mit ihren monatlichen Hausgeldvorauszahlungen an den Verband entrichtet werden, ordnungsgemäß dem Instandhaltungsrücklagenkonto zugewiesen wurden. Es ist weiter zu überprüfen, ob das Rücklagenkonto auch tatsächlich nur mit solchen Ausgaben belastet wurde, die der Beschlusslage der Eigentümergemeinschaft entsprechen.

Sind aus der Instandhaltungsrücklage Kosten finanziert worden, die mit der Zweckbestimmung einer Instandhaltungsrücklage nichts zu tun haben (so z. B. die Bezahlung von Rechtskosten), dann macht dies zwar die Darstellung der Entwicklung des Instandhaltungsrücklagenkontos bzw. die Jahresabrechnung insgesamt nicht unrichtig, der Verwaltungsbeirat ist jedoch gehalten, in seinem Bericht auf derartige Fehler hinzuweisen, um so der Eigentümergemeinschaft durch gesonderte Beschlussfassung Gelegenheit zur Korrektur zu geben.

Zu beachten ist, dass tatsächliche und geschuldete Zahlungen der Wohnungseigentümer auf die Instandhaltungsrücklage in der Jahresgesamt- und den Einzelabrechnungen weder als Kosten noch als sonstige Ausgaben gebucht werden dürfen. In der Darstellung der Entwicklung der IHR, die in die Abrechnung aufzunehmen ist, sind die tatsächlichen Zahlungen der Wohnungseigentümer auf die Rücklage als Einnahmen darzustellen und zusätzlich auch die geschuldeten Zahlungen anzugeben. Eigentümer müssen mit einem Blick erkennen können, wie hoch der tatsächliche Geldbestand der IHR ist und welche Beträge entweder von den Miteigentümern nicht bezahlt wurden oder anderen (beschlossenen) Verwendungszwecken zugeführt wurden.

Kapitalertragssteuer: Zahlungen auf Kapitalertragssteuer sind ebenfalls objektbezogen auszuweisen, desgleichen die Lohnkosten aus haushaltsnahen Dienstleistungen, die Miteigentümer unmittelbar von ihrer Steuerlast abziehen können.

Einzelabrechnungen: Nicht zuletzt haben Verwaltungsbeiräte darauf zu achten, dass keine Jahresabrechnung ohne Einzelabrechnungen vorgelegt wird, wobei es allerdings zulässig ist, in einer Eigentümerversammlung erst die Jahresgesamtabrechnung als Grundlage für die Erstellung der Einzelabrechnungen zu beschließen, um sodann in einer nachfolgenden Eigentümerversammlung die auf der vorher beschlossenen Gesamtabrechnung basierenden Einzelabrechnungen zu verabschieden. Es muss dabei darauf geachtet werden, dass aus dem ersten Beschluss über die Gesamtabrechnung ersichtlich wird, dass ein Beschluss über die Einzelabrechnungen nachgeholt werden soll, damit nicht der Eindruck entstehen kann, es sollte möglicher Weise auf eine Verabschiedung von Einzelabrechnungen verzichtet werden.

Geprüft werden muss auch, ob bei der **Kostenverteilung** der richtige Umlageschlüssel verwandt worden ist. Wird mit unterschiedlichen Verteilerschlüsseln gearbeitet, kann es erforderlich sein, Teilungserklärung und Beschlusssammlung nach dem aktuellen Stand der Kostenverteilung in der Eigentümergemeinschaft zu überprüfen.

Der Verwaltungsbeirat muss die Einzelabrechnungen nicht überprüfen. Es ist ausreichend, die Art und Weise der Kostendarstellung an einer Einzelabrechnung beispielhaft nachzuvollziehen.

Vom Verwaltungsbeirat ebenfalls nicht gefordert werden kann eine durchgängige **rechnerische Überprüfung** von Jahres- und Einzelabrechnungen. Nicht überprüft werden muss, ob Namen und Anschrift der betroffenen Eigentümer in den Einzelabrechnungen richtig angegeben sind oder ob möglicherweise ein **falscher Abrechnungsadressat** betroffen ist, weil ein Sondereigentum zwischenzeitlich verkauft wurde.

Reparaturen und Instandsetzungen: Bei größeren Reparatur- und Instandsetzungsmaßnahmen ist ein Vergleich vorzunehmen zwischen dem von der Eigentümergemeinschaft beschlossenen Angebot zur Auftragsvergabe und der hierauf basierenden Endabrechnung des Handwerkers und deren Bezahlung. Sollten sich auffällige Abweichungen ergeben, machen diese zwar die Jahresabrechnung nicht unrichtig, der Beirat ist jedoch gehalten, in der Eigentümerversammlung im Rahmen seiner Stellungnahme hierauf hinzuweisen.

Rechtzeitige Verwalterkritik: Wann immer der Verwaltungsbeirat Anlass zu Beanstandung hat, sollte er den Verwalter im Vorfeld einer

Eigentümerversammlung so rechtzeitig darauf hinweisen, dass dem Verwalter Gelegenheit geboten wird, Fehler zu korrigieren. Es wäre nicht mit dem Grundgedanken vereinbar, dass der Verwaltungsbeirat mit dem Verwalter vertrauensvoll zusammen arbeiten und als vermittelndes Bindeglied zwischen Verwalter und Eigentümer fungieren soll, wenn der Verwaltungsbeirat seine Beanstandungen in Heckenschützenmanier erstmals in seiner Stellungnahme bei der Eigentümerversammlung bekannt macht. Dies wäre nicht nur für den Verwalter überraschend, der ohne Vorbereitung zu erhobenen Vorwürfen nicht wird ausreichend Stellung beziehen können, es wäre auch für die Eigentümer frustrierend, die im Ungewissen belassen würden, ob überhaupt eine ordnungsgemäße Abrechnung vorliegt.

Der Verwaltungsbeirat würde damit in aller Regel provozieren, dass die Jahresabrechnung und die Einzelabrechnungen nicht beschlossen werden. Damit aber hätte der Verwaltungsbeirat der Eigentümergemeinschaft einen Bärendienst erwiesen, denn der Eigentümergemeinschaft würde sodann die Beschlussgrundlage fehlen, sich über Nachzahlungen aus den Jahreseinzelabrechnungen die notwendige finanzielle Liquidität zu sichern. Der Verwaltungsbeirat würde sich dadurch nicht zu Unrecht dem Vorwurf aussetzen, dies durch seinen verspäteten Überraschungscoup verursacht zu haben. Der Unmut der Eigentümergemeinschaft würde sich aber letztlich gegen den Verwalter richten, dem die Schuld an all dem gegeben würde. Nur der Verwaltungsbeirat, der in Wirklichkeit die Absicht verfolgt, den Weg für die Wahl eines anderen Verwalters zu bereiten, wird einen solchen, auf Konfrontation angelegten Kurs einschlagen.

f) Rechnungslegung

Neben der jährlich zu erstellenden Abrechnung können Wohnungseigentümer vom Verwalter Rechnungslegung verlangen, wenn es dafür einen sachlichen Grund gibt. Da eine Rechnungslegung der Kontrolle der vom Verwalters veranlassten Zahlungsvorgänge dient und damit eine Zusammenstellung aller Zahlungseingänge und -abflüsse auf alle und von allen Verbandskonten beinhaltet, kann eine unterjährige Rechnungslegung z. B. dann gefordert werden, wenn der Verdacht einer sachwidrigen Geldverwendung besteht. Dem einzelnen Eigentümer gegenüber ist der Verwalter zur Rechnungslegung nicht verpflichtet, nur der Eigentümergemeinschaft insgesamt, was durch Mehrheitsbeschluss verlangt werden kann. Machen sämtliche Wohnungseigentümer den Anspruch auf Rechnungslegung geltend, bedarf es dazu eines vorherigen Eigentümerbeschlusses nicht (BayObLG, Beschl. vom 26.2.2004, 2 Z BR 255/03).

g) Verwalterwechsel

Unabhängig von der Erstellung der Jahresabrechnung besteht gem. § 28 Abs. 4 WEG eine Verpflichtung des Verwalters zur Rechnungslegung, wenn er aus seinem Amt ausscheidet. Auch wenn nach Ablauf eines Abrechnungsjahres der Abrechnungsanspruch grundsätzlich an die Stelle des Rechnungslegungsanspruches tritt (KG, Beschl. vom 13.11.1987, 24 W 5670/86), gilt dies nicht für einen ausscheidenden Verwalter, da hier die Rechnungslegung dazu dient, die Ordnungsmäßigkeit des Verwaltungshandelns bis zum Stichtag der Beendigung der Verwaltungstätigkeit zu überprüfen (BayObLG, Beschl. vom 26.2.2004, 2 Z BR 255/03), und es einem neuen Verwalter zu ermöglichen, auch unterjährig an eine geordnete Buchhaltung des Vorgängers anschließen zu können.

Inhaltlich bedeutet Rechnungslegung die **Erstellung eines Finanzstatus** der Eigentümergemeinschaft, der den neuen Verwalter in die Lage versetzen soll, auf dieser Grundlage die buchhalterische Verwaltung fortzusetzen. Rechnungslegung bedeutet daher die Darstellung der Stände aller vom Verband geführter Konten unter Beifügung aller Einnahme- und Ausgabenbelege des Zeitraums seit der letzten Jahresabrechnung. Eine Aufteilung der Einnahmen oder Ausgaben auf die einzelnen Wohnungseigentümer ist bei einer Rechnungslegung nicht geschuldet (BayObLG, Beschl. vom 2.2.1979, BReg. 2 Z 11/78).

Auch bei Rechnungslegungen gilt, dass der Verwaltungsbeirat stichprobenartig Einnahmen und Ausgaben auf ihre Schlüssigkeit hin überprüfen, Zu- und Abflüsse von dem Gemeinschaftskonto entsprechenden Rechnungsbelegen zuordnen und schließlich überprüfen soll, ob die Kontostände zu Beginn und zum Ende des Rechnungslegungszeitraumes unter Berücksichtigung der Einnahmen und Ausgaben rechnerisch nachvollziehbar sind.

Merke:

Scheidet ein Verwalter zum Ende eines Kalenderjahres aus und ist für die Gemeinschaft kalenderjährlich abzurechnen, so muss ein Verwalter ebenfalls nur Rechnung legen, weil die Verpflichtung zur Abrechnung über das abgelaufene Kalenderjahr erst im darauf folgenden Kalenderjahr und damit nach seinem Ausscheiden fällig wird. Die Pflicht zur Abrechnung trifft also den neuen Verwalter. Das in diesem Zusammenhang oft zu hörende Argument, der ausgeschiedene Verwalter sei doch bereits für die Erstellung der Abrechnung bezahlt worden, verkennt, dass ein Verwalter sein Honorar dafür erhält, die fälligen Abrechnungen zu erstellen. Da für ein abgelaufenes Wirtschaftsjahr aber erst im darauf folgenden Jahr abgerechnet werden kann, trifft diese Aufgabe den dann amtierenden neuen Verwalter.

h) Kostenanschläge

Unter Kostenanschlägen, für die in der Praxis üblicherweise der Begriff „Kostenvoranschlag" verwandt wird, sind Angebote von Handwerkern im Sinne von § 650 BGB zu verstehen, aus denen ersichtlich wird, was die Herstellung eines Gewerkes voraussichtlich kosten wird. Kostenanschläge haben nichts mit dem Wirtschaftsplan zu tun. Abgesehen davon, dass Wirtschaftspläne in § 29 Abs. 3 WEG als einer der Rechenwerke gesondert erwähnt sind, die vom Verwaltungsbeirat zu prüfen sind, enthält ein Wirtschaftsplan „Kostenansätze" und nicht „Kostenanschläge".

Selbst wenn bereits vorliegende Angebote von Handwerksfirmen Grundlage für die Gestaltung des Wirtschaftsplanes der Höhe nach sein sollten, dann handelt es sich bei dem in einen Wirtschaftsplan eingestellten Finanzbedarf um einen pauschalierten Kostenansatz. Da Kostenvoranschläge mit ihrer Leistungsbeschreibung im Einzelnen und der dazu gehörigen Kostenaufstellung regelmäßig nicht Gegenstand des Wirtschaftsplanes sind, werden solche Kostenvoranschläge inhaltlich auch nicht zusammen mit dem Wirtschaftsplan überprüft.

Aufgabe des Verwaltungsbeirates ist es, Kostenvoranschläge daraufhin durchzusehen, ob sie der Beschlusslage der Eigentümergemeinschaft entsprechen und ob Vergleichsangebote inhaltlich auch vergleichbar sind. Eine Beurteilung, ob die zu erwartenden Ausgaben für die in Aussicht genommene Beauftragung eines Handwerkers der Höhe und der Sache nach gerechtfertigt und ob die Angebote vollständig sind, kann von einem durchschnittlich befähigten Verwaltungsbeirat nicht verlangt werden.

i) Stellungnahme zum Prüfungsergebnis

Für die Stellungnahme des Verwaltungsbeirats ist keine besondere Form vorgesehen, sie kann schriftlich oder auch mündlich erfolgen. Empfehlenswert ist in jedem Fall eine mindestens stichpunktartige schriftliche Ausarbeitung, die in der Eigentümerversammlung verlesen und dem Protokoll beigeheftet werden sollte. Dies kann auch in der Weise geschehen, dass der Text der Stellungnahme unter dem Tagesordnungspunkt „Bericht des Verwaltungsbeirates" in die Versammlungsniederschrift aufgenommen und zu deren Bestandteil gemacht wird.

Erfolgt nur eine mündliche Stellungnahme, so ist diese vom Versammlungsleiter bzw. dem Protokollführer in ihren wesentlichen Punkten in das Versammlungsprotokoll aufzunehmen, wobei es dann Aufgabe des Protokollführers ist, die Formulierung selbst zu wählen. Da es der Verwaltungsbeirat jederzeit in der Hand hat, durch eine schriftliche Stellungnahme bestimmte Inhalte in einer ihm genehmen Form mitzuteilen, besteht kein Anspruch, auf die Protokollgestaltung oder deren Formulierung Einfluss zu nehmen. Ein Protokollberichtigungsanspruch beschränkt sich, wie für jeden anderen Eigentümer auch, auf eine sachlich falsche oder entstellende Wiedergabe des Beiratsberichtes.

Fehlende Stellungnahme: Gibt der Verwaltungsbeirat keine Stellungnahme ab, so kann diese nicht erzwungen werden. Ein einklagbarer Anspruch auf Erstellung des Prüfberichtes besteht nicht (KG, Beschl. vom 8.1.1997, 24 W 7947/95). Zwar kann eine unterbliebene Stellungnahme zu Schadenersatzansprüchen des Verbandes oder der einzelnen Miteigentümer gegen den Verwaltungsbeirat führen, wenn einer Eigentümergemeinschaft mangels Prüfbericht Abrechnungsfehler unbekannt bleiben, die zu finanziellen Schädigungen oder Hausgeldausfällen führen. Weigert sich ein Verwaltungsbeirat eine Stellungnahme abzugeben, dann bleibt der Eigentümergemeinschaft letztlich nur dessen Abberufung und die Wahl eines neuen Beirates (KG, Beschl. vom 8.1.1997, 24 W 7947/95).

Abweichendes Votum: Sind sich die einzelnen Mitglieder eines Verwaltungsbeirates über die inhaltliche Gestaltung ihrer Stellungnahme nicht einig, kann ein einzelner Beirat auch ein abweichendes Votum abgeben. Sind sich alle Mitglieder des Verwaltungsbeirates in ihrer Bewertung uneinig, so kann jedes Mitglied des Verwaltungsbeirates einen eigenständigen Prüfbericht vorlegen, oder einzelne Zusatzpunkte zu ansonsten übereinstimmenden Stellungnahmen des Verwaltungsbeirates vortragen. Es obliegt dann der Entscheidung der Eigentümerversammlung, ob und welche Konsequenzen für die Jahresabrechnung und die Einzelabrechnungen hieraus gezogen werden sollen.

> **Merke:**
>
> Das Fehlen der Stellungnahme des Verwaltungsbeirates hindert eine Eigentümergemeinschaft nicht, die Jahresabrechnung nebst Einzelabrechnungen zu beschließen. Weder eine fehlende Prüfung noch eine fehlende Stellungnahme durch den Beirat stellen einen Anfechtungsgrund dar (KG, Beschl. vom 25.8.2003, 24 W 110/02). Wurde die Prüfung durch einen Verwaltungsbeirat vorgenommen, dessen Bestellung nichtig gewesen ist, so stellt auch dies keinen Grund dar, Jahresabrechnung oder Wirtschaftsplan anzufechten (BayObLG, Beschl. vom 23.12.2003, 2 Z BR 185/03; BayObLG, Beschl. vom 23.12.2003, 2 Z BR 189/03).

j) Durchführung der Prüfungstätigkeit

Die Abrechnungsbelege, Kontoauszüge, Rechnungen und sonstige Dokumente können dem Verwaltungsbeirat im **Büro des Verwalters** oder, sofern vorhanden, an einem in der Anlage selbst befindlichen geeigneten Ort zur Einsichtnahme zur Verfügung gestellt werden.

Zu prüfen sind die **Originalunterlagen**. Ein Verwalter ist jedoch nicht zur Herausgabe der Originalunterlagen an den Verwaltungsbeirat verpflichtet. Der Verwaltungsbeirat hat in jedem Falle Anspruch auf Sichtung der Originalbelege, weil nur dadurch Manipulationen ausgeschlossen werden können. Sollte der Verwaltungsbeirat weitergehenden Prüfungsbedarf haben, für den eine beim Verwalter zeitlich beschränkte Einsichtnahme nicht ausreicht, kann er vom Verwalter auch die **Anfertigung von Kopien** bestimmter Belege verlangen.

Je nachdem was im Leistungsverzeichnis zum Verwaltervertrag bestimmt ist, kann der Verwalter für die Anfertigung von Kopien eine gesonderte Vergütung und **Kopierkosten** verlangen. Ist insoweit nichts vereinbart, können Kopierkosten nicht berechnet werden. Der Anspruch des Verwaltungsbeirates auf Herausgabe von Fotokopien beschränkt sich allerdings auf Einzelbelege oder umfangreichere Einzelvorgänge mit schwierigem Prüfungsinhalt. Er stößt dort an seine Grenzen, wo das Kopierverlangen eine schlichte Arbeitsbeschaffungsmaßnahme darstellen würde und im Ergebnis schikanös wäre. Die kostenfreie Erstellung einer kompletten Zweitschrift der gesamten Abrechnungsunterlagen mit Tausenden von Buchungspositionen und Hunderten von Seiten kann nicht verlangt werden.

Anfallende **Kopierkosten** gehen zu **Lasten des Verbandes** und sind von diesem an den Verwalter zu erstatten. Es obliegt sodann der Entscheidung der Eigentümergemeinschaft, ob die Beleganforderung durch die Verwaltungsbeiräte im stattgefundenem Umfang ordnungsgemäßer Verwaltungsbeiratstätigkeit entsprochen hat oder nicht. Bei **schikanösem Kopierverlangen** sind **Schadenersatzansprüche** des Verbandes gegen die Beiratsmitglieder denkbar.

Alle vom Verwalter gefertigten **Belegkopien**, die an die Verwaltungsbeiräte herausgegeben worden sind, bleiben **Eigentum des Verbandes**. Scheidet ein Verwaltungsbeirat aus dem Amt, müssen die in seinem Besitz befindlichen Belege entweder an den Verwalter zurückgegeben oder aber an die nachfolgenden Beiratsmitglieder weitergereicht werden.

Zeitpunkt der Belegprüfung: Wann ein Verwaltungsbeirat die Belegprüfung durchführt, steht in seinem freien Belieben. Bei Großgemeinschaften kann es sich empfehlen, dies in unterjährigen Zeitabschnitten, so z. B. quartalsweise vorzunehmen, um den Prüfungsaufwand zeitlich zu verteilen.

In jedem Falle hat die Belegprüfung so rechtzeitig zu erfolgen, dass das Prüfungsergebnis vor Versendung der Einladung zur Eigentümerversammlung, in der die Jahresabrechnung beschlossen werden soll, beim Verwalter vorliegt. Der Verwalter hat daher die Belegprüfung ebenfalls so rechtzeitig vor einer geplanten Eigentümerversammlung zu ermöglichen, dass Verwaltungsbeiräte auch im Falle von Terminkollisionen noch ausreichend Zeit haben, ihrer Aufgabe nachzukommen. Umgekehrt sind Verwaltungsbeiräte gehalten, rechtzeitige Terminangebote des Verwalters zur Belegprüfung auch wahrzunehmen, um nicht die geplante Terminierung der Eigentümerversammlung zu gefährden.

Aufgabenübertragung innerhalb des Beirats: Ein mehrköpfiger Verwaltungsbeirat kann z. B. die Aufgabe zur Belegprüfung auch auf eines seiner Mitglieder delegieren. Dies bietet sich in den Fällen an, in denen ein Beiratsmitglied aufgrund seines beruflichen Hintergrundes für diese Aufgabe besonders prädestiniert ist (z. B. Buchhalter, Revisor, Steuerberater, Wirtschaftsprüfer usw.). Dies ändert jedoch nichts an der Gesamtverantwortung des Verwaltungsbeirates für eine sachgerechte Belegprüfung, da diese Pflicht dem Verwaltungsbeirat gemäß § 29 Abs. 3 WEG als Gremium übertragen ist und der Verwaltungsbeirat intern die Verantwortung nicht delegieren kann (BayObLG, Beschl. vom 28.3.2002, 2 Z BR 4/02).

Merke:

Der Einwand, die Jahresabrechnung sei nur von einzelnen und nicht von sämtlichen Verwaltungsbeiratsmitgliedern überprüft worden, berührt die Wirksamkeit einer von der Eigentümergemeinschaft beschlossenen Jahresabrechnung nicht (BayObLG, Beschl. vom 7.8.2003, 2 Z BR 47/03).

Sieht sich ein Miteigentümer aus fachlichen oder persönlichen Gründen nicht in der Lage, eine ordnungsgemäße Belegprüfung durchzuführen, so sollte er sich erst gar nicht zur Wahl zum Verwaltungsbeirat zur Verfügung stellen. Lassen sich Miteigentümer dennoch wählen und bleibt die Jahresabrechnung sodann ungeprüft, so kann sich ein Verwaltungsbeirat im Falle unentdeckt gebliebener Abrechnungsfehler, die zu einer finanziellen Schädigung der Eigentümergemeinschaft führen, schadenersatzpflichtig machen.

Prüfungstätigkeit durch Dritte: Der Verwaltungsbeirat ist nicht berechtigt, ohne genehmigenden Beschluss der Eigentümergemeinschaft die Belegprüfung dritten Personen, wie z. B. einem Steuerberater oder einem Wirtschaftsprüfer zu übertragen. Abgesehen davon, dass die Ausübung des Beiratsamtes höchstpersönlicher Natur ist, kann der Verwaltungsbeirat die Eigentümergemeinschaft nicht eigenmächtig zur Kostenübernahme für Sonderfachleute verpflichten.

Dem steht nicht die fachkundige Unterstützung durch Dritte entgegen. Verfügt z. B. ein Familienangehöriger eines Beiratsmitgliedes über einschlägige berufliche Kenntnisse, oder ist ein Steuerberater bereit, einem befreundeten Beiratsmitglied kostenlos bei der Belegprüfung zu helfen, kann eine solche Hilfe selbstverständlich angenommen werden. Dessen ungeachtet bleibt der Verwaltungsbeirat für die später von ihm abzugebende Stellungnahme selbst verantwortlich und kann sich nicht darauf berufen, falsch beraten worden zu sein.

Wenn ein Verwaltungsbeirat die Belegprüfung in den Räumlichkeiten des Verwalters durchführt, so besteht kein Anspruch darauf, zu dieser Belegprüfung eine dritte, dem Verwaltungsbeirat nicht angehörende Person mitzubringen. Dies gilt sowohl in Bezug auf andere Wohnungseigentümer, als auch für Sonderfachleute, wie Steuerberater oder Rechtsanwälte sowie für sonstige außenstehende Dritte. Der Verwalter kann die Anwesenheit von Nichtbeiräten bei der Belegprüfung gestatten, er muss es aber nicht.

Da die bei einer Belegprüfung bekannt werdenden Informationen Vertraulichkeit genießen, wäre eine Teilnahme außenstehender Dritte nur dann mit dem Gebot ordnungsgemäßer Verwaltung vereinbart, wenn der Nichteigentümer bereits von Berufs wegen der **Pflicht zur Verschwiegenheit** unterliegt und er in seiner beruflichen Funktion zur Prüfung herangezogen wird.

Ermöglicht ein Beiratsmitglied im eigenen häuslichen Rahmen einem Familienmitglied oder einem außenstehenden Dritten die Kenntnisnahme von vertraulichen Informationen, so hat es den betreffenden Nichteigentümer über die Vertraulichkeit der erhaltenen Informationen zu belehren und einen etwaigen Verstoß selbst zu verantworten.

k) Unterzeichnung von Versammlungsprotokollen

Gemäß § 24 Abs. 6 WEG sind Protokolle von Eigentümerversammlungen von dem Versammlungsleiter, einem Wohnungseigentümer und, falls ein Verwaltungsbeirat bestellt ist, auch von dessen Vorsitzenden oder seinem Stellvertreter zu unterschreiben. Sinn dieser Regelung ist, den eingeschränkten Beweiswert eines Versammlungsprotokolls dadurch zu erhöhen, dass drei Teilnehmer einer Eigentümerversammlung die inhaltliche Richtigkeit des Protokolls bestätigen.

Hat der Verwaltungsbeiratsvorsitzende an der Eigentümerversammlung nicht teilgenommen, kann er auch nicht beurteilen, ob das Protokoll inhaltlich richtig ist. Seine Unterschrift wäre daher für die Erhöhung der Beweisfunktion des Protokolls wertlos, so dass die Unterschrift entbehrlich ist. Hat der Stellvertreter an der Eigentümerversammlung teilgenommen, kann er anstelle des Verwaltungsbeiratsvorsitzenden das Protokoll unterzeichnen. Waren weder Vorsitzender noch Stellvertreter auf der Eigentümerversammlung anwesend, entfallen ihre Unterschriften ersatzlos.

Personenidentität: War der Verwaltungsbeiratsvorsitzende **Versammlungsleiter**, so hat er das Protokoll bereits in der Funktion des Versammlungsvorsitzenden zu unterschreiben. Ein zweites Mal als **Vorsitzender des Verwaltungsbeirates** zu unterzeichnen, ist nicht erforderlich (LG Lübeck, Beschl. vom 11.2.1991, 7 T 70/91). Es würde eine reine **Förmelei** darstellen, wenn man aufgrund einer Funktionsüberschneidung die Unterschrift ein und derselben Person zwei Mal fordern wollte. Eine Erhöhung des Beweiswertes der Niederschrift könnte damit auch nicht erreicht werden. Es empfiehlt sich jedoch, durch eine entsprechende Anmerkung im Unterschriftenfeld klarzustellen, dass die Unterschrift in Doppelfunk-

tion geleistet wurde (OLG Düsseldorf, Beschl. vom 22.2.2010, 3 ×
263/09).

War der Verwaltungsbeiratsvorsitzende Versammlungsleiter, kann
allerdings sein Stellvertreter das Protokoll für den Verwaltungsbeirat
unterzeichnen, wenn er ebenfalls an der Eigentümerversammlung
teil genommen hat.

Soweit die Niederschrift von einem Wohnungseigentümer zu unterzeichnen ist, kann dieser Wohnungseigentümer auch ein weiteres
Beiratsmitglied sein, solange dieses Beiratsmitglied selbst Wohnungseigentümer ist. Ein in den Verwaltungsbeirat gewählter Nichteigentümer scheidet also für eine Unterschrift des Versammlungsprotokolls aus.

Verweigerte Unterschrift: Der Verwaltungsbeiratsvorsitzende bzw.
sein Stellvertreter können die Unterzeichnung eines Versammlungsprotokolls auch verweigern, wenn sie z. B. der Auffassung sind, dass
die vorgelegte Protokollformulierung nicht dem Versammlungsverlauf entspricht oder ein Beschluss inhaltlich falsch protokolliert
worden ist. Auch wenn ein Versammlungsprotokoll als Privaturkun-
de im Sinne von § 416 ZPO hinsichtlich der Richtigkeit und Vollständigkeit keine gesetzliche Beweiskraft hat, kommt ihr dennoch
die, wenn auch widerlegliche Vermutung der inhaltlichen Richtigkeit und damit ein nicht unerheblicher Beweiswert zu (BayObLG,
Beschl. vom 27.10.1989, BReg. 2 Z 75/89). Fehlt eine der erforderlichen Unterschriften, so wird damit der Beweiswert hinsichtlich
der Richtigkeit und Vollständigkeit eines Versammlungsprotokolls
beeinträchtigt (BGH, Beschl. vom 3.7.1997, V ZB 2/97).

l) Öffentliche Unterschriftsbeglaubigung

Dem Protokoll einer Eigentümerversammlung kann auch die Funktion zukommen, als Nachweis für die Legitimation des Verwalters
zu dienen, im Rechtsverkehr für die Eigentümergemeinschaft auftreten zu dürfen. Um dies zu erleichtern, sieht § 26 Abs. 3 WEG vor,
dass die Vorlage einer Niederschrift über den Bestellungsbeschluss,
bei der die Unterschriften der in § 24 Abs. 6 WEG bezeichneten Personen (Versammlungsleiter, Vorsitzender des Verwaltungsbeirates
und Wohnungseigentümer) öffentlich beglaubigt sind, zum Nach-

weis der Verwaltereigenschaft durch eine öffentlich beglaubigte Urkunde (§ 29 GBO) ausreicht. Ein solcher Nachweis wird z. B. vom Grundbuchamt gefordert, wenn aufgrund der Teilungserklärung für die Veräußerung eines Sondereigentums die Verwalterzustimmung notwendig ist.

Die Unterschriftsbeglaubigung kann vor jedem **Notar** oder bei den **Ortsgerichten** erfolgen. Der Verwaltungsbeiratsvorsitzende muss dazu dem Miteigentümer, der die Unterschrift leisten soll, das Original des Versammlungsprotokolls aushändigen. Dieses ist sodann bei der Beglaubigung vorzulegen und die Unterschrift in Anwesenheit des Notars oder des Ortsgerichtvorstehers auf dem Original zu vollziehen. Der Beglaubigungsvermerk wird dann ebenfalls auf dem Original angebracht. Bei den Kosten der Unterschriftsbeglaubigung handelt es sich um **Gemeinschaftskosten**, die vom Verband zu erstatten sind. Die Originalniederschrift ist sodann mit den Beglaubigungsvermerken dem Verwalter auszuhändigen, der das Protokoll für die Eigentümergemeinschaft verwahrt und jederzeit zu Legitimationszwecken verwenden darf.

Merke:

Enthält das Protokoll einer Eigentümerversammlung den Beschluss über eine Verwalterneuwahl bzw. der Wiederwahl des bereits amtierenden Verwalters, dann hat der Vorsitzende des Verwaltungsbeirates, wenn er die Funktion des Versammlungsleiters ausgeübt hat und für die Protokollerstellung verantwortlich ist, darauf zu achten, dass die Unterschriften öffentlich beglaubigt werden müssen.

m) Einberufung einer Eigentümerversammlung

Gemäß § 24 Abs. 3 WEG sind der Verwaltungsbeiratsvorsitzende oder sein Vertreter berechtigt, dann eine Eigentümerversammlung einzuberufen, wenn ein Verwalter fehlt oder dieser eine Einberufung pflichtwidrig verweigert. Dieses Einberufungsrecht besteht auch dann, wenn der Verwaltungsbeiratsvorsitzende bzw. sein Stellvertreter kein Eigentümer sein sollte, wenn z. B. entweder ein Nichteigentümer zwar fehlerhaft, aber bestandskräftig in den Beirat gewählt wurde, oder die Teilungserklärung auch die Wahl von Nichteigentümern zulässt. Selbstverständlich sind Verwaltungsbeiräte auch als Nichteigentümer zur Teilnahme an einer von Ihnen selbst einberufenen Eigentümerversammlung berechtigt.

Einberufung durch den Vorsitzenden: Nur der Vorsitzende, und im Falle seiner Verhinderung dessen Stellvertreter sind zur Einberufung einer Eigentümerversammlung befugt, nicht jedoch die übrigen Beiratsmitglieder (AG Siegburg, Beschl. vom 4.5.2007, 3 II 23/07). Der Verwaltungsbeiratsvorsitzende kann das Recht zur Einberufung einer Eigentümerversammlung nicht auf andere Mitglieder des Beirates oder sonstige Miteigentümer delegieren oder sein Einverständnis zur Einberufung durch einen Dritten erklären. Beschlüsse, die auf einer von einem Nichtberechtigten einberufenen Versammlung gefasst werden, wären wegen eines Einberufungsmangels anfechtbar.

Einberufung durch den Gesamtbeirat: Existiert ein Verwaltungsbeirat, ohne dass ein Vorsitzender bzw. dessen Stellvertreter bestimmt wurden, so können die dem Verwaltungsbeiratsvorsitzenden zugewiesenen Befugnisse nur vom Verwaltungsbeirat als Gremium insgesamt wahrgenommen werden (OLG Köln, Beschl. vom 29.12. 1999, 16 Wx 181/95; OLG Zweibrücken, Beschl. vom 11.2.1999, 3 W 255/98). Die Einladung zu einer Eigentümerversammlung muss in solchen Fällen von allen Mitgliedern des Verwaltungsbeirates ausgesprochen werden, d. h. das Einladungsschreiben muss im Namen aller Beiratsmitglieder verfasst und von allen unterzeichnet werden. Dadurch ist gewährleistet, dass die Einladung auch die Unterschrift des Beiratsmitgliedes trägt, das, hätte eine Wahl des Verwaltungsbeiratsvorsitzenden stattgefunden, zum Vorsitzenden gewählt worden wäre. Die Unterzeichnung der Einladung zur Eigentümerversammlung durch alle Mitglieder des Verwaltungsbeirates stellt dabei ein „Mehr" gegenüber den Anforderungen des § 24 Abs. 3 WEG dar (OLG Köln, Beschl. vom 29.12.1999, 16 Wx 181/99).

Es würde nicht ausreichen, dass sich ein Beiratsmitglied in einer von ihm alleine verfassten Einladung darauf beruft, in Vollmacht oder mit Zustimmung der anderen Beiratskollegen zu handeln.

Das Recht zur Einberufung einer Eigentümerversammlung durch den Verwaltungsbeiratsvorsitzenden kann in der Teilungserklärung abbedungen werden (OLG Köln, Beschl. vom 9.1.1996, 16 Wx 214/95).

Weigert sich der Verwaltungsbeiratsvorsitzende, eine Eigentümerversammlung einzuberufen, obwohl dies aus Sachgründen geboten wäre, um z. B. beim Fehlen eines Verwalters eine Verwalterneuwahl zu ermöglichen, so kann eine Klage auf Verpflichtung zur Einberufung gegen den Verwaltungsbeiratsvorsitzenden gerichtet werden. Sind weder ein Vorsitzender noch dessen Stellvertreter bestimmt, muss sich eine Klage gegen alle Mitglieder des Verwaltungsbeirats richten, da dann nur alle Beiratsmitglieder zusammen zu einer Eigentümerversammlung einladen könnten (AG Charlottenburg, Urt. vom 16.7.2009, 74 C 25/09).

Eigentümerliste: Ohne im Besitz einer aktuellen Eigentümerliste zu sein, würde jedoch jeder Verwaltungsbeiratsvorsitzende bereits von vornherein an seiner Aufgabe, eine Wohnungseigentümerversammlung einzuberufen scheitern, weil ohne Kenntnis der Namen und Adressen der einzuladenden Miteigentümer nicht eingeladen werden kann. Jeder Verwaltungsbeiratsvorsitzende kann daher vom Verwalter die Übergabe einer kompletten Eigentümerliste verlangen und sollte dies auch rechtzeitig tun, noch bevor sich die Notwendigkeit dazu ergibt. Überdies besteht ein Anspruch auf regelmäßige Aktualisierung der Eigentümerliste, wobei es sich anbietet, sich vom Verwalter jeweils die Liste aushändigen zu lassen, nach der der Verwalter selbst die letzte Eigentümerversammlung einberufen hat.

Merke:

Der Verwaltungsbeiratsvorsitzende sollte sich die Eigentümerliste routinemäßig übergeben lassen und nicht erst den Bedarfsfall abwarten. Fehlt ein Verwalter oder weigert sich dieser pflichtwidrig, eine Eigentümerversammlung einzuberufen, dürfte es oft mit erheblichen Schwierigkeiten verbunden sein, entweder überhaupt noch einen Ansprechpartner zu finden oder den Verwalter zur Kooperation zur Herausgabe einer Eigentümerliste zu bewegen.

Fehlender Verwalter: Die Prüfung der Frage, ob ein Verwalter fehlt, kann an den Verwaltungsbeiratsvorsitzenden bisweilen hohe Anforderungen stellen. So ist zwischen dem rechtlichen und dem tatsächlichen Fehlen eines Verwalters zu unterscheiden.

Folgende Fallgestaltungen können beispielsweise vorliegen, bei denen vom rechtlichen Fehlen eines Verwalters ausgegangen werden muss:

Sollten Anhaltspunkte dafür ersichtlich sein, ob der aktuell amtierende Verwalter überhaupt wirksam gewählt worden ist, hat der Verwaltungsbeiratsvorsitzende dem nachzugehen. Dazu muss z. B. überprüft werden, ob nach Ablauf einer zeitlich begrenzten Amtsperiode eine Neuwahl erfolgt ist, oder ob die Wiederbestellung schlicht vergessen wurde, so dass der Verwalter automatisch mit Ablauf der Amtsperiode seine Verwalterstellung verloren hat und die Eigentümergemeinschaft damit verwalterlos wäre.

Handelt es sich um eine, in der Teilungserklärung ausbedungene Erstbestellung durch den Bauträger, so kann übersehen worden sein, dass die erste Amtszeit des Verwalters gem. § 26 Abs. 1 Satz 2 Halbsatz 2 WEG auf die Dauer von 3 Jahren befristet ist, der Verwalter jedoch unter Hinweis auf § 26 Abs. 1 Satz 2 Halbsatz 1 WEG für 5 Jahre berufen wurde. Befindet sich der Verwalter sodann bereits im vierten oder fünften Tätigkeitsjahr, ohne dass über seine Wiederwahl durch die Eigentümergemeinschaft neu beschlossen worden wäre, hätte er mit Ablauf des dritten Amtsjahres automatisch seine Verwalterstellung verloren, ein Verwalter würde fehlen.

Ist ein Verwalter vor vielen Jahren einmal ohne zeitliche Beschränkung, d. h. auf unbestimmte Dauer gewählt worden und niemand hat nach Ablauf der Höchstbestellungsdauer von 5 Jahren an die Notwendigkeit einer neuen Bestellung gedacht, so dass der Verwalter seine Tätigkeit ohne Neuwahl fortgesetzt hat, so würde dieser Eigentümergemeinschaft ein rechtlich wirksam bestellter Verwalter fehlen.

Hat ein Verwalter seine Amtsgeschäfte -vielleicht sogar mit Zustimmung der Eigentümergemeinschaft aber ohne entsprechenden Beschluss über eine Neuwahl, an einen Mitarbeiter oder Rechtsnachfolger übergeben, dann würde der betreffenden Person mangels Beschluss über eine Neuwahl die rechtliche Legitimation für die Ausübung des Verwalteramtes fehlen, die Eigentümergemeinschaft stünde ohne Verwalter da.

Gründet ein Verwalter eine Verwalter GmbH und überträgt die ihm als natürlicher Person verliehenen Verwalterstellung ohne Beschluss der Eigentümergemeinschaft auf die juristische Person und scheidet selbst aus dem Amt aus, wäre die so erfolgte Übertragung des Verwalteramtes unwirksam, der Eigentümergemeinschaft hätte keinen Verwalter mehr.

Aus **tatsächlichen Gründen** fehlt ein Verwalter, wenn die zum Verwalter gewählte Person durch Erkrankung dauerhaft berufsunfähig geworden oder gar verstorben ist, sie durch eingetretene Geschäftsunfähigkeit an der Ausübung der Verwaltertätigkeit gehindert ist, oder eine zum Verwalter gewählte juristische Person (z. B. Verwalter-GmbH) aufgelöst wurde.

Vorübergehende Verhinderung: Vom Fehlen eines Verwalters kann hingegen nicht schon dann ausgegangen werden, wenn ein Verwalter lediglich vorübergehend an seiner Amtsausübung gehindert ist, so z. B. während eines mehrwöchigen Erholungsurlaubs oder einer längeren Erkrankung. Erst dann, wenn nicht absehbar ist, ob und wann der Verwalter wieder in der Lage ist, seine Tätigkeit aufzunehmen, kann der Verwaltungsbeiratsvorsitzende vom Fehlen eines Verwalters ausgehen.

Nach hier vertretener Mindermeinung kann in **Notfällen** aber auch ganz ausnahmsweise eine nur vorübergehende Verhinderung des Verwalters zur Berechtigung des Verwaltungsbeiratsvorsitzenden führen, eine Eigentümerversammlung einzuberufen. Je dringender und unaufschiebbarer nämlich die Notwendigkeit ist, die Eigentümergemeinschaft in die Lage zu versetzen, nach außen rechtsgeschäftlich wirksam handeln zu können, umso kürzer kann die Zeitspanne sein, nach deren Ablauf vom Fehlen eines Verwalters ausgegangen werden darf.

Nach meiner Auffassung ist nämlich der Begriff „Fehlen eines Verwalters" je nach Bedürfnislage einer Eigentümergemeinschaft zu definieren und dabei gleichzusetzen mit „Verhinderung eines Verwalters". Besteht ein unaufschiebbares Bedürfnis für die Einberufung und Durchführung einer Eigentümerversammlung, ist der Verwalter jedoch in einem zeitlich nicht mehr hinnehmbaren Umfang gehindert, eine solche einzuberufen, wäre es nicht gerechtfertigt, dem Verwaltungsbeiratsvorsitzenden ein Einberufungsrecht abzusprechen und ihn stattdessen auf den zeitintensiveren und insbesondere kostenträchtigen Weg zu verweisen, sich durch Gerichtsbeschluss zur Einberufung ermächtigen zu lassen, eine umständliche Ersatzlösung, die jedem anderen Eigentümer auch offen stehen würde.

Auch wenn vermieden werden soll, dass die Gerichte aus Gründen der Prozessökonomie unangemessen häufig angerufen werden, und überdies nicht unnötig in die Privatautonomie von Eigentümergemeinschaften eingegriffen werden soll, kann die Entscheidung, ob der Verwaltungsbeiratsvorsitzende zur Einberufung einer Eigentümerversammlung berechtigt sein soll, nicht von dem bloßen zeitlichen Umfang einer Verhinderung des Verwalters abhängen, sondern muss sich an der Unaufschiebbarkeit des Handelns der Eigentümergemeinschaft orientieren.

Befindet sich ein Verwalter in einem vierwöchigen Erholungsurlaub, kann angesichts einer solchen überschaubaren Abwesenheit in aller Regel nicht vom Fehlen eines Verwalters ausgegangen werden. Ist innerhalb dieser vier Wochen jedoch zwingend die Entscheidung der Eigentümergemeinschaft herbeizuführen, um für die Eigentümer oder den Verband schwere Nachteile zu vermeiden, dann erscheint es sachwidrig, dem Veraltungsbeiratsvorsitzenden das Recht zur Einberufung einer Eigentümerversammlung mit dem bloßen Hinweis auf die zeitlich beschränkte Verhinderung des Verwalters zu verwehren.

Ein solch besonderes Bedürfnis, auch bei nur vorübergehender Verhinderung des Verwalters den Beiratsvorsitzenden als berechtigt anzusehen, eine Eigentümerversammlung einzuberufen, kann zum Beispiel in Fällen einer Notgeschäftsführung angenommen werden. Auch wenn in solch einer Situation jeder Eigentümer ohne Beschluss tätig werden dürfte, kann doch kein Eigentümer dazu gezwungen werden. Denn auch in Fällen einer Notgeschäftsführung ist ein Eigentümer für den Verband oder die übrigen Miteigentümer nicht vertretungsberechtigt. Er muss deshalb entweder in eigenem Namen oder als vollmachtsloser Vertreter auftreten und alle damit möglichen Nachteile und Schwierigkeiten in Kauf nehmen, so z. B. die Verfolgung seiner Aufwendungsersatzansprüche im Innenverhältnis, die Rechtfertigung einer Auftragsvergabe, die vielleicht nicht in vollem Umfang unverzüglich notwendig gewesen wäre usw.

Wenn Eigentümer unter solchen Vorzeichen nicht bereit sind, eine Notgeschäftsführung zu übernehmen, muss der Verwaltungsbeiratsvorsitzende bei entsprechender Dringlichkeit in der Lage sein, eine außerordentliche Eigentümerversammlung einzuberufen, um die Handlungsfähigkeit der Eigentümergemeinschaft herzustellen, um damit Schaden von der Gemeinschaft abwenden zu können, auch wenn der Verwalter z. B. nur unerreichbar verreist ist, und zwar unabhängig von der Dauer seiner Abwesenheit. Bedarf es des sofortigen Verwaltereinsatzes, um Schäden oder Rechtsnachteile zu verhindern, und ist der Verwalter nicht kurzfristig in der Lage, selbst zu einer Versammlung einzuladen, dann ist nach hier vertretener Mindermeinung auch in solchen Fällen vom Fehlen eines Verwalters im Sinne des Gesetzes auszugehen.

Dies heißt allerdings nicht, dass auf der vom Verwaltungsbeiratsvorsitzenden einzuberufenden Versammlung etwa sofort ein neuer Verwalter gewählt werden müsste. Es ist vielmehr über die notwendigen, unaufschiebbaren Verwaltungsmaßnahmen zu beschließen bei gleichzeitiger Ermächtigung eines Wohnungseigentümers, die Eigentümergemeinschaft in dieser Sache nach außen vertreten, d. h. Aufträge vergeben oder sonstige rechtsgeschäftlichen Erklärungen abgegeben zu dürfen.

Irrt der Verwaltungsbeiratsvorsitzende bei der Beurteilung der Situation und lädt unberechtigterweise zu einer Eigentümerversammlung ein, dann wären die auf dieser Eigentümerversammlung gefassten Beschlüsse wegen eines Einladungsmangels nur anfechtbar, nicht jedoch nichtig. Alle auf einer zu Unrecht vom Verwaltungsbeiratsvorsitzenden einberufenen Versammlung würden nach Ablauf der einmonatigen Anfechtungsfrist in Bestandskraft erwachsen und wären damit für alle Miteigentümer verbindlich

Verweigerte Einberufung: Zur Einberufung einer Eigentümerversammlung befugt ist der Verwaltungsbeiratsvorsitzende auch dann, wenn sich ein Verwalter pflichtwidrig weigert, eine Eigentümerversammlung abzuhalten. Die Beurteilung, wann eine solche pflichtwidrige Weigerung vorliegt, ist gleichermaßen schwierig, denn der Verwaltungsbeiratsvorsitzende muss sorgfältig zwischen einer rechtmäßigen und einer unrechtmäßigen Weigerung des Verwalters unterscheiden.

Merke:

Verweigert ein Verwalter zu Recht die Einberufung einer Eigentümerversammlung, wären Beschlüsse, die auf einer vom Verwaltungsbeiratsvorsitzenden abgehaltenen Eigentümerversammlung gefasst werden, ebenfalls anfechtbar.

Die pflichtwidrige Weigerung kann in einem Tun oder Unterlassen bestehen. Sieht die Gemeinschaftsordnung oder der Verwaltervertrag oder eine bestandskräftige Beschlusslage der Eigentümergemeinschaft vor, dass zu einem bestimmten Zeitpunkt oder zu bestimmten Anlässen eine Eigentümerversammlung einzuberufen ist, dann liegt bereits dann eine pflichtwidrige Weigerung des Verwalters vor, wenn er trotz des Eintritts der Voraussetzung und ggf. nach Erinnerung durch den Verwaltungsbeirat nicht zur Eigentümerversammlung einlädt, dies also unterlässt.

In solchen Fällen objektivierbarer Umstände muss sich ein Verwaltungsbeiratsvorsitzender auch nicht auf lange Diskussionen mit dem Verwalter einlassen, ob eine pflichtwidrige Weigerung vorliegt oder nicht, er kann vielmehr ohne Weiteres von seinem Einberufungsrecht Gebrauch machen.

Einberufungsquorum des § 24 Abs. 2 WEG: Das Gleiche gilt, wenn mehr als ein Viertel aller Wohnungseigentümer unter Angabe des Zweckes und der Gründe die Einberufung einer Versammlung verlangt (§ 24 Abs. 2 Halbsatz 2 WEG). Entspricht der Verwalter dem schriftlichen Verlangen der Eigentümer nicht unverzüglich und zeigt auch eine entsprechende Erinnerung des Verwaltungsbeirates keine Wirkung, handelt der Verwalter pflichtwidrig, so dass der Verwaltungsbeiratsvorsitzende die von dem Eigentümerquorum gewünschte Eigentümerversammlung selbst einberufen kann.

Jährliche Einberufung: Gemäß § 24 Abs. 1 WEG ist mindestens einmal innerhalb eines Wirtschaftsjahres eine Eigentümerversammlung vom Verwalter einzuberufen. Tut er dies nicht, obwohl sich das Wirtschaftsjahr seinem Ende zuneigt und besteht z. B. die Gefahr, dass der Verband mit Beginn des neuen Kalenderjahres über keine Anspruchsgrundlage mehr verfügen könnte, von seinen Mitgliedern Wohngeldvorschüsse beizutreiben, weil der aktuelle Wirtschaftsplan mit Ablauf des Kalenderjahres seine Gültigkeit verlieren würde, und lädt der Verwalter trotz eines entsprechenden Hinweises dennoch nicht zu einer Versammlung ein, kann dies vom Verwaltungsbeiratsvorsitzenden übernommen werden. Legt der Verwalter zu dieser Versammlung keinen neuen Wirtschaftsplan vor, so kann die Eigentümerversammlung auch ohne die Mitwirkung des Verwalters zumindest die Fortgeltung des alten bis zur Verabschiedung eines neuen Wirtschaftsplanes beschließen.

Drohende Nachteile: Schließlich ist ein Verwaltungsbeiratsvorsitzender auch dann zum Handeln berechtigt, wenn der Verwalter untätig bleibt, obwohl der Eigentümergemeinschaft ohne die Abhaltung einer Eigentümerversammlung gravierende Nachteile drohen. Läuft z. B. die gegen den Bauträger bestehende Gewährleistungsfrist aus und sind von der Eigentümergemeinschaft wegen bestehender Mängel verjährungsunterbrechende Maßnahmen zu beschließen, dann kann der Verwaltungsbeiratsvorsitzende nach Aufforderung und fortdauernder Untätigkeit des Verwalters die für die Beschlussfassung notwendige Eigentümerversammlung selbst einberufen.

Das Gleiche gilt bei schnell und zwingend gebotenen Sanierungsmaßnahmen, genauso wie beim bevorstehenden Ablauf der Verwalterbestellung und der damit drohenden Gefahr, dass die Eigentümergemeinschaft nicht mehr rechtsgeschäftlich vertreten werden kann.

Kann-Bestimmung: § 24 Abs. 3 WEG stellt allerdings eine „Kann-Vorschrift" dar, so dass der Vorsitzende bzw. sein Stellvertreter zur Einberufung einer Eigentümerversammlung zwar ermächtigt, sie

zur Einberufung aber nicht verpflichtet sind. Sieht ein Verwaltungsbeirat keinen Anlass, von der Ermächtigung zur Einladung Gebrauch zu machen, so gilt nichts anderes, als wenn überhaupt kein
Beirat bestünde. Denn jeder Wohnungseigentümer kann sich selbst
oder einen anderen Miteigentümer gerichtlich zur Einberufung einer Eigentümerversammlung mit bestimmten Tagesordnungspunkten ermächtigen lassen, wenn dies zur Abwehr von Nachteilen von
der Gemeinschaft erforderlich ist.

Bleibt der Vorsitzende des Verwaltungsbeirates untätig, so sind die
übrigen Beiratsmitglieder dennoch nicht berechtigt, anstelle des
Vorsitzenden zu einer Eigentümerversammlung einzuberufen (AG
Siegburg, Beschl. vom 4.5.2007, 3 II 23/07). Weigert sich ein Beiratsvorsitzender, eine Eigentümerversammlung einzuberufen, kann dies
von seinem Stellvertreter nicht übernommen werden. Denn ein
Stellvertreter kann die einem Vorsitzenden per Gesetz verliehene
Befugnisse nur dann ausüben, wenn der Vorsitzende an seiner
Amtsausübung gehindert ist oder es einen Vorsitzenden nicht mehr
gibt, weil dieser z. B. nach Ausscheiden aus der Eigentümergemeinschaft sein Beiratsamt verloren hat. Die übrigen Mitglieder des Verwaltungsbeirates können dem Vorsitzenden auch nicht etwa durch
Mehrheitsbeschluss aufgeben, gegen seinen Willen eine Eigentümerversammlung einzuberufen.

n) Durchführung der Eigentümerversammlung

Übernimmt der Verwaltungsbeirat bzw. dessen Vorsitzender die
Einladung zu einer Eigentümerversammlung, sind dabei dieselben
Voraussetzungen zu beachten, die auch für einen Verwalter gelten
würden.

Lädt der Verwaltungsbeiratsvorsitzende zu einer Eigentümerversammlung ein, kann er auch **Ort und Zeitpunkt** festlegen.

Wer zur Eigentümerversammlung eingeladen hat, ist gem. § 24
Abs. 5 WEG analog berechtigt, die **Versammlungsleitung** zu übernehmen, die Versammlung zu eröffnen und deren Beschlussfähigkeit festzustellen. Auch wenn die Versammlungsleitung unter normalen Umständen gem. § 24 Abs. 5 WEG zu den Aufgaben des Verwalters gehört, gebietet es die Sicherstellung eines geordneten Be-

ginns der von einem Dritten einberufenen Eigentümerversammlung, dass dem Einladenden jedenfalls bis zur **Feststellung der Beschlussfähigkeit** die Befugnis zur Versammlungsleitung zusteht. Es bestünde sonst die naheliegende Gefahr, dass ein Verwalter, der bereits die Einladung zur Eigentümerversammlung verweigert hat, auch die Position des Versammlungsleiters nicht ordnungsgemäß ausüben könnte.

Die anfängliche Befugnis zur Versammlungsleitung steht auch dann dem einladenden Vorsitzenden des Verwaltungsbeirates zu, wenn in der Teilungserklärung eine Versammlungsleitung durch den Verwalter vorgesehen ist. Zwar kann grundsätzlich vereinbart werden, dass der Verwalter stets Versammlungsleiter sein soll (BayObLG, Beschl. vom 3.12.2003, 2 Z BR 188/03). Dessen ungeachtet ist auch in solchen Fällen der Vorsitzende des Verwaltungsbeirates, der die Eigentümerversammlung einberufen hat, erst einmal ausschließlich zur Eröffnung der Versammlung und der Feststellung der Beschlussfähigkeit berechtigt.

Ist vom Verwaltungsbeiratsvorsitzenden eingeladen worden, weil ein Verwalter fehlt oder verhindert ist, dann kann dieser ohnehin nicht den Vorsitz führen. Hat ein Verwalter die Einberufung einer Eigentümerversammlung pflichtwidrig verweigert, wird er an einer Versammlung, deren Zustandekommen er bereits verhindern wollte, im Regelfall schon gar nicht teilnehmen. Nimmt der Verwalter dennoch teil, könnte die Gefahr bestehen, dass er auch die Position des Versammlungsleiters nicht pflichtgemäß ausüben und das Mögliche versuchen wird, wenigstens den Verlauf der Versammlung, die er nicht einberufen wollte, zu boykottieren. Damit die ordnungsgemäße Eröffnung der Eigentümerversammlung und eine korrekte Feststellung ihrer Beschlussfähigkeit gewährleistet ist, kann dies deshalb nicht einem Verwalter überlassen werden, der zwar anwesend ist, die Versammlung aber ursprünglich verhindern wollte.

Auch um jedes Kompetenzgerangel auszuschließen, muss die Aufgabenzuweisung klar sein. So kann dem einladenden Beiratsvorsitzenden oder einem ansonsten zur Einladung ermächtigten Dritten nicht zugemutet werden, sich etwa mit dem Verwalter darüber streiten zu müssen, ob z. B. vorgelegte Vollmachten korrekt ausgefüllt sind, oder darüber zu diskutieren, wie die Feststellung der Beschlussfähigkeit organisiert wird. Ein Verwalter, der die Durchführung einer Eigentümerversammlung verhindern will, wird die Beschlussfähigkeit minutengenau zum angegeben Versammlungszeitpunkt feststellen wollen, in der Hoffnung, dass die Eigentümer noch nicht in ausreichender Zahl erschienen sind, um die Versammlung dann mangels Beschlussfähigkeit abbrechen zu können, wohingegen ein Verwaltungsbeiratsvorsitzender, der am Zustandekommen der Versammlung interessiert ist, mit der Feststellung der Beschlussfähigkeit noch etwas abwarten wird, wenn z. B. das Eintreffen weiterer Eigentümer abzusehen ist, wodurch die Beschlussfähigkeit sodann erreicht würde.

Ist einmal die Beschlussfähigkeit festgestellt, hat es die Eigentümerversammlung selbst in der Hand, im Rahmen eines **Beschlusses zur Geschäftsordnung** zu bestimmen, wer die weitere Versammlungsleitung übernehmen soll. Zum Versammlungsleiter kann die Eigentümerversammlung jeden bestimmen, der berechtigterweise an der Eigentümerversammlung teilnimmt, und damit auch einen Verwalter, der die Einberufung verweigert hat. Wird kein anderer Versammlungsleiter gewählt, bleibt die Versammlungsleitung Aufgabe des Verwaltungsbeiratsvorsitzenden bzw. desjenigen, der zur Eigentümerversammlung eingeladen hat.

Die Übertragung der Versammlungsleitung muss dabei nicht zwingend einheitlich für die ganze Versammlung erfolgen. Die Eigentümerversammlung kann den Vorsitz für die Abhandlung einzelner Tagesordnungspunkte unterschiedlichen Personen übertragen oder für verschiedene Versammlungsabschnitte den Vorsitzenden wechseln.

Dem Versammlungsleiter obliegt in der Regel auch die Aufgabe der **Protokollführung**. Fühlt sich ein Beiratsvorsitzender der Doppelbelastung von Versammlungsleitung und Protokollführung nicht gewachsen, kann er selbst einen Protokollführer bestimmen, trägt aber dann unverändert die Verantwortung für den korrekten Protokollinhalt. Die Eigentümerversammlung kann aber auch durch Geschäftsordnungsbeschluss mehrheitlich einen Protokollführer aus der Mitte der erschienen Eigentümer wählen. Wird von der Eigentümerversammlung kein Protokollführer gewählt, ist der **Versammlungsleiter** zur Anfertigung der Niederschrift verpflichtet.

Dem Protokollführer obliegt die Formulierung der Niederschrift in eigener Verantwortung. Weicht die Person des Protokollführers von der des Versammlungsleiters ab, kann der Versammlungsleiter dem Protokollführer inhaltliche Vorgaben für die Niederschrift machen, denn der Versammlungsleiter bleibt dennoch für die Vollständigkeit und inhaltliche Richtigkeit der Niederschrift verantwortlich (z. B. Darstellung von Abstimmungsergebnissen, Formulierung von Beschlussanträgen usw.).

Weder Versammlungsleiter noch Protokollführer sind verpflichtet, Wünsche einzelner Eigentümer bei der Protokollgestaltung zu berücksichtigen. Etwas anderes gilt jedoch, wenn Versammlungsleiter oder Protokollführer per Geschäftsordnungsbeschluss zu einer bestimmten Protokollgestaltung (z. B. **Beschluss- oder Verlaufsprotokoll**) oder zur Aufnahme bestimmter Angaben und Inhalte oder Formulierungen verpflichtet werden.

Hat die Versammlungsleitung während einer Eigentümerversammlung gewechselt, dann ist die Protokollerstellung eine Gemeinschaftsaufgabe der verschiedenen Versammlungsleiter, die für die Formulierung der Niederschrift insoweit zuständig sind, als ihnen der Vorsitz übertragen war. Ein Versammlungsleiter ist nicht berechtigt, den von einem anderen Vorsitzenden angefertigten Teil des Versammlungsprotokolls zu korrigieren. Jeder ist für seinen Teil der Niederschrift alleine verantwortlich. Treten bei der Abfassung eines gemeinsamen Protokolls Schwierigkeiten auf, dann kann jeder Versammlungsleiter für den Teil der Eigentümerversammlung, für den er den Vorsitz innehatte, eine eigene **Teilniederschrift** erstellen, muss dabei aber kenntlich machen, dass es sich um einen Teil des Protokolls einer einheitlichen Eigentümerversammlung handelt (OLG Hamm, Beschluss vom 19.6.2001 – 15 W 20/01).

Das Versammlungsprotokoll ist von allen, die den Vorsitz ausgeübt haben zu unterschreiben, wobei durch einen Zusatz kenntlich gemacht werden kann, für welchen Teil der Niederschrift man jeweils verantwortlich zeichnen will (OLG Düsseldorf, Beschl. vom

22.2.2010, I-3 WX 263/09), wenn es sich nicht bereits ohnehin um Teilprotokolle in unterschiedlichen Urkunden handelt.

Hausrecht: Wer berechtigterweise eine Versammlung leitet, hält auch die **Ordnungsfunktion** inne und kann das Hausrecht ausüben. Dies reicht von der Erteilung oder der Entziehung einer **Redeerlaubnis** bis hin zur **Verweisung** eines Miteigentümers **aus dem Versammlungsraum** wegen grober Störung des Versammlungsverlaufes. Das gleiche gilt für das Recht, eine Eigentümerversammlung abzubrechen, wenn eine geordnete Fortsetzung z. B. wegen tumultartiger Begleitumstände nicht mehr möglich ist.

Um einen geordneten Ablauf einer Eigentümerversammlung zu gewährleisten und jedem erschienen Miteigentümer die Möglichkeit für einen Diskussionsbeitrag zu sichern, kann der Versammlungsleiter auch eine Redezeitbeschränkung anordnen oder einen Antrag zur Geschäftsordnung initiieren, wonach die Versammlung über eine derartige Beschränkung mehrheitlich beschließen soll (AG Koblenz, Urt. vom 18.5.2010, 133 C 3201/09).

Vollmachtsüberprüfung anlässlich Eigentümerversammlungen: Hat nicht der Verwaltungsbeirat, sondern der Verwalter die Eigentümerversammlung einberufen, so steht dem Verwaltungsbeirat das Recht zu, Einsicht in die dem Verwalter erteilten Stimmrechtsvollmachten zu nehmen, um z. B. die Beschlussfähigkeit einer Eigentümerversammlung überprüfen zu können. Dieses Recht besteht vor und während einer Eigentümerversammlung (OLG München, Beschl. vom 31.10.2007, 34 Wx 60/07). Auch wenn dieses Einsichtsrecht jedem anderen Mieteigentümer zusteht und kein Privileg des Verwaltungsbeirates ist, sind es in der Praxis überwiegend die Beiräte, die im Zuge ihrer Prüfungs- und Überwachungstätigkeit und meist aus gegebenem Anlass die dem Verwalter erteilten Vollmachten problematisieren.

Kann der Verwalter ihm erteilte Vollmachten nicht vorlegen, weil er sie z. B. in seinem Büro vergessen hat, kann die Stimmabgabe des Verwalters für den von ihm Vertretenen zurückgewiesen werden (OLG München, Beschl. vom 11.12.2007, 34 Wx 91/07).

o) Einschränkung und Erweiterung der Beiratsaufgaben

Da es möglich ist, die Wahl eines Verwaltungsbeirates komplett auszuschließen, können auch die dem Verwaltungsbeirat gesetzlich zugewiesenen Kompetenzen durch Vereinbarung nach Belieben eingeschränkt, aber auch erweitert werden.

Durch Vereinbarung in der Teilungserklärung oder durch Mehrheitsbeschluss können dem Verwaltungsbeirat von der Eigentümergemeinschaft besondere Aufgaben übertragen werden. Grundsätzlich gilt dabei, dass diese Möglichkeit ihre Grenzen dort findet, wo es sich um solche Aufgaben handelt, die elementare Bestandteile der organschaftlichen Selbstverwaltung einer Eigentümergemeinschaft sind.

Merke:

Jede Übertragung von Aufgaben, die eigentlich in die Beschlusszuständigkeit von Eigentümerversammlungen fallen, birgt nicht unerhebliche Probleme. Die Verlagerung von Kompetenzen darf nämlich nicht dazu führen, dass dadurch Kontrollrechte der Miteigentümer eingeschränkt oder gar ausgeschlossen werden.

p) Zusatzaufgaben in der Gemeinschaftsordnung

Diese Grenzen sind auch dann zu beachten, wenn die Befugnisse und Aufgaben des Verwaltungsbeirates durch Vereinbarung in der Teilungserklärung erweitert worden sind. So kann z.B. die Ermächtigung, einen **Verwalter zu bestellen oder abzuberufen**, einer Eigentümergemeinschaft nicht entzogen werden (AG Niebüll, Beschl. vom 22.12.1986, 14 II 101/86), so dass eine solche Bestimmung in der Teilungserklärung **unwirksam** wäre (OLG Schleswig, Beschl. vom 4.12.1996, 2 W 85/96).

Nichtig wäre auch eine Ermächtigung des Verwaltungsbeirates, **Eigentümerbeschlüsse** eigenmächtig **aufzuheben oder abzuändern** (BayObLG, Beschl. vom 15.10.1979, 2 Z 56/78). Dasselbe gilt für eine Vereinbarung, wonach der Verwaltungsbeirat unter Ausschluss der Eigentümergemeinschaft über seine **eigene Nachfolge** beschließen dürfte.

Zulässig ist dagegen, den Verwaltungsbeirat in der Gemeinschaftsordnung oder durch sonstige **Vereinbarungen** sowohl mit der Erstellung von **Wirtschaftsplan** und **Jahresabrechnung** als auch mit deren Genehmigung zu beauftragen (BayObLG, Beschl. vom 7.4.1988, BReg. 2 Z 156/87). Um die Kontrolle solcher Beschlüsse zu ermöglichen, müssen diese entgegen der herrschenden Meinung allerdings anfechtbar sein (vgl. dazu i. e. Abschnitt: Anfechtung von Beiratsbeschlüssen).

Durch Vereinbarung soll dem Verwaltungsbeirat auch die Aufgabe des Entwurfs oder der **Aufstellung einer Hausordnung** übertragen werden können. Dies erscheint bedenklich, da Hausordnungen Einschränkungen im Gebrauch des Sondereigentums enthalten oder persönliche Tätigkeitsverpflichtungen der Miteigentümer begründen können, bei denen es problematisch erscheint, diese zur Disposition eines Verwaltungsbeirates zu stellen.

Ein Verwaltungsbeirat kann durch Vereinbarung, nicht aber durch Mehrheitsbeschluss ermächtigt werden, darüber zu entscheiden, ob und wann mit säumigen Miteigentümern Zahlungsvergleiche im Sinne eines teilweisen Forderungsverzichtes abgeschlossen werden (OLG Hamburg, Beschl. vom 26.10.2007, 2 Wx 110/02). Geht es jedoch nur um einen Einzelfall, so kann der Verwaltungsbeirat durch Mehrheitsbeschluss bevollmächtigt werden, sich in einem allerdings von der Eigentümergemeinschaft vorzugebenden Rahmen oder unter Einhaltung von der Eigentümergemeinschaft beschlossenen Bedingungen mit dem säumigen Wohnungseigentümer vergleichsweise zu einigen.

In der Gemeinschaftsordnung kann auch geregelt werden, dass Streitigkeiten zwischen Wohnungseigentümern zunächst vor der Einleitung gerichtlicher Schritte dem Verwaltungsbeirat vorzutragen sind und dieser verpflichtet ist, im Einvernehmen mit dem Verwalter auf eine **gütliche Einigung** hinzuwirken. Durch eine derartige Regelung wird für Streitigkeiten zwischen den Wohnungseigentümern im Sinne von § 43 Abs. 1 Nr. 1 WEG das Verfahrenshindernis eines **Vorschalt- oder Güteverfahrens** geschaffen; die Anrufung des Wohnungseigentumsgericht ist in diesem Falle so lange unzulässig, als das Güteverfahren nicht durchgeführt und erfolglos geblieben ist (OLG Frankfurt, Beschl. vom 11.6.2007, 20 W 108/07).

q) Aufgabenerweiterung durch Mehrheitsbeschluss

Der Unterschied zwischen Übertragung von Zusatzaufgaben in der Teilungserklärung bzw. durch Vereinbarung oder allstimmigen Beschluss einerseits bzw. durch Mehrheitsbeschluss andererseits liegt also immer darin, dass durch **Vereinbarung** eine Entscheidungs- oder Handlungskompetenz **mit Dauerwirkung** übertragen werden kann, wohingegen einem **Mehrheitsbeschluss nur** die Übertragung von **Einzelaufgaben** oder Einzelermächtigungen nach vorheriger Ausübung der Entscheidungskompetenz durch die Eigentümergemeinschaft selbst zugänglich ist.

Dabei ist allerdings darauf zu achten, dass **Grundsatzentscheidungen**, soweit sie der **Beschlusskompetenz der Eigentümergemeinschaft** unterfallen, regelmäßig von der Eigentümergemeinschaft selbst getroffen werden müssen. Der Verwaltungsbeirat kann sodann per **Mehrheitsbeschluss** für den **Einzelfall** ermächtigt werden, das, was die Gemeinschaft bereits grundsätzlich beschlossen hat, umzusetzen und auszuführen.

Eine dem Verwaltungsbeirat zulässiger Weise (OLG Düsseldorf, Beschl. vom 14.9.2001, 3 Wx 202/01) häufig per Mehrheitsbeschluss übertragene Aufgabe ist z. B. die Vorauswahl eines geeigneten Verwalters im Vorfeld einer Verwalterneuwahl. Der Verwaltungsbeirat hat dazu Angebote einzuholen (BGH, Urteil v. 1.4.2012 – V ZR 96/10; LG Köln, Urteil v. 31.1.2013 – 29 S 135/12), wobei es keine feste Größe hinsichtlich der Anzahl der einzuholenden Angebote gibt (LG Köln, Urteil v. 31.1.2013 – 29 S 135/12), er kann Referenzen überprüfen. Welche Prüfungskriterien dabei abgearbeitet werden, bleibt dem Verwaltungsbeirat überlassen. Er sollte jedoch zur Nachvollziehbarkeit seiner Auswahlkriterien eine Ranking-Liste erstellen und seine Wahlvorschläge nachvollziehbar begründen. Dabei sollten nicht mehr als drei Empfehlungen abgegeben werden, da sonst der Zweck einer Vorauswahl, nämlich die Entscheidungsfindung durch die Eigentümerversammlung mit überschaubarer Informationsfülle vorzubereiten, in Frage gestellt würde.

Da jedem vorgeschlagenen Kandidaten die Gelegenheit eröffnet werden sollte, sich in der Wahlversammlung persönlich vorzustellen, kann der Verwaltungsbeirat die von ihm vorgeschlagenen Kandidaten auch zur Eigentümerversammlung einladen. Dies geschieht am besten zeitlich jeweils versetzt, um den Bewerbern einerseits ausreichend Zeit zur Vorstellung des eigenen Unternehmens und den Eigentümern andererseits Gelegenheit zu geben, den Bewerbern Fragen zu stellen und sich über die Verwaltungsangebote genau zu informieren. Auch sollte den Bewerbern lange Wartezeiten erspart werden.

Der amtierende Verwalter ist verpflichtet, auf Wunsch des Verwaltungsbeirates die von ihm ausgewählten Kandidaten in der Einladung zur Eigentümerversammlung namentlich zu benennen und ggf. auch deren Bewerbungen oder Angebote der Einladung beizufügen (LG Köln, Urteil v. 31.1.2013 – 29 S 135/12). Nur so kann der mit einer Vorauswahl angestrebte Zweck erreicht werden, die Eigentümerversammlung, in der ein neuer Verwalter gewählt werden soll, von einem langwierigen Meinungsbildungsprozess zu entlasten.

Nach hier vertretener Auffassung wäre ein Beschluss der Eigentümergemeinschaft, den Verwaltungsbeiratsvorsitzenden mit einer **freien inhaltlichen Gestaltung des Verwaltervertrages** und dem selbständigen **Abschluss** des Verwaltervertrages zu beauftragen, nichtig, da einer Wohnungseigentümergemeinschaft nicht nur die Beschlusskompetenz fehlt, eine solche ureigenste Aufgabe der Eigentümerversammlung zu delegieren, sondern auch die Rechtsmacht fehlen würde, vertragliche Einschränkungen in Eigentümerrechte oder Eigentümer belastende Verpflichtungen zu vereinbaren. Ein solcher, durch den nichtberechtigten Verwaltungsbeiratsvorsitzenden abgeschlossener Verwaltervertrag wäre zumindest bezüglich solcher Bestandteile unwirksam.

Nach anderer Auffassung soll ein Beschluss, den Verwaltungsbeirat mit dem Abschluss des Verwaltervertrages zu beauftragen, mangels Anfechtung in Bestandskraft erwachsen und sodann eine Rechtsgrundlage für den Verwaltungsbeirat bieten, einen Verwaltervertrag wirksam abschließen zu können (OLG Frankfurt am Main, Beschl. vom19.5.2008, 20 W 169/07). Dennoch sollte eine Eigentümergemeinschaft grundsätzlich im Rahmen der Beschlussfassung über die Verwalterwahl klarstellen, auf welche Zeit der Verwalter bestellt wird, und welche Vergütung er je Sondereigentum pro Monat erhalten soll. Fehlt es an solchen Rahmenbedingungen als Vorgabe für einen im Übrigen im Einzelnen auszuhandelnden Verwaltervertrag, so ist ein solcher Beschluss anfechtbar (LG Köln, Urteil v. 31.1.2013 – 29 S 135/12).

Hat die Eigentümergemeinschaft selbst per Mehrheitsbeschluss einen neuen Verwalter bestellt und die Rahmenbedingungen für seine Tätigkeit und den Inhalt des Verwaltervertrages festgelegt (z. B. die Bestellungsdauer und die Vergütung), dann soll der Verwaltungsbeirat unbedenklich durch Mehrheitsbeschluss beauftragt werden können, unter Beachtung der Vorgaben der Eigentümergemeinschaft einen Verwaltervertrag in seinen einzelnen Bestandteilen unter Verwendung üblicherweise in Verwalterverträgen enthaltener Bestimmungen auszuhandeln und mit Wirkung für und gegen die Eigentümergemeinschaft auch zu unterzeichnen (OLG Düsseldorf, Beschl. vom 30.5.2006, I-3 Wx 51/06; HansOLG Hamburg, Beschl. vom 25.7.2003, 2 Wx 112/02).

Aber auch in derartigen Fällen wäre ein Verwaltungsbeirat aufgrund der ihm erteilten, mit Ausnahme der Rahmenbedingungen inhaltlich nicht näher beschriebenen Vollmacht nur zum Abschluss eines Verwaltervertrages mit regelmäßig üblichem Inhalt ermächtigt. Sollen im Verwaltervertrag Sonderregelungen, so z. B. Haftungsbeschränkungen zugunsten des Verwalters, Mahnkosten gegen säumige Eigentümer, Umzugspauschalen, Sondervergütungen, Beitreibungs- und sonstige Klageermächtigungen usw. vereinbart werden, so bedarf eine solche Befugnis, gesetzliche Regelungen abzuändern oder zu ergänzen, in jedem Einzelfall der ausdrücklichen Ermächtigung durch die Eigentümergemeinschaft (OLG Frankfurt, Beschl. vom 19.5.2008, 20 W 169/07).

Merke:

Eigentümergemeinschaften haben immer zu beachten, dass sie den Veraltungsbeirat nicht mit dem Abschluss eines vom Verwalter vorgegebenen Verwaltervertrages beauftragen dürfen, dessen

Klauseln einer Inhaltskontrolle nicht standhalten würden (z. B. Befreiung vom Selbstkontrahierungsverbot, Verjährungsverkürzung für Haftungsansprüche der Gemeinschaft gegen den Verwalter, uneingeschränkte Ermächtigung des Verwalters zur Beauftragung von Sonderfachleuten, Zusatzvergütung für die Abhaltung weiterer Eigentümerversammlungen, auch wenn zusätzlicher Versammlungsbedarf vom Verwalter verursacht). Ein solcher Beschluss widerspräche ordnungsgemäßer Verwaltung (OLG Düsseldorf, Beschl. vom 30.5.2006, 3 Wx 51/06; OLG Frankfurt am Main, Beschl. vom 19.5.2008, 20 W 169/07). Die bloße Vollmacht, einen Verwaltervertrag zu unterzeichnen, ermächtigt den Verwaltungsbeirat nämlich lediglich zu einem Vertragsabschluss, der ordnungsgemäßer Verwaltung entspricht.

Überschreitet der Verwaltungsbeirat die ihm erteilte Ermächtigung und nimmt in den Verwaltervertrag Sonderregelungen auf, wie z. B. die Erteilung einer **Lastschriftermächtigung** oder die Vereinbarung einer **Mahngebühr**, so wären solche Besonderheiten nicht von der Ermächtigung gedeckt, einen Verwaltervertrag auszuhandeln und abzuschließen. Geschieht dies dennoch, so besteht hierfür keine Vertretungsmacht des Verwaltungsbeirates, so dass solche Abweichungen nicht Inhalt des Verwaltervertrages würden.

Praxistipp:

Da dies jedoch im Interesse einer klaren Bestimmbarkeit der wechselseitigen Rechte und Pflichten aus dem Verwaltervertrag höchst misslich wäre, ist einem Verwaltungsbeirat zu empfehlen, den Verwaltervertrag in der von ihm ausgehandelten Form in der nächsten Eigentümerversammlung zur Genehmigung vorzulegen. Der Genehmigungsbeschluss der Eigentümergemeinschaft erfasst sodann alle Bestandteile des Verwaltervertrages, so dass dadurch die Rechtssicherheit geschaffen wird, dass der Verwaltervertrag in seiner Gesamtheit Wirkung entfalten kann. Der Verwaltungsbeirat oder die ansonsten zum Vertragsabschluss ermächtigte Person sollte den Vertrag erst dann unterzeichnen, wenn der genehmigende Eigentümerbeschluss bestandskräftig geworden ist.

Der Verwaltungsbeirat kann auch beauftragt werden, ein bestehendes Vertragsverhältnis inhaltlich neu zu ordnen oder zu gestalten. Auch eine solche Ermächtigung darf allerdings nur Einzelfall bezogen erfolgen und die Eigentümergemeinschaft muss dem Verwaltungsbeirat durch vorhergehenden Beschluss vorgeben, welche Änderungen oder Ergänzungen vorzunehmen sind (LG Frankfurt am Main, Beschl. vom 1.11.2007, 2–09 T 442/07).

Vergleichbares gilt im Zusammenhang mit der **Vergabe von Reparaturaufträgen.** Von der Eigentümergemeinschaft ist grundsätzlich durch Mehrheitsbeschluss darüber zu entscheiden, ob eine Reparatur ausgeführt wird und welcher Handwerker welchen Auftrag zu welchem Preis erhalten soll. Gibt es vergleichbare Angebote oder solche, in denen einzelne Ausschreibungs- oder Preisangaben unklar sind, kann der Verwaltungsbeirat per Mehrheitsbeschluss ermächtigt werden, mit von der Eigentümerversammlung vorgegebenen Firmen nach zu verhandeln, und sodann in einem vorgegebenen Rahmen oder bei Erreichen vorgegebener Ergebnisse selbst die Entscheidung zu treffen, welche Firma den Auftrag erhalten soll und diesen Auftrag auch mit Wirkung für und gegen die Eigentümergemeinschaft zu vergeben (KG, Beschl. vom 10.9.2003, 24 W 141/02).

r) Zustimmung des Verwaltungsbeirates zu Verwaltungsmaßnahmen

Häufig entschließen sich Eigentümergemeinschaften dazu, die Prüfungskompetenz des Verwaltungsbeirates zu erweitern, um diesen damit mehr in die Verwaltungsarbeit einzubinden. So besteht bei Eigentümergemeinschaften immer wieder das Bedürfnis, eine Verwaltungsmaßnahme noch einmal ausdrücklich vom Verwaltungsbeirat überprüfen zu lassen, bevor der Verwalter tätig wird und z. B. einen Beschluss ausführt.

So kann z. B. der Verwaltervertrag vorsehen, dass die Einleitung eines **Wohngeldbeitreibungsverfahrens** gegen einen säumigen Miteigentümer erst dann zulässig sein soll, wenn der Beirat dem vorher zugestimmt hat. Eine solche Zustimmung muss vom Verwaltungsbeirat insgesamt als Gremium erteilt werden. Es reicht nicht aus, wenn nur der Vorsitzende des Beirates seine Zustimmung erklärt, da die Zustimmung des Beirats eine Willensbildung aller seiner Mitglieder erfordert und nicht nur seines Vorsitzenden (BayObLG, Beschl. vom 28.3.2002, 2 Z BR 4/02).Solange die Zustimmung des Gesamtbeirates nicht vorliegt, darf der Verwalter nicht tätig werden.

Die Zustimmung kann dabei von jedem Beiratsmitglied einzeln und selbständig erteilt werden (BayObLG, Beschl. vom 16.6.1988, BReg. 2 Z 46/88) und ist selbstverständlich vor der Durchführung der Verwaltungsmaßnahme einzuholen.

Soll der Verwaltungsbeirat eine Verwaltungsmaßnahme genehmigen, ist sowohl eine vorherige, aber auch eine nachträgliche Genehmigung möglich (BayObLG, Beschl. vom 16.6.1988, BReg. 2 Z 46/88). Die Durchführung einer Verwaltungsmaßnahme hängt also in allen Fällen einer erforderlichen Zustimmung oder Genehmigung des Verwaltungsbeirates von dessen Mitwirkung und seiner positiven Stellungnahme ab.

Anders verhält es sich, wenn als Voraussetzung zur Durchführung einer Verwaltungsmaßnahme nur eine Abstimmung des Verwalters mit dem Verwaltungsbeirat vorgegeben wird. Dies begründet für den Beirat nur eine Beratungs- und Überprüfungskompetenz. Eine eigenständige Entscheidungskompetenz, ob eine Verwaltungsmaßnahme durchgeführt werden soll, oder diese wie auch immer inhaltlich zu modifizieren, ist damit nicht verbunden (AG Hannover, Beschl. vom 16.1.2006, 71 II 501/05). Abstimmung mit dem Verwaltungsbeirat bedeutet nur, die Meinung des Beirates einzuholen. Hat dies der Verwalter getan, so kann er die Verwaltungsmaßnahme auch dann durchführen, wenn der Beirat nur mehrheitlich zugestimmt oder sogar abgeraten hat.

s) Grenzen der Aufgabenerweiterung

Weder durch Vereinbarung noch durch Mehrheitsbeschluss können dem Verwaltungsbeirat solche Aufgaben übertragen werden, die ausschließlich der Entscheidungskompetenz einer Eigentümergemeinschaft und einer Beschlussfassung nur durch die Eigentümergemeinschaft vorbehalten sind. Dies gilt z. B. sowohl für die Bestellung eines Verwalters als auch für dessen Abberufung. Insoweit ist

§ 26 Abs. 1 S. 1 WEG verbindlich, wonach eine ausschließliche Zuständigkeit der Eigentümergemeinschaft begründet ist.

Ebenfalls weder durch Vereinbarung noch durch Mehrheitsbeschluss können die Aufgaben auf den Beirat übertragen werden, die einem Verwalter gem. § 27 Abs. 1 – 3 WEG zugeordnet worden sind. Eine Einschränkung dieser Verwalteraufgaben und damit eine Zuweisung an den Verwaltungsbeirat ist gem. § 27 Abs. 4 WEG ausdrücklich ausgeschlossen.

10. Ersatzzustellungsvertretung

Eine zwar nicht verwaltungsbeiratsspezifische, jedoch seit der WEG-Novelle des Jahres 2007 einem Verwaltungsbeiratsvorsitzenden immer häufiger angetragene Aufgabe ist die des Ersatzzustellungsvertreters. Gem. § 45 Abs. 1 WEG ist normalerweise der Verwalter der Zustellungsvertreter der Wohnungseigentümer, wenn die Wohnungseigentümer in einem Rechtsstreit beklagte Partei sind. Der Verwalter hat mithin alle an die Gesamtheit der Miteigentümer gerichteten Zustellungen mit Wirkung für und gegen die betroffenen Parteien entgegenzunehmen.

Dies gilt dann nicht, wenn der Verwalter aufgrund eines **Interessenkonfliktes** als Zustellungsvertreter ungeeignet erscheint. Das ist der Fall, wenn der Verwalter selbst Beklagter ist oder aufgrund des Streitinhaltes die Gefahr besteht, dass der Verwalter die Wohnungseigentümer möglicherweise nicht sachgerecht unterrichten könnte, so z. B. wenn es um Angriffe gegen seine Verwaltertätigkeit oder seine Verwalterstellung geht. Gelangt ein Gericht zu der Auffassung, dass eine Interessenkollision vorliegen könnte, scheidet der Verwalter als Zustellungsvertreter der Wohnungseigentümer aus. Für diesen Fall hat der Gesetzgeber mit der Neuformulierung von § 45 Abs. 2 WEG die Funktion des Ersatzzustellungsvertreters definiert, wonach die Zustellung gem. § 45 Abs. 2 Satz 1 WEG an einen Ersatzzustellungsvertreter erfolgen muss.

Insoweit wurde mit § 45 Abs. 2 Satz 1 WEG für die Eigentümergemeinschaft die Verpflichtung begründet, einen Ersatzzustellungsvertreter sowie dessen Vertreter als entsprechende Vorsorgemaßnahme und damit auch dann zu bestellen, wenn ein Rechtsstreit noch gar nicht anhängig ist. In der Praxis hat sich erwiesen, dass in vielen Fällen kein Eigentümer bereit ist, sich zum Ersatzzustellungsvertreter wählen zu lassen. Auch wenn ein Ersatzstellungsvertreter nicht unbedingt aus den Reihen der Wohnungseigentümer kommen muss, sondern jede beliebige andere geeignete Person in Frage kommt, wird im Zweifel der Vorsitzende des Verwaltungsbeirates angesprochen, wenn es im Einzelfall um die Übernahme dieser Aufgabe geht.

Ist ein Verwaltungsbeiratsvorsitzenden einmal vom Gericht zum Ersatzzustellungsvertreter bestellt, ist hiergegen allerdings **kein Rechtsmittel** mehr möglich, da das Gesetz hierfür keinen Rechtsbehelf vorsieht (LG Berlin, Beschl. vom 15.8.2008, 85 T 103/08).

Wurde der Verwaltungsbeiratsvorsitzende zum Ersatzzustellungsvertreter bestellt, sind alle vom Gericht zu veranlassenden Zustellungen an ihn vorzunehmen. Ihm obliegt sodann die Aufgabe, die übrigen **Wohnungseigentümer in geeigneter Form** zu **informieren**. Einen Ersatzzustellungsvertreter treffen dabei die selben Pflichten, wie sie auch für den Verwalter bestehen würden. So hat die **Unterrichtung** über die stattgefundene Zustellung **unverzüglich** zu erfolgen, d. h. innerhalb weniger Tage.

Es bleibt dem Verwaltungsbeiratsvorsitzenden überlassen, wie er seine Miteigentümer informieren will. Er kann die ihm zugestellten **Schriftsätze** schlicht **kopieren** und mit einem kurzen schriftlichen Vermerk, dass er vom Gericht zum Ersatzzustellungsvertreter bestellt worden ist, im Übrigen aber kommentarlos an alle Eigentümer versenden.

Merke:

Keinesfalls ist es einem Ersatzzustellungsbevollmächtigtem gestattet, eine eigene Stellungnahme zu dem laufenden Rechtsstreit abzugeben, die Erfolgsaussichten zu bewerten oder gar ein Unwerturteil über den prozessführenden Miteigentümer abzugeben.

Will ein Ersatzzustellungsvertreter den Kopieraufwand vermeiden, Klageschrift und sonstige Schriftsätze zu vervielfältigen und an die Miteigentümer zu versenden, so kann er **Rundschreiben** formulieren, in dem er auf den laufenden Prozess hinweist und in eigenen kurzen Worten den Streitgegenstand bezeichnet, sich im übrigen aber auf den Hinweis beschränkt, dass die Miteigentümer bei weiter gehendem Interesse bei ihm Abschriften aller Prozessunterlagen anfordern können (BGH, Urt. vom 25.9.1980, VII ZR 276/79).

Bei den in der Wohnungseigentumsanlage wohnenden Miteigentümern können Zustellungen in den **Briefkasten eingeworfen** werden, an außerhalb wohnende Miteigentümer reicht eine **Versendung mit normaler Post**. Die Versendungsform als Einwurf-Einschreiben oder gar als Einschreiben-Rückschein ist nicht geboten. Die Information kann aber auch **mündlich auf einer Eigentümerversammlung** erfolgen (BGH, Urt. vom 25.9.1980, VII ZR 276/79), aber nur dann, wenn eine solche unmittelbar bevorsteht, weil nur dann dem Erfordernis einer unverzüglichen Unterrichtung Rechnung getragen wird. Es ist dabei unbedingt darauf zu achten, dass diese Informationen auch in das **Versammlungsprotokoll** aufgenommen werden, damit sie auch solche Eigentümer ereichen, die nicht an der Eigentümerversammlung teilgenommen haben.

Ein **Aushang am „Schwarzen Brett"** kann zusätzlich erfolgen, reicht jedoch für eine ordnungsgemäße Unterrichtung aller Miteigentümer nicht aus. Selbst wenn es sich bei dem „Schwarzen Brett" um einen verschlossenen Glaskasten handeln sollte, der nur vom Verwalter oder dem Hausmeister geöffnet werden kann, so dass das Risiko eines unbefugten Entfernens des Aushangs minimiert ist, kann dadurch dennoch nicht gewährleistet werden, dass alle Miteigentümer von dem Ausgang Kenntnis nehmen. Außerhalb einer Wohnungseigentumsanlage wohnende Miteigentümer werden den Aushang nur höchst zufällig wahrnehmen können, ob alle in einer Anlage lebenden Eigentümer regelmäßig Aushänge lesen, die am „Schwarzen Brett" angebracht worden sind, ist ebenso ungewiss.

Der Ersatzzustellungsvertreter hat die Eigentümer über alle Vorgänge zu unterrichten, die ihm vom Gericht offiziell zugestellt werden. Dazu gehören Terminladungen zu mündlichen Verhandlungen, die

Bekanntgabe von Sachverständigen- oder sonstigen Ortsterminen, Instanz beendende Beschlüsse oder Urteile und alle sonstigen Unterlagen, die vom Gericht mit Zustellungsurkunde versandt werden. Zwischen den Prozessparteien gewechselte Schriftsätze müssen an die Eigentümer nicht gesondert versandt oder über deren Inhalt informiert werden. Insoweit empfiehlt es sich, bei der ersten Information über den anhängigen Prozess darauf hinzuweisen, dass nur solchen Miteigentümern Schriftsatzkopien übermittelt werden, die ihr entsprechendes Interesse dem Ersatzzustellungsbevollmächtigten ausdrücklich mitteilen.

Alle **Auslagen**, die dem Verwaltungsbeiratsvorsitzenden als **Ersatzzustellungsvertreter** entstehen, sind von der Eigentümergemeinschaft zu erstatten, so z. B. Fotokopier- und Portokosten sowie den Kaufpreis für Papier zur Anfertigung eines Informationsschreibens sowie für Briefumschläge zur Versendung der Unterlagen. Erstattungsfähig kann im Einzelfall auch eine neue Tintenpatrone für den Drucker sein, mit dem das an die Eigentümer gerichtete Informationsschreiben ausgedruckt wird. Insoweit handelt es sich um Verwaltungskosten gem. § 16 Abs. 2 WEG.

Die Kosten der Reparatur eines Computers oder Druckers, die anlässlich ihres Einsatzes zum Ausdruck der an die Miteigentümer gerichteten Informationsschreiben eine Betriebsstörung aufweisen, sind nicht erstattungsfähig, da ein eingetretener Defekt nicht kausal auf die Tätigkeit des Ersatzzustellungsbevollmächtigten zurückgeführt werden kann.

Erstattungsfähig sind jedoch nur die Auslagen, die als erforderlich angesehen werden dürfen. Dazu gehören nicht die Kosten einer vom Verwaltungsbeiratsvorsitzenden einberufenen Informationsveranstaltung, um die Miteigentümer persönlich und möglichst umfangreich über den laufenden Rechtsstreit unterrichten zu können. Nicht erstattungsfähig sind auch Fahrtkosten, die dadurch entstehen, dass der Verwaltungsbeiratsvorsitzende im Interesse einer schnellstmöglichen Information von nicht in der Wohnlage lebenden Miteigentümern die Zustellungen mit dem eigenen PKW vornimmt und dadurch hohe Fahrtkosten verursacht. In allen Fällen ausreichend ist die Zusendung mit normaler Post. Eine Versendung per Eilboten, Einschreiben oder gar Einschreiben/Rückschein ist nicht erforderlich.

Wenn die Information der Eigentümer auf dem Postwege erfolgt ist, bedarf es keiner zusätzlichen Unterrichtung etwa per Telefon. Es ist nicht Aufgabe eines Ersatzzustellungsbevollmächtigten, über die schriftlich erteilte Information hinaus den Vorgang noch mündlich zu erläutern oder zu kommentieren.

Da ein Verwaltungsbeiratsvorsitzender die Aufgabe eines Ersatzzustellungsbevollmächtigten nicht zusätzlich zu seiner Beiratstätigkeit ehrenamtlich übernehmen muss, entspricht es ordnungsgemäßer Verwaltung, wenn Eigentümergemeinschaften dem Verwaltungsbeiratsvorsitzenden eine über den eigentlichen Auslagenersatz hinausgehende **zusätzliche Aufwandspauschale** gewähren, was einem einfachen Mehrheitsbeschluss zugänglich ist. Je nach Umfang der vom Verwaltungsbeiratsvorsitzenden im Laufe eines Rechtsstreits als Ersatzzustellungsvertreter zu leistenden Tätigkeit kann die Aufwandspauschale im Einzelfall höher oder niedriger ausfallen. Ist eine solche nicht bereits von vornherein festgelegt, kann der Verwaltungsbeiratsvorsitzende, wie im Übrigen jede andere zum Ersatzzustellungsvertreter bestellte Person auch, für die nächste Eigentümerversammlung den Antrag stellten, dass die Eigentümergemeinschaft nachträglich eine Aufwandsentschädigung für die erbrachte oder noch zu erbringende Tätigkeit als Ersatzzustellungsvertreter genehmigt.

11. Praktische Ausgestaltung der Verwaltungsbeiratstätigkeit

Wie der Verwaltungsbeirat seine Tätigkeit bei der Wahrnehmung der ihm gesetzlich obliegenden oder im Einzelfall von der Eigentümergemeinschaft übertragenen Aufgaben auszuüben hat, kann dem Gesetz nicht entnommen werden. Soweit § 29 Abs. 4 WEG vorsieht, dass der Verwaltungsbeirat von dem Vorsitzenden nach Bedarf einberufen wird, gibt es dafür keine Formvorschriften oder besondere **Fristen**, die beachtet oder eingehalten werden müssten. Eigentümergemeinschaften steht es allerdings frei, für die Tätigkeit der Verwaltungsbeiräte eine **Geschäftsordnung** zu beschließen. Darin kann von inneren Organisationsabläufen über Aufwendungsersatz- und Vergütungsansprüchen bis hin zur Haftung und Entlastung alles geregelt werden, was die Tätigkeit eines Verwaltungsbeirates anbelangt.

Sitzungen des Verwaltungsbeirates: Soweit der Verwaltungsbeirat nach Bedarf vom Vorsitzenden einzuberufen ist, ergibt sich daraus als Mindestnotwendigkeit die Abhaltung eines Treffens der Beiratsmitglieder pro Verwaltungsjahr, um wenigstens die Belegprüfung gem. § 29 Abs. 3 WEG durchführen zu können.

Im Übrigen steht es dem Verwaltungsbeirat frei, **wie oft** er sich treffen möchte, an welchem **Ort**, zu welchem **Zeitpunkt** und mit welchem **Handlungs- bzw. Beschlussbedarf** dies geschehen soll. Solange zwischen den Beiratsmitgliedern Einigkeit besteht, kann es keine **Einberufung zu Unzeit** oder an einem unzumutbaren Ort geben. Eine „Beiratssitzung" kann deshalb auch spontan einberufen werden, so z. B. beim zufälligen Treffen aller Beiratsmitglieder auf dem Tennisplatz für den Abend desselben Tages.

Eine Sitzung des Verwaltungsbeirates muss auch nicht unbedingt den Vorstellungen entsprechen, die man mit dem Begriff „Sitzung" verbindet. So ist es keineswegs erforderlich, dass sich die Beiräte um einen Tisch versammeln. Beiratssitzungen müssen auch nicht zwangsläufig in irgendeinem Versammlungsraum stattfinden, sie können an jedem anderen **beliebigen Ort** durchgeführt werden. Sind sich die Mitglieder eines Verwaltungsbeirates z. B. darüber einig, am Sonntagmorgen bei einem gemeinsamen Spaziergang die anstehenden Probleme zu erörtern, so kann auch ein Waldspaziergang die Funktion einer Beiratssitzung erfüllen, genauso wie dies bei einer Besprechung auf der Liegewiese im Schwimmbad möglich wäre.

Zu achten ist dabei nur auf die **Vertraulichkeit** der Themen, die anlässlich von Beiratssitzungen behandelt werden. Genauso wenig, wie außenstehende Dritte an Eigentümerversammlungen teilnehmen dürfen, weil die Beratung über interne Angelegenheiten einer Eigentümergemeinschaft nur deren Mitglieder angeht, dürfen vertrauliche Themen einer Beiratssitzung öffentlich diskutiert werden. Eine Diskussion von Interna einer Eigentümergemeinschaft anlässlich der morgendlichen Fahrt mit der überfüllten Straßenbahn zum Arbeitsplatz, bei der die umstehenden Fahrgäste jedes Wort mit verfolgen können, verbietet sich daher. Befinden sich die Mitglieder eines Verwaltungsbeirates dagegen in einem leeren Zugabteil, so kann die gemeinsame Fahrt sehr wohl zu einer Beiratssitzung umfunktioniert werden.

Lädt der Verwaltungsbeiratsvorsitzende zur Beiratssitzung ein, kann er gleichzeitig die Beratungs- und Beschlusspunkte mitteilen, die auf der Sitzung behandelt werden sollen. Anders als bei Eigentümerversammlungen, bei denen Beschlüsse nur über solche Tagesordnungspunkte gefasst werden können, die auch in der Einladung ordnungsgemäß und inhaltlich nachvollziehbar angekündigt wurden, sind Verwaltungsbeiräte **an** solche **Formalien nicht gebunden**. Jedem Beiratsmitglied steht es frei, während einer Beiratssitzung weitere Diskussionsthemen, die aus dem Augenblick heraus wichtig erscheinen, und ohne dass diese auf der Tagesordnung gestanden hätte, nach Gutdünken einzubringen. Der Verwaltungsbeirat kann über derart unangekündigte Themen auch Beschlüsse fassen. Die interne Koordination von Diskussions- und Beschlusspunkten wie auch die **Leitung einer Verwaltungsbeiratssitzung** steht dabei dem Vorsitzenden zu. Eine abweichende Aufgabenverteilung kann jedoch jederzeit beiratsintern beschlossen werden.

Die **Dauer** einer **Beiratssitzung** steht im freien Belieben der Beiratsmitglieder. So kann sich ein Verwaltungsbeirat nur für wenige Minuten zusammen finden, wenn es z. B. ohne längere Diskussion nur einer kurzen Abstimmung der Verwaltungsbeiratsmitglieder untereinander zu einer bestimmten Fragestellung bedarf. Bei entsprechend umfangreichem Beratungs- und Beschlussbedarf kann eine Beiratssitzung auch viele Stunden bis tief in die Nacht hinein andauern. Der Beiratsvorsitzende hat dabei aber auf die persönlichen Befindlichkeiten der Beiratsmitglieder zu achten. Muss ein Verwaltungsbeirat morgens in aller Frühe zur Arbeit, wäre es unangemessen, die Beiratssitzung bis in den späten Abend auszudehnen. Wird die weitere **Teilnahme** an der Sitzung für ein Beiratsmitglied **unzu-**

mutbar, hat der Vorsitzende die Pflicht, das Beiratstreffen zu vertagen.

Ein Beiratsmitglied kann sich aber auch ohne Einvernehmen mit den übrigen Beiratskollegen von der Sitzung entfernen, wenn es sich, aus welchen Gründen auch immer, an der weiteren Teilnahme gehindert sieht. Eines wichtigen Grundes dazu bedarf es nicht. Da ein Beiratsmitglied nicht gezwungen werden kann, überhaupt zu einer Sitzung zu erscheinen, ist es erst Recht nicht zur weiteren Teilnahme verpflichtet, wenn dem persönliche Gründe entgegenstehen. Sollte die Sitzung bei unverändert bestehender Beschlussfähigkeit dennoch fortgesetzt werden, muss im Sitzungsprotokoll vermerkt werden, welches Beiratsmitglied sich entfernt hat.

Treten zwischen Beiratsmitgliedern **Spannungen** auf, die ein einvernehmliches Arbeiten zumindest erschweren, empfiehlt es sich, die **Abläufe** zu **formalisieren**, um im Zweifel Schwierigkeiten oder Versäumnisse bei der Verwaltungsbeiratsarbeit dokumentieren zu können.

Ist eine Zusammenarbeit „auf Zuruf" nicht mehr möglich, kann sich der Verwaltungsbeiratsvorsitzende an den Vorschriften **orientieren**, die ein Verwalter für die **Einberufung und Durchführung von Eigentümerversammlungen** einzuhalten hat. Auch wenn dies keine Verpflichtung darstellt, so kann die Tätigkeit des Vorsitzenden jedenfalls dann nicht beanstandet werden, wenn er zu einer Beiratssitzung schriftlich einlädt (entsprechend für die Eigentümerversammlung § 24 Abs. 4 Satz 1 WEG), eine Einladungsfrist von mindestens 2 Wochen beachtet (§ 24 Abs. 4 Satz 2 WEG) und in der Einladung alle Tagesordnungspunkte angibt, mit dem sich der Verwaltungsbeirat befassen soll (§ 23 Abs. 2 WEG).

In Fällen der Uneinigkeit zwischen Verwaltungsbeiräten sollte weiter darauf geachtet werden, dass die Beiratssitzung zu zumutbaren Zeiten statt findet, so z. B. möglichst nach der Arbeitszeit und nicht an **Sonn- oder Feiertagen.** Auch ist kein Verwaltungsbeiratsmitglied verpflichtet, Urlaub zu nehmen, um an einer Verwaltungsbeiratssitzung teilnehmen zu können. Im Gegensatz zu Eigentümerversammlungen, die auch während der Ferienzeit statt finden können, sollte auf die **Urlaubsplanung** der einzelnen Beiratsmitglieder Rücksicht genommen werden.

Weigert sich ein Vorsitzender pflichtwidrig, zur Beiratssitzung einzuladen, steht das Recht hierzu seinem Stellvertreter in analoger Anwendung von § 24 Abs. 3 WEG zu.

Teilnahmerecht Dritter: Bei der Durchführung einer **Verwaltungsbeiratssitzung** handelt es sich um eine **interne Veranstaltung.** Die Mitglieder des Verwaltungsbeirates müssen es nicht hinnehmen, von Dritten bei ihren Beratungen beobachtet, kontrolliert, oder kritisiert oder in irgendeiner Weise behindert oder durch unerbetene Redebeiträge oder Missfallensäußerungen gestört zu werden. Beiratssitzungen dienen dem ungezwungenen Gedankenaustausch und einem von außen unbeeinflussten Willensbildungsprozess seiner Mitglieder. Dieser wäre nicht gewährleistet, müssten die Mitglieder des Verwaltungsbeirates befürchten, sich für eigene kritische Äußerungen rechtfertigen oder gegen unsachliche Einwendungen von außenstehenden Teilnehmern verteidigen zu müssen.

Beiratssitzungen sind auch nicht als Plattform für Eigentümer gedacht, ihre Unzufriedenheit mit aus ihrer Sicht mangelhafter Verwalter- oder Beiratstätigkeit zu artikulieren oder gar aus einer Beiratssitzung ein Tribunal gegen irgendwelche vermeintlichen Missstände zu machen. Genauso wenig müssen sich Beiräte bei ihrer Arbeit von anderen Miteigentümern oder sonstigen Dritten (Verwalter, Hausmeister usw.) Diskussionen aufdrängen lassen oder gut gemeinte Ratschläge oder Empfehlungen anhören, was alles anders oder besser gemacht werden könnte.

Weder Verwalter noch Miteigentümer haben einen Anspruch auf **Teilnahme an Beiratssitzungen**, eine Teilnahme kann weder vom Verwalter noch von einem Miteigentümer erzwungen werden, es sei denn, in der Teilungserklärung ist ein Teilnahmerecht vereinbart. Der Verwaltungsbeirat kann jedoch jederzeit **Gäste** zulassen, und so z. B. den Verwalter, einzelne Miteigentümer, den Hausmeister oder Sonderfachleute zu seinen Sitzungen einladen und ihnen ganz oder teilweise die **Anwesenheit gestatten**, wann immer dies für die Beiratsarbeit als sinnvoll angesehen wird. Über die Teilnahme Dritter entscheidet der Verwaltungsbeirat durch Mehrheitsbeschluss.

Die Teilnahme des Verwalters kann zweckmäßig sein, um den Verwaltungsbeirat bei seiner Tätigkeit aus erster Hand mit notwendigen Informationen zu versorgen. Auch einzelne Eigentümer mit besonderer Sachkunde können als Gäste bei Beiratssitzungen hilfreich sein. Die Teilnahme von Eigentümern an Sitzungen des Verwaltungsbeirates sollte aber nicht dazu führen, dass daraus bei kleinen Gemeinschaften inoffizielle Wohnungseigentümerversammlungen werden.

Beschlussfassung: Sollen auf einer Beiratssitzung Beschlüsse gefasst werden, bedarf es in analoger Anwendung von § 25 Abs. 3 WEG der Anwesenheit mehr als der Hälfte der Beiratsmitglieder.

Ob Verwaltungsbeiratsbeschlüsse mehrheitlich gefasst werden können oder allstimmig erfolgen müssen, können Eigentümergemeinschaften durch Vereinbarung oder Mehrheitsbeschluss regeln (OLG Zweibrücken, Beschl. vom 10.6.1987, 3 W 53/87). Soll ein Beiratsbeschluss allstimmig erfolgen, bedarf dies einer Vereinbarung, sofern davon für die Zukunft alle gleichgelagerten Beschlüsse erfasst werden sollen. Wird Allstimmigkeit nur für eine einzelne Beschlussfassung gefordert, kann dies von der Eigentümergemeinschaft auch per Mehrheitsbeschluss festgelegt werden.

Fehlt eine ausdrückliche Regelung, so kommen Beiratsbeschlüsse zustande, wenn sie mit der Mehrheit der Stimmen der Beiratsmitglieder gefasst werden(OLG Zweibrücken, Beschl. vom 10.6.1987, 3 W 53/87), d. h. bei drei Beiratsmitgliedern müssen als immer mindestens zwei Beiräte zustimmen.

Die Stimmen von Beiratsmitgliedern haben alle gleiches Gewicht. Setzt sich ein Verwaltungsbeirat aus einer geraden Zahl von Mitgliedern zusammen, so kommt der Stimme des Verwaltungsbeiratsvorsitzenden oder seines Stellvertreters im Falle einer **Pattsituation** keine Ausschlag gebende Wirkung zu. Besteht ein Verwaltungsbeirat nur aus 2 Mitgliedern, kann es deshalb nur einstimmige Beschlüsse oder gar keinen Beschluss geben. Existiert nur ein **Ein-Personen-Beirat** scheidet eine Beschlussfassung aus.

Eine analoge Anwendung von § 25 Abs. 4 WEG, wonach der Verwaltungsbeirat bei einer Wiederholungsversammlung unabhängig von der Zahl der erschienen Mitglieder beschlussfähig wäre, ist jedoch abzulehnen, da im Gegensatz zu der Notwendigkeit, dass Eigentümerversammlungen irgendwann einmal zu einem Ergebnis gelangen können müssen, für die Beiratstätigkeit keine Notwendigkeit zu erkennen ist, dass immer und unbedingt ein Beschluss gefasst werden müsste.

Da Verwaltungsbeiräte das Ergebnis ihrer Willensbildung auch durch einen schriftlichen Vermerk bekannt geben können, ist eine Beschlussfassung grundsätzlich nicht erforderlich. Da eine solche vom Gesetz ohnehin nicht vorgesehen ist, bedarf es auch keiner Lösung für den Fall, dass ein Verwaltungsbeirat auf Dauer nicht beschlussfähig ist.

Sitzungsprotokoll: Wann immer und unter welchen Umständen auch immer Verwaltungsbeiräte ihren Aufgaben nachkommen, sollten sie dies durch die Abfassung eines (Sitzungs-) Protokolls dokumentieren.

Finden innerhalb des Verwaltungsbeirates Willensbildungsprozesse statt, die zu bestimmten Ergebnissen führen, sollten solche Beiratsbeschlüsse dokumentiert werden.

Auch hier erscheint eine Orientierung an den Formerfordernissen für eine Niederschrift von Eigentümerversammlungen empfehlenswert. So sollten die Beratungsthemen aufgeführt und Beschlüsse des Verwaltungsbeirates ihrem Wortlaut nach festgehalten werden. Das **Abstimmungsergebnis** kann pauschal oder auch namentlich angegeben werden. Bei abweichendem Stimmverhalten sind die Voten getrennt nach Ja-, Neinstimmen und Enthaltungen aufzuführen, ggfls. auch mit einer Zuordnung zum Namen des abstimmenden Beiratsmitgliedes.

Praxistipp:

Sofern mit einer Abstimmung innerhalb der Verwaltungsbeirates weitergehende Folgewirkungen verbunden sein könnten, insbesondere ein bestimmtes Abstimmungsverhalten später Grundlage für die Überprüfung von Regressforderungen gegen das betreffende Beiratsmitglied darstellen könnte, sollte jedes Mitglied des Verwaltungsbeirates bei abweichenden Voten unbedingten Wert darauf legen, dass das Abstimmungsergebnis namentlich in das Sitzungsprotokoll aufgenommen wird. Jedes Beiratsmitglied hat hierauf Anspruch. Sollte sich ein Verwaltungsbeiratsvorsitzender dennoch weigern, trotz entsprechender Forderung das Abstimmungsergebnis namentlich in das Sitzungsprotokoll aufzunehmen, ist dem Beiratsmitglied anzuraten, den Sachverhalt durch ein Schreiben an den Verwalter zu dokumentieren. Eine Kopie dieses Schreibens ist den übrigen Beiratsmitgliedern auszuhändigen. Bei nur mehrheitlicher Beschlussfassung ist das überstimmte Beiratsmitglied berechtigt, sein abweichendes Votum namentlich im Beiratsprotokoll festhalten zu lassen und dies ggf. auch inhaltlich zu begründen.

Die Dokumentation der Tätigkeit des **Ein-Personen-Beirates** beschränkt sich auf die Formulierung einer Protokollnotiz und deren Unterzeichnung.

Wird über ein Beiratstreffen Protokoll geführt, so sollte dies von allen Beiratsmitgliedern unterzeichnet werden.

Dem Verwalter ist eine **Abschrift des Beiratsprotokolls** zu übergeben. Denn würde die Tätigkeit des Verwaltungsbeirats im Geheimen statt finden, könnte der Beirat seine Aufgaben gemäß § 29 Abs. 2 WEG nicht erfüllen, nämlich den Verwalter bei der Durchführung seiner Aufgaben zu unterstützen und ihn kontrollierend zu begleiten.

12. Anfechtung von Beiratsbeschlüssen

Da Verwaltungsbeiräte nicht über eine eigenständige Entscheidungsbefugnis verfügen, mit der unmittelbaren Einfluss auf die Verwaltungstätigkeit genommen werden kann, sich mithin die Wirkung von Beiratsbeschlüssen auf das Innenverhältnis der Mitglieder des Verwaltungsbeirates untereinander beschränkt, besteht wegen der fehlenden Außenwirkung kein Bedürfnis, Verwaltungsbeiratsbeschlüsse anfechten zu können. Das Gesetz sieht daher eine Anfechtungsmöglichkeit nicht vor, Beiratsbeschlüsse sind weder in direkter noch in analoger Anwendung von § 46 WEG anfechtbar.

Sollte ein fehlerhafter Beiratsbeschluss dennoch einmal Grundlage für einen ebenso fehlerhaften Eigentümerbeschluss sein, dann kann der Eigentümerbeschluss unmittelbar angefochten werden, der im Außenverhältnis der einzig maßgebliche Willensbildungsprozess ist.

Unanfechtbar sollen Beschlüsse des Verwaltungsbeirates nach bisher einheitlich vertretener Auffassung auch dann sein, wenn solchen Beschlüssen dennoch **ausnahmsweise Außenwirkung** zukommen sollte. Dies kann z. B. der Fall sein, wenn dem Verwaltungsbeirat aufgrund Teilungserklärung oder sonstiger Vereinbarung Entscheidungsbefugnisse übertragen worden sind, die üblicherweise den Mitgliedern der Eigentümergemeinschaft zustehen. Ist der Verwaltungsbeirat z. B. ermächtigt, Wirtschaftspläne aufzustellen oder Jahresabrechnungen nebst Einzelabrechnungen zu beschließen, dann wird insoweit die Entscheidungsbefugnis der Eigentümer durch die der Mitglieder des Verwaltungsbeirates ersetzt. Solche Beschlüsse des Verwaltungsbeirates entfalten unmittelbar Wirkung gegenüber allen Mitgliedern der Eigentümergemeinschaft und gestalten gerade bei Beschlüssen, die Zahlungsverpflichtungen der Eigentümer zum Inhalt haben, das Verhältnis zwischen dem teilrechtsfähigen Verband als Inhaber aller Wohngeldforderungen und seiner Mitglieder als Schuldner dieser Forderungen.

Auch in diesen Fällen soll es angeblich keiner Anfechtung bedürfen, weil andernfalls bei unterlassener Anfechtung von der Bestandskraft rechtlich nicht zulässiger Beschlüsse ausgegangen werden müsste. Beschlüsse, die gegen zwingende Normen des Gesetzes oder gegen Vereinbarungen bzw. Eigentümerbeschlüsse verstoßen, seien jedoch nichtig, was jederzeit in einem Verfahren nach § 43 WEG geltend gemacht werden könne. Da Beschlüsse des Verwaltungsbeirates nicht angefochten werden könnten, könne ihnen auch nicht dieselbe Wirkung zukommen, die das Gesetz Eigentümerbeschlüssen beimesse. Verstoßen Beschlüsse des Beirates gegen das Gesetz, die Gemeinschaftsordnung oder Eigentümerbeschlüsse, seien sie mithin nichtig (OLG Hamm, Beschl. vom 5.6.2007, 15 W 239/06). Die vorstehend dargestellte bisher einhellige Meinung überzeugt nach hier vertretener Ansicht nicht.

Gewillkürte Beschlussstandschaft: Da die entsprechende Beschlusskompetenz durch Rechtsgeschäft begründet worden ist (die Teilungserklärung ist ein Vertrag zwischen allen Miteigentümern), handelt es sich um eine gewillkürte Beschlussstandschaft, d. h., den Mitgliedern des Verwaltungsbeirats wird vertraglich eine **fremde Beschlusskompetenz** (nämlich die der übrigen Miteigentümer) übertragen, die sie sodann in eigenem Namen ausüben können.

Da solche Beschlüsse im Verhältnis zu den übrigen Miteigentümern **unmittelbare Außenwirkung** haben, weil sie für den Verband und seine Mitglieder Rechte und Pflichten begründen, müssen sie auch einer Kontrolle zugänglich sein. Solche Beiratsbeschlüsse mit Außenwirkung sind im Hinblick auf Fehlerhaftigkeit und Nichtigkeit an denselben Kriterien zu messen, wie Beschlüsse, die von den Eigentümern selbst gefasst werden. Denn die Mitglieder des Verwaltungsbeirates tun nichts anderes, als die ihnen übertragene Entscheidungskompetenzen der übrigen Miteigentümer in deren Auftrag und für diese wahrzunehmen. Sie üben damit keine originäre eigene, sondern eine ihnen übertragene fremde Beschlusskompetenz aus, gleich des Vertreters, der in einer Eigentümerversammlung mit Vollmacht eines Eigentümers für diesen abstimmt.

Daraus resultierende Beschlüsse entsprechen in ihrer Wirkung solchen einer Eigentümerversammlung im Sinne von § 23 Abs. 4 WEG, so dass nach hier vertretener **Einzelmeinung** eine Gleichbehandlung sowohl hinsichtlich der Bestandskraft als auch der Anfechtungsmöglichkeit geboten ist, so dass von den Mitgliedern des Verwaltungsbeirates in gewillkürter Beschlussstandschaft gefasste Beschlüsse **im Verfahren nach § 43 Nr. 1,2 WEG anfechtbar** sind. Geschieht dies nicht innerhalb der Monatsfrist des § 46 Abs. 1 WEG, können auch diese Verwaltungsbeiratsbeschlüsse in Bestandskraft erwachsen.

Achtung:

Es handelt sich insoweit um die Einzelmeinung des Autors, die bisher in Literatur und Rechtsprechung nicht geteilt wird!

Die Auffassung, dass derartige Beiratsbeschlüsse ohne zeitliche Einschränkung gerichtlich überprüft werden können, weil mangels gesetzlich vorgesehener Anfechtungsmöglichkeit im Sinne von § 23 Abs. 4 WEG sogar von der **Nichtigkeit eines Beiratsbeschlusses** auszugehen sei (OLG Hamm, Beschl. vom 19.3.2007, 15 W 340/06), wenn z. B. bei der Verteilung von Kostenpositionen in der Jahresabrechnung gegen den in der Teilungserklärung bestimmten Umlageschlüssel verstoßen wird, widerspricht den zur Anfechtbarkeit und Nichtigkeit von Beschlüssen entwickelten Grundsätzen.

So entspricht es herrschender Meinung, dass **teilungserklärungswidrige**, in Ihrer Auswirkung auf den Einzelfall beschränkte Beschlüsse als **Zitterbeschlüsse** nur **anfechtbar**, aber nicht nichtig sind. Nur dort, wo Bestimmungen der Teilungserklärung oder das Gesetz mit **Dauerwirkung** abgeändert würden, führt dies mangels entsprechender Beschlusskompetenz von Eigentümergemeinschaften zur **Nichtigkeit** solcher **teilungserklärungsändernder Mehrheitsbeschlüsse**.

Würden die Mitglieder des Verwaltungsbeirates also z. B. durch einen Abrechnungsbeschluss im Einzelfall gegen einen in der Teilungserklärung vorgesehenen Verteilungsmaßstab verstoßen, dann handelt es sich um einen teilungserklärungswidrigen, nicht aber um einen teilungserklärungsändernden Beschluss. Der teilungserklärungswidrige Beschluss ist anfechtbar, der teilungserklärungsändernde wäre nichtig. Die mithin für eine ganz andere Fallkonstellation vorgesehene Beschlussnichtigkeit auf einen teilungserklärungswidrigen Beschluss auszudehnen, weil es vermeintlich keine andere Korrekturmöglichkeit gibt, überzeugt daher nicht.

Die Möglichkeit der Anfechtung der Beiratsbeschlüsse scheitert auch nicht daran, dass diese nicht in einer Eigentümerversammlung gefasst werden. Insoweit könnten die Regeln der Anfechtung eines schriftlichen Umlaufbeschlusses analog Anwendung finden. Jeder

Beschluss des Verwaltungsbeirates mit Außenwirkung muss den Wohnungseigentümern bekannt gemacht werden. Ein Umlaufbeschluss wird zu dem Zeitpunkt existent, in dem mit seiner Kenntnisnahme durch die Wohnungseigentümer den Umständen nach gerechnet werden kann (BGH, Beschl. vom 23.8.2001, V ZB 10/01). Dasselbe kann für Beschlüsse des Verwaltungsbeirates gelten, die vom Verwalter ohnehin allen Miteigentümern zur Kenntnis gegeben werden müssen.

13. Vermittlung von Fachkenntnissen

Da jeder Miteigentümer ohne besondere Voraussetzungen und Fachkenntnisse zum Beirat gewählt werden kann, verfügen Verwaltungsbeiräte im Regelfall über keinerlei Kenntnisse im Wohnungseigentumsrecht, insbesondere aber sind sie über Art und Umfang ihrer eigenen Aufgabe meist nur sehr unzureichend informiert. Jedes Beiratsmitglied hat deshalb einen Anspruch darauf, ein Mindestmaß an **Schulung** zu erhalten.

a) Besuch von Schulungsveranstaltungen

Wer erstmals zum Verwaltungsbeirat gewählt wird, kann auf Kosten der Eigentümergemeinschaft eine Schulungs- oder Informationsveranstaltung besuchen, um sich die für seine Tätigkeit notwendigen **Grundkenntnisse** anzueignen. Über derartige Grundkenntnisse sollte jedes Beiratsmitglied verfügen, so dass der Schulungsanspruch unabhängig von der Größe der Eigentümergemeinschaft besteht. Denn die sich aus dem Gesetz ergebenden Pflichten und Aufgaben eines Beiratsmitgliedes werden nicht etwa deswegen geringer oder unbedeutender, weil es sich um eine kleine Eigentümergemeinschaft handelt.

Je größer eine Eigentümergemeinschaften, umso umfangreicher und komplizierter können allerdings die vom Verwaltungsbeirat zu bewältigenden Aufgaben werden, so dass die Notwendigkeit und der damit korrespondierende Anspruch von Verwaltungsbeiratsmitgliedern auf weitergehende Schulung und vertiefende Fortbildung vom Einzelfall abhängt. In Großgemeinschaften, bei denen Verwaltungsbeiräte mit vielfältigen rechtlichen, technischen und wirtschaftlichen Fragen befasst werden, hängt eine effektive Verwaltungsbeiratstätigkeit oftmals davon ab, dass die Beiräte über **weitergehende Fachkenntnisse** verfügen müssen und solche auch verlangt werden können (BayObLG, Beschl. vom 30.6.1983, 2 Z 76/82). Dann aber müssen Beiräte auch Anspruch auf Fortbildung und weiterführende Schulungen haben, um diesem Anspruch gerecht werden zu können.

Neugewählte Verwaltungsbeiratsmitglieder müssen sich nicht darauf verweisen lassen, dass z. B. ein langjähriger Vorsitzender schon eine Schulung besucht habe und deshalb in der Lage sei, die anlässlich der Beiratstätigkeit anfallenden schwierigeren Aufgaben zu bewältigen. Da jedes einzelne Beiratsmitglied die Verantwortung für die Tätigkeit des Verwaltungsbeirates trägt, muss jeder einzelne Beirat für sich die persönlichen Voraussetzungen schaffen dürfen, dieser Verantwortung auch gerecht werden zu können. Da jedes Verwaltungsbeiratsmitglied einzeln in der Lage sein muss, die ihm und dem Verwaltungsbeirat gestellten Aufgaben zu bewältigen, hat auch jedes einzelne Verwaltungsbeiratsmitglied Anspruch auf eigene Schulung, unabhängig von einer bereits erlangten Befähigung der anderen Beiratsmitglieder.

Hält der Verwaltungsbeirat im Einzelfall den Besuch von umfangreicheren und damit kostenintensiven Schulungsveranstaltungen für erforderlich, die möglicherweise gar mit Reise- und Übernachtungskosten verbunden sind, so sollte der Besuch einer solchen Veranstaltung möglichst vorher von der Eigentümergemeinschaft genehmigt werden, tunlichst aber ist er mit dem Verwalter abzustimmen und nachträglich eine Genehmigung einzuholen.

Bei der Schulung von Verwaltungsbeiräten ist regelmäßig **Großzügigkeit geboten**, da dass Bestreben von Beiratsmitgliedern, sich zu informieren und fortzubilden, im unmittelbaren Interesse der Eigentümergemeinschaft liegt und im Wesentlichen dieser selbst zugute kommt.

b) Fachliteratur

Auch eine solide Grundausstattung mit Fachliteratur erscheint als geboten. Verwaltungsbeiräte haben jedenfalls Anspruch auf eine Mindestausstattung mit einschlägiger Fachliteratur (BayObLG, Beschl. vom 30.6.1993, 2 Z 76/82).

Allerdings kann nicht jedes einzelne Verwaltungsbeiratsmitglied beanspruchen, selbst im Besitz eines jeden einzelnen Fachbuches zu sein. Hier reicht jeweils die Anschaffung eines Exemplars für den gesamten Beirat, der sich intern darüber abstimmen muss, wem das einzelne Fachbuch ausgehändigt wird und wie es ggfls. im Umlaufverfahren den einzelnen Mitgliedern zur Verfügung gestellt werden kann.

Bei entsprechendem Bedarf in einer Großgemeinschaft kann es auch gerechtfertigt sein, dem Verwaltungsbeirat eine **Rechtsprechungsdatei** zur Verfügung zu stellen, und diese regelmäßig zu aktualisieren.

Endet die Verwaltungsbeiratstätigkeit, sind alle von der Eigentümergemeinschaft zur Verfügung gestellten Schulungsmittel an den Verwalter zurückzugeben oder aber an nachfolgende Beiratsmitglieder weiterzureichen.

14. Aufwendungsersatz

Zwischen dem in aller Regel unentgeltlichen tätig werdenden Verwaltungsbeirat und der Eigentümergemeinschaft besteht ein **Auftragsverhältnis**. Dem Verwaltungsbeirat sind deshalb diejenigen Aufwendungen gemäß § 670 BGB zu ersetzen, die für die Ausübung der Tätigkeit notwendig sind. Grundsätzlich gilt dabei, dass sich Verwaltungsbeiräte solche Ausgaben, die sie den Umständen nach für erforderlich und angemessen halten durften, nicht erst in jedem Einzelfall vom Verwalter oder gar der Eigentümergemeinschaft genehmigen lassen müssen. Derartige Aufwendungen sind von der Eigentümergemeinschaft ohne Weiteres auf Nachweis zu ersetzen. Der Verwalter ist also ohne Beschlusses der Wohnungseigentümerversammlung berechtigt, solche Aufwendungsersatzansprüche von

Verwaltungsbeiräten aus dem laufenden Konto des Verbandes zu befriedigen. Auch hier empfiehlt sich aber ein Blick in die Gemeinschaftsordnung, durch die Aufwendungsersatzansprüche des Verwaltungsbeirates ausgeschlossen werden können. Eine solche, in ihren Auswirkungen unglückliche Regelung der Gemeinschaftsordnung kann allerdings im Einzelfall durch einen teilungserklärungswidrigen und damit nur anfechtbaren Zitterbeschluss abgemildert werden, um Verwaltungsbeiräten nicht zuzumuten, die für ihre Arbeit notwendigen Hilfsmittel privat bezahlen zu müssen.

a) Auslagen für Kommunikationsmaßnahmen

Ein Aufwendungsersatzanspruch besteht ohne Weiteres für **Telefon-, Porto- und Kopierkosten.** Sind Briefe zu verschicken, sind die Kosten für den Einkauf von dafür notwendigem **Schreibpapier** sowie die **Briefumschläge** zur postalischen Versendung zu erstatten.

b) Bewirtungsaufwand

Je nach Dauer der Beiratssitzung, die in Großgemeinschaften bei umfangreichen Tagesordnungen über Stunden dauern und einen ganzen Abend in Anspruch nehmen kann, ist auch ein **Bewirtungsaufwand** für die teilnehmenden Beiratsmitglieder in angemessenem Umfang zu erstatten, so z. B. der Kauf von Gebäck und Getränken (BayObLG, Beschl. vom 30.6.1983, 2 Z 76/82). Wenn es der zeitliche Umfang einer Beiratssitzung rechtfertigt, kann der Verwaltungsbeirat auch ein gemeinsames Mittag- oder Abendessen auf Kosten der Gemeinschaft einnehmen.

c) Mieten

Ob für eine Beiratssitzung ein **Sitzungsraum** angemietet werden darf, hängt vom Einzelfall ab. Da kein Verwaltungsbeirat verpflichtet ist, eigene Räumlichkeiten unentgeltlich für die Durchführung von Beiratssitzungen zur Verfügung zu stellen und wenn auch die Eigentümergemeinschaft nicht über eine geeignete Räumlichkeit verfügt, in der eine Sitzung abgehalten werden könnte, es überdies in zumutbarer Entfernung zur Anlage kein Restaurant oder eine sonstige Einrichtung gibt, die zumindest bei Abnahme von Verzehr einen

Nebenraum kostenlos zur Verfügung stellt, dann kann es notwendig werden, für Beiratssitzungen eine Räumlichkeit anzumieten.

Beiratssitzungen können auch im **Büro des Verwalters** abgehalten werden, wenn dort in einem abgetrennten Raum eine vertrauliche Beratung möglich ist. Dies bietet sich insbesondere dann an, wenn der Verwalter ohnehin als Gast an der Verwaltungsbeiratssitzung teilnehmen soll, oder während einer Beiratssitzung umfangreiche Verwaltungsunterlagen eingesehen werden müssen.

d) Fahrt- und Reisekosten

Fahrtkosten für die Teilnahme an Beiratssitzungen sind immer dann zu erstatten, wenn die Beiratssitzung nicht in unmittelbarer Nähe des Wohnortes eines Beiratsmitgliedes statt findet. Fahrtkosten mit dem **Auto** sind grundsätzlich genauso zu erstatten, wie die Aufwendungen für **öffentliche Verkehrsmittel**.

Muss ein Beiratsmitglied größere Entfernungen zurücklegen – die Wohnungseigentumsanlage befindet sich in Frankfurt, das Beiratsmitglied wohnt in Hamburg, dann kann ein Beiratsmitglied auch per **Flugzeug** anreisen und ggf. die Kosten für die **Übernachtung** in einem Hotel berechnen.

Merke:

In allen Fällen, in denen Verwaltungsbeiratsmitglieder Aufwendungsersatz verlangen wollen, sind sie gehalten, vernünftig zu wirtschaften, d. h. die Reisekosten müssen unter Berücksichtigung der Besonderheiten des Einzelfalles angemessen sein.

Einen Anspruch auf die Erstattung von Fahrt-, Bewirtungs- und Übernachtungskosten besteht für Verwaltungsbeiratsmitglieder dann nicht, wenn sie zu Eigentümerversammlungen anreisen müssen. An **Eigentümerversammlungen** nehmen Verwaltungsbeiratsmitglieder in ihrer Eigenschaft als Eigentümer teil, die regelmäßig gegenüber dem teilrechtsfähigen Verband keinen Anspruch auf Aufwendungsersatz haben, wenn sie ihre Eigentümerrechte wahrnehmen.

e) Sekretariatskosten und Schreibauslagen

XE „Schreibauslagen Ein Anspruch auf Ersatz von Sekretariatskosten oder Aufwendungen für ein Schreibbüro besteht nur in Ausnahmefällen. Kurze Protokollnotizen über vereinzelte Beiratssitzungen sind von den Verwaltungsbeiräten selbst zu erstellen. Da heute die weit überwiegende Zahl aller Privathaushalte über einen Computer oder Labtop mit angeschlossenem Drucker verfügt, kann verlangt werden, dass die Beiratsprotokolle ausgedruckt werden, so das sich Eigentümer oder der Verwalter nicht durch unleserliche Handschriften quälen müssen.

Anders kann es sich bei Großgemeinschaften verhalten, wo es bisweilen erforderlich ist, wegen einer Vielzahl von Tagesordnungspunkten Beiratssitzungen abzuhalten, die sich über Stunden hinziehen und für die ein seitenlanger Protokollierungsbedarf entstehen kann. Sind solch umfangreiche Beiratssitzungen gar die Regel, so dass Verwaltungsbeiräte aus ihrer Mitte wechselnde Schriftführer wählen, um die Einzelbelastung des Vorsitzenden als Protokollführer abzumildern, kann es von den Verwaltungsbeiratsmitgliedern nicht auch noch verlangt werden, die Protokolle in gedruckter Endfassung vorzulegen.

Da während einer Beiratssitzung vom Protokoll- oder Schriftführer in der Regel nur handschriftliche Stichpunkte notiert werden und die Ausformulierung des Protokolltextes erst im Nachhinein erfolgt, kann die Protokollendfassung bei großem Umfang vom Verwaltungsbeirat auch als **Diktat** vorgelegt werden, das sodann **in Textform zu übertragen** ist. Will sich der Verwaltungsbeirat hierzu z. B. des Sekretariats des Verwalters oder eines Schreibbüros bedienen und dadurch Kosten auslösen, ist die vorherige Genehmigung der Eigentümergemeinschaft und die Abstimmung mit dem Verwalter erforderlich. Denn der Verwalter muss sein Büro weder für die Wahrnehmung von Aufgaben des Verwaltungsbeirates, schon gar nicht ungefragt und im besonderen nicht ohne Vergütung zur Verfügung stellen. Ist der Verwalter hierzu nicht bereit, ist von der Eigentümergemeinschaft die Inanspruchnahme eines **Schreibbüros** zu genehmigen.

Werden dem Verwaltungsbeirat im Einzelfall **Spezialaufgaben** übertragen, wie z. B. die Durchführung von **Bewerbungsgesprächen** mit Bewerbern um die Hausmeisterstelle oder die Vorauswahl für die Verwalterneubestellung, dann kann die inhaltliche Dokumentation der geführten Gespräche und die Wiedergabe der vom Beirat diskutierten Überlegungen und Auswahlkriterien einen Umfang annehmen, dessen Darstellung in Schreibmaschinen schriftlicher Form den Beiräten nicht mehr zugemutet werden kann. Der Verwaltungsbeirat kann auch in solchen Fällen die Inanspruchnahme eines Schreibbüros als angemessen erachten und die dadurch entstehenden Kosten als Aufwendungsersatz von der Eigentümergemeinschaft verlangen.

Ist angesichts des Umfanges von Beiratsprotokollen der Einsatz eines **Diktiergerätes** erforderlich, kann die Eigentümergemeinschaft eine solche Anschaffung für den Verwaltungsbeirat beschließen.

f) Aushänge und Rundschreiben

Besteht ein aktueller Anlass, Miteigentümer über die Tätigkeit des Verwaltungsbeirates im Allgemeinen oder über besondere Vorkommnisse anlässlich der Prüfungstätigkeit außerhalb von Eigentümerversammlungen zu unterrichten, so kann sich der Verwaltungsbeirat dazu, sofern in der Eigentümergemeinschaft vorhanden, eines „schwarzen Brettes" oder eines „Schaukasten" bedienen und dort den Aushang anbringen. Dazu bedarf es weder einer Genehmigung des Verwalters, noch wäre dieser berechtigt, zeitliche Vorgaben über die Dauer des Aushanges zu machen. Ein Bedürfnis, Aushänge länger als bis zur nächsten Eigentümerversammlung anzubringen, auf der die Informationen ohnehin allen Miteigentümern zugänglich gemacht werden kann, besteht allerdings nicht.

Ist es aus sachlichen Gründen erforderlich, die Eigentümer per Rundschreiben über besondere Vorkommnisse im Zusammenhang mit der Beiratstätigkeit zu informieren, und ist der Verwalter nicht bereit, Vervielfältigung und Versand zu übernehmen, – im übrigen Kosten, deren gesonderten Ersatz auch der Verwalter von einer Eigentümergemeinschaft verlangen kann, da sie nicht vom normalen Verwalterhonorar abgedeckt sind –, so ist der Verwaltungsbeirat berechtigt, dies extern auf Kosten der Gemeinschaft zu veranlassen. Zu ersetzen sind die übliche Kopierkosten sowie der Kauf von Briefumschlägen und Porti.

Für den Versand privater Mitteilungen oder persönlicher Stellungnahmen, die mit der Tätigkeit des Verwaltungsbeirates nichts zu tun haben, kann kein Ersatz der entstehenden Aufwendungen verlangt werden (KG, Beschl. vom 19.7.2004, 24 W 349/02).

g) Kosten für Sonderfachleute

Insbesondere bei großen Eigentümergemeinschaften können bisweilen die an die Verwaltungsbeiräte gestellten Anforderungen das eigene Wissen um besondere technische, buchhalterische oder auch rechtliche Zusammenhänge übersteigen. Ergibt sich in solchen Fällen für den Verwaltungsbeirat Beratungsbedarf, so besteht keine Ermächtigung, ohne weiteres zum Zweck eigener Beratung und Aufklärung die Tätigkeit von Steuerberatern oder Wirtschaftsprüfern, Technikern oder Rechtsanwälten in Anspruch zu nehmen und dadurch Kosten zu verursachen, die dann von der Eigentümergemeinschaft übernommen werden sollen.

Zuerst einmal ist der Verwaltungsbeirat gehalten, die aus seiner Sicht erforderlichen Informationen vom Verwalter anzufordern. Ein versierter professioneller Verwalter wird oft in der Lage sein, Unklarheiten zu beseitigen oder dem Verwaltungsbeirat zumindest weitergehende Informationen zur Verfügung zu stellen (z. B. technische Beschreibungen, Kopien einschlägiger Literatur aus Recht oder Technik, Urteilsabschriften usw.), die ihn in die Lage versetzen, sich die notwendigen Informationen selbst zu erarbeiten.

Nur in den Fällen, wo dies nicht ausreicht und der Verwaltungsbeirat einen weitergehenden Beratungsbedarf als sachlich notwendig begründen kann, kommt auch die Einschaltung von Sonderfachleuten in Frage. Dies allerdings erst nach **Ermächtigung durch die Eigentümergemeinschaft**.

Sollte der Beratungsbedarf so dringend und unaufschiebbar sein, dass die nächste Eigentümerversammlung nicht abgewartet werden kann, ist es nach hier vertretener Auffassung auch zulässig, nach

Ab- und Zustimmung mit und durch den Verwalter die Hilfe eines Sonderfachmannes in Anspruch zu nehmen.

Eine Genehmigung dieser Maßnahme ist sodann für die nächste Eigentümerversammlung als Beschlusspunkt auf die Tagesordnung zu setzen. Hat tatsächlich ein achtenswerter und dringlicher Beratungsbedarf bestanden, wäre es mit der, den Mitgliedern des Verwaltungsbeirat gegenüber bestehenden Treuepflicht nicht vereinbar, wenn die Eigentümergemeinschaft eine Genehmigung der bereits stattgefunden Einschaltung von Sonderfachleuten und die Übernahme der damit verbunden Kosten verweigern würde.

Dies macht aber auch deutlich, dass Verwaltungsbeiräte unbedingt darauf achten müssen, die Eigentümergemeinschaft nicht leichtfertig mit derartigen Kosten zu belasten, da sie sonst Gefahr laufen könnten, unbedacht oder unnötiger Weise veranlasste Honorare von Sonderfachleuten selbst tragen zu müssen.

15. Abrechnung der Auslagen

Wird Auslagenersatz beansprucht, so sind die Ausgaben durch Vorlage entsprechender **Belege** nachzuweisen. Die Erstattung ist nicht von einer gesonderten Beschlussfassung durch die Eigentümergemeinschaft abhängig, der Verwalter kann die Kosten ohne weiteres aus dem laufenden Konto entnehmen (BayObLG, Beschl. vom 30.6.1983, 2 Z 76/82). In allen Fällen sind allerdings auch nachweisbare Auslagen nur insoweit von der Eigentümergemeinschaft zu ersetzen, als der verursachte Aufwand vom Verwaltungsbeirat im Sinne ordnungsgemäßer Verwaltung für erforderlich gehalten werden durfte.

a) Budget für Ausgaben des Verwaltungsbeirates

Um den Mitgliedern des Verwaltungsbeirates den Aufwand einer ständigen Abrechnung ihrer Ausgaben gegenüber dem Verwalter zu ersparen, ihnen andererseits aber auch nicht zuzumuten, über längere Zeiträume die von ihnen aufgewendeten Auslagen vorfinanzieren zu müssen, entspricht es dem Gebot ordnungsgemäßer Verwaltung, wenn eine Eigentümergemeinschaft durch Mehrheitsbeschluss ein **Beiratsbudget** beschließt und diese Kosten in den **Wirtschaftsplan** einstellt.

Der Budgetbetrag kann dem Vorsitzenden des Verwaltungsbeirates, oder, sofern der Beitrat intern einen „Kassenwart" bestellt hat, auch diesem mit der Maßgabe zur Verfügung gestellt werden, dass die Mitglieder des Verwaltungsbeirates ihre tätigkeitsbedingten Aufwendungen unmittelbar aus den bereit gestellten Geldmitteln entnehmen dürfen, jedoch zum Ende eines Wirtschaftsjahres, spätestens aber rechtzeitig vor Beschluss der Jahresabrechnung, unter Vorlage von Einzelnachweisen dem Verwalter gegenüber über die Verwendung des **Budgets abzurechnen** haben.

Der Höhe nach kann sich dieses Budget an den Beiratsaufwendungen des vergangenen Wirtschaftsjahres orientieren. Gibt es keine Vergleichswerte, dann kann der Aufwand geschätzt werden. Eine Budget im mittleren dreistelligen Eurobereich von etwa **400 bis 500 EUR** bei einem aus drei Mitgliedern bestehenden Verwaltungsbeirat dürfte in aller Regel angemessen sein.

b) Aufwandspauschale

Um den Aufwand der Abrechnung auf Einzelnachweis zu ersparen, kann die Eigentümergemeinschaft durch Mehrheitsbeschluss für jedes Beiratsmitglied eine angemessene **Auslagenpauschale** festlegen (BayObLG, Beschl. vom 30.4.1990, 2 Z BR 153/98). Dies allerdings begründet für die Beiräte das Risiko, dass im Einzelfall mehr an Aufwand entsteht, als durch die Pauschale abgedeckt wird. In solchen Fällen sind die Verwaltungsbeiräte darauf angewiesen, sich von der Eigentümergemeinschaft nachträglich eine Erhöhung der Aufwandspauschale genehmigen zu lassen oder zusätzlich entstandene Auslagen zur Einzelerstattung anzumelden.

Ein **Mischfall zwischen Aufwendungsersatz und Vergütung** kann die Gewährung von erhöhter Auslagenpauschalen sein. Wird Verwaltungsbeiräten unter dem Gesichtspunkt der Verwaltungsvereinfachung eine Auslagenpauschale zugesagt, um die aufwendige Abrechnung nach Einzelbelegen zu vermeiden, dann handelt es sich solange um einen Aufwendungsersatz, so lange dementsprechende, wenn auch großzügig zu schätzende Auslagen gegenüber stehen.

Aufwendungspauschalen können z. B. je Beiratssitzung gewährt werden (OLG Schleswig, Beschl. vom 13.12.2004, 2 W 124/03: EUR 20,00 je Beiratssitzung zzgl. Fahrtkostenerstattung).

Möglich wäre auch die Zahlung einer pauschalen Aufwandsentschädigung gemessen nach Zeitabschnitten (z. B. nach Quartalen oder eine jährliche Pauschale). In jedem Falle sollte ein pauschaler Aufwendungsersatz im Rahmen des für die Verhältnisse der Eigentümergemeinschaft Vertretbaren liegen, weil nur ein angemessener Verwaltungskostenaufwand dem Gebot ordnungsgemäßer Verwaltung entspricht. So wurde eine Jahrespauschale von DM 300,00 für einen Verwaltungsbeiratsvorsitzenden, der überdies mit der Abnahme des gemeinschaftlichen Eigentums beauftragt war, als angemessen angesehen (BayObLG, Beschl. vom 30.4.1999, 2 Z BR 153/98).

Werden von Eigentümergemeinschaften höhere Aufwandspauschalen beschlossen, insbesondere solche im vierstelligen Euro-Bereich, dürften solche Pauschalen in aller Regel neben dem Aufwendungsersatz auch einen Vergütungsanteil enthalten, sofern für ein Mitglied des Verwaltungsbeirates im Einzelfall nicht besonders hohe Reise- und Übernachtungskosten entstehen (LG Hannover, Beschl. v. 10.1.2005, 4 T 78/05, wonach eine Aufwandsentschädigung für eine 3-köpfigen Verwaltungsbeirat in Höhe von EUR 3.579,04 pro Jahr ordnungsgemäßer Verwaltung entspricht).

Jede Eigentümergemeinschaft ist insofern gehalten, Aufwendungspauschalen mit Augenmaß zu beschließen, wobei für einzelne Beiratsmitglieder unterschiedliche Pauschalen angebracht sein können, je nachdem, unter welchen persönlichen Umständen die Beiratstätigkeit wahrzunehmen ist. Steht eine Aufwendungspauschale in keinem Verhältnis mehr zu den für die Verwaltungsbeiratstätigkeit erforderlichen Auslagen, so ist jedenfalls ein anteiliger Betrag der Aufwendungspauschale als Vergütung zu betrachten.

16. Vergütung des Verwaltungsbeirates

In aller Regel werden Verwaltungsbeiratsmitglieder ehrenamtlich tätig, so dass sie keinen Vergütungsanspruch haben (BayObLG, Beschl. vom 30.6.1983, 2 Z 76/82).

Die Auffassung, dass eine pauschale Jahresvergütung für den Vorsitzenden des Verwaltungsbeirates in Höhe von EUR 500,00 mit den Grundsätzen einer ehrenamtlichen Tätigkeit nicht mehr vereinbar und ein entsprechender Beschluss daher anfechtbar sein soll (KG, Beschl. vom 31.3.2004, 24 W 194/02), erscheint in dieser Allgemeinheit jedoch bedenklich. Abhängig von der Größe einer Eigentümergemeinschaft, dem Arbeitsaufwand der Beiratsmitglieder, der Häufigkeit von Beiratssitzungen und dem Umfang einer sonstigen zeitlichen Inanspruchnahme der Verwaltungsbeiräte kann ein Betrag von einigen hundert Euro sehr wohl eine angemessene finanzielle Entschädigung auch für eine ehrenamtliche Tätigkeit darstellen, ohne dass dies eine leistungsbezogene Vergütung bedeuten würde.

a) Bezahlung des Zeitaufwandes

Nicht mit dem Gebot ordnungsgemäßer Verwaltung zu vereinbaren wäre jedoch ein Mehrheitsbeschluss, Verwaltungsbeiräten eine regelmäßiges monatliches Gehalt zur Abgeltung ihres Zeitaufwandes zu gewähren. Eine solche finanzielle Zuwendung hätte Vergütungsfunktion und wäre mit dem Charakter eines Auftragsverhältnisses nicht vereinbar.

b) Beiräte als Sonderfachleute

Wollen Eigentümergemeinschaften besondere berufliche Qualifikationen ihrer Beiratsmitglieder in Anspruch nehmen und wählen deshalb erklärtermaßen einen Rechtsanwalt oder Steuerberater in den Verwaltungsbeirat, verbunden mit dem Auftrag, rechtliche oder technische Sachverhalte oder Steuerfragen zu prüfen, zu bewerten und gar schriftliche Stellungnahmen dazu abzugeben, um damit die Beauftragung externer Sonderfachleute zu ersparen, dann handelt es sich um ein Dienstvertragsverhältnis gemäß § 611 BGB oder um einen Geschäftsbesorgungsvertrag gemäß § 675 BGB.

In beiden Fällen erwächst für die so beauftragten Verwaltungsbeiratsmitglieder für ihre Tätigkeit ein Vergütungsanspruch, dessen Höhe von der Eigentümergemeinschaft mehrheitlich beschlossen werden kann. So kann die Zahlung einer Vergütung bei einer aus 340 Einheiten bestehenden Eigentümergemeinschaft ordnungsgemäßer Verwaltung entsprechen, wenn die Eigentümergemeinschaft dadurch einen Miteigentümer als Mitglied des Verwaltungsbeirates gewinnen kann, der von Beruf Steuerberater ist (LG Hannover, Beschl. vom 10.1.2006, 4 T 78/05).

Wird die Vergütung von der Eigentümergemeinschaft nicht festgelegt, dann gilt eine ortsübliche Vergütung als vereinbart (§§ 675, 611, 612 Abs. 2 BGB).

c) Incentive-Zuwendungen

Sofern Eigentümergemeinschaften ihren Verwaltungsbeiräten im Rahmen eines bestehenden Auftragsverhältnisses für ihre ehrenamtliche Tätigkeit eine leistungs- und aufwandsunabhängige, geldwerte Anerkennung zukommen lassen wollen, muss dies mit Mehrheit beschlossen werden. Ein solcher Mehrheitsbeschluss entspricht jedoch nur dann ordnungsgemäßer Verwaltung, wenn diese Zuwendung ihrer Höhe nach als Ausdruck des Dankes der Eigentümergemeinschaft für die Bemühungen der Verwaltungsbeiratsmitglieder und einer damit verbundenen Wertschätzung verstanden werden kann und nicht etwa in Wirklichkeit eine versteckte Vergütung darstellen soll.

Die Übernahme der Kosten eines Weihnachtsessens für die Beiräte und deren Partner dürfte dabei genauso im Rahmen liegen, wie pro Wirtschaftsjahr ein einmaliges Geschenk von Theaterkarten oder die Einladung zu einer Kultur- oder Musikveranstaltung. Auch hier ist allerdings Augenmaß geboten, um nicht gegen die Grundsätze ordnungsgemäßer Verwaltung zu verstoßen. Der Kostenaufwand für eine Anerkennung in Form einer derartigen „Incentive-Zuwendung" sollte den Betrag von EUR 150,00 pro Verwaltungsbeiratsmitglied und Wirtschaftsjahr nicht überschreiten.

d) Sachleistungen

Auch ein Wein- oder Buchpräsent zu Weihnachten für jedes einzelne Beiratsmitglied ist genauso wenig zu beanstanden. Kleine Geschenke, die den zweistelligen Eurobereich nicht überschreiten sollten, entsprechen als wirtschaftsjährlich einmaliger Motivationsanreiz für amtierende Beiratsmitglieder ordnungsgemäßer Verwaltung.

Empfehlung:

Kleinlichkeit ist insoweit nicht angebracht, da Eigentümergemeinschaften darauf bedacht sein sollten, auch die Motivation ihrer Beiratsmitglieder zu fördern und zu erhalten, die im Interesse der Gemeinschaft ihre Freizeit opfern und dafür nicht selten Undank, Vorwürfe und manchmal sogar Anfeindungen durch einzelne Miteigentümer ernten. Eigentümergemeinschaften, die das Engagement ihrer Beiratsmitglieder nicht nur als selbstverständlich hinnehmen, sondern vielleicht sogar auch noch besonderes Anspruchsdenken an den Tag legen, dabei aber die Mühen der Beiratstätigkeit in keiner Weise würdigen, werden über kurz oder lang keine Miteigentümer mehr finden, die bereit sind, die Aufgabe eines Verwaltungsbeirates zu übernehmen.

e) Steuerpflicht

Inwieweit Geld- oder Sachleistungen im Einzelfall einer **Steuerpflicht** unterliegt und deshalb von den Verwaltungsbeiräten im Rahmen ihrer Lohn- oder Einkommensteuererklärungen angegebene werden müssen, sollte jedes Verwaltungsbeiratsmitglied für sich selbst von seinem Steuerberater überprüfen lassen.

f) Stimmrechtsauschluss bei Beschlüssen zur Kostenerstattung

Wird über die Erstattung von Aufwandsentschädigung auf Einzelnachweis, über eine pauschale Aufwandsentschädigung oder über eine Vergütung des Verwaltungsbeirates beschlossen, sind die Mitglieder des Verwaltungsbeirates vom Stimmrecht gem. § 25 Abs. 5 WEG ausgeschlossen. Der Willensbildungsprozess über Zahlungen, die an den Verwaltungsbeirat geleistet werden sollen, hat rechtsgeschäftlichen Charakter und führt daher zum Stimmrechtsausschluss.

17. Die Haftung des Verwaltungsbeirates

Wann Mitglieder des Verwaltungsbeirates für Fehler anlässlich ihrer ehrenamtlichen Tätigkeit haften, ist umstritten. Beauftragte haften bei **Pflichtverletzungen** für einen Schaden, soweit sie die Pflichtverletzung zu vertreten haben (§ 280 Abs. 1 BGB). Da der Verwaltungsbeirat als Gremium keine eigene Rechtspersönlichkeit hat, gibt es keine Haftung des Beirates insgesamt, sondern nur eine solche seiner einzelnen Mitglieder, die ggf. als Gesamtschuldner haften (OLG Düsseldorf, Beschl. vom 24.9.1997, 3 Wx 221/97).

Jegliche Haftung setzt jedoch voraus, dass die Eigentümergemeinschaft als teilrechtsfähiger Verband überhaupt einen **Schaden** erlitten hat. Dieser Schaden muss kausal auf die Tätigkeit des Verwaltungsbeirates bzw. auf eine unterlassene Tätigkeit seiner Mitglieder zurückzuführen sein.

Schließlich bedarf es eines **Verschuldens**, wobei zwischen einem vorsätzlichen, grob fahrlässigen oder leicht fahrlässigen Verhalten zu unterscheiden ist.

Wer vorsätzlich einen Schaden herbeiführt, der haftet regelmäßig. Insoweit gilt für den Verwaltungsbeirat nichts anderes. Fraglich ist, inwieweit eine Haftung der Verwaltungsbeiratsmitglieder bei grob oder leicht fahrlässigem Verhalten angenommen werden kann.

Nicht zu folgen ist der Auffassung, dass für die Haftung eines Verwaltungsbeirates die Grundsätze eines ordentlichen Kaufmanns anzuwenden seien (OLG Zweibrücken, Beschl. vom 10.6.1987, 3 W 53/87). So ist es nicht ersichtlich, wieso z. B. von einer zur Verwaltungsbeirätin gewählten Hausfrau verlangt werden könnte, sie habe bei ihrer Tätigkeit die Grundsätze eines ordentlichen Kaufmanns zu beachten, wenn ihr diese Grundsätze womöglich noch nicht einmal bekannt sind und auch nicht bekannt sein müssen.

Von einem ehrenamtlich tätigen Beiratsmitglied ist nur zu erwarten, dass es bei Ausübung seines Amtes mindestens die **Sorgfalt** an den Tag legt, die es auch aufwenden würde, wenn es sich um eine **eigene Angelegenheit** handeln würde (diligentiam quam in suis). Zwar findet diese Ansicht im Gesetz keine Stütze, trotzdem wäre es unangemessen, ehrenamtliche Mitglieder, die über keinerlei Fachkenntnisse verfügen müssen, stärker in die Verantwortung zu nehmen. Jeder Miteigentümer, der in den Verwaltungsbeirat gewählt wird, hat die personenspezifischen Möglichkeiten und Fähigkeiten einzusetzen, über die er ohnehin und ohne weitergehenden Aufwand verfügt.

Problematisch erscheint die Auffassung, dass für ein Beiratsmitglied mit besonderem berufsspezifischem Hintergrund regelmäßig ein strengerer Haftungsmaßstab gelten würde.

Hier wird man unterscheiden müssen: Wer über eine einschlägige **berufliche Qualifikation** verfügt, muss sie bei der Ausübung der Tätigkeit als Mitglied des Verwaltungsbeirates anwenden, denn vorhandene Fähigkeiten würden auch in eigenen Angelegenheiten eingesetzt werden. Bei entsprechender beruflicher Vorbelastung führt also die Forderung nach **Einhaltung der eigenüblichen Sorgfalt** zu einem **strengeren Haftungsmaßstab**. Ein Eigentümer, der jedoch nicht über einschlägiges Fachwissen verfügt, muss solches auch nicht erwerben, nur weil er einer bestimmten Berufsgruppe angehört. So erscheint es z. B. nicht gerechtfertigt, von einem im Strafrecht spezialisierten Rechtsanwalt, der beruflich zum Wohnungseigentumsrecht keinerlei Berührungspunkte hat, eine Einarbeitung in das ihm fremde Rechtsgebiet zu verlangen, nur weil er Rechtsanwalt ist. In einem solchen Fall ist der Rechtsanwalt genauso zu behandeln, wie jedes andere beruflich nicht vorbelastete Mitglied des Verwaltungsbeirates auch.

Die gegenteilige Ansicht würde zum einen dazu führen, dass Eigentümergemeinschaften die berufliche Leistung eines Sonderfachmannes beanspruchen könnten, ohne diese vergüten zu müssen, nur weil ein Miteigentümer sich zur ehrenamtlichen Mitarbeit im Verwaltungsbeirat bereit erklärt hat.

Zum anderen müsste jeder beruflich vorbelasteter Miteigentümer, der keine für die Tätigkeit im Verwaltungsbeirat verwertbare berufliche Qualifikation mitbringt, seine Fachkenntnisse in Eigeninitiative und auf eigene Kosten vervollkommnen, um sich nicht dem Vorwurf auszusetzen, er habe den fachspezifischen Ansprüchen nicht genügt, die von einem Angehörigen dieser Berufsgruppe zu erwarten sind.

Die einheitliche Anwendung strengerer Haftungsmaßstäbe für Berufsträger würde zu einer Einteilung von Mitgliedern des Verwaltungsbeirates in zwei Klassen führen. Dies hätte zur Folge, dass jedem Eigentümer, der einer bestimmten Berufsgruppe angehört ohne über einschlägiges Fachwissen zu verfügen, anzuraten wäre, sich tunlichst nicht in den Verwaltungsbeirat wählen zu lassen. Da es in der Praxis ohnehin schwierig genug ist, in ausreichender Zahl Miteigentümer zu finden, die sich zu Verwaltungsbeiräten wählen lassen, um sodann ihre Freizeit bisweilen in ganz erheblichem Maße für die Belange und die Interessen der Eigentümergemeinschaft einsetzen zu dürfen, sollte dieses Problem nicht auch noch durch überzogene Haftungsmaßstäbe verschärft werden.

Wer ehrenamtlich und damit kostenlos tätig wird, der erwartet für sein Engagement Anerkennung und den Dank derjenigen, um deren Interessen er sich bemüht hat. Eine Eigentümergemeinschaft, die an ihre Verwaltungsbeiräte unangemessen hohe Anforderungen mit einem sich daraus ergebenden erhöhten Regressrisiko stellt, wird über kurz oder lang keine Miteigentümer mehr finden, die bereit sind, sich all dem auszusetzen.

Dies bedeutet jedoch nicht, dass Mitgliedern des Verwaltungsbeirates Untätigkeit oder grobe Schlampereien nachzusehen sind. Wer z. B. einem Verwalter entgegen der ausdrücklichen Weisung einer Eigentümerversammlung die uneingeschränkte Verfügungsmacht über ein vom Verband geführtes Rücklagenkonto einräumt, der handelt als Verwaltungsbeirat grob fahrlässig und haftet der Eigentümergemeinschaft für einen daraus entstehenden Schaden (OLG Düsseldorf, Beschl. vom 24.9.1997, 3 Wx 221/97).

Desgleichen ist es als **grob fahrlässige Pflichtverletzung** anzusehen, wenn bei der Prüfung der Jahresabrechnung auf die Kontrolle der Kontenbelege verzichtet wird, so dass eine veruntreuende Verfügung des Verwalters über Gemeinschaftsgelder unentdeckt bleibt (OLG Düsseldorf, Beschl. vom 24.9.1997, 3 Wx 221/97).

Ein zumindest grob fahrlässig haftungsbegründendes Verhalten stellt es auch dar, wenn ein Mitglied des Verwaltungsbeirates den Verwalter wiederholt schriftlich beleidigt und diesem durch völlig unangemessene **herabsetzende Äußerungen** die weitere Zusammenarbeit mit der Eigentümergemeinschaft unzumutbar macht, so dass der Verwalter sein Amt niederlegt und bis zum Ablauf der regulären Amtszeit den entgangenen Verdienstausfall als Schadensersatz verlangt (BayObLG, Beschl. vom 29.9.1999, 2 Z BR 29/99).

Ein Verwaltungsbeirat kann sich auch dadurch schadensersatzpflichtig machen, dass es ihm aufgrund einer nur **oberflächlichen** und **unzureichenden Belegprüfung** entgeht, dass der Verwalter der Eigentümergemeinschaft für Leistungen Zusatzhonorare in Rechnung gestellt hat, auf die er keinen Anspruch hat. Empfiehlt der Verwaltungsbeirat dennoch sowohl den Beschluss der Jahresabrechnung als auch die Entlastung des Verwalters, dann muss sich die Eigentümergemeinschaft so behandeln lassen, als hätte sie die Entlastung in Kenntnis des zu beanstandenden Verwalterhandelns beschlossen, weil sie sich das zurechnen lassen muss, was der Verwaltungsbeirat bei einer sorgfältigen Belegprüfung erkannt hätte oder hätte erkennen müssen (OLG Düsseldorf, Beschl. vom 9.11.2001, 3 Wx 13/01).

a) Haftungsbeschränkung

Um für Verwaltungsbeiräte das Haftungsrisiko überschaubarer zu machen, ist es zulässig, die Haftung auf **Vorsatz** und **grobe Fahrlässigkeit** zu beschränken. Die Haftung für leichte Fahrlässigkeit kann für den Einzelfall durch **Mehrheitsbeschluss** ausgeschlossen werden, wenn dies anlässlich der Bestellung und für die Person eines jeweils bestimmten Verwaltungsbeirates geschieht.

Ein Mehrheitsbeschluss, der für alle zukünftigen Beiräte einer Eigentümergemeinschaft die Haftung wegen einfacher Fahrlässigkeit mit **Dauerwirkung** ausschließen würde, wäre jedoch nichtig. Dies würde eine Änderung von § 276 Abs. 1 BGB darstellen. Eigentümergemeinschaften fehlt jedoch die Beschlusskompetenz, gesetzliche Vorschriften durch Mehrheitsbeschluss mit Dauerwirkung abzuändern. Eine derartige generelle, für die Zukunft wirkende **Haftungs-**

beschränkung wäre nur in der **Gemeinschaftsordnung** oder durch eine spätere allstimmige Vereinbarung möglich (OLG Frankfurt am Main, Beschl. vom 27.10.1987, 20 W 448/86).

Ein allgemeiner Haftungsausschluss für grobe Fahrlässigkeit in **Formularverträgen**, der gem. § 307 Nr. 7 b BGB unwirksam wäre, dürfte in der Praxis keine Rolle spielen, da kaum Fälle denkbar sind, in denen Mitglieder eines Verwaltungsbeirates als Verwender Allgemeiner Geschäftsbedingungen auftreten könnten und einen Haftungsausschluss für grobe Fahrlässigkeit vereinbaren wollten.

Ist ein Haftungsfall eingetreten, kann eine Eigentümergemeinschaft im Einzelfall nachträglich auf einen Regress gegen ein Mitglied des Verwaltungsbeirates auch im Falle grober Fahrlässigkeit und sogar für Vorsatz verzichten. Nach § 276 Abs. 3 BGB wäre es nur unzulässig, einem Schuldner die Haftung wegen Vorsatzes im Voraus zu erlassen. Da jedoch jeder Eigentümer verlangen kann, dass die Gemeinschaft Forderungen, die ihr zustehen, auch geltend macht, kann ein nachträglicher Haftungsverzicht gegen das Gebot ordnungsgemäßer Verwaltung verstoßen. Ein entsprechender Mehrheitsbeschluss wäre anfechtbar, wenn im Einzelfall nicht besondere Gründe für einen Haftungsverzicht vorliegen.

> **Praxistipp:**
>
> Der Abschluss einer Vermögensschadens-Haftpflichtversicherung für die Mitglieder des Verwaltungsbeirates lässt einen solchen Konflikt erst gar nicht entstehen.

b) Entlastung

Eigentümergemeinschaften können die Entlastung der Mitglieder des Verwaltungsbeirates mehrheitlich beschließen. In der Entlastung liegt ein **negatives Schuldanerkenntnis**, d. h. eine Eigentümergemeinschaft bringt damit zum Ausdruck, dass sie die Verwaltungsbeiratsmitglieder für die zurückliegende Amtsperiode für etwaige Versäumnisse nicht mehr haftbar machen will. Dieser Haftungsverzicht bezieht sich allerdings nur auf **erkennbare Schadensersatzansprüche**.

Der Entlastungsbeschluss kann sich sowohl auf die gesamte Verwaltungsbeiratstätigkeit während des vergangenen Wirtschaftsjahres beziehen, als auch nur auf einzelne Tätigkeitsfelder. Aus einer Entlastung des Verwaltungsbeirates lässt sich jedoch regelmäßig keine konkludente Genehmigung der Jahresabrechnung herleiten (OLG München, Beschl. vom 7.2.2007, 34 Wx 147/06).

Der Beschluss über die Entlastung des Verwaltungsbeirates ist eine Angelegenheit der gesamten Eigentümergemeinschaft. Daher haben auch in einer Mehrhaus-Wohnanlage grundsätzlich alle Wohnungs- und Teileigentümer über die Entlastung abzustimmen.

Dies gilt nur dann nicht, wenn in der Teilungserklärung oder durch Vereinbarung eine von der gesetzlichen Regelung abweichende Bestimmung getroffen worden ist, wonach die jeweiligen Wohnungseigentümer einzelner Hausgemeinschaften über die Entlastung des Verwaltungsbeirates gesondert abzustimmen haben (OLG Zweibrücken, Beschl. vom 23.6.2004, 3 W 64/04).

Ist ein Entlastungsbeschluss nicht angefochten worden, obwohl Pflichtversäumnisse des Beirats vorgelegen haben und bekannt waren, dann erwächst der Beschluss in Bestandskraft, der Verwaltungsbeirat kann für bekannte oder erkennbare Schäden nicht mehr in Regress genommen werden.

Gegen das Gebot ordnungsgemäßer Verwaltung verstoßen würde allerdings ein Entlastungsbeschluss, wenn der Verwaltungsbeirat den Wohnungseigentümern die Annahme einer bekanntermaßen nicht ordnungsgemäßen und unvollständigen Abrechnung empfiehlt (OLG Düsseldorf, Beschl. vom 24.4.1989, 3 Wx 305/88).

Ein Entlastungsbeschluss würde auch dann nicht ordnungsgemäßer Verwaltung entsprechen, wenn ein Ersatzanspruch gegen die Mitglieder des Verwaltungsbeirates aufgrund einer erkennbaren Pflichtverletzung möglich erscheint, es sei denn, die Eigentümergemeinschaft will im Hinblick auf eine allenfalls vorliegende leichte Fahrlässigkeit ganz bewusst auf die Geltendmachung von Haftungsansprüchen verzichten.

Über das Ziel hinausgeschossen ist nach hier vertretener Auffassung der BGH mit seinem Urteil vom 4.12.2011, mit dem ein Beschluss über die Entlastung des Verwaltungsbeirates für unwirksam erklärt worden ist, weil dem Verwaltungsbeirat nicht aufgefallen war, dass der Verwalter in der Jahresabrechnung die Entwicklung und den Bestand der Instandhaltungsrücklage nicht in der Form dargestellt hatte, wie sie vom BGH (erstmalig!) in dieser Entscheidung gefordert wurde, so dass die Jahresabrechnung nach Anfechtung für ungültig erklärt worden war (BGH, Urt. vom 4.12.2011, V ZR 44/09).

Dass deswegen eine mögliche Haftung des Verwaltungsbeirates in Betracht kommen könnte, erscheint überzogen, da kein Verwaltungsbeirat eine neue höchstrichterliche Rechtsprechung vorausahnen kann und sich vielmehr darauf verlassen darf, dass eine andere Jahrzehnte lang geübte Abrechnungspraxis ordnungsgemäßer Verwaltung entspricht.

Anspruch auf Entlastung: Ein Anspruch gegenüber der Eigentümergemeinschaft auf Entlastung besteht für die Mitglieder des Verwaltungsbeirates **nicht**, es sei denn, dies wäre in der Gemeinschaftsordnung vereinbart.

Anspruch auf Entlastung haben Beiratsmitglieder allerdings auch dann, wenn sie die Annahme ihrer Wahl davon abhängig gemacht haben, dass ihnen die Eigentümergemeinschaft jeweils nach Ablauf eines Wirtschaftsjahres bei, soweit erkennbar, ordnungsgemäßer Amtsführung Entlastung erteilt und damit das Vertrauen ausspricht und die Eigentümergemeinschaft die Verwaltungsbeiräte dann auch mit dieser Maßgabe gewählt hat.

Auch wenn Verwaltungsbeiräten kein Anspruch auf Entlastung zusteht, ist in jeder verweigerten Entlastung eine Misstrauenskundgebung zu sehen, die kein Verwaltungsbeirat folgenlos hinnehmen müsste. Regelmäßige Konsequenz dürfte daher sein, dass ein Verwaltungsbeirat, dem die Entlastung grundlos verweigert wurde, für eine weitere Amtszeit nicht mehr zur Verfügung stehen wird.

Stimmrechtsausschluss: Ein Entlastungsbeschluss beinhaltet die Entscheidung der Eigentümergemeinschaft, ob sie den Mitgliedern des Verwaltungsbeirates ihr Vertrauen aussprechen will oder nicht. Bei der Abstimmung über ihre Entlastung sind die Mitglieder des Verwaltungsbeirates deshalb gemäß § 25 Abs. 5 WEG vom **Stimm-**

recht ausgeschlossen. Denn einerseits kann sich niemand selbst das Vertrauen aussprechen, zum Anderen kommt dem in einer Entlastung liegenden negativen Schuldanerkenntnis im Sinne von § 397 Abs. 2 BGB rechtsgeschäftliche Wirkung zu, so dass ein Fall des § 25 Abs. 5, 1. Alternative WEG vorliegt. Aufgrund des Stimmrechtsausschlusses dürfen Verwaltungsbeiräte daher auch nicht in Vertretung oder Vollmacht anderer Miteigentümer für ihre Entlastung mitstimmen (OLG Zweibrücken, Beschl. vom 14.5.1998, 3 W 40/98).

c) Verjährung

Schadensersatzansprüche gegen Verwaltungsbeiräte verjähren innerhalb der **3-jährigen Regelfrist** des § 195 BGB.

Die 3-jährige Verjährungsfrist beginnt aber nur dann mit dem Schluss des Jahres zu laufen, in dem der Anspruch entstanden ist, wenn der Anspruch überhaupt bekannt war oder ohne grobe Fahrlässigkeit hätte erkannt werden müssen (§ 199 Abs. 1 Ziffer 2. BGB). Ohne zumutbare Kenntnis oder eine nichtverschuldete **Unkenntnis** verjähren die Schadensersatzansprüche nach Ablauf von 10 Jahren, nach dem sie entstanden sind (§ 199 Abs. 3 Ziffer 1 BGB).

Dabei ist ein strenger Maßstab an das „**Kennen-müssen**" eines Schadensersatzanspruches zu stellen. Eigentümer neigen dazu, sich „verwalten zu lassen", d. h., aus Bequemlichkeit Verwalter und Verwaltungsbeirat agieren zu lassen, in der Hoffnung, es werde schon alles seine Richtigkeit haben. Wer ihm überlassene Verwaltungsunterlagen inhaltlich nicht zur Kenntnis nimmt, sondern diese schlicht abheftet, an Eigentümerversammlungen nicht teilnimmt oder Versammlungsprotokolle nicht liest, der kann sich später nicht darauf berufen, von haftungsbegründeten Umständen keine Kenntnis erhalten zu haben, obwohl diese erkennbar gewesen wären, hätte der Eigentümer nur ein Minimum an aktiver Teilnahme am Verwaltungsgeschehen seiner Eigentümergemeinschaft gezeigt.

Merke:

Bleiben Fehler und Versäumnisse aufgrund von Passivität oder Desinteresse unerkannt, führt dies nicht zur verlängerten 10-jährigen Verjährungsfrist.

d) Vermögensschadens-Haftpflichtversicherung

Um die Bereitschaft bei Miteigentümern zu steigern, sich als Beiräte dem mit ihrer Tätigkeit verbundenen Haftungsrisiko auszusetzen, empfiehlt sich der Abschluss einer Vermögensschadens-Haftpflichtversicherung. Mit Ausnahme von Schadensersatzansprüchen, die aus einer vorsätzlichen und widerrechtlichen Herbeiführung des Versicherungsfalles entstehen (§ 152 VVG) und deshalb gar nicht versicherbar sind, deckt eine solche Vermögensschaden-Haftpflichtversicherung in aller Regel das mit der Beiratstätigkeit verbundene Haftungsrisiko ab.

Versicherungsnehmer ist in der Regel die Eigentümergemeinschaft, vertreten durch den Verwalter, die den Versicherungsvertrag zugunsten des Verwaltungsbeirates als dem Versicherten abschließt und als Vertragspartner der Versicherungsgesellschaft auch zur Prämienzahlung verpflichtet ist.

Da es sich beim Abschluss einer solchen Versicherung um eine **Risikovorsorge** handelt, die nicht nur der Gemeinschaft für den Schadensfall einen solventen Schuldner (nämlich den Versicherer) verschafft, sondern auch dazu beiträgt, dass sich leichter Miteigentümer finden lassen, die bereit sind, Verwaltungsbeiratstätigkeit zu übernehmen, entspricht der Abschluss einer solchen Vermögensschadenshaftpflichtversicherung **ordnungsgemäßer Verwaltung** (KG, Beschl. vom 19.7.2004, 24 W 203/02).

Das Vorhandensein einer Vermögensschadens-Haftpflichtversicherung fördert aber auch die Tätigkeit des Verwaltungsbeirates, da erforderliche Entscheidungen nicht wegen eines möglichen Haftungsrisikos hinausgeschoben oder gar unterlassen werden.

Die **Prämie** für die Vermögensschadens-Haftpflichtversicherung des Verwaltungsbeirates ist als laufende Sachkostenposition in den Wirtschaftsplan bzw. die Jahresabrechnung einzustellen. Aus der Instandhaltungsrücklage darf die Prämie nicht bezahlt werden, da die Rücklage zweckbestimmt für Reparaturen und Instandsetzungen angesammelt wird und nicht der Deckung von allgemeinen Verwaltungskosten dient.

> ### Praxistipp:
>
> Besteht für die Mitglieder des Verwaltungsbeirates eine Vermögensschadens-Haftpflichtversicherung empfiehlt es sich, von Entlastungsbeschlüssen abzusehen. Könnte nämlich ein Verwaltungsbeirat selbst aufgrund eines Entlastungsbeschlusses nicht mehr in die Haftung genommen werden, würde in Folge dessen auch eine Inanspruchnahme der Haftpflichtversicherung ausscheiden, weil ein Versicherer nur solange für seinen Versicherungsnehmer eintrittspflichtig ist, als dieser selbst in Anspruch genommen werden kann. Ein Entlastungsbeschluss würde sich damit unmittelbar zugunsten der Haftpflichtversicherung und zu Ungunsten der Eigentümergemeinschaft auswirken und würde bereits dadurch dem Gebot ordnungsgemäßer Verwaltung widersprechen, weil die Eigentümergemeinschaft die Versicherungsprämie für einen Versicherungsfall aufwenden würde, für den der Versicherer nicht eintreten müsste, die Eigentümergemeinschaft also durch den Entlastungsbeschluss einen Schadensausgleich selbst verhindern würde.

18. Auskunftserteilung

Jedes einzelne Mitglied des Verwaltungsbeirates ist der Wohnungseigentümergemeinschaft, d. h. dem teilrechtsfähigen Verband gegenüber als seinem Auftraggeber zur Auskunft über die Beiratstätigkeit verpflichtet. Ein Auskunftsanspruch kann in der Sache nur insoweit bestehen, als dem Verwaltungsbeirat entweder bereits durch das Gesetz Aufgaben zugewiesen sind oder aber per Vereinbarung oder Mehrheitsbeschluss von der Eigentümergemeinschaft einzelne Aufgaben und Befugnisse übertragen wurden. Dieser Auskunftsanspruch wird in der Regel bereits dadurch erfüllt, dass der Verwaltungsbeirat eine **Stellungnahme über** seine **Prüfungstätigkeit** gem. § 29 Abs. 3 WEG abgibt.

Einzelnen Miteigentümern gegenüber ist die Auskunftspflicht eingeschränkt und setzt voraus, dass im Einzelfall ein besonderes berechtigtes und aktuelles Bedürfnis dafür besteht, den Verwaltungsbeirat bzw. eines seiner Mitglieder außerhalb von Eigentümerversammlungen direkt anzusprechen und zu befragen.

Es kann jedoch nur als Unsitte bezeichnet werden, wenn Verwaltungsbeiräte insbesondere in Großgemeinschaften auf Schritt und Tritt angesprochen und von den einzelnen Miteigentümern mit Sorgen und Anregungen und Nachfragen jedweder Art überschüttet und um Stellungnahme dazu gebeten werden.

Keine Auskünfte muss der Verwaltungsbeirat über die Art und Weise der Durchführung seiner Tätigkeit erteilen. Wann er sich zu Beiratssitzungen trifft, wo dies geschieht, wie lange Beiratssitzungen andauern, wie das beiratsinterne Miteinander funktioniert, ob beiratsinterne Beschlussfassungen einstimmig oder nach streitiger Diskussion mit abweichenden Einzelvoten gefasst werden, all dies entzieht sich dem Auskunftsanspruch sowohl der Gemeinschaft als auch seiner einzelnen Mitglieder.

a) Sprechstunden

Ergibt sich bei Großgemeinschaften im Einzelfall ein Bedürfnis, mit dem Verwaltungsbeirat außerhalb von Eigentümerversammlungen ins Gespräch zu kommen und auch mal ein Thema zu erörtern, ohne dass der Verwalter anwesend ist, so steht es dem Verwaltungsbeirat frei, zu einer von ihm vorgegebenen Zeit an einem von ihm bestimmten Ort in einer vom Verwaltungsbeirat selbst zu beschließenden Häufigkeit „Beiratssprechstunden" abzuhalten. Solche Zusammenkünfte der Verwaltungsbeiräte stellen keine Beiratssitzungen dar, können aber als solche gestaltet werden.

Führen Verwaltungsbeiräte in einem Jahr mehrere Sitzungen durch, können sie auch eine Sitzung ganz oder teilweise in eine Sprechstunde umgestalten, bei der Eigentümer, die normalerweise keinen Zutritt zu den nicht öffentlichen Verwaltungsbeiratssitzungen haben, die Gelegenheit erhalten, Anregungen und Kritik jedweder Art vorzubringen.

b) Klage auf Auskunftserteilung

Ist der Verband oder ein Miteigentümer der Auffassung, der Verwaltungsbeirat oder eines seiner Mitglieder sei zur Erteilung einer verweigerten Auskunft jedoch verpflichtet, dann kann ein solcher Auskunftsanspruch auch gerichtlich geltend gemacht werden. Voraussetzung ist allerdings, dass das Auskunftsverlangen erst einmal als Tagesordnungspunkt auf einer Eigentümerversammlung behandelt worden ist.

Die Einleitung eines **Gerichtsverfahrens auf Auskunftserteilung**, sei es durch den Verband selbst, sei es durch den einzelnen Eigentümer, erfordert sodann noch einen entsprechenden Eigentümerbeschluss bzw. die Ermächtigung des einzelnen Miteigentümers, seinen individuellen Auskunftsanspruch gerichtlich geltend zu machen. Dies wird als erforderlich angesehen, um die Mitglieder des Verwaltungsbeirates im Interesse des Gemeinschaftsfriedens davor zu schützen, wegen unberechtigter Ansprüche mit gerichtlichen Verfahren überzogen zu werden (BayObLG, Beschl. vom 9.6.1994, 2 Z BR 27/94).

c) Einsichtnahme in Unterlagen des Verwaltungsbeirats

Auch wenn sich aus dem Auftragsverhältnis zwischen Verwaltungsbeirat und Eigentümergemeinschaft neben der Rechenschaftspflicht grundsätzlich ein Recht zur Einsichtnahme in Unterlagen und Belege ergibt, wird erfahrungsgemäß in der Praxis außerhalb von Wohnungseigentümerversammlungen nur in untergeordnetem Umfang Einsicht in Unterlagen des Verwaltungsbeirates verlangt. **Beiratsprotokolle** und **Stellungnahmen** zu Abrechnungen können in der Eigentümerversammlung eingesehen werden, was dem Informationsinteresse der meisten Eigentümer genügt. Ein Anspruch auf Einsichtnahme in die jährliche Stellungnahme des Verwaltungsbeirates oder gar auf Herausgabe einer Kopie vor der Eigentümerversammlung besteht nicht. **Persönliche Notizen** oder Vermerke der Beiratsmitglieder sind davon nicht erfasst, diese müssen weder zugänglich gemacht noch herausgegeben werden.

d) Herausgabe von Verwaltungsbeiratsunterlagen

Endet die Verwaltungsbeiratstätigkeit, sind alle Unterlagen, die inhaltlich Bezug zur Eigentümergemeinschaft haben, an den Verwalter oder aber an den Nachfolgebeirat herauszugeben.

War der Verwaltungsbeirat z. B. beauftragt, im Vorfeld einer Verwalterneuwahl Angebote von Verwaltungsbewerbern einzuholen und eine Vorauswahl zu treffen, so sind diese Unterlagen herauszugeben. Das gleiche gilt für Handwerkerangebote, die im Auftrage der Eigentümergemeinschaft durch den Verwaltungsbeirat eingeholt werden sollten. Ebenfalls sind **Urkunden aller Art** herauszugeben, die der Verwaltungsbeirat im Zuge seiner Tätigkeit angefordert und erhalten hat, so z. B. Katasterauszüge, Abschriften aus der Grundakte, Kopien von Planunterlagen, Schließpläne, Verträge mit von der Eigentümergemeinschaft beschäftigtem Personal, Liefer- und Versorgungsverträge aller Art, Bankunterlagen, Kreditverträge, Zinsabrechnungen, Bescheide aller Art, Abschriften aus Gerichtsakten, vollstreckbare Titel usw. (OLG Hamm, Beschl. vom 20.2.1997, 15 W 295/96 zur Herausgabe notarieller Urkunden).

Alle Schulungs- und Weiterbildungsunterlagen, sowie Fachbücher, Rechtsprechungsdateien, Gesetzestexte, technische Vorschriften usw. sind entweder an den Verwalter oder den nachfolgenden Verwaltungsbeirat auszuhändigen.

Praxistipp:

Um sich vor nachträglichen ungerechtfertigten Herausgabeansprüchen abzusichern, ist Verwaltungsbeiräten, die aus dem Amt scheiden zu empfehlen, sich eine Liste der an den Verwalter oder den Nachfolgebeirat ausgehändigten Gegenstände und Unterlagen abzeichnen zu lassen.

3. Kapitel

Das Wohnungseigentum im Steuerrecht

I. Wohnungseigentum als einkommensteuerliches Betriebs- oder Privatvermögen

Im Hinblick auf die unterschiedlichen steuerlichen Konsequenzen gilt es die Zugehörigkeit des Wohnungseigentums zum Betriebs- oder Privatvermögen abzugrenzen. Man unterscheidet dabei zwischen Privatvermögen, notwendigem und gewillkürtem Betriebsvermögen.

Während Wertsteigerungen im steuerlichen Privatvermögen mit Ausnahme privater (spekulativer) Veräußerungsgeschäfte nach §§ 17, 23 EStG steuerlich regelmäßig nicht erfasst werden, werden Wertsteigerungen im Betriebsvermögen in steuerlicher Hinsicht früher oder später als Gewinn erfasst, nämlich dann, wenn es wie im Fall einer Entnahme, einer Betriebsaufgabe oder Veräußerung des Wirtschaftsgutes zur Aufdeckung der stillen Reserven kommt.

BEISPIEL: **Betriebsvermögen** Der Architekt Armin Müller hatte sein Büro in seiner ihm gehörigen Eigentumswohnung. Mit Erreichen des Rentenalters entschließt er sich, seine selbständige Tätigkeit aufzugeben.

Nachdem diese Eigentumswohnung von Armin Müller in vollem Umfang für seine Selbständigkeit genutzt worden ist, handelte es sich um notwendiges Betriebsvermögen. Im Rahmen der Betriebsaufgabe kommt es zu einer Entnahme aller im Betriebsvermögen befindlichen Vermögensgegenstände – also des Kopierers, des PC's und auch des

Anteils an der Eigentumswohnung, den das Büro eingenommen hat. Der Wert dieser Entnahme bemisst sich dabei nach dem Buchwert zum Zeitpunkt der Betriebsaufgabe und dem ebenfalls zu diesem Zeitpunkt festzustellenden Verkehrswert.

Der Buchwert ergibt sich aus den ursprünglichen Anschaffungskosten abzüglich der Abschreibung. Die Differenz zum Verkehrswert bezeichnet man als „stille Reserven". Dieser so ermittelte Aufgabegewinn wird dem persönlichen Steuersatz – unter Umständen unter Berücksichtigung von Freibeträgen, die im Rahmen der Betriebsaufgabe geltend gemacht werden können – unterworfen.

Die Frage, mit welchem Wert das Grundstück dem Betriebsvermögen zu entnehmen ist, sollte man dem Finanzamt bei der Erklärung des Aufgabegewinns durch ein Sachverständigengutachten nachgewiesen haben. Nachträgliche Diskussionen über den „richtigen Wert" gehen meist zu Lasten des Steuerpflichtigen.

Nach dem sogenannten Einheitlichkeitsgrundsatz ist ein selbständiges Wirtschaftsgut, also vorliegend die Eigentumswohnung oder der Anteil daran, hinsichtlich seiner Zugehörigkeit zum Betriebs- oder Privatvermögen grundsätzlich einheitlich zu behandeln. Dies gestaltet sich jedoch in seiner rechtlichen und praktischen Handhabung insbesondere dann schwierig, wenn die so verstandene Einheit gemischt genutzt wird.

> **BEISPIEL: Gemeinsame Wohnung** In der 3-Zimmer-Wohnung des Architekten Roman Huber wohnt dieser zusammen mit seiner Freundin. Seine Freundin zahlt ihm hierfür monatlich eine geringe „Miet- und Nebenkostenbeteiligung". Ein Zimmer nutzt er ausschließlich als Arbeitszimmer für seine selbständige Tätigkeit.

Steuerrechtlich kann ein „einheitliches" Wirtschaftsgut angesichts unterschiedlicher Nutzungs- und Funktionszusammenhänge aus bis zu vier selbständigen Wirtschaftsgütern bestehen. Aufgrund dieser Regelung ist im Hinblick auf gemischt genutztes Wohnungseigentum danach zu differenzieren, ob es zu eigenen Wohnzwecken oder zu fremden Wohnzwecken, im Übrigen ob es eigenbetrieblich oder fremdbetrieblich genutzt wird. Für jeden selbständigen Gebäudeteil ist hier eine gesonderte Prüfung vorzunehmen, ob dieser Gebäudeteil zum Betriebsvermögen oder zum Privatvermögen gehört. Dasselbe gilt für den dazugehörenden Grund und Boden, der im Verhältnis der einzelnen Gebäudeteile ebenfalls in einzelne selbständige Wirtschaftsgüter aufgeteilt wird.

> **BEISPIEL: Betriebsvermögen** Die Wohnung des Architekten Roman Huber ist eigen- und fremdgenutzt zugleich, außerdem könnte sie bezüglich eines Raumes, nämlich des Arbeitszimmers, Betriebsvermögen sein.

1. Betriebsvermögen

Der Bundesfinanzhof (BFH) konkretisiert die Voraussetzungen, wann von einer betrieblichen Veranlassung auszugehen ist, unter anderem dadurch, dass er innerhalb des betrieblichen Vermögensbereichs zwischen notwendigem und gewillkürtem Betriebsvermögen unterscheidet und diese Kategorien dem notwendigen Privatvermögen gegenüberstellt. Eine ausführliche Darstellung bieten in diesem Zusammenhang die Einkommensteuerrichtlinien.

a) Notwendiges Betriebsvermögen

Zum notwendigen Betriebsvermögen gehören alle Wirtschaftsgüter, die ausschließlich und unmittelbar für eigenbetriebliche Zwecke des Steuerpflichtigen genutzt werden. Der Bundesfinanzhof fordert, dass die Wirtschaftsgüter objektiv erkennbar zum unmittelbaren Einsatz im Betrieb selbst bestimmt sind, wobei auf die tatsächliche Zweckbestimmung und konkrete Funktion des Wirtschaftsguts im Betrieb abzustellen ist. Für die Qualifizierung als notwendiges Betriebsvermögen wird nicht gefordert, dass die Wirtschaftsgüter im Betrieb wesentlich oder unentbehrlich sind. Auch eine private Nutzung in geringem Umfang ist nicht relevant. Darüber hinaus ist die Qualifikation als notwendiges Betriebsvermögen nicht dadurch ausgeschlossen, dass es zu Unrecht nicht bilanziert und somit im Privatvermögen gehalten wird. Es kommt immer auf die tatsächlichen und nicht die erklärten Verhältnisse an.

Das eigenbetrieblich genutzte Wohnungseigentum des Steuerpflichtigen gehört mit dem nach der Nutzfläche verhältnismäßig zugehörigen Grund und Boden stets zum notwendigen Betriebsvermögen.

Da ein zu Vermietungszwecken genutztes Wohnungseigentum dem notwendigen Betriebsvermögen nur zugeordnet werden kann, sofern ein enger funktioneller Zusammenhang mit dem Betrieb des Steuerpflichtigen gegeben ist, reicht eine mit der Vermietung des Wohnungseigentums bezweckte bloße Absicherungsfunktion, beispielsweise die Sicherung eines betrieblichen Kredits, für die Annahme notwendigen Betriebsvermögens nicht aus.

b) Grundstücksteile von untergeordnetem Wert

Beträgt der Wert eines eigenbetrieblich genutzten Wohnungseigentumsanteils nicht mehr als 1/5 des gesamten Wohnungseigentums und dabei nicht mehr als € 20.500, besteht ein Wahlrecht des Steuerpflichtigen, es entweder (weiterhin) als notwendiges Betriebsvermögen zu behandeln oder es, sofern bislang bilanziert, zum Teilwert zu entnehmen.

> **BEISPIEL: Unternehmen und Wohnung.** Der Werbefachmann Joachim Müller betreibt in seiner im Übrigen eigengenutzten Eigentumswohnung sein Einzelunternehmen. Ein Zimmer dieser Wohnung benutzt er ausschließlich für dieses Einzelunternehmen. Dieses Arbeitszimmer nimmt 20% der Gesamtfläche der gesamten Wohnung ein. Der gemeine Wert der Eigentumswohnung beträgt insgesamt ca. € 90.000. Bisher hat er dieses Arbeitszimmer im Rahmen seiner Bilanz als Betriebsvermögen angesetzt. Jetzt überlegt er, ob er es weiterhin als Betriebsvermögen bilanziert, oder ob er es in das Privatvermögen überführen soll.
>
> Der Buchwert dieses Anteils beträgt € 8.000 (20% vom ursprünglichen Anschaffungswert abzüglich der bis zum Zeitpunkt der Entnahme geltend gemachten Abschreibungen), so dass der Entnahmegewinn bei Fortführung der Firma € 10.000 (20% von € 90.000,00 = € 18.000 abzüglich Buchwert von € 8.000) betragen würde. Dieser Gewinn unterliegt neben seinen weiteren Einkünften – insbesondere seinen Einkünften aus Gewerbebetrieb – der laufenden Besteuerung. Falls er Überle-

gungen anstellt, seine Firma beispielsweise aus Altersgründen insgesamt aufzugeben, wäre ihm anzuraten, mit der Entnahme zu warten und diese dann mit dem übrigen Aufgabegewinn (Veräußerungsgewinn für die Firma etc.) begünstigt zu versteuern.

c) Gewillkürtes Betriebsvermögen

Gewillkürtes Betriebsvermögen umfasst Wirtschaftsgüter, die weder notwendiges Betriebsvermögen noch notwendiges Privatvermögen sind, und als Betriebsvermögen durch Ausweis in der Bilanz behandelt werden. Die Wirtschaftsgüter müssen in einem gewissen objektiven Zusammenhang mit dem Betrieb stehen und ihn zu fördern bestimmt sowie geeignet sein.

Der auch hier geforderte betriebliche Förderungszusammenhang fordert im Unterschied zum Bereich des notwendigen Betriebsvermögens jedoch keine endgültige Entscheidung des Steuerpflichtigen über den unmittelbaren Einsatz im Betrieb und somit keine endgültige Funktionszuweisung. In Betracht kommen sämtliche Wirtschaftsgüter, deren betriebliche Verwendung zumindest möglich ist.

Gewillkürtes Betriebsvermögen wird dadurch gebildet, dass sich der Steuerpflichtige hierzu erkennbar entschließt. Er muss dies also vor allem bei der erstmaligen Zuordnung zum Betriebsvermögen unmissverständlich dokumentieren. Dies geschieht in der Regel durch den Ausweis in der Bilanz. Ein sachverständiger Dritter, also beispielsweise der Betriebsprüfer, muss die Zugehörigkeit des Wirtschaftsgutes ohne weitere Erklärung des Steuerpflichtigen erkennen können. Seit einer Änderung der Rechtsprechung des BFH ist die Bildung gewillkürten Betriebsvermögens auch bei einer Gewinnermittlung nach § 4 Abs. 3 EStG, also einer Überschussrechnung der Betriebseinnahmen über die Betriebsausgaben, möglich. Voraussetzung ist, dass mindestens eine 10%ige eigenbetriebliche Nutzung und eine zeitnahe eindeutige Zuordnungsentscheidung vorliegen.

Die Einlage von Wirtschaftsgütern als gewillkürtes Betriebsvermögen ist nicht zulässig, wenn erkennbar ist, dass die betreffenden Wirtschaftsgüter dem Betrieb keinen Nutzen, sondern nur Verluste bringen werden.

Gehört ein Grundstück nur teilweise dem Betriebsinhaber, kann es nur insoweit Betriebsvermögen sein, als es ihm gehört. Das gilt auch dann, wenn Ehegatten Miteigentümer eines Grundstücks sind. Nur derjenige der Ehegatten, der dieses Grundstück für seinen Betrieb nutzt, kann es als Betriebsvermögen geltend machen.

Grundstücke oder Grundstücksteile, die nicht eigenbetrieblich genutzt werden und weder eigenen Wohnzwecken dienen, noch Dritten zu Wohnzwecken unentgeltlich überlassen, sondern beispielsweise zu Wohnzwecken oder zur gewerblichen Nutzung an Dritte vermietet sind, können ebenfalls als gewillkürtes Betriebsvermögen behandelt werden. Die Grundstücke oder die Grundstücksteile müssen aber in einem gewissen objektiven Zusammenhang mit dem Betrieb stehen und ihn zu fördern bestimmt und geeignet sein.

In folgenden Fällen hat der BFH einen solchen betrieblichen Funktionszusammenhang anerkannt:

- Erwerb eines Nachbargrundstücks als vorbereitende Maßnahme zu einer möglichen Betriebserweiterung sowie

- Steigerung der Ertragsfähigkeit im Hinblick auf eine Kreditgewährung.

2. Privatvermögen

Da der Begriff des Privatvermögens im Einkommensteuergesetz nicht explizit genannt ist, lässt er sich nur in der Abgrenzung und als Gegenstück zum Betriebsvermögen definieren. Privatvermögen umfasst alle Wirtschaftsgüter, die ihrem Wesen nach nicht geeignet sein können, dem Betrieb zu dienen. Zum notwendigen Privatvermögen gehören daher in erster Linie solche Wirtschaftsgüter, die der privaten Lebensführung des Steuerpflichtigen und seiner Angehörigen dienen. Hierzu zählt insbesondere auch das Einfamilienhausgrundstück oder Wohnungseigentum, das der Steuerpflichtige mit seiner Familie bewohnt, wie die zu eigenen Wohnzwecken genutzte Wohnung des Betriebsinhabers.

3. Verlust der Betriebsvermögenseigenschaft

Ein Steuerpflichtiger kann Betriebsvermögen durch folgende Maßnahmen begründen:

- Betriebseröffnung und -erwerb,
- entgeltlicher und unentgeltlicher Erwerb einzelner Wirtschaftsgüter aus betrieblicher Veranlassung,
- Herstellung im betrieblichen Bereich sowie
- Einlage aus dem Privatvermögen in den betrieblichen Bereich.

Ein Wirtschaftsgut verliert seine Eigenschaft als Betriebsvermögen durch „gegenteiliges Handeln", also die Betriebsveräußerung oder Betriebsaufgabe, die Einzelveräußerung oder die Entnahme ins Privatvermögen.

II. Die einkommensteuerrechtliche Behandlung

1. Gegenstand der Besteuerung

Da der Einkommensteuer grundsätzlich nur das wirtschaftliche Ergebnis unterworfen wird, das man aus der Nutzung der Eigentumswohnung erzielt, wird bei privatem Grundbesitz zunächst danach unterschieden, ob dieser zur Erzielung von Einkünften oder zur Selbstnutzung bestimmt ist. Das zu eigenen Wohnzwecken genutzte und unentgeltlich überlassene Wohnungseigentum wird seit 1987 nicht mehr als Einkunftsquelle behandelt, dennoch unter bestimmten Voraussetzungen und in begrenztem Umfang weiterhin einkommensteuerrechtlich gefördert.

Die Eigentumswohnung bewirkt nur dann einkommensteuerrechtliche Folgen, wenn sie einem Steuerpflichtigen zur Erzielung von Einkünften dient. Werden Einkünfte insbesondere in Form von Mieteinkünften erzielt oder – bei betrieblicher Tätigkeit – der daraus resultierende Gewinn/Verlust, werden die Einkünfte demjenigen zugerechnet, der die Miete bzw. den Gewinn/Verlust vereinnahmt.

Hierbei sind alle natürlichen Personen, die im Inland einen Wohnsitz oder ihren gewöhnlichen Aufenthaltsort haben, grundsätzlich unbeschränkt einkommensteuerpflichtig.

2. Vermietung an Dritte

a) Ermittlung der Einkünfte

Einkünfte aus Vermietung und Verpachtung sind die Überschüsse aus der entgeltlichen Nutzungsüberlassung bestimmter Vermögensgegenstände an andere Personen. Es handelt sich dem Wesen nach um eine private Vermögensverwaltung, die hinsichtlich der Nutzungsentgelte steuerbar ist. Im Hinblick auf Wertsteigerungen oder Veräußerungsgewinne, die durch diesen Vermögensgegenstand oder dessen Veräußerung entstehen, sind diese aufgrund der Eigenschaft als Privatvermögen grundsätzlich nicht steuerpflichtig. Ausnahme hierzu ist beispielsweise die Anschaffung und Veräußerung innerhalb eines Zeitraums von 10 Jahren – besser bekannt unter dem Stichwort „Spekulationsgewinn". Die zivilrechtlichen Unterschiede zwischen Miete (§§ 535 ff. BGB) und Pacht (§§ 581 ff. BGB) spielen einkommensteuerlich keine Rolle.

Die Einkünfte aus Vermietung und Verpachtung werden durch Gegenüberstellung der erzielten Einnahmen einerseits und der Werbungskosten andererseits ermittelt. Das Ergebnis dieser Überschussermittlung führt entweder zu positiven oder zu negativen Einünften. Die Einkünfte aus Vermietung und Verpachtung sind mit den übrigen Einkünften des Steuerpflichtigen zusammenzurechnen. Zu den übrigen Einkünften gehören z. B. solche aus Gewerbebetrieb, nichtselbständiger Arbeit oder aus Kapitalvermögen. Negative Einkünfte aus Vermietung und Verpachtung, die bei vermieteten Eigentumswohnungen insbesondere in den ersten Jahren wegen meist hoher Schuldzinsen und Abschreibungen oder auch später beim Anfall größerer Erhaltungsaufwendungen zu erwarten sind, vermindern demnach die positiven Einkünfte aus den übrigen Einkunftsarten. Sie können hierdurch zu einer beachtlichen einkommensteuerlichen Entlastung führen. Aber auch hier hat die Rechtsprechung die Abzugsfähigkeit nicht mehr grundsätzlich zugelassen.

b) Einnahmen

Der Begriff der Einnahmen erfasst nach § 8 EStG alle Güter, die in Geld oder Geldeswert bestehen. Zu den Einnahmen aus Vermietung und Verpachtung rechnen in erster Linie die Erträge, die aus der entgeltlichen Gebrauchsüberlassung von Grundstücken, Gebäuden und Gebäudeteilen erwirtschaftet werden, also die Miet- und Pachtzinsen, § 21 EStG. Die Einkünfte aus Vermietung und Verpachtung sind aber nur dann als solche zu erfassen, wenn sie nicht vorrangig zu einer anderen Einkunftsart gehören, z. B. die Vermietung von Betriebsgrundstücken im Rahmen der unternehmerischen Nutzung, die Einkünfte aus einem Hotelbetrieb etc. Dies sind Einkünfte aus Gewerbebetrieb gemäß § 15 EStG.

Zu den Einnahmen aus Vermietung und Verpachtung gehören neben den vereinbarten Mietzinsen alle sonstigen Vergütungen, die als Entgelte für die Gebrauchsüberlassung geleistet werden, unabhängig davon, wie sie bezeichnet werden oder ob sie einmalig oder laufend zufließen. Entscheidend ist, dass die Einnahmen durch die Vermietungstätigkeit veranlasst sind. Zu den Einnahmen zählen deshalb auch sämtliche Nebenleistungen des Mieters, die der Vermieter oder Verpächter im Rahmen des Vertragsverhältnisses durch entsprechende Umlage seiner Betriebskosten einnimmt, wie z. B. Strom-, Wasser- und Heizungskosten bzw. öffentliche Abgaben und Gebühren. Gleiches gilt für Nachzahlungen der Mieterpartei aufgrund einer jährlichen Nebenkostenabrechnung. Macht der Vermieter oder Verpächter von der Option zur umsatzsteuerrechtlichen Regelungsbesteuerung nach § 9 UStG Gebrauch, ist auch die vereinnahmte Umsatzsteuer als Einnahme zu erfassen.

Wie der BFH erneut bestätigte, gehört auch der Erbbauzins für ein Erbbaurecht an einem privaten Grundstück zu den Einnahmen aus Vermietung und Verpachtung. Der durch den Erbbauzins maßgebliche wirtschaftliche Gehalt liegt darin, dass der Eigentümer des Grundstücks die damit einhergehende Nutzungsmöglichkeit einem

Dritten gegen Entgelt überträgt. Damit handelt es sich auch bei den Erbbauzinsen um Einnahmen aus Vermietung und Verpachtung.

Kautionszahlungen auf ein neutrales Konto bleiben dem Mieter zugerechnet, es findet weder bei Zahlung der Kaution durch den Mieter ein einkommensteuerlich relevanter Zufluss, noch bei Auszahlung der Kaution in der Regel zum Ende des Mietverhältnisses ein einkommensteuerlich relevanter Abfluss beim Vermieter statt. Dies gilt auch für die Zinsen, die bei Kautionsanlage vereinbart werden müssen. Auch diese Zinsen sind einkommensteuerlich als Einkünfte aus Kapitalvermögen gemäß § 20 EStG durch den Mieter zu versteuern.

Wird die Kaution für etwa vom Mieter verursachte Schäden vom Vermieter einbehalten und mit den Schadensersatzansprüchen aufgerechnet, führt der Zufluss der Kautionssumme beim Vermieter zu Einnahmen. Die tatsächlich angefallenen Reparaturkosten kann er als Werbungskosten absetzen, so dass dieser Vorgang im Ergebnis ebenfalls einkommensteuerlich neutral bleibt.

Auch Zuschüsse, die der Grundstückseigentümer aus öffentlichen oder privaten Mitteln erhält, sei es als Gegenleistung für eine Mietpreisbindung oder aber als Gegenleistung für die Auflage, das Eigentum an einen bestimmten Personenkreis zu vermieten (z. B. öffentlich Wohnberechtigte), sind im Kalenderjahr des Zuflusses den Einnahmen aus Vermietung und Verpachtung zuzurechnen. Auch diese sind durch die Überlassung der Wohnung zu Wohnzwecken veranlasst.

Fallen Schönheitsreparaturen an und werden diese auf Kosten des Vermieters durchgeführt, kann er sie einkommensteuerlich als sofort abziehbaren Erhaltungsaufwand geltend machen. Eine anschließende Erstattung seitens des Mieters oder Verrechnung der Kosten mit der Kaution führt zu Einnahmen beim Vermieter.

Sämtliche Einnahmen sind in dem Jahr zu erfassen, in dem sie tatsächlich zufließen, sogenanntes Zu- und Abflussprinzip gemäß § 11 Abs. 1 EStG. Das Steuerrecht versteht unter Zufluss die Erlangung der wirtschaftlichen Verfügungsmacht über die Einnahmen. Der typische Fall ist die Gutschrift auf dem Bankkonto des Vermieters.

Aus der Notwendigkeit des tatsächlichen Zuflusses ergibt sich für gestundete Mietzinsen, dass diese erst im Jahr der tatsächlichen Zahlung als Einnahmen zu erfassen sind. Als Ausnahme von diesem Grundsatz sieht das Gesetz für bestimmte Fälle eine periodengerechte Berücksichtigung von Einnahmen vor. Nach § 11 Abs. 1 Satz 2 EStG gelten regelmäßig wiederkehrende Einnahmen, die dem Vermieter kurze Zeit vor Beginn oder kurze Zeit nach Beendigung des Kalenderjahres, zu dem sie wirtschaftlich gehören, zugeflossen sind, als in diesem Kalenderjahr bezogen. Kurze Zeit ist in der Regel ein Zeitraum von bis zu zehn Tagen.

> **BEISPIEL: Januarmiete** Überweist der Mieter die Januarmiete schon am 29.12.2010 und wird sie dem Vermieter noch am 31.12.2010 gutgeschrieben, so wird die Einnahme „Januarmiete", obwohl noch im Jahr 2010 zugeflossen, dennoch dem Veranlagungsjahr 2011 zugerechnet und ist mit den anderen zugeflossenen Mieteinnahmen in diesem Jahr zu versteuern.

Steuerpflichtige können eine für das vorangegangene Kalenderjahr geschuldete und zu Beginn des Folgejahres entrichtete Umsatzsteuer-Vorauszahlung als regelmäßig wiederkehrende Ausgabe im vorangegangenen Veranlagungszeitraum abziehen. Bei Mietvorauszahlungen durch den Mieter, die er für eine Laufzeit von mehr als fünf Jahren erbringt, lässt es die Finanzverwaltung zu, dass dieser Einmalbetrag auf die Laufzeit des Mietvertrags verteilt wird und jährlich entsprechend der vereinbarten Laufzeit des Mietvertrags zu versteuern ist, § 11 Abs. 1 Satz 3 EStG.

c) Werbungskosten

Die mit der Vermietung zusammenhängenden Ausgaben werden als Werbungskosten bezeichnet. § 9 Abs. 1 Satz 1 EStG definiert sie als Aufwendungen zur Erwerbung, Sicherung und Erhaltung der Einnahmen. Die Rechtsprechung verweist dabei auf das sogenannte Veranlassungsprinzip. Danach müssen die Aufwendungen objektiv mit der Vermietung und Verpachtung in Zusammenhang stehen und die Einnahmeerzielung subjektiv, also aus Sicht des Steuerpflichtigen, fördern. Bei den Einkünften aus Vermietung und Verpachtung gehören hierzu alle Aufwendungen, die durch die mit dieser Einkunftsart verbundene wirtschaftliche Betätigung veranlasst sind. Ein rechtlicher Zusammenhang reicht nicht aus.

Hinweis:

Diese Unterscheidung hat insbesondere Bedeutung bei der dinglichen Belastung einer Eigentumswohnung zur Absicherung einer Verbindlichkeit (z. B. Grundschuld oder Hypothek). Die aus dieser Verbindlichkeit zu zahlenden Schuldzinsen sind nur dann als Werbungskosten abziehbar, wenn die Verbindlichkeit zum Zwecke der belasteten Eigentumswohnung begründet worden ist. Belastet beispielsweise ein Steuerpflichtiger ein Mietshaus mit einer Grundschuld, um die Darlehensmittel zum Erwerb einer privaten Limousine zu verwenden, stellen die damit einhergehenden Schuldzinsen keine abziehbaren Werbungskosten in Verbindung mit den Einkünften aus Vermietung und Verpachtung des Mietshauses dar.

Als subjektives Merkmal muss der Steuerpflichtige zusätzlich die Absicht haben, mit den Aufwendungen Einnahmen zu erzielen. Hier ist es unbeachtlich, ob dieses Ziel tatsächlich erreicht wird oder erreicht werden kann. Entscheidend ist, dass der Steuerpflichtige hiervon ausgeht.

Für die steuerrechtliche Behandlung von Ausgaben als Werbungskosten ist es grundsätzlich unerheblich, ob sie bei objektiver Betrachtung üblich, notwendig und zweckmäßig sind. Der Eigentümer der Eigentumswohnung ist also frei in seiner Entscheidung, in welcher Höhe er Aufwendungen zur Erzielung von Mieteinnahmen für erforderlich hält.

Dem Grunde nach unterteilen sich die Werbungskosten der Einkünfte aus Vermietung und Verpachtung in

■ Kosten der Finanzierung der Immobilie,

Hinweis:

Aufnahme eines Kredits für die Zahlung des Kaufpreises; die Darlehenszinsen sind die Kosten der Finanzierung.

- Kosten der Abnutzung der Immobilie,

Hinweis:

Abschreibung für Abnutzung – auch AfA genannt; bei einer Immobilie wird hierbei nur der auf das Gebäude entfallende Anteil der Anschaffungs- oder Herstellungskosten einer Abschreibung unterworfen. Der Anteil für den Grund und Boden unterliegt grundsätzlich keiner Abschreibung. Dies gilt nicht, wenn Gründe bekannt geworden sind, die eine außerordentliche Abschreibung des Grund und Bodens zulassen – beispielsweise Bodenverunreinigungen.

Das Bundesministerium der Finanzen hat für die Aufteilung von Grund und Boden und Gebäude eine Arbeitshilfe als ausfüllbare xls-Datei zur Verfügung gestellt: http://www.bundesfinanzministerium.de/Content/DE/Standardartikel/Themen/Steuern/Steuerarten/Einkommenssteuer/2014–09–23-Berechnung-Aufteilung-Grundstueckskaufpreis.html.

Zu deren Anwendbarkeit wurde mit Stand vom 23.9.2014 folgendes mitgeteilt: *„Diese Arbeitshilfe ermöglicht, in einem typisierten Verfahren entweder eine Kaufpreisaufteilung selbst vorzunehmen oder die Plausibilität einer vorliegenden Kaufpreisaufteilung zu prüfen."* Dabei wird auf ein Urteil des BFH vom 10.10.2000 (IX R 86/97, BStBl II 2001, 183) verwiesen. In dieser Entscheidung stellte der BFH zunächst fest, dass als Grundlage für die Aufteilung grundsätzlich die Einigung zwischen den Vertragsparteien dieses Kaufvertrags herangezogen werden könne. Die Einigung muss aber im wechselseitigen Interesse erfolgen. Würde die Erklärung nur auf Wunsch des – in diesem Fall – Käufers erfolgen, fehle es an der Wechselseitigkeit. Dann könne die Erklärung nur als Schätzung herangezogen werden. Gemäß § 162 Abs. 1 AO ist die Finanzverwaltung berechtigt, alle Grundlagen für eine Schätzung heranzuziehen. Eine der Grundlagen ist auch die Wertermittlungsverordnung, wie sie die Gutachter für Grundstücksbewertung anwenden. Der BFH hatte die Frage zu klären, inwieweit das Vergleichswertverfahren, das ein Instrument der Wertermittlung in der Wertermittlungsverordnung sei, die richtige Schätzmethode sei. In seiner Entscheidung hat der BFH das

Vergleichswertverfahren als Schätzmethode abgelehnt und das Sachwertverfahren als die richtige Methode unterstellt. Um dem Steuerpflichtigen einen Anhaltspunkt für eine Schätzung zu geben, wurde die Arbeitshilfe entwickelt. Der Steuerpflichtige ist berechtigt, den Wert in anderer Weise nachzuweisen. Dies geschieht in der Regel durch Einholung eines Verkehrswertgutachtens.

■ Kosten der Erhaltung der Immobilie und

BEISPIEL: Instandhaltungs- und Reparaturkosten

■ laufende Nebenkosten,

BEISPIEL: Grundsteuer, Hausversicherungen

Vorweggenommene und nachträgliche Werbungskosten: Die Berücksichtigung von Werbungskosten ist nicht davon abhängig, dass bereits zuvor oder zeitgleich entsprechende Einkünfte fließen. Voraussetzung für die Annahme und Berücksichtigung so genannter vorweggenommener und nachträglicher Werbungskosten ist, dass die Aufwendungen bereits oder noch in einem hinreichend klaren wirtschaftlichen Zusammenhang mit der Erzielung von Einkünften stehen.

Dies ist bei vorweggenommenen Werbungskosten nur der Fall, wenn der Entschluss zur Einkunftserzielung endgültig gefasst und auch später nicht wieder weggefallen ist. Als typische vorweggenommene Werbungskosten können angenommen werden:

■ Reisekosten, die durch die Suche nach einer geeigneten Eigentumswohnung entstehen, auch soweit sie auf die Besichtigung letztlich nicht erworbener Wohnungen entfallen,

■ Grundsteuer auf das für die Bebauung vorgesehene Grundstück,

■ Abschlussgebühren eines Bausparvertrags,

■ Schuldzinsen für ein Darlehen, das zur Finanzierung des Erwerbs oder der Herstellung der Eigentumswohnung aufgenommen wird.

Keine vorweggenommenen Werbungskosten sind hingegen Vertragsstrafen wegen Rücktritts vom Kaufvertrag, und zwar auch dann nicht, wenn nach dem Rücktritt eine andere Eigentumswohnung erworben wird. Dann steht die Vertragsstrafe mit den erstrebten Einnahmen nicht in wirtschaftlichem Zusammenhang. Sie wird gezahlt, weil der Gegenstand der Einkunftserzielung nicht angeschafft wird.

Wenn Aufwendungen erst nach Beendigung des Mietverhältnisses anfallen, weil sie allein durch die Veräußerung oder die private Lebensführung des Vermieters veranlasst waren, fehlt es ebenfalls an dem notwendigen wirtschaftlichen Zusammenhang mit den Vermietungseinkünften. Die Aufwendungen können dann nicht als Werbungskosten von den Einkünften abgezogen werden. Hierunter fallen etwa Kosten eines Räumungsprozesses gegen einen Mieter, um die Eigentumswohnung veräußern zu können, Vorfälligkeitsentschädigungen zur Ablösung eines Darlehens sowie Modernisierungs- und sonstiger Erhaltungsaufwand, der erkennbar für eine nachfolgende Selbstbenutzung oder für einen nachfolgenden Verkauf bestimmt sind, selbst dann, wenn diese rein taktisch in die Vermietungsphase vorverlagert werden.

Schuldzinsen, die auf die Zeit nach der Veräußerung einer Eigentumswohnung entfallen, sollen ebenfalls nicht als nachträgliche Werbungskosten abziehbar sein. Das gilt selbst dann, wenn der Erlös aus der Veräußerung der Wohnung nicht zur Tilgung des hypothekarisch gesicherten Darlehens ausgereicht hat.

Zu- und Abflussprinzip: Das auf Vermietungseinkünfte anwendbare Zu- bzw. Abflussprinzip, das oben schon erläutert wurde, ist auch bei den Werbungskosten zu berücksichtigen. Werbungskosten sind grundsätzlich dem Jahr zuzuordnen, in dem sie abgeflossen sind, also bezahlt wurden. Für den Abfluss von regelmäßig wiederkehrenden Ausgaben gilt entsprechendes wie bei den regelmäßig wiederkehrenden Einnahmen. Demnach gelten regelmäßig wiederkehrende Ausgaben, die dem Vermieter maximal 10 Tage vor Beginn oder nach Beendigung des Kalenderjahres, zu dem sie wirtschaftlich gehören, als in diesem Kalenderjahr abgeflossen.

Ausnahmen des Abflussprinzips gelten für folgende Fälle:

- Anschaffungs- und Herstellungskosten sind nur nach Maßgabe der Abschreibung für Abnutzung berücksichtigungsfähig.

> **BEISPIEL: Küchenmöbel** Hans Meier kauft für seine fremdvermietete Eigentumswohnung Küchenmöbel im Wert von brutto € 5.000. Diese Aufwendungen müssen auf die Nutzungsdauer der Einrichtungsgegenstände – in diesem Fall ca. 8 bis 10 Jahre – verteilt werden und können nicht im Zeitpunkt der Anschaffung in voller Höhe als Werbungskosten geltend gemacht werden.

- Werden Ausgaben für eine Nutzungsüberlassung von mehr als fünf Jahren im Voraus geleistet, sind sie insgesamt auf den Zeitraum gleichmäßig zu verteilen, für den die Vorauszahlung geleistet wird, § 11 Abs. 2 Satz 3 EStG.

- – Größere Erhaltungsaufwendungen können auf zwei bis fünf Jahre verteilt werden. Die Entscheidung sollte im Hinblick auf die Optimierung der Steuerprogression getroffen werden. Hierfür ist es notwendig, die in der Zukunft zu erzielenden Einkünfte möglichst genau zu kennen, § 82 b EStDV.

- – Nach § 21 Abs. 5 Nr. 4 WEG sind die Mitglieder einer Wohnungseigentümergemeinschaft nach den Grundsätzen ordnungsgemäßer Verwaltung verpflichtet, Beiträge zur Instandhaltungsrücklage zahlen. Daran hat sich auch im Zuge der WEG-Novelle nichts geändert. Nach bisherigem Recht war die Wohnungseigentümergemeinschaft gerade keine eigene Rechtspersönlichkeit. An der von der Wohnungseigentümergemeinschaft gebildeten Instandhaltungsrücklage waren somit alle Wohnungseigentümer als Träger des Vermögens ideell beteiligt. Die Beiträge zur Instandhaltungsrücklage waren als Folge zu dieser ideellen Beteiligung nach dem Abflussprinzip nicht bereits mit der Abführung an den Verwalter, sondern erst mit deren konkreter Verwendung für Erhaltungsaufwendungen als Werbungskosten abziehbar. Dem einzelnen Wohnungseigentümer waren sie daher erst für das Jahr der Verausgabung entsprechend seinem Eigentumsanteil als

Werbungskosten zuzuordnen. Diese Rechtsprechung hat der BFH und diesem folgend die Finanzverwaltung auch nach der Entscheidung zur Teilrechtsfähigkeit der Wohnungseigentümergemeinschaft bisher fortgesetzt, auch wenn dies in der Praxis insbesondere im Hinblick auf die erfolgte neue Vermögenszuordnung an den Verband auf Kritik und Zweifel gestoßen ist. Begründet wird diese Kritik mit der Tatsache, dass über die eigene Rechtspersönlichkeit der Wohnungseigentümergemeinschaft deren Vermögen mit der Einzahlung nicht mehr dem einzelnen Wohnungseigentümer zuzuordnen ist. Zu diesem Vermögen gehört auch die Instandhaltungsrücklage, die damit als fremdes Vermögen zu bezeichnen ist. Inwieweit es hier zu einer Änderung des Zeitpunkts der einkommensteuerlichen Abzugsfähigkeit kommen wird, bleibt abzuwarten.

Finanzierungskosten: Zu den einzelnen Werbungskosten gehören auch die Finanzierungskosten, die sich in Schuldzinsen und Finanzierungsnebenkosten aufteilen. Schuldzinsen sind gemäß § 9 Abs. 1 Satz 3 Nr. 1 EStG keine Aufwendungen auf das Gebäude, sondern auf die Finanzierungsverbindlichkeit, und gehören daher nicht zu den Anschaffungs- und Herstellungskosten und somit nicht zur Abschreibungsbemessungsgrundlage. Sofern sie im wirtschaftlichen Zusammenhang mit den Einkünften aus Vermietung und Verpachtung stehen, sind sie sofort abzugsfähige Werbungskosten.

Finanzierungsnebenkosten sind Kosten, die mit der Beschaffung von Darlehen zur Finanzierung der Herstellungs- oder Anschaffungskosten der Eigentumswohnung zusammenhängen. Diese Kosten sind, soweit sie mit den Einkünften aus Vermietung und Verpachtung im Zusammenhang stehen, ebenfalls sofort abzugsfähig.

Hinweis:

Finanzierungsnebenkosten sind Kreditvermittlungskosten, Notar- und Grundbuchkosten für die seitens der Bank geforderten Sicherheiten, Bereitstellungszinsen etc.

Schuldzinsen sind alle einmaligen oder laufenden Zahlungen, die für die Überlassung des Kapitals an den Kreditgeber zu entrichten sind und nicht der Tilgung des Kapitals dienen. Ein bei Auszahlung eines Tilgungsdarlehens einbehaltenes übliches Damnum (Disagio), das als vorausgezahlter Zins in der Regel seitens der Bank finanziert und somit Teil des Kredits darstellt, kann der Schuldner im Zeitpunkt der Auszahlung des Kapitals als Werbungskosten abziehen. Unabhängig davon, dass das Damnum nach der zivilrechtlichen Rechtsprechung regelmäßig als laufzeitabhängiger Ausgleich für einen niedrigen Nominalzins und den Aufwand der Kapitalbeschaffung eingeordnet wird und bei vorzeitiger Darlehensrückzahlung anteilig zu erstatten ist, ist es steuerrechtlich im Zeitpunkt der Entrichtung in vollem Umfang als Werbungskosten abziehbar.

Ein Steuerpflichtiger, der ein teilweise vermietetes und teilweise selbst genutztes Wohnungseigentum gleichzeitig mit Eigen- und Fremdmitteln finanziert, kann die Schuldzinsen nur insoweit als Werbungskosten geltend machen, als die Darlehensmittel tatsächlich zur Finanzierung der Anschaffungs- oder Herstellungskosten des vermieten Teils verwendet werden. Die Rechtsprechung stellt an die tatsächliche Abwicklung dieser Aufteilung sehr hohe, komplexe Anforderungen. Jedem Steuerpflichtigen, welcher sich entscheidet, diesen Weg zu gehen, sei dringend angeraten, steuerliche Beratung vor Kauf oder Bau in Anspruch zu nehmen.

Absetzungen für Abnutzung: Die Absetzungen für Abnutzung (AfA) der Anschaffungs- und Herstellungskosten der Eigentumswohnung gehören kraft ausdrücklicher gesetzlicher Anordnung (§ 9 Abs. 1 Satz 3 Nr. 7 EStG) zu den Werbungskosten.

Die Anschaffungs- bzw. Herstellungskosten sind nicht selbst sofort in voller Höhe als Werbungskosten abzuziehen, sondern entsprechend den Vorgaben der §§ 7 Abs. 4 und 5 EStG auf die Nutzungsdauer des Wirtschaftsguts zu verteilen. Dieser Verteilung liegt die Überlegung zugrunde, dass der Steuerpflichtige für seine Aufwendungen ein gleichwertiges Wirtschaftsgut erhält, er also nach Anschaffung oder Herstellung eines Wirtschaftsguts nicht weniger leistungsfähig ist als vorher. Das bedeutet, dass die im Zuge des Erwerbsvorgangs oder der Bauphase aufgewendeten Kosten nicht sofort, sondern nur verteilt auf die bei Gebäuden in der Regel auf 50 Jahre vorgesehene Nutzungsdauer des Objekts berücksichtigt werden können. Von den im Steuerrecht typisierten Abschreibungsdauern darf der Steuerpflichtige nur bei Vorliegen besonderer tatsächlicher Verhältnisse abweichen.

Anschaffungskosten: Dies sind entgeltliche Aufwendungen, die geleistet werden, um ein Wohnungseigentum zu erwerben und es gegebenenfalls in einen der bestimmungsgemäßen Nutzung entsprechenden Zustand zu versetzen. Unter Anschaffungskosten fallen die Erwerbskosten zuzüglich aller Erwerbsnebenkosten, aber nur soweit sie auf den abnutzbaren Teil der Eigentumswohnung entfallen. Die Anschaffungskosten des zugehörigen Grund und Bodens dürfen nicht in die Bemessungsgrundlage für Abschreibungen und erhöhte Abschreibungen einbezogen werden. Im Gegensatz zum Gebäude bzw. Gebäudeteil unterliegt das Grundstück nämlich selbst keinem Wertverfall im Sinne einer Abnutzung durch das fortschreitende Alter. Wurde für ein Wohnungseigentum mit Gartenanteil ein Gesamtkaufpreis vereinbart, ist dieser im Verhältnis der jeweiligen Verkehrswerte aufzuteilen.

Hinweis:

Die Verteilung der auf den Grund und Boden entfallenden Anschaffungskosten und der Anschaffungskosten, die auf das Gebäude entfallen, führt immer wieder zu Streitigkeiten mit den Veranlagungsfinanzämtern. Wichtig ist hier eine optimale Verteilung zu erreichen, da diese sich auf die gesamte Nutzungsdauer und somit auf die gesamte Abschreibungszeit – derzeit in der Regel 50 Jahre – auswirkt.

Zu den Anschaffungskosten gehören insbesondere der Kaufpreis, die Grunderwerbsteuer, Maklerkosten, Notarkosten für die Beurkundung des Kaufvertrages sowie die Gebühren des Grundbuchamtes für die Eintragung einer eventuellen Auflassungsvormerkung und des eigentlichen Eigentumsübergangs.

Werden im nahen zeitlichen Zusammenhang mit der Anschaffung oder Herstellung eines Wohnungseigentums zur Herstellung des nutzungsgemäßen Gebrauchs Instandsetzungsarbeiten durchgeführt, sind die dabei angefallenen sogenannten „anschaffungsnahen" Aufwendungen unter bestimmten Umständen als Anschaffungs- oder Herstellungskosten zu behandeln und somit Teil der Bemessungsgrundlage für die Abschreibung.

> **BEISPIEL: Sanierung** Unmittelbar nach dem Kauf der Eigentumswohnung wird das veraltete Bad saniert, um die Wohnung besser vermieten zu können.

Wird die Wohnung im Rahmen eines Tauschvertrages erworben, sind Anschaffungskosten der erhaltenen Wohnung der Verkehrswert der hingegebenen Wohnung zuzüglich etwaiger Barzuzahlungen. Der Verkehrswert entspricht in der Regel dem Wert, der bei einer Veräußerung auf dem Markt zu erzielen wäre.

> **BEISPIEL: Schenkung eines Miteigentumsanteils** Der Vater hat im Rahmen der vorweggenommenen Erbfolge seinen beiden Kindern jeweils einen halben Miteigentumsanteil an einer Eigentumswohnung geschenkt. Im Laufe der Jahre stellen die beiden Kinder fest, dass die beiden Eigentumswohnungen gleichwertig sind, es aber besser wäre, wenn jedes von ihnen beiden je eine Eigentumswohnung zu Alleineigentum hätte. Mit einer solchen eindeutigen Aufteilung ist es jedem der Kinder möglich, selbständig über die weitere Existenz dieser Eigentumswohnungen zu verfügen. Dies betrifft nicht nur den Bereich der Vermietung und der damit einhergehenden weiteren Entscheidungen, die unmittelbar mit der Vermietung in Zusammenhang stehen – Mieterhöhungsverlangen, Abmahnungen und Kündigungserklärungen bei Zahlungsverzug. Diese Verfügungskompetenz bezieht sich auch auf Art und Umfang von Instandhaltungsmaßnahmen.

Soweit ein Tauschvorgang vorgenommen wird, ergibt sich die Berechnung der Anschaffungskosten in der vorgenannten Weise.

Hierbei ist zu beachten, dass mit dem Tausch die beiden Kinder auch einen grunderwerbsteuerpflichtigen Vorgang und damit eine grunderwerbsteuerliche Belastung von – in Bayern – 3,5% bemessen am Anschaffungswert ausgelöst haben.

Schließlich sollte ein solcher Tausch immer unter dem Gesichtspunkt der Wertigkeit beider Tauschgegenstände betrachtet werden. Soweit das Finanzamt beim ersten Beispielsfall „Tausch unter den Geschwistern" zu dem Ergebnis kommt, dass die Werte der getauschten Eigentumswohnungen nicht gleichwertig sind, wird dasjenige Kind, das den höheren Tauschwert erhalten hat, von seinem Geschwister eine Schenkung erhalten. Bemessungsgrundlage ist der Betrag, zu dem sich Leistung und Gegenleistung nicht mehr gleichwertig gegenüber stehen. Auch hier empfiehlt es sich, vorab die Werte der beiden Tauschgegenstände durch Sachverständigengutachten feststellen zu lassen und damit dem Finanzamt nachweisen zu können.

Um grunderwerbsteuerliche Belastungen zu vermeiden ist es wichtig, dass bei der Schenkung von Wohnungen der Übergeber schon im Vorfeld eine „Verteilung" vornimmt. Diese kann sowohl als Schenkung verbunden mit einer testamentarischen Verfügung erfolgen.

BEISPIEL: Schenkung mit gleichzeitiger testamentarischer Verfügung Der Vater ist Alleineigentümer von zwei Eigentumswohnungen. Aufgrund der schenkungsteuerlichen Werte möchte der Vater zunächst nur jeweils die Hälfte der Wohnungen an die beiden Kinder schenken. Vorab bespricht er mit den Kindern, wer welche Wohnungen erhält und verfügt dann folgendes: In einem ersten Schritt übergibt er jeweils einem Kind je einen hälftige Miteigentumsanteil an den jeweiligen Wohnungen. Gleichzeitig verfügt er in seinem Testament, dass die beiden Kinder Erben zu gleichen Teilen seien. Als Vorausvermächtnisse sollten sie jedoch den jeweils anderen noch in seinem Nachlass verbliebenen Miteigentumsanteil erhalten.

Findet hingegen, wie im Falle einer Schenkung oder eines Erbfalls, eine unentgeltliche Übertragung einer abschreibungsfähigen Eigentumswohnung statt, tritt der Rechtsnachfolger in die Anschaffungs- bzw. Herstellungskosten des Vorgängers ein und führt dessen Abschreibung fort. Allein die Tatsache, dass der Erwerber Nebenkosten wie Notarkosten und Grundbuchgebühren zu tragen hat, führt nicht zu einer Anschaffung. Dem Rechtsnachfolger stehen daher keine eigenen Anschaffungs- bzw. Herstellungskosten und somit keine neue Abschreibungsmöglichkeit zur Verfügung.

Herstellungskosten: Diese umfassen alle Aufwendungen, die dem Steuerpflichtigen in seiner Stellung als Bauherr bzw. Auftraggeber bei der Errichtung der Eigentumswohnung durch den Verbrauch von Gütern und der Inanspruchnahme von Dienstleistungen entstehen. Herstellungskosten sind prinzipiell alle Kosten der Gebäudeerrichtung sowie sämtliche Baunebenkosten. Es sind insbesondere zu erwähnen:

- Planungskosten (Architektenhonorare, etc.),

- Gebühren zum Erhalt der Baugenehmigung,

- Kosten der Baubetreuung,

- im Zusammenhang mit der Herstellung anfallende Material- und Lohnkosten,

- sämtliche Baukosten inkl. der erstmaligen Anbindung an bestehende Versorgungs- und Entsorgungsnetze sowie

- die Kosten für die Durchführung nachträglicher Baumaßnahmen an bestehenden Gebäuden, soweit diese nicht zu den Erhaltungsaufwendungen gehören.

Bei zu Wohnzwecken genutzten Wohnungen gehören Aufwendungen für Einbauten und sonstige Ausstattungen zu den Herstellungskosten, soweit sie nach vernünftiger Auffassung zeitgemäßen Wohnansprüchen genügen und weder zur Wohnungseinrichtung noch zum Hausrat gehören. Solche Ausstattungen sind z. B. Küchenspülen, eingebauter Herd, Warmwasserbereiter, Entlüftungsanlagen, Elektro-Speichergeräte und Gaseinzelheizungen.

Darüber hinaus werden von der Abschreibungs-Bemessungsgrundlage auch die anschaffungsnahen und nachträglichen Herstellungskosten, wie sämtliche zur Herstellung der Funktionstüchtigkeit des Vermietungsobjekts angefallenen und somit als Anschaffungskosten zu qualifizierenden Aufwendungen erfasst.

Die Abschreibung beginnt mit der Anschaffung oder Herstellung des Wirtschaftsgutes. Die Anschaffung ist mit der Verschaffung der Verfügungsmacht bewirkt, also beim Kauf einer Eigentumswohnung mit Eintragung im Grundbuch und Übergang Nutzen und Lasten. Die Herstellung beginnt mit ihrer Fertigstellung, wenn die Eigentumswohnung gebaut ist.

Beim Kauf einer einzelnen Eigentumswohnung wird in der Regel der Tatbestand der Anschaffung vorliegen, da der Käufer selten in seiner Person Bauträger dieses Mehrfamilienhauses sein wird. Etwas anderes würde beim Bau eines gesamten Hauses und der gleichzeitigen Aufteilung in Wohnungseigentum gelten.

Ohne Bedeutung ist, ob die Anschaffungs- bzw. Herstellungskosten im Jahr der Anschaffung oder Herstellung oder zu einem späteren Zeitpunkt und ob sie mit eigenen oder fremden Mitteln bezahlt werden. Die Abschreibung endet, abgesehen vom Fall der vorzeitigen Aufgabe der Vermietungstätigkeit, spätestens mit Verbrauch der Abschreibungs-Bemessungsgrundlage, die sich ihrer Höhe nach aus den aufgewendeten Anschaffungs- bzw. Herstellungskosten zusammensetzt.

Da bei Einkünften aus Vermietung und Verpachtung regelmäßig Gebäude vermietet werden, hat der Gesetzgeber für diese in § 7 Abs. 4 und 5 EStG Sondervorschriften geschaffen, die andere Abschreibungsarten ausschließen.

Im Grundfall der linearen AfA sind die Herstellungs- oder Anschaffungskosten einer Eigentumswohnung gleichmäßig auf eine Nutzungsdauer von bis zu 50 Jahren zu verteilen. Bei der Abschreibungshöhe wird primär danach unterschieden, ob es sich bei dem Wohnungseigentum um Betriebsvermögen, das keinen Wohnzwecken dient und für das Bauantrag nach dem 31.3.1985 gestellt wurde (sog. „Wirtschaftsgebäude") oder um Privatvermögen oder sonstiges Betriebsvermögen handelt.

„Wirtschaftsgebäude" werden jährlich zu 3% abgeschrieben. Bei Gebäuden des Privatvermögens und solchen Gebäuden des Betriebsvermögens, die nicht zu den vorgenannten Wirtschaftsgebäuden gehören, errechnet sich die Abschreibung für Abnutzung gemäß § 7 Abs. 4 Nr. 2 EStG bei Wohnungseigentum, das vor dem 1.1.1925 fertig gestellt worden ist, mit jährlich 2,5% und bei Wohnungseigentum, das nach dem 31.12.1924 fertig gestellt worden ist, mit jährlich 2,0%.

Im Jahr der Anschaffung/Herstellung bzw. Veräußerung ist die Absetzung für Abnutzung nur zeitanteilig vorzunehmen.

Bei Wohnungseigentum, das zur Erzielung von Einkünften genutzt wurde und Wohnzwecken diente, konnte bisher anstelle der linearen Abschreibung in Höhe von 2,0% die **degressive Abschreibung** in Anspruch genommen werden. Voraussetzung für die degressive AfA war, dass die Eigentumswohnung entweder in bautechnischer Hinsicht neu war oder bis zum Ende des Jahres der Fertigstellung durch Übergang von Besitz, Nutzen und Lasten angeschafft wurde. Von der Fertigstellung der Wohnung kann ausgegangen werden, wenn die Eigentumswohnung ihrer Zweckbestimmung entsprechend in Benutzung genommen werden kann. Bei Wohnungseigentum ist das der Fall, sobald die Eigentumswohnung bezugsfertig, d. h. nach Abschluss der wesentlichen Arbeiten bewohnbar ist. Eine Eigentumswohnung ist auch dann bereits mit der Bezugsfertigkeit fertig gestellt, wenn zu diesem Zeitpunkt noch kein Wohnungseigentum begründet worden ist, also selbst dann, wenn die Teilungserklärung noch nicht abgegeben ist.

Die degressive AfA betrug bei zu Wohnzwecken dienendem Wohnungseigentum gemäß § 7 Abs. 5 Nr. 3 EStG, das vom Steuerpflichtigen

- aufgrund eines nach dem 28.2.1989 und vor dem 1.1.1996 gestellten Bauantrags hergestellt oder nach dem 28.2.1989 aufgrund eines nach dem 28.2.1989 und vor dem 1.1.1996 rechtswirksam abgeschlossenen obligatorischen Vertrags angeschafft worden ist, im Jahr der Fertigstellung und in den folgenden 3 Jahren jeweils 7,0%, in den darauf folgenden 6 Jahren jeweils 5,0%, in den darauf folgenden 6 Jahren jeweils 2,0%, in den darauf folgenden 24 Jahren jeweils 1,25%,

- aufgrund eines nach dem 31.12.1995 und vor dem 1.1.2004 gestellten Bauantrags hergestellt oder aufgrund eines nach dem 31.12.1995 und vor dem 1.1.2004 rechtswirksam abgeschlossenen obligatorischen Vertrags angeschafft worden ist, im Jahr der

Fertigstellung und in den folgenden 7 Jahren jeweils 5,0%, in den darauf folgenden 6 Jahren jeweils 2,5%, in den darauf folgenden 36 Jahren jeweils 1,25% und

■ aufgrund eines nach dem 31.12.2003 [und vor dem 1.1.2006] gestellten Bauantrags hergestellt oder aufgrund eines nach dem 31.12.2003 [und vor dem 1.1.2006] rechtswirksam abgeschlossenen obligatorischen Vertrags angeschafft worden ist, im Jahr der Fertigstellung und in den folgenden 9 Jahren jeweils 4,0%, in den darauf folgenden 8 Jahren jeweils 2,5%, in den darauf folgenden 32 Jahren jeweils 1,25%

der Anschaffungs- oder Herstellungskosten.

Wird ein Gebäude grundlegend umgebaut (z. B. ein Bürogebäude in Eigentumswohnungen) und dadurch in seinem Zustand wesentlich verändert, liegt zwar ein Herstellungsvorgang, nicht aber die Herstellung eines neuen Gebäudes vor. Die rechtliche Umwandlung eines Gebäudes in Eigentumswohnungen ist keine Neuherstellung i. S. d. § 7 Abs. 5 EStG, so dass eine Inanspruchnahme der degressiven AfA ausgeschlossen war.

Die degressive Abschreibung ist für Neufälle als nicht mehr zeitgemäße Steuersubvention abgeschafft worden. Die bisherige Regelung zur degressiven Abschreibung bei Mietwohnungseigentum kann noch weiterhin beansprucht werden, wenn in Herstellungsfällen der Bauantrag vor dem 1.1.2006 gestellt oder in Anschaffungsfällen der notarielle Vertrag rechtswirksam vor dem 1.1.2006 abgeschlossen wurde.

Dabei ist sowohl in den Fällen der Herstellung als auch der Anschaffung des Gebäudes für die Inanspruchnahme der degressiven Abschreibung nach der alten Rechtslage ein späterer tatsächlicher Fertigstellungszeitpunkt des Gebäudes unbeachtlich.

Erhöhte Absetzungen: Erhöhte Absetzungen sind solche Abschreibungen, die an die Stelle der normalen AfA treten. In jedem Jahr des Begünstigungszeitraums müssen nach § 7 a Abs. 3 EStG jedoch mindestens Absetzungen in Höhe der AfA § 7 Abs. 4 EStG berücksichtigt werden.

BEISPIEL: Erhöhte Absetzungen

– § 7 c EStG: Baumaßnahmen an Gebäuden zur Schaffung neuer Mietwohnungen, wenn der Bauantrag nach dem 02.10.1989 gestellt oder die Baumaßnahme nach diesem Zeitpunkt begonnen und wenn die Wohnung vor dem 1.1.1996 fertig gestellt worden ist.

– § 7 d EStG: Wirtschaftsgüter, die dem Umweltschutz dienen (Anschaffung bzw. Herstellung vor dem 1.1.1991).

– § 7 h EStG: Gebäude in Sanierungsgebieten und städtebaulichen Entwicklungsgebieten; nach bisheriger Rechtslage im Jahr der Herstellung und in den folgenden 9 Jahren jeweils bis zu 10%, nach neuer Rechtslage im Jahr der Herstellung und in den folgenden 7 Jahren jeweils bis zu 9% und in den folgenden 4 Jahren jeweils bis zu 7%, § 7 h Abs. 1 Satz 1 EStG i. d. F. des HBeglG 2004 erstmals für Modernisierungs- und Instandsetzungsmaßnahmen, mit denen nach dem 31.12.2003 begonnen worden ist.

– § 7 i EStG: Baudenkmale; nach bisheriger Rechtslage im Jahr der Herstellung und in den folgenden 9 Jahren jeweils bis zu 10%, nach neuer Rechtslage im Jahr der Herstellung und in den folgenden 7 Jahren jeweils bis zu 9% und in den folgenden 4 Jahren jeweils bis zu 7%, § 7 i Abs. 1 Satz 1 EStG i. d. F. des HBeglG 2004 erstmals für Modernisierungs- und Instandsetzungsmaßnahmen, mit denen nach dem 31.12.2003 begonnen worden ist.

– § 7 k EStG: Wohnungen mit Sozialbindung (Anschaffung/Herstellung nach dem 28.2.1989 und Fertigstellung vor 1996).

– ferner §§ 82 a, 82 g, 82 i EStDV; §§ 14, 15 BerlinFG; §§ 7, 12 Abs. 3 SchutzbauG.

Die für das Wohnungseigentum häufig relevanten Sonderabschreibungen der §§ 7 h und 7 i EStG werden unter 5) a) und b) umfassend erläutert.

Absetzungen für außergewöhnliche Abnutzung: Neben der linearen bzw. degressiven Abschreibung besteht die Möglichkeit einer Absetzung für außergewöhnliche technische oder wirtschaftliche Abnutzung (AfaA) nach § 7 Abs. 1 Satz 1 EStG, wenn ein außergewöhnliches Ereignis die Nutzungsfähigkeit der Eigentumswohnung beeinträchtigt und/oder deren Nutzungsdauer verkürzt hat. Unter einer außergewöhnlichen technischen Abnutzung ist eine Substanzbeeinträchtigung, beispielsweise durch Beschädigung, Zerstörung,

Abbruch zu verstehen. Eine Beschädigung kann dabei auch durch Unterlassung von notwendigen Instandhaltungsmaßnahmen entstehen. Bei der Beschädigung der Eigentumswohnung, beispielsweise durch Brand, ist eine gleichzeitige Geltendmachung von AfaA und Erhaltungsaufwand nur möglich, wenn die Instandsetzungsmaßnahme den Schaden nur teilweise behebt und eine auf technischen Mängeln beruhende erhebliche Wertminderung fortbesteht.

Die AfaA ist grundsätzlich im Jahr des Schadenseintritts, spätestens im Jahr der Entdeckung des Schadens vorzunehmen.

Sonderabschreibungen: Damit sind solche Abschreibungen gemeint, die neben der normalen AfA vorgenommen werden können, wenn dies gesetzlich vorgesehen ist. Bei Wirtschaftsgütern, bei denen Sonderabschreibungen in Anspruch genommen werden, ist daneben die lineare Abschreibung vorzunehmen.

Für Wohnungseigentum war insbesondere die Sonderabschreibung des § 4 FördGG von Relevanz. Durch Art. 6 des StÄndG 1991 wurde einst das zunächst bis 31.12.1996 befristet anwendbare Gesetz über Sonderabschreibungen und Abzugsbeträge im Fördergebiet (Fördergebietsgesetz – FördGG) eingeführt. Durch die befristete Einführung von Sonderabschreibungen auf bewegliche und unbewegliche Wirtschaftsgüter und durch Abzugsbeträge sollte der wirtschaftliche Anpassungsprozess in den neuen Bundesländern erleichtert und beschleunigt werden. Mit dem Fördergebietsgesetz war eine finanzielle Erleichterung und Beschleunigung der Modernisierung des Gebäudebestands und der Schaffung neuer Wohnungen in den neuen Bundesländern (einschließlich Berlin) bezweckt. Die Höhe der Sonderabschreibungen wurde für bewegliche und unbewegliche Wirtschaftsgüter einheitlich in § 4 FördGG geregelt. Diese betrug bei Investitionen bis 31.12.1996 bis zu 50% der Anschaffungs- bzw. Herstellungskosten oder der Aufwendungen für nachträgliche Herstellungsarbeiten. Sie konnten im Jahr der Anschaffung oder Herstellung oder Beendigung der nachträglichen Herstellungsarbeiten und in den folgenden vier Jahren in Anspruch genommen werden. Die Sonderabschreibungen wurden durch das Jahressteuergesetz (JStG) 1996 um 2 Jahre bis einschließlich 1998 verlängert. Die Höhe der Abschreibung wurde für Investitionen ab 1997 aber stufenweise abgesenkt auf 40%, 25% oder 20%. Für aktuelle Investitionen hat diese Sonderabschreibung keine Bedeutung mehr.

Abschreibungsberechtigung: Die AfA einer zur Einkunftserzielung genutzten Eigentumswohnung darf grundsätzlich derjenige vornehmen, der die Anschaffungs- oder Herstellungskosten getragen hat und dem deshalb wirtschaftlich die Abnutzung der Eigentumswohnung zur Last fällt. Diese Voraussetzung liegt nicht immer in der Person des zivilrechtlichen – grundbuchrechtlich eingetragenen – Eigentümers. Entscheidend hierfür ist das wirtschaftliche Eigentum an der Eigentumswohnung. Ein Auseinanderfallen von zivilrechtlichem und wirtschaftlichem Eigentum an einem einheitlichen Gegenstand (z. B. einem bebauten Grundstück) ist durchaus denkbar. Rechtlich definiert ist wirtschaftlicher Eigentümer derjenige, der im Regelfall den zivilrechtlichen Eigentümer für die gewöhnliche Nutzungsdauer von der Einwirkung auf das Wirtschaftsgut in einer Weise ausschließen kann, dass ein Herausgabeanspruch des zivilrechtlichen Eigentümers keine wirtschaftliche Bedeutung mehr hat oder dieser selbst seinerseits zur Herausgabe des Wirtschaftsguts verpflichtet ist. Wirtschaftliches Eigentum wird auch dadurch begründet, dass an einen Wohnungseigentumserwerber Besitz, Nutzen und Lasten der Wohnung übergehen, ohne dass die Eintragung ins Grundbuch schon stattgefunden hat.

Bei Eigentumswohnungen im Privatvermögen, die der Eigentümer im Wege einer Einzel- oder Gesamtrechtsnachfolge unentgeltlich erworben hat, also geschenkt erhalten oder geerbt hat, führt der Erwerber die AfA des Übertragenden fort.

Besteht an der vermieteten Eigentumswohnung ein Nießbrauchrecht, ist angesichts der Abschreibungsberechtigung des Eigentümers bzw. Nießbrauchnehmers zunächst danach zu differenzieren, ob es sich um einen entgeltlichen oder unentgeltlichen Zuwendungs- oder einen Vorbehaltsnießbrauch handelt. Während bei einem unentgeltlichen Zuwendungsnießbrauch weder der Eigentümer – mangels Einkunftserzielung –, noch der Nießbrauchnehmer, da dieser die Anschaffungs- oder Herstellungskosten nicht getragen hat – zur Abschreibung berechtigt ist, ist im Falle eines entgeltlichen Zuwendungsnießbrauchs jedenfalls der zivilrechtliche Eigentümer zur Vornahme einer Abschreibung berechtigt. Dies resultiert daraus, dass das für die Bestellung des Nießbrauchs gezahlte Entgelt im Jahr des Zuflusses beim zivilrechtlichen Eigentümer als Einnahme aus Vermietung und Verpachtung zu erfassen ist. In den Fällen des Vorbehaltsnießbrauchs ist nicht der zivilrechtliche Eigentümer, sondern der Vorbehaltsnießbrauchnehmer abschreibungsberechtigt.

Diese Grundsätze gelten entsprechend für entgeltlich oder unentgeltlich bestellte bzw. vorbehaltene dingliche Wohnrechte an einer Eigentumswohnung.

Da die Befugnis zur Inanspruchnahme der AfA unabdingbar voraussetzt, dass der wirtschaftliche Eigentümer die Eigentumswohnung zur Erzielung von Einkünften nutzt, steht ihm das Recht nicht zu, wenn er die Eigentumswohnung einem anderen unentgeltlich überlässt. Dabei ist es unbeachtlich, ob die unentgeltliche Überlassung dinglich durch Eintragung im Grundbuch gesichert ist oder auf einer nicht im Grundbuch eingetragenen Vereinbarung beruht, und ob der überlassende Eigentümer die AfA vereinbarungsgemäß oder aus anderen rechtlichen oder tatsächlichen Gründen unmittelbar wirtschaftlich zu tragen hat.

Unentgeltlich ist eine Wohnungsüberlassung, wenn für die Nutzungsüberlassung keine Gegenleistung zu erbringen ist. Die Übernahme der Heizungs- und Beleuchtungskosten, der Müllabfuhr-, Straßenreinigungsgebühren u.ä. durch den Nutzenden, berührt die Unentgeltlichkeit nicht. Im Hinblick auf die Besonderheiten im Zusammenhang mit einer verbilligten Vermietung (siehe unter 2) d) sind die mit einer Vermietung zu einem Mietzins von weniger als 56% der ortsüblichen Marktmiete zusammenhängenden Werbungskosten nach § 21 Abs. 2 EStG nur insoweit abziehbar, als sie anteilig auf den entgeltlichen Teil der Vermietung entfallen.

Erhaltungsaufwand: Kosten für Baumaßnahmen in Form der laufenden Instandhaltung und Instandsetzung einer bestehenden Eigentumswohnung führen in der Regel sofort und in voller Höhe zu absetzbarem Erhaltungsaufwand, da sie durch die gewöhnliche Nutzung veranlasst sind und der zeitgemäßen Substanzerhaltung dienen. Abgesehen von der laufenden Instandhaltung und Instandsetzung führt auch die Erneuerung von bereits in den Herstellungskosten des Gebäudes enthaltenen Teilen, Einrichtungen oder Anlagen regelmäßig zu Erhaltungsaufwand, wobei Zustand und Brauchbarkeit der ersetzten Bestandteile unbeachtlich sind. Als sofort abziehbare Erhaltungsaufwendungen sind beispielsweise zu nennen:

- Neuanstrich von Fassade, Wohnung, Fenster und Türen,

- Austausch der Fenster,

- Umstellung der Heizung,

- Kosten des erstmaligen Anschlusses an allgemeine Entsorgungs- oder Versorgungsanlagen, aber nur insofern, als die Entsorgung einst über ursprünglich vorhandene grundstückseigene Einrichtungen wie z. B. eine Sickergrube erfolgte.

Die Einordnung einer Maßnahme als Erhaltungsaufwand erfolgt in der Regel, wenn sie der ordnungsgemäßen Erhaltung des Wohnungseigentumszustands dienen soll, regelmäßig wiederkehrt und dabei die Wesensart des Eigentums nicht verändert.

Im Hinblick auf die Steuerprogression kann es beim Anfall von umfangreichen Erhaltungsaufwendungen für den Eigentümer sinnvoll sein, die Kosten anstelle eines einmaligen Sofortabzugs auf mehrere Jahre zu verteilen. So kann auf Antrag hin eine gleichmäßige Verteilung der Erhaltungsaufwendungen auf 2 bis 5 Jahre erfolgen, § 82 b EStDV.

Abgrenzung Erhaltungs- und Herstellungsaufwand: Wegen ihrer unterschiedlichen Rechtsfolgen bedarf es insbesondere im Bereich der nachträglichen Anschaffungs- und Herstellungskosten einer konkreten Abgrenzung zwischen nachträglichem Herstellungs- und Erhaltungsaufwand. Während Erhaltungsaufwendungen in dem Jahr, in dem sie abgeflossen sind, als Werbungskosten sofort oder über die Möglichkeit einer Verteilung zwischen 2 und 5 Jahren abgezogen werden können, ist ein nachträglicher Herstellungsaufwand im Wege der Abschreibung stets auf die gesamte Nutzungsdauer zu verteilen.

Aufwand auf ein Gebäude nach Fertigstellung ist dann sofort abziehbarer Erhaltungsaufwand, wenn er dazu führt, die bisherige Verwendungs- und Nutzungsmöglichkeit des Gebäudes aufrecht zu erhalten, wie es bei einer zeitgemäßen substanzerhaltenden (Bestand-teil) Erneuerung durch regelmäßig wiederkehrende Aufwendungen der Fall ist, wobei deren Höhe keine Rolle spielt.

Aufwand auf ein Gebäude nach Fertigstellung ist Herstellungsauf-wand, wenn der Aufwand einer Erweiterung, d. h. Aufstockung, An-bau, Vergrößerung der nutzbaren Fläche, Vermehrung der Substanz oder einer über den ursprünglichen Zustand hinaus gehenden we-sentlichen Verbesserung dient bzw. wenn der Aufwand wie im Falle einer grundlegenden Umgestaltung oder Erweiterung, die Herstel-lung eines anderen neuen Wirtschaftsgutes bezweckt.

Die Höhe der Aufwendungen und ihre zeitliche Nähe zum Erwerb bilden in Anlehnung an die BFH-Rechtsprechung für sich kein Abgrenzungskriterium mehr, so dass die Abgrenzung stets und ausschließlich nach den in § 255 HGB verankernden Grundsätzen vorzunehmen ist.

In Anlehnung an die bisherige Rechtsprechung sind folgende Ein-ordnungen festzuhalten:

Nachträgliche Anschaffungskosten: Baumaßnahmen nach Erwerb und vor erstmaliger Nutzung einer Immobilie führen zu Anschaf-fungskosten i. S. d. § 255 Abs. 1 HGB, wenn sie geleistet werden, um das Gebäude zu erwerben und es in einen betriebsbereiten Zustand zu versetzen. Nach der Rechtsprechung des BFH ist ein Gebäude nicht betriebsbereit, wenn es nicht seiner Zweckbestimmung ent-sprechend genutzt werden kann. Man unterscheidet dabei zwischen objektiver und subjektiver Funktionsuntüchtigkeit.

Baumaßnahmen zur Wiederherstellung für den Gebrauch eines Gebäudes wesentlicher aber objektiv funktionsuntüchtiger Teile, Anlagen oder Einrichtungen werden stets als Anschaffungskosten qualifiziert.

Subjektive Funktionstüchtigkeit liegt vor, wenn das Gebäude für die konkrete Zweckbestimmung des Erwerbers nicht nutzbar ist. Wer-den auf eine Wohnung vor ihrer erstmaligen Nutzung im Hinblick auf die Herstellung der Betriebsbereitschaft Aufwendungen getätigt, sind dies Anschaffungskosten, wenn sie dadurch im Rahmen der Abgrenzung zwischen einem sehr einfachen, mittleren und sehr anspruchsvollen Standard auf einen jeweils höheren Standard gebracht wird.

So wird gefordert, dass der Aufwand zu einer deutlichen Erhöhung und Erweiterung des Gebrauchswerts führt.

Die Rechtsprechung zieht zur Bestimmung des Standards folgende vier zentrale Ausstattungsmerkmale heran:

- Heizungsinstallation

- Sanitärinstallation

- Elektroinstallation und

- Fenster

Der BFH sieht eine Anhebung des Wohnungsstandards nur, wenn in mindestens drei der genannten Kriterien Baumaßnahmen durchgeführt werden. Eine deutliche Nutzungserweiterung bei nur zwei der genannten Bereiche führt noch nicht zu Herstellungsaufwand.

Nachträgliche Herstellungskosten: Baumaßnahmen an einer bestehenden Eigentumswohnung führen grundsätzlich dann zu Herstellungskosten, wenn etwas Neues, bisher nicht Vorhandenes in die Wohnung eingefügt oder mit derselben verbunden wird. Man denke hierbei insbesondere an einen nachträglichen erstmaligen Einbau eines Kachelofens oder das nachträgliche Einsetzen von Trennwänden zur Aufteilung von Räumen, der Errichtung von Balkonen oder des Einbaus eines Lifts.

Nachträgliche Herstellungskosten und somit Herstellungsaufwand liegen auch dann vor, wenn eine bestehende Eigentumswohnung erweitert wird, sei es durch Errichtung eines Anbaus, durch Aufstockung, durch Vergrößerung der nutzbaren Fläche (z. B. Dachgeschossausbau), sei es durch Vermehrung der Gebäudesubstanz oder aber durch eine wesentlichen Verbesserung über den bisherigen Zustand hinaus. Ob eine wesentliche Verbesserung des Wirtschaftsguts erreicht wird, richtet sich danach, ob die durch die Baumaßnahme bewirkten Veränderungen vor dem Hintergrund der Zielsetzung zu einer höherwertigeren bzw. verbesserten Nutzbarkeit des Vermögensgegenstands führen.

Eine wesentliche Verbesserung in diesem Sinne liegt vor, wenn die Maßnahmen über eine zeitgemäße substanzerhaltende Erneuerung hinausgehen und den Gebrauchswert des Gebäudes insgesamt deutlich erhöhen. Dabei wird erneut das Kriterium des Versetzens in einen höheren Standard herangezogen.

Die Herstellung eines neuen Wirtschaftsguts nimmt der BFH dann an, wenn ein vorhandenes Wirtschaftsgut aufgrund von Umbaumaßnahmen in seiner Funktion bzw. seinem Wesen verändert wird, sog. Funktions- bzw. Wesensänderung. Dabei spricht beispielsweise die gleich bleibende Miete als Indiz gegen einen deutlich gesteigerten Gebrauchswert. Allerdings kann dieser Aspekt nicht während eines laufenden Mietverhältnisses zum Tragen kommen, da hierbei die mietrechtlichen Vorschriften nur eine eingeschränkte Erhöhung des Mietzinses zulassen. Eine Erhöhung des Mietzinses und somit an den gesteigerten Gebrauchswert kann nur für die Maßnahmen vorgenommen werden, die eine Mieterhöhung wegen baulicher Veränderung möglich machen. Hierzu gibt es die Vorschrift des § 559 BGB. Danach kann die Mieterhöhung wegen baulicher Maßnahmen vorgenommen und die Kosten dieser Maßnahme auf den Mieter umgelegt werden, wenn es sich um eine Modernisierungsmaßnahme handelt. Modernisierungsmaßnahmen liegen dann vor, wenn es sich um eine Verbesserung der Räume handelt, wenn energetische Maßnahmen getroffen werden und/oder wenn zusätzlich neuer Wohnraum geschaffen wird.

Anschaffungsnahe Herstellungskosten: Die Regelungen über sogenannte anschaffungsnahe Herstellungskosten sind auch bei Einkünften aus Vermietung und Verpachtung anwendbar. Damit werden solche Instandsetzungsmaßnahmen als anschaffungsnahe Herstellungskosten erfasst, die ihrer Höhe nach 15% der Anschaffungskosten des Gebäudes übersteigen und innerhalb von 3 Jahren ab Anschaffung getätigt werden, wobei die Nettoaufwendungen ohne Umsatzsteuer anzusetzen sind. Diese Einordnung erfolgt, weil die Eigentumswohnung durch die Aufwendungen im Vergleich zu ihrem Zustand im Anschaffungszeitpunkt in ihrem Nutzungswert erheblich erhöht und/oder ihre Nutzungsdauer erheblich verlängert wird. Betragen die Aufwendungen nach der Fertigstellung des Objektes für die einzelne Maßnahme für jedes Objekt nicht mehr als € 4.000 netto, kann dieser Aufwand auf entsprechenden Antrag hin als Erhaltungsaufwand gewertet werden.

Sonstige Werbungskosten: Neben den vorgenannten Abzugsmöglichkeiten können noch weitere Werbungskosten geltend gemacht werden, beispielsweise:

- Steuern vom Grundbesitz, z. B. Grundsteuer, nicht jedoch die Grunderwerbsteuer, diese zählt zu den Anschaffungs- oder Herstellungskosten

- Öffentliche Abgaben, wie eine Zweitwohnungsteuer für Vermietungsobjekte

- Sämtliche Versicherungsbeiträge, sei es für Gebäudehaftpflicht oder Gebäudebrandversicherung

- Beiträge zu Grund- und Hausbesitzervereinen

- Steuerberatungskosten, soweit sie auf die Vermietungstätigkeit entfallen

- Kosten für Fahrten zu vermieteten Objekten angesichts deren Verwaltung bzw. Kosten für den Besuch einer Eigentümerversammlung

- Laufende Betriebs- und Bewirtschaftungskosten wie Abwasser, Reinigung, Müllabfuhr, Schneeräumung, Verwaltung etc.

d) Einkunftserzielungsabsicht

Soweit die Werbungskosten die Einnahmen übersteigen, wird die steuerliche Berücksichtigung dieses Werbungskostenüberschusses (= Verlust aus Vermietung und Verpachtung) davon abhängig gemacht, dass der Steuerpflichtige die Absicht hat, über den Gesamtzeitraum seiner Vermietungs- und Verpachtungstätigkeit einen Überschuss der Einnahmen über die Ausgaben zu erzielen. Andernfalls würde unterstellt, dass die Vermietung privaten Zwecken dient, also eine sogenannte „Liebhaberei" darstelle.

Im Grundsatz geht die Steuerverwaltung bei einer dauerhaften Vermietungstätigkeit immer davon aus, dass diese mit der Absicht erfolgt, hieraus einen positiven Ertrag zu erwirtschaften. Da die Vermietungstätigkeit für gewöhnlich mit hohen Anschaffungskosten verbunden ist, sind zunächst erwirtschaftete Verluste steuerunschädlich und dürfen deshalb mit den positiven Einkünften des Vermieters aus anderen Einkunftsarten verrechnet werden, so dass in Summe eine gewisse Steuerreduzierung durch die Verluste aus einer zusätzlichen Vermietungstätigkeit in einzelnen Veranlagungszeiträumen erreicht werden kann.

Folgende Voraussetzungen für die Anerkennung von Verlusten aus einer Vermietungstätigkeit müssen geprüft werden:

Die Vermietung muss auf **Dauer** angelegt sein. Dabei sollte der Abschluss befristeter Mietverträge vermieden werden, soweit die Anerkennung von Verlusten aus der Vermietungstätigkeit angestrebt wird. Denn es gilt die Faustformel: Je kürzer der Abstand zwischen der Anschaffung oder Errichtung des Objektes und der nachfolgenden Veräußerung oder Selbstnutzung ist, desto mehr wachsen die Zweifel an der ursprünglichen Absicht, Einkünfte aus der Vermietungstätigkeit erzielen zu wollen. Die Möglichkeit zur Befristung von Mietverträgen ist seit der Mietrechtsreform zum 1.1.2002 erheblich eingeschränkt worden. Vor dieser Zeit war es möglich, die Befristung ohne einen entsprechenden Grund zu vereinbaren. Aufgrund der neuen Regelungen muss der Grund für die Befristung bereits bei Abschluss des Mietvertrags mitgeteilt werden. Grund für eine Befristung ist oftmals die nach Ablauf des befristeten Mietvertrags vorgesehene Eigennutzung des Mietobjekts. Die Eigennutzung kann sich dabei auf die Nutzung durch den Vermieter, aber auch durch dessen nahe Angehörigen beispielsweise seine Kinder beziehen. Die Finanzverwaltung hat in einem Fall selbst dann keine auf Dauer angelegte Vermietungstätigkeit unterstellt, nachdem man auf Anfrage mitgeteilt hat, dass das Kind die Wohnung beziehen würde und dabei den gleichen Mietzins und die gleichen Mietvertragskonditionen akzeptieren und vereinbaren müsste. Man wies vor allem darauf hin, dass mit der Vereinbarung des ortsüblichen Mietzinses auch die ertragsteuerlichen Auswirkungen die gleichen seien wie sie bei einer Vermietung unter fremden Dritten angelegt worden sei. Das Finanzamt hat in diesem Fall seine Entscheidung nicht geändert. In der Konsequenz bedeutete dies, dass die bisher aufgrund der Fremdvermietung verursachten Verluste aus Vermietung ebenfalls nicht anerkannt worden sind. Inwieweit diese Entscheidung richtig ist, mag dahin gestellt sein. In jedem Fall hat sie aber erkennen lassen, dass die Veranlagungsämter nicht mehr ohne weiteres die steuerliche Deklaration des Veranlagungsjahres akzeptieren, sondern auch eine zukunftsorientierte Berechnung vornehmen.

In diesem Zusammenhang ist zu beachten, dass die Finanzverwaltung auch nachträglich die Einkunftserzielungsabsicht in Zweifel ziehen und somit auch bereits bestandskräftige Steuerbescheide zu Ungunsten des Vermieters abändern kann.

BEISPIEL: Einkunftserzielungsabsicht Martin und Frauke Huber erwerben im Jahr 2007 eine Eigentumswohnung in München, die sie vermieten. Die Verluste aus der Vermietungstätigkeit werden von der Finanzverwaltung für die VZ 2007, 2008 und 2009 anerkannt. Da geplant ist, dass ihre 16-jährige Tochter Theresia in 3 Jahren das Medizinstudium in München aufnehmen soll, wird der Mietvertrag, unter Hinweis auf die geplante Eigennutzung, auf 3 Jahre befristet. Im Jahre 2010 bezieht Theresia wie geplant die Münchner Wohnung ihrer Eltern. Ein Mietzins wird nicht vereinbart, Theresia wohnt also kostenfrei.
Der Nutzungswechsel bleibt dem Finanzamt nicht verborgen. Nun entfällt nicht nur die Anerkennung der zukünftigen Verluste, die Martin und Frauke Huber im Zusammenhang mit den Einkünften aus Vermietung ihrer Münchner Wohnung entstehen werden. Das Finanzamt ändert rückwirkend auch die bereits bestandskräftigen Steuerbescheide für die VZ 2007 bis 2009 ab, indem die Verluste nicht mehr anerkannt werden. Diese Entscheidung wird damit begründet, dass durch Vorlage des schriftlichen Mietvertrags, der erst im Rahmen der Veranlagung 2010 vom Finanzamt angefordert worden ist, der Nachweis der fehlenden Einkunftserzielungsabsicht erfolgte. Die erstmalige Vorlage des schriftlichen Mietvertrags würde die Voraussetzung der neuen Tatsachen und damit die Möglichkeit der Abänderung der bereits bestandskräftigen Einkommensteuerbescheide der Jahre 2007 bis 2009 nach sich ziehen.

Unabhängig ist in diesem Zusammenhang auch, dass das Finanzamt die Vorlage des schriftlichen Mietvertrags erst mit der Bearbeitung des Veranlagungsjahrs 2010 angefordert hatte. Hätte der Steuerpflichtige diesen schriftlichen Mietvertrag von Anfang an also mit der Einkommensteuererklärung 2007 vorgelegt und hätte das Finanzamt trotz dieser Hinweise auf die Befristung die Verluste aus Vermietung anerkannt, dann hätte sich das Finanzamt nicht mehr auf die Voraussetzung der neuen Tatsachen berufen können. Damit wäre ihnen auch der Weg der Abänderung bereits bestandskräftiger Einkommensteuerbescheide abgeschnitten gewesen.

Wird eine Wohnung zu einer Miete von weniger als 66% der **ortsüblichen Marktmiete** vermietet, so ist die Nutzungsüberlassung zum Teil unentgeltlich und nur zum Teil entgeltlich. Hieraus folgt, dass Werbungskosten nur in Höhe der entgeltlichen Quote anerkannt werden, d. h. bei einer Wohnungsmiete, die beispielsweise der Hälfte der ortsüblichen Marktmiete entspricht, darf der Vermieter auch nur die Hälfte der im Zusammenhang mit der Wohnung angefallenen Werbungskosten steuerlich geltend machen.

Die bis Einführung dieser Regelung vorzunehmende Überschussprognose ist nicht mehr relevant.

Bis zum Veranlagungszeitraum 2011 musste folgende Unterscheidung getroffen werden: wurde eine Wohnung zu einer ortsüblichen Miete von weniger als 56% vermietet, erfolgte die vorgenannte Aufteilung in einen entgeltlichen und einen unentgeltlichen Teil. Nur in Höhe des entgeltlichen Anteils war der Abzug der Werbungskosten möglich.

Ab einer Wohnungsmiete, die mindestens 75% der ortsüblichen Marktmiete entsprach ging die Finanzverwaltung in jedem Fall und ohne weitere Prüfung von einer vollentgeltlichen Vermietung aus und unterstellte auch eine Einkunftserzielungsabsicht. Damit erhielt der Vermieter in jedem Fall den vollen Abzug seiner Werbungskosten, die im Zusammenhang mit seiner Vermietungstätigkeit angefallen sind.

Wurde ein Mietzins zwischen 56% und 75% der ortsüblichen Marktmiete vereinbart, führte die Finanzverwaltung eine Überschussprognose durch, d. h. sie stellte die für die Dauer der voraussichtlichen Vermietungstätigkeit wahrscheinlichen steuerpflichtigen Einnahmen den Werbungskosten gegenüber. Dieser Gegenüberstellung wurde einer Prognose entnommen, die aus den letzten fünf Veranlagungszeiträumen abgeleitet wurde. In einem zweiten Schritt wurde diese Gegenüberstellung in eine weitere Prognose eingestellt, die für den Zeitraum der darauffolgenden 30 Jahre Gültigkeit hatte.

Falsch ist die grundsätzliche Aussage, dass Rechtsverhältnisse unter **nahen Angehörigen** durch das Finanzamt generell keine Akzeptanz haben. Aufgrund der besonderen Nähe der Vertragspartner wurden hierfür aber Regeln aufgestellt, die für die Anerkennung solcher Verträge dringend eingehalten werden müssen. Eine solche Anerkennung von Rechtsbeziehungen innerhalb einer Familie liegt grundsätzlich dann vor, wenn sie dem sogenannten Fremdvergleich standhalten. Zwischen nahen Angehörigen wie auch beispielsweise Partnern einer nichtehelichen Lebensgemeinschaft bestehen keine wirtschaftlichen Interessengegensätze wie sie unter fremden Dritten bestehen.

Demgemäß werden von der Finanzverwaltung Rechtsbeziehungen zwischen Angehörigen nur anerkannt, wenn sie rechtswirksam zustande gekommen sind, die Regelungen dem zwischen fremden Dritten Üblichem entsprechen und tatsächlich wie vereinbart vollzogen werden.

BEISPIEL: Ortsüblicher Mietzins Markus und Franziska Obermann wollen ihre Eigentumswohnung an ihre Tochter Theodora vermieten und suchen hierfür einen Steuerberater auf. Dieser rät, sich zunächst einmal über die Frage des ortsüblichen Mietzinses Gedanken zu machen. Soweit ein Mietverhältnis bis zum Einzug der Tochter bereits bestanden hat, sollten auch hier die Überlegungen angestellt werden, ob der in diesem damaligen Mietvertrag vereinbarte Mietzins noch als ortsüblich bezeichnet werden kann. Soweit es sich um ein Mietverhältnis handelt, das nur von kurzer Dauer war, spricht diese Tatsache für die Ortsüblichkeit. Soweit es sich um ein langjähriges Mietverhältnis gehandelt hat, muss grundsätzlich eine Überprüfung der Ortsüblichkeit, bezogen auf den jetzigen Zeitpunkt, vorgenommen werden. Der Mietvertrag wird mit Hilfe eines handelsüblichen Mustervertrages schriftlich fixiert und unbefristet abgeschlossen. Die ortsübliche Nettokaltmiete beträgt monatlich € 8,00 pro m². Die ortsübliche Nettokaltmiete für vergleichbare Wohnungen beträgt laut Münchner Mietspiegel € 7,00 bis € 9,30.

Theodora zahlt tatsächlich jeden Monat pünktlich bis zum dritten Werktag die vereinbarte Miete an ihre Eltern.
Das Mietverhältnis wird von den Parteien wie unter fremden Dritten vollzogen, der Mietzins ist marktüblich. Die Finanzverwaltung wird diesen Mietvertrag zwischen nahen Angehörigen daher anerkennen.

Soweit man die Frage der ortsüblichen Miete nicht aus einem bestandenen vorgelagerten Mietvertrag nachvollziehen kann, ist es in jedem Fall wichtig, die Grundlagen der Feststellung der ortsüblichen Miete zu Beweiszwecken schriftlich vorliegen zu haben.

Hinweis:

Mietverhältnisses für Wohnräume, die nicht eine eigene abgeschlossene Wohnung bilden, d. h. insbesondere Mietverhältnisse zwischen Angehörigen, die einen gemeinsamen Haushalt haben, werden steuerlich niemals anerkannt.

Bei der Vereinbarung solcher Mietverhältnisse sollten auch die unter fremden Dritten üblichen Formalien eingehalten werden. Auch wenn das Mietrecht bei der Vermietung von Wohnraum keine schriftliche Vereinbarung vorsieht, so ist diese dennoch üblich. Es ist auch zu bedenken, dass zahlreiche mietrechtliche Vereinbarungen, beispielsweise die Umlegung von Betriebskosten, zwischen den Parteien vereinbart sein müssen. Diese Vereinbarung ist zu Beweiszwecken schriftlich nieder zu legen. Dies gilt auch für die Zahlungsmodalitäten: die Barzahlung entspricht nicht mehr dem üblichen Zahlungsweg und sollte daher vermieden werden.

Bei der ausschließlichen Vermietung von Ferienwohnungen wird grundsätzlich die Einkunftserzielungsabsicht unterstellt, soweit die ortsübliche Vermietungszeit nicht um mehr als 25% unterschritten wird. Eine Unterschreitung der ortsüblichen Vermietungszeit von mehr als 25% bleibt nur dann unschädlich, soweit die Unterschreitung durch Vermietungshindernisse gerechtfertigt werden kann. Zu beachten ist in diesem Zusammenhang auch, dass die Unterschreitung der ortsüblichen Vermietungszeiten von der Finanzverwaltung nachzuweisen ist. Diese Nachweispflicht enthebt den Steuerpflichtigen aber nicht, bereits im Vorfeld die Vermietungszeit aufzuzeichnen und Belegmaterial zu sammeln, um eventuellen Einwendungen durch das Finanzamt entgegentreten zu können. Der Steuerpflichtige ist auch im Zweifel zum Nachweis verpflichtet.

Eine Eigennutzung ist steuerschädlich und führt dazu, dass die Einkunftserzielungsabsicht wiederum anhand einer Überschussprognose ermittelt werden muss. Denn für die Dauer der Eigennutzung fehlt diese Einkunftserzielungsabsicht. Die unentgeltliche Überlassung wird der privaten Nutzung gleich gestellt. Erfolgt der Aufenthalt des Vermieters jedoch lediglich zur Durchführung von Renovierungs- oder Wartungsarbeiten, so stellt dieser Umstand keine Eigennutzung dar. Doch ist hier Vorsicht geboten, da der Vermieter für diese Frage beweispflichtig ist.

Bei der Überschussprognose ist darauf zu achten, dass den Einkünften nur diejenigen Werbungskosten des Steuerpflichtigen gegenüber gestellt werden, die auch tatsächlich auf die Zeiten der Fremdvermietung entfallen.

Eine Prognose ist auch bei einer Selbstnutzung und Vermietung vorzunehmen, wenn diese nur während einer Saison erfolgt. In diesem Fall muss aber damit gerechnet werden, dass es grundsätzlich an einer auf Dauer angelegten Vermietungsabsicht fehlt.

e) Zurechnung von Einkünften

Einkünfte aus Vermietung und Verpachtung werden nur dem Steuerpflichtigen zugerechnet, in dessen Person die aus der mit der Vermietung verbundenen Rechte und Pflichten entstehen. Nur derjenige, in dessen Namen ein Mietvertrag als vermietende Partei abgeschlossen wird und auf dessen Rechnung die Erträge vereinnahmt werden, erzielt Einkünfte aus Vermietung und Verpachtung. Dies ist im Grundsatz der Eigentümer, da nur dieser befugt ist, den Gebrauch an der Sache an einen Dritten (= Mieter) zu übertragen. Doch kann der Eigentümer diese Befugnis wiederum auf eine andere Person übertragen.

Der Nießbraucher ist berechtigt, alle Nutzungen aus der belasteten Sache zu ziehen. Somit ist der Nießbraucher einer Eigentumswohnung berechtigt, diese selbst zu nutzen oder auch zu vermieten. Soweit er von dieser Berechtigung Gebrauch macht, sind die aus der Vermietung der Eigentumswohnung zufließenden Erträge dem Nießbraucher und nicht dem Eigentümer zuzurechnen.

Diese steuerrechtliche Zuordnung entspricht nicht nur den wirtschaftlichen Verhältnissen, sondern auch der zivilrechtlichen Vorgabe. So tritt der Nießbraucher kraft Gesetzes in die Rechtsstellung des bisherigen Vermieters ein, soweit bei Nießbrauchbestellung die Eigentumswohnung bereits vermietet war. Denn für die Nießbrauchbestellung gilt der Grundsatz „Kauf bricht nicht Miete" entsprechend.

Bei der Bestellung eines Nießbrauchrechts zwischen Angehörigen ist auf die rechtlich wirksame Bestellung zu achten. Ebenso sollte bei der Bestellung eines Nießbrauches zu Gunsten eines minderjährigen Kindes beachtet werden, dass hierfür die Bestellung eines Ergänzungspflegers notwendig ist, soweit nicht ausnahmsweise das Familiengericht davon absieht.

Zur einkommensteuerlichen Behandlung der einzelnen Nießbraucharten und anderer Nutzungsrechte ist im Einzelnen Folgendes zu beachten:

Die steuerliche Beurteilung obligatorischer Nutzungsrechte richtet sich grundsätzlich nach den für dingliche Nutzungsrechte geltenden Grundsätzen, wenn das obligatorische Nutzungsrecht eine gesicherte Rechtsposition gewährt. Eine gesicherte Rechtsposition liegt vor, wenn sie dem Berechtigten für einen gewissen Zeitraum nicht ohne Weiteres entzogen werden kann.

Ein lediglich zu Sicherungszwecken bestellter Nießbrauch ist einkommensteuerrechtlich unbeachtlich, so lange der Sicherungsfall nicht eintritt. Tritt der Sicherungsfall ein, kann also der Schuldner eine versprochene Leistung tatsächlich nicht erfüllen, wird dem Gläubiger anstelle der ursprünglichen Leistung ein Nießbrauchrecht eingeräumt. Es gelten die nachfolgenden Erläuterungen zum entgeltlichen Zuwendungsnießbrauch entsprechend.

Wenn der Nießbraucher an den Eigentümer ein Entgelt leistet, das dem Wert des Nießbrauchrechtes entspricht, spricht man von einem entgeltlichen Zuwendungsnießbrauch. Auch hier liegt das

Augenmerk der Finanzverwaltung wieder auf den Rechtsgeschäften, die zwischen Angehörigen geschlossen werden. Für eine steuerliche Anerkennung ist dringend anzuraten, eindeutige und klare Vereinbarungen zwischen den Angehörigen zu treffen und umso mehr darauf zu achten, dass der Wert des Entgeltes dem Wert des eingeräumten Nießbrauches entspricht.

Das vom Nießbraucher an den Eigentümer geleistete Entgelt stellt bei diesem Einkünfte aus Vermietung und Verpachtung dar. Diese sind im Veranlagungszeitraum der Vereinnahmung zu versteuern – auch dann, wenn das Entgelt statt in laufenden Zahlungen durch einen Einmalbetrag erbracht wird. Lediglich bei einer Nießbrauchbestellung für eine Dauer von mehr als fünf Jahren kann für das in einem Einmalbetrag entrichtete Entgelt eine gleichmäßige Verteilung des Zuflusses auf den Gesamtzeitraum beantragt werden. Dies ist grundsätzlich zur Reduzierung der Progression und zur Ausnutzung von Zinsvorteilen anzuraten.

Als Vermieter erzielt der Nießbraucher einer Eigentumswohnung ebenfalls Einkünfte aus Vermietung und Verpachtung. Als Werbungskosten kann er das an den Eigentümer geleistete Entgelt abziehen. Soweit er das Nießbrauchentgelt durch einen Einmalbetrag für mehr als fünf Jahre im Voraus begleicht, gewährt die Finanzverwaltung – in Abweichung zum an sich geltenden Zufluss-/Abflussprinzip – dennoch nur einen gleichmäßig auf die Veranlagungszeiträume der Nießbrauchbestellung verteilten Ausgabenabzug.

Als Werbungskosten kann der Nießbraucher, wie zuvor auch der Eigentümer, alle Ausgaben abziehen, die jeweils im Zusammenhang mit der vermieteten Eigentumswohnung anfallen. Für die Frage, wer welche konkrete Ausgabe geltend machen darf, ist die Lastenverteilung zwischen Eigentümer und Nießbraucher maßgeblich. Treffen sie hierzu keine vertraglichen Vereinbarungen, so treffen den Nießbraucher die gewöhnlichen Erhaltungsaufwendungen, die Versicherungskosten und die öffentlichen und privaten Lasten, wie Grundsteuern und Schuldzinsen.

Alle außergewöhnlichen Lasten, also nicht regelmäßig wiederkehrende Lasten, treffen – ohne anderweitige vertragliche Regelung zwischen Eigentümer und Nießbraucher – den Eigentümer. Der Eigentümer ist dann zur Kostenübernahme der außergewöhnlichen Lasten verpflichtet und kann diese Kosten im Rahmen seiner Einkünfte aus Vermietung als Werbungskosten geltend machen.

Zu den außergewöhnlichen Lasten zählen unter anderem: Erschließungs-, Flurbereinigungs- und Anliegerbeiträge, Dachreparaturen, Wiederaufbau zerstörter Gebäude(teile).

Die AfA auf die Anschaffungs- und Herstellungskosten für die nießbrauchbelastete Eigentumswohnung stehen dem Eigentümer zu, da er diese auch tatsächlich getragen hat. Etwas anderes gilt nur für den Fall, dass der Nießbraucher in Ausübung seines Nießbrauchrechtes auf einem unbebauten Grundstück Eigentumswohnungen errichtet. Dann steht ihm als Bauherren auch die AfA an den Herstellungskosten zu.

Im Normalfall kann der Nießbraucher hingegen im Wege der AfA nur die Kosten für den Erwerb des Nießbrauchrechtes inklusive der Anschaffungsnebenkosten, wie Notar- und Grundbuchkosten, geltend machen. Die Dauer des Zeitraumes, für den das Nießbrauchrecht bestellt wurde, entspricht dabei der gewöhnlichen Nutzungsdauer des § 7 Abs. 1 EStG.

Entspricht der Wert des für die Nießbrauchbestellung geleisteten Entgeltes nicht dem **Kapitalwert des Nießbrauches**, so spielen bei der Nießbrauchbestellung private bzw. andere, steuerlich nicht anzuerkennende Motive eine Rolle. Folge hiervon ist eine Begrenzung des Werbungskostenabzuges. Dieser ist nur zulässig, soweit die Nießbrauchbestellung entgeltlich erfolgte. Für den Werbungskostenabzug ist also eine Quote zu bilden, die dem Verhältnis von Gegenleistung und Kapitalwert des bestellten Nießbrauchrechtes an der Eigentumswohnung entspricht.

BEISPIEL: Quotenermittlung Kapitalwert des Nießbrauches beträgt € 250.000, der Wert der Gegenleistung € 150.000. Die Nießbrauchbestellung erfolgt somit zu 3/5 entgeltlich und zu 2/5 unentgeltlich.

Steuerlich ungünstig steht der Eigentümer, der unentgeltlich einem anderen ein dingliches oder schuldrechtliches Nutzungsrecht an einer vermieteten Eigentumswohnung einräumt. Da ihm keine Einnahmen aus Vermietung und Verpachtung mehr zuzurechnen sind, kann er die AfA der Herstellungs- oder Anschaffungskosten der Eigentumswohnung nicht in Anspruch nehmen und auch sonstige Werbungskosten nicht abziehen.

Im Falle einer Vermietung der Eigentumswohnung sind dem Nießbraucher die Vermietungseinkünfte zuzurechnen. Die damit einhergehenden Aufwendungen, die der Nießbraucher kraft Gesetzes oder im Zuge einer vertraglichen Vereinbarung zu tragen hat, kann er als Werbungskosten gelten machen. Die AfA der Eigentumswohnung kann er nicht beanspruchen, weil er deren Herstellungs- oder Anschaffungskosten nicht getragen hat. Die bisherige AfA des Eigentümers kann er nicht fortführen, weil er nicht dessen Rechtsnachfolger i. S. d. § 11 d EStDV ist. Auch für das erworbene Nutzungsrecht steht ihm keine AfA zu, weil er dieses ohne Gegenleistung erhalten hat.

Vom Vorbehaltsnießbrauch spricht man, wenn der bisherige Eigentümer einer Eigentumswohnung diese veräußert und sich an ihr vom Erwerber einen Nießbrauch einräumen lässt. Konkret verbleibt dadurch die wirtschaftliche Nutzung beim Veräußerer, der neue Eigentümer erhält lediglich die Substanz und muss demgemäß regelmäßig nur einen, um den Wert des Nießbrauchrechtes, geminderten Kaufpreis an den Veräußerer entrichten.

Einkommensteuerlich ergibt sich hieraus folgende Konsequenz: Der bisherige Eigentümer und nunmehrige (Vorbehalts)Nießbraucher einer vermieteten Eigentumswohnung erzielt weiterhin Einkünfte aus Vermietung und Verpachtung. Er kann die AfA auf die Anschaffungs- und Herstellungskosten wie bisher geltend machen und auch alle sonstigen von ihm gemachten Aufwendungen im Zusammenhang mit der vermieteten Eigentumswohnung in Abzug bringen – soweit sie aufgrund gesetzlicher Lastenverteilung oder vertraglicher Abrede mit dem neuen Eigentümer von ihm zu tragen sind.

Der Eigentümer kann keinerlei Kosten im Zusammenhang mit der von ihm erworbenen Eigentumswohnung als Werbungskosten geltend machen, da er keine Einkünfte aus Vermietung und Verpachtung erzielt.

Auch unter dem Gesichtspunkt vorweggenommener Werbungskosten können die Aufwendungen nicht abgezogen werden. Es fehlt an dem notwendigen wirtschaftlichen Zusammenhang mit der künftigen Erzielung von Einnahmen. Der Eigentümer hat durch die Nießbrauchbestellung bewusst auf Einnahmen aus der Vermietung der Eigentumswohnung verzichtet. Erst nach Beendigung des Nießbrauches kann der Eigentümer Vermietungseinkünfte beziehen und Abschreibungen auf die Eigentumswohnung geltend machen. Dann ist wie folgt zu differenzieren:

- Ist die Eigentumswohnung entgeltlich erworben worden, richtet sich die AfA nach den Anschaffungskosten des Eigentümers zuzüglich nachträglicher Herstellungskosten. Der Kapitalwert des Nießbrauchs gehört nicht zu den Anschaffungskosten.

- Wird die Eigentumswohnung unentgeltlich unter Vorbehalt des Nießbrauchs übertragen, führt der Eigentümer die AfA des ursprünglichen Eigentümers / Vorbehaltsnießbrauchers fort.

Gerade im Bereich der vorweggenommenen Erbfolge (Übertragung von Immobilien von einer Generation auf die andere Generation) behält sich der Übergeber oftmals den Nießbrauch weiter vor. Damit ist er in der Lage, weiterhin die Mieteinnahmen zu erhalten, muss aber im Gegenzug auch die auf der Immobilie lastenden Kosten tragen. Soweit hier die gesetzliche Kostenverteilung vereinbart wird, trägt der Nießbrauchberechtigte nur die gewöhnlichen Erhaltungsaufwendungen, nicht aber die außergewöhnlichen. Diese obliegen zivilrechtlich dem im Grundbuch eingetragenen Eigentümer. Dieser ist mit den Kosten wirtschaftlich zwar belastet, kann sie aber mangels Einkunftserzielung – diese liegen beim Nießbrauchberechtigten – nicht in Abzug bringen. Es ist daher anzuraten, dem Nießbrauchberechtigten auch die außergewöhnlichen Kosten aufzuerlegen. Diesem stehen die Einnahmen zu und er hat im Gegensatz dazu die Möglichkeit, die Kosten als Werbungskosten abzusetzen.

Ist die Eigentumswohnung mit einem im Grundbuch eingetragenen dinglichen Wohnrecht, das zugunsten eines Dritten begründet worden ist, belastet, so finden die für einen Zuwendungsnießbrauch geltenden Grundsätze entsprechende Anwendung. Der Eigentümer darf die AfA auf den mit dem Wohnrecht belasteten Teil nur in Anspruch nehmen, soweit das Wohnrecht entgeltlich zugewendet worden ist. Entsprechendes gilt für den Abzug anderer Aufwendungen.

Ist die Wohnung gegen Einräumung eines vorbehaltenen dinglichen Wohnrechts übertragen worden, sind die für den Vorbehaltsnießbrauch geltenden Grundsätze entsprechend anzuwenden. Der Eigentümer darf die AfA auf das entgeltlich erworbene Eigentum nur in Anspruch nehmen, soweit sie auf den unbelasteten Teil entfallen.

3. Vermietung durch mehrere Personen

a) Ermittlung und Zurechnung der Einkünfte

Eine natürliche Person, die Einkünfte aus der Vermietung einer Eigentumswohnung erzielt, hat ihre Einkünfte zu ermitteln und zu versteuern.

Soweit eine vermietete Eigentumswohnung im Eigentum mehrerer Personen steht, erzielen sie als Miteigentümergemeinschaft Einkünfte aus Vermietung und Verpachtung. Somit ist vor Zurechnung der Einkünfte auf jeden einzelnen Miteigentümer auf der Ebene der Miteigentümergemeinschaft der Gesamtwert der Einkünfte aus der Vermietung und Verpachtung der gemeinsamen Eigentumswohnung zu ermitteln. Erst in einem weiteren Schritt wird den einzelnen Miteigentümern ein ihrem Miteigentumsanteil entsprechender Anteil an den Einkünften der Miteigentumsgemeinschaft zugerechnet. Soweit eine oder mehrere vermietete Eigentumswohnungen mehreren Personen als Gesellschaft gehören, so gilt Vorgenanntes entsprechend.

Ebenso gilt für von einer Wohnungseigentümergemeinschaft vermietetes gemeinschaftliches Eigentum, dass die Einkünfte hieraus einheitlich und gesondert festzustellen sind. Auch hier werden auf der Ebene der Wohnungseigentümergemeinschaft die Einkünfte ermittelt und dann entsprechend der Beteiligungsquote jedem Teilhaber der Wohnungseigentümergemeinschaft gemäß § 16 WEG zugerechnet.

Zu beachten ist jedoch, dass bei allen drei Varianten der Vermietung gemeinschaftlichen Eigentums vertragliche Vereinbarungen, die von den jeweiligen gesetzlichen Regelungen zur Kostentragung oder zur Einkunftsverteilung abweichen, steuerlich anzuerkennen sind.

Als weitere Besonderheit ist zu beachten, dass Schuldzinsen für Darlehen, die zur Finanzierung der Anschaffungs- und Herstellungskosten der Eigentumswohnung gedient haben, nur dann auf der Ebene der Gesellschaft oder der Gemeinschaft Berücksichtigung finden, soweit die Darlehen durch die Gesellschaft oder Gemeinschaft aufgenommen wurden. Andernfalls sind diese Schuldzinsen beim einzelnen Miteigentümer oder Gesellschafter als Sonderwerbungskosten anzusetzen.

b) Steuererklärungspflicht

Stehen der Wohnungseigentümergemeinschaft aus der Vermietung gemeinschaftlichen Eigentums (beispielsweise die Wohnung, die an den Hausmeister vermietet ist und sich gleichzeitig im Gemeinschaftseigentum der Wohnungseigentümergemeinschaft befindet) Einkünfte aus Vermietung und Verpachtung zu, so ist sie zur Abgabe einer Erklärung zur einheitlichen und gesonderten Feststellung ihrer Einkünfte verpflichtet. Die Erstellungstätigkeit wird in der Regel gemäß § 27 Abs. 1 Nr. 1 WEG durch die von der Wohnungseigentümergemeinschaft bestellte Hausverwaltung vorgenommen.

Gleiches gilt für eine Miteigentümergemeinschaft oder eine Gesellschaft, die Einkünfte aus der Vermietung einer oder mehrerer gemeinsamer Eigentumswohnungen erzielt.

Eine Ausnahme hiervon besteht in den Fällen, in denen der festgestellte Betrag und dessen Verteilung sich leicht und eindeutig feststellen lassen. Dann kann auf eine Durchführung einer einheitlichen Feststellung der Einkünfte verzichtet werden.

BEISPIEL: Reitwiese Marta Maier und Fritz Eckart gehört eine Wiese zu je 1/2. Diese haben sie für € 200 monatlich an den örtlichen Reitverein verpachtet. Kosten für die Wiese fallen bis auf Grundsteuer nicht an. Unproblematisch erzielt somit jeder von ihnen jährliche Einkünfte von € 1.200 aus Vermietung und Verpachtung. Eine einheitliche und gesonderte Feststellung der Einkünfte kann unterbleiben.

4. Selbstgenutztes Wohnungseigentum

a) Zu eigenen privaten Zwecken genutzte Eigentumswohnungen

Seit dem Jahre 1987 wird die Nutzung der eigenen Wohnung nicht mehr steuerlich erfasst, weshalb auch der Werbungskostenabzug für Aufwendungen im Zusammenhang mit der eigengenutzten Eigentumswohnung nicht mehr gewährt wird. Ausnahmen bestehen lediglich noch im Rahmen der Förderung des Denkmalschutzes, worauf unten unter 5. näher eingegangen werden wird.

b) Zu eigenen beruflichen oder betrieblichen Zwecken genutzte Eigentumswohnungen

Soweit eine Eigentumswohnung für freiberufliche oder gewerbliche Zwecke des Eigentümers genutzt wird, liegt der Gedanke nahe, dass die ersparten Mietaufwendungen als steuerliche Einnahme der beruflichen Tätigkeit des Eigentümers zuzurechnen sein könnte. Doch fehlt es hierzu an einem Wertzufluss von dritter Seite. Nur ein solcher führt zu einer steuerlich relevanten Einnahme.

Der Eigentümer kann jedoch alle Aufwendungen, die er im Zusammenhang mit seiner freiberuflich oder gewerblich genutzten Eigentumswohnung macht, als Betriebsausgabe von seinen Einkünften aus seiner freiberuflichen bzw. gewerblichen Tätigkeit abziehen. Hierzu gehört auch die AfA auf die Anschaffungs- und Herstellungskosten.

BEISPIEL: Eigentumswohnung als Kanzlei Soweit Steuerberater Siegfried Kellermann eine in seinem Eigentum stehende Eigentumswohnung als Kanzlei nutzen und hierzu mit sich selbst einen Nettokaltmietzins von € 1.000 monatlich vereinbaren würde, so ergäbe sich für ihn ein Nullsummenspiel. Denn die Miete wäre zunächst Betriebsausgabe bei seiner freiberuflichen Tätigkeit, andererseits Einnahme aus Vermietung und Verpachtung. Die Ausgaben im Zusammenhang mit der Wohnung kämen jedoch nur einmal als Werbungskosten bei den Einkünften aus Vermietung und Verpachtung zum Abzug. Diesen Abzug erreicht er aber gerade, wie oben geschildert, ohne Vereinbarung eines Mietzinses, nämlich als Ansatz bei seinen Einkünften aus selbständiger Tätigkeit.

5. Steuerliche Förderung

a) Steuerliche Förderung vermieteter und selbstgenutzter Eigentumswohnungen in Baudenkmälern nach §§ 7i und 10f EStG

Aufwendungen für Baumaßnahmen an Wohnungen in Baudenkmälern, die zu Anschaffungs- oder Herstellungskosten führen, werden

- im Falle der Vermietung der Eigentumswohnung durch die Inanspruchnahme erhöhter Abschreibungen nach § 7i EStG und

- im Falle der Nutzung zu eigenen Wohnzwecken über einen Sonderausgabenabzug nach § 10f EStG steuerlich begünstigt. Abgesehen vom Kriterium der Eigennutzung, knüpft § 10f EStG an die Tatbestandsmerkmale des § 7i EStG an, so dass insoweit hierauf verwiesen werden kann. Eine Nutzung zu eigenen Wohnzwecken liegt nach § 10f Abs. 1 Satz 4 EStG auch vor, wenn Teile einer zu eigenen Wohnzwecken genutzten Wohnung Dritten unentgeltlich zu Wohnzwecken überlassen werden.

Sinn und Zweck: Die Inanspruchnahme der Steuervergünstigung für Herstellungs- und Anschaffungskosten bei Baudenkmälern nach §§ 7i, 10f Abs. 1 EStG sowie die Regelungen über den Abzug von Erhaltungsaufwand bei Baudenkmälern nach den §§ 10f Abs. 2 und § 11b EStG haben die Erhaltung und Bewahrung schutzwürdiger Denkmäler zum Ziel.

Die Steuererleichterungen sind Ausgleich für die erheblichen Kosten, die das Denkmalschutzrecht den Eigentümern auferlegt und unterstützen mit stetig zunehmender Bedeutung die staatlichen Bemühungen, Kulturgüter durch Subventionen zu erhalten. Diese Privilegierung setzt jedoch voraus, dass der Steuerpflichtige durch eine Bescheinigung der zuständigen Denkmalbehörde nachweist, dass die vorgenommene Baumaßnahme nach Art und Umfang zur Erhaltung des Gebäudes als Baudenkmal oder zu seiner sinnvollen Nutzung erforderlich und in vor Maßnahmenbeginn erfolgter Abstimmung mit der Bescheinigungsbehörde durchgeführt worden ist.

Nach Wortlaut und Zielsetzung dieser Vorschriften sind nur Herstellungskosten an als Baudenkmal geschützten, bestehenden Gebäuden begünstigt, nicht hingegen der Neubau oder Wiederaufbau von Gebäuden. Von einem Neubau ist nach ständiger Rechtsprechung des BFH auch auszugehen, wenn Baumaßnahmen an einem bestehenden Gebäude einem Neubau gleichkommen. Das ist der Fall, wenn das Gebäude auf Grund der Umbauarbeiten in bautechnischer Hinsicht neu ist.

Bescheinigung der Denkmalbehörde: Das Gebäude oder der Gebäudeteil muss nach den Vorschriften des Denkmalschutzgesetzes ein Baudenkmal oder Teil einer Mehrheit von baulichen Anlagen im Sinne der Absätze 1 und 3 des § 1 Denkmalschutzgesetz sein.

Unter Denkmälern versteht man von Menschen geschaffene Sachen oder Teile davon aus vergangener Zeit, deren Erhaltung wegen ihrer geschichtlichen, künstlerischen, städtebaulichen, wissenschaftlichen oder volkskundlichen Bedeutung im Interesse der Allgemeinheit liegt, § 1 Abs. 1 DSchG.

Das Landesamt für Denkmalpflege hat diese so definierten Denkmäler von Amts wegen in ein Verzeichnis, die sogenannte Denkmalliste aufzunehmen.

Die Aufwendungen müssen nach Art und Umfang dazu erforderlich sein, das Gebäude oder den Gebäudeteil als Baudenkmal zu erhalten oder sinnvoll zu nutzen.

Das Merkmal „zur Erhaltung des Baudenkmals erforderlich" bedeutet, dass es sich um Aufwendungen für die Substanz des Baudenkmals handeln muss, die nach Art und Umfang erforderlich sind, um die Merkmale zu erhalten, die die Eigenschaft des Gebäudes ausmachen. Da ein strenger Maßstab an die Aufwendungen zu legen ist, reicht es nicht aus, dass die Aufwendungen aus denkmalpflegerischen Gesichtspunkten angemessen oder vertretbar sind; vielmehr müssen sie notwendig sein, um das begünstigte Objekt für die Nachwelt zu erhalten. Die Erforderlichkeit muss sich aus dem Zustand des Baudenkmals vor Beginn der Baumaßnahmen und dem denkmalpflegerisch erstrebenswerten Zustand ergeben. Aufwendungen für Anlagen, die nicht der Eigenart des Denkmals entsprechen und deren Vorhandensein in Gebäuden mit gleicher Nutzungsart unüblich ist, sind nicht bescheinigungsfähig.

Das Merkmal „zu seiner sinnvollen Nutzung erforderlich" ist erfüllt, wenn die Aufwendungen die Denkmaleigenschaft nicht oder nicht wesentlich beeinträchtigen und erforderlich sind, um eine sinnvolle Nutzung des Baudenkmals zu erhalten, wieder herzustellen oder zu ermöglichen, und die geeignet erscheinen, die Erhaltung des Baudenkmals auf Dauer sicherzustellen. Zur sinnvollen Nutzung gehören deshalb Maßnahmen zur Anpassung eines Baudenkmals an zeitgemäße Nutzungsverhältnisse.

Aufwendungen, die ausschließlich Maßnahmen dienen, die auf Wirtschaftlichkeitsüberlegungen des Eigentümers beruhen, können regelmäßig nicht in die Bescheinigung aufgenommen werden.

Da nur denkmalschutznotwendige Aufwendungen eine Steuervergünstigung rechtfertigen, müssen die Baumaßnahmen in Abstimmung mit der Denkmalbehörde durchgeführt werden, um die fachkundige Begleitung der Arbeiten sicherzustellen. Fehlt es an der Zuziehung der zuständigen Denkmalbehörde vor und bei Beginn der Baumaßnahme, entfällt die Steuerbegünstigung, da eine wesentliche Voraussetzung hierfür nicht vorliegt und auch nicht nachgeholt werden kann.

Die Bescheinigung der Denkmalbehörde ist als Grundlagenbescheid bindend hinsichtlich der Voraussetzungen der Eigenschaft des Gebäudes als Denkmal im Sinne des Denkmalschutzgesetzes als auch hinsichtlich der vorherigen Abstimmung mit der Denkmalbehörde.

Herstellungsaufwand: Begünstigt sind die Herstellungs- oder Anschaffungskosten, die durch Baumaßnahmen an einem Baudenkmal entstehen, wenn sie nach Art und Umfang zur Erhaltung der Eigentumswohnung als Baudenkmal oder zu seiner sinnvollen Nutzung erforderlich sind. Anschaffungskosten sind nur insoweit steuerlich begünstigt, als die Maßnahmen nach dem rechtswirksamen Abschluss des Kaufvertrages durchgeführt werden.

Bei einer Eigentumswohnung in einem Gebäude, das selbst kein Baudenkmal ist, aber als Teil einer Gebäudegruppe oder Gesamtanlage (Ensemble) denkmalrechtlich geschützt ist, sind nur Aufwendungen für Baumaßnahmen begünstigt, die zur Erhaltung des äußeren Erscheinungsbildes des Ensembles erforderlich sind, § 7 i Abs. 1

Satz 4 EStG. Die Höhe der begünstigten Aufwendungen hat die Bescheinigungsbehörde ebenfalls mit bindender Wirkung anzugeben.

Fällt die Eigenschaft als Baudenkmal innerhalb des Begünstigungszeitraumes weg, können die erhöhten Abschreibungen bzw. die Sonderausgaben nicht weiter in Anspruch genommen werden.

Abzugsbetrag bei Vermietung, § 7i EStG: Die bescheinigten Aufwendungen können mittels erhöhter AfA als Werbungskosten abgezogen werden. Bei einem im Inland gelegenen Denkmalgebäude, kann der Steuerpflichtige abweichend von § 7 Abs. 4 und 5 EStG im Jahr der Herstellung und in den folgenden sieben Jahren jeweils bis zu 9% und in den folgenden vier Jahren jeweils bis zu 7% der Herstellungskosten für Baumaßnahmen absetzen.

Hat der Eigentümer öffentliche Zuschüsse erhalten, begrenzt § 7i Abs. 1 Satz 7 EStG die erhöhte AfA auf die Aufwendungen, die nicht durch die Zuschüsse gedeckt sind. Die Zuschüsse müssen in der Bescheinigung der Denkmalbehörde angegeben werden; bei nachträglichen Zuschüssen ist die Bescheinigung fortzuschreiben. So soll eine doppelte Begünstigung – einmal durch direkte Zuschüsse und einmal durch Steuerreduzierung – vermieden werden.

Abzugsbetrag bei Eigennutzung, § 10f EStG: Im Rahmen des § 10f EStG kann der steuerbegünstigte Aufwand im Kalenderjahr des Abschlusses der Baumaßnahme und in den folgenden neun Jahren bis zu 9% wie Sonderausgaben abgezogen werden. Soweit begünstigte Baumaßnahmen steuerlich zu Erhaltungsaufwand führen, können diese nach § 10f Abs. 2 EStG wie Herstellungsaufwand behandelt und als Sonderausgaben abgezogen werden. Dadurch ist ein steuerlicher Abzug möglich, der sonst beim selbstgenutzten Wohnungseigentum entfallen würde. Die Vorschrift verweist jedoch auf § 11b EStG, so dass die in dieser Regelung festgelegten Voraussetzungen für den Abzug von Erhaltungsaufwand bei vermieteten Gebäuden auch zur Anwendung des § 10f Abs. 2 EStG erfüllt sein müssen.

Voraussetzung ist somit stets, dass die Aufwendungen einst nicht bereits in die Bemessungsgrundlage der Eigenheimzulage einbezogen wurden, da eine Doppelförderung ein und desselben Aufwands ausgeschlossen ist.

Die Abzugsmöglichkeiten für Bau- und Erhaltungsmaßnahmen können grundsätzlich nur für eine Eigentumswohnung in Anspruch genommen werden. Ein anderes gilt nach § 10 f Abs. 3 Satz 2 EStG für nicht dauernd getrennt lebende Ehegatten, denen der Abzug bei insgesamt zwei Objekten zusteht.

Miteigentümer brauchen § 10 f EStG nicht einheitlich in Anspruch zu nehmen. § 7a Abs. 7 EStG gilt nur für erhöhte Absetzungen und Sonderabschreibungen, nicht aber für den Sonderausgabenabzug. Die Förderung ist beim jeweiligen Miteigentümer aber nur möglich, wenn dieser die Wohnung zu eigenen Wohnzwecken nutzt. Hinsichtlich der Bemessungsgrundlage und des Objektverbrauchs steht bei Miteigentümern der Miteigentumsanteil an einem Gebäude dem ganzen Gebäude gleich, sofern es sich nicht um im Rahmen der Einkommensteuer zusammen veranlagte Ehegatten handelt. Wenn ein Miteigentümer, der für seinen Teil bereits Abzugsbeträge nach § 10 f EStG abgezogen hat, einen Anteil an demselben Gebäude hinzu erwirbt, kann er für danach von ihm selbst durchgeführte Baumaßnahmen auch die Abzugsbeträge nach § 10 f Abs. 1 oder 2 EStG in Anspruch nehmen, die auf den hinzu erworbenen Anteil entfallen, § 10 f Abs. 4 Satz 2 EStG.

Besonderheiten bei Erhaltungsaufwand nach § 11b EStG: Erhaltungsaufwand betrifft Aufwendungen, die zur ordnungsgemäßen Instandhaltung erforderlich sind und normalerweise regelmäßig wiederkehrend anfallen, so z. B. Anstreicharbeiten, Dach-, Fenster-, Heizungs- oder sonstige Arbeiten. Diese Aufwendungen werden im Allgemeinen durch die gewöhnliche Nutzung des Grundstücks veranlasst.

Erhaltungsaufwand, der ansonsten nur im Jahr der tatsächlichen Leistungen abgesetzt wird, kann durch die gleichmäßige Verteilung auf bis zu fünf Jahre die der Steuerprogression unterliegenden Einkommensteile so mindern, dass hieraus eine erhebliche Steuerersparnis resultieren kann.

b) Steuerliche Förderung vermieteter und selbstgenutzter Eigentumswohnungen in Sanierungsgebieten, §§ 7h und 10f EStG

Werden Modernisierungs- und Instandsetzungsmaßnahmen an Eigentumswohnungen in einem förmlich festgelegten Sanierungsgebiet oder städtebaulichen Entwicklungsbereich durchgeführt, können die unbezuschussten Herstellungskosten

- im Falle der Vermietung nach § 7h EStG und
- im Falle der Selbstnutzung nach § 10f EStG steuerlich gefördert werden.

Abgesehen vom Kriterium der Eigennutzung, knüpft § 10f EStG an die Tatbestandsmerkmale des § 7h EStG an, so dass auch insoweit hierauf verwiesen werden kann. Eine Nutzung zu eigenen Wohnzwecken liegt nach § 10f Abs. 1 Satz 4 EStG auch vor, wenn Teile einer zu eigenen Wohnzwecken genutzten Wohnung Dritten unentgeltlich zu Wohnzwecken überlassen werden.

Begünstigte Modernisierungs- und Instandsetzungsmaßnahmen: Abschreibungsgegenstand ist in diesem Fall nicht die Eigentumswohnung selbst, sondern die gesondert begünstigte Maßnahme. Anschaffungskosten für derartige Baumaßnahmen sind nur insoweit begünstigt, als sie nach Abschluss eines rechtswirksamen Kaufvertrages angefallen sind, § 7h Abs. 1 Satz 3 EStG.

Eine Baumaßnahme ist nach § 7h EStG begünstigt, wenn es sich dabei um eine Modernisierungs- oder Instandhaltungsmaßnahme im Sinne des § 177 BauGB oder um eine Maßnahme handelt, die der Erhaltung, Erneuerung und funktionsgerechten Verwendung der Eigentumswohnung dient, die wegen ihrer geschichtlichen, künstlerischen und städtebaulichen Bedeutung erhalten bleiben soll und zu deren Durchführung sich der Eigentümer verpflichtet hat. Weist eine bauliche Anlage nach ihrer inneren oder äußeren Beschaffenheit Missstände oder Mängel auf, deren Beseitigung oder Behebung durch Modernisierung oder Instandsetzung möglich ist, kann die Gemeinde nach § 177 BauGB die Beseitigung der Missstände durch ein Modernisierungsgebot und die Behebung der Mängel durch ein Instandsetzungsgebot anordnen. Zur Beseitigung der Missstände und zur Behebung der Mängel ist der Eigentümer der baulichen Anlage verpflichtet. Missstände liegen insbesondere vor, wenn die bauliche Anlage nicht den allgemeinen Anforderungen an gesunde Wohn- und Arbeitsverhältnisse entspricht.

Bescheinigungsverfahren: Ähnlich dem § 7i EStG setzt die Inanspruchnahme erhöhter Abschreibungen für Modernisierungs- und Instandsetzungsmaßnahmen nach § 7h EStG deren vorherige Abstimmung mit den Kommunen und deren Durchführung im Einklang mit der jeweiligen Sanierungssatzung voraus.

Als Nachweis der Abschreibungsberechtigung ist auch diesbezüglich dem Finanzamt eine Bescheinigung der zuständigen Gemeindebehörde vorzulegen, die bestätigt, dass begünstigte Baumaßnahmen durchgeführt wurden und ausweist, in welcher Höhe sie angefallen sind und ob Zuschüsse aus Sanierungs- und Entwicklungsfördermitteln gewährt wurden. Die im Bescheinigungsverfahren enthaltenen Feststellungen sind für die Einkommensbesteuerung im Sinne eines Grundlagenbescheides bindend.

Abzugsbetrag bei Vermietung, § 7h EStG: Abweichend von § 7 Abs. 4 und 5 EStG können begünstigte und unbezuschusste Herstellungskosten für Modernisierungs- und Instandsetzungskosten im Jahr der Herstellung und in den folgenden sieben Jahren jeweils bis zu 9% und in den folgenden vier Jahren mit bis zu 7% abgeschrieben werden.

Abzugsbetrag bei Eigennutzung, § 10f EStG: Im Rahmen des § 10f EStG kann der steuerbegünstigte Aufwand im Kalenderjahr des Abschlusses der Baumaßnahme und in den folgenden neun Jahren bis zu 9% wie Sonderausgaben abgezogen werden. Soweit begünstigte Baumaßnahmen steuerlich zu Erhaltungsaufwand führen, können diese nach § 10f Abs. 2 EStG wie Herstellungsaufwand behandelt und als Sonderausgaben abgezogen werden. Die Vorschrift verweist insoweit auf § 11a EStG, so dass die in dieser Regelung festgelegten Voraussetzungen für den Abzug von Erhaltungsaufwand bei vermieteten Gebäuden auch zur Anwendung des § 10f Abs. 2 EStG erfüllt sein müssen.

Der Abzug wie Sonderausgaben hängt allerdings ebenfalls davon ab, dass der Eigentümer in dem jeweiligen Jahr des Abzugszeitraums die Wohnung zu eigenen Wohnzwecken nutzt. Der Abzug des Erhaltungsaufwands macht die häufig schwierige steuerliche Abgrenzung zwischen Herstellungs- und Erhaltungsaufwand entbehrlich.

Eine Doppelförderung eines identischen Aufwands ist aber auch hier ausgeschlossen.

Auch insoweit gilt es die Objektbeschränkung des § 10f Abs. 3 EStG und die Besonderheiten für Miteigentümer nach § 10f Abs. 4 EStG zu beachten. Siehe hierzu unter V. 1.

Besonderheiten bei Erhaltungsaufwand nach § 11a EStG: Sind unbezuschusste Baumaßnahmen als Erhaltungsaufwand zu qualifizieren, können diese im Jahr der Zahlung vollumfänglich oder auf Antrag hin auf zwei bis fünf Jahre verteilt abgezogen werden, § 11a EStG.

c) Steuerliche Förderung weder zur Einkunftserzielung noch zu eigenen Wohnzwecken genutzter schutzwürdiger Kulturgüter nach § 10g EStG

Aufwendungen für Herstellungs- oder Erhaltungsmaßnahmen an eigenen schutzwürdigen Kulturgütern sind nach § 10g EStG über einen Abzug wie Sonderausgaben begünstigt, sofern die schutzwürdigen Kulturgüter weder zur Erzielung von Einkünften noch zu eigenen Wohnzwecken genutzt werden.

Begünstigte Kulturgüter nach § 10g EStG sind jene in § 10g Abs. 1 Satz 2 Nr. 2 bis 4 EStG enumerativ aufgezählten Güter, sofern diese der wissenschaftlichen Forschung oder der Öffentlichkeit zugänglich gemacht und die Maßnahmen im Sinne der Denkmal- oder Archivpflege durchgeführt werden. Inwieweit dies im Einzelfall gegeben ist, hat das nach Abs. 3 zuständige Landesamt für Denkmalpflege zu bescheinigen.

Aufwendungen unterliegen nur dann einer Abzugsmöglichkeit wie Sonderausgaben in Höhe von bis zu 9% im Jahr des Abschlusses der Maßnahme und in den folgenden neun Jahren, wenn sie im Zusammenhang mit der Durchführung von Herstellungs- und Erhaltungsmaßnahmen am Kulturgut entstehen. Nicht erfasst werden daher laufende Aufwendungen, seien es Versicherungs-, Strom- oder

Raumkosten und ebenfalls werden Anschaffungs- bzw. anschaffungsnahe Herstellungskosten erfasst. Öffentliche oder private Zuschüsse sowie aus den Kulturgütern erzielte Einnahmen sind von den tatsächlichen Aufwendungen abzuziehen.

Angesichts des auch in diesem Fall erforderlichen Bescheinigungsverfahrens vor Beginn der Maßnahme gilt das zu § 7i EStG Gesagte entsprechend. Demnach sind Maßnahmen nur dann begünstigt, wenn sie nach Maßgabe der geltenden Bestimmungen der Denkmal- und Archivpflege erforderlich und mit der zuständigen Behörde abgestimmt sind.

6. Instandhaltungsrücklagen

Zur ordnungsgemäßen Verwaltung einer Wohnungseigentümergemeinschaft gehört gemäß § 21 Abs. 5 WEG die ordnungsmäßige Instandhaltung und Instandsetzung des gemeinschaftlichen Eigentums sowie die Ansammlung einer hierzu angemessenen Rücklage.

Unter Instandhaltung versteht man die Erhaltung des ordnungsgemäßen Zustandes durch Pflege-, Vorsorge- und Erhaltungsmaßnahmen und unter Instandsetzung die Wieder- oder Ersterstellung eines ordnungsmäßigen Zustandes, wobei hierzu auch die Ersetzung nicht mehr reparaturfähiger Gebäudeteile oder Geräte gehört.

Die Beiträge der Wohnungseigentümer zur Instandhaltungsrücklage sind durch den Verwalter im Rahmen des kalenderjährlichen Wirtschaftsplanes festzulegen und als Teil der Vorschüsse der Wohnungseigentümer auf das Hausgeld einzuziehen.

Die somit angesammelte Instandhaltungsrücklage gehört zum Verwaltungsvermögen der Wohnungseigentümergemeinschaft und unterliegt der Verwaltung durch den Verwalter der Wohnungseigentümergemeinschaft. In Höhe seiner Zahlungen bleibt der einzelne Wohnungseigentümer jedoch als Eigentümer am Verwaltungsvermögen beteiligt, was zu den nachfolgend aufgezeigten steuerlichen Auswirkungen führt.

a) Einnahmen aus der Anlage der Instandhaltungsrücklage

Soweit durch die Anlage der Instandhaltungsrücklage Zinserträge erwirtschaftet werden, führen diese zu steuerpflichtigen Einkünften aus Vermietung und Verpachtung. Diese werden wieder auf Ebene der Wohnungseigentümergemeinschaft ermittelt und dann den einzelnen Mitgliedern steuerlich zugerechnet. Da Zinserträge der Abgeltungsteuer unterliegen, wird die abgezogene Abgeltungsteuer auf die festgesetzte Einkommensteuer angerechnet.

b) Werbungskostenabzug

Zunächst ist festzuhalten, dass zum Werbungskostenabzug nur derjenige berechtigt ist, der Aufwendungen mit entsprechender Einkunftserzielungsabsicht tätigt. Somit kann der Wohnungseigentümer einer selbstgenutzten Eigentumswohnung für die Maßnahmen der Wohnungseigentümergemeinschaft zur Instandhaltung und Instandsetzung des gemeinschaftlichen Eigentums keinen Werbungskostenabzug beanspruchen.

Für diejenigen Wohnungseigentümer, die Einkünfte aus Vermietung und Verpachtung erzielen oder bei Vorliegen eines Werbungskostenüberschusses eine Einkunftserzielungsabsicht nachweisen können, lässt die Finanzverwaltung den Abzug der Beiträge zur Instandhaltungsrücklage als Werbungskosten erst in dem Veranlagungszeitraum zu, in welchem tatsächlich Instandsetzungs- oder Instandhaltungsmaßnahmen durchgeführt werden. Allein die Beitragszahlung führt also noch nicht zum Werbungskostenabzug. Aus diesem Grund ist die Hausgeld- oder Wohngeldzahlung für die Zwecke der Ermittlung der Werbungskosten des einzelnen Wohnungseigentümers um die Beiträge zur Instandhaltungsrücklage zu kürzen. Der Wohnungseigentümer bleibt zunächst Eigentümer seiner Beiträge zur Instandhaltungsrücklage, auch wenn diese von der Wohnungseigentümergemeinschaft verwaltet wird, und muss sich deshalb auch, wie oben erläutert, die Kapitaleinkünfte anteilig zurechnen lassen. Inwieweit sich diese Zurechnung durch die Rechtsfähigkeit der Wohnungseigentümergemeinschaft nun ändern wird, steht noch offen – siehe 2. c) bb).

Zu beachten ist weiterhin, dass ein Werbungskostenabzug nur im Wege der AfA möglich ist, soweit die Instandhaltungsrücklage für Maßnahmen verwendet wird, die zu Herstellungskosten führen.

> **BEISPIEL: Liftbau** Die Wohnungseigentümergemeinschaft baut in das Haus einen Lift. Aufgrund der vorgenannten Grundsätze zur Abgrenzung der Herstellungskosten zum sofort abzugsfähigen Erhaltungsaufwand, sind diese Kosten als Herstellungskosten über die Restnutzungsdauer des Gebäudes zu verteilen.

7. Haushaltsnahe Dienstleistungen, § 35a EStG

Mit dem Ziel, in wirtschaftlich schwierigen Zeiten die Beschäftigung anzukurbeln und zugleich die ausufernde Schwarzarbeit einzudämmen, haben der Gesetzgeber und die Finanzverwaltung seit dem Jahre 2006 die Anwendung des § 35a EStG erheblich ausgedehnt.

Die Eigentümer, die ihre Wohnung eigen nutzen, sind seither berechtigt, eine Steuerermäßigung auf Grundlage des § 35a EStG zu beantragen. Ebenso wurden Handwerkerleistungen für Renovierungs-, Erhaltungs- und Modernisierungsmaßnahmen in den Anwendungsbereich des § 35a EStG einbezogen, soweit sie nicht bereits durch das CO_2-Gebäudesanierungsprogramm der KfW-Förderbank gefördert werden.

Seit 2009 wurden die Regelungen noch einmal überarbeitet. Im BMF-Schreiben vom 15.2.2010 (BStBl I 10, 140) wurden diese Neuerungen erläutert.

Im Einzelnen sind die nachfolgenden Voraussetzungen für eine Steuerermäßigung nach § 35a EStG zu beachten:

a) Haushalt

Als Haushalt im Sinne des § 35a EStG gilt jede, innerhalb der EU oder des Europäischen Wirtschaftsraumes belegene, eigengenutzte Wohnung des Steuerpflichtigen. Hierzu gehört auch die unentgeltlich an ein gemäß § 32 EStG zu berücksichtigendes Kind des Steuerpflichtigen überlassene Wohnung, wie auch eine tatsächlich eigengenutzte Zweit-, Wochenend- oder Ferienwohnung. Jedoch wird bei mehreren eigengenutzten Wohnungen des Steuerpflichtigen die

Steuerermäßigung insgesamt nur einmal bis zur Höhe des jeweiligen Höchstbetrages gewährt.

> **BEISPIEL: Wohnung für die Tochter** Marta und Friedrich Forster überlassen ihrer studierenden 20-jährigen Tochter Christine ihre Eigentumswohnung in München unentgeltlich. Im Jahr 2010 lassen sie für € 5.000 die Elektroinstallation in der Münchner Wohnung von Elektromeister Ewald erneuern. Hiervon können sie € 1.000 nach § 35a Abs. 3 EStG Steuerermäßigung beantragen. Für ihre von ihnen selbst bewohnte Eigentumswohnung in Stuttgart beauftragen sie den Malermeister Wolf damit, den Flur neu zu weißeln. Wolf rechnet € 1.000 ab, hiervon können Marta und Friedrich Forster wiederum 20% (= € 200) Steuerermäßigung nach § 35a EStG verlangen.

Soweit Steuerpflichtige haushaltsnahe Leistungen durch nicht zum Haushalt gehörende Personen erbringen lassen, so können die hierfür aufgewendeten Personalkosten bei ihnen zu einer Steuerermäßigung führen.

b) Haushaltsnahe Beschäftigungsverhältnisse gemäß § 35 a Abs. 1 EStG

Handelt es sich um eine geringfügige Beschäftigung i. S. d. § 8a SGB IV, können 20% der Aufwendungen, höchstens € 510 in Abzug gebracht werden. Darunter fallen diejenigen Tätigkeiten, die einen engen Bezug zum Haushalt haben, also beispielsweise *„die Zubereitung von Mahlzeiten im Haushalt, die Reinigung der Wohnung, die Gartenpflege und die Pflege, Versorgung und Betreuung von Kindern sowie von kranken, alten oder pflegebedürftigen Personen."* (BMF Schreiben vom 15.2.2010, Rz. 1).

c) Haushaltnahe Dienstleistungen nach § 35a Abs. 2 EStG

Zu den haushaltsnahen Dienstleistungen gehören Leistungen, *„die eine hinreichende Nähe zur Haushaltsführung aufweisen oder damit im Zusammenhang stehen. Das sind Tätigkeiten, die gewöhnlich durch Mitglieder des privaten Haushalts oder durch entsprechend Beschäftigte erledigt werden oder für die eine Dienstleistungsagentur oder ein selb-*

ständiger Dienstleister in Anspruch genommen wird." (BMF Schreiben vom 15.2.2010, Rz. 7).

Dabei kann der Steuerpflichtige 20% der angefallenen Personalkosten, bis zu einem Höchstbetrag von € 4.000 pro Jahr, steuerermäßigend geltend machen. Welche Rechnungsposten zu den Personalkosten gezählt werden und welche nicht, wird unten unter Punkt f) erläutert.

d) Inanspruchnahme von Handwerkerleistungen, § 35a Abs. 3 EStG

§ 35a Abs. 3 EStG erfasst alle handwerklichen Tätigkeiten, seien es Renovierungs-, Erhaltungs- oder Modernisierungsmaßnahmen, die in einem inländischen bereits bestehenden Haushalt des Steuerpflichtigen erbracht werden, unabhängig davon, ob sie entsprechend ihres Ausmaßes gewöhnlich von einem Haushaltsmitglied oder von Fachkräften durchgeführt werden. Zu den handwerklichen Tätigkeiten zählen z. B. Arbeiten an Innen- und Außenwänden, jede Art der Reparatur, Wartung oder des Austausches von mobilen oder immobilen Gegenständen sowie sämtliche Lackier- und Streicharbeiten. Handwerkliche Tätigkeiten im Rahmen einer Neubaumaßnahme werden jedoch nicht erfasst. Aufwendungen im Zusammenhang mit der Inanspruchnahme eines Schornsteinfegers oder der nachträglichen Zuleitung von Hausanschlüssen in Form von Kabeln für Strom oder Fernsehen sind auch begünstigt.

Die Steuerermäßigung wird wiederum in Höhe von 20% der Aufwendungen für die Arbeitskosten auf Antrag gewährt, jedoch begrenzt auf den Höchstbetrag von € 1.200 pro Jahr.

e) Anspruchsberechtigung

Steuerpflichtige können die Steuerermäßigung nach § 35a EStG grundsätzlich nur geltend machen, als sich die Tätigkeit bzw. Dienstleistung auf ihren eigenen und nicht auf einen fremden Haushalt bezieht. Die Aufwendungen dürfen weder Betriebsausgaben noch Werbungskosten darstellen und auch nicht als außergewöhnliche Belastungen berücksichtigt worden sein.

Dies gilt jedoch auch für Wohnungseigentümer in einer Wohnungseigentümergemeinschaft. So kann auch der einzelne Wohnungseigentümer eine Steuerermäßigung nach § 35a EStG verlangen, soweit die Wohnungseigentümergemeinschaft haushaltsnahe Beschäftigungsverhältnisse eingeht oder Auftraggeber haushaltsnaher Dienstleistungen oder handwerklicher Tätigkeiten im Sinne des § 35a Abs. 3 EStG ist.

> **BEISPIEL: Reinigung** Mit der Reinigung des Treppenhauses und der Pflege der zum Gemeinschaftseigentum gehörenden Blumenrabatte sowie der als Zaun dienenden Hecke wird die Hausmeisterservice XY-GmbH beauftragt. Da ein Eigentümer eines Einfamilienhauses diese Aufwendungen nach § 35a EStG geltend machen darf, muss dies auch einem Wohnungseigentümer gewährt werden.

Damit der einzelne Wohnungseigentümer die Steuerermäßigung nach § 35a EStG beantragen kann, benötigt er von der Wohnungseigentümergemeinschaft einen Nachweis über

- die im Kalenderjahr unbar gezahlten Beträge, aufgeschlüsselt nach den jeweiligen begünstigten haushaltsnahen Beschäftigungsverhältnissen und Dienstleistungen,

- den Anteil der steuerbegünstigten Kosten, namentlich nur Arbeits- und Fahrtkosten ausgewiesen, Materialkosten müssen unberücksichtigt bleiben und

- den Anteil des jeweiligen Wohnungseigentümers an den Gesamtkosten anhand seines Beteiligungsverhältnisses.

Die Steuerermäßigung nach § 35a EStG kann auch der Mieter einer Eigentumswohnung geltend machen, soweit er im Rahmen seiner Nebenkostenabrechnung an den Vermieter Beträge zahlt, die zur Begleichung von Aufwendungen für haushaltsnahe oder handwerkliche Tätigkeiten im Sinne des § 35a EStG dienen. Weiter benötigt er vom Vermieter zum Nachweis der Voraussetzungen des § 35a EStG eine Bescheinigung, die den zuvor erläuterten Erfordernissen genügt.

Das Bundesfinanzministerium hat hierzu ein Muster als Anlage 2 zum BMF Schreiben vom 15.2.2010 veröffentlicht:

Muster: Anlage 2

Muster für eine Bescheinigung
(zu Rdnr. 23)   Anlage 2

_____   _____

_____   _____

_____   _____

(Name und Anschrift des   (Name und Anschrift des
Verwalters/Vermieters)   Eigentümers/Mieters)

Anlage zur Jahresabrechnung für das Jahr / Wirtschaftsjahr ...
Ggf. Datum der Beschlussfassung der Jahresabrechnung:_____
In der Jahresabrechnung für das nachfolgende Objekt

_____

(Ort, Straße, Hausnummer und ggf. genaue Lagebezeichnung der Wohnung)

sind Ausgaben i. S. d. § 35a Einkommensteuergesetz (EStG) enthalten, die wie folgt zu verteilen sind:

A)   Aufwendungen für sozialversicherungspflichtige Beschäftigungen

(§ 35a Abs. 2 Satz 1 Alt. 1 EStG, § 35a Abs. 1 Satz 1 Nr. 2 EStG aF

Bezeichnung	Gesamtbetrag (in Euro)	Anteil des Miteigentümers/des Mieters

B)   Aufwendungen für die Inanspruchnahme von haushaltsnahen Dienstleistungen

(§ 35a Abs. 2 Satz 1 Alt. 2 EStG, § 35a Abs. 1 Satz 1, 1. Halbsatz EStG aF

Bezeichnung	Gesamtbetrag (in Euro)	nicht zu berücksichtigende Materialkosten (in Euro)	Aufwendungen bzw. Arbeitskosten (Rdnr. 35, 36) (in Euro)	Anteil des Miteigentümers/des Mieters

C)   Aufwendungen für die Inanspruchnahme von Handwerkerleistungen für Renovierungs-, Erhaltungs- und Modernisierungsmaßnahmen

(§ 35a Abs. 3 EStG, § 35a Abs. 2 Satz 2 EStG aF

Bezeich-nung	Gesamt-betrag (in Euro)	nicht zu berücksichti-gende Mate-rialkosten (in Euro)	Aufwendun-gen bzw. Ar-beitskosten (Rdnr. 35, 36) (in Euro)	Anteil des Miteigen-tümers/des Mieters

(Ort und Datum)   (Unterschrift des Verwalters oder
                                    Vermieters)

Hinweis: Die Entscheidung darüber, welche Poisitionen im Rahmen der Einkommensteuererklärung berücksichtigt werden können, obliegt ausschließlich der zuständigen Finanzbehörde.

f) Begünstigung und Nachweis

Aufwendungen, die bereits als Werbungskosten, Betriebsausgaben oder Kinderbetreuungskosten nach § 9c EStG oder als außergewöhnliche Belastung erfasst wurden, führen nicht zu einer Steuerermäßigung nach § 35a EStG.

§ 35a EStG begünstigt nur Arbeitskosten, d. h. der Bruttoarbeitslohn ist die Berechnungsgrundlage für die steuerermäßigende Berücksichtigung. Der Nachweis erfolgt, soweit es sich um haushaltsnahe Beschäftigungsverhältnisse handelt, anhand der Bescheinigung durch die Sozialversicherungsträger. Bei Aufträgen an selbständig Tätige muss der Aufwand für Arbeitskosten, hierzu zählen auch die Fahrtkosten und das Entgelt für die Bereitstellung von Maschinen, aus der Rechnung gesondert hervorgehen. Materialkosten können nicht im Rahmen des § 35a EStG berücksichtigt werden.

Weiterhin ist zu beachten, dass nur unbare Zahlungen berücksichtigt werden. Denn mit § 35a EStG soll zugleich die Ausuferung der Schwarzarbeit bekämpft werden.

Auch Neubaumaßnahmen, also alle Maßnahmen, die zu einer Erweiterung der Wohn- und Nutzflächen führen, bleiben unberücksichtigt. Hierzu zählen beispielsweise der Bau eines Wintergartens, der Dachbodenausbau oder auch der Neubau einer Garage. Wie bereits oben erwähnt, bleiben auch Maßnahmen außer Betracht, die bereits durch das CO_2-Gebäudesanierungsprogramm der KfW-Förderbank unterstützt werden.

8. Bauabzugsteuer, §§ 48 ff. EStG

Die Bauabzugsteuer soll das Problem der ausufernden Schwarzarbeit im Baugewerbe eindämmen. Dies soll dadurch erreicht werden, dass der Bauherr, soweit er Unternehmer ist, 15% des Rechnungsbetrages, den der Bauunternehmer ihm in Rechnung stellt, an das Finanzamt des Bauunternehmers zu zahlen hat. Für die korrekte Abführung dieses Abzugsbetrages haftet der Bauherr.

> **BEISPIEL: Tiergaragensanierung** Bauunternehmer Uwald wird vom Verwalter der WEG beauftragt, die Tiefgarage umfassend zu sanieren. Uwald rechnet für seine hierzu erbrachten Bauleistungen € 100.000 inklusive Umsatzsteuer (rund € 84.033,62 netto) gegenüber der WEG ab. Die WEG muss nun € 15.000 an das Finanzamt des Uwald zahlen und € 85.000 an den Uwald.

Im Einzelnen sind folgende Details bezüglich des Bauabzugsteuerverfahrens zu beachten:

a) Bauleistungen

Das Bauabzugsteuerverfahren gilt nur für Bauleistungen. Hierunter versteht man diejenigen Leistungen, die der Herstellung, Instandsetzung oder Instandhaltung, Änderung oder Beseitigung von Bauwerken dienen. Sie sind insbesondere dadurch gekennzeichnet, dass Bauwerke oder Teile davon, verändert, bearbeitet oder ausgetauscht werden.

Planungsarbeiten, Bauüberwachung, Durchführung von Ausschreibungs- und Vergabeverfahren oder Reinigungsarbeiten gehören somit nicht zu Bauleistungen im Sinne der §§ 48 ff. EStG.

Keine Bauleistungen sind somit beispielsweise: Architektenleistungen, Arbeiten des Statikers, Baurevisionen, wie Prüfung von Abrechnungen, Begutachtungen zum Baufortschritt und zur Qualität der Bauarbeiten durch Sachverständige usw.

b) Abzugsverpflichteter

Zum Abzug der Bausteuer ist der Leistungsempfänger einer Bauleistung (= Bauherr), soweit er Unternehmer im Sinne des § 2 UStG ist, verpflichtet.

Die Wohnungseigentümergemeinschaft ist in diesem Sinne Unternehmer, da sie Leistungen im Sinne des Umsatzsteuergesetzes gegenüber den Wohnungseigentümern erbringt. Somit ist die Wohnungseigentümergemeinschaft zum Abzug der Bauabzugsteuer verpflichtet, soweit sie Bauleistungen für das Gemeinschaftseigentum beauftragt.

Soweit Bauleistungen an den einzelnen Wohnungen erfolgen, ist ein Abzug der Bauabzugsteuer nur durchzuführen, soweit der jeweilige Wohnungseigentümer Unternehmer im Sinne des Umsatzsteuergesetzes ist.

Hierzu genügt auch, dass er Kleinunternehmer im Sinne des § 19 UStG ist oder ausschließlich umsatzsteuerfreie Umsätze tätigt.

Somit sind alle Wohnungseigentümer, die Unternehmer im Sinne des § 2 UStG sind, auch für ihre Vermietungstätigkeit als Unternehmer anzusehen und somit abzugsverpflichtet. Etwas anderes gilt nur, soweit sie lediglich weniger als drei Wohnungen vermieten.

c) Freistellung vom Steuerabzug

Der Leistungsempfänger (= Bauherr) wird vom Abzugsverfahren freigestellt, wenn der Bauunternehmer eine Freistellungsbescheinigung nach § 48b EStG vorlegt oder die Freigrenze von € 5.000 pro Kalenderjahr nicht überschritten wird. Soweit der Leistungsempfänger umsatzsteuerfrei Vermietungsumsätze nach § 4 Nr. 12 UStG erzielt, erhöht sich die Freigrenze auf € 15.000 jährlich.

Die Freigrenze bleibt also unterschritten, soweit ein einzelner Bauunternehmer gegenüber einem bestimmten Bauherrn lediglich Bauleistungen erbringt, deren Entgelt inklusive Umsatzsteuer unter der jeweiligen Freigrenze bleibt.

> **BEISPIEL: Freigrenze** Eine WEG beauftragt Dachdeckermeister Kober mit dem Austausch beschädigter Dachziegel. Kober berechnet hierfür € 4.000 zuzüglich Umsatzsteuer von 19% (= € 4.760). Damit wird die Freigrenze unterschritten. Es ist kein Bauabzugssteuerverfahren durchzuführen.

d) Steuerabzugsverfahren

Liegt nach dem oben Gesagten keine Freistellungsbescheinigung vor und ist auch die Freigrenze überschritten, so ist vom Bauherren, der Unternehmer ist und Bauleistungen empfängt, 15% des Betrages, den der leistende Bauunternehmer ihm in Rechnung stellt, an das für den Bauunternehmer zuständige Finanzamt als Bauabzugsteuer abzuführen.

Hierfür behält der Bauherr 15% des Bruttorechnungsbetrages ein und muss diesen Betrag bis zum 10. des Folgemonats – nach entsprechender Anmeldung – an das für den Bauunternehmer zuständige Finanzamt abführen.

Dieser Betrag wird für den Bauunternehmer beim Finanzamt gutgeschrieben, also in Anrechnung auf seine Steuerschuld gebracht.

9. Veräußerung von Eigentumswohnungen

a) Privates Veräußerungsgeschäft, § 23 EStG

Der Verkauf einer privaten Eigentumswohnung, egal ob fremdvermietet oder eigengenutzt, ist einkommensteuerrechtlich regelmäßig ohne Bedeutung.

> **BEISPIEL: Steuerfreier Verkauf** Marta und Fritz Konrad haben sich vor 15 Jahren eine Eigentumswohnung gekauft und vermietet. Nun ziehen sie in ihren Altersruhesitz nach Italien und wollen sich nicht weiter mit der Vermietung der Immobilie belasten. Sie verkaufen die Wohnung aufgrund der Wertsteigerung am Markt mit Gewinn. Dieser Gewinn unterliegt nicht der Einkommensteuer, ist daher steuerfrei.

Eine Ausnahme zu diesem Grundsatz sieht § 22 Nr. 2 i.V.m. § 23 EStG vor, nämlich im Falle des sogenannten privaten Veräußerungsgeschäftes.

Voraussetzung: Ein privates Veräußerungsgeschäft liegt nach § 23 Abs. 1 Satz 1 Nr. 1 Satz 1 EStG vor, wenn zwischen Erwerb oder Fertigstellung und Veräußerung von Grundstücken und grundstücksgleichen Rechten nicht mehr als zehn Jahre liegen. Die Fristen berechnen sich dabei taggenau nach dem Tag des notariell beurkundeten Kaufvertrags.

> **BEISPIEL: Steuerpflichtiger Verkauf** Marta und Fritz Konrad haben ihre fremdvermietete Wohnung am 1.12.2000 gekauft und an diesem Tag den Kaufvertrag vor einem Notar unterschrieben. Die notarielle Beurkundung des Verkaufs erfolgt am 30.9.2010. Zwischen Kauf und Verkauf liegen 9 Jahre und 10 Monate. Damit fällt dieser Verkauf unter § 22 Nr. 2 i.V.m. § 23 Abs. 1 S. 1 Nr. 1 EStG. Ein etwaiger Gewinn ist im Rahmen der privaten Einkommensteuererklärung der Eheleute Konrad zu versteuern, die Steuerbelastung richtet sich nach dem privaten Steuersatz. Dieser ermittelt sich neben diesem Gewinn auch aus den anderen Einkünften und Abzugsmöglichkeiten, die die Eheleute in diesem Veranlagungsjahr ansetzen.

Nicht richtig ist die weit verbreitete Meinung, der sogenannte Spekulationsgewinn würde einer zahlenmäßig bestimmten Steuerbelastung unterliegen.

Da es für die Einkunftserzielung aus § 22 Nr. 2 EStG i.V.m. § 23 EStG auf Art und Motiv der Veräußerung nicht ankommt, wird auch eine unfreiwillige Veräußerung einer Eigentumswohnung, beispielsweise im Wege der Zwangsvollstreckung vom Tatbestand des § 23 Abs. 1 Satz 1 Nr. 1 EStG erfasst.

> **BEISPIEL: Verkauf wegen Arbeitslosigkeit** Markus Obermann hat am 1.8.2003 eine Eigentumswohnung gekauft und fremdvermietet. Aufgrund Arbeitslosigkeit ist er nicht mehr in der Lage, den Kredit zu bedienen. Bevor die Bank die Zwangsversteigerung einleitet, verkauft er die Eigentumswohnung am 1.10.2010 auf dem freien Markt.

Für die Ermittlung des Gewinns aus einem privaten Veräußerungsgeschäft können die Kosten, die mit der Veräußerung im Zusammenhang stehen, abgezogen werden. Dabei handelt es sich insbesondere um Kosten für die Inserierung des Objekts, Gutachterkosten oder Maklergebühren. War das entsprechende Objekt während der Vermietung mit einem Darlehen belastet, das im Rahmen der Veräußerung gekündigt wird, und entsteht hieraus eine Vorfälligkeitsentschädigung, so ist diese ebenfalls gewinnmindernd zu berücksichtigen.

Wird eine Eigentumswohnung aus dem Betriebsvermögen durch Entnahme oder Betriebsaufgabe in das Privatvermögen überführt, gilt diese Überführung nach § 23 Abs. 1 Satz 2 EStG als Anschaffungsvorgang. Die Entnahme muss gleichzeitig nach den Grundsätzen der Versteuerung der stillen Reserven versteuert werden, siehe I. 3.

Gegengleich gilt als Veräußerung i. S. d. § 23 Abs. 1 Satz 1 Nr. 1 EStG die Einlage der Immobilie in das Betriebsvermögen, wenn die Veräußerung aus dem Betriebsvermögen innerhalb eines Zeitraums von zehn Jahren seit Anschaffung der Immobilie erfolgt.

Wurde die veräußerte Wohnung ursprünglich durch Erbschaft oder Schenkung unentgeltlich erworben, liegt in diesem Erwerbsvorgang keine Anschaffung. Das gilt auch, wenn ein Miterbe die Eigentumswohnung im Wege der Erbauseinandersetzung erhält und diese durch Realteilung verwirklicht wird. In diesen Fällen wird dem Erben als Rechtsnachfolger die Anschaffung bzw. Überführung in das Privatvermögen des Rechtsvorgängers (= Erblasser) zugerechnet, § 23 Abs. 1 Satz 3 EStG. Die Besitzzeit des Rechtsvorgängers wird nach der sogenannten Fußstapfentheorie auf die Zehnjahresfrist angerechnet.

BEISPIEL: Verkauf durch Erben Erblasser Emil Maier kauft 5 Jahre vor seinem Tod eine Eigentumswohnung. Seine beiden Erben Anton und Bettina einigen sich, dass Anton die Wohnung im Rahmen der Erbauseinandersetzung zum Alleineigentum erhält. Anton verkauft die Wohnung 6 Jahre später.

Anton war nur 6 Jahre Eigentümer der Wohnung, so dass er die Frist von 10 Jahren in seiner Person nicht erfüllt hat. Da das Erbe und auch die Erbauseinandersetzung nicht als Anschaffung angesehen werden, kommt es auf die Anschaffung durch Emil Maier an. Diese lag 11 Jahre (5 Jahre Emil Maier + 6 Jahre Anton) zurück, so dass ein etwaiger Gewinn aus der Veräußerung nicht steuerpflichtig ist.

Setzen sich Miterben in der Weise auseinander, dass ein Miterbe vom anderen gegen Zahlung eines Ausgleichs eine zum Nachlass gehörende Eigentumswohnung erwirbt, liegt insoweit allerdings ein zumindest teilentgeltliches als Anschaffung zu wertendes Rechtsgeschäft vor, mit der Folge, dass bei einem Verkauf innerhalb von 10 Jahren die Einkommensteuerpflicht eines etwaigen Gewinns zu überprüfen ist.

Berechnung. Die Einkünfte aus Veräußerungsgeschäften werden als Überschuss der Einnahmen über die Werbungskosten ermittelt, § 23 Abs. 3 EStG. Der Veräußerungsgewinn bzw. -verlust berechnet sich dabei nach dem Unterschiedsbetrag zwischen dem Veräußerungspreis und den um die AfA gekürzten Anschaffungs- oder Herstellungskosten, vermindert um die sich bei der Veräußerung ergebenden Werbungskosten wie Maklergebühren, Vermittlungsprovision oder auch Notarkosten.

BEISPIEL: Veräußerungsgewinn Albert Haupt hat im Jahre 2001 eine Eigentumswohnung für € 100.000 gekauft. Im Jahre 2008 veräußert er die Wohnung für € 120.000. In Zusammenhang mit dem Verkauf fallen Maklerkosten in Höhe von € 3.000 und Notariatsgebühren in Höhe von € 500 an. Die im Rahmen seiner Einkommensteuer geltend gemachte AfA belief sich in 8 Jahren auf € 16.000 (2% aus € 100.000 pro Jahr). Der Veräußerungsgewinn berechnet sich wie folgt:

Verkaufspreis:	€ 120.000
./. Maklerprovision	€ 3.000
./. Notariatsgebühr	€ 500
./. Kaufpreis	€ 100.000
zzgl. AfA	€ 16.000
Veräußerungsgewinn	€ 32.500

Aus der Beratungspraxis zeigt sich die Gefährlichkeit der selbständigen Einschätzung des Spekulationsgewinns durch den Laien. Bei der Ermittlung des Gewinns wird oftmals nur der Vergleich der damaligen Anschaffung und dem dann erzielten jetzigen Veräußerungserlös vorgenommen. Die seither geltend gemachte Abschreibung führt bereits zu einem Spekulationsgewinn. Es kann nur angeraten werden, diese steuerlichen Konsequenzen genau zu berechnen.

BEISPIEL: Spekulationsgewinn Hedwig Maier hat am 2.3.2005 eine Eigentumswohnung angeschafft. Nachdem der Mieter im Jahr 2013 auszieht, möchte sie die Wohnung verkaufen. Ein Käufer bietet ihr aufgrund der derzeitig guten Vermarktung einen ausnahmslos hohen Preis an. Hedwig Maier hat von der Spekulationsbesteuerung schon gehört, möchte aber das Geschäft nicht verlieren. Aus diesem Grund meint sie besonders klug zu sein. Sie geht zum Notar und bietet dem Käufer an, die Wohnung zu dem vereinbarten Preis kaufen zu können. Der Käufer dürfe das Angebot aber erst nach dem 2.3.2015 annehmen.
Mit der verbindlichen Angebotsabgabe löst Hedwig Maier das Veräußerungsgeschäft aus, da sie alle Erklärungen ihrerseits abgegeben hat.

Gewinne aus privaten Veräußerungsgeschäften bleiben nach § 23 Abs. 3 Satz 5 EStG steuerfrei, wenn der aus den privaten Veräußerungsgeschäften erzielte Gesamtgewinn € 600 nicht überschreitet.

Ausnahme: Nicht betroffen sind Eigentumswohnungen, die im Zeitraum zwischen Erwerb bzw. Fertigstellung und Veräußerung ausschließlich zu eigenen Wohnzwecken oder im Jahr der Veräußerung und den beiden vorangegangenen Jahren zu eigenen Wohnzwecken genutzt wurden, § 23 Abs. 1 Satz 1 Nr. 1 Satz 3 EStG.

Die Rechtsprechung versteht unter der Nutzung einer Wohnung zu eigenen Wohnzwecken grundsätzlich die Führung eines selbständigen Haushaltes in dieser Wohnung. Unschädlich ist dabei die unentgeltliche, vollständige Nutzung durch ein nach § 32 EStG zu berücksichtigendes Kind, vgl. BFH, Az.: X R 94/91. Damit kann eine Wohnung, die dem studierenden Kind unentgeltlich für die Dauer des Studiums überlassen worden ist, verkauft werden, ohne dass ein privates Veräußerungsgeschäft und damit eine etwaige Steuerpflicht überprüft werden.

Die Wohnung muss nicht dauernd bewohnt sein, aber dem Steuerpflichtigen ständig zur Verfügung stehen. Der Steuerpflichtige kann daher auch mehrere Wohnungen gleichzeitig zu eigenen Wohnzwecken nutzen, etwa im Rahmen der doppelten Haushaltsführung, vgl. BFH, Az.: IX 18/03.

> **BEISPIEL: Eigennutzung** Hätten Marta und Fritz Konrad die Eigentumswohnung also nicht vermietet, sondern in dieser selbst gewohnt, fielen sie selbst bei einem Verkauf unter 10 Jahren nicht unter die Einkommensteuerpflicht. Ein etwaiger Gewinn bleibt dann steuerfrei.

Folgenden Fehler gilt es bei einer Übertragung der eigen genutzten Wohnung in Zusammenhang mit der Vermögensauseinandersetzung bei einer Scheidung zu vermeiden:

> **BEISPIEL: Vermögensauseinandersetzung** Marta und Manfred Holl trennen sich. Marta Holl zieht aus der gemeinsamen Wohnung aus. Im Rahmen des Scheidungsverfahrens wird festgestellt, dass Manfred Holl ein Anspruch auf Zugewinnausgleich gegenüber Marta Holl zusteht. Marta Holl erfüllt diesen Anspruch durch die Übertragung ihres Miteigentumsanteils an der Wohnung auf Manfred Holl. Marta und Manfred Holl hatten die Wohnung erst 5 Jahre vor der Trennung gekauft.
> Die Erfüllung des Zugewinnausgleiches ist steuerlich gesehen ein entgeltlicher Vorgang. Da die 10-jährige Behaltensfrist noch nicht abgelaufen ist, könnte sich für Marta Holl die Frage nach einem steuerpflichtigen Vorgang stellen.
> In der Person der Marta Holl lagen im Zeitpunkt der Übertragung die Voraussetzungen einer eigen genutzten Wohnung nicht mehr vor. Sie hatte die Wohnung nach der Trennung verlassen und damit ihre Eigennutzung aufgegeben. Sollte Marta Holl einen Veräußerungsgewinn realisiert haben, ist dieser der Einkommensteuer zu unterwerfen.

Dieses Problem wird bei Scheidungsvereinbarungen oftmals übersehen.

b) Gewerblicher Grundstückshandel, § 15 EStG

Grundsätzlich werden Immobilien im Privatvermögen gehalten mit der Folge, dass Überschüsse aus Vermietung und Verpachtung der

Einkommensteuer zu unterwerfen sind. Ausnahmsweise kann auch ein Veräußerungserlös nach § 22 Nr. 2 EStG i.V.m. § 23 Abs. 1 S. 1 Nr. 1 EStG der Einkommensteuer unterliegen, auf die Ausführungen unter II. 9. a) wird verwiesen.

Durch die Vornahme einer bestimmten Anzahl von Grundstücksveräußerungen kann ein Gewerbebetrieb entstehen, mit der Folge, dass auf jeden Veräußerungsgewinn Einkommensteuer und Gewerbesteuer zu entrichten ist, man spricht hier vom so genannten gewerblichen Grundstückshandel.

Nach ständiger Rechtsprechung des BFH ist die Grenze von der privaten Vermögensverwaltung hin zum Gewerbebetrieb dann überschritten, wenn

- nach dem Gesamtbild der Verhältnisse

- die Tätigkeit sich nicht mehr als Nutzung des Grundstückes durch Fruchtziehung (Vermietung / Verpachtung) der zu erhaltenden Substanz darstellt,

- sondern die Ausnutzung des substanziellen Vermögenswertes durch Umschichtung (Verkauf) entscheidend in den Vordergrund getreten ist.

Der BFH stellt sich die Frage, ob der Steuerpflichtige beabsichtigte, die Immobilie zu vermieten oder gewinnbringend zu verkaufen. Dabei steht die Ausnutzung des Vermögenswertes und damit des Grundstückes nach der Rechtsprechung des BFH entscheidend im Vordergrund, wenn dem Steuerpflichtigen nachgewiesen werden kann, das Grundstück in der bedingten oder unbedingten Absicht erworben bzw. bebaut zu haben, um es später gewinnbringend zu veräußern.

Zur Ermittlung und zum Nachweis der **bedingten Veräußerungsabsicht** hat der BFH in ständiger Rechtsprechung die so genannte 3-Objekt-Grenze entwickelt.

Folgende Voraussetzungen müssen hierfür vorliegen:

- Der Steuerpflichtige muss grundsätzlich mehr als drei Zählobjekte verkauft haben.

■ Zwischen Anschaffung bzw. Bau und Veräußerung jedes einzelnen Grundstückes liegen grundsätzlich weniger als fünf Jahre (Haltezeitraum).

■ Zwischen den einzelnen Veräußerungen an sich liegt ebenfalls ein zeitlicher Abstand von grundsätzlich weniger als fünf Jahren (Verwertungszeitraum).

Es dürfen in einem Zeitraum von fünf Jahren nicht mehr als drei Objekte, die wiederum innerhalb von fünf Jahren angeschafft und verkauft worden sind, verkauft werden.

BEISPIEL: Wohnungsverkauf Anton Karg kauft im Jahr 2001 Eigentumswohnung (ETW) 1, im Jahr 2002 ETW 2. Im Jahr 2003 verkauft er ETW 1, kauft aber gleichzeitig ETW 3 und ETW 4. Im Jahr 2004 verkauft er ETW 2 und ETW 3, im Jahr 2005 ETW 4.

Überprüfung der Haltefrist für jede Wohnung:

ETW 1	von Jahr 01 – Jahr 03	weniger als 5 Jahre
ETW 2	von Jahr 02 – Jahr 04	weniger als 5 Jahre
ETW 3	von Jahr 03 – Jahr 04	weniger als 5 Jahre
ETW 4	von Jahr 03 – Jahr 05	weniger als 5 Jahre

Anton Karg hat alle 4 Wohnungen innerhalb von 5 Jahren nach ihrem Kauf wieder verkauft. Er hat weiterhin alle 4 Wohnungen innerhalb von 5 Jahren, zwischen dem Jahr 2001 und dem Jahr 2005, verkauft. Mit dem Verkauf der 4. Wohnung hat er die Schwelle von der privaten Vermögensverwaltung zu einer gewerblichen Tätigkeit überschritten. Es wird ihm nach der 3-Objekt-Grenze eine bedingte Veräußerungsabsicht, und zwar von Anfang an, unterstellt.

Der BFH hat in seiner ständigen Rechtsprechung immer wieder darauf verwiesen, dass dieser 3-Objekt-Grenze lediglich Indizwirkung zukommt. So kann auch eine Veräußerung von vier und mehr Objekten nicht zu einer gewerblichen Tätigkeit führen, wobei dies nur im Einzelfall möglich ist.

Für den Steuerpflichtigen besteht die Möglichkeit, die 3-Objekt-Grenze und damit die Annahme einer bedingten Veräußerungsabsicht zu widerlegen. Dabei reicht es nicht aus, reine Absichtserklärungen abzugeben. Er muss objektiv nachgewiesene Umstände vorweisen können. So hat es der BFH in einem Urteil vom 17.12. 2009, Az. III R 101/06, entschieden.

Dem BFH-Urteil lag der Fall zugrunde, dass ein Steuerpflichtiger auf Druck der finanzierenden Bank einzelne Immobilien verkaufen musste, um so eine Zwangsvollstreckung zu vermeiden. Hier hat der BFH eine bedingte Veräußerungsabsicht abgelehnt, die in dieser besonderen Situation des Steuerpflichtigen nicht nachweisbar war.

Der BFH hat in diesem Zusammenhang aber auch entschieden, dass folgende objektive Umstände, die bei einem Steuerpflichtigen eingetreten sind, die Indizwirkung nicht widerlegen können:

- negative Entwicklung am Wohnungsmarkt
- Wegzug ins Ausland
- Trennung der Ehegatten

Wird unter diesen Umständen ein Objekt verkauft, so ist dieses Objekt im Rahmen der 3-Objekt-Grenze zu berücksichtigen, eine bedingte Veräußerungsabsicht kann unterstellt werden.

> **BEISPIEL: Scheidungszahlung** Nehmen wir in unserem obigen Beispiel an, dass Anton Karg die Wohnungen 3 und 4 verkaufen musste, um im Rahmen seiner Scheidung den Zugewinnausgleichsanspruch seiner Ehefrau erfüllen zu können. Selbst dann wird ihm nach der Rechtsprechung eine bedingte Veräußerungsabsicht unterstellt werden, auch wenn er vorträgt, dass er ohne die Scheidung die Wohnungen nicht verkauft hätte.

Auch bei Unterschreiten der 3-Objekt-Grenze kann nach der Rechtsprechung von einem gewerblichen Grundstückshandel ausgegangen werden. Dann müssen weitere Umstände hinzukommen, aus denen die unbedingte Veräußerungsabsicht abgeleitet werden kann. Diese Umstände müssen grundsätzlich durch das Finanzamt nachgewiesen werden.

Aus der Rechtsprechung des BFH liegen folgende Beispielsfälle vor:

- Eine unbedingte Veräußerungsabsicht wird unterstellt, wenn ein Grundstück schon vor der Bebauung verkauft, zumindest aber ein Makler beauftragt worden ist, BFH vom 10.12.2001, GrS 1/ 98.

- Ebenso entscheidet die Rechtsprechung, wenn ein Grundstück von vornherein auf Wunsch oder auf Rechnung des Erwerbers bebaut wurde, ebenfalls BFH vom 10.12.2001, GrS 1/98.

- Entschieden ist auch der Fall, wenn der Steuerpflichtige eine sehr kurzfristige Finanzierung des Bauvorhabens vorgenommen hat. Auch hieraus leitet der BFH eine unbedingte Veräußerungsabsicht ab.

Für die Anwendung der 3-Objekt-Grenze ist zu klären, welche Grundstücke überhaupt bei der Berechnung einzubeziehen sind, bei welchen es sich also um ein so genanntes **Zählobjekt** handelt.

Grundsätzlich kommen alle unbebauten und bebauten Grundstücke und damit alle Einfamilien-, Zweifamilien- und Mehrfamilienhäuser, aber natürlich auch Eigentumswohnungen als Zählobjekte in Betracht.

Unerheblich ist, ob der Steuerpflichtige das Grundstück mit Gebäude gekauft oder das Gebäude selbst errichtet hat, BFH vom 10.12.2001, GrS 1/98.

Ein Objekt ist auch als Zählobjekt in die Ermittlung der 3-Objekt-Grenze mit einzubeziehen, wenn es der Steuerpflichtige durch vorweggenommene Erbfolge oder durch Schenkung erlangt hat.

Für den Schenkenden liegt in der Schenkung zwar keine Veräußerung, da ihm keine Gewinnerzielungsabsicht nachgewiesen werden kann. Die Schenkung an sich ist für den Beschenkten aber eine Anschaffung, so dass bei einer Veräußerung durch ihn das Objekt bei der 3-Objekt-Grenze für ihn zu berücksichtigen ist.

Das Objekt wird beim Beschenkten als Zählobjekt gewertet. Für die Berechnung des Haltezeitraumes ist allerdings auf die Anschaffung bzw. Herstellung durch den Schenker abzustellen und damit gerade nicht auf den Zeitpunkt der Schenkung.

Im Unterschied hierzu ist ein geerbtes Grundstück von Anfang an kein Zählobjekt, da in der Gesamtrechtsnachfolge im Erbrecht nach der Rechtsprechung des BFH keine Anschaffung gesehen wird.

Die eigen genutzte Immobilie ist grundsätzlich kein Zählobjekt. Wird sie allerdings weniger als fünf Jahre gehalten, ist der Steuerpflichtige nach der Rechtsprechung des BFH verpflichtet, nachzuweisen, dass er diese Immobilie von Anfang an und auf Dauer eigennutzen wollte, die Veräußerung also auf offensichtlichen Sachzwängen beruhte, BFH vom 18.9.2002, X R 28/00.

> **BEISPIEL: Zählobjekt** Hat Anton Karg in unserem obigen Beispiel noch eine ETW 5, in welcher er mit seiner Familie 10 Jahre lang gemeinsam gewohnt hat, wäre diese nach der Rechtsprechung kein Zählobjekt.

Ein Zählobjekt liegt auch dann vor, wenn es schlussendlich mit Verlust verkauft worden ist. Hieraus ergibt sich bei entsprechenden tatsächlichen Möglichkeiten die Vorgehensweise, durch den verlustreichen Verkauf des vierten Objektes einen etwaigen Gewinn aus den Verkäufen der ersten drei Objekte zu reduzieren.

Die Teilung in Wohnungseigentum an sich wird nicht als Veräußerung angesehen. Jede einzelne Wohnung ist dann aber ein Zählobjekt. Werden nach einer Teilung mehr als drei Wohnungen innerhalb von fünf Jahren verkauft, so findet die 3-Objekt-Grenze Anwendung.

Langfristig vermietete Objekte zählen ebenfalls nicht zu den Zählobjekten. Diese Rechtsprechung gilt zumindest dann uneingeschränkt, wenn das Objekt mehr als zehn Jahre vermietet war. Unter zehn Jahren hat der Vermieter und damit der Steuerpflichtige gegebenenfalls nachzuweisen, dass er das Objekt immer vermieten wollte, nun aber gezwungen war, es zu verkaufen.

Mit dem Verkauf des vierten Zählobjektes wird die bedingte Veräußerungsabsicht des Steuerpflichtigen unterstellt und eine gewerbliche Tätigkeit angenommen. Es unterfällt nicht nur der Gewinn aus dem Verkauf des vierten Objektes der Gewerbesteuer. Vielmehr werden auch die Gewinne aus den drei bereits vorher getätigten Verkäufen der Einkommensteuer und der Gewerbesteuer unterworfen.

§ 1 GewStG berechtigt die Gemeinden zur Erhebung der Gewerbesteuer als Gemeindesteuer. Die Notwendigkeit einer Gewerbesteuer wird grundsätzlich mit der Begründung gerechtfertigt, den Gemeinden ein Äquivalent dafür zuzustehen, dass die im Inland befindlichen Gewerbebetriebe für die Gemeinden Lasten verursachen.

Besteuerungsgrundlage für die Gewerbesteuer ist der jeweilige Gewerbeertrag, der zur konkreten Steuerfestsetzung und -erhebung mit einem einheitlichen Gewerbesteuermessbetrag von 3,5% und einem von der jeweiligen Gemeinde bestimmten Hebesatz zu multiplizieren ist. Der Hebesatz beträgt dabei mindestens 200%.

Gewerbeertrag ist beim gewerblichen Grundstückshandel grundsätzlich der für den Erhebungs- bzw. Veranlagungszeitraum zu berücksichtigende und nach § 22 Nr. 2 i.V.m. § 23 Abs. 1 S. 1 Nr. 1 EStG zu ermittelnde Gewinn aus der Veräußerung.

III. Umsatzsteuer

1. Vermietung und Verpachtung einer Eigentumswohnung

Der Vermieter einer Eigentumswohnung erzielt aus der entgeltlichen Vermietung einen umsatzsteuerlich steuerbaren Umsatz, der grundsätzlich als steuerfrei zu beurteilen ist. Bei dem Begriff der Vermietung ist hierbei auf die zivilrechtlichen Vorschriften abzustellen. Die Steuerbefreiung umfasst dabei sämtliche üblichen Nebenleistungen, die in engem Zusammenhang mit der eigentlichen Vermietung stehen. Beispiele hier sind die Lieferung von Wärme, Wasserversorgung, Lieferung von Warmwasser, Nutzungsüberlassung von einfachem Mobiliar, von Waschmaschinen und Trocknern, Flur- und Treppenreinigung wie deren Beleuchtung, Balkonbepflanzung, Überlassung von Aufzügen zur Benutzung. In diesem Zusammenhang sind Leistungen wie die Lieferung von elektrischem Strom, Heizöl oder Heizgas, die Überlassung von Büromobiliar umsatzsteuerrechtlich nicht als derartige Nebenleistungen zu qualifizieren und folglich steuerpflichtig zu behandeln.

Die teilweise Eigennutzung einer Immobilie kann ab dem 1.1.2011 umsatzsteuerrechtlich nicht mehr berücksichtigt werden, d. h. dass eine Eigennutzung weder zu einem Vorsteuerabzug noch zu einer Umsatzsteuerzahllast führt.

Dagegen führen Vermietungsumsätze im Rahmen der kurzfristigen Beherbergung (weniger als 6 Monate) von Fremden, der Vermietung von Fahrzeugabstellplätzen, soweit nicht im Zusammenhang mit einer Wohnungsvermietung, der kurzfristigen Vermietung von Campingflächen (weniger als 6 Monate) sowie der Vermietung von Maschinen und Betriebsvorrichtungen zu einer steuerpflichtigen Leistung. Die Steuerbefreiung ist hier nicht anwendbar.

Wird eine Wohnung vermietet, so kann auf Antrag des Vermieters auf die Steuerbefreiung unter gewissen Voraussetzungen verzichtet werden, soweit die Vermietung an einen anderen Unternehmer im Sinne des Umsatzsteuerrechts für dessen unternehmerischen Bereich erfolgt und dieser Umsätze ausführt, die ihn zum Vorsteuerabzug berechtigen. Der Vermieter hat diese Option durch offenen Ausweis der Umsatzsteuer im Mietvertrag kenntlich zu machen. Der große Vorteil besteht für den Vermieter in der Tatsache, dass er aufgrund der steuerpflichtigen Ausgangsumsätze das Recht auf Abzug der Vorsteuern aus den Baukosten in Anspruch nehmen kann.

> **BEISPIEL: Umsatzsteuer** Albert Freifuss lässt ein Gebäude mit 4 Einheiten errichten, die er anschließend an Steuerberater und Rechtsanwälte umsatzsteuerpflichtig vermieten möchte. Die Anschaffungskosten betragen € 1.000.000 plus € 190.000 Umsatzsteuer.
> Albert Dreifuss kann auf die Steuerbefreiung verzichten und umsatzsteuerpflichtig vermieten, da die Steuerberater und Rechtsanwälte die Räume als Kanzleiräume benutzen und mit ihren Umsätzen zum Vorsteuerabzug berechtigt sind. Somit kann Albert Dreifuss den Vorsteuerbetrag in Höhe von € 190.000 beim Finanzamt zur Auszahlung beantragen.

Soweit Einheiten an Privatpersonen vermietet werden, scheidet eine Option zur umsatzsteuerpflichtigen Vermietung jedoch aus.

2. Veräußerung von Eigentumswohnungen

Die Veräußerung eines Grundstücks bzw. eines Grundstücksteils (Eigentumswohnung) fällt grundsätzlich unter einen steuerbaren Umsatz im Rahmen des Umsatzsteuergesetzes, soweit das Grundstück bzw. der Grundstücksteil vor Veräußerung vermietet wurde. Grundsätzlich ist eine solche Veräußerung jedoch ebenfalls als steuerfrei zu behandeln. Der Eigentümer hat hierbei jedoch auch wieder die Möglichkeit, auf die Steuerbefreiung zu verzichten soweit der Verkauf an einen anderen Unternehmer erfolgt, der das Grundstück bzw. den Grundstücksteil für sein Unternehmen verwendet. Der Verzicht auf die Steuerbefreiung hat hierbei zwingend in dem notariell zu beurkundenden Vertrag zu erfolgen.

Entschließt sich der Eigentümer, eine Wohnung nach ihrer Vermietung selbst zu nutzen, ist diese Einheit zwingend aus dem unternehmerischen Vermögen zu entnehmen. Für die Besteuerung einer Entnahme im Umsatzsteuerrecht ist Voraussetzung, dass die Einheit bei Kauf zum Vorsteuerabzug berechtigt hat. Dies kann also nur dann der Fall sein, soweit der Eigentümer umsatzsteuerpflichtig weitervermietet hat. Ansonsten würde ein Vorsteuerabzug aufgrund der steuerfreien Ausgangsumsätze ohnehin nicht in Betracht kommen. Liegt eine Entnahme aufgrund des ursprünglichen Vorsteuerabzugs vor, so ist diese steuerfrei.

Verkauft der Eigentümer einer Wohneinheit diese im Ganzen, d. h. nicht nur einzelne Eigentumswohnungen, sondern einen ganzen Wohnblock, so handelt es sich umsatzsteuerrechtlich um eine Geschäftsveräußerung im Ganzen. Diese fällt nicht in den Geltungsbereich des Umsatzsteuerrechts und ist somit nicht steuerbar. Eine Geschäftsveräußerung im Ganzen liegt vor, wenn die Vermietung des Grundstücks die einzige umsatzsteuerrelevante Betätigung des Veräußerers darstellt.

3. Leistungen einer Wohnungseigentümergemeinschaft

Wohnungseigentümergemeinschaften verwalten nicht nur die Angelegenheiten der Gemeinschaft, sondern erbringen im Rahmen ihrer Aufgaben mitunter auch steuerbare Sonderleistungen an die einzelnen Wohnungseigentümer oder Teileigentümer. Zur Deckung ihrer Kosten und damit als Entgelt für ihre Leistungen erheben die Wohnungseigentümergemeinschaften von den Wohnungs- und Teileigentümern sogenannte Umlagen. Die Miteigentümer müssen die bei der Verwaltung und dem Gebrauch des gemeinschaftlichen

Eigentums anfallenden Kosten nach Maßgabe ihrer und nach Maßgabe des verpflichtenden Wirtschaftsplans tragen. Die Finanzverwaltung sieht die Umlagen als Entgelte für die Leistungen der Gemeinschaft an ihre Mitglieder an. Hierzu gehören insbesondere Entgelte für

- Lieferung von Wärme und Wasser,
- Waschküchen- und Waschmaschinenbenutzung,
- Verwaltungsgebühren,
- Hausmeisterlohn,
- Instandhaltung und Instandsetzung des gemeinschaftlichen Eigentums,
- Schornsteinreinigung, Feuer- und Haftpflichtversicherung,
- Müllabfuhr,
- Straßenreinigung und
- Entwässerung.

Werden Leistungen der Wohnungseigentümergemeinschaft an deren Wohnungseigentümer erbracht, so sind die Leistungen umsatzsteuerrechtlich als steuerfrei zu behandeln. Dagegen fällt die Instandhaltung, Instandsetzung und Verwaltung des Sondereigentums der Wohnungseigentümer nicht unter Steuerbefreiung. Wie bereits bei der Vermietung und der Veräußerung eines Grundstücks bzw. Grundstücksteils kann die Wohnungseigentümergemeinschaft ebenfalls zur Steuerpflicht ihrer Leistungen optieren, soweit die Wohnungseigentümer die entsprechenden Wohnungen in ihrer Form als Unternehmer nutzen und entsprechend vermieten. Die Option zur Umsatzsteuer scheidet aus, wenn der Wohnungseigentümer die Wohnung selbst nutzt oder Dritten unentgeltlich zur Nutzung überlässt. Hat die Wohnungseigentümergemeinschaft zulässig zur Umsatzsteuerpflicht optiert, so kann sie aus ihren Eingangsleistungen die Vorsteuer geltend machen.

IV. Grunderwerbsteuer

1. Gegenstand der Grunderwerbsteuer

Die aus Sondereigentum und Miteigentum bestehende rechtliche Einheit i. S. d. § 6 WEG ist ein Grundstück i. S. d. § 2 Abs. 1 Satz 1 GrEStG. Der Verkauf einer Eigentumswohnung unterliegt daher der Grunderwerbsteuer. Dies gilt auch dann, wenn die Teilungserklärung noch nicht vollzogen ist, das Wohnungsgrundbuch noch nicht angelegt und das Wohnungs- bzw. Teileigentum mangels Gebäudeerrichtung noch nicht entstanden ist.

Hinweis:

Auch der Kauf einer Eigentumswohnung vom Plan löst die Grunderwerbsteuerpflicht aus.

2. Steuerbefreiung

a) Begründung von Sondereigentum

Die Aufteilung eines Mehrfamilienhauses in eine WEG durch einen Eigentümer ist kein grunderwerbsteuerlich relevanter Vorgang.

Hinweis:

Der Eigentümer Erwin Huber teilt sein Mietshaus in 10 Eigentumswohnungen auf. Dies stellt keinen grunderwerbsteuerlich relevanten Vorgang dar.

Wird hingegen ein Grundstück, welches mehreren Eigentümern zu Bruchteilen gehört, in Wohnungseigentum geteilt, liegt darin zuerst einmal ein grunderwerbsteuerlich relevanter Vorgang nach § 1 GrEStG.

Hinweis:

Eine Erbengemeinschaft setzt sich auseinander und teilt hierfür das geerbte Mietshaus in Wohnungseigentum auf.

Bei der vertraglichen Einräumung von Sondereigentum wird das Miteigentum an einem Grundstück in der Weise beschränkt, dass jedem der Miteigentümer abweichend von § 93 BGB das Sondereigentum an einer bestimmten Wohnung in einem auf dem Grundstück errichteten oder zu errichtenden Gebäude eingeräumt wird. Hierbei werden Miteigentumsanteile aufgegeben und Alleineigentum erworben. Der der Grunderwerbsteuer unterliegende Tatbestand ist der Erwerb des restlichen Miteigentums hinsichtlich der Sondereigentumseinheit aus der Hand der anderen Miteigentümer.

> **BEISPIEL: Erbquote** Erbe 1 ist zu 25% an der Erbengemeinschaft beteiligt. Er erhält nun 75% seiner Eigentumswohnung von Erbe 2, 3 und 4.

Solange das Beteiligungsverhältnis der einzelnen Eigentumsrechte zueinander nicht verändert wird, ist dies jedoch unbeachtlich, da diese Vorgänge in Anwendung des § 7 GrEStG steuerfrei sind. Nach § 7 Abs. 1 GrEStG wird bei einer flächenweisen Teilung eines mehreren Miteigentümern gehörenden Grundstückes insoweit keine Steuer erhoben, als der Wert des Teilgrundstückes, das der einzelne Erwerber erhält, dem Bruchteil entspricht, zu dem er am gesamten zu verteilenden Grundstück beteiligt ist. § 7 Abs. 1 GrEStG ist nach der Rechtsprechung auch bei der Umwandlung von gemeinschaftlichem Eigentum in Wohnungseigentum anwendbar.

Wird das Anteilsverhältnis dagegen verändert, fällt in Höhe des Mehrwerterwerbs Grunderwerbsteuer an.

b) Aufhebung der Gemeinschaft

Im Fall der Aufhebung der Gemeinschaft bestimmt sich der Anteil der Miteigentümer nach dem Verhältnis der Werte ihrer Wohnungsbzw. Teileigentumsrechte zur Zeit der Aufhebung der Gemeinschaft, § 17 WEG. Solange die Bruchteile unverändert bleiben, tritt hinsichtlich des gemeinschaftlichen Eigentums keine Rechtsänderung ein. Der Erwerb des Miteigentums der übrigen Beteiligten an den Sonderrechtseinheiten der Einzelnen ist jedoch grunderwerbsteuerbar. In Umkehrung des Rechtsgedankens aus § 7 GrEStG i.V.m. § 5 GrEStG sind jedoch nur Wertverschiebungen im Sinne eines Mehrerwerbs zu besteuern.

c) Erwerb der Instandhaltungsrücklage

Nach h. M. stellt die Instandhaltungsrücklage nach § 21 Abs. 5 Nr. 4 WEG eine mit einer Geldforderung vergleichbare Vermögensposition dar, deren gleichzeitiger Erwerb mit einer Eigentumswohnung nicht in die grunderwerbsteuerrechtliche Gegenleistung einzubeziehen ist. Eigentümer des Verwaltungsvermögens und damit der Instandhaltungsrücklage ist vielmehr der Verband (WEG), an dem der jeweilige Wohnungseigentümer nur über seine Mitgliedschaft beteiligt ist. Deshalb sollte die Instandhaltungsrücklage weiterhin als Teil des Gesamtkaufpreises im notariellen Kaufvertrag getrennt ausgewiesen werden, um die grunderwerbsteuerliche Bemessungsgrundlage zu reduzieren.

d) Persönliche Steuerbefreiungen

Unter den Voraussetzungen des § 3 GrEStG kann ein Erwerbsvorgang grunderwerbsteuerfrei sein.

Bei den Steuervergünstigungen des § 3 GrEStG handelt es sich grundsätzlich um personenbezogene Vergünstigungen, die durch ein persönliches Verhältnis zwischen Verkäufer und Käufer geprägt werden.

Von der Besteuerung sind demnach ausgenommen:

■ Erwerb eines Grundstücks, wenn der für die Steuerberechnung maßgebende Wert € 2.500 nicht übersteigt.

■ Grundstückserwerbe durch Erbfolge oder Schenkung unter Lebenden im Sinne des ErbStG. Dies dient der Vermeidung der Doppelbelastung mit Grunderwerb- und Erbschaftsteuer. Schenkungen unter Auflage unterliegen jedoch insoweit der GrESt, als der Wert der Auflagen bei der Schenkungsteuer abgezogen werden kann.

■ Erwerb eines zum Nachlass gehörenden Grundstücks durch Miterben zur Teilung des Nachlasses (= Auseinandersetzung einer Erbengemeinschaft). Den Miterben steht der überlebende Ehegatte gleich, wenn er mit den Erben des verstorbenen Ehegatten gütergemeinschaftliches Vermögen zu teilen hat oder wenn ihm in Anrechnung auf eine Ausgleichsforderung am Zugewinn des verstorbenen Ehegatten ein zum Nachlass gehöriges Grundstück übertragen wird.

- Grundstückserwerbe durch den Ehegatten des Veräußerers bzw. durch den früheren Ehegatten des Veräußerers im Rahmen der Vermögensauseinandersetzung nach der Scheidung.

- Erwerb eines Grundstücks durch Personen, die mit dem Veräußerer in gerader Linie verwandt sind; Stiefkinder und deren Ehegatten stehen ihnen gleich.

- Erwerb eines zum Gesamtgut gehörigen Grundstücks durch Teilnehmer an einer fortgesetzten Gütergemeinschaft zur Teilung des Gesamtgutes.

- Rückerwerb eines Grundstücks durch den Treugeber bei Auflösung des Treuhandverhältnisses, soweit die GrESt bei Erwerb durch den Treuhänder entrichtet wurde.

e) Bemessungsgrundlage, Steuersatz und Steuerschuldner

Die Grunderwerbsteuer steht den Ländern zu. Diese können seit einer Änderung des Grundgesetzes (GG) im Jahre 2006 den Steuersatz autonom bestimmen.

Zum 01.01.2015 beträgt nur in Bayern und Sachsen die Grunderwerbsteuer 3,5%. Hamburg folgt mit 4,5%, Baden-Württemberg, Brandenburg, Bremen, Mecklenburg-Vorpommern, Niedersachsen, Rheinland-Pfalz, Sachsen-Anhalt und Thüringen mit 5%, Berlin und Hessen mit 6%. Die höchsten Grunderwerbsteuersätze von 6,5% werden in Nordrhein-Westfalen, Saarland und Schleswig-Holstein erhoben.

Steuerschuldner der Grunderwerbsteuer sind nach § 13 Nr. 1 GrEStG regelmäßig die an einem Erwerbsvorgang als Vertragteile beteiligten Personen.

Bemessungsgrundlage für die Grunderwerbsteuer ist der Wert der Gegenleistung und damit grundsätzlich der vereinbarte und gezahlte Kaufpreis.

Nicht entscheidend ist, was die Vertragsschließenden als Gegenleistung für das Grundstück bezeichnen, sondern zu welchen Leistungen der Erwerber sich angesichts des Erwerbs des Grundstücks verpflichtet hat. Der Kaufpreis ist auch dann seinem Wert nach Bemessungsgrundlage, wenn er ungewöhnlich niedrig ist und dadurch hinter dem Wert des Grundstücks zurückbleibt.

Ergibt sich die Verpflichtung zur Übereignung des Grundstücks und zur Errichtung eines Gebäudes darauf aus mehreren selbständigen Verträgen, ist Gegenstand des Erwerbsvorgangs das Grundstück in bebautem Zustand, sofern die Verträge aufgrund ihres rechtlichen Zusammenhangs als einheitlicher Vertrag anzusehen sind. Dies ist etwa der Fall, wenn ihre Gültigkeit ausdrücklich oder kraft Parteiwillens voneinander abhängig gemacht wird. Abgesehen davon, ist Gegenstand des Erwerbsvorgangs auch dann das Grundstück in bebautem Zustand, wenn zwischen mehreren Verträgen ein so enger sachlicher und zeitlicher Zusammenhang besteht, dass der Erwerber bei objektiver Betrachtungsweise das bebaute Grundstück als einheitlichen Leistungsgegenstand erhält.

Die Spaltung der Erwerbsvereinbarungen in einen Grundstückskaufvertrag und weitere Werk- und Dienstleistungsverträge kann die Grunderwerbsteuer dann nicht verringern. Selbst Leistungen, die aufgrund eines Vertragsbündels von anderen Personen als dem Grundstückseigentümer erbracht werden, sind in der Regel Teil des einheitlichen Leistungsgegenstandes, so dass in die grunderwerbsteuerliche Bemessungsgrundlage neben dem Kaufpreis für den Miteigentumsanteil und den anteiligen Herstellungs- und Baunebenkosten auch die Finanzierungs- und Geldbeschaffungskosten sowie die Gebühren für Garantien und verdeckte Beschaffungskosten einbezogen werden.

> **BEISPIEL: Grunderwerbsteuer** A kauft für € 100.000 von B ein unbebautes Grundstück. Nach Abschluss des Kaufvertrages schließt er mit B im Anschluss daran einen Vertrag, nach welchem der B für A auf diesem Grundstück ein Haus für € 100.000 errichten soll. Die Bemessungsgrundlage für die Berechnung der Grunderwerbsteuer bilden sowohl der Kaufpreis in Höhe von € 100.000 wie auch die Kosten für die Errichtung des Hauses mit € 100.000.

Ist eine Gegenleistung, wie beispielsweise im Falle eines Grundstückstauschs, nicht vorhanden oder als solche nicht zu ermitteln, ist die Steuer für nach dem 31.12.1996 verwirklichte Erwerbsvorgänge nach derzeitigem Recht gemäß § 8 Abs. 2 GrEStG entsprechend den Regelungen der §§ 138, 139 und 145 bis 150 BewG zu ermitteln. Dabei handelt es sich um die Bewertungsregeln für Grundbesitz, welche das Bundesverfassungsgericht mit seinem Beschluss vom 7.11.2006, Az.: 1 BvL 10/02, in Zusammenhang mit der Erbschaft- und Schenkungsteuer als verfassungswidrig erklärt hat. Da dieser Beschluss aber nicht für die Bewertung von Grundbesitz im Rahmen der Grunderwerbsteuer ergangen ist, finden diese Regelungen bis heute in diesem Bereich Anwendung.

Der BFH hat nun in einem Verfahren, die Bewertung von Grundbesitz im Rahmen der Grunderwerbsteuer betreffend, die Ansicht vertreten, dass auch in diesem Bereich die Regelungen verfassungswidrig sind und das Bundesministerium für Finanzen aus diesem Grunde aufgefordert, dem Verfahren beizutreten, Az.: II R 64/08, Beschluss vom 27.5.2009. Eine Entscheidung in diesem Verfahren ist bis heute nicht ergangen.

Grunderwerbsteuerbescheide, die auf Basis dieser Bewertungsvorschriften ergangen sind, sollten daher durch Einlegung eines Einspruchs offen gehalten werden, bis der BFH eine abschließende Entscheidung getroffen hat.

V. Grundsteuer

1. Steuergegenstand

Die Grundsteuer wird nach dem Grundgesetz (GG) von den Gemeinden erhoben. Steuergegenstand ist der im Gemeindegebiet belegene Grundbesitz. Dazu zählt auch das Wohnungs- und Teileigentum. Nach Auffassung des Bundesverfassungsgerichts ist auch die Besteuerung eigengenutzten Wohnungseigentums verfassungskonform.

2. Steuersubjekt

Steuerschuldner ist nach § 10 Abs. 1 GrStG grundsätzlich die Person, der das im Gemeindegebiet belegene Grundstück gehört, also zumeist der Eigentümer. Wird das Grundstück mehreren Personen zugerechnet, so sind diese Gesamtschuldner. Sie haften für die Steuerschuld gemeinsam, wobei sich die Gemeinde auch einen Miteigentümer aussuchen und von ihm die gesamte Summe fordern kann. Dieser muss den Ausgleich im Innenverhältnis der Miteigentümer eigenständig regeln.

Der Grundstückseigentümer bleibt auch dann Schuldner der gesamten Grundsteuer, wenn die Eigentumswohnung mit einem Nießbrauchrecht belastet ist. Wer die Grundsteuer im Innenverhältnis zu tragen hat, ergibt sich aus der Ausgestaltung des Nießbrauchrechts und damit der Vereinbarung zwischen Eigentümer und Nießbrauchberechtigten.

3. Besteuerungsgrundlage

Die Bemessungsgrundlage für die Berechnung der Grundsteuer bildet der gesondert festgestellte, so genannte Einheitswert des Grundbesitzes. Auf diesen wird nach Multiplikation mit der Steuermesszahl der jeweilige Hebesatz der Gemeinde angewandt.

a) Ermittlung des Einheitswerts

Der Einheitswert eines Grundstückes wird bezogen auf Werte im Hauptfeststellungszeitpunkt, § 21 BewG, berechnet. Im Westen Deutschlands handelt es dabei um Werte bezogen auf den 1.1.1964, im Osten auf den 1.1.1935. Nach dem Gesetz hätten diese Werte alle 6 Jahre fortgeschrieben werden müssen, was aber bis heute nicht einmal erfolgt ist. Die Bewertung basiert daher bis heute auf Miet- und Grundstückspreisen aus den Jahren 1964 bzw. sogar 1935.

Der BFH hat zuletzt in seiner Entscheidung vom 30.6.2010, Az.: II R 60/08, angemahnt, dass seiner Ansicht nach die Bewertungsregelungen für den Einheitswert verfassungswidrig sind und eine Neuregelung von der Politik gefordert. Zur Begründung seiner Ansicht hat der BFH vor allem darauf verwiesen, dass der Bewertung vollkommen veraltete Daten aus dem letzten Jahrhundert zu Grunde liegen.

Die Politik hat diesen Hinweis zum Anlass genommen, eine Neuregelung der Bewertung von Grundbesitz im Rahmen der Grundsteuer anzugehen. Derzeit sind verschiedene Modelle in der Diskussion, mit ersten Ergebnissen wird im Frühjahr 2011 gerechnet.

Bis zu einer Neuregelung verbleibt es bei der bisherigen Bewertung.

b) Steuermesszahl

Die Lagefinanzämter setzen den Grundsteuermessbetrag fest. Dieser wird durch Anwendung der Steuermesszahl auf den Einheitswert ermittelt.

Die auf die Einheitswerte von Wohnungs- und Teileigentum anzuwendende Steuermesszahl beträgt 3,5%. Die für Einfamilienhäuser gängige Steuermesszahl von 2,6% kommt gemäß § 15 Abs. 2 Nr. 1 GrStG bei Wohnungseigentum nicht zur Anwendung.

c) Hebesatz

Durch Festsetzung eines Hebesatzes bestimmt die Gemeinde, mit welchem Hundertsatz des Steuermessbetrags die Grundsteuer zu erheben ist. Dabei wird der für ein oder mehrere Kalenderjahre geltende Hebesatz durch Satzung und darin jeweils einheitlich für die in der Gemeinde liegenden Grundstücke bzw. forst- und landwirtschaftlichen Betriebe festgesetzt.

4. Verfahren

Die Grundsteuer ist eine periodische Steuer, die durch die Gemeinde zu Beginn des Kalenderjahres festgesetzt wird. Die Steuer entsteht bereits mit Beginn des Kalenderjahres, für welches sie festzusetzen ist, und wird jährlich erhoben.

5. Grundsteuervergünstigungen

Obwohl das Bundesverwaltungsgericht noch im Jahr 2001 entschieden hatte, dass ein Grundsteuererlass nach § 33 Abs. 1 GrStG nur in Fällen atypischer und vorübergehender Ertragsminderung für Mietobjekte zu gewähren sei und daher nicht in Betracht komme, wenn dieser auf die allgemeine Wirtschaftslage, d. h. auf einen sog. strukturellen Leerstand zurückzuführen sei, hat es sich mit Beschluss vom 24.4.2007 der gegenteiligen Auffassung des BFH angeschlossen. Demnach kam ein Grundsteuererlass gemäß § 33 Abs. 1 GrStG nicht nur bei atypischen und vorübergehenden Ertragsminderungen, sondern auch bei strukturell bedingten Ertragsminderungen und damit beispielsweise einem Leerstand aufgrund schlechter Marktlage (Ostimmobilien) von nicht nur vorübergehender Natur in Betracht. Die Ertragsminderung ist seither lediglich an der tatsächlich vereinbarten oder an der üblichen Miete zu messen; Differenzierungen nach typischen oder atypischen, nach strukturell bedingten oder nicht strukturell bedingten, nach vorübergehenden oder nicht vorübergehenden Ertragsminderungen sind nunmehr hinfällig. Voraussetzung war, dass eine Minderung des normalen Rohertrages um mehr als 20% vorlag und der Grundstückseigentümer diese Minderung nicht zu vertreten hatte.

Der Gesetzgeber hat diese für den Steuerpflichtigen positive Entscheidung in seinem Jahressteuergesetz 2009 rückwirkend zum 1.1.2008 revidiert und die Voraussetzungen eines Erlasses deutlich erschwert. So wurde beispielsweise die Wesentlichkeitsgrenze von mehr als 20% auf eine Ertragsminderung von mehr als 50% erhöht.

VI. Zweitwohnungsteuer

1. Zweck

Die Zweitwohnungsteuer wird primär in Gemeinden erhoben, in denen aus Gründen der gebotenen Freizeitmöglichkeiten und des Fremdenverkehrs konzentriert Zweitwohnungen oder Ferienwohnhäuser entstanden sind. Die Mehraufwendungen der Gemeinden in Anbetracht der Mehrinvestitionen, u. a. für Versorgungs- und Erholungseinrichtungen, werden durch die kommunalen Gebühren und Beiträge nur unzureichend gedeckt. Die Inhaber von Zweitwohnungen werden weder bei den Finanzausgleichszuwendungen an die Gemeinden noch beim Gemeindeanteil an der Lohn- und Einkommensteuer berücksichtigt.

2. Steuergegenstand

Besteuerungsgrundlage ist das Innehaben einer Zweitwohnung.

a) Definition Zweitwohnung

Die Abgrenzung von der Erstwohnung erfolgt regelmäßig anhand des melderechtlichen Wohnungsbegriffs.

Gemeindesatzungen definieren den Begriff der Zweitwohnung häufig als Nebenwohnung, über die jemand neben seiner Hauptwohnung verfügen kann und unter der er nicht nur vorübergehend gemeldet ist.

Hauptwohnsitz ist die vorwiegend benutzte Wohnung, bei Ehegatten grundsätzlich dort, wo die Familie wohnt.

Ehegatten, die eine Zweitwohnung erwerbsbedingt nutzen, sind von der Steuerpflicht ausgenommen. Nach einer Grundsatzentscheidung des Bundesverfassungsgerichts vom 4.12.2002, Az.: 2 BvR 400/98, diskriminiert die Erhebung einer Zweitwohnungsteuer die Ehe und verstößt gegen den Schutz von Ehe und Familie nach Art. 6 Abs. 1 GG. Dies ist der Fall, wenn ein Ehegatte berufsbedingt an seinem Arbeitsort eine Zweitwohnung innehat, während seine Familie an einem anderen Ort lebt. Diese Rechtsprechung gilt bis heute nicht für nicht eheliche Lebensgemeinschaften und auch nicht für eingetragene Lebenspartnerschaften. Bei letzteren stellt sich allerdings die Frage, ob es bei dieser Rechtsprechung verbleiben kann, da das Bundesverfassungsgericht in einer neueren Entscheidung die Ungleichbehandlung von Ehe und eingetragener Lebenspartnerschaft in Zusammenhang mit der Erbschaft- und Schenkungsteuer als verfassungswidrig eingestuft hat, Beschluss vom 21.7.2010, 1 BvR 611/07. Die Tendenz des Bundesverfassungsgerichtes scheint dahin zu gehen, dass es für eine Ungleichbehandlung im Rahmen des Steuerrechts von Ehe und eingetragenen Lebenspartnerschaften keine Berechtigung mehr sieht.

Eine Zweitwohnung im Gemeindegebiet liegt dann vor, wenn der Raum oder die Räume von ihrer Ausstattung her zumindest zum zeitweisen Wohnen geeignet sind. Räume werden aber im Allgemeinen nur dann als Wohnung angesehen, wenn sie die Führung eines selbständigen Haushalts ermöglichen, d. h. beispielsweise über eine Wasserversorgung, Abwasserbeseitigung, Strom oder vergleichbare Energieversorgung, Heizungsmöglichkeit, ausreichende Isolierung und ganzjährige Bewohnbarkeit sowie eine Mindestwohnfläche verfügen.

Die Satzungen der Gemeinden können auch Wochenendhäuser und Jagdhütten erfassen. Die Zweitwohnungsbesteuerung kann auch bei mobilen Wohngelegenheiten, also Mobilheimen, Wohnwagen, Campingwagen und Wohnmobilen, erhoben werden, wenn diese dauerhaft und nicht nur vorübergehend, an einem Ort stehen.

Die Rechtsprechung der oberen Verwaltungsgerichte kommt in der Frage, ob das eigene (Kinder-)Zimmer in der elterlichen Wohnung eine eigene Wohnung des Studenten darstellt, zu unterschiedlichen Ergebnissen. Das OVG Greifswald, Az.: 1 M 103/06 vom 27.2.2007, sowie das OVG Koblenz, Az.: 6 B 11579/06 vom 29.1.2007, sprechen dem Studenten eine Wohnung bei den Eltern, die gegenüber einer Zweitwohnung vorliegen kann, ab. Der BayVGH, Az.: 4 N 06.367 vom 14.2.2007, das OVG Münster, Az.: 14 E 1045/05 vom 12.6. 2006, sowie das OVG Sachsen-Anhalt, Az.: 4 M 319/06 vom 11.8. 2006, nehmen dagegen an, dass das Zimmer eines auswärts studierenden Kindes in der elterlichen Wohnung durchaus als Wohnung im Sinne einer zweitwohnungsteuerrechtlichen „Erstwohnung" anzusehen ist.

b) Innehaben

Der Begriff „Innehaben" ist definiert als der Besitz der tatsächlichen und rechtlichen Verfügungsmacht über die Räume der Zweitwohnung. Auf die Dauer des Innehabens kommt es grundsätzlich nicht an. Da beispielsweise die Anmietung einer Ferienwohnung für einen zeitlich festgelegten Urlaub noch nicht den Begriff des Innehabens erfüllt, geben die Satzungen der Gemeinden regelmäßig den genauen Zeitraum vor, ab dem ein nicht nur vorübergehendes Innehaben der Wohnung vorliegt.

3. Steuerpflichtiger

Steuerschuldner ist i. d. R. derjenige, der im Gemeindegebiet eine Zweitwohnung innehat, sei es zu Zwecken der Erholung, der Berufsausübung oder der Ausbildung oder zu Zwecken des sonstigen persönlichen Lebensbedarfs. Inhaber einer Wohnung kann grundsätzlich sowohl der Eigentümer als auch der Mieter sein. Bei unentgeltlicher Überlassung der Zweitwohnung an einen Angehörigen ist der Überlassende steuerpflichtig.

4. Steuermaßstab und Steuersatz

Steuermaßstab und somit Bemessungsgrundlage der Zweitwohnungsteuer ist der jährliche Mietaufwand, der sich an der tatsächlichen, vertraglich vereinbarten Jahresnettomiete oder der zu schätzenden ortsüblichen Miete orientiert.

Über die Höhe der Steuer, die sich bundesweit zwischen 5% (Berlin) und 16% (Erfurt) bewegt und regelmäßig entsprechend dem Mietaufwand gestaffelt ist, können die jeweiligen Gemeinden entscheiden.

5. Steuerbefreiungen und -ermäßigungen

Neben einer Steuerbefreiung für Kur- und Feriengäste ist ein Erlass aus persönlichen Billigkeitsgründen nach den Vorschriften der §§ 163, 227 AO denkbar; dies erfordert einen Antrag bei der Gemeinde und, dass die Erhebung der Steuer nach der konkreten Lage des Einzelfalles aus sachlichen oder persönlichen Gründen unbillig ist.

Der Kreis der Steuerpflichtigen der Zweitwohnungsteuer wurde in Bayern zum 1.1.2009 eingeschränkt. Steuerpflichtige, deren Einkommen bestimmte Grenzen nicht übersteigt, werden auf deren Antrag hin von der Zweitwohnungsteuer ausgenommen. Die Steuer auf das Innehaben einer Wohnung wird demnach nicht mehr erhoben, wenn die Summe der positiven Einkünfte des Steuerpflichtigen im vorletzten Jahr vor dem Entstehen der (Zweitwohnungs-) Steuerpflicht € 25.000, bei nicht dauernd getrennt lebenden Ehegatten oder Lebenspartnern € 33.000, nicht überschritten hat.

VII. Erbschaft- und Schenkungsteuer

1. Steuerpflicht

Die Steuer entsteht gemäß § 9 ErbStG im Falle des Erwerbs von Todes wegen mit dem Tode des Erblassers, bei Schenkungen unter Lebenden im Zeitpunkt der Ausführung der Zuwendung. Für diesen Zeitpunkt, dem sogenannten Bewertungsstichtag, hat die Bewertung der übertragenen Vermögensgegenstände gemäß § 12 ErbStG zu erfolgen. Grundbesitz und damit auch Eigentumswohnungen sind nach § 12 Abs. 3 ErbStG mit dem nach § 151 Abs. 1 Satz 1 Nr. 1 BewG auf den Bewertungsstichtag festgestellten Wert anzusetzen.

2. Steuerklassen

Je nach dem persönlichen Verhältnis des Erwerbers zum Erblasser oder Schenker erfolgt die Besteuerung gemäß § 15 ErbStG nach Einteilung in drei Steuerklassen.

Steuerklassen	
I	1.) Ehegatten
	2.) Kinder und Stiefkinder
	3.) Abkömmlinge der in Nr. 2 genannten Kinder und Stiefkinder
	4.) Eltern und Voreltern, bei Erwerben von Todes wegen

Steuerklassen	
II	1.) Eltern und Voreltern, soweit sie nicht zur Steuerklasse I gehören
	2.) Geschwister
	3.) Abkömmlinge ersten Grades von Geschwistern
	4.) Stiefeltern
	5.) Schwiegerkinder
	6.) Schwiegereltern
	7.) geschiedene Ehegatten
III	alle übrigen Erwerber

Nach der Einteilung in eine Steuerklasse bemisst sich der persönliche Freibetrag nach § 16 ErbStG und der Steuersatz nach § 19 ErbStG.

3. Persönlicher Freibetrag

Gemäß § 16 ErbStG bleibt ein Teil des steuerlichen Erwerbs steuerfrei. Die Höhe dieses Teils bestimmt sich nach dem verwandtschaftlichen Verhältnis und der Eingruppierung in die Steuerklasse.

Freibeträge	
Ehegatte	€ 500.000
Kinder im Sinne der Steuerklasse I Nr. 2 und Kinder solcher verstorbenen Kinder	€ 400.000
Kinder der Kinder aus I Nr. 2	€ 200.000
übrige Personen der Steuerklasse I	€ 100.000
Personen der Steuerklasse II	€ 20.000
Personen der Steuerklasse III	€ 20.000
eingetragene Lebenspartner	€ 500.000

Daneben steht dem Ehegatten und dem eingetragenen Lebenspartner ein Versorgungsfreibetrag in Höhe von maximal € 256.000 zu.

4. Steuersätze

Steuerlicher Erwerb bis ...€	Prozent in der Steuerklasse		
	I	II	III
75.000 €	7	15	30
300.000 €	11	20	30
600.000 €	15	25	30
6.000.000 €	19	30	30
13.000.000 €	23	35	50
26.000.000 €	27	40	50
Über 26 Mio €	30	45	50

Zum 1.1.2009 wurden mit der Reform der Erbschaft- und Schenkungsteuer auch die Steuersätze maßgeblich verändert. In der Steuerklasse II wurden ebenfalls Steuersätze von 30% und 50%, identisch mit der Steuerklasse III, eingeführt.

Dies wurde durch das Wachstumsbeschleunigungsgesetz vom 22.12.2009 geändert. Es wurden für die Personen der Steuerklasse II die vorgenannten Steuersätze eingeführt. Die neuen Steuersätze gelten für alle Erwerbe ab dem 1.1.2010. Eine Rückwirkung auf Erwerbe zwischen dem 1.1.2009 und dem 31.12.2009 sieht das Gesetz nicht vor.

Das Finanzgericht Düsseldorf hat in einem Urteil vom 12.01.2011 (4 K 2574/10 Erb) entschieden, dass die unterschiedliche Ausgestaltung des zeitlichen Anwendungsbereichs der Neuregelungen nicht willkürlich sei. Hiergegen wurde Revision eingelegt. Mit Beschluss des BFH vom 27.09.2012 (II R 9/11) hat dieser in seinem Leitsatz 2. wie folgt entschieden: *„Die Gleichstellung von Personen der Steuerklasse II und III im Jahr 2009 ist nicht verfassungswidrig."* Gleichzeitig hat der BFH diese wie auch die Entscheidung zur Steuerbefreiung von Unternehmensnachfolgen an das Bundesverfassungsgericht (BVerfG) zur Prüfung der Verfassungsmäßigkeit weitergeleitet. Das BVerfG hat am 17.12.2014 unter dem Aktenzeichen 1 BvL 21/12 zur Frage der Steuerbefreiungsvorschriften der Unternehmensnachfolgen sehr umfassend Stellung genommen. Die Entscheidung zur zweiten Vorlage wird Mitte des Jahres 2015 erwartet. Da der BFH selbst nicht von einer Verfassungswidrigkeit ausgeht, ist nicht zu erwarten, dass das Gesetz in dieser Frage ebenfalls für verfassungswidrig erklärt wird. Aus diesem Grund werden die Erbschaften oder Schenkungen, die zwischen Verwandten innerhalb der Steuerklasse II erfolgt sind, in 2009 weiterhin schlechter besteuert werden, als sie dann mit Wirkung 2010 erfolgten.

In Fällen, in denen ein steuerpflichtiger Erwerb in Steuerklasse II im Jahre 2009 erfolgt ist, muss daher nach Ergehen des Bescheides gegen diesen Einspruch eingelegt und das Ruhen des Verfahrens beantragt werden, um eine positive Entscheidung umsetzen zu können.

> **BEISPIEL: Steuerklassen und Freibeträge** Der Erblasser hinterlässt eine Ehefrau sowie eine Tochter mit einem Kind T. Sein Sohn ist bereits vorverstorben. Dieser Sohn war verheiratet und hatte ebenfalls ein Kind S. In seinem Testament hat der Erblasser jedes Familienmitglied (also Ehefrau, seine Tochter und dessen Kind T, die Schwiegertochter und das Kind S seines vorverstorbenen Sohnes) zu Miterben mit jeweils gleichen Teilen eingesetzt. Außerdem vermacht er seiner langjährigen Haushälterin einen kleinen Barbetrag.
> Die Erben und Vermächtnisnehmerin sind in folgende Steuerklassen mit folgenden Freibeträgen einzuordnen.
>
> | | | |
> |---|---|---|
> | Ehegatte | Steuerklasse I Nr. 1 | € 500.000 |
> | Tochter | Steuerklasse I Nr. 2 | € 400.000 |
> | Enkel T | Steuerklasse I Nr. 3 | € 200.000 |
> | Enkel S | Steuerklasse I Nr. 3 | € 400.000 |
> | Schwiegertochter | Steuerklasse II Nr. 5 | € 20.000 |
> | Haushälterin | Steuerklasse III | € 20.000 |

5. Bemessungsgrundlage

a) Geschichte

Wohnungs- und Teileigentum war – als den bebauten Grundstücken zugehörig – bis zum 31.12.2008 nach dem 12,5-fachen der im

Besteuerungszeitpunkt vereinbarten Jahresmiete, vermindert um Wertminderungen wegen des Alters des Gebäudes, zu bewerten. Wurde das Wohnungseigentum eigengenutzt, gar nicht genutzt, unentgeltlich oder zu einer um mehr als 20% von der üblichen Miete abweichenden tatsächlichen Miete überlassen, trat an die Stelle der Jahresmiete eine entsprechend Art, Maß, Größe, Ausstattung und Alter übliche Miete. Als Mindestwert wurden aber immer 80% des Bodenwerts der Steuer unterworfen.

Das Bundesverfassungsgericht hat mit Urteil vom 7.11.2006 entschieden, dass die durch § 19 Abs. 1 ErbStG angeordnete Erhebung der Erbschaftsteuer mit einheitlichen Steuersätzen auf den Wert des Erwerbs als mit dem Grundgesetz unvereinbar ist. Die Bewertungsvorschriften knüpften bisher an Werte an, deren Ermittlung bei wesentlichen Gruppen von Vermögensgegenständen (Betriebsvermögen, Grundvermögen, Anteilen an Kapitalgesellschaften sowie land- und forstwirtschaftlichen Betrieben) den Anforderungen des Gleichheitssatzes nicht genügen. In Konsequenz dieser Entscheidung wurde der Gesetzgeber verpflichtet, bis zum 31.12.2008 eine Neuregelung zu treffen und die Besteuerung im Hinblick auf Art. 3 Abs. 1 GG an der aus dem Erwerb folgenden Steigerung der Leistungsfähigkeit auszurichten und eine Belastungsgleichheit herzustellen.

Der Gesetzgeber hat diese Anforderungen in dem seit dem 1.1.2009 geltenden Recht umgesetzt. Für die Feststellung des steuerlichen Werts eines Grundstücks ist jetzt sein gemeiner Wert nach den §§ 177 ff. BewG zu ermitteln.

b) Bewertung von Grundstücken

Dabei unterscheidet das Bewertungsgesetz (BewG) zuerst einmal nach unbebauten und bebauten Grundstücken.

Die Bewertung der **unbebauten Grundstücke** erfolgt – wie bisher – durch die Multiplikation von Grundstücksgröße mit dem aktuellen Bodenrichtwert (§ 179 BewG). Ein Abschlag von 20% ist nicht mehr vorgesehen. Gemäß § 179 Satz 3 BewG ist bei der Wertermittlung stets der Bodenrichtwert anzusetzen, der vom Gutachterausschuss zuletzt ermittelt wurde. Die Bodenrichtwerte werden von den Gutachterausschüssen aus den von ihnen zu führenden Kaufpreissammlungen abgeleitet (§§ 193 Abs. 3 i.V.m. 196 Abs. 1 BauGB). Die Gutachterausschüsse berücksichtigen die Verkäufe und die hierbei erzielten Preise. Soweit es sich um einen Verkauf eines bebauten Grundstücks handelt, wird der Preis für das unbebaute Grundstück ermittelt.

Der seitens des Gutachterausschusses mitgeteilte Bodenrichtwert beinhaltet eine Angabe eines Werts pro Quadratmeter und eine Angabe zur GFZ, der sogenannten Geschossflächenzahl. Aus dieser lässt sich ermitteln, wie viel Quadratmeter Geschossfläche auf dem Grundstück errichtet werden können. Die Höhe der Bebaubarkeit bestimmt also maßgeblich den Wert des Grundstücks. Ist das konkrete Grundstück im Vergleich zum Bodenrichtwertgrundstück nur mit einer niedrigeren GFZ bebaubar, kann der Bodenrichtwert und damit der Wert des unbebauten Grundstücks reduziert werden. Sollte das Grundstück allerdings mit einer höheren GFZ bebaubar sein, ist eine entsprechende Erhöhung des Bodenrichtwerts und damit des steuerlichen Bedarfswerts vorzunehmen.

Diese Umrechnung erfolgt entweder nach dem durch den Gesetzgeber vorgeschriebenen Regelungen, es sei denn, der zuständige Gutachterausschuss teilt entsprechende Umrechnungskoeffizienten mit, R B 179.2 ErbStR.

Hinweis:

Aus einem Bebauungsplan ist die GFZ und damit die Bebaubarkeit eines Grundstücks zu entnehmen. In den meisten Fällen ist ein solcher nicht aufgestellt. dann bestimmt sich das Maß der Bebaubarkeit nach den Vorschriften des § 34 BauGB. Es kommt dann auf die sogenannte Umgebungsbebauung an. Um diese festzustellen, ist zunächst Einblick in den Katasterauszug zu nehmen. Aus diesem ergeben sich die bereits bestehenden umliegenden Baukörper, so dass sich hieraus schon in etwa die in diesem Gebiet gewollte Bebauung ersehen lässt. Eine Nachfrage bei der Baubehörde nach der GFZ für ein bestimmtes Grundstück wird ergeben, dass nur in einem förmlichen Bauantragsverfahren eine Aussage zur GFZ getroffen werden wird. Der Steuerpflichtige muss also mit Hilfe der ihm zur Verfügung stehenden Mittel den Nachweis erbringen.

Im Fall der Bewertung von Eigentumswohnungen gestaltet sich die Frage nach einer möglichen Bebaubarkeit nicht ganz so schwierig. Der einzelne Wohnungseigentümer wird wohl nicht in der Lage sein, eine eigenständige Entscheidung über eine Erweiterung der Bebauung zu treffen. In der Regel bedürfen Entscheidungen zum Gemeinschaftseigentum der einstimmigen Beschlussfassung innerhalb der Wohnungseigentümergemeinschaft. In jedem Fall ist aber die tatsächliche GFZ des Hauses zu ermitteln, in dem sich die Wohnungseinheit befindet. Der Einblick in die Bauakten wird hier schwierig sein. Die Finanzverwaltung erkennt aber in den meisten Fällen eine ungefähre Berechnung der GFZ etwa durch Bemaßung des vorgenannten Katasterauszugs oder durch Blick auf das Gebäude über die allgemein zugänglichen Internetseiten. an.

Die Bewertung der unbebauten Grundstücke ist auch Grundlage für die Bewertung von bebauten Grundstücken. Sie sind Grundlage des sogenannten Bodenwerts. Die Größe des einer Eigentumswohnung zugeteilten Grundstücks ist mit Hilfe der Miteigentumsanteile bezogen auf die Gesamtgrundstücksfläche vorzunehmen. Die Gesamtgrundstücksfläche ist den Angaben aus dem Grundbuch zu entnehmen.

Für die Bewertung **bebauter Grundstücke** ordnet das Gesetz die Grundstücke ihrer Art nach in verschiedene Gruppen ein und weist ihnen dann aufgrund der Art eines der drei Bewertungsverfahren zu. Diese Bewertungsverfahren sind die Verfahren für die einzelnen Gebäudearten und müssen neben dem Verfahren der vorgenannten Grundstücksbewertung zusätzlich angewandt werden.

Allgemeines: Nach § 181 BewG gibt es folgende Grundstücksarten:

1. Einfamilien- und Zweifamilienhäuser

2. Mietwohngrundstücke

3. Wohnungs- und Teileigentum

4. Geschäftsgrundstücke

5. gemischt genutzte Grundstücke (Wohnen und Gewerbe)

6. sonstige bebaute Grundstücke

Nach § 182 BewG erfolgt die Bewertung nach drei unterschiedlichen Verfahren, dem Vergleichswertverfahren, dem Ertragswertverfahren oder dem Sachwertverfahren.

Im Vergleichswertverfahren sollen grundsätzlich die Ein- und Zweifamilienhäuser sowie das Wohnungs- und Teileigentum (Eigentumswohnung und beispielsweise Tiefgaragenplatz) bewertet werden. Im Ertragswertverfahren erfolgt die Bewertung für Mietwohngrundstücke sowie Geschäftsgrundstücke und gemischt genutzte Grundstücke, soweit sich für diese beiden auf dem Markt eine ortsübliche Miete ermitteln lässt. Das Sachwertverfahren ist anzuwenden, wenn sich für Ein- und Zweifamilienhäuser oder Wohn- und Teileigentum kein Vergleichswert ermitteln lässt oder wenn für Geschäftsgrundstücke oder gemischt genutzte Grundstücke und auf sonstige bebaute Grundstücke keine ortsübliche Miete ermittelbar ist.

Grundsätzlich ist für die Bewertung von Ein- und Zweifamilienhäusern sowie Wohn- und Teileigentum das Vergleichswertverfahren (§ 183 BewG) anzusetzen.

§ 183 Abs. 1 BewG:

„Bei Anwendung des Vergleichswertverfahrens sind Kaufpreise von Grundstücken heranzuziehen, die hinsichtlich der ihren Wert beeinflussenden Merkmale mit dem zu bewertenden Grundstück hinreichend übereinstimmen (Vergleichsgrundstücke). Grundlage sind vorrangig die von den Gutachterausschüssen i. S. d. §§ 182 ff. des Baugesetzbuches mitgeteilten Vergleichspreise."

Die Durchführung des Vergleichswertverfahrens gemäß § 183 BewG scheitert in der Regel daran, dass die vom Gesetzgeber vorgeschriebenen Kaufpreissammlungen von den Gutachtachterausschüssen meist nicht geführt werden. Soweit eine solche Kaufpreissammlung vorliegt, ist eine „Umrechnung" auf die zu bewertende Einheit vorzunehmen. Diese „Umrechnung" ist schwierig und ohne Kenntnisse der Grundstücksbewertung fast nicht möglich. In der Regel wenden die Finanzämter mangels vorliegender Vergleichspreise weiterhin das für die Bewertung von Ein- und Zweifamilienhäuser sowie Wohn- und Teileigentum Sachwertverfahren an gemäß § 182 Abs. 4 Nr. 1 BewG.

Hierzu werden Bodenwert und Gebäudesachwert zunächst getrennt voneinander ermittelt. Danach erfolgt die Multiplikation mit einer Wertzahl. Daraus ergibt sich der Grundstückswert.

Berechnungsgrundlage:

Ermittlung des Bodenwerts:
Bodenrichtwert × Grundstücksfläche = Bodenwert
Ermittlung des Gebäudesachwerts
Regelherstellungskosten (gemäß Anlage 24) dafür maßgeblich:
– Baujahr
– Ausstattungsstandard
– mit/ohne Keller
– mit/ohne Dachgeschossausbau
×
Brutto-Grundfläche = Gebäuderegelherstellungswert
./. Alterswertminderung dafür maßgeblich
– Alter des Gebäudes
– wirtschaftliche Gesamtnutzungsdauer (gemäß Anlage 22)
Bodenwert + Gebäudesachwert = vorläufiger Sachwert × Wertzahl (gemäß Anlage 25) = Grundstückswert.

Im Ertragswertverfahren werden gemäß § 182 Abs. 3 BewG die **Mietwohngrundstücke** sowie die **Geschäftsgrundstücke** und gemischt genutzten Grundstücke, für die sich auf dem örtlichen Grundstücksmarkt eine übliche Miete ermitteln lässt, bewertet. Dabei werden zuerst getrennt voneinander der Bodenwert und der Gebäudeertragswert ermittelt.

Berechnungsgrundlage:

Ermittlung des Bodenwerts:
Bodenrichtwert × Grundstücksfläche = Bodenwert
Ermittlung des Gebäudeertragswerts
Jahresnettokaltmiete bzw. übliche Miete
./. Bewirtschaftungskosten (pauschaliert gemäß Anlage 23) =
Reinertrag des Grundstücks
./. Bodenwertverzinsung = Gebäudereinertrag
× Vervielfältiger (Kapitalisierung gemäß Anlage 21) = Gebäudeertragswert
Bodenwert + Gebäudeertragswert = Grundstückswert

Sonderfälle: Dies betrifft Fälle des Erbbaurechts (§§ 192 bis 194 BewG), die Gebäude auf fremdem Grund und Boden (§ 195 BewG) sowie die Grundstücke im Zustand der Bebauung (§ 196 BewG). Hierzu gehören auch die Gebäude und Gebäudeteile für den Zivilschutz (§ 197 BewG). Diese werden nach eigenen Bewertungsvorschriften bewertet, auf welche an dieser Stelle nicht näher eingegangen werden soll.

Soweit ein niedrigerer Verkehrswert nachgewiesen werden kann, ist dieser gemäß § 198 BewG anzusetzen.

Durch die Neuregelung der Bewertung ist dem Auftrag entsprochen worden, zukünftig den gemeinen Wert als Bewertungsgrundlage anzusetzen. Dies gilt nicht nur für die Bewertung von Immobilien, sondern auch beispielsweise für die Unternehmensbewertung. Der Gesetzgeber hat dabei versucht, die Bewertungsregelungen zugrunde zu legen, die auch für einen Sachverständigen für Grundstücksbewertung Gültigkeit haben. Mit diesen gesetzlichen Bewertungsregelungen konnte aber auch nur ein standardisiertes Verfahren gefunden werden, das nicht in der Lage sein wird, den wahren Verkehrswert zu ermitteln. Dies gilt insbesondere dann, wenn die Immobilie einen hohen Instandhaltungsrückstau hat. Die hierfür aufzuwendenden Kosten werden im Rahmen einer Bewertung durch einen Grundstückssachverständigen berücksichtigt werden, wogegen sie im Rahmen dieses standardisierten Verfahrens keine Bedeutung haben.

Es wird also immer einen Unterschied zwischen dem gemeinen Wert, der aufgrund des standardisierten Verfahrens berechnet wird, und dem tatsächlichen Verkehrswert geben. Aus diesem Grund ist auch davon abzuraten, für die Frage von Pflichtteilsansprüchen oder Erbauseinandersetzungen diesen so berechneten gemeinen Wert anzusetzen.

6. Steuerbefreiung

a) Familienwohnheim, § 13 Abs. 1 Nr. 4a-4c ErbStG

Ein Familienwohnheim nach § 13 Abs. 1 Nr. 4 a – v ErbStG liegt unter folgenden Voraussetzungen vor:

Die Wohnung muss zu eigenen Wohnzwecken und nicht nur vorübergehend genutzt werden. Sie muss den Mittelpunkt des familiären Lebens darstellen. Dabei kommt es auf die tatsächliche Nutzung und nicht auf die Bestimmung der Bewohner und damit der Ehegatten an. Die Rechtsprechung lässt für jeden Ehegatten nur ein Familienwohnheim zu.

Eine Nutzung zu anderen als Wohnzwecken ist unschädlich, wenn sie von untergeordneter Bedeutung ist (z. B. durch Nutzung eines Arbeitszimmers). Eine auch nur teilweise Vermietung des Hauses oder der Eigentumswohnung ist hingegen befreiungsschädlich.

Nach § 13 Abs. 1 Nr. 4 a ErbStG ist eine unentgeltliche Übertragung von selbstbewohnten Familienwohnheimen und Eigentumswohnungen unter Ehegatten nicht steuerbar, sie bleibt steuerfrei.

Diese Vorschrift gilt auch für Zuwendungen zwischen Lebenspartnern einer eingetragenen Lebenspartnerschaft.

Die Erbschaftsteuerreform, die am 1.1.2009 in Kraft getreten ist, hat den Bereich der sachlichen Steuerbefreiung auf die Fälle des Erwerbs eines Familienheims von Todes wegen ausgedehnt. Bisher war nur eine freigiebige Zuwendung unter Ehegatten zu Lebzeiten steuerfrei gestellt.

Gemäß § 13 Abs. 1 Nr. 4 b ErbStG wird nunmehr der Erwerb des Familienheims durch den überlebenden Ehepartner oder Lebenspartner einer eingetragenen Lebenspartnerschaft von Todes wegen ebenfalls nicht der Erbschaftsteuer unterworfen.

Der Erblasser muss die Wohnung bis zum Erbfall selbst zu Wohnzwecken genutzt haben. Größe und Ausstattung spielen dabei keine Rolle. War der Erblasser an der eigenen Wohnnutzung aus zwingenden Gründen gehindert, so ist dies unschädlich. Hierunter fällt nach

Ansicht der Finanzverwaltung beispielsweise der notwendige Aufenthalt in einem Pflegeheim.

Gleichzeitig muss der Erwerber die Wohnung unverzüglich zur Selbstnutzung bestimmen. Die Steuerbefreiung entfällt, wenn der Erwerber diese Selbstnutzung innerhalb von 10 Jahren aufgibt, es sei denn, es liegen auch bei ihm zwingende Gründe vor, die eine Selbstnutzung verhindern. Nach Ansicht der Finanzverwaltung liegt ein zwingender Grund auch hier vor, wenn eine entsprechende Pflegebedürftigkeit oder der Tod des Erwerbers eintritt.

Unter den vorgenannten Voraussetzungen steht nunmehr auch den Kindern und Enkelkindern, soweit die Kinder schon vorverstorben sind, eine Steuerfreistellung nach § 13 Abs. 1 Nr. 4c ErbStG für den Erwerb des Familienwohnheims zu. Als weitere Voraussetzung ist die Steuerbefreiung auf eine Wohnfläche von 200 m² beschränkt. Bei dieser Voraussetzung handelt es sich um einen Freibetrag. Wird die Fläche also überschritten, tritt nur hinsichtlich des darüber hinausgehenden Anteils die Steuerpflicht ein.

Sowohl § 13 Abs. 1 Nr. 4b ErbStG (Ehegatte) wie auch § 13 Abs. 1 Nr. 4c ErbStG (Kind) stellt als notwendige Voraussetzung darauf ab, dass der Erbe das Grundstück „unverzüglich" zur Selbstnutzung bestimmt. Er muss sich also schnell entscheiden, ob er das geerbte Grundstück selbst bewohnen möchte.

Ein Ehegatte wird diese Voraussetzung im Zweifel ohne Probleme erfüllen können, da er mit seinem verstorbenen Ehegatten bis zu dessen Tod im Familienwohnheim gelebt hat.

Für Kinder bereitet die Anwendung der Vorschrift in der Praxis Schwierigkeiten. Bisher gibt es nur wenig Rechtsprechung zu dieser Voraussetzung. Es wird sicherlich immer individuelle Gründe geben, die einen verzögerten Einzug rechtfertigen können. In jedem Fall muss der Entschluss zur Nutzung subjektiv vorliegen und auch durch objektive Handlungen nachweisbar sein. Dazu zählen beispielsweise die Kündigung der bisherigen Mietwohnung oder andere Handlungen, die die Aufgabe der bisherigen Wohnung beweisen können. Der Gesetzgeber hat die Umsetzung des Einzugs nicht unter die Voraussetzung der „Unverzüglichkeit" gestellt. Dennoch muss diese innerhalb einer Jahresfrist erfolgen. Eine „Verlängerung" dieser Jahresfrist dürfte nur dann möglich sein, wenn gewichtige Gründe für die Umsetzung oder tatsächliche Selbstnutzung vorliegen. Zu den gewichtigen Gründen gehören sicherlich eine Erkrankung, die einen langfristigen Krankenhausaufenthalt nach sich zieht oder ähnliche Umstände. Hierzu wird man sicherlich nicht die Verzögerung der Umbauarbeiten zählen.

> **Hinweis:**
>
> Wenn ein Kind nach dem Tod seiner Eltern die Wohnung selbst beziehen möchte, um damit auch die Steuerbefreiung für die Selbstnutzung zu erhalten, ist es wichtig, diesen Schritt nicht lange zu überlegen. Im Zweifel wird es notwendig sein, den Umzug baldmöglichst vorzunehmen, um erst dann in einem zweiten Schritt die entsprechenden Umbaumaßnahmen oder Instandsetzungsarbeiten umzusetzen.

Nicht richtig ist die Auffassung vieler Laien, dass diese Immobilie in jedem Fall mit Erbschaftsteuer belastet sei, soweit die Voraussetzungen für die Steuerbefreiung des Familienwohnheims nicht vorliegen würden. Eine erbschaftsteuerliche Belastung fällt nur dann an, wenn der Erbe unter Hinzurechnung dieser Immobilie zum weiteren Nachlass einen Wert erreicht, der über seinem persönlichen Freibetrag liegt.

b) Denkmalschutz nach § 13 Abs. 1 Nr. 2 ErbStG

Handelt es sich bei dem betroffenen Gebäude um ein altes Gebäude sollte auch die Frage nach einer Steuerbefreiung nach § 13 Abs. 1 Nr. 2 ErbStG gestellt werden.

Danach wird ein Grundstück zu 85% seines steuerlichen Werts von der Erbschaft- oder Schenkungsteuer freigestellt, wenn

- die Erhaltung des Grundbesitzes wegen seiner Bedeutung für Kunst, Geschichte oder Wissenschaft im öffentlichen Interesse liegt,

- aus dem Objekt in der Regel nur ein Verlust erzielt wird,

- das Grundstück der Öffentlichkeit zugänglich gemacht wird, wobei es hierfür ausreicht, eine Plakette mit einer Telefonnummer am Gebäude anzubringen, unter welcher sich Interessenten melden können.

Wenn folgende weitere Voraussetzungen erfüllt sind, kann für den Grundbesitz sogar eine Steuerbefreiung zu 100% erreicht werden:

- Das Gebäude steht unter Denkmalschutz.
- Das Gebäude befindet sich seit über 20 Jahre in der Familie.

Danach müssen folgende Voraussetzungen kumulativ vorliegen:

- Das Grundvermögen ist in der Denkmalschutzliste eingetragen.
- Das Grundvermögen befindet sich seit mindestens zwanzig Jahren im Besitz der Familie.
- Die jährlichen Kosten übersteigen in der Regel die erzielten Einnahmen.
- Das Grundvermögen wird den Zwecken der Volksbildung nutzbar gemacht.

Die letzte Voraussetzung wird dann erfüllt, wenn das Haus jederzeit der Öffentlichkeit zugänglich gemacht wird. Dazu ist anzuraten, ein Schild sichtbar am Haus anzubringen, auf dem der Hinweis auf die Eintragung in der Denkmalschutzliste angebracht ist, wie auch die Tatsache, dass eine Besichtigung – selbstverständlich nach Rücksprache mit der Wohnungseigentümergemeinschaft bzw. der Hausverwaltung und nur im Hinblick auf die gemeinschaftlich genutzten und damit zugänglichen Räumlichkeiten – ohne weiteres möglich sei. Soweit bekannt, kann durchaus auch ein Hinweis auf geschichtliche Ereignisse erfolgen „Hier wohnte in der Zeit….".

7. Steuern sparen durch kluge Regelungen

a) § 5 ErbStG – Güterstandsschaukel

Für Ehegatten oder eingetragene Lebenspartner, welche im gesetzlichen Güterstand der Zugewinngemeinschaft leben, sieht § 5 ErbStG eine weitere Freistellung eines unentgeltlichen Erwerbs untereinander vor.

Bei Beendigung der Zugewinngemeinschaft ist der so genannte Zugewinnausgleich zu berechnen und zu leisten. Man ermittelt für jeden Ehegatten oder eingetragenen Lebenspartner getrennt sein Vermögen bei Hochzeit und sein Vermögen bei Scheidung. Konnte man mit dieser Berechnung feststellen, dass ein Ehegatte oder eingetragener Lebenspartner sein Vermögen während der Ehe gemehrt hat, handelt es sich dabei um den Zugewinn. Derjenige Ehegatte oder eingetragene Lebenspartner, der einen höheren Zugewinn erwirtschaftet hat, ist dem anderen zum Ausgleich, dem Zugewinnausgleich, verpflichtet.

> **BEISPIEL: Zugewinnausgleich** Maria und Friedrich Maierhofer lassen sich scheiden. Maria Maierhofer hat einen Zugewinn in Höhe von € 100.000 und Friedrich Maierhofer in Höhe von € 60.000 erwirtschaftet. Der Zugewinn der Maria Maierhofer übersteigt den des Friedrich Maierhofer um € 40.000. Sie ist ihm zum Ausgleich der Hälfte hiervon und damit in Höhe von € 20.000 verpflichtet.

Die Zugewinngemeinschaft kann grundsätzlich auf mehrere Arten beendet werden. Die häufigsten sind dabei die Scheidung, der Tod oder der Eintritt in einen anderen Güterstand, beispielsweise Gütertrennung, durch Errichtung eines notariellen Ehevertrages.

Stirbt ein Ehegatte oder eingetragener Lebenspartner, so wird nach § 5 Abs. 1 ErbStG der steuerliche Erwerb in Höhe des dem überlebenden Ehegatten oder eingetragenen Lebenspartner zustehenden Zugewinnausgleichsanspruchs gekürzt und in dieser Höhe also nicht der Erbschaftsteuer unterworfen.

Nach § 5 Abs. 2 ErbStG erfolgt diese Steuerfreistellung des tatsächlichen Zugewinnausgleichsanspruchs auch dann, wenn die Zugewinngemeinschaft in anderer Weise als durch den Tod beendet wird. Diese Vorschrift eröffnet Ehegatten oder eingetragenen Lebenspartnern die Möglichkeit, legal Vermögen von einem Ehegatten oder eingetragenen Lebenspartner während bestehender Ehe oder eingetragener Lebenspartnerschaft schenkungsteuerfrei auf den anderen zu übertragen. Diese Möglichkeit wurde und wird in der Presse auch immer wieder unter dem Stichwort „Güterstandsschaukel" diskutiert.

BEISPIEL: Güterstandsschaukel Markus und Franziska Hart sind im gesetzlichen Güterstand der Zugewinngemeinschaft verheiratet. Franziska Hart hat aus ihrer Familie umfangreiches Immobilienvermögen im Wert von ca. € 5 Mio. geerbt und geschenkt erhalten. Markus Hart hat kein nennenswertes Vermögen. Markus Hart soll nun an dem Vermögen seiner Ehefrau beteiligt werden.

Franziska Hart könnte ihrem Ehemann Vermögen schenken. Markus Hart steht ein Freibetrag in Höhe von € 500.000 zu, darüber hinausgehend müsste er einen steuerlichen Erwerb, beginnend mit 7% Schenkungsteuer, versteuern.

Im Falle der Beendigung der Zugewinngemeinschaft steht Markus Hart ein Ausgleichsanspruch gegen seine Ehefrau in Höhe von € 1 Mio. zu.

Markus und Franziska Hart gehen nun zum Notar und vereinbaren ehevertraglich den Güterstand der Gütertrennung. Damit wird der gesetzliche Güterstand der Zugewinngemeinschaft beendet, der Zugewinnausgleichsanspruch von Markus Hart in Höhe von € 1 Mio. entsteht. Seine Ehefrau erfüllt den Anspruch durch Übertragung von Immobilienvermögen in dieser Höhe. Diese Übertragung ist nach § 5 Abs. 2 ErbStG steuerfrei.

Danach gehen die Eheleute Hart erneut zum Notar und treten wieder in den Güterstand der Zugewinngemeinschaft ein. Die Rechtmäßigkeit dieser Vorgehensweise war lange Zeit in der Finanzverwaltung und bei den Gerichten umstritten. Im Jahre 2005 hat der BFH diese Vorgehensweise in seiner Entscheidung vom 12.7.2005, Az.: II R 29/02, gebilligt.

Franziska Hart hat also einen Teil ihres Vermögens auf den Ehemann steuerfrei übertragen. Markus Hart steht weiterhin sein persönlicher Freibetrag für Erwerbe nach seiner Ehefrau in Höhe von € 500.000 zu.

b) Neuregelung des Nießbrauchrechts

Die Reform der Erbschaftsteuer zum 1.1.2009 hat für den Steuerpflichtigen eine deutliche Besserstellung bei der Vereinbarung von Nießbrauchrechten ergeben.

Eine gängige Gestaltung im Rahmen der vorweggenommenen Erbfolge stellt die Übergabe eines Vermögensgegenstandes, beispielsweise einer Wohnung, in die nächste Generation gegen Vereinbarung eines vorbehaltenen Nießbrauchrechts dar.

Der Übergeber gibt damit die Substanz der Wohnung an seine Kinder weiter, die Kinder werden als neue Eigentümer im Grundbuch eingetragen. Der Übergeber erhält aber als Nießbrauchberechtigter die Mieteinnahmen, sollte die Wohnung fremdvermietet sein, bzw. darf weiterhin in der Wohnung wohnen. Auf der anderen Seite ist er aber verpflichtet, sich auch wie bisher um die Verwaltung zu kümmern und sämtliche Kosten der Wohnung, je nach Ausgestaltung auch inklusive der Reparaturen, zu tragen.

Bis zum 31.12.2008 konnte der steuerliche Wert eines Nießbrauchrechts vom geschenkt erhaltenen Gegenstand nicht abgezogen werden. Die auf das Nießbrauchrecht entfallende Steuer wurde lediglich gestundet und musste spätestens bei Wegfall des Nießbrauchrechts nachgezahlt werden, § 25 ErbStG a. F. Der so errechnete Stundungsbetrag konnte allerdings vorzeitig abgelöst werden. Bei dieser vorzeitigen Ablösung wurde eine Abzinsung des Betrags vorgenommen. Nur in Höhe dieses Abzinsungsbetrags fand eine Steuerminderung statt.

Die Stundungsregelung des früheren § 25 ErbStG ist weggefallen. Seit der Reform zum 1.1.2009 wird der steuerliche Wert des Nießbrauchrechts von dem steuerlichen Wert des Grundbesitzes in voller Höhe in Abzug gebracht werden. Dies führt im Vergleich zur früheren Rechtslage zu einer deutlichen Steuerersparnis.

Der Nießbrauch wird mit dem Jahreswert der zu erzielenden Einnahmen berechnet. Allerdings erfolgt eine Deckelung dieses Jahreswertes auf das 18,6-fache des steuerlichen Wertes, der sich für den Gegenstand ergibt, also in diesem Fall für die Eigentumswohnung. Dieser so ermittelte Wert wird für einen lebenslangen Nießbrauch gemäß § 14 Abs. 1 Satz 1 BewG vervielfältigt. Dabei erfolgt stets die Anpassung an die jeweils aktuelle Sterbetafel.

§ 14 Abs. 1 Satz 2 BewG:

„Die Vervielfältiger sind nach der Sterbetafel des Statistischen Bundesamts zu ermitteln und ab dem 1. Januar des auf die Veröffentlichung der Sterbetafel durch das Statistische Bundesamt folgenden Kalenderjahres anzuwenden. Das Bundesfinanzministerium wird in der Zukunft die Kapitalwerte zu den neuen Sterbetafeln veröffentlichen."

Auch diese Änderung des Nießbrauchwertes führt zu einer nicht unerheblichen Steuerminderung.

BEISPIEL: Nießbrauchwert Eduard Schmid ist Eigentümer einer Eigentumswohnung in München. Er ist 70 Jahre alt und möchte diese Wohnung an seinen Sohn Markus verschenken. Im Rahmen der Schenkung behält er sich den Nießbrauch auf Lebenszeit vor.

Bei einer Schenkung vor dem 31.12.2008 errechnete sich die Schenkungsteuer wie folgt:

Der steuerliche Wert der Eigentumswohnung belief sich nach den alten Bewertungsregelungen (bis zum 31.12.2008) auf € 364.500, der steuerliche Freibetrag des Sohnes auf € 205.000. Bei einem Steuersatz in Höhe von 11% errechnete sich eine Schenkungsteuer in Höhe von € 17.545.

Die Schenkungsteuer wurde in dieser Höhe gestundet, da sie voll auf den Nießbrauch entfallen ist, und konnte abgezinst durch Zahlung eines Betrags in Höhe von € 8.754 abgelöst werden. Unterm Strich hätte die Übergabe bis zum 31.12.2008 eine Schenkungsteuer bei sofortiger Ablösung in Höhe von € 8.754 gekostet.

Für die Übergabe ab dem 1.1.2009 ergibt sich folgende Berechnung:

Nach den neuen steuerlichen Bewertungsvorschriften liegt der steuerliche Wert der Eigentumswohnung nunmehr bei € 500.000. Der lebenslange Nießbrauch des Eduard auf der Wohnung wird steuerlich mit einem Wert in Höhe von € 276.666 bewertet. Markus steht gegenüber seinem Vater ein persönlicher Freibetrag in Höhe von € 400.000 zu.

steuerlicher Wert Eigentumswohnung	500.000
./. Nießbrauch Vater Eduard	276.666
./. persönlicher Freibetrag	400.000
steuerpflichtiger Erwerb	./. 176.666

Markus muss auf diese Übertragung keine Schenkungsteuer zahlen. Es verbleibt von seinem persönlichen Freibetrag noch ein Teil in Höhe von € 176.666.

In jedem Fall ist größte Sorgfalt darauf zu verwenden, wenn ein Nießbrauch vorbehalten wird, auf der Immobilie aber noch Verbindlichkeiten lasten, deren Zins- und Tilgungsleistungen durch den Nießbrauchberechtigten weiterhin gezahlt werden müssen. In keinem Fall darf der Finanzierungszusammenhang zerstört werden. Soweit der Nießbrauchberechtigte nach seinem Tod den Nieß-

brauch an seinen Ehegatten weitergibt und somit ein Zuwendungsnießbrauch entsteht, müssen in jedem Fall auch die ertragsteuerlichen Konsequenzen geprüft werden.

VIII. Vermögensteuer

Auf der Basis des Bundesverfassungsgerichtsurteils vom 22.6.1995
führte die vielfach geäußerte Kritik an der Vermögensteuer und das
Bestreben nach einem Abbau der Steuerbelastung und einer Vereinfachung des Steuersystems im Gesetzgebungsverfahren dazu, dass
auf eine Erhebung der Vermögensteuer ab dem 1.1.1997 verzichtet
wird, ohne dabei das Vermögensteuergesetz selbst aufzuheben. Statt
Immobilien, wie vom Urteil gefordert, höher zu bewerten und damit stärker zu besteuern, entschied sich die damalige Bundesregie-
rung, die Vermögensteuer gar nicht mehr zu erheben.

Obwohl zahlreiche Stimmen gerade im Zuge der Finanzkrise im
Hinblick auf eine Stärkung der Binnennachfrage, eine Erhöhung
der Verteilungsgerechtigkeit und ein Steueraufkommen von rund
€ 16 Milliarden für die Vermögensteuer plädieren, blieben sämtliche
Diskussionen über deren Wiedereinführung bis dato noch erfolglos.

IX. Steuerliche Verpflichtungen der Woh-
nungseigentümergemeinschaft bzw. des
Verwalters

1. Allgemeines

Eine Wohnungseigentümergemeinschaft kann durchaus auch Objekt steuerlicher Pflichten sein. Das ist immer dann der Fall, wenn
sie gemeinschaftliche Einkünfte erzielt.

So erzielt die Wohnungseigentümergemeinschaft gemeinschaftliche
Einkünfte aus Kapitalvermögen durch die Anlage der Instandhaltungsrücklage. Weitere Betätigungsfelder für die Erzielung gemein-

schaftlicher Einkünfte ist die Vermietung von Gemeinschaftseigentum. Häufig werden beispielsweise Dachflächen für Mobilfunkantennen zur Verfügung gestellt oder Hauswände zu Werbezwecken vermietet. Andere Wohnungseigentümergemeinschaften wiederum statten ihre Dächer mit Photovoltaikanlagen aus und erzielen so Einkünfte durch die Einspeisung der mit diesen Anlagen gewonnenen Energie in das Stromnetz.

Insoweit treffen die Wohnungseigentümergemeinschaften auch die damit einhergehenden steuerlichen Verpflichtungen. Diesen Verpflichtungen kommen sie dabei regelmäßig durch Inanspruchnahme ihres Verwalters nach, den sie gesondert mit der Wahrnehmung der steuerlichen Verpflichtungen beauftragen.

2. Verwaltung gemeinschaftlichen Eigentums

Die Verwaltung der Wohnungseigentümergemeinschaft obliegt an sich den Eigentümern gemeinsam. Für das Sondereigentum ist jedoch der jeweilige Eigentümer allein zuständig. Für die Verwaltung des gemeinschaftlichen Eigentums der Wohnungseigentümergemeinschaft ist trotz der gemeinschaftlichen Verwaltung durch die Wohnungseigentümer zusätzlich ein Verwalter zu bestellen.

Dabei obliegt dem Verwalter unter anderem die Verwaltung und Instandhaltung des gemeinschaftlichen Eigentums sowie die Verwaltung der gemeinschaftlichen Gelder. Die Aufgabe der Vermögensverwaltung umfasst auch die Berechtigung, alle Leistungen zu bewirken und entgegenzunehmen, die mit der laufenden Verwaltung des gemeinschaftlichen Eigentums zusammenhängen, und Ansprüche gerichtlich und außergerichtlich geltend zu machen.

Somit handelt es sich beim Verwalter einer Wohnungseigentümergemeinschaft um einen Vermögensverwalter im Sinne der Abgabenordnung. Diese stehen in einem besonderen Pflichtenverhältnis zur Finanzverwaltung und haben die steuerlichen Pflichten derjenigen Vermögensmassen zu erfüllen, für die sie tätig sind.

Diese steuerlichen Pflichten lassen sich in Mitwirkungspflichten, wie zum Beispiel die Steuererklärungspflicht nach § 149 AO und die

Zahlungspflichten, wie zum Beispiel die rechtzeitige Tilgung des Steueranspruchs, einteilen.

Im Einzelnen seien beispielhaft die nachfolgenden Pflichten aufgezählt und im Detail erläutert:

- Bücher und Aufzeichnungen führen,
- Auskünfte erteilen und Nachweise erbringen,
- Steuererklärungen abgeben und gegebenenfalls berichtigen,
- Steuerschulden des Vertretenen aus dessen Vermögen fristgerecht erfüllen,
- die Vollstreckung in das verwaltete Vermögen dulden,
- bei einer Außenprüfung mitwirken und Abzugssteuern für Rechnungen eines Dritten einbehalten und abführen.

a) Aufzeichnungs- und Buchführungspflichten, §§ 140 ff. AO

Die Abrechnungspflicht des Verwalters beinhaltet seine zivilrechtliche Pflicht zur ordnungsgemäßen Führung der Bücher, aus denen die Abrechnung, die Rechnungslegung und mittelbar auch der Wirtschaftsplan entwickelt, nachvollzogen und geprüft werden können. Verletzungen der Buchführungspflicht können Schadensersatzansprüche der Wohnungseigentümer gegen den Verwalter begründen.

Der Wohnungseigentümergemeinschaft selbst obliegt zwar handelsrechtlich keine Buchführungspflicht, da sie nicht Kaufmann im Sinne des § 238 Abs. 1 Satz 1 HGB ist, doch folgt aus der zivilrechtlichen Verpflichtung zur Rechnungslegung des Verwalters gemäß § 140 AO auch eine steuerrechtliche Buchführungspflicht des Verwalters.

b) Zahlungs- und Aufbewahrungspflicht nach §§ 224 ff. AO und § 14b UStG

Sofern die Wohnungseigentümergemeinschaft für alle oder einzelne Wohnungseigentümer zur Umsatzsteuer optiert, treffen den Verwalter alle umsatzsteuerlichen Aufzeichnungs- und Zahlungsverpflichtungen. Den Wohnungseigentümern, zu deren Gunsten optiert wurde, ist eine den Anforderungen des § 14 UStG entsprechende, gesonderte (Ab-)Rechnung zu erteilen. Bitte beachten Sie hierzu auch die Ausführungen in Abschnitt 3.

Den Verwalter trifft die umsatzsteuerliche Aufbewahrungspflicht des § 14b UStG. Danach hat der Verwalter alle Rechnungen, die die Wohnungseigentümergemeinschaft erhalten hat, zehn Jahre lang aufzubewahren. Die Aufbewahrungsfrist beginnt mit dem Schluss des Kalenderjahres, in dem die Rechnung ausgestellt worden ist.

Die allgemeinen Aufbewahrungsfristen – sechs Jahre für Geschäftsbriefe und zehn Jahre für Buchungsbelege und sonstige steuerlich relevante Unterlagen – des § 147 Abs. 3 der Abgabenordnung gelten zusätzlich.

c) Haftung der Verwalter, § 69 AO

Aufgrund des § 69 der Abgabenordnung haftet der Verwalter neben der Wohnungseigentümergemeinschaft persönlich gegenüber dem Finanzamt für die Verletzung der oben näher erläuterten steuerlicher Pflichten. Die Haftung ist jedoch auf vorsätzliche und grob fahrlässige Pflichtverletzungen begrenzt. Für kleinere und unabsichtliche Fehler haftet der Verwalter somit nicht. Auch für das Verschulden einer Hilfsperson haftet der Verwalter an sich nicht. Etwas anderes gilt nur, soweit er das von ihm eingesetzte Personal nicht hinreichend überwacht.

Die Haftung des Verwalters ist unbeschränkt, d. h. er haftet mit seinem gesamten Vermögen, soweit es tatsächlich zu einer Steuerverkürzung, also zu einer Verringerung des Steueraufkommens kommt. Hierfür ist es gleich, ob die Steuerverkürzung darauf beruht, dass Steuern nicht oder nicht rechtzeitig festgesetzt wurden, zu hohe Erstattungen gezahlt oder Steuerschulden schlicht nicht oder nicht rechtzeitig erfüllt wurden.

Die Verantwortlichkeit eines Verwalters nach § 69 AO endet grundsätzlich mit der Beendigung der Verwaltertätigkeit. Diese kann der Verwalter auch selbst herbeiführen, indem er sein Amt niederlegt. Auch eine Abberufung durch die Wohnungseigentümergemeinschaft führt zur Beendigung der Verwaltertätigkeit und somit grundsätzlich auch zur Beendigung der damit verbundenen Haftung für die Erfüllung steuerlicher Pflichten.

Die Amtsniederlegung befreit den Verwalter allerdings nur von der Verpflichtung zur Erfüllung der steuerlichen Pflichten, soweit ein Haftungsanspruch noch nicht entstanden ist. Hierbei gilt es jedoch die allgemeinen Festsetzungsfristen zu beachten.

Danach gilt, dass mit Ablauf des Kalenderjahres, in dem eine steuerliche Pflicht verletzt wurde, an den das Gesetz die Haftungsfolge knüpft, die vierjährige Festsetzungsfrist beginnt. Anlaufhemmungen kommen jedoch gegenüber dem Verwalter nicht in Betracht. Auch die sonst übliche Verlängerung der Festsetzungsfrist auf fünf Jahre bei leichtfertiger Steuerverkürzung gilt gegenüber dem Verwalter nicht. Dieses Privileg des Verwalters entfällt allerdings bei Steuerhinterziehung, also der absichtlichen Steuerverkürzung. Hier gilt die auch sonst übliche Festsetzungsfrist von zehn Jahren.

3. Gesonderte Feststellung gem. § 180 AO

Erzielen die Beteiligten einer Wohnungseigentümergemeinschaft gemeinschaftliche Einnahmen, sind diese grundsätzlich nach § 180 Abs. 1 Nr. 2a AO einheitlich und gesondert festzustellen.

a) Gemeinschaftliche Einkünfte

Erzielen Miteigentümer Einkünfte aus der Vermietung und Verpachtung gemeinschaftlichen Eigentums, so sind diese unabhängig davon, ob und in welchem Umfang die Miteigentümer die übrigen Räumlichkeiten des Hauses jeweils selbst nutzen, den Miteigentümern grundsätzlich entsprechend ihren Miteigentumsanteilen zuzurechnen und gesondert und einheitlich festzustellen. Gleiches gilt für die aus der Anlage der Instandhaltungsrücklage gezogenen gemeinschaftlichen Zinserträge.

b) Ausnahme von der Feststellungspflicht nach § 180 Abs. 3 Nr. 2 AO

Die obersten Finanzbehörden halten es – zumindest die Verwirklichung gemeinschaftlicher Zinseinkünfte betreffend – im Allgemeinen für vertretbar, aus Gründen der geringfügigen Bedeutung des Falles gem. § 180 Abs. 3 Satz 1 Nr. 2 AO von einer gesonderten Feststellung der von der Wohnungseigentümergesellschaft erzielten gemeinschaftlichen Einkünfte abzusehen.

Eine ausdrückliche Stellungnahme des Bundesfinanzministeriums zur Handhabung der Erzielung gemeinschaftlicher Einkünfte aus Vermietung und Verpachtung gemeinschaftlichen Eigentums liegt dagegen nicht vor, doch sei insoweit auf die oben unter II. 3. ausgeführten Anmerkungen verwiesen.

Bezüglich der gemeinschaftlichen Einkünfte aus Kapitalvermögen kann jedenfalls auf eine einheitliche und gesonderte Feststellung der Einkünfte verzichtet werden, soweit die einzelnen Wohnungseigentümer, gestützt auf die Angaben des Verwalters in seiner Abrechnung, ihren Anteil an den Erträgen der Eigentümergemeinschaft unproblematisch selbst ermitteln und somit diesen in ihrer Steuererklärung ohne Schwierigkeiten selbst angeben können. Hierzu reicht aus, wenn der Verwalter die anteiligen Einnahmen aus Kapitalvermögen nach dem Verhältnis der Miteigentumsanteile aufteilt und dem einzelnen Wohnungseigentümer mitteilt.

Die Anrechnung eines abgeführten Zinsabschlags bei dem einzelnen Beteiligten ist jedoch nur möglich, wenn neben der Mitteilung des Verwalters über die Aufteilung der Einnahmen und des Zinsabschlags eine Ablichtung der Steuerbescheinigung des Kreditinstituts vorgelegt wird.

Soweit dieses Verfahren für die Wohnungseigentümer und den Verwalter keine beachtliche Erleichterung darstellt, so muss im Einzelfall in Erwägung gezogen werden, die Kapitalerträge nach § 180 Abs. 1 Nr. 2a AO einheitlich und gesondert festzustellen. Dieses Feststellungsverfahren kann der Verwalter jederzeit für die Wohnungseigentümergemeinschaft beantragen. Dabei wird das für die gesonderte Feststellung zuständige Finanzamt auch den entrichteten und anzurechnenden Zinsabschlag ermitteln und den Wohnsitz-Finanzämtern die auf den einzelnen Wohnungseigentümer entfallenden Steuerbeträge mitteilen. In diesem Fall sind die Original-Steuerbescheinigungen dem Feststellungs-Finanzamt, also bei dem Finanzamt der Wohnungseigentümergemeinschaft, einzureichen; Ablichtungen der Steuerbescheinigungen für die Wohnungseigentümer sind nicht erforderlich.

Im Gegensatz hierzu ist bei gewerblichen Einkünften der Wohnungseigentümergemeinschaft immer das einheitliche und gesonderte Feststellungsverfahren anzuwenden, da hier regelmäßig kein Fall von geringer Bedeutung vorliegt und somit auch kein Wahlrecht für die Wohnungseigentümergemeinschaft gegeben ist.

Sachverzeichnis

Wohnen

Informationen rund um Ihr Heim

Mieten

MietR · Mietrecht
BGB-Mietrecht mit wichtigen
Nebengesetzen.
Textausgabe   `Toptitel`
48. Aufl. 2015. 533 S.
€ 7,90. dtv 5013

Neu in der 48. Auflage: Zentraler Punkt der 48. Auflage ist das Mietrechtsnovellierungsgesetz 2015, das mit der sogenannten Mietpreisbremse und dem Bestellerprinzip bei der Maklerhonorierung wesentliche Neuerungen bringt.

Spreng
Das neue Mietrecht
Problemlösungen für Mieter,
Vermieter und Verwalter.
Rechtsberater   `Neu`
5. Aufl. 2015. Rd. 780 S.
Ca. € 19,90. dtv 50744

In Vorbereitung für 2015
Mit dem allgemeinen Gleichbehandlungsgesetz. Ein umfangreicher Anhang mit Gesetzestexten und Musterschreiben bietet Mietern und Vermietern viel Service.

Blank
Mietrecht von A–Z
Mehr als 400 Stichwörter zum
aktuellen Recht.
Rechtsberater   `Toptitel`
18. Aufl. 2014. 867 S.
€ 24,90. dtv 50751

Auch als ebook erhältlich.
Der Klassiker bietet übersichtlich und aktuell von A-Z alles Wissenswerte zum Mietrecht: praxisgerecht und verständlich erläutert.

Mersson
Vermieterleitfaden
Aktuelles Mietrecht · Mustertexte · Abrechnungsbeispiele · Checklisten.
Rechtsberater
5. Aufl. 2014. 534 S.
€ 18,90. dtv 50747

Auch als ebook erhältlich.
Mit 130 Mustertexten (Briefe, Formulare, Verträge, Klagen), Checklisten sowie Beispielen für Nebenkostenabrechnungen.

Fröba
Ratgeber Wohngeld
Was Mieter und Eigentümer
wissen sollten.
Rechtsberater
1. Aufl. 2009. 254 S.
€ 12,90. dtv 50671

Lützenkirchen
Mietnebenkosten von A–Z
Begriffe · Musterformulierungen
· Berechnungsbeispiele · Check-
listen.
Rechtsberater
6. Aufl. 2014. 497 S.
€ 19,90. dtv 50758
Auch als ebook erhältlich.
Erläutert werden sämtliche
Begriffe aus dem Betriebs-
kostenwesen, die Vermieter,
Mieter, aber auch Makler und
Verwalter kennen sollten.

Lenßen
**Ihr Recht: Miete und
Nebenkosten**
Beck im dtv
1. Aufl. 2009. 108 S.
€ 6,90. dtv 50455

Kaufen

GrdstR · Grundstücksrecht
Textausgabe
7. Aufl. 2014. 632 S.
€ 14,90. dtv 5586
u.a. mit BGB (Auszug),
BeurkundungsG, ErbbauRG,
WEG, BauGB (Auszug), GBO,
ZPO (Auszug), Gesetz über
die Zwangsversteigerung und
Zwangsverwaltung, GrErwStG,
GrStG.

Fischl/Kirchhoff/Wolicki
Eigentumswohnung
Professionell kaufen, versichern,
verwalten, vererben, veräußern
etc.
Beck im dtv
2. Aufl. 2015. 616 S.
€ 26,90. dtv 50705
In Vorbereitung für Juli 2015
Auch als ebook erhältlich.
Alles Wichtige rund um die
Eigentumswohnung ver-
ständlich aufbereitet und
übersichtlich dargestellt. Mit
ausführlichen steuerrecht-
lichen Ausführungen.

Grziwotz
Immobilienkauf vom Bauträger
Risiken erkennen und vermeiden.
Rechtsberater
1. Aufl. 2007. 202 S.
€ 13,–. dtv 50645
Sicher zur eigenen Immobilie.

Herrling/Detzel/Gaisbauer
Immobilien aus zweiter Hand
Ihr Ratgeber für Erwerb und Besitz.
Wirtschaftsberater
3. Aufl. 2007. 313 S.
€ 10,–. dtv 5887
Bautechnische und rechtliche Aspekte, Kosten, Steuern, staatliche Förderung u.v.m.

Kirchhoff/Schneider
Steuern sparen für Immobilien-Eigentümer
So machen Sie alle Kosten und Aufwendungen richtig geltend.
Rechtsberater
1. Aufl. 2009. 206 S.
€ 12,90. dtv 50689
Mit zahlreichen Beispielen und Musterrechnungen.

Herrling/Federspiel
Wege zum Wohneigentum
Ihr Ratgeber für den Immobilienerwerb.
Wirtschaftsberater
8. Aufl. 2009. 387 S.
€ 12,90. dtv 5834
Von der Prüfung der Immobilie über die Finanzierungsplanung bis hin zur optimalen Vermietung.

Bub/von der Osten
Wohnungseigentum von A–Z
Antworten auf alle Fragen des Wohnungseigentums.
Rechtsberater
7. Aufl. 2004. Mit Nachtrag 2007. 1166 und 2 S.
€ 16,50. dtv 5054
Für Käufer und Inhaber ebenso wie für Verwalter, Richter, Rechtsanwälte und Notare.

Kirchhoff
Wohnungseigentum in Frage und Antwort
Erwerb · Finanzierung · Verwaltung · Verkauf.
Rechtsberater   Toptitel
2. Aufl. 2013. 232 S.
€ 10,90. dtv 50733
Auch als ebook erhältlich.
Alle Fragen rund um die Eigentumswohnung kompetent beantwortet.

Seuß/Jennißen
Die Eigentumswohnung
Finanzierung · Erwerb · Nutzung ·
Verwaltung.
Rechtsberater
12. Aufl. 2008. 669 S.
€ 17,90. dtv 5096
Der umfassende Ratgeber zum
WEG.

Elzer
**Meine Rechte als
Wohnungseigentümer**
Gebrauch, Sondernutzung, Ver-
waltung, Versammlung, Bauen,
Information, usw.
Rechtsberater   Toptitel
2. Aufl. 2013. 281 S.
€ 12,90. dtv 50735
Auch als ebook erhältlich.
So setzen Sie sich durch in der
WE-Gemeinschaft!

Scheiff/Hoffmann
**Lexikon für Wohnungs-
eigentümer**
Rechte · Pflichten · Finanzen.
Rechtsberater   Neu
3. Aufl. 2015. Rd. 260 S.
Ca. € 14,90. dtv 50755
In Vorbereitung für Ende 2015
Das kompakte Nachschlage-
werk bietet fundierten Rat zu
den wesentlichen Fragen des
Wohnungseigentumsrechts.

NachbR · Nachbarrecht
Textausgabe
2. Aufl. 2011. 286 S.
€ 9,90. dtv 5771
U.a. mit BGB (Auszug), ZPO
(Auszug), Nachbarrechts- und
SchlichtungsG der einzelnen
Bundesländer.

Grziwotz/Saller
Ratgeber Nachbarrecht
Meine Rechten und Pflichten als
Nachbar.
Rechtsberater
1. Aufl. 2012. 256 S.
€ 14,90. dtv 50697
Auch als ebook erhältlich.
Orientierungshilfe und Rat-
geber für Rechtsfragen und
Streitpunkte unter Nachbarn.
Mit ausführlicher Darstellung
der rechtlichen Möglichkeiten
von außergerichtlicher Beile-
gung bis hin zum Prozess.

Alheit
Nachbarrecht von A–Z
490 Stichwörter zur aktuellen
Rechtslage.
Rechtsberater
12. Aufl. 2010. 413 S.
€ 12,90. dtv 5067
Das umfassende Lexikon zeigt,
welche Rechte und Pflichten
Nachbarn haben und wie typische Probleme zu lösen sind.

BauGB · Baugesetzbuch

Textausgabe Toptitel
47. Aufl. 2015. 526 S. Neu
€ 8,90. dtv 5018

Neu im April 2015

Mit BaunutzungsVO, PlanzeichenVO, RaumordnungsG, RaumordnungsVO. Mit den Änderungen im Bauplanungsrecht zur Unterbringung von Flüchtlingen. Aktueller Rechtsstand: Dezember 2014.

VOB/HOAI

Vergabe- und Vertragsordnung für Bauleistungen
Textausgabe Toptitel
31. Aufl. 2013. 390 S. Neu
€ 9,90. dtv 5596

Neu im April 2015

VOB Teil A und B (Ausgabe 2012), VOB C Übersicht, BGB (Auszug), UnterlassungsklagenG, Gesetz zur Regelung von Ingenieur- und Architektenleistungen, Honorarordnung für Architekten und Ingenieure (HOAI 2013), Gewerbeordnung (Auszug), Makler- und BauträgerVO, Verordnung über Abschlagszahlungen bei Bauträgerverträgen, Gesetz über die Sicherung von Bauforderungen, BaustellenVO, SGO Bau.

VgR · Vergaberecht

Textausgabe Toptitel
17. Aufl. 2015. 585 S. Neu
€ 17,90. dtv 5595

VOB Teil A und B (Ausgabe 2012), VOB C Übersicht, VOL Teil A und B, VOF, VergabeVO, SektVO, VSVgV, GWB 4. Teil, Vergabegesetze der Länder.

Hauth
Vom Bauleitplan zur Baugenehmigung

Bauplanungsrecht · Bauordnungsrecht · Baunachbarrecht.
Rechtsberater Toptitel
11. Aufl. 2014. 339 S.
€ 18,90. dtv 50748

Auch als ebook erhältlich.

Abstandsflächen, Baugenehmigung, Bebauungsplan, Bestandsschutz, Erschließungsvertrag, Innenbereich, Klage, Nachbarschutz, Nutzungsänderung, Rücksichtnahmegebot, Sofortvollzug, Vorbescheid, Widerspruch. Berücksichtigt die Gesetzesänderungen auf Bundes- und Länderebene, vor allem die Änderungen der Bayerischen Bauordnung und die neue Landesbauordnung Baden-Württemberg.

Blum-Engelke/Lepiorz
Ratgeber für Bauherren
Ohne Ärger planen und bauen.
Rechtsberater
2. Aufl. 2008. 156 S.
€ 12,50. dtv 50631

Dieser praxisbezogene Rechtsberater bietet eine Fülle von Entscheidungshilfen und Problemlösungen in besonders verständlicher Form.

Dankert/Engelhardt
Bautechnische Fachbegriffe von A–Z
Über 600 technische und juristische Stichwörter aus der Baubranche.
Rechtsberater
2. Aufl. 2004. 241 S.
€ 14,50. dtv 5672

Das kompakte Nachschlagewerk für Bauherren, Unternehmer und Berater.

Blomeyer/Budiner/Seemüller
Architektenrecht von A–Z
Rechtslexikon für Architekten, Bauherren und Juristen.
Rechtsberater
2. Aufl. 2014. 268 S.
€ 19,90. dtv 50750
Auch als ebook erhältlich.
Ein praktisches und aktuelles Arbeitsmittel.

Finanzieren

Herrling
Die perfekte Immobilienfinanzierung
Wie Sie sich für sich für das passende Angebot entscheiden.
Wirtschaftsberater
1. Aufl. 2011. 227 S.
€ 14,90. dtv 50929
Auch als ebook erhältlich.
Grundlagen der gängigen Finanzierungen und Methoden. Mit Übersichten und Checklisten.

Schiebel
So finanziere ich Haus und Wohnung
Finanzierungsplan · Kreditaufnahme · Steuerliche Gestaltung.
Rechtsberater
10. Aufl. 2004. 605 S.
€ 17,–. dtv 5222